普通高等教育"十一五"国家级规划教材
教育部普通高校高等教育精品教材

新坐标金融系列精品教材

证券投资基金学（第四版）

李　曙　游搁嘉　编著

清华大学出版社
北　京

内 容 简 介

中国的证券投资基金业从无到有,自 1998 年迄今经历了 16 个年头。而本书伴随着我国基金管理业的蓬勃成长,从 2002 年到 2008 年出版了 3 个版本。我们深感对第 3 版进行修订的必要。历时 3 年有余,终于推出第 4 版,对国内外基金业的发展变化和学术研究作了更丰富和更深入的阐述,使得本书能够更加符合基金市场的现实,更好地满足高等教育以及相关实务界人士学习的需要。

本书(第 4 版)在全书层面上进行了结构调整。对基金领域的前沿学术文献作了更新和追踪。对全书的重要数据、资料进行了全面检查和更新。每章最后重新设计整理了复习思考题、练习题,另外增加了"延伸阅读"文献资料。

图书在版编目(CIP)数据

证券投资基金学/李曜,游搁嘉编著. —4 版. --北京:清华大学出版社,2014(2022.8重印)

新坐标金融系列精品教材

ISBN 978-7-302-36358-3

Ⅰ.①证… Ⅱ.①李… ②游… Ⅲ.①证券投资-基金-高等学校-教材 Ⅳ.①F830.91

中国版本图书馆 CIP 数据核字(2014)第 099044 号

责任编辑:刘志彬
封面设计:王新征
责任校对:宋玉莲
责任印制:曹婉颖

出版发行:清华大学出版社

网　　址:http://www.tup.com.cn,http://www.wqbook.com

地　　址:北京清华大学学研大厦 A 座　　　邮　编:100084

社 总 机:010-83470000　　　邮　购:010-62786544

投稿与读者服务:010-62776969,c-service@tup.tsinghua.edu.cn

质 量 反 馈:010-62772015,zhiliang@tup.tsinghua.edu.cn

课 件 下 载:http://www.tup.com.cn,010-83470332

印 装 者:三河市铭诚印务有限公司

经　　销:全国新华书店

开　　本:185mm×260mm　印　张:30.75　插　页:1　字　数:728 千字

版　　次:2000 年 3 月第 1 版　　　2014 年 8 月第 4 版　印　次:2022 年 8 月第 15 次印刷

定　　价:68.00 元

产品编号:045808-02

序　言

中国的证券投资基金业,目前更多时候被称为公募基金业。它从无到有,自 1998 年迄今为止历经了 16 个年头。而《证券投资基金学》一书,伴随着我国基金管理业的蓬勃成长,从 2002 到 2008 年相继出版了 3 个版本。

在本书第 3 版出版后,自 2009 年开始,我国基金创新产品进一步丰富,封闭式债券基金、分级基金、RQFII 等新品种相继涌现,基金管理公司、托管银行的数量不断增长,并出现了为公募基金服务的第三方销售机构和第三方支付机构,"余额宝"的出现使得互联网金融成为人们热议的话题。基金业的创新如百花齐放,推动着我国金融理财行业的发展。

与此同时,我国基金业监管法规上的变化推陈出新。2012 年 12 月,《证券投资基金法》修订完成,并于 2013 年 6 月实施。涉及基金募集、设立、基金管理人、托管人、持有人及持有人大会、第三方机构、私募产品等方面,法规条文均有所更新。与法律相配合,监管部门的基金政策法规也在改动。2012 年 6 月,中国证券投资基金业协会正式成立。我国的公募基金业正在逐渐转型为资产管理业,或称为财富管理行业,它的业务范围得以扩张、行业的视野更为开阔。

5 年之后,我们深感对第 3 版《证券投资基金学》一书进行修订的必要。历时 3 年有余,终于能够推出《证券投资基金学》(第 4 版)。本书对国内外基金业的发展变化和学术研究作了更丰富和更深入的阐述,能够更加符合基金市场的现实,以及更好地满足高等教育以及相关实务界人士学习的需要。

吾生亦有涯,而知也无涯,更何况我们的研究对象是这个飞速成长变化的领域。庄子说:"以有涯随无涯,殆已!"但是,进行了长达 15 年证券投资基金学授课的编者,从未觉疲倦、更遑论懈怠。在整个中国基金业发展的过程中,本书主编以及后来加入者游搁嘉,能够分享行业新知,教育在校学生,与社会从业人员沟通和为其服务培训,从而获得了自身的不断成长。我们享受着中国基金业成长的过程,幸之,乐哉!

本书第 3 版被列入普通高校"十一五"国家级规划教材,自 2008 年 10 月出版后,印刷了 7 次,又于 2011 年被评为教育部精品教材,这给了编者更大的动力。2011 年李曜将我校新引进的海归教师游搁嘉博士吸纳进来,由两人一起负责本书的编写。

《证券投资基金学》(第 4 版)做了以下更新。在全书层面上,主要做了以下调整:

第一,对本书结构进行了重新调整。分为 4 篇,分别是:第 1 篇:基金市场(第 1～3 章);第 2 篇:基金交易(第 4～8 章);第 3 篇:基金管理(第 9～19 章);第 4 篇:基金治理与绩效等,使得全书的结构更加清晰;

第二,对基金领域的学术文献做了更新和追踪,特别是西方的前沿文献。

第三,根据《证券投资基金法》(2012 修订版)以及证监会等基金监管政策法规的变化,对书中有关内容进行了重新论述。

第四,对全书的重要数据、资料等更新到本书写作的 2013 年中期或最近的可获得数据。删除了一些基金统计资料的表格。

第五,重新设计整理了每章复习思考题、练习题,另外增加了"延伸阅读",主要是提供了一些有用的参考文献资料,供读者进一步阅读。

具体在各章节上的补充和修订如下:

第1章,增加了1.5.6节"2008年至今基金作为我国大资产管理行业的核心力量";更新了中国、美国及世界基金业的数据。

第2章,将LOF、ETF和货币市场基金放入一般的基金分类中(而不是如第3版中专门作为创新型基金品种),在货币市场基金中增加了案例"2008金融危机中美国历史最悠久货币基金的清盘"和知识扩展"在危机中起步的美国货币市场基金改革";在海外基金一节中,增加了知识扩展"RQFII"。

第3章,增加了第10节"分级基金";

第4章,问题股的估值偏差部分,增加了"侧袋机制与基金估值"的内容,结合双汇股份案例进行了基金估值讨论;增加了知识扩展"指数收益法与SAC行业指数"。

第5章,在基金定投中,增加了"定期不定额、工行的基智定投、华安基金公司的智赢定投"等新的定期投资做法;

第6章,增加了两个知识扩展,分别是"我国基金销售费用制度改革"和"关于固定费率和浮动费率、业绩报酬的海外借鉴与反思",另外对我国基金管理公司的资产规模与费用数据进行了更新。

第7章,增加了知识扩展"基金的第三方销售机构与第三方支付机构",以及案例"某基金管理公司对投资者的风险测试"。

第8章,删除了早期的改制基金资料表格,将封闭式基金折价率数据更新到2012年7月;增加了知识扩展"为什么投资人仍选择持有封闭式基金"。8.4节中增加了知识扩展"封转开套利";8.5节中增加了案例"首只封闭式债券基金——富国天丰"和知识扩展"封闭式债券基金的投资价值"。

第9章,增加了知识扩展"发起式基金重新出现"和案例"启动末日比例配售机制——富国汇利基金一天完成募集上限",另将有关基金发行和风险提示的案例由科瑞、丰和改为华夏大盘精选和广发聚利债券基金。

第10章,增加了知识扩展"积极投资的算术及其成本"。

第11章,对第1节"资产配置的定义"进行了重写;增加了11.6.6节"基金的投资风格与绩效";

第12章,将原基金的流动性管理改为"基金的流动性管理和投资限制";在12.5节中,增加了两个知识扩展"基金投资限制与基金业绩的关系"和"基金参与股指期货投资"。12.6节"基金投资的特殊问题"中,增加了案例"兴业基金公司积极应对'双汇事件'";在基金申购新股的内容上,根据2009年6月以来中国证监会一系列新股发行制度改革文件,对基金参与新股认购进行了重新论述。

第13章,删除了国外基金收益分配的一节,并对国内封闭式基金和开放式基金收益分配的较早例子和数据进行了删减。

第14章,增加了知识扩展"基金的关联方及关联交易信息披露"。

删除了"基金财务报表分析"一章,并将有关财务分析的内容合并入第19章。

第16～18章,将基金治理结构分为三章,分别为:背景与现实问题、结构设计、监管制度。在第16章,对基金治理结构重新进行了简要定义,在16.3节阐述基金行业的道德风险时,增加了知识扩展"关于基金管理公司内部公平交易的监管",以及案例"对基金经理内幕交易的处罚"和知识扩展"美国 2003 年共同基金业丑闻"。

第 17 章,根据《基金法》修订案的内容,对基金管理公司、托管人、基金持有人大会等制度作了修改。对基金管理人、托管人市场数据进行了更新。对完善基金持有人大会的一节进行了大幅度删减。增加了知识扩展"基金持有人大会中的理事会"和"基金持有人代表诉讼制度",以及案例"《基金法》修订案对基金份额持有人大会的调整",并将举例的基金由易方达价值成长换为易方达量化衍生基金。

第 18 章,删除了开放式与封闭式基金监管差异一节;结合《基金法》修订和有关基金监管的政策法规进行了更新。增加了知识扩展"独立的中国证券投资基金业协会正式成立"和"我国《证券投资基金法》的修订"。

第 19 章,将基金的净值、净值增长率、份额收益率和净值收益率等财务指标作为第一节;将基金的选择指标(外部和内部的结构性指标)与三大传统绩效评估指标等位置置换,先介绍基本的绩效指标,最后谈基金内外部结构指标。增加了知识扩展"绩效评价与投资风格"。将晨星公司对国内基金分类的更新做了阐述。删除了案例"投资组合变动模型分析"。

新增了第 20 章内容。探讨了基金绩效评估、投资风格与业绩基准的关联,进一步介绍了西方前沿的基金绩效评估方法及有关学术问题。

在第 3 版的基础上,李曜负责对全书内容进行了更新、修订和补充;游搁嘉设计了新的结构体系,撰写了第 20 章内容,并补充了部分章节中的知识拓展内容。

另外,我们要感谢袁争光先生对"分级基金"一节的贡献;鲍芸女士长期以来提供了有关基金研究资料。感谢清华大学出版社刘志彬先生的认真负责工作。

教育不是灌输,而是点燃心中的火焰。希望本书能够激发读者对于基金行业求知的兴趣和热爱!

欢迎读者反馈批评意见和修改建议。

李曜　游搁嘉
2014 年 6 月 24 日

目　　录

第1篇　基　金　市　场

第2篇　基 金 交 易

第3篇　基 金 管 理

第4篇　基金治理与绩效

第1篇 基金市场

第一篇　基金小识

第1章 投资基金简介与发展历史

1.1 什么是投资基金

证券投资基金是一种将众多不特定投资者的小额资金汇集起来,委托专业的基金管理人进行投资管理,委托专业的基金托管人进行资产托管,基金所得的收益由投资者按出资比例分享的一种投资制度。投资基金是一种利益共享、风险共担的集合证券投资方式,它主要通过向投资者发行股票或受益凭证(基金份额),将社会上的小额闲散资金或者机构投资者的资金等集中起来,交由专业的基金管理机构投资于各种金融资产,如股票、债券、外汇、期货、期权等。基金投资人按持有份额比例获取证券投资的收益,也承担因投资亏损而产生的风险。基金管理机构和托管机构分别作为基金管理人和基金托管人,一般按照基金的资产规模获得一定比例的管理费收入和托管费收入。证券投资基金的运作图示如图1.1所示。

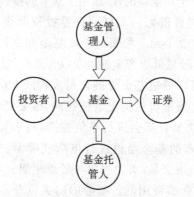

图1.1 证券投资基金的运作图示

从本质上来说,证券投资基金是一种间接透过基金管理人代理投资的一种方式,投资人通过基金管理人的专业资产管理,以期得到比自行管理更高的报酬。

世界各国对投资基金的称谓不同,证券投资基金在美国被称为"共同基金"(mutual fund)[①],在英国和我国香港特别行政区被称为"单位信托基金"(unit trust),在欧洲一些国

---

① 共同基金从广义上泛指美国的证券投资基金。但是狭义上共同基金专指开放式公司型的投资基金。在美国投资公司协会的统计年报中,共同基金(mutual fund)和封闭式基金(close-end fund)、单位信托基金(unit investment trust)、ETF(exchange traded fund)是并列的,基金业的统计资料就是按照上述四类划分标准统计的。这四类基金均属于注册的投资公司,其中共同基金是最大和最主要的一类,2012年年底美国共同基金资产13万亿美元,占投资基金业总资产14.7万亿美元的88.4%。

家被称为"集合投资基金"或"集合投资计划"(collective investment scheme),在日本和我国台湾地区则被称为"证券投资信托基金"(securities investment trust)。

1.2 投资基金的优势与局限

投资基金作为一种间接金融投资工具,与直接投资工具相比,具有许多自身独特的优势。

1. 组合投资、分散风险。投资基金将中小投资者的小额资金汇集成一笔数额较大的资金后,集腋成裘,再分散投资于不同国家地区、不同行业的多种股票、债券以及衍生金融产品等金融工具上,可以最大限度地降低组合的非系统风险。因为不同国家地区的经济发展速度各异,不同行业的不同企业受经济景气影响的性质和程度不同,投资组合中的某种证券市值的下降可以由另一些证券市值的上升来弥补,基金的组合投资消除了非系统风险,从而总风险远远低于小额投资者由于资金量的局限而投资于有限证券上的风险。因此投资基金的风险低于股票,同时期望收益高于债券,也高于同期银行存款利息。

2. 专业管理。证券投资基金是由投资专家运作管理并专门投资于证券市场。由于证券市场易受政治、宏观经济以及证券发行主体的各个层次众多因素错综复杂的影响,一般投资者限于商业知识、精力、信息等的不足而难以取得理想的收益。基金管理机构拥有众多的经济专家、财务专家以及投资分析师,他们对国内外的政治、经济形势以及各行业、公司的运营都有系统的研究,具有丰富的投资经验和娴熟的投资技巧,因此较一般投资者能取得更好的投资收益。投资者购买基金等于花很少的钱,雇用了众多的投资专家,帮助他们进行理财。

3. 最低投资规模小、投资者进入门槛低。证券投资基金最低投资额一般较低(在我国,每份基金单位面值为人民币1元。我国封闭式基金和ETF基金最低可买100份基金份额或称1手,开放式基金一般最低投资金额为1 000元)。基金的买卖程序非常简便。对开放式基金而言,投资者既可以通过基金管理公司或者网上电子交易平台等直销渠道,也可以通过银行、证券公司等代理销售机构申购或赎回,或委托第三方专业的投资顾问机构代为买卖。开放式基金每个交易日都会进行净值披露,每个交易日价格是唯一的,投资者按照当天证券交易结束后公布的基金净值进行申购或赎回。我国封闭式基金和ETF基金、LOF基金在证券交易所上市交易,买卖程序与股票相似。

4. 通过基金进行理财投资的费用低。基金的购买以及本身的交易费用通常较低,并且一般有税收上的优惠措施。(1)根据国际市场上的惯例,基金管理公司就提供基金管理服务而收取的管理费一般为基金资产净值的0.5%~2.5%(就基金类别不同而有区别),而投资者购买封闭式基金的交易费用通常为交易总额的0.2%以内,并且没有交易印花税,低于购买股票的费用,开放式股票基金的申购费用一般为申购金额的1%~1.5%。(2)由于基金集中了大量的资金进行证券交易,通常能在证券交易佣金方面得到证券经纪商的优惠,从而降低了成本,增加了收益。投资基金的这一优势是个人投资者所不具备的。(3)为了支持基金业的发展,很多国家和地区还给予基金税收优惠,使投资者通过基金投资证券所承担的税赋,不高于直接投资证券须承担的税赋。

5. 实行基金托管制度,使基金的投资操作与财产保管相分离,形成了证券投资基金管理人和托管人之间特有的相互制衡机制。基金运作实行托管人制度,基金资产保管由专门的托管人负责,由托管人单独建账、保管,实现了基金投资运作与基金资产托管分离,不仅保障了基金资产的安全,而且通过托管人对管理人的有效监督,可以促进基金管理人的规范运作。

6. 信息披露公开透明。基金发行时,要按照规定的内容与格式标准公开招募说明书和基金合同,明确基金投资范围、投资理念、投资策略、投资限制、收益特征、业绩衡量基准、风险评估工具和控制手段及程序等内容。基金日常运作过程中,也要进行持续性的信息披露,定期和不定期地披露会计报告、投资组合、主要投资指标以及重大事项等。公开透明的信息披露,为持有人和全社会对基金运作的监督提供了条件。

7. 基金的内部治理结构不断完善。自基金产生以来,各国都在不断研究和完善基金的治理结构,平衡基金持有人、管理人、托管人等各方当事人之间的关系,以形成有效的制衡机制。如构建持有人大会制度,持有人可通过持有人大会对基金的重大事项行使决定权;规定基金管理人详细的信息披露义务,减少持有人与管理人之间的信息不对称等。

8. 监管部门实行严格的监管。各国对证券投资基金普遍实行严格而全面的监管,包括实行严格的行业准入标准和审批程序,实行基金产品的实质性审批制度,进行严密的日常行为监管,制定严格的从业人员管理制度等。

9. 公开的市场评价和第三方监督机制不断完善。基金市场中一般存在独立的基金评价和基金评级机构,对基金业绩和基金管理公司进行评价;会计中介机构对基金和基金管理公司的财务情况进行定期审计;法律中介机构对基金管理公司的相关行为出具法律意见等,这些第三方中介机构的存在促进了基金管理公司规范运作,有助于提高投资效益。

由此可见,无论从安全性、营利性还是流动性来考察,投资基金都是一种良好的投资工具。然而事情总是一分为二的,投资基金也有缺点和局限性,主要表现在以下四个方面。

(1) 投资基金是一种间接性、分散性的投资工具,人们投资于基金,就等于失去了直接参与证券投资的机会,基金的短期收益有可能会比直接投资所获得的回报低。

(2) 投资基金可以分散投资并降低风险,但毕竟不能将风险降至为零。分散投资仅能克服特质风险(idiosyncratic risk,即个别证券所导致的风险),而对系统性风险(systematic risk,即影响所有证券收益的共同性因素所导致的风险)是无能为力的。特别是在缺乏对冲工具或者由于制度原因、基金合同限制等无法进行做空交易时,在证券市场下跌的时候,投资基金除了降低持有证券的份额之外,并没有其他有效的规避系统性风险的方式。

(3) 投资基金在操作上缺少充分的灵活性。这是因为投资基金的目标和策略是既定的,基金管理人不能随意变动,难以根据市场走势来灵活地调整基金的投资目标和策略,有可能使投资基金在市场变化较大的情况下,不能有效地减少亏损或者无法及时把握赢利机会。

(4) 投资基金的发展对一国的宏观金融政策可能会带来一定的冲击性影响。投资基金既有收益性,又具有较强的流动性,从而具有一定的货币性。特别是 20 世纪 70 年代货币市场基金的出现,使得传统的货币定义受到了冲击,对货币供给量的衡量标准产生了较大的影响。当货币定义发生变化后,货币政策必然要作相应的调整,货币定义越广,货币政策制定和贯彻执行的难度也越大,货币政策的效果也就越难把握①。

---

① 这主要是指证券投资基金特别是货币市场基金对银行储蓄存款的转移效应,在金融学上又被称为"金融脱媒"(financial disintermediation)现象。目前我国的货币供应量(狭义货币供应量 M1 和广义货币供应量 M2)统计中,货币市场基金等基金产品并未纳入统计口径。

1.3 投资基金在金融市场的角色

作为投资者与融资者之间的金融中介,基金已成为资本市场的重要角色,并对全球社会长期资本的形成起到关键性的作用,具体表现为以下几个方面。

1. 为实体经济拓宽融资渠道

证券投资基金将社会闲散资金汇集起来投资于证券市场,扩大了直接融资的比例,为企业在证券市场筹集资金创造了良好的融资环境,实际上起到了将储蓄资金转化为生产资本的作用。这种把储蓄转化为投资的机制为产业发展和经济增长提供了重要的资金来源,有利于一国生产力的提高和国民经济的发展。

以美国为例,共同基金的净股票购入从 1990 年的 130 亿美元增加到 1997 年的 1 850 亿美元,7 年之间增加了 13 倍,到 1997 年共同基金已稳居股票市场最大的买主地位。如果加上封闭式公司型的投资基金和契约型投资基金,投资基金所购买的股票数量将更大。在随后的十多年间,美国共同基金一直是美国金融市场上的最大投资者。据美国投资公司协会 2013 年报统计,截至 2012 年年底,美国投资基金持有美国国内金融市场中公司股票的 28%、公司债券的 16%、国债和政府机构债券的 12%、市政债券的 28% 和商业票据的 42%。因此,基金业成为直接融资市场的最主要资金供应力量。

我国证券投资基金业虽成立时间较晚,但发展速度很快,截至 2012 年年底,我国公募基金资产净值达到 2.86 万亿元,若加上基金公司的定向理财计划,基金公司管理的资产净值达到 3.62 万亿元。

2. 为中小投资者拓宽投资渠道

证券投资基金作为一种主要面向中小投资者设计的间接投资工具,把众多投资者的小额资金汇集起来进行组合投资,由专业投资机构来管理和运作,从而为投资者提供了有效参与证券市场的投资渠道。因此,从根本性质上说,证券投资基金是一种适合普通大众的投资工具。在美国,投资基金占家庭拥有金融资产的比例不断攀升。在 2012 年年底,美国有 5 380 万户家庭、9 240 万人持有投资基金,基金已经成为居民金融资产中最大的一类。以下是美国投资公司协会对基金投资者的一些特征统计描述。

案例:美国基金投资者的特征

根据美国投资公司协会、美国国家统计局在 2011 年的调查,拥有共同基金的家庭户主平均年龄(中位数)为 50 岁,74% 为已婚,47% 为大学学历,71% 为受雇用者(即拥有工作),家庭收入的中位数为 8 万美元。家庭金融资产的中位数为 20 万美元,其中金融资产的一半以上为投资基金的家庭占比 68%。平均每户拥有 4 只投资基金,拥有基金资产价值为 12 万美元,81% 的家庭拥有股票基金。54% 的家庭购买第一只投资基金是在 1995 年以前,62% 的家庭第一次购买投资基金是通过雇主发起设立的退休养老计划购买。

关于购买投资基金的目的,调研统计的结果是:94% 是为了退休储蓄;49% 是通过持有共同基金而减少应税税收;48% 是为了防备应急事件发生;24% 是为了子女教育的动机。

资料来源:美国投资公司协会 2012 年报。

我国的实际数据也反映了投资基金对于普通居民的重要意义。在 2007 年二季度中国人民银行进行的每季度城镇储户问卷调查报告中显示,在当时物价和利率水平下,居民认为购买股票和投资基金最合算的比例快速提升,从 2007 年一季度的 30.3% 提高了近 10 个百分点,达 40.2%,首次改变了以往调查中依次为储蓄、消费、股票基金等的习惯排序模式,股票和证券投资基金成为我国居民金融资产分布中的首选①。随着证券市场的波动,居民对股票和投资基金的态度也在发生变化。不过总体上看,基金已经成为我国居民重要的金融理财工具之一。

3. 大大活跃了货币市场和债券市场,降低了筹资主体的筹资成本

从 20 世纪 70 年代以来的三十多年时间中,货币市场基金迅速成长,有力地促进了货币市场和债券市场的繁荣。投资基金提供的资金为工商部门增加了筹资的选择机会,有效降低了商业部门的融资成本,并使中小型商业企业成为资金成本降低的直接受益者。1993 年,仅美国的共同基金就购买了美国和其他国家公司债券发行总额的将近 1/3,这不仅创下了基金行业的一个纪录,更为全球公司提供了 657 亿美元的资金。除公司债券市场之外,投资基金在市政债券市场、抵押贷款市场的活动都大大降低了筹资成本。同时证券投资基金特别是货币市场基金在货币市场中的投资,也有利于中央银行货币政策的传导和有效实施。

4. 货币市场基金以及其他类型基金的产生和发展推动了银行乃至整个金融业的创新浪潮

为了限制商业银行的恶性竞争,美国国会在 20 世纪 60 年代曾对商业银行存款利率规定了上限,这就是著名的 Q 条例。在货币市场基金出现之前,美国个人投资者往往难以进入货币市场,获得高于 Q 条例的收益。1971 年出现的货币市场基金投资于商业票据、银行承兑及可转让定期存单等,只要求很低的最小投资额,从而在通货膨胀严重时期为个人投资者从货币市场获得高于 Q 条例的收益打开了道路。

正是由于货币市场基金对商业银行形成了储蓄分流的巨大竞争压力,美国逐步放弃了Q 条例,以使商业银行能向客户提供有竞争力的存款利率。同时 20 世纪 80 年代以后投资者对股票基金等各类基金开始日益熟悉,90 年代末美国国会终于放开对银行、证券分业经营的限制,诸如 JP 摩根这样的商业银行开始介入证券行业。可以说,20 世纪 70 年代以货币市场基金为代表的基金业的兴起,极大地冲击了传统的银行、证券和保险业等。竞争压力之下,各种金融抑制的管制法规被取消,促进了银行以及其他金融机构的金融工具创新以及业务领域扩展,这是美国等发达国家的历史经验,也是如中国这样的基金业后起的发展中国家金融市场中正在发生的现实。

5. 抵押协会担保基金加速了资产证券化的进程

美国证券投资基金中的抵押协会担保基金主要投资于美国的政府国民抵押协会、联邦国民抵押协会和联邦住宅贷款抵押公司发行的证券。② 该类型基金拓宽了证券化抵押贷款市场,为资产证券化的深入发展准备了必要的条件。随着银行贷款等金融资产的打包出售,资产证券化市场发展迅速,而专门投资于各类证券化金融资产的投资基金的出现和扩大,无疑保障了资产证券化市场的资金供给。

① 参见中国人民银行,"2007 年第 2 季度全国城镇储户问卷调查综述",中国人民银行网站。http://www.pbc.gov.cn/detail.asp? col=740&ID=142

② 公募的证券投资基金受到严格监管,对于住房按揭贷款证券的投资是有限制的,比如投资债券的信用等级、投资规模等,不允许进入高风险的次级抵押证券市场。因此美国 2007 年爆发的次级抵押债券危机,导致一些对冲基金和专门的次级债券基金的破产,进而引发大规模的次级债危机。但该次危机并不直接涉及共同基金。

6. 为一国社会保障体制的改革提供了重要支持

国内外的经验表明,证券投资基金的专业化投资服务,可以为社会保障体制改革中的各个支柱(社保基金、企业年金、商业保险资金等)提供资金保值增值的重要渠道,促进一国社会保障体制的建立与完善。而社会保障体制改革中形成的各类养老金等也为证券投资基金提供了最为重要的长期稳定资金来源。历史经验和现实都说明,社会保障体制改革和证券投资基金的发展往往是共荣共生的关系。

据美国投资公司协会 2013 年报的统计数据,在 2012 年年底,美国包括 401(K)计划在内的固定缴款类养老计划的资产规模达 5.08 万亿美元,其中 2.9 万亿美元投资于共同基金,投资于共同基金的比例从 1990 年的 9% 增长到 2012 年年底的 57%。美国个人退休账户(IRA)的资产规模为 5.43 万亿美元,其中 2.5 万亿元投资于各类共同基金,投资于共同基金的比例从 1990 年的 22% 增长到 2011 年的 46%。因此,无论是 IRA 还是 401(K)计划,投资基金都是最大的一类资产配置。

在中国,2004 年以来我国的部分基金管理公司开始为全国社保基金进行专户投资管理,2005 年和 2007 年,我国劳动和社会保障部(现人力资源和社会保障部)前后分两批批准了企业年金投资管理人资格,共有 12 家基金管理公司获得企业年金专户投资管理资格[①]。根据人力资源和社会保障部的统计数据,截至 2012 年年末我国企业年金基金累计结存 4 821 亿元,按照 2011 年修订后的《企业年金管理办法》,企业年金投资于权益类资产比例可达到 30%,目前我国基金管理公司管理的企业年金规模在迅速增长。

7. 促进发展中国家证券市场的创新和发展

对于发展中国家证券市场而言,证券投资基金的发展还可以促进证券市场的创新和完善。

(1)实现资源有效配置机制。由于证券投资基金的投资和资产管理是由专业投资机构实施与完成的,他们在投资组合管理的过程中对所投资的证券进行深入研究和分析,会促进信息的有效利用和传播,使定价不合理的证券大为减少,有利于实现证券市场的有效性和资源合理配置。

(2)完善证券市场投资者结构。证券投资基金的发展有助于改变我国目前证券市场以个人投资者为主的不合理投资者结构。证券投资基金以理性投资为理念,进行分散化投资,受到严格监管和法律约束,投资行为比较理智和成熟,有助于防止证券市场的过度投机。

(3)推动上市公司完善公司治理。证券投资基金的发展有利于充分发挥机构投资者对上市公司的监督作用,促使上市公司不断改善公司治理,提高经营业绩,促使上市公司重视对投资者利益的保护[②]。

---

① 2005 年 8 月,劳动保障部批准了我国第一批 37 家企业年金基金管理机构资格,包括 15 家企业年金基金投资管理人,其中 9 家为基金管理公司,分别是海富通、华夏、南方、易方达、嘉实、招商、富国、博时、银华等基金管理公司。2007 年 11 月,劳动保障部公布了第二批企业年金基金管理机构资格。其中获得企业年金投资管理人资格的包括国泰、工银瑞信、广发 3 家基金管理公司。

② 国内基金参与公司治理当前也十分活跃。例如 2012 年 5 月 25 日,在上市公司格力电器的股东会议上,鹏华基金公司联合境外合格投资者耶鲁大学基金、国内其他基金公司等对第一大股东——珠海市国资委推荐的董事投出了反对票并使其落选,并成功使得基金等机构股东推举的董事当选,这被看作我国公募基金投资者参与上市公司治理的一个重要事件。

（4）促进证券市场金融创新。不同类型、不同投资对象、不同风险与收益特性的证券投资基金在给投资者提供广泛选择的同时，也成为金融产品不断创新、资本市场不断变革的动力源泉。

1.4 投资基金的发展简史

投资基金的出现与世界经济的发展有着密切的关系。最早的基金雏形产生于 18 世纪的荷兰[①]。不过规范的基金机构诞生于 19 世纪的英国。1868 年，为了拓展海外殖民地的经济建设，英国政府批准成立了一家海外投资信托，由投资者集体出资、专职经理人负责管理和运作。为确保资本的安全和增值，还委托律师签订了文字契约[②]，由此产生了一种新型的信托契约型的间接投资模式。这家海外投资信托便是世界上第一只公认的证券投资基金——"海外及殖民地政府信托"（the foreign and colonial government trust）。这只基金以固定利率方式承诺对投资者的最低收益，以在伦敦《泰晤士报》公开刊登招募说明书的方式，向社会和个人发售基金凭证，共募得资金 100 万英镑，投资于包括美国、埃及、波斯、俄罗斯等国家在内的政府债券。它在许多方面为现代投资基金的产生奠定了基础，从此集合信托型的证券投资方式成为现代基金业的主流模式。所以，世界金融史学家们一般将英国的"海外及殖民地政府信托"视为现代投资基金的雏形[③]。

随着世界经济的进一步发展，从 20 世纪初开始，基金业在欧美国家受到了越来越广泛的注意，被越来越多的投资者接受和利用。投资基金虽然产生于英国，但真正的大发展却是在美国。1921 年 4 月，美国组建了国内第一个共同基金组织"美国国际证券信托基金"（international securities trust of America），但稍后于 1924 年由 200 多名哈佛大学教授出资 5 万美元在波士顿成立的"马萨诸塞投资信托基金"（Massachusetts Investment Trust）则更具现代面貌。这只基金被公认为美国开放式公司型共同基金的鼻祖。不幸的是，1929年美国股市崩盘，随之而来经济大萧条，使刚刚起步的美国基金业遭受了重大打击。此后，美国国会通过了多部法律来保护投资者，建立了对证券市场（包括共同基金业）和金融市场的监管体制。针对共同基金的法律主要包括：1933 年《证券法》（*Securities Act of 1933*）、1934 年《证券交易法》（*Securities Exchange Act of 1934*）、1940 年《投资公司法》（*Investment Company Act of 1940*）和 1940 年《投资顾问法》（*Investor Advisor Act of 1940*）。1933 年《证券法》要求基金募集时必须发布招募说明书，对基金本身进行描述。1934 年《证券交易法》要求共同基金的销售商要受证券交易委员会（SEC）的监管，并且置于全美证券商协会（NASD）的管理权限之下，NASD 对广告和销售设有具体规则。1940 年《投资公司法》和 1940 年《投资顾问法》是美国关于共同基金的两部最重要法律，不但规定了对投资公

---

① 据哈佛大学 Rouwenhorst 教授对基金历史的研究，世界上第一只基金是一位荷兰商人于 1772 年成立的，基金名字 Eendragt Maakt Magt 源自荷兰的格言"团结就是力量"。转引自中国证券投资基金业协会理事长孙杰 2012 年写给《基金业务》一书的序言。

② 在世界第一只基金的契约中，写着"小投资者可以和大资本家一样进行投资了"（the investor of moderate means the same advantages as large capitalists），由此可见当时英国创设投资基金的目的和重要意义。

③ 这只鼻祖基金目前仍然在英国伦敦证券交易所进行交易（代码：LSE FRCL），截至 2012 年 1 月，其管理的资产规模超过 22 亿英镑，投资于 35 个国家的六百多只股票。

司的监管,而且规定了对基金投资顾问、基金销售商、投资公司董事、管理人员等的监督管理。

到了 20 世纪 30 年代末,在基金发源地英国正式注册运作的基金公司已达 200 多家。1931 年出现了世界首家以净资产值向投资者赎回基金单位的基金,为日后开放型基金开创了先例,丰富了基金的内容和运作形式。

第二次世界大战之后,各发达国家政府更加明确认识到投资基金业的重要性,以及基金对稳定金融市场所起的作用。各国政府根据本国金融业的发展状况和传统习惯,相继制定了一系列有关法规,对投资基金业加强了监管,为投资基金业的发展提供了良好的外部条件。以美国为例,1940 年基金数目仅有 80 只,全部资产少于 5 亿美元。到了 1960 年,已经增加到 160 只基金,基金资产超过 170 亿美元。进入 20 世纪六七十年代,共同基金的产品和服务趋于多样化,共同基金业的规模也发生了巨大变化。在 1970 年以前,大多数共同基金是股票基金,只有一些平衡型基金在其组合中包括一部分债券。到了 1972 年,已经出现了 46 只债券和收入基金,1992 年,更进一步达到了 1 629 只。1971 年,第一只货币市场基金建立,货币市场基金提供比银行储蓄账户更高的市场利率,并且具有签发支票的类货币支付功能。同时,美国退休保障体制的变革对共同基金业的发展也起到了重大作用。1974 年,美国《雇员退休收入保障法》(ERISA)颁布实施,企业养老计划获得了重要的法律和税收支持,随后进入了迅速发展阶段,同时个人退休账户(IRA)开始出现。1978 年,401(K)退休计划和自雇者个人退休计划出现。这些不同类型养老计划的出现和繁荣,极大地推动了对共同基金的需求。1976 年,第一只免税政府债券基金出现,三年以后,免税货币市场基金出现,把货币市场基金的便利和政府债券的税收优惠结合了起来。到了 1990 年,美国共同基金业的资产首次达到 1 万亿美元,基金数目达 3 100 多个。1996 年,共同基金资产更是超过了传统的金融产业——商业银行的资产,成为美国第一大金融产业。1999年年底,美国共同基金资产突破了 6 万亿美元,全球则超过 7 万亿美元。在经过 2001 年、2002 年的证券市场短暂调整后,2003 年美国投资基金业重新走上快速发展轨道,2006 年年底美国基金业资产净值总值突破创纪录的 10 万亿美元。在 2007—2008 年金融危机爆发后,基金业的规模因资金净流出出现了短暂的下跌,之后又迅速恢复到危机前水平。截至 2012 年年底,美国基金业资产净值规模达到 14.7 万亿美元。

表 1.1 是美国共同基金业近六十多年来的变化情况。

表 1.1　美国共同基金业近六十多年来的变化情况

年份	资产净值(10 亿美元)	基金只数	投资者账户数(千)
1950	3	98	939
1960	17	161	4 898
1970	48	361	10 690
1980	135	564	12 088
1990	1 065	3 079	61 948
1995	2 811	5 761	131 219
2000	6 965	8 370	244 705
2005	8 891	8 449	275 479
2006	10 398	8 721	288 596

续表

年份	资产净值(10亿美元)	基金只数	投资者账户数(千)
2007	12 001	8 746	292 555
2008	9 604	8 880	264 599
2009	11 113	8 612	269 450
2010	11 832	8 540	291 299
2011	11 627	8 678	275 024
2012	13 045	8 752	264 131

注:此处指狭义的共同基金,未包括封闭式基金、单位投资信托和ETF。

资料来源:美国投资公司协会.投资公司年报,2013(53):9,142.

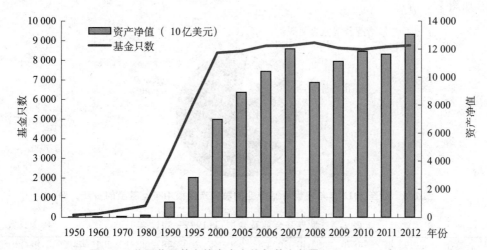

图 1.2　美国共同基金的资产净值与基金数量(1950—2012 年)

资料来源:同表 1.1,根据表 1.1 数据整理制图。

就全球而言,进入 21 世纪以后,世界基金业的规模继续膨胀。特别是在 2006—2007
年,世界基金业的资产规模增长速度明显加快。在 2007 年年底,基金业的资产规模相比
1999 年翻了一番,达到历史最高峰的 25.1 万亿美元。随后金融危机爆发,世界基金业的
规模有所下降,但经过短暂调整后,2009 年以来重新走上上升的轨道,截至 2012 年年底,
世界基金业资产规模达到 26.8 万亿美元,基金数目超过 7.3 万只。在各种基金类型中,股
票基金的资产规模和数目都居于优势,不过由于世界经济的不景气、股市低迷,股票基金的
比重在下降。而债券基金的资产规模在显著上升。从区域看,全球投资基金的资产主要集
中在北美和欧洲。在世界基金资产的分布中,截至 2012 年年底,北美占 56%、欧洲占
31%、非洲和亚太区占 13%。具体可见表 1.2。

表 1.2　世界基金业资产净值规模(1999—2012 年)　　　　单位:10 亿美元

基金类型	1999 年	2000 年	2002 年	2004 年	2006 年	2008 年	2009 年	2010 年	2011 年	2012 年
股票基金	5 878	5 962	4 204	7 219	10 431	6 426	8 854	10 471	9 487	10 706
债券基金	2 104	2 077	2 534	3 313	3 882	3 393	4 552	5 414	5 821	7 013
货币市场基金	2 287	2 483	3 190	3 323	3 848	5 780	5 305	4 993	4 693	4 785
平衡型/混合型基金	971	1 022	918	1 445	2 116	1 825	2 400	2 778	2 734	3 122

续表

基金类型	1999 年	2000 年	2002 年	2004 年	2006 年	2008 年	2009 年	2010 年	2011 年	2012 年
其他	55	190	229	398	676	676	840	1 010	1 018	1 170
总计资产规模	11 391	11 871	11 324	16 165	20 953	18 898	22 906	24 665	23 753	26 796

注:该数据主要来自美国投资公司协会、欧洲基金与资产管理协会、其他国家的基金业协会,包括 42 个国家和地区数据,其中包括中国大陆的数据。这些国家和地区的自律组织组成了世界投资基金协会(international investment fund association)。这里是指每期均汇报数据的国家/地区,样本为 42 个国家/地区。由于数据统计的口径,ICI 在前后不同时间公布的数据略有差异,2008—2012 年度数据来自 ICI2013 年 8 月 8 日在其网站上给出的世界基金 2013 年 1 季度统计数据中的信息。之前年度数据来自 ICI 以前年度的世界基金统计数据。

资料来源:美国投资公司协会网站。

在 2012 年年底,世界基金业的总资产规模中,各主要类型基金的资产比例可以用图形表示,如图 1.3 所示。

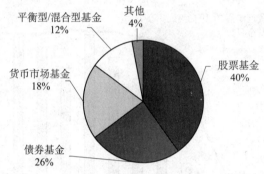

图 1.3 截至 2012 年年底世界基金业的总资产规模中各类基金的资产比例

表 1.3 世界基金业基金数目(1999—2012 年) 基金只数

基金类型	1999 年	2000 年	2002 年	2004 年	2006 年	2008 年	2009 年	2010 年	2011 年	2012 年
股票基金	22 453	20 381	22 975	22 364	25 679	25 775	25 428	25 751	26 165	26 127
债券基金	15 474	13 128	11 617	13 309	13 604	12 004	12 160	12 543	12 661	12 889
货币市场基金	6 745	4 692	4 394	3 623	3 408	3 658	3 478	3 308	3 126	2 899
平衡型/混合型基金	6 375	11 110	11 229	11 603	12 517	14 180	14 323	15 607	16 555	16 950
其他	612	1 000	1 310	1 997	4 116	7 169	6 711	6 682	7 797	8 554
总计基金	52 746	51 692	54 110	54 984	59 324	65 883	64 821	66 790	69 389	70 586

资料来源:同表 1.2。

2012 年年底世界各主要类型基金的数目占比,也可用图形表示,如图 1.4 所示。

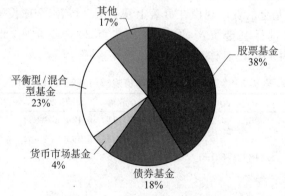

图 1.4 截至 2012 年年底世界基金业中各类基金的数目占比

1.5 我国证券投资基金业发展历程

我国证券投资基金业伴随着证券市场的发展而诞生,经历了六个主要阶段。划分发展阶段的四个主要线索是:其一,基金业的主管机构从中国人民银行过渡为中国证监会;其二,基金的监管法规从地方的行政法规起步,到国务院证券委出台行政条例,再到全国人民代表大会通过《证券投资基金法》,中国证监会根据基金法制定一系列配套规则。2012 年完成了对《基金法》的修订,证监会相应更新修改了基金业的一些配套法规;其三,基金市场的主流发展品种从不规范的"老基金",到封闭式基金,再到开放式基金,乃至各类基金创新产品的百花齐放;其四,中国百姓对证券投资基金的认识从不熟悉到熟悉,居民财产收入的增加和理财意识的觉醒,使得投资基金成为家庭金融理财的主要工具之一。

因此,本书按照证券投资基金业依主管机关管辖权力的过渡、监管法规的颁布、市场主流品种的变化、百姓对基金的认识等为线索,将我国基金业的发展划分为六个阶段。

1.5.1 第一阶段:萌芽时期(1985—1992 年)

在 20 世纪 80 年代末,受中国经济高速发展的吸引,一批由中资或外资金融机构在境外设立的"中国概念基金"相继推出。1985 年 12 月,由中国东方投资公司在香港和伦敦推出中国东方基金。1989 年 5 月,香港新鸿基信托基金管理有限公司推出了第一个中国概念基金即"新鸿基中华基金",对中国香港、中国台湾和新加坡的上市公司中直接或者间接投资于中国或者与中国进行贸易的公司进行投资。1990 年 11 月,法国东方汇理亚洲投资公司创立了"上海基金",基金采用封闭型,存续期限 10 年,募集规模 2 500 万美元,同年 12 月该基金在伦敦上市。这是第一个完全投资中国的真正意义上的国家基金。该基金以三种方式投资于中国:一是进入中国证券市场购买中国的债券、股票(B 股)等各种证券;二是向未上市的三资企业参股;三是组建新的合资企业。1991 年,中国新技术创业投资公司与汇丰集团、渣打集团在中国香港联合设立了中国置业基金,首期筹资 3 900 万美元,直接投资于以珠江三角洲为中心的周边乡镇企业,随即在中国香港联交所上市,标志着中资金融机构开始正式涉足投资基金业务。1992 年 3 月,中国香港景泰投资管理公司推出"景泰深圳及中国基金",规模为 4 000 万美元。同年 4 月,新加坡的摩根建富资产管理有限公司筹组了一家专门投资中国 B 股的公司型基金,资本总额为 5 000 万美元。

这些"中国概念基金"一般均是由外国基金管理机构单独或者和国内机构联合设立,基金证券的销售、外汇的兑换、投资方针的制定等均由外资机构负责,有的也聘请中方投资顾问公司,并将有关证券交易委托中方代理人执行。基金证券的上市交易或柜台转让也在境外进行。这些基金的投资策略普遍是投资于 B 股和在香港特区上市的中国企业,也有一些基金的部分资金进行直接投资,少数基金也投资于非上市公司的股票。

1.5.2 第二阶段:老基金时代(1992—1997 年)

这一阶段是中国内地证券投资基金业发展的早期探索阶段。在这一时期,中国人民银行作为基金主管机关,进行基金的审批设立以及运作监管。这一阶段成立的基金数量共有

79 只,总资产 90 多亿元,投资者约 120 万户。其中大部分基金是在 1992 年前后成立的,上市或联网交易的基金数量达 27 个,筹资规模在 58 亿元。这一时期的专业性基金管理公司不足十家。相对于 1997 年《证券投资基金管理暂行办法》实施以后发展起来的证券投资基金,人们习惯上将 1997 年以前设立的基金称为"老基金"。

20 世纪 90 年代初期,在境外"中国概念基金"与中国证券市场初步发展的影响下,在地方政府和当地人民银行的支持下,国内基金的设立非常迅速,在 1992 年前后形成了投资基金热。1991 年 7 月,珠海国际信托投资公司发起设立了全国第一家国内投资基金"珠信基金",规模达 6 930 万元人民币。其他有代表性的基金为:1992 年 4—5 月,沈阳通发基金、沈阳富民基金、沈阳兴沈基金、沈阳公众基金、沈阳万利基金 5 个基金相继推出,并在沈阳证券交易中心挂牌交易,5 只基金凭证共募集 2.5 亿元人民币。1992 年 8 月,浙江省金华市信托投资公司创立的"金信基金",在浙江金华市信托投资公司证券部按股票交易模式上市竞价交易。1992 年 11 月,中国国内第一家也是此期间内唯一一家经中国人民银行总行批准,比较规范的投资基金——淄博乡镇企业投资基金(简称"淄博基金")正式设立。该基金为公司型封闭式基金,募集规模 1 亿元人民币,60% 投向淄博乡镇企业,40% 投向上市公司,该基金于 1993 年 8 月在上海证券交易所挂牌上市,成为我国首只在证券交易所上市交易的投资基金。1992 年 6 月,深圳市率先在全国公布了《深圳市投资信托基金管理暂行规定》,同年 11 月经深圳市人民银行批准成立了深圳市投资基金管理公司,发起设立了当时国内规模最大的封闭式基金——天骥基金,规模为 5.81 亿元人民币。

淄博基金、天骥基金等的设立揭开了投资基金业在内地迅猛发展的序幕,在 1993 年上半年引发了短暂的中国投资基金发展热潮。但进入 1993 年下半年,由经济过热而引发的通货膨胀,促使政府实施了强有力的宏观调控政策。在这种情况下,具有"乱集资"之嫌的投资基金受到了监管机构的严厉限制。1993 年 5 月 19 日,中国人民银行作出了制止不规范发行投资基金的规定,其中规定投资基金的发行和上市、投资基金管理公司的设立以及中国境内金融机构在境外设立投资基金和投资基金管理公司,一律须由中国人民银行总行批准,任何部门不得越权审批。此后,除 1993 年 9 月经中国人民银行总行批准上海发行了额度各为 1 亿元人民币的金龙基金、宝鼎基金、建业基金外,相当长的时间里(直至 1998 年 3 月),未再批准设立过各类基金。1994 年后,国民经济进入治理整顿阶段,随着经济的逐步降温,这些基金内在的不规范性等问题逐步暴露出来,多数基金的资产状况趋于恶化,在经营上步履维艰,中国基金业的发展因此陷入了停滞状态。

处于探索阶段的这批基金管理公司在基金的运作过程中都积累了一些宝贵经验,培养了一批基金管理从业人才。比如具有代表性的中国首家专业化基金管理公司——深圳投资基金管理公司,标志着中国基金业规范化管理的开始。另外还有淄博基金管理公司、蓝天基金管理公司等。但是"老基金"存在着大量问题,主要表现在以下三个方面。

一是由于缺乏基本的法律规范,基金普遍存在法律关系不清、无法可依、监管不力的问题,基金在运作上存在着很多不规范的地方。这一时期,我国没有完整统一的证券和基金法律、法规,只有两部地方性基金法规,即《深圳市投资信托基金管理暂行规定》和《上海市人民币信托投资基金暂行条例》。基金的发起不规范。绝大部分老基金都是由独家金融机构(包括银行和银行所属信托公司等)发起设立的,而且政府部门参与其中,甚至有的基金的发起人连法人资格都没有。基金组织结构也不规范。很多基金是在发起人内部设立一个不具有法人资格的管理部来充当基金管理人,而发起人同时充当基金托管人,这样就违背了基金管理人和基金托管人分离的原则,不能保证投资者的资产安全。

二是受地方政府服务地方经济需要的引导,以及当时国内证券市场规模狭小的限制,"老基金"资产大量投向了房地产、企业法人股权等,因此实际上可算作产业投资基金,而非严格意义上的证券投资基金。

三是这些"老基金"深受 20 世纪 90 年代中后期我国房地产市场降温、实业投资无法变现以及贷款资产无法回收的困扰,资产质量普遍不高。

总体而言,这一阶段中国基金业的发展带有很大的探索性、自发性与不规范性。

1.5.3　第三阶段:封闭式基金发展阶段(1998—2002 年)

这一阶段明确了中国证监会作为基金业的主管机关,基金业发展的法律标志是《证券投资基金管理暂行办法》(以下简称《暂行办法》)。基金业的主流形式是封闭式基金。

在对"老基金"发展加以反思的基础上,经国务院批准,国务院证券委员会于 1997 年 11 月 14 日颁布了《证券投资基金管理暂行办法》。《暂行办法》是我国首次颁布的规范证券投资基金运作的行政法规,为我国证券投资基金业的规范发展奠定了法律基础,它的颁布实施为中国基金业的发展指明了新的发展路径。由此中国基金业的发展进入了一个新的阶段。

1998 年 3 月 27 日,经中国证监会批准,新成立的南方基金管理公司和国泰基金管理公司分别发起设立了规模均为 20 亿元的两只封闭式基金——"基金开元"和"基金金泰",由此拉开了中国证券投资基金试点的序幕。随后,1998 年 4 月华夏基金公司发起设立了兴华基金,华安基金管理公司发起设立了安信基金。最早发行的封闭式基金受到市场的热烈追捧,比如基金开元和金泰的申购户数分别达到 95.8 万户与 119.8 万户,中签率不足 2.5%。封闭式基金在发展之初受到市场欢迎,一方面与当时证券市场供求矛盾突出、国内投资者热衷新投资品种有关;另一方面也与证券投资基金发展初期受到监管部门政策的大力扶持有关。

为确保证券投资基金试点的成功,增强证券投资基金对投资者的吸引力,中国证券投资基金的发展受到了政策的大力扶持。例如主要的一项扶持措施是中国证监会制定了有关基金参与新股申购的政策,规定基金可以不参加公开申购而被准予在一级市场上得到一定比例(一般占新股公开发行额度的 10%)的新股配售。该政策在客观上对证券投资基金的初期发展起到了重要的促进作用。

1998 年基金试点当年,我国共设立了 5 家基金管理公司,管理封闭式基金数量 5 只(单只基金的规模同为 20 亿元),基金募集规模 100 亿元,年末基金净资产合计 107.4 亿元。

1999 年又有 5 家新的基金管理公司获准设立,使基金管理公司的数量增加到 10 家,这 10 家基金管理公司是我国的第一批基金管理公司,也被市场称为"老十家"。全年共有 14 只新的封闭式基金发行。

在新基金快速发展的同时,证监会开始着手对原有投资基金(老基金)进行清理规范。1999 年 10 月下旬,9 只"老基金"经资产置换后合并改制成为 3 只证券投资基金,加入了新基金的行列。改制基金的加盟使证券投资基金在 1999 年年底的数量达到了 22 只,年末基金总份额达到了 505 亿份,净资产达到了 574.2 亿元。

"老基金"的清理规范工作在 2000 年取得了实质性的进展,共有 36 只"老基金"经资产置换后合并改制成为了 11 只证券投资基金,使证券投资基金的数量在 2000 年年底达到了 33 只。改制基金的初始规模都在 2 亿~3 亿份之间,规模较小,通过统一扩募为 5 亿份或更大规模的新基金。这样由"老基金"改制并扩募而实现的基金募集规模共计 55 亿份。为配合老基金改制,我国新成立了易方达等 6 家基金管理公司,由它们管理改制后的基金。截至 2001 年 9 月开放式基金推出之前,我国共有 46 只封闭式基金。从 2001 年 9 月到 2002 年 8 月,我国又发行了 5 只新封闭式基金和改制扩募的最后 3 只老基金。到 2002 年 8 月,银丰基金发行成功后,直到 2007 年 7 月,我国未发行新的封闭式基金。在 2006 年 11 月基金兴业封转开以前,我国封闭式基金为 54 只,基金份额 817 亿份。

从 2006 年 11 月开始,随着基金兴业等封闭式基金合约陆续到期,封闭式基金开始陆续转换运作方式,变更为开放式基金。因此,原有的封闭式基金数目不断减少。从 2007 年 7 月开始,随着大成优选和国投瑞银瑞福基金的发行成立,创新型封闭式基金开始出现,封闭式基金进入了新的发展阶段。

1.5.4 第四阶段:开放式基金起步阶段(2002—2005 年)

在封闭式基金成功试点的基础上,2000 年 10 月 8 日,中国证券监督管理委员会发布并实施了《开放式证券投资基金试点办法》(以下简称《试点办法》),由此揭开了我国开放式基金发展的序幕。这个阶段的基金主流发展品种是开放式基金。

2001 年 9 月,我国第一只开放式基金——华安创新诞生,标志着我国证券投资基金进入一个全新的发展阶段。2001 年年底,我国已有华安创新、南方稳健和华夏成长 3 只开放式基金。2002 年年底,开放式基金发展到 17 只,规模 566 亿份。2003 年年底,开放式基金 56 只,规模 815.8 亿份。

开放式基金的发展为我国证券投资基金业的发展注入了新的活力,并为我国基金产品的创新开辟了广阔的天地。这一阶段代表性的创新基金产品有:2002 年 8 月,南方基金管理公司推出了我国第一只以债券投资为主的南方宝元债券基金。2003 年 3 月,中外合资基金公司招商基金管理公司推出我国第一只系列基金。2003 年 5 月,南方基金管理公司推出了我国第一只具有保本特色的——南方避险增值保本型基金。2003 年 12 月,华安基金管理公司推出了我国第一只准货币型基金——华安现金富利。2004 年 3 月,海富通收益增长基金更是以 130 亿元的首次募集规模成为我国第一只首发规模超百亿元的大型基金。

开放式基金的发展也使得证券投资基金的服务优势得以实现。在费用模式上,不少开放式基金推出了后端收费模式。在申购赎回上,很多基金管理公司推出了网上委托、电话委托等多种交易方式。定期定额计划、红利再投资这些在成熟市场中较为普遍的服务项目也为越来越多的基金管理公司所采纳。

2002 年 12 月,首家中外合资基金公司成立,基金业成为履行我国证券服务业入世承诺的领域。截至 2013 年 7 月底,我国境内共有基金管理公司 82 家,其中合资公司 46 家,内资公司 36 家。在我国基金管理业,合资公司已经居主导地位。

到 2003 年年底,我国开放式基金在数量上已超过封闭式基金成为证券投资基金的主要形式,开放式基金的净值达到 854 亿元,与封闭式基金净值 862 亿元相比已不相上下。之后,开放式基金的数目和资产规模均远远超过封闭式基金。

另外在这一时期,基金业的法律规范得到重大完善,最重要的标志就是《证券投资基金法》的通过和实施。

2003 年 10 月 28 日,《中华人民共和国证券投资基金法》(以下简称《证券投资基金法》或《基金法》)最终为第十届全国人大常委会第五次会议审议通过,并于 2004 年 6 月 1 日施行。

《证券投资基金法》共 12 章 103 条,对基金活动的基本法律关系,基金管理人,基金托管人,基金的募集,基金份额的交易,基金份额的申购与赎回,基金的运作与信息披露,基金合同的变更、终止与基金财产清算,基金份额持有人权利及其行使,监督管理,法律责任等涉及基金运作的各个环节都做出了明确的法律规范。

良好的基金立法和严格的基金监管是促进基金业健康发展的必要条件。《证券投资基金法》的出台为我国基金业的发展奠定了坚实的法律基础,我国证券投资基金业走上了一个更快的发展轨道。

1.5.5　开放式基金跨越发展阶段(2006—2007 年)

2006—2007 两年是我国证券投资基金历史上跨越式发展的两年,主要原因是我国股市的持续大牛市。受益于牛市,基金业绩表现异常出色,业绩创历史新高。2006 年股票型开放式基金平均净值收益率达到 121.45%,封闭式基金平均净值收益率为 105.26%。2007 年更是中国基金业发展史上的里程碑。基金业资产规模出现了急速增长,年末突破 3 万亿元;基金投资者队伍迅速壮大,年末超过 1 亿户。个人成为基金投资的主力军,基金理财的理念开始深入人心,基金业全面进入散户时代。中国基金业加快了走出去的步伐,境外投资试点业务全面展开。专户理财试点办法也在 2007 年正式出台。

1. 基金规模和投资者队伍爆炸性增加

2006 年全部 329 只证券投资基金资产规模合计 8 564.61 亿元,比前年增幅超过 80%。2007 年年底,全部 368 只证券投资基金资产净值合计 32 786.17 亿元,是 2006 年同期的 3.83 倍,基金资产规模一年翻了近两番。年内新发基金 73 只,募集规模达 4 267.54 亿元。2007 年的基金资产净值和年度募集规模等,均为中国基金业发展的历史最高峰,迄今未能再次触及。

基金的良好表现使得投资者数量激增,当年新增基金开户数突破 225 万户,基金投资者户数历史性地超越 1 000 万户。2007 年年末,基金投资者户数已经超过 1 亿户,大约有 1/4 的中国家庭购买了基金,基金资产总规模相当于城乡居民人民币储蓄总额的 1/6,基金业的影响力显著上升。据央行发布的 2006 年四季度全国城镇储户问卷调查结果表明,基金已经成为我国城镇居民家庭除储蓄存款外拥有最多的金融资产。

基金首发和基金分红屡创记录也从另一个侧面反映了基金业的繁荣。2006 年 12 月嘉实策略成长基金一天内募集更达到 419 亿元,创造了全球基金史上最高单日募集纪录。数家基金公司把旗下业绩优异并且规模相对较小的基金进行大比例分红,从每 10 份分红 6 元到每 10 份分红 10 元,基金单次分红比例纪录一次又一次被打破。

为了迎合投资者的热情,2006—2007 年中相继出现了复制基金和拆分基金,南方稳健二号和富国天益分别成为第一只复制基金和第一只拆分基金,随后华夏等基金公司继续推出了各自的复制或者拆分基金,并且都获得了数十亿份的认购。基金产业链的相关机构也获得了发展,证券研究业、基金营销机构等都十分受益。2007 年基金营销给银行业带来丰厚利润。

2. 基金产品和业务创新继续发展

2006—2007 年基金产品的创新层出不穷。先后出现了生命周期基金、QDII 基金等创新品种,汇丰晋信 2016 成为我国第一只生命周期基金,南方全球配置基金成为我国第一只 QDII 基金产品。2007 年 6 月,国投瑞银瑞福基金获准发行,其创新之处在于通过"结构分级"来满足不同风险偏好投资者的需要。7 月,中国证监会正式发布了《合格境内机构投资者境外证券投资管理试行办法》为 QDII 投资监管提供了依据。基金 QDII 业务全面开始,公募基金管理业由此进入全球投资时代。这一阶段已有包括华安、南方、华夏、嘉实、上投摩根、华宝兴业、海富通等在内的多家基金公司获得了 QDII 业务的试点资格。2007 年内南方全球、上投亚太、华夏全球、嘉实海外四只股票投资为主的 QDII 产品进行了成功募集。此外,基金兴业也在 2006 年内完成了"封转开"的全部程序,并新募集了超过 18 亿份基金单位。随后封闭式基金转型方案进入了完善阶段。企业年金的投资管理在 2006 年后取得了长足的进步。品种创新推动中国基金业在规模上达到了一个新的台阶。

3. 基金公司分化加剧、业务呈现多元化发展趋势

在此期间,基金公司管理的资产规模普遍增长,2007 年年底有九家基金公司规模超过千亿元。华夏基金管理公司以 2 213.39 亿元的基金净值总额名列年度基金行业规模第一。前十大基金管理公司管理了 16 305.23 亿元的基金资产,占总市场份额的 49.78%。同时管理规模居于中间位置的基金公司增加,行业的集中度大幅下降,但管理资产 100 亿元以下的弱势公司逐步被边缘化,两极分化格局继续深化。基金公司的格局分化开始成为我国基金管理业的显著特征。

中国证监会 2007 年 11 月发布了《基金管理公司特定客户资产管理业务试点办法》,标志着中国基金业专户理财业务获准。专户理财相当于基金管理公司管理的私募基金,相对于传统公募基金,它具有灵活的投资策略与薪酬体系,使得基金管理公司能够"量体裁衣",针对客户个性化需求进行投资。同时,专户理财的对象是机构投资者,他们投资理念比较成熟,基金经理不必面对每日的净值排名和申购赎回压力。2007 年 9 月,国资委发布《关于中央企业试行企业年金制度的通知》,规定了企业年金制度实施的若干规范。企业年金属于基金管理公司的专户理财业务。年内国泰、工银瑞信、广发成为第二批获得企业年金资格的基金公司。面对广阔的发展前景和可观的回报,各年金管理机构都竞相开拓市场,抢占客户。

4. 针对基金销售和投资的法规加强,基金治理走向规范化

针对基金业迅速扩张中出现的诸多问题,中国证监会出台了多项法规,以保护投资者利益,规范行业发展。这一阶段的法规主要集中在销售和投资两方面。

2007 年在基金销售方面,出台的法规频率和力度都是历年之最。监管层要求基金公司在销售过程中加强投资者教育,提供风险提示书、投资者教育手册、还有其他投资者教育资料。《证券投资基金销售业务信息管理平台管理规定》的颁布为明确基金销售机

构的市场准入和完善日常行为监管提供了一系列具体的技术标准。2007 年 3 月以来,针对基金销售不到一天就达到预定规模的现象,监管层发布了"比例配售"相关问题的通知。11 月,《关于进一步做好基金行业风险管理工作有关问题的通知》成为了关于基金销售最重要的规范内容。10 月 18 日,中国证监会正式颁布了《证券投资基金销售机构内部控制指导意见》和《证券投资基金销售适用性指导意见》,基本搭建了基金销售法规框架。

在投资方面,监管部门发布了《关于切实加强基金投资风险管理及有关问题的通知》,要求基金牢固树立价值投资理念,严禁基金参与投机操作,合理配置资产,切实加强流动性风险管理。此外,针对基金业常年存在的投资管理人才的高频率流动和大量流失问题,中国证监会还颁布了《关于基金从业人员投资证券投资基金有关事宜的通知》,明确提出基金从业人员可以投资基金。法规推出后不久,华宝兴业等基金管理公司成功推出了面向基金经理的基金份额激励计划。多项法规的出台标志着中国基金业逐渐走向规范化的健康发展道路。

另外,2007 年 7 月,新的企业会计准则在基金业得到全面实施,为基金行业更为透明准确的信息披露提供了保证。

5. 基金业急剧扩张背后存在隐患

2006—2007 年在我国基金业的繁华背后,仍然呈现出一些危机。比如此阶段内发生的公募基金业的首个基金经理内幕交易案件——上投摩根唐建"老鼠仓"事件;基金交易中的操作失误——"上电转债"事件;基金经理大范围的跳槽转私募公司现象(2007 年国内基金经理共变更 353 次,基本每只基金的管理者都更换过。基金经理平均任职期限仅是 1.3 年)等,以上这些现象都给基金业带来了深刻教训和启示。

我国基金投资者不成熟、基金行业的结构失衡等问题日益暴露。在牛市中,我国基金投资人持有基金的周期明显缩短;基金持有人缺乏资产配置的理念,股票牛市的来临使得投资者大量配置股票和混合型等高风险基金,货币市场和债券基金几乎无人问津等。这些特点说明我国基金投资者还极不成熟,不成熟的投资者会加剧市场波动,不利于市场稳定发展。

1.5.6 基金作为我国大资产管理行业中的核心力量将一直平稳发展(2008 年至今)

自 2004 年《基金法》实施以后,我国基金业发展迅速,基金管理资产规模不断增长。随着我国金融市场的不断发展,金融产品日益丰富,财富管理行业在实践中出现了一些新的问题,原基金法的一些条款在一定程度上制约着我国基金行业的发展。

2012 年 12 月 28 日,全国人大审议通过了修订后的《证券投资基金法》,新基金法于 2013 年 6 月 1 日正式实施。在原基金法的基础上,新基金法对私募基金监管、基金公司准入门槛、投资范围、业务运作等多个方面进行了修改和完善。其中,将非公募基金纳入监管范围和降低公募基金的市场准入门槛、放松相关管制是新基金法的亮点。主要修订内容包括以下部分:

(1) 适当扩大调整范围,规范私募基金运作。统一监管标准,防范监管套利和监管真空,优化机构投资者结构,将私募基金产品纳入管制范围。

(2) 以放松管制、加强监管为导向,促进公募基金向财富管理机构全面升级转型。在市场准入、投资范围、业务运作等方面为公募基金大幅解放了原来的一些限制规定;而在行为要求、监督管理和责任追究等方面加强了监管要求。

(3) 以市场化为重点,促进中介服务机构和行业自律组织的作用发挥,强化市场自我规范、自我调整和自我救济的内在约束机制。

新基金法充分体现了"放松管制、加强监管"的主导思想,为基金行业今后的发展提供了良好的法律基础。伴随修订后基金法的出台,2012 年以来监管部门出台了众多的基金业改革措施,包括修改后的《证券投资基金运作管理办法》、《基金管理公司特定客户资产管理业务试点办法》及其配套规则、《证券投资基金管理公司管理办法》及其配套规则等。这些新措施的推出,在拓宽基金公司业务范围、扩大基金投资标的、松绑投资运作限制、优化公司治理、规范行业服务行为等方面,取得了较大进展。2012 年 6 月 6 日,中国证券投资基金业协会正式成立。证券业协会中原来涉及基金业的职能部分,将划入基金业协会。

伴随法律法规的修订完善,我国基金业的制度基础得以夯实,基金业的发展环境进一步优化了,拓展了基金业改革创新的空间。截至 2013 年 7 月底,我国境内基金管理公司管理资产合计 36 981.17 亿元,其中公募基金规模 26 549.04 亿元,非公开募集资产规模 10 432.13 亿元。

在未来,我国基金份额总数还将继续增加,基金资产规模不断增长,基金产品日渐丰富,基金成为广大投资者参与社会投资、增加居民财产性收入的重要渠道,社会影响力和市场影响力日益广泛。基金的专业化服务进一步为社保基金、企业年金等各类养老金提供了保值增值的平台,为建立健全社会保障体系作出了巨大贡献。同时,作为资本市场最主要的机构投资者之一,基金的发展壮大有力地推动了资本市场新股发行询价、上市公司治理等制度改革。未来,我国公募基金将向财富管理机构全面升级转型。

我国基金管理公司、基金数目和开放式基金的发展概况如表 1.4 所示。

表 1.4　我国基金管理公司、基金数目和开放式基金的发展概况

项目＼年度	1998	1999	2000	2001	2002	2003	2004	2005	2006	2007	2008	2009	2010	2011	2012
基金管理公司数目(家)	6	10	10	15	21	34	45	53	58	59	61	60	63	66	73
基金数目(只)	5	22	33	51	71	110	161	218	307	345	438	556	704	924	1 173
其中:开放式基金	0	0	0	3	17	56	107	164	254	311	406	525	665	885	1 105
基金资产净值(亿元)	107	574	846	821	1 230	1 716	3 246	4 691	8 565	32 754	19 388	26 761	25 201	21 750	28 661
其中:开放式基金	0	0	0	118	513	854	2 437	3 869	6 941	30 390	18 673	25 522	23 908	20 421	27 248.01

说明:这里基金的数目是按照中国证监会和基金业协会的代码。2007 年以后由于分级基金等新品种出现,基金数目统计有两种口径。一种是中国证监会的统计口径,对于同一分级基金的不同子基金和同一基金但不同申购费收取模式等均是按照同一代码统计;另一种是基金公司和代销机构则对上述基金是按照不同代码处理业务,被称为普通代码,按普通代码统计则基金数目要更多。

数据来源:① 中国证券业协会.证券投资基金.北京:中国财政经济出版社,2011 年 6 月.

② 2011 年数据由于数据的可得性,实际为 2012 年 2 月底,来自 WIND 数据库。

③ 2012 年数据来自中国证券投资基金业协会网站。

图 1.5 是表 1.4 的引导内容图。

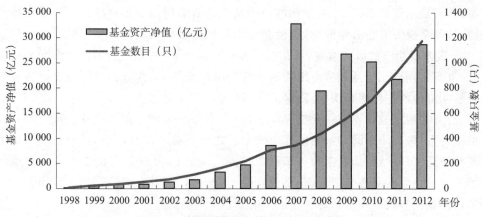

图 1.5 我国证券投资基金业的历史发展

1.6 投资基金成功的原因分析——以美国为例

在全球证券投资基金中,美国证券投资基金占据主导地位。主要表现为:一是在世界基金资产净值中,美国占 54.9%[①],因而对全球证券投资基金的发展有着举足轻重的影响;二是美国的证券投资基金运作相对规范,其中,公司型开放式基金历经 90 年左右,历史已经比较成熟,在 20 世纪 80 年代以后成为其他国家或地区学习的榜样,因此有着导向作用;三是美国金融创新层出不穷,为证券投资基金的运作提供了不断增大的市场空间和良好的市场环境。

总结美国共同基金的发展历史,主要有以下四个方面的成功原因。

1.6.1 基金业的诚信传统

美国共同基金的诚信主要体现为以下六个方面。

第一,坚定不移地遵守 1940 年《投资公司法》中的核心条款,并不断检查、维护和改进现有的核心保障制度。例如,共同基金具有强有力的治理结构特别是独立董事在投资者保护中起到了关键的作用。1999 年 3 月,美国投资公司协会又成立了一个顾问组,研究基金董事准则,以使其更好地发挥作用。并于当年发布了基金董事的最佳行为准则(Best Practices for Fund Directors)。2004 年,美国基金业的独立董事委员会成立,目的是加强基金业独立董事的作用。

第二,不断地根据最新的情况修改现有法规或制定新法规。例如,在 1998 年,美国投资公司协会在 SEC 不允许用信用卡支付基金份额方面发挥了积极的作用。投资公司协会也促使全国证券商协会采用了一条规范投资者信息共享的规则,修正了 SEC 关于关联交易的规定。

第三,坚持统一监管和保护投资者利益的监管原则。在美国国会允许共同基金公司、银行和保险公司联合的情况下,仍然确认 SEC 监管的重要地位。国会拒绝了银行监管机构对与银行联合的非银行机构包括共同基金和证券公司的全面监管权力的要求。因为银行监管的安全和稳健性导向与联邦证券法的统一投资者保护原则在目标上有很大的不同。

---

① 美国投资公司协会 2013 年报统计,全球证券投资基金资产净值 26.8 万亿美元,美国投资基金资产净值为 14.7 万亿美元,占比 54.9%。

第四,澄清未经证实的、并不存在的关于基金的负面传闻和种种推论。例如在证券市场崩溃时,基金投资者会大量赎回,迫使基金出售证券导致市场进一步下跌。通过对过去60年中历次市场崩溃的研究发现,基金投资者并非如此[①]。又如有传闻认为共同基金费用在上升,事实上,股票、债券和货币市场基金的费用都在急剧下降[②]。共同基金业通过各种研究以事实澄清这些传闻和误导,以保证共同基金业的健康发展。

第五,通过制定监管要求保证投资者在有完全信息的情况下做出投资决策。SEC 在基金业的支持下,修改了共同基金的招募说明书使之更具有可读性,SEC 还将其改革努力转移到其他披露文件上,例如股东报告和税收披露[③]。另外,大约80%的投资者或多或少地依赖第三方的建议购买基金股份,包括经纪商、银行、财务顾问、保险代理人和雇主,因此,确保销售体系能够代表投资者的利益运作也是非常重要的。

第六,基金行业对投资者进行关于基金风险和回报的持续教育,对从业人员进行职业道德教育。诚信原则在很大程度上体现在基金从业人员的日常行为中,他们不仅要理解法律的条文,还要理解遵守诚信原则的精神实质。

美国共同基金行业在过去的90年里取得了辉煌的成就,建立了一个充满了竞争的活力和投资者寄予高度信任的市场,这一切的基础是基金本身的诚信和一切从投资者利益出发的原则。

1.6.2 基金业形成统一大市场

在 1996 年以前,美国的共同基金要接受美国证券交易委员会(SEC)和各州证券委员会的双重监管,有时候州的规定和联邦的规定是互相矛盾的,这阻碍了美国统一基金大市场的形成。1996 年,基金业协会及其成员、美国国会、SEC 和各州证券委员会一致通过了《1996 证券市场改进法案》,这个里程碑式的法案撤销了单个州对共同基金的监管要求,并将共同基金的监管权完全赋予 SEC。与此同时,该法案规定州仍然可以对不当的销售行为进行处置、要求基金制作销售报告并支付注册费。这样全国范围的基金统一大市场才得以形成,这使得共同基金可以利用同一营销策略和计划,在不同法律管辖地区吸引大量潜在投资者,从而降低共同基金的销售费用,并且容易达到足够的规模,在投资组合管理、行政管理和客户服务上获得规模效益。

1.6.3 基金成为重要的退休储蓄投资工具

允许雇主发起的养老金计划(如 401(k)计划)和个人税收优惠储蓄计划(IRA 账户)以

---

① 美国投资公司协会 1996 年的一份研究报告是代表性的研究(John Rea,Richard Marcis,Mutual fund shareholder activity during U. S. stock market cycle:1944—1995,ICI perspctive.)。该文发现在股票市场大幅下降的时候,股票型基金的投资者并没有大幅度赎回。比如在 1987 年 10 月 29 日的股市下跌中,在大跌之后的 6 周中,仅有 5% 的股票型基金投资者进行了赎回。投资者主要根据股票市场的长周期进行申购赎回。

② 美国投资公司协会 2007 年的一份研究报告(fees and expenses of mutual fund 2006,ICI Research Fundmentals)发现,共同基金的费用截止到 2006 年已经下降到 1/4,这是世纪以来的最低水平。从 1980 年以来,股票和债券基金的费用(包括销售费用和运营费用)已经下降了超过 50%。

③ 这是在 1998 年完成的,美国证监会要求基金的法律文件采用通俗文字(plain English),以使投资者读懂,并加强基金的风险披露。

公募的共同基金作为投资工具,使美国共同基金业受益匪浅。共同基金是退休储蓄的理想投资工具。共同基金为养老计划的参与员工提供了广泛的选择和服务。基金提供每日报价和基金之间的转换权,使得投资者可以从一只基金转移到另一只基金。共同基金还有义务提供许多信息披露文件,如基金的招募说明书和基金年报等,并在主要的媒体上登载基金价格,使得养老计划的参与者可以方便地跟踪他们的投资。共同基金公司在提供帮助投资者做出投资决定的教育材料、信息资源和资产分配服务方面拥有丰富的经验。正是因为这些优势的存在,经过 20 年的发展,养老金已成为美国共同基金的主要投资者,大大地促进了共同基金业的发展壮大。2006 年,美国《养老金保护法》(Pension Protection Act)的正式实施,使得更多的美国人积累更多的退休储蓄,并进一步推动共同基金规模的增长。据美国投资公司协会的统计,截至 2012 年年底,投资基金占美国 DC 型养老计划资产的 57%,占个人退休账户(IRA)的 46%,均为最重要的投资对象。

1.6.4 适宜的经济环境

20 世纪 80 年代货币市场基金的引入和债券市场的发展,为共同基金投资组合的风险分散提供了良好的工具。20 世纪 90 年代美国公司的高成长和股票市场需求的发展,也为共同基金提供了成长性的投资工具,从而使共同基金资产规模不断扩大。但在 2003 年曾出现过短暂的净流出(由于当时基金业因治理问题出现信任危机),主要的资金净流出发生在 2009—2011 年以来,这主要由于全球金融危机下宏观经济的持续下降导致的,2011 年基金业虽然仍然处于资金净流出状态,但流出规模相比 2010 年已经显著减少。

图 1.6 是美国共同基金最近 20 年来的年度资金净流动(1992—2012 年)(考虑了资金流入和流出后的净增加额)的情况。

美国基金业的成功是由诸多因素造成的,核心在于美国有比较好的基金业法律体系和基金业诚信的传统,即将投资人的利益放在第一位。此外,严格而富于弹性的监管制度、提供强大股东利益保护的公司治理制度、统一开放的市场和允许公募共同基金作为退休计划投资工具的养老金立法、强大的经济实力等都极大地促进了美国共同基金业的发展壮大。

这些历史经验值得我国年轻的基金业在发展路程中进行借鉴。

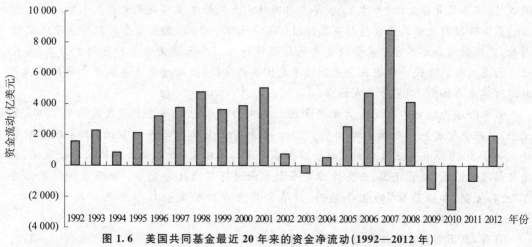

图 1.6 美国共同基金最近 20 年来的资金净流动(1992—2012 年)

资料来源:美国投资公司协会. 投资公司年报. 2007 年(第 47 版)第 17 页,2013 年(第 53 版)第 26 页.

 **本章小结**

投资基金是一种基于信托关系的实行集合投资制度的投资工具。它将众多的不确定投资者的资金汇集起来,交由专业的金融投资机构将其投资于各种金融资产,所获得的收益按出资者的比例进行分配。

投资基金的优点包括:组合投资,分散风险;专家管理;投资小,费用低;流动性强;经营稳定,收益可观。投资基金的缺点主要是:它是一种间接性的投资工具;它只能分散非系统风险;它严格受制于基金契约的规定;它的发展对一国的货币政策可能会带来一定的冲击性影响。

投资基金已成为资本市场的重要角色,它的作用具体表现在:在"储蓄—投资"的转换过程中起着举足轻重的作用;大大活跃了股票市场、货币市场和短期债券市场;货币市场基金的产生和发展推动了银行业的金融改革;资产支持债券基金加速了资产证券化的进程。

投资基金起源于英国,并在欧美地区尤其是美国得到了快速发展,主要原因在于:基金业的诚信传统、基金形成单一大市场、重要的退休储蓄投资工具、适宜的经济环境。

我国投资基金的发展依基金法规颁布和监管体系变化、基金市场的主要特征和主流基金品种的变迁等可划分为六个阶段。

第一阶段为萌芽时期(1985—1990年),主要是境外中国概念基金的发展时期。

第二阶段为老基金时代(1991—1997年),该阶段以中国人民银行作为基金业主管机关,基金没有全国性的法规规范,主要发展了79只老基金。

第三阶段为封闭式基金发展阶段(1998—2002年),这一时期及以后,明确以中国证券监督管理委员会作为主管机关。基金业发展的法律标志是《证券投资基金管理暂行办法》。基金的主流形式是封闭式基金。这一阶段我国成立了54只封闭式基金,817亿份基金单位。

第四阶段为开放式基金起步阶段(2002—2005年)。基金业发展的法律标志是2000年10月中国证监会发布并实施了《开放式证券投资基金试点办法》;2003年10月全国人大通过了《证券投资基金法》并于2004年6月实施。基金的主流形式是开放式基金。

第五阶段为开放式基金跨越发展阶段(2006—2007年)。基金业资产规模出现了急速增长,产品创新层出不穷。基金投资者队伍迅速壮大。个人成为基金投资的主力军,基金业全面进入散户时代。中国基金业加快了走出去的步伐,境外投资试点业务全面铺开。专户理财试点办法于2007年正式出台。

第六阶段为基金作为我国大资产管理行业中的核心力量一直平稳发展阶段(2008年至今)。基金管理资产规模不断增长。2012年全国人大通过了修订后的《证券投资基金法》,并于2013年6月1日正式实施。在原基金法的基础上,新基金法对私募基金监管、基金公司准入门槛、投资范围、业务运作等多个方面进行了修改和完善。新基金法充分体现了"放松管制、加强监管"的主导思想,为基金行业今后的发展提供了良好的法律基础。2012年6月中国证券投资基金业协会正式成立。

当前,我国公募基金正向财富管理机构全面升级转型。

 **本章思考题**

1. 什么是证券投资基金？投资基金与信托在法律关系上有什么异同之处？

2. 基金与股票、债券有什么联系和区别？

3. 投资基金有哪些优点和局限性？投资基金的作用主要表现在哪些方面？

4. 20 世纪 80 年代以后，投资基金在美国得到快速发展的主要原因是什么？

5. 简要叙述我国证券投资基金的发展历程与各发展阶段的主要特征。

6. 请总结 2006—2007 年以及 2008 年至今的两个阶段我国基金业发展特征和原因。你认为从这两个阶段基金发展变化的对比中，可以总结哪些经验教训？

 延伸阅读

1. 关于美国和世界基金业的现状，推荐阅读：

美国投资公司协会．2013 ICI 年报（第 53 版）．美国投资公司协会网站（http://www.ici.org/）

2. 关于美国和世界基金业的历史，推荐阅读：

马修·P. 芬克（Matthew P. Fink）．幕内心声：美国共同基金风云．北京：法律出版社，2011.

3. 关于我国基金业的发展历史，可以阅读：

中国证券业协会．中国证券投资基金业年报，2005—2012.

第 2 章　基金的基本分类

投资基金的品种繁多,从不同的角度可以进行不同的分类,并且投资基金的品种也像其他金融工具一样,有一个不断创新、不断发展的过程。本章介绍的是最常见也是最主要的基金类型分类。

2.1　合同型基金与公司型基金

2.1.1　合同型基金

按照组织形态不同,投资基金可划分为合同型基金和公司型基金。

合同型投资基金又称契约型基金[①],它是基于一定的信托契约而组织起来的信托投资制度,一般由投资者、基金管理公司、基金托管机构三方通过订立信托投资契约而建立。基金合同通常包括三个当事人。

1. 委托人/受益人

委托人是投资基金的受益凭证持有人,即基金的投资者[②]。作为自益信托[③]的投资基金来说,基金投资者既是委托人,又是受益人。他们以购买基金份额即基金受益凭证的方式加入投资基金。作为契约当事人,受益人有权参与投资收益分配。

2. 受托人之一——基金管理人

受托人之一就是基金管理人,负责对基金资产进行具体的投资运用,并和托管人签订基金托管协议。

3. 受托人之二——托管人

受托人之二就是基金托管人。托管人一般由银行或信托公司担任,负责保管信托财产。基金管理公司发起设立投资基金后,将所筹资金交给托管人保管,为的是以示公正,取信于投资者。托管人根据基金合同和基金托管协议的规定,具体办理证券和现金的保管、清算及相关的代理业务包括会计核算。

因此,合同型投资基金的三方当事人之间存在着这样一种关系:委托人依照基金合同

---

① 我国在1998年创办证券投资基金时,对于投资基金的法律定性一般称为契约型基金,表明基金是建立在契约关系的基础上,当时《合同法》、《信托法》还没有颁布实施。在2004年《证券投资基金法》中正式将"基金契约"改称为"基金合同"。因此,业界也开始将"契约型基金"改称为"合同型基金"。笔者认为,两种称呼本身在法律意义上没有差别。本书均采用合同型基金的称法。

② 基金投资者自购买取得基金份额后,即成为基金份额持有人。在基金法和基金合同等正式法律文本中,一般采用"基金份额持有人"的提法,本书对"基金投资者"和"基金份额持有人"不加区别使用。

③ 根据信托的委托人和受益人是否相同,信托可分为自益信托和他益信托。委托人和受益人一致称为自益信托,否则称为他益信托。

出于对受托人的信任将财产交予受托人,受托人之一的基金管理人运用信托财产进行投资,受托人之二的基金托管人依照基金合同和托管协议负责保管信托财产,投资者作为受益人依照基金合同享有投资收益。

合同型投资基金筹集资金的方式一般是发行受益凭证即基金证券,这是一种有价证券,表明投资人对信托投资的所有权,凭其所有权参与投资收益分配。

在境外,合同型基金依据其具体经营方式又可划分为两种类型。

(1)单位型。它的设定是以某一特定资本总额为限筹集资金组成单独的基金,筹资额满,不再筹集资金。它往往有一固定期限,到期信托契约也就解除,退回本金与收益。信托契约期限未满,不得解约或退回本金,也不得追加投资。如我国香港特区的单位信托基金就属于此类。因此,单位型基金一般就是封闭式基金。

(2)基金型基金。这类基金的规模和期限都不固定。在期限上,这类基金是无限期的。在资本规模上,可以有资本总额限制,也可以没有这种限制。基金单位价格由单位基金资产净值构成,投资者可以买价把受益凭证卖给代理投资机构,以解除信托契约抽回资金,也可以卖价从代理投资机构那里买入基金单位进行投资,建立信托契约。因此,基金型基金就是开放式基金。

目前,合同型投资基金主要分布在英国、德国、日本、韩国、东南亚地区和我国。我国内地的基金目前全部属于合同型基金。

2.1.2 公司型基金

公司型基金是依据《公司法》而成立的投资基金。即委托人发起以投资为目的的投资公司(或称基金公司),发行出售投资公司的股份,投资者购买投资公司股份、参与共同投资。投资者为基金公司股东,具有股东的所有权力,即议决权、利益分配请求权、剩余财产分配权等,而非受益证券持有人(受益证券持有人不享有股东权利,只享有利益分配权和剩余财产权利)。在公司型投资基金中,投资者通过股东大会选举董事会,对公司事务行使形式上的控制权。但事实上,投资公司本身大多不从事实际经营,而另外和专业的投资顾问商(investment consultant,一般与投资基金的发起公司有关)签订投资委托协议,雇用专业的投资顾问公司担任实际经营者,投资公司的股东(基金投资者)对投资公司的经营权力及监管有限,主要的监管权力和责任落在了投资公司的董事会身上。

目前,公司型基金主要分布在美国、英国和日本等国。各国公司型基金治理的核心是基金公司的董事会制度,其中董事会制度中通过设立特殊的角色(如美国的独立董事制度、日本的监察人制度、英国的附加董事制度等),来保证基金投资者的利益[①]。

2.1.3 合同型基金与公司型基金的比较

合同型基金与公司型基金有以下几点区别。

1.信托财产的法人资格不同。公司型投资基金具有法人资格,而合同型投资基金没有法人资格。

---

① 可参考:贝政新等.基金治理研究.上海:复旦大学出版社,2006.

2. 信托财产运用依据不同。公司型投资基金依据公司章程规定运作信托财产,而合同型投资基金依据信托契约运作信托财产。

3. 发行的筹资工具不同。公司型投资基金可以发行股票,也可以发行债券筹资。合同型投资基金发行受益凭证筹资,不得发行股票和债券。

4. 投资者的地位不同。公司型投资基金的投资者购买公司股票后成为公司股东,以股息形态取得收益,并可参加股东大会,行使股东权利。合同型投资基金的投资者购买受益凭证,是契约关系的当事人即委托人和受益人,他对资金的运用没有发言权。这是两类投资基金的区别要点。

5. 融资的渠道不同。公司型投资基金在业务顺利、资金运用状况良好情况下,当需要增加投资组合的总资产时,可以向银行借款。而合同型投资基金一般不向银行借款,必要的信贷融资会受到一定的比例限制[1]。

对于两种类型的投资基金,孰优孰劣,很难断定,因为它们各有长处。公司型投资基金的优点是具有永久性生命,不会面临解散的压力(除非发生连续巨额赎回),经营比较稳定,有利于长期发展。合同型投资基金的优点是比较灵活,可以根据不同的投资偏好来设立具有不同投资政策的基金。另外,因为合同型投资基金没有法人资格,所以合同型投资基金的设立、投资政策的确定、基金的解散等都不受公司法限制,也可以免除公司所得税负担。因此,从投资信托的大众化程度或经营上的成本高低、销售证券的难易等微观方面看,合同型投资基金优于公司型投资基金。从稳定投资、保护基金持有人利益以及运用信托资产所具备的条件看,公司型投资基金又优于合同型投资基金。所以,目前在不少国家和地区,两种形态的投资基金并存,以达到互相取长补短的目的[2]。

2.2 开放式基金与封闭式基金

根据基金单位是否可以增减,投资基金可分为开放式基金和封闭式基金。

开放式基金是指基金发行总额不固定,基金单位总数可随时增减,投资者可以按基金的报价在国家规定的营业场所申购或赎回基金单位的一种基金。开放式基金的基金单位总额是可追加或者减少的,是不封闭的,除非基金公司一段时间内主动暂停申购或暂停赎回。投资者根据市场状况和自己的投资决策,决定是否申购或赎回。

封闭式基金是指基金管理公司在设立基金时,限定了基金的发行总额,在初次发行达到了预定的发行计划后,基金即宣告成立。并且封闭式基金合同中明确规定封闭期[3],在封闭期内不再追加发行新基金单位。合同到期后,封闭式基金清盘结束,也可以修改基金合同后继续运作(如续期封闭运营或者转换为开放式基金)。

---

① 具体参见本书 17.4 节。

② 传统的契约型基金国家,如英国在 1997 年颁布《开放式投资公司法》,为开放式投资公司的产生确立了新的法律框架。日本在 1998 年 6 月颁布《金融体系改革法》,将《证券投资信托法》修改,并更名为《证券投资信托及证券投资法人法》,允许公司型基金发展。我国《证券投资基金法》并没有否定公司型基金,而是在法律的最后一条(第 102 条)规定,"设立公司型证券投资基金由国务院另行规定"。不过截至目前,我国还没有公司型的证券投资基金,但在创业投资/风险投资领域,公司型基金是很常见的。

③ 在 2007 年以前,我国传统封闭式基金多为 5 年或 15 年。2007 年以后,一些创新型封闭式基金(如封闭式债券基金和分级基金),封闭期限为 1 年、2 年或 3 年等。

2.2.1　开放式基金与封闭式基金的比较

开放式基金和封闭式基金有以下几点区别。

1. 基金规模可变性不同

封闭式基金发行上市后,在存续期内,如果未经法定程序认可,不能扩大基金的规模。而开放式基金的规模是不固定的,一般在基金设立三个月后(或更短时间内),投资者随时可以向基金管理公司申购新的基金单位或赎回已有的基金单位(行业内也称为基金"开放"或者"打开")。就逻辑而言,投资者一般会申购业绩表现好的基金,赎回业绩表现差的基金。结果业绩好的基金,规模会越滚越大,相反,业绩差的基金,会遭到投资者的抛弃,规模逐渐萎缩,直到规模小于某一标准时,甚至会被清盘[①]。

2. 期限不同

封闭式基金通常有固定的存续期,当期满时,要进行基金清盘或者转换基金运作方式(转为开放式基金),都必须经过基金持有人大会通过并经监管机构核准同意,才可以延长存续期。而开放式基金没有固定的存续期,只要基金的运作得到基金持有人的认可,基金的规模也没有低于规定的最低标准,基金就可以一直存续下去。

3. 交易价格的决定方式不同

封闭式基金在证券交易所二级市场上挂牌买卖,价格随行就市,直接受到基金供求关系、其他基金的价格,以及股市、债市行情等的影响,一般总是偏离基金的资产净值,产生基金价格和基金资产净值之间的"折价"或"溢价"现象。开放式基金申购赎回的价格,以每日计算出的该基金资产净值为基础,加上必须的申购赎回费用,这个价格不受基金市场及相关股票债券市场供求关系变化的影响。

4. 交易方式不同

封闭式基金在证券交易所挂牌上市交易,投资者可以将其所持有的基金单位转让出售给其他投资者,变现资金。而开放式基金一般不上市[②],投资者如果想买卖开放式基金,则通过向基金管理公司或者基金代销机构提出申购赎回申请,确认有效后进行基金的买卖。

5. 信息披露要求不同

封闭式基金不必按日公布资产净值,我国现行法规规定,封闭式基金只需要每周公布一次单位资产净值。而开放式基金必须在每个开放日交易结束后公布基金单位资产净值。另外开放式基金有持续营销的要求,因此必须在成立后的每 6 个月公布一次更新的招募说明书。

6. 投资策略不同

从理论上说,封闭式基金设立后,由于在整个封闭期内基金份额固定,没有资金的流进流出,基金管理人可以进行长线投资。而开放式基金随时要应付投资者的申购和赎回,特别是为了应付投资者的赎回,基金资产必须留存部分现金及流动性强的资产,以防万一出

[①]　开放式基金优胜劣汰的机制,对于我国目前的基金市场来说,并非绝对正确。一直以来,基金投资者往往会赎回业绩优秀的基金以将赢利"落袋为安",而持有亏损的基金则不愿承担损失,体现出"惧怕损失"的心理。这是行为金融学中"前景理论"(prospect theory)的典型应用。可参见本书 15.4 节。

[②]　除去目前在证券市场上上市交易的两种开放式基金:ETF 基金和 LOF 基金。

现大规模赎回乃至巨额赎回时,能够迅速变现。所以开放式基金的资产不能全部进行长线投资。在基金资产的流动性要求方面,开放式基金远远高于封闭式基金。表2.1是开放式基金与封闭式基金的比较。

表 2.1　开放式基金与封闭式基金的比较

项目	开放式基金	封闭式基金
规模	不固定	固定
存续期限	不确定,理论上可以无限期存续	确定
交易方式	一般不上市,通过向基金管理公司和代销机构进行申购赎回	上市流通
交易价格	按照每日基金单位资产净值	根据市场行情变化,相对于单位资产净值可能折价或溢价,多为折价
信息披露	每日公布基金单位资产净值,每季度公布资产组合,每6个月公布变更的招募说明书	每周公布基金单位资产净值,每季度公布资产组合
投资策略	强调流动性管理,基金资产中要保持一定现金及流动性资产	全部资金可进行长期投资

世界基金业发展的历史,就是一部从封闭式基金走向开放式基金的历史。以最为成熟的美国基金市场为例。在1940年,开放式基金资产与封闭式基金资产之比为0.73∶1。到2000年,美国开放式基金资产为69 650亿美元,封闭式基金资产为1 430亿美元,两者之比达到48.7∶1。而在2011年年底,美国开放式共同基金资产11.6万亿美元,基金数目8 684只,封闭式基金2 390亿美元,基金数目634只。基金资产之比为48.6∶1。近20年来,开放式基金和封闭式基金的相对规模变化不大,就资产净值规模看,开放式基金/封闭式基金一致维持在40～50倍。在日本,1990年以前封闭式基金占绝大多数,开放式基金处于从属地位。但20世纪90年代后情况发生了根本性变化,开放式基金资产远远超过封闭式基金资产。在我国香港、台湾地区以及泰国、新加坡、菲律宾等亚洲发展投资基金较早的国家和地区,发展之初也是以封闭式基金为主,后来逐渐过渡到两类基金形态并存,目前均处于开放式基金大规模超越封闭式基金的阶段。

2.2.2　封闭式基金仍有生存空间

开放式基金已成为国际基金业发展的主流。但是,并不能因此认为封闭式基金就必然会消失。其实作为两种本质上并无区别的投资类型,封闭式基金和开放式基金二者各有长短。在开放式基金突飞猛进的同时,封闭式基金也在发展,只是增长速度相对落后。

在开放式基金最为发达的美国,封闭式基金仍然占有重要的一席之地,而且其资产规模也在迅速增长。1996年美国封闭式基金资产达1 167亿美元,是1946年的146倍。2000年美国的封闭式基金数量为482只,资产净值为1 430亿美元。截至2011年年底,美国封闭式基金数量为634只,资产净值为2 390亿美元。21世纪后,封闭式基金仍然处于一个持续增长期,说明封闭式基金仍有开放式基金所不能替代的优势。图2.1是美国21世纪以来封闭式基金的发展概况。

可见,美国封闭式基金资产规模从2001年的1 410亿美元增长到2012年年底的2 650亿美元,增长了88%。同期封闭式基金只数从491只增长到602只,增长了23%。其间,

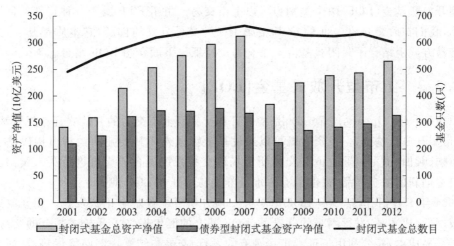

图 2.1　美国封闭式基金发展概况（2001—2012 年）

资料来源：美国投资公司协会．投资公司年报．2013 年，第 53 版．63～65.

2006—2007 年，封闭式基金获得了快速发展。在 2012 年年底，封闭式基金资产中债券基金为 1 630 亿美元，占 62％，股票基金为 1 020 亿美元，占 38％。美国封闭式基金发展的一个重要原因是债券型基金始终占据将近 2/3，这是因为美国发达的债券市场为封闭式基金提供了多样化、多层次和富有流动性的投资工具。尽管 2002 年和 2008 年以来美国证券市场整体环境比较恶劣，封闭式基金由于主要为债券基金，整体表现反而相对稳定。

封闭式基金之所以能吸引全球投资者，主要原因是在波动剧烈的市场里，它有以下几方面的优势。

1. 管理资产稳定。封闭式基金的规模一般保持固定，基金管理人不必应对基金的大量赎回或申购。而开放式基金管理人则必须应付资金流动的冲击。在证券市场低迷时，基金经理深受赎回难题的困扰。在牛市时，不断涌入的申购资金又迫使基金经理买入一些价值高估的股票。封闭式基金经理在操作时无须考虑基金申购和赎回的影响，有利于基金收益达到最大化。

2. 投资机会广泛。封闭式基金由于规模固定，不用担心赎回现象发生，所以可投资于长期低流动性的品种，包括投资于重组证券和新兴市场证券，以获取较高的收益。

3. 交易便利，流动性较好。封闭式基金通常在证券交易所挂牌交易，投资者交易方便快捷，资金的可利用效率也较高。

4. 低运作成本。封闭式基金的费用比开放式基金低，一是因为节省了为应付赎回而卖出证券所产生的交易费用，二是节省了开放式基金的大量营销费用。综合考虑各因素，开放式基金的平均运作成本比封闭式基金高。

总之，与其他国家一样，我国封闭式基金目前还远未到退出历史舞台的时候。即使在开放式基金成为主流的情况下，封闭式基金仍有其独特的优势，起到不可替代的作用。2007 年，封闭式基金在停止发行 5 年之后，我国证券市场重新开始发行封闭式基金，被称为"创新型封闭式基金"，而且创新型封闭式基金的只数和规模越来越大。（具体内容见本书第 8 章）。

除了封闭式基金可以上市之外，我国基金市场中还有交易所交易型指数基金（ETF）和上市型开放式基金(LOF)两个类别也可以上市交易。由于ETF属于一种特殊的创新型基金产品,我们在后文介绍。而LOF基金属于一种交易方式的创新,它本质是开放式基金,但在交易方式上结合了封闭式基金上市交易的特征。下面介绍LOF基金。

2.2.3 上市型开放式基金(LOF)

LOF(Listed Open-end Fund),是指在证券交易所上市交易的开放式证券投资基金,称为"上市型开放式基金"。投资者既可以通过基金管理人或其委托的销售机构以基金净值进行申购、赎回,也可以通过证券交易所市场以交易系统撮合成交价进行买入卖出。它是我国自主创新的基金产品,目前只有深圳证券交易所开办LOF业务。

2004年8月,我国第一只LOF基金——南方积极配置基金正式发行。在开放式基金交易效率低、成本高、发行困难的背景下,LOF基金的诞生提高了开放式基金的交易效率、降低了交易成本,充分利用了证券市场现有的发行、交易与结算登记网络优势,从而有利于基金的发行,适应了基金管理公司和证券交易所拓展业务的需求。

1. LOF的特点

LOF实质上是开放式基金发行方式和交易方式的创新,它的特点主要体现在以下几个方面。

(1)降低交易者交易成本,提高交易效率。LOF产品的交易成本相对低廉,持有人通过证券交易所买卖LOF基金单位的双边交易费用最高为0.5%,远低于在一级市场(银行或基金管理公司)申购和赎回的双边1.5%~2%的平均交易费用。通过证券账户,利用交易所电话、网络方式交易LOF基金等,比在银行通过面对面的柜台式服务更为方便和快捷。

(2)改变传统开放式基金"一对一"的交易模式。开放式基金上市后,投资者可以向买卖封闭式基金一样,在二级市场买卖已存在的开放式基金份额,也可以通过基金的代销或直销网点进行一级市场的申购与赎回。

(3)减轻甚至消除基金的折价问题。一旦在交易所挂牌交易的开放式LOF基金出现较高折价时,就会有套利者在二级市场上买入、经转托管后再到银行等一级市场以基金净值赎回,套利行为将减小甚至消除折价。

(4)为封闭式基金转型开放式后继续上市交易提供了模式。LOF基金为我国封闭式基金转换为开放式基金提供了转型后的运作方式,目前我国深圳证券交易所上市的封闭式基金到期转型为开放式基金后,均成为LOF基金继续留在深圳证券交易所上市。

(5)提高基金的运作透明度。LOF一旦在交易所上市后,除了像传统的开放式基金一样公布每日净值等信息外,还必须遵守交易所的信息披露规则。为了便于二级市场投资者的操作,目前LOF基金一般在每天证券交易时间内四次披露实时净值[①],这大大提高基金运作的透明度,有助于开放式基金的规范运作。

2. LOF的运作架构

由于LOF是在证券交易所上市交易的开放式证券投资基金,所以投资者在通过基金

---

① 目前各个LOF基金的实时净值披露的时间和次数存在差异。比如博时主题行业基金(LOF)在交易日公布四个时点的实时净值,四个时点分别为:9:25、10:30、11:30和14:00,投资者可以通过交易所行情揭示系统和基金公司网站进行查询。

管理人或者代销机构以基金净值进行申购、赎回的同时,也可以通过证券交易所市场以交易系统撮合成交价进行基金的买入和卖出。这样 LOF 基金就涉及场内和场外两个市场,图 2.2 表述了 LOF 的交易运作结构。

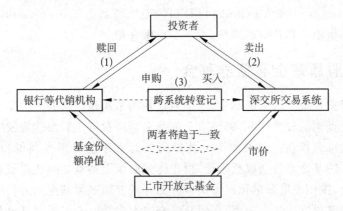

图 2.2　LOF 的交易运作结构图

图示说明:

① 投资者通过银行等代销机构以当日收市的基金单位份额申购、赎回基金份额;

② 投资者通过深交所交易系统以市价买入、卖出基金份额;

③ 投资者如需将在深交所交易系统买入的基金份额转入银行等代销机构赎回,或将在银行等代销机构申购的基金份额转入深交所交易系统卖出,需要办理跨系统转登记手续。

3. LOF 套利机制

LOF 的问世,不仅带来了基金发行方式和交易方式的创新,而且可以满足投资者不同的投资风格,为投资者带来全新的套利模式——跨市场套利。由于 LOF 既在交易所上市,又可以办理申购赎回,所以存在基金的二级市场交易价格与一级市场的申购赎回价格产生背离的可能,由此产生了套利的机会。当二级市场价格高于基金净资产的幅度超过手续费率(申购费率+市场间转托管费率+二级市场交易费率)时,投资者就可以从基金公司或代销机构申购 LOF 基金份额,再转到二级市场卖出基金份额;如果二级市场价格低于基金净资产的幅度超过手续费率(二级市场交易费率+市场间转托管费率+赎回费率)时,投资者就可以先在二级市场买入基金份额,再转到基金管理公司办理赎回业务完成套利过程。由于上市 LOF 基金的份额托管在中国证券登记结算有限责任公司的两个不同清算系统,投资者在套利过程中,必须办理市场间转托管手续。

转托管是指投资者持有的上市开放式基金的份额在中国证券登记结算有限责任公司的开放式基金注册登记系统(简称 TA 系统)、中国证券登记结算有限责任公司深圳分公司的证券登记结算系统之间的转托管。

之所以需要转托管,是因为上市基金的份额采取分系统托管原则。托管在证券登记系统中的基金份额只能在证券交易所集中交易,不能直接进行认购、申购、赎回;托管在 TA 系统中的基金份额只能进行认购、申购、赎回,不能直接在证券交易所集中交易。投资者拟将托管在证券登记系统中的基金份额申请赎回,或拟将托管在 TA 系统中的基金份额进行证券交易所集中交易,则应先办理跨系统转托管手续,即将托管在证券登记系统中的基金份额转托管到 TA 系统,或将托管在 TA 系统中的基金份额转托管到证券登记系统。

2.3 股票基金、债券基金和混合型基金

按照投资对象来划分,投资基金可分为股票基金(stock fund)、债券基金(bond fund)、混合型基金(mixed fund 或称 hybrid fund)和货币市场基金(money market fund,MMF)。其中货币市场基金由于其特殊的地位,予下节再做介绍。

2.3.1 股票基金和债券基金

股票基金是指投资于股票的基金,这是当代各国采用最广泛的一种基金形式。根据中国证监会对基金类别的分类标准,60%以上的基金资产投资于股票的为股票基金[①]。

股票基金大部分投在普通股票上。其投资目标在于追求资本利得和长期资本增值。投在普通股票上的基金叫普通股票基金,投在优先股票上的基金叫优先股票基金。投在普通股票上的基金,按照投资分散化程度又可分为一般普通股票基金和专门股票基金。一般普通股票基金分散投资于各类股票,在股票基金中占多数。专门股票基金是指把资金投资于某个部门、行业、地区或者具有某种特殊性的股票上的基金。比较典型的如大盘股票基金和小盘股票基金、行业基金、区域基金、主题投资基金、红利基金等[②]。下面是美国投资公司协会对股票基金的划分。

案例:美国投资公司协会对股票基金的划分

依据基金投资目标和投资策略的不同,美国投资公司协会(ICI)在 1998 年对美国投资基金进行了详细划分,其中股票基金分为以下几种。

积极成长型基金(aggressive growth funds):主要投资于具有资本增值潜力的小盘、成长型公司的股票。

新兴市场股票基金(emerging market equity funds):主要投资于世界上新兴地区公司的股票。

全球股票基金(global equity funds):主要投资于全球范围内(包括美国)公司的股票。

成长和收入型基金(growth and income funds):目标是兼顾长期资本增值与稳定的股利收入。为了达到这一目标,基金一般投资于那些运转良好,同时具备良好股利收入和未来成长性的公司。

成长型基金(growth funds):主要投资于具有资本增值潜力的已经运转良好的公司。这种基金追求资本增值而不是稳定的股利收入。

收入型股票基金(income equity funds):主要投资于能每年产生可观股利收入的股票。资本增值不是其投资目标。

---

① 参见中国证监会 2004 年 6 月发布的《证券投资基金运作管理办法》第 29 条规定(2012 年 6 月颁布和修订的《证券投资基金运作管理办法》保留该条)。但是对基金的进一步划分标准并没有统一规定。现实中,不同的专业评级机构对基金的划分不同于中国证监会的划分标准。比如著名的基金专业评价机构美国晨星公司对我国国内投资的证券投资基金的划分为:股票基金、激进配置型基金、标准混合型基金、保守混合型基金、激进债券基金、普通债券基金、短债基金、货币市场基金、保本基金、其他 10 类。(该划分体系始于 2011 年 10 月)其中股票基金的定义为基金资产净值中股票资产比例超过 70%。而且考核标准不是根据招募说明书,而是根据最近三年来各季度公布的基金实际资产配置比例。

② 关于股票基金的分类,主要按投资风格可以划分为成长型和价值型、大市值和小市值等。具体见本书第 14 章。

国际股票基金(international equity funds):将不少于 2/3 的资金投资于美国以外国家和地区的股票。

地区股票基金(regional equity funds):投资于世界上特定地区公司的股票,例如欧洲、拉美、太平洋地区。

部门股票基金(sector equity funds):通过投资于特定领域或行业的股票达到资本增值的目的,比如金融行业、健康医疗、自然资源、高新技术或公用事业。

由此可见,美国投资公司协会是按照基金投资的地理区域以及基金的投资风格对股票基金作进一步的细分。

债券基金是指投资于债券的基金,其规模仅次于股票基金。根据中国证监会对基金类别的分类标准,80%以上的基金资产投资于债券的为债券基金①。在债券基金中,根据资产组合的久期长短,还可以进一步分为普通债券基金和中短债基金。中短债基金的资产组合久期一般低于 3 年。另外,根据基金是否参与投资股票一级市场和二级市场,可将债券基金划分为:一级债券型基金(参与股票一级市场投资)、二级债券型基金(参与股票二级市场投资)和纯债基金(不参与股票市场投资)。债券基金是基金管理公司为稳健投资者设计的。它的投资风险是比较低的,因为不论是政府发行的债券,还是公司发行的债券,不仅要按照规定付息,而且最终还要归还本金。但是风险低的投资工具,其回报率往往也是低的,所以债券基金的期望回报率一般比股票基金低。

案例:美国投资公司协会对债券基金的划分

按照美国投资公司协会的划分,债券基金(bond fund)的种类包括以下几种。

企业债券基金(corporate bond—general fund):通过将不少于 2/3 的资金投向企业债券来谋取每年高水平的现金收入。对所持有的企业债券,它没有严格的平均到期日要求。

中期企业债券基金(corporate bond—intermediate-term fund):通过将不少于 2/3 的资金投向企业债券来谋取每年高水平的现金收入。它持有的企业债券平均到期日是 5 到 10 年。

短期企业债券基金(corporate bond—short-term fund):通过将不少于 2/3 的资金投向企业债券来谋取每年较高水平的现金收入。它持有的企业债券平均到期日是 1 到 5 年。

全球债券基金(global bond—general fund):投资于世界范围的债券,没有明确的平均到期日限制。该种基金大约有 25%的资金投资在美国本土。

短期全球债券基金(global bond—short-term fund):投资于世界范围的债券,平均到期日为 1 到 5 年,该种基金大约有 25%的资金投资在美国本土。

国债基金(government bond—general fund):将不少于 2/3 的资金投向美国国债,没有对平均到期日的严格限制。

---

① 不同机构的划分标准不同。比如基金评级机构晨星公司对我国债券基金的定义为债券投资占基金资产净值的 70%以上,而且股票投资不超过基金资产净值的 20%。其中债券基金中,股票资产占基金净值 5%以上的为激进债券型基金;股票资产占基金净值 5%以内的为普通债券型基金;仅投资固定收益资产、不投资股票,且组合久期不超过 3 年的为短债基金。

中期国债基金(government bond—intermediate-term funds):将不少于2/3的资金投向美国国债。所持有国债的平均到期日是5到10年。

短期国债基金(government bond—short-term funds):将不少于2/3的资金投向美国国债,其所持有国债的平均到期日是1到5年。

高利息债券基金(high-yield funds):将不少于2/3的资金投向信用级别较低的企业债券,以期取得每年较高的现金利息。所投资的企业债券一般是穆迪评级中等于或低于BAA级,标准普尔评级中等于或低于BBB级的债券。

抵押债券基金(mortgage-backed funds):将不少于2/3的资金投向混合抵押债券。

国家市政债券基金(national municipal bond—general funds):将绝大多数资金投向市政债券,所持有市政债券的平均到期日大于5年,该基金一般被豁免联邦所得税,但要交纳地方性税收。

短期国家市政债券基金(national municipal bond—short-term funds):将绝大多数资金投向国家市政债券,所持有的市政债券的平均到期日是1到5年。该基金一般被豁免联邦所得税,但要交纳地方性税收。

全球债券基金(other world bond funds):将不少于2/3的资金投资于国外政府和企业债券,在这种类型中,有的基金专门投资于新兴市场的国家和企业债券。

州市政债券基金(state municipal bond—general funds):将绝大部分资金投资于特定州的市政债券,所持有市政债券的平均到期日为5年以上,对于该州的居民来说,投资该种基金既豁免联邦所得税,也豁免州所得税。

短期州市政债券基金(state municipal bond—short-term funds):将绝大部分资金投资于特定州的市政债券,所持有市政债券的平均到期日为1到5年,对于该州的居民来说,投资该种基金既豁免联邦所得税,也豁免州所得税。

战略收入型基金(strategic income funds):投资于一个固定收入债券的组合,以提供较高的现金年收入。

2.3.2 混合型基金

混合型基金(mixed fund,又称hybrid fund)是指同时以股票、债券、货币市场工具为投资对象的基金。根据中国证监会对基金类别的分类标准,投资于股票、债券和货币市场工具,但股票投资和债券投资的比例不符合股票基金、债券基金规定的为混合基金。根据股票、债券投资比例以及投资策略的不同,混合型基金又可分为偏股型基金、偏债型基金、配置型基金等多种类型。偏股型基金的股票资产比例高于债券资产比例超过10%,而偏债型基金的债券资产比例高于股票资产比例超过10%。而配置型基金则是混合基金中最有特色的一种品种①。

---

① 基金评级机构晨星公司将我国的混合基金分为激进配置、标准混合和保守混合三类。激进配置和标准混合的固定收益资产占基金净值的比例均小于50%(类似于偏股型),保守配置基金的固定收益资产占基金净值的比例不小于50%(类似于偏债型)。不过激进配置型基金的股票资产比例常常超过70%。具体可参见本书第19章关于晨星基金评级内容。另外,本书第3章所介绍的生命周期基金亦可以视为一类混合型基金。具体关于基金资产配置设计及其调整的方式,请见本书第11章"资产配置"。

配置型基金,又可称为资产灵活配置型基金,属于混合型基金的一种。它可以投资于股票、债券及货币市场工具以获取高额投资回报,其最大的特点在于,基金可以根据证券市场情况显著改变资产配置(asset allocation)比例,即进行积极主动的择时交易(market timing),投资于任何一类证券的比例都可以高达 95%(需保留至少 5% 的资产为货币类资产)。配置型基金因此具有两个主要优势。

(1) 最低成本实现资产配置调整。配置型基金管理人根据市场状况,灵活进行基金资产对股票、债券、现金的投资比例调整,对于基金投资者而言,相当于主动进行了资产配置的调整。

例如,当债券市场上涨时,投资者可以选择伞型基金下的债券型子基金,也可以选择投资配置型基金,因为此时配置型基金资产配置中债券投资的比例增大。经过一段时间,股票市场看好,如果起初投资的是债券子基金,投资者只有通过将子基金转换为股票型基金,不过需要支付转换费用。但是如果投资者初始投资的是配置型基金,则不需要支付任何费用就可转换为股票投资,因为此时基金经理已经根据市场状况增大了股票投资比例。

(2) 可较大程度获取证券市场投资收益。基金管理人充分利用专业优势对股票、债券等大类资产进行配置,股票市场存在投资机会时则扩大股票投资的比例,较大程度获取股票市场收益;当债券市场存在投资机会时则加大债券投资比例,以获取债券市场的较大收益。通过基金管理者的市场时机选择,较大程度上获取证券市场投资收益。

2003 年以来,我国开放式基金市场上就出现了不少灵活配置型基金,最初主要由几家中外合资基金管理公司推出,如华宝兴业基金管理公司"宝康系列基金"下的"宝康灵活配置子基金"、国联安基金管理公司的"德盛稳健证券投资基金"、海富通基金管理公司的"海富通精选证券投资基金"等。目前配置型基金已经是国内基金市场中非常普遍的类型。灵活配置基金的关键在于判断基金依据什么因素进行大类资产的调整。如宝康灵活配置子基金针对我国证券市场系统风险大、波动性大的特点,注重"时机选择"、"仓位与时间的二维管理",是国内第一只"选时基金"。下面我们以宝康灵活配置基金为例分析配置型基金的特征。

案例:配置型基金的产品特征——宝康灵活配置基金

(1) 投资目标

规避系统风险,降低投资组合波动性,提高投资组合的长期报酬。

(2) 投资理念

把握市场特点,灵活配置资产;稳健投资,追求卓越回报。

(3) 核心概念

由于本产品设计原理较为独特,首先扼要介绍本产品的核心概念。本产品有三个核心概念。

① 市场价值中枢

本基金认为市场价格运动总是处于偏离均衡——回归均衡——再偏离均衡——再回归均衡的动态过程之中,市场自身存在纠正偏差、回归均衡的力量,这种均衡位置即为市场价值中枢。本基金以市场一段时间内经过成交量加权的指数均值作为市场价值中枢的定量指标。

② 仓位和时间的二维管理

本基金强调时间概念的重要性，认为资本固有其时间价值，亦有其时间风险，应把时间与资本一起纳入投资管理的范畴，进行相关的仓位和时间的二维管理，以动态尺度衡量资本运作的成本和收益，摒弃单一资本存量的传统静态观念，控制持有较高风险资产的时间，实现时间利用上的以小博大。本基金在资产灵活配置和风险控制等投资管理环节使用仓位和时间的二维管理。

③ 股票投资时机预警系统

本基金在灵活配置资产的决策和投资过程中，将参考客观、量化的股票投资时机预警系统。它是对历史数据进行加工整理并进行统计分析得来的，其基本原理是：在市场短期价值中枢偏离长期价值中枢，达到显著性水平，即发生小概率事件水平时，发出买卖股票预警提示。

④ 设计原理

针对我国证券市场波动性较大的特点，本产品总体上采取资产灵活配置策略，通过量化辅助工具(股票投资时机预警系统)及研究支持，结合自身的市场分析，对相关资产类别的预期收益进行动态监控，适时作时机选择，在一定市场阶段可显著改变资产配置比例。通过债券市场投资获取较稳定收益，并把握股市重大投资机会，获取超额回报。

⑤ 投资范围

本基金的投资对象为具有良好流动性的金融工具，主要包括国内依法发行、上市的股票、债券以及经中国证监会批准允许基金投资的其他金融工具。债券投资方面，主要投资交易所和银行间债券市场上的各类债券，包括国债、金融债、企业债、可转债等。股票投资方面，主要投资对象为上证180指数、深圳100指数的成分股。

⑥ 投资策略

采用资产灵活配置策略，以债券投资为基础，并把握股市重大投资机会，获取超额回报，同时执行严格的投资制度和风险控制制度。

本基金通过量化辅助工具及研究支持，结合自身的市场分析，对相关资产类别的预期收益进行动态监控，在一定阶段可显著改变资产配置比例。同时通过仓位与时间的二维管理，控制风险，增加赢利。

债券投资采取稳健的投资策略，所构建的投资组合将跟踪市场久期，并根据对市场利率的预期进行主动调整，使组合久期适度偏离。股票投资方面，以指数化投资分散非系统风险，增强流动性，并通过三层复合保障措施严格控制其投资风险：只有当股票投资时机预警系统发出买卖股票提示时，才开始考虑或进行股票市场指数化投资；同时通过仓位与时间的二维管理，控制持有高风险资产的时间；并以风险预算管理为"安全气囊"确保基金本金安全，追求卓越回报。本基金组合投资的基本范围为：债券20%～90%；股票5%～75%；现金5%以上。

⑦ 基金类型

开放式资产灵活配置型基金。

资源来源：宝康系列基金招募说明书。

2.4 货币市场基金

货币市场基金(money market fund,MMF)的投资对象主要是短期国库券、政府机构债券、中央银行票据、金融债券、债券回购、同业拆借、银行承兑票据、银行定期存款单和商业票据等流动性强的货币市场品种,故被称为货币市场基金。货币市场基金的特点如下。

(1) 资产净值固定不变,通常是每份基金单位净值 1.00 元。投资基金的收益用于再投资,通过投资收益的不断累积,投资者拥有的基金份额不断增加。衡量货币市场基金表现好坏的标准就是收益率,这与其他基金以净资产价值增值获利不同。

(2) 安全性高。主要源于货币市场是一个风险低、流动性高的金融市场。同时货币市场基金的投资组合平均期限一般为 3～6 个月(目前我国法规限制在 180 天内),因此投资风险较低。

(3) 流动性好。投资者赎回基金单位的资金到账时间短。我国货币市场基金的赎回资金到账一般为 $T+2$ 日,即 T 日申请赎回,2 个工作日后赎回资金就可以到达投资者的银行账户。当前一些货币基金达到 $T+1$ 日、甚至 $T+0$ 日[①]。因此,货币市场基金的高安全性、高流动性,使得货币市场基金具有"准储蓄"的特征。

(4) 费率低。货币市场基金通常不收取认购、申购、赎回费用,并且管理费率、托管费率也较低。目前我国大部分货币市场基金的年管理费率为 0.33%,托管费率为 0.1%。而一般股票基金的年管理费率和托管费率分别为 1.5% 和 0.25%。

(5) 相对于短期银行储蓄存款(活期甚至一年期存款)利率,基金收益率高。货币市场基金一般是在利率高、通货膨胀率高的经济环境中诞生的,目的是获取高于短期银行储蓄的收益率。货币市场基金最初产生于美国,起因就是由于金融机构间大额存款的利率远远超过普通银行储蓄存款利率。货币市场基金的产生为普通投资者的零散资金提供了参与货币市场分享较高市场资金收益率的机会。

货币市场基金的资金流入与货币市场基金和银行存款的二者利率差异有紧密的关系,这已经被美国货币市场基金的历史所证明。在 20 世纪 90 年代后,美国市场上机构和个人投资货币市场基金的资金净流入一直在增长,表明越来越多的机构使用货币市场基金作为现金管理工具。而个人也越来越将富余的短期流动性资金交给货币市场基金进行理财。

案例:美国投资公司协会对货币市场基金的划分

根据美国投资公司协会的划分,货币市场基金(money market funds)分为如下几种。

国家免税货币市场基金(national tax-exempt money market funds):通过投资短期市政债券来获得免联邦税收的现金收入。

州免税货币市场基金(state tax-exempt money market funds):主要投资于短期的州市政债券,对该州的居民来说可以豁免联邦和州的所得税。

应税货币市场政府担保基金(taxable money market—government funds):主要投资于

---

① 2013 年以来,我国货币市场基金纷纷开通 $T+0$ 快速取现业务,当日申请赎回,当日即可取现金使用,一般有一个额度上限如 5 万元等。这实际上是基金管理公司提供了 2 日的贷款,投资者以放弃赎回当日的基金收益为代价获取了流动性。

短期国债及其他有政府、政府机构、政府部门担保的短期金融工具。

应税货币市场非政府担保基金(taxable money market—non-government funds):投资于多种货币市场工具,包括银行可转让大额存单、商业票据、银行承兑汇票等。

2.4.1 我国货币市场基金的发展

我国货币市场基金诞生于 2004 年年初,至今为止,已经显示出巨大的成长空间。货币市场基金产生和发展的主要原因如下。

第一,"利率双轨制"是产生货币市场基金的根本原因。我国目前资金的市场利率和居民银行储蓄存款法定利率之间,仍然存在着一定的利差,客观上的利率双轨制决定了投资者对货币市场基金的接受程度。在 2013 年,我国银行的一年期储蓄存款基准利率为 3%,活期存款利率为 0.35%,同期货币市场基金年化收益率一直维持在 3%~5%,相对于活期乃至一年期储蓄存款利率的优势十分明显。就流动性而言,货币基金对活期储蓄的利差决定了货币市场基金对活期储蓄具有较强的替代性。

第二,我国居民储蓄和企业存款持续快速增长,存款结构中活期存款的比例不断上升。企事业单位和居民一般存款活期化趋势明显,金融机构的资金来源短期化。居民活期储蓄和企业活期存款的增长率从 2001 年下半年开始持续高于定期存款,这反映了居民和企业对未来不确定性支出的预期提高,因而选择保留更多的现金①。但是,在货币市场基金出现之前,我国居民缺少一个既有一定收益率,又具有低风险、高流动性特征的投资产品。货币市场基金的出现满足了投资者的需求。

第三,货币市场容量和交易量迅速上升,为货币市场基金运作提供了客观条件。我国中央银行为实行公开市场业务操作需要,从 2003 年开始主动发行中央银行票据,2005 年企业短期融资券以及超短期融资券市场形成,2009 年企业中期票据市场以及企业债市场扩容,极大地增加了货币市场容量。与此同时,我国债券市场上的回购交易量也在迅速增加。据中国货币网统计,2013 年上半年,包括同业信用拆借、债券回购在内的交易量为100.1 万亿元,包括央行票据、国债、政策性金融债、短期融资券、中期票据在内的交易量为32.4 万亿元②。

第四,货币市场基金与股票基金的转换功能,可以发挥"资金停车场"(parking fund,西方资本市场中给予货币市场基金的别名)的功能。投资者可以在一家基金公司的股票等基金产品与货币市场基金之间进行转换,实现对证券市场进行择时及资产配置的需要。基金公司为投资者提供了流动性管理工具,有利于吸引并留住投资者,并完善基金公司的基金产品线。

第五,货币市场基金的支付功能。通过货币市场基金与信用卡账户、借记卡账户等银行账户建立关联关系,实现用货币市场基金支付信用卡欠款、公用事业缴费、支付网络购

---

① 据中国人民银行《2007 年二季度中国货币政策执行报告》,截至 2007 年 6 月末,金融机构居民户储蓄存款余额达到 17.3 万亿元,其中活期存款比重为 37.6%,活期存款同比多增 404 亿元,定期存款同比少增 6 343 亿元。企业存款余额 14 万亿元,企业存款中活期存款比重为 66.1%。金融机构存在资金来源短期化、资金运用长期化的期限匹配问题。

② 可参见中国货币网(http://www.chinamoney.com.cn/fe/Info/6229720)。

物、自动申购等功能,使得货币市场基金具有一定的货币交易媒介功能。

案例:货币市场基金的支付功能

国外货币市场基金账户可以开出支票,因此货币基金具有了货币的支付功能。比如美国的货币市场基金兼具银行储蓄和支票账户的功能,投资者可以根据货币市场基金账户余额开出支票用于支付,并且可以在自动取款机(ATM)上从货币市场基金账户中提取现金。国内近年货币市场基金的发展也具有了一定的支付功能和流动性管理功能。

2005 年 12 月,中信银行与南方基金之间合作开发了中信南方联名信用卡。客户以持有的南方货币基金份额作为个人资信证明之一,办理信用卡申请。另在用卡过程中,如客户需要临时提升信用额度,客户持有的基金份额将成为重要依据。通过信用卡账户与基金账户的关联,在还款日将自动赎回与信用卡欠款相应的基金份额,并将资金自动转账至客户的信用卡账户实现还款。

2006 年 5 月,融通基金管理公司与民生银行的合作推出了融通易支付货币基金,支付功能得到了拓展,货币市场基金具有了自动申购、自动赎回、自动赎回还款等多项功能。通过民生银行可以用融通货币市场基金来支付房贷按揭贷款、水电煤气费、通信费和物业管理费等日常生活中常见的各种固定支出。需要的手续很简单,投资者只需将每月工资存入民生银行,同时签个自动申购、赎回还款协议就可以了。"易支付"货币基金首次实现了投资者将基金份额转化为还款账户资金进行支付的服务功能,是货币市场基金功能的一大突破。

2006 年 7 月,交通银行与博时基金公司合作。2006 年 9 月,中国工商银行与九家基金管理公司的货币基金合作推出"利添利"账户等。2008 年以后,我国多家基金公司与银行均开通了各种合作关系。这些银行与基金公司的合作创新主要是实现银行借记卡资金与货币市场基金的自动申购、自动赎回(即客户确定借记卡中预留额度,当借记卡中金额超过预留额度,多余资金即自动申购货币基金;反之当借记卡中金额低于预留额度,即赎回货币基金进入借记卡中),对客户的流动资金进行管理,提高资金收益率。

2013 年,以华安基金公司为代表的部分货币基金开通了网络购物支付功能,投资者在华安直销平台上购买的华安现金富利货币基金(货币通),可以直接用于部分网站(如购买航空公司机票)的网上购物支付。而 2013 年 7 月,著名的阿里巴巴网站的网上第三方支付平台——支付宝——开通了所谓"余额宝"业务,实质就是用支付宝的余额进行购买货币基金的行为,目前仅有天弘货币基金一只可供支付宝账户购买。货币市场基金的支付功能部分案例如表 2.2 所示。

表 2.2　货币市场基金的支付功能的部分案例

合作方	南方基金与中信银行	融通基金与民生银行	嘉实基金与中国银行	博时基金与交通银行	华安、南方、广发等货币基金与工商银行
卡类型	信用卡	信用卡、借记卡	信用卡	借记卡	借记卡
账户关联	信用卡与基金账户	信用卡、借记卡与基金账户	信用卡与基金账户	借记卡与基金账户	借记卡与基金账户
自动申购	×	√	×	√	√
自动赎回	×	×	×	√	√

续表

合作方	南方基金与中信银行	融通基金与民生银行	嘉实基金与中国银行	博时基金与交通银行	华安、南方、广发等货币基金与工商银行
自动赎回消费还款	√	√	√	×	×
自动赎回水电等公用事业缴费	×	√	×	×	×
特点	实现自动还款功能	业务功能最完善	实现自动还款功能	实现自动申购与额度预留功能	实现自动申购与额度预留功能

注释:表中√表示具有此项功能,×表示不具有此项功能。

自 2003 年年末第一支货币市场基金华安现金富利基金诞生以来,2004—2005 年我国货币市场基金经过了起步和迅猛发展的扩张阶段。2006—2007 年的股市牛市行情、货币市场基金监管制度日益规范严格等,货币基金被大量赎回,基金规模大幅缩小。在 2008 年西方金融危机爆发、我国股市出现巨幅下跌,货币市场基金作为避风港,规模回升并接近4 000亿份。2011 年下半年以来,随着经济增速下调和降息预期,货币市场基金的收益率持续维持在较高水平,显著超越了同期的一年期银行储蓄利率,货币基金规模上升,获得了新的快速发展。2012 年,随着短期理财类货币基金的出现,货币基金数量和规模都出现了迅速增长。

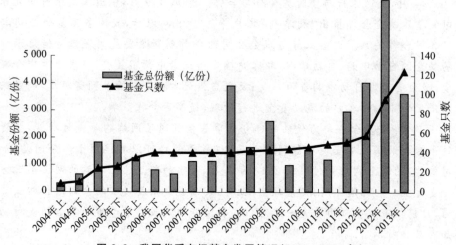

图 2.3　我国货币市场基金发展情况(2004—2013 年)

注:表中统计口径是根据中国证监会的规定,同一货币基金的不同 A/B 类别是按照同一只基金计;货币基金也包含了 2012 年下半年以来的短期理财类基金。

数据来源:根据 WIND 金融资讯数据库资料整理。

知识拓展:货币市场基金在美国的诞生与发展

货币市场基金诞生于美国,在美国的运作也最为成功。

根据美国证券交易委员会的定义,货币市场基金是按照法律规定投资于低风险证券的一种共同基金。它们将其净资产价值保持在固定的每份 1 美元,投资收益只通过赎回、可以开支票支取金额。

美国货币市场基金可以分为两类。

纳税货币市场基金。这种基金主要投资于到期时间在 90 天之内的短期、高等级货币市场证券。纳税货币市场基金又分为政府型纳税货币市场基金和非政府型纳税货币市场基金。前者主要投资于美国的政府债券和其他与政府担保的金融产品,后者主要投资于商业票据、大额可转让存单等非政府的货币市场工具。

免税货币市场基金。这种基金同样投资于平均到期时间在 90 天内的政府证券。但它们可以不交联邦税,有时还可以免除州及地方税收。免税货币市场基金可以分为投资美国各个地方政府发行的短期证券的全国免税货币市场基金和主要投资于某一州政府发行的短期证券的特定州免税货币市场基金。

由于两者的投资战略不同,它们所吸引的投资者也不同,增长模式也不相同。我们这里重点分析一下最有代表性的纳税货币市场基金。

1. 1970 年——设立首只货币市场基金

美国第一只纳税货币市场基金是由布鲁斯·本特(Bruce Bent)和亨利·布朗(Harry Browne)于 1970 年发明的储备基金(reserve fund)[①]。他们俩在 1968 年创立了自己的投资银行,需要吸引存款,当时市场利率攀升到 8%,达到了自南北战争以来的最高水平,但是《联邦银行法》Q 项条例把银行存款利率限定在 5.25%,显然没人愿意将钱存入他们的银行。为了吸引储户,支付利率必须高于 5.25%,银行只有采用不受 Q 项条例限制的定期存单(CDs),而定期存单的最低金额为 10 万美元,这是一般储户难以达到的。于是,本特和布朗想到当时已存在的共同基金,具体办法就是通过共同基金将小额存款聚集起来,购买 10 万美元的大额存单,然后把较高的利息分给中小投资者。为了与银行储蓄存款竞争,这种基金必须按日计算并偿付每日红利。1970 年 1 月 7 日的《纽约时报》详尽介绍布朗和本特发明的共同基金,到 2 月份,他们俩已经吸收到 100 万美元的存款。到 1973 年年末,他们的基金首次达到了 1 亿美元,到 1974 年又达到了 5 亿美元。这项储备基金成为了美国第一个货币市场基金。

2. 1971—1982 年——货币市场基金取代储蓄存款

由于货币市场利率高于 Q 项条款所规定的储蓄存款利率上限,纳税货币市场基金经历了 1974 年到 1975 年年初的高速增长期。到 1975 年年中,纳税货币市场基金资产已将近 40 亿美元,此后在 30 亿~40 亿美元间徘徊,直到 1977 年年末。在 20 世纪 70 年代末期和 80 年代初期,货币市场利率远远高于存款机构的利率上限,代表货币市场利率的美国联邦基金利率通常保持在两位数,甚至一度高达 20%,而银行存款利率维持在 5%,于是纳税货币市场基金得到爆炸性增长。从 1977 年年末到 1982 年 11 月,纳税货币市场基金资产由 40 亿美元猛增到 2 350 亿美元。

[①] 该基金在历史高峰时期的 2007 年 8 月,规模约为 700 亿美元,是美国规模最大的货币基金。但是仅过一年,2008 年 9 月以雷曼事件为代表的美国金融危机爆发了,由于储备基金持有占基金资产净值达 3% 的雷曼公司发行的债券品种,导致净值巨额损失,跌破面值,并引发投资者的恐慌性赎回,基金被迫关闭并推迟支付,9 月底该基金宣告清盘。可参见本书后文的案例。

3. 1983—1992 年——与货币市场存款账户的竞争

为了应付存款机构存款大量流失的现象,美国国会于 1982 年 12 月授权存款机构提供一种不受利率上限约束的账户——货币市场存款账户(Money Market Depository Account,MMDA)。一个月后,存款机构反管制委员会授权设立另一个产品——可转让支付命令(Negotiable Order of Withdrawal,NOW)。许多银行开始提供货币市场存款账户,其收益率高于纳税货币市场基金,导致从 1982 年 11 月到 1983 年年末纳税货币市场基金资产下降了 1 670 亿美元。1983 年 8 月,货币市场存款账户的平均收益率降到纳税货币市场基金以下,于是,1984 年年初纳税货币市场基金有所回升。到 1986 年年中纳税货币市场基金的资产已回到 1982 年年末的水平。从 1986 年到 1991 年,纳税货币市场基金的利率持续高于货币市场存款账户,因而它以每年 15% 的幅度迅速增长。1992 年年末,纳税货币市场基金数量达到 563 个,总资产为 4 520 亿美元,股东账户数超过 2 000 万个。

1984—1991 年纳税货币市场基金的迅速增长,不仅是其相对较高收益率的结果,还有一个原因:在此期间,证券经纪业务和共同基金行业获得了迅速发展(除了货币市场基金,其他共同基金的资产从 1983 年年末的 1 130 亿美元上升到 1992 年的 10 560 亿美元)。投资者将货币市场基金当作即将投资于长期金融资产(股票和债券)的现金储备的"停泊港"(parking fund)。他们经常将货币市场基金股份转换为同一共同基金集团内其他类型基金的股份。而且,货币市场基金通常是大型证券经纪公司提供的现金管理账户的核心内容。

4. 1993—2001 年——迅速发展期

20 世纪 90 年代下半期货币市场基金的收益持续地高于储蓄存款利率,使货币市场基金得到迅速发展。1994 年后,货币市场基金每年的平均收益率比储蓄存款高 2.5%。这个较高的利差刺激个人投资者将其短期资产转换为货币市场基金。2000 年年末,家庭短期资产的 22% 是以货币市场基金的形式存在的,比 1990 年上升了 11%。从 1994 年到 2000 年,家庭持有货币市场基金的比例由 10% 上升到 24%。

而且,企业越来越多地将货币市场基金作为一种现金管理工具。1990—2000 年,企业持有的货币市场基金资产(不包括金融机构)从 260 亿美元上升到 2 190 亿美元,年均增长率为 24%。相应地,货币市场基金在企业短期资产的比重由 1990 年的 9% 上升到 2000 年的 29%。其中的原因是,公司开始偏好将共同基金作为现金管理工具,而不再直接持有流动性证券。通过持用货币市场基金,这些公司得到了基金提供的规模经济收益,这是企业内部流动资产管理无法达到的。

5. 2002—2008 年——规模缩小到重新上升

由于美国短期资金利率在 2002 年、2003 年持续下降,利率水平已经处于 1958 年以来的最低水平,货币市场基金的收益率已经开始低于银行存款利率。因此,投资者开始减少对货币市场基金的投资。在 2002 年,货币市场基金当年净流出资金 460 亿美元,在 2003—2004 年,货币市场基金收益率继续低于银行提供的货币市场账户收益率,货币市场基金在两年里资金净流出。而 2005 年后,货币市场基金收益率开始超越银行的货币市场账户收益率,到 2006 年,二者差异达到了 4% 的水平,几乎是 20 世纪 90 年代以来的最高差异水平,货币市场基金又获得了大量净资金流入①。

6.2009—2012 年——货币基金发生危机并产生改革需求

具体情况详见图 2.4、图 2.5。

(见后文知识拓展)

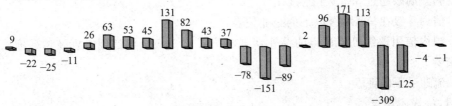

图 2.4　美国货币市场基金资金净流入——个人客户(1990—2012 年)单位:10 亿美元

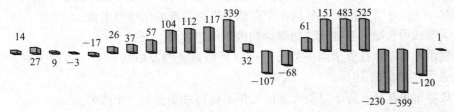

图 2.5　美国货币市场基金资金净流入——机构客户(1990—2012 年)单位:10 亿美元

资料来源:美国投资公司协会网站(http://www.ici.org/stats/mf)及美国投资公司协会 2007 年报和 2013 年报。

2.4.2　货币市场基金的投资对象与风险控制

根据我国《货币市场基金管理暂行规定》等法规规定②,目前我国货币市场基金能够进行投资的金融工具主要包括:

(1) 现金;

(2) 1 年以内(含 1 年)的银行定期存款、大额存单;

(3) 剩余期限③在 397 天以内(含 397 天)的债券;

(4) 期限在 1 年以内的债券回购;

(5) 期限在 1 年以内的中央银行票据;

---

① 根据美国投资公司协会的分析,在货币市场基金资金净流入与货币基金与银行的货币市场存款账户的二者利差之间,存在着显著的正相关性,即正向利差越大,货币基金表现为大量净申购,资金流入;利差越小或负利差,货币基金则表现为净赎回,资金流出。这个规律已经存在了近二十年。参见美国投资公司协会 2013 年报,第 39 页。

② 主要包括中国证监会颁布的《货币市场基金管理暂行规定》(2004 年 9 月),《关于货币市场基金投资等相关问题的通知》(2005 年 3 月),《关于货币市场基金投资短期融资券有关问题的通知》(2005 年 9 月),《关于货币市场基金投资银行存款有关问题的通知》(2005 年 12 月)等。

③ 对固定利率债券来说,剩余期限就是债券的剩余到期日。对于浮动利率债券来说,剩余期限就是到下一个利率调整日的期限。所以,浮动利率债券的剩余存续期(即债券到期时间)长于剩余期限。

(6) 剩余期限在 397 天的资产支持证券。

货币市场基金不得投资于以下金融工具:

(1) 股票;

(2) 可转换债券;

(3) 剩余期限超过 397 天的债券;

(4) 信用等级在 AAA 级以下的企业债券;

(5) 国内信用评级机构评定的 A-1 级或相当于 A-1 级短期信用级别及该标准以下的短期融资券;

(6) 流通受限的证券。

同时,法规还规定:

(1) 组合平均剩余期限在每个交易日均不得超过 180 天。

(2) 除巨额赎回情况下,债券正回购的比例不得超过 20%。

(3) 剩余期限小于 397 天但剩余存续期超过 397 天的浮动利率债券的投资比例控制在资产净值 20% 内,并禁止投资一年期定期存款利率为基准的浮动利率债。

(4) 买断式回购融入基础债券的剩余期限不得超过 397 天。

(5) 货币市场基金投资于同一公司发行的短期融资券及短期企业债券的比例合计不得超过基金资产净值的 10%。

(6) 货币市场基金投资于定期存款的比例不得超过基金资产净值的 30%。

(7) 限制货币市场基金与其管理人的股东进行交易,防止基金通过其关联方的配合操纵收益。

所有这些规定,是为了防范货币市场基金可能面临的利率风险、信用风险、流动性风险等。具体而言,货币市场基金的风险可以阐述如下。

(1) 利率风险。当货币市场基础利率大幅度提高以后,货币基金持有的债券价格面临着下跌风险,特别是一些到期日较长的债券。而且不同金融资产之间的比价关系发生了变化,如储蓄存款利率上升后,货币基金的相对优势下降。

(2) 流动性风险。如果利率大幅度提高以及出现大额赎回、巨额赎回或连续大额赎回,投资者将面临流动性风险。这主要是基金为应付赎回而被迫出售债券资产或提前提取定期存款,导致基金收益受损。

(3) 跨市场投资的资金分流风险。由于货币市场基金是对活期存款、新股投资资金等低风险资金的投资替代,也是资金的暂时"停车场"。当新的低风险或无风险投资机会出现的时候,会分流货币市场基金的资金。或者当股票市场出现系统性牛市的时候,也会大量转移货币市场基金的资金。比如,2005 年我国由于证券市场股权分置改革而暂停新股发行,大量的低风险资金进入了货币市场基金,而 2006 年 5 月以后,新股发行重新启动。结果 2006 年二季度,货币市场基金被净赎回的份额就超过了 1 000 亿份。(可参见图 2.3)

(4) 信用风险。货币市场基金投资的企业短期融资券缺乏担保,客观上存在信用风险①。

---

① 企业短期融资券的偿付违约可能给货币基金带来信用风险。一个例子是在 2004 年,因福禧投资为上海社保案的相关涉案主体,福禧投资发行的福禧短期融资券产生偿付风险。南方基金公司将旗下货币基金的持有福禧短期融资券置换出来,由基金管理公司持有,从而避免了货币基金的可能损失。

(5) 违规操作风险。货币市场基金经理为提高基金收益率,可能进行违反有关投资监管规定的操作。

因此,我国货币市场基金的风险较低,但并非没有投资风险。具体在分析货币市场基金风险指标方面,主要有以下分析指标。

(1) 组合平均剩余期限。组合平均剩余期限越短,基金的利率风险越低,当然收益率一般也较低。目前我国法规要求货币基金投资组合的平均剩余期限在每个交易日均不得超过 180 天。有的货币基金可能在基金合同中做出更严格的规定,如组合平均剩余期限不得超过 90 天等①。因此,在比较不同货币市场基金收益和风险的时候,应考虑基金组合平均剩余期限。对于单只货币基金,要特别注意其组合平均剩余期限的变化情况,以及各期间资产剩余期限的分布情况。

基金组合的平均剩余期限的计算公式为:

$$(\sum 投资于金融工具产生的资产 \times 剩余期限 - \sum 投资于金融工具产生的负债 \times 剩余期限 + 债券正回购 \times 剩余期限)/(投资于金融工具产生的资产 - 投资于金融工具产生的负债 + 债券正回购)$$

(2) 杠杆融资比例。一般情况下,货币基金负债融资比例越高,基金潜在的收益率越大,但风险也相应增加。目前我国法规规定,除巨额赎回情况下,债券正回购的比例不得超过 20%。因此,在比较不同货币市场基金收益率的时候,应同时考虑基金同期的财务杠杆融资比例。

(3) 浮动利率债券投资情况。货币市场基金可以投资于浮动利率债券,浮动利率债券的剩余期限小于 397 天,但剩余存续期往往很长,甚至长达 10 年。因此,浮动利率债券在利率风险、流动性、信用风险、收益率等方面与同样剩余期限的固定利率债券存在着显著差异。在判断基金组合剩余期限分布时,必须充分考虑基金投资于浮动利率债券的情况。

以下为美国货币市场基金在 2008 年金融危机以来所发生的流动性风险,这说明货币市场基金面临着改革的压力。

案例:2008 金融危机中美国历史最悠久货币基金的清盘

2008 年 9 月 16 日,美国历史最悠久的货币市场基金由 The Reserve 公司管理的(Primary Fund,RPF 基金),因被迫核销持有的 7.85 亿美元雷曼债券,基金单位净值跌至 0.97 美元。货币市场基金跌破 1 美元净值的情况,在其几十年历史上罕有发生,市场信心因此近于崩溃。不幸的是,我国的国家主权财富基金——中国投资有限公司(下称中投公司)持有约 54 亿美元的 Primary Fund,为该基金最大的投资者,突然也面临着可能巨大损失的局面。

美国东部时间 9 月 15 日一早,雷曼兄弟破产的消息一经公布,全球金融市场的投资人立刻进入紧急状态。

中投公司得知 Primary Fund 持有雷曼相关债券后,于美国东部时间 9 月 16 日早晨通过传真形式向 The Reserve 发出了全部赎回的交易指令。当天下午,中投公司得到了 The Reserve 通过电子邮件发回的确认。当天晚上,The Reserve 公司发布公开声明,承诺在美

① 如上投摩根基金管理公司旗下的货币基金明确规定基金的组合平均剩余期限不超过 90 天。

国东部时间 9 月 16 日下午 3 时以前申请赎回的资金,仍将按 1.00 美元进行偿还;在此时点后的赎回将按照新确定的资产净值——9 月 16 日当日公布的资产净值 0.97 美元进行赎回操作,即本金损失 3%。

从 9 月 16 日下午起,The Reserve 很快被随之而来的赎回大潮淹没。由于根本无法完成如此巨额的赎回,The Reserve 不得不向美国证监会(SEC)申请暂时冻结赎回。这也触发了整个货币市场投资者的信心危机,一时间,赎回指令涌入各货币市场基金。在 9 月 16 日后的几天内,超过 1 500 亿美元的资金撤出了货币市场基金。仅在 17 日美国货币基金市场上投资者就抽回 890 亿美元资金。此前 5 个交易日累计资金流出已达到 800 亿美元规模。自 9 月 10 日以来的一周中,货币市场基金总市值萎缩 5%,降幅为 1975 年以来之最。另一家货币市场基金——Putnam 管理的面值仍在 1 美元、规模 120 亿美元的货币市场基金由于赎回压力被迫清盘。整个货币市场面临严重流动性短缺。

9 月 19 日,由于赎回量继续增加,The Reserve 向 SEC 提出申请,要求延长清算交割的时间,理由是为了保护所有投资者免受目前市场波动的不利影响。

对于货币市场基金来说,由于实质上采用的是开放式基金的模式,每日都需要进行清算交割,因此一旦发生集中赎回的情况,必须对其持有的所有资产进行转让,而在这种背景下进行的交易,必然会加剧投资者的损失。

9 月 22 日晚,SEC 对 The Reserve 的请求进行了回应,同意其延长清算资产返还投资人资金的请求,直到市场稳定。

9 月底,The Reserve 网站公告声称,该基金管理公司已决定将 Primary Fund 清盘,并将"按投资比例"逐步返还投资者,称将在 10 月 13 日前后向投资人返还 200 亿美元。之后这一返还计划一再延期,至 10 月 22 日,The Reserve 再度发布公告称,首期返还资金将增加至 250 亿美元,估计将在 10 月 31 日完成返还。但这一返还是针对所有投资人的,那些本来以为在 9 月 16 日下午 3 点前发出赎回指令能按面值赎回的投资者,并不享有任何优先。

在这一事件发生两年之后,2010 年 9 月,中投公司发表声明称,Primary Fund 前后已分七次进行资金返还,截至 2010 年 7 月,中投已收回全部投资资金。

知识拓展:在危机中起步的美国货币市场基金改革

货币市场基金并非美国金融危机的起因,但是却深受金融危机的影响。2008 年 9 月在最老牌的货币基金 RPF(见前面案例)净值跌破 1 美元并在 9 月底被迫宣布清盘之后,大约有 48 家货币基金在金融危机时期需要基金管理公司或其他各方紧急援助,通过现金或以高于市场价值直接被购买的形式获得直接的援助来渡过难关。9 月下旬美国财政部宣布了对货币市场基金的临时保护计划(the treasury guarantee program for MMF),由财政资金为货币市场基金行业提供担保,以避免投资者遭受损失。美国政府认为,货币基金的赎回风波将产生严重的波及效应,将重创货币市场包括商业票据市场,截断成千上万个公司进行短期融资的重要渠道。

2009 年 1 月,独立政策组织 G30(the group of thirty)公布一份报告,建议将大部分的货币市场基金转型为"特殊目的银行"(Special-purpose Banks),接受政府相应的监管包括缴纳存款准备金、纳入联邦存款保险体系等。在该报告中,他们建议将美国现有的货币市场基金分成两类,并进行不同的监管:一类基金称之为"稳定净值货币市场基金",将由"特殊目的银行"提供。这类基金继续保持稳定的净值,让客户能够以面值赎回资金。同时,基金必须接受政府适当而谨慎的监管,并受政府存款保险的保护。实际上,以公司制形式存在的基金已经转化为一种银行组织;另一类基金继续以"货币市场共同基金"的形式存在,提供低收益低风险的投资机会。这类基金不能继续使用摊销成本定价法使单位净值稳定在 1 美元,其净值是浮动的。在建议中,这类基金被称为"浮动净值货币市场基金"。

但是,作为美国共同基金业的官方协会机构,投资公司协会(ICI)认为货币市场基金的改革应该在资本市场体系下进行。为此,他们于 2009 年 3 月提出一份新的改革建议,并要求其会员基金公司尽快采纳该建议。其主要内容总结如下:

① 稳定净值:货币市场基金须将净值维持在 1 美元以上,以保持其对风险厌恶投资者的吸引力;

② 保持流动性:为了保持足够的流动性应对投资者赎回,货币市场基金应保证其投资组合有 5% 以上的证券可以在一天内变现,有 20% 以上的证券可以在一周内变现;

③ 降低组合到期时间:为了降低利率波动带来的风险,货币市场基金应降低其债务的平均到期时间,由现在的 90 天降为 70 天;

④ 进行信用分析:在投资新型投资工具之前,货币市场基金应详细评测其信用风险。此举是为了规避复杂投资工具,例如"结构型投资工具"等背后所隐藏的风险;

⑤ 了解客户风险偏好:在深入了解客户的基础上,货币市场基金应披露客户的集中度及可能带来的风险;

⑥ 进行压力测试:货币市场基金应进行经常性的"压力测试",保证他们的投资组合能够承受由信用风险、市场风险以及投资者赎回导致的波动性;

⑦ 充分信息披露:货币市场基金应在营销资料中增加对风险的披露,每个月须在公司网站上公布其投资组合的情况;

⑧ 实现公平赎回:如果出现大规模的赎回,基金的董事会有权暂停投资者的赎回指令,并采取行动保证公平对待每一位投资者的赎回请求,而不管其次序是多靠后;

⑨ 加强监管机制:设计新的报告机制,以便监管层能更好地了解货币市场的所有机构投资者。鼓励证券交易委员会(SEC)对收益最高的几只货币市场基金进行监视。

投资公司协会的建议受到业界人士的广泛支持。2010 年美国证监会颁布了针对货币市场基金的改革建议,结合了以上两方面的建议。如保留了货币市场基金的一些重要特征,如"净值稳定",但当基金净值一旦每份价值跌幅超过 0.5%,即"跌破面值",基金就须重新给出份额定价。除转为浮动净值外,SEC 还建议为货币市场投资者设立保险并规定大规模赎回需以实物而非现金进行。其他的选项就是要求不改变净值的货币市场基金重组为特殊目的银行。

2011 年欧债危机爆发,以美联储、美国证监会为代表的官员开始认识到:货币市场基金必须进一步全面改革,以确保美国金融体系的稳定性。因为美国货币市场基金如果继续持有欧债,随着相应国家主权危机的加重,欧债的价值将随之骤降,这是用货币市场乃至整个美国金融市场的稳定性来冒险。

如美联储主席伯南克认为从金融危机中应该吸取的一个重要教训是——"影子银行"创造出更多潜在的融资渠道,传播和放大了对金融体系和经济带来的冲击。他认为货币市场基金属于"影子银行"的一种,是金融风险之源,他认为需要推出进一步抑制"影子银行"的政策,推出新的措施来增加货币市场基金的弹性。以伯南克为代表的美联储官员支持:货币市场基金需要采用浮动的定价以支持潜在的资金流动问题。但是具体的改革对整个金融市场的稳定是至关重要的,政策的出台需要经过慎重的考量。

目前关于美国货币市场基金的改革存在争议。对于美联储和美国证监会的上述改革建议(如浮动定价),美国官方行业协会——投资公司协会(ICI)就并不支持。未来进一步的改革仍然需要观察。

资料来源:http://www.ici.org/mmfs。读者可参考 ICI 网页了解美国货币市场基金改革的动态。

2.4.3 货币市场基金的收益率

货币市场基金的份额净值不变,固定为 1 元人民币,基金收益采用日每万份基金净收益和最近 7 日年化收益率表示。日每万份基金净收益是把货币市场基金每天运作的净收益平均分摊到每一基金份额上,然后以一万份为标准进行衡量。最近 7 日年化收益率是以最近 7 个自然日日平均收益率折算的年化收益率。这两个收益指标都是短期指标。

1. 日每万份基金净收益

货币市场基金日每万份基金净收益的计算公式为:

$$日每万份基金净收益 = 当日基金净收益/当日基金份额总额 \times 10\,000$$

2. 七日年化收益率

货币市场基金在计算和披露七日年化收益率的时候,由于收益分配频率的不同而有所差异。

$$按日结转份额的 7 日年化收益率 = \left\{ \left[\prod_{i=1}^{7} \left(1 + \frac{R_i}{10\,000} \right) \right]^{\frac{365}{7}} - 1 \right\} \times 100\%$$

$$按月结转份额的 7 日年化收益率 = \frac{\sum_{i-1}^{7} R_i}{7} \times \frac{365}{10\,000} \times 100\%$$

其中,R_i 为最近第 i 个自然日(包括计算当日)的每万份基金净收益。

在运用基金收益指标对货币市场基金进行分析时,应注意指标之间的可比性。不同的份额结转方式使得按日结转份额与按月结转份额的货币市场基金之间没有可比性。按日结转份额等于是日复利,按月结转份额等于是月复利,由于按日结转份额方式在及时增加基金份额的同时会摊薄每万份基金的日净收益,而且会增加基金管理费计提的基础,使得每万份基金净收益可能进一步降低。因此,按日结转份额与按月结转份额本身并无优劣之分,两类基金的 7 日年化收益率也不能直接用于比较优劣。

货币市场基金的收益提升主要依靠三个方面:①期限与融资杠杆的组合运用。即通过拉长投资券种的期限和加大基金的负债融资来提高收益率;②在同等期限和融资比例下对信用风险的配置。即通过承担较高信用风险即投资信用债券如企业信用债券、短期融资券等取得利差补偿;③在市场利率水平下降后,持仓的高息债券及时变现形成的差价收入。

2.5 成长型基金、收入型基金、平衡型基金和价值型基金

根据投资风格、风险和收益的不同,投资基金可分为成长型基金、收入型基金和平衡型基金[①]。

成长型基金(growth funds)追求资本长期增值,其投资对象主要是市场中有较大升值潜力的小公司股票,一些新兴行业公司股票,或者目前经营比较困难但可能会有困境反转的公司股票。这类基金的投资策略是尽量充分运用资金,当行情较好时,甚至借入资金进行投资。这类基金敢于冒风险,为了扩大投资额,经常将投资者应得股息也重新投入市场,因此成长型基金一般很少分红。

收入型基金(income funds)注重当期收入最大化,其投资对象主要是那些绩优股以及派息较高的债券、可转让大额定期存单等现金收入较高而且比较稳定的有价证券。这类基金的投资策略是强调投资组合多元化以分散风险,其投资决策比较稳健。为了满足投资者对收益的要求,收入型基金一般都坚持按时派发股息。

表 2.3 是对成长型基金和收入型基金所作的简要比较分析。

表 2.3　成长型基金与收入型基金的比较

项目	成长型基金	收入型基金
目标	追求资本长期增值	注重当期收入最大化
投资对象	主要集中于升值潜力较大的股票。包括小企业股票,新兴产业股票等	主要集中于有固定收益的有价证券,如国债、公司债、优先股以及高分红的蓝筹股票
投资策略	敢冒风险,充分运用资金,甚至利用借入资金扩大投资额	坚持投资多元化,利用资产组合分散投资风险
基金资产分布	现金资产比例较低	为满足资产组合调整需要,持有较多的现金资产
基金派息情况	一般较少向投资者派发红利。投资者目的是获得更多的资本增值	坚持按时派息,满足投资者定期获得现金收入来源的要求

平衡型基金(balanced funds)是既追求长期资本增值,又追求当期收入的基金。这类基金主要投资于债券、优先股和部分普通股,这些有价证券在投资组合中有比较稳定的比例,一般是把资产总额的 25%～50%用于优先股和债券,其余用于普通股投资。其风险和收益状况介于成长型基金和收入型基金之间。

另外,在股票基金中,对所投资股票的特征又可将基金分为成长型、价值型基金。专注于价值型股票投资的股票基金称为价值型股票基金;专注于成长型股票投资的基金称为成长型股票基金。

---

① 关于基金风格分类,在理论和实务界都并没有统一的看法。比如就分类的依据来说,就存在按照基金合同中的投资目标和投资风格来确定(可称为"事前标准"),还是按照基金投资组合公告的实际内容来分类(可称为"事后标准")的区别。

2.6 国内基金、国际基金、离岸基金和海外基金

按照资金来源和运用渠道的不同,投资基金又可分为国内基金、国际基金、离岸基金和海外基金。

1. 国内基金(domestic fund)

国内基金的资金来源于本国并投资于国内金融市场的投资基金。一般而言,国内基金在一国基金市场上占主导地位。

2. 国际基金(international fund)

资金来源于国内但投资于境外金融市场的投资基金是国际基金。由于各国经济和金融市场发展的不平衡性,因而投资在不同国家会有不同的投资回报,通过跨国投资,国际基金可以带来更多的投资机会以及在更大范围内分散投资风险,但国际基金的投资成本和费用一般也较高。按照投资地区的不同,国际基金又可分为区域基金和环球基金。

区域基金将基金投放在一定地区内的各个金融市场上,这类基金的投资空间比环球基金小,但比单一市场基金大。其优点是既可以避免环球基金回报率可能较为平稳的表现,又可以分散一定的市场风险,而且风险程度一般比单一市场低。基金管理公司为适应投资者对投资地区的不同需要,组建了多种区域性基金。当今市场上常见的区域基金有金砖四国基金、北美基金、环太平洋国家基金、亚澳区域基金、东盟国家基金等。

环球基金(global fund)又称世界基金,它是一类投资空间最广的基金。环球基金的最大特点是最大程度地分散了市场风险。稳健保守型的投资者多喜欢投资环球基金,其主要原因就是环球基金能够广泛地分散市场风险,大大降低风险等级。但是,风险往往与收益成正比,风险小,回报率往往也比较低。环球基金回报率较低的原因是收益被众多的市场平均化了,即使有一些市场投资回报率比较高也会被其他市场的较低回报平均化。

2007年8月,我国开始实施合格的境内机构投资者制度(qualified domestic insititutional investors,QDII),允许获得批准的基金管理公司作为QDII,公开募集发行海外投资基金,这就是我国的国际基金。

3. 离岸基金(offshore fund)

基金资本从境外筹集并投资于境外金融市场的基金。离岸基金的特点是两头在外,离岸基金的资产注册登记不在母国,为了吸引全球投资者的资金,离岸基金一般都在素有"避税天堂"之称的地方注册,如百慕大群岛、卢森堡、爱尔兰等,因为这些国家和地区对个人和基金的税收有重要优惠,同时离岸基金可以在诸如北美、欧盟等国销售。在我国香港特区的基金市场上,主体就是离岸基金。

4. 海外基金

海外基金是指基金的发行对象为境外投资者,投资方向是境内的证券市场,对被投资对象国家来说,则称为海外基金。一些国家为积极吸引外汇资金,在国外/境外纷纷建立基金,吸引外国/境外投资者间接投资于国内的各种金融工具。利用海外基金吸引外资,通常都以"国家基金"的形式出现,即只在某一特定的国家或地区进行投资。海外基金已成为发展中国家利用外资的一种较为理想的形式,一些资本市场没有对外开放或实行严格外汇管制的国家可以利用海外基金来吸引外资。海外基金的一种特殊形式就是发展中国家实施的QFII(qualified foreign insititutional investors,合格的境外机构投资者)制度。

QFII 是一种有限度地引进外资、开放资本市场的过渡性制度。它要求境外投资者进入一国证券市场时,必须符合一定的条件,得到该国有关部门的审批通过,对外资进入进行一定的限制。限制的内容主要有:资格条件、投资登记、投资额度、投资方向、投资范围、资金的汇入和汇出限制等。我国从 2002 年开始通过 QFII 向海外资金打开了 A 股市场。2002 年 12 月 1 日,中国证监会和国家外汇管理局颁布实施了《合格境外机构投资者境内证券投资管理暂行规定》等法规,标志着我国证券市场正式引入了 QFII 制度。2006 年 9 月 1 日,中国证监会、中国人民银行颁布实施了新的《合格境外机构投资者境内证券投资管理办法》,标志着我国 QFII 制度走向成熟。获得资格和外汇额度的 QFII 机构一般在境外募集以中国大陆 A 股市场为投资对象的封闭式基金或开放式基金,然后作为基金管理人投资于我国 A 股市场。对于我国来说,QFII 的投资资金就是海外基金[①]。

2012 年,我国在香港特区允许境外机构进行人民币合格境外机构投资者(简称 RQFII)试点。下面是一只 QFII 基金的例子和对 RQFII 制度的专栏介绍。

案例:QFII 基金一例——汇丰中国翔龙基金

汇丰中国翔龙基金(0820.HK)是汇丰投资管理(香港)有限公司推出的一只封闭式基金。汇丰将其拥有的 2 亿美元的 QFII 额度全部提供给翔龙基金。汇丰翔龙基金主要投资于在中国成立或经营的上市公司,包括 A 股、B 股、H 股及红筹股。建仓初期,该基金将有 40%~50%投资于 A 股,另外 50%~60%投资于 B 股、红筹国企股及其他以中国业务为主的上市公司,A 股占基金净资产投资比例可介于 25%~75%。

根据我国 QFII 管理办法规定,以封闭式基金形式进入的 QFII,汇入本金满 3 年后,才可按期、按批汇出本金,每次汇出金额不得超过本金总额的 20%,每次间隔不得少于 1 个月。而其他 QFII,也需要满一年后才能汇出本金,每次间隔不得少于 3 个月。汇丰投资管理公司将翔龙中国基金设计成封闭式基金,可以让投资者方便地在二级市场进行买卖,解决了流动性问题。同此,作为封闭式基金,基金经理不必担心赎回,可以投资一些规模较小、短期内流动性略差但是赢利前景很好的公司,通过长线投资获取更高的回报。

2007 年 6 月,汇丰中国翔龙基金在香港发售,受到香港大富豪、散户甚至中东投资者的青睐,获得 27 倍的超额认购。该基金每单位发售价 10 港元,每手为 500 个基金单位,散户最低认购额 1 万港元,即最少认购两手。2007 年 7 月 20 日,该基金上市首日便上涨 20%,第二个交易日又在此基础上劲升 41.5%,盘中一度摸高至 17.82 港元,收报于 16.98 港元。累计升幅最高达到 69.8%,溢价率也一度接近 70%,创出 2007 年以来香港封闭式基金溢价率的纪录。自 7 月 23 日汇丰中国翔龙基金创出 17.82 港元的历史高价后,其走势便开始逐级回落。到 8 月 10 日时,价格已经回落到 11.70 港元,溢价幅度也由此降至 18%左右。

汇丰中国翔龙基金上市初期的溢价交易现象,说明投资者对于中国 A 股市场前景的乐观态度。

[①] 据 WIND 金融数据库的实时数据统计,截至 2012 年 6 月 25 日,我国政府批准的 QFII 机构已达 170 家,批准外汇投资额度 260.13 亿美元。在上市公司 2011 年报对十大流通股东的披露中,QFII 已经在 135 家上市公司中成为前十大流通股东,出现次数为 165 次,持股市值 572.28 亿元。在北京银行、兴业银行、南京银行等公司中成为最为重要的一类机构流通股东。

知识拓展:RQFII——人民币国际化进程中的QFII

RQFII(RMB qualified foreign institutional investors)是指"人民币合格境外机构投资者",它是境外机构(目前特指内地基金管理公司、证券公司的在港子公司)在香港用人民币募集基金、进行大陆境内证券投资的制度,RQFII可以说是QFII的一种特殊形式。2011年12月中国证监会、中国人民银行、国家外汇管理局等联合发布《基金管理公司、证券公司人民币合格境外机构投资者境内证券投资试点办法》,允许符合一定资格条件的基金管理公司、证券公司的香港子公司作为试点机构,运用其在香港募集的人民币资金开展境内证券投资业务。

推出RQFII是人民币国际化进程中的有力一步,它有助于拓宽香港的人民币到内地资本市场的投资渠道,也有助于增强内地资本市场的流动性。同时,对那些获得资格的基金公司而言,将使得基金公司海外业务获得进一步拓展的空间,有利于提高公司整体竞争实力。RQFII试点对于优化人民币回流机制、丰富境外人民币投资产品、促进人民币离岸业务发展具有重要意义。2012年,首批RQFII批准额度为200亿元人民币、9家基金管理公司获得试点资格。2012年6月底,香港证监会核准首只人民币合格境外机构投资者(RQFII)A股ETF在港交所上市。该ETF为华夏沪深300指数ETF。

2.7 公募基金与私募基金

依基金是否公开募集以及投资者限制、信息披露和监管的区别,基金又可以分为公募基金以及私募基金。

公募基金是指面向社会公众公开发售的一类基金,基金募集对象不固定,投资金额要求低,适宜中小投资者参与,必须遵守基金法律和法规的约束,进行公开信息披露,并接受监管部门的严格监管。本书讨论的对象——证券投资基金就是公募基金。

私募基金只能采取非公开方式发行,面向特定投资者募集发售。私募基金不能进行公开宣传推广,投资金额要求高,投资者的资格和人数常常受到严格限制[①]。私募基金不需要遵守基金法律和法规的约束,投资对象和投资方式拥有很大灵活性,不需要进行公开信息披露,也不需要接受监管部门的严格监管。按照私募基金的投资对象划分,一般可以分为私募股权基金和对冲基金。私募股权基金(private equity fund)主要投资于未上市公司的股权或将上市企业收购后使公司下市。广义的私募股权基金包括投资于成长期企业的风险投资基金和投资于成熟期企业的收购基金等[②]。对冲基金主要投资证券市场可交易的证

---

① 如美国对冲基金要免于注册并豁免美国证监会(SEC)监管,必须满足:投资者必须是可信赖投资者(accredited investor)或合格机构投资者,即对于个人投资者而言,过去两年必须至少有20万美元的年收入,或者夫妇俩必须至少有30万美元的年收入,以及必须至少有100万美元的净资产,不包括房屋和汽车。1996年前,对冲基金的投资者数目限制为99人,1996年后扩大到500人。

② 西方对私募股权基金的分类主要是收购基金(buyout fund)和风险资本(venture capital)两大类,另外还包括夹层基金(mezzanine)、转型基金(turnaround)或困境基金(distress)。目前我国的私募股权基金主要是风险投资基金,收购基金较少。本书讨论对象是公募的证券投资基金,因此对私募股权基金不予论述。

券和衍生金融工具。下面我们以对冲基金为例来介绍私募基金。

对冲基金(hedge fund),起源于 20 世纪 50 年代初的美国。对冲基金的两个主要特点是:① 采用杠杆交易和卖空交易。利用期货、期权等金融衍生产品以及对相关联的基础股票资产同时进行实买空卖、风险对冲操作,在一定程度上可规避和化解系统性投资风险;② 基金组织形式上采取有限合伙制。

对冲基金的主要投资战略有:宏观投资战略、证券市场中性投资战略、固定收入套利投资战略、可转换套利投资战略、兼并收购套利投资战略、廉价证券投资战略、事件驱动投资战略、卖空投资战略、新兴市场投资战略等。

举一个最基本的证券市场中性投资战略的对冲操作例子。基金管理者在购入一种股票后,同时购入这种股票的看跌期权(put option)。看跌期权的效用在于当股票价格跌破期权行权价格时,看跌期权的持有者可将手中持有的股票以期权行权价格卖出,从而使基金持有的股票现货的跌价风险得到对冲。在另一类对冲操作中,基金管理人首先选定某类行情看涨的行业,买进该行业中看好的几只优质股,同时以一定比率卖出该行业中较差的几只劣质股。如此组合的结果是,如该行业预期表现良好,优质股涨幅必超过同行业的其他股票,买入优质股的收益将大于卖空劣质股而产生的损失;如果预期错误,此行业股票不涨反跌,那么较差公司的股票跌幅必大于优质股,则卖空合约所获利润必高于持有优质股下跌造成的损失。正因为采用对冲操作手段,早期的对冲基金可以说是采取了避险保值的保守投资策略,但后来对冲基金已经发展成为一种风险很高的投机性金融工具。

案例:证券市场中性投资策略的对冲操作

某对冲基金选择了汽车行业中的两只股票作为对冲操作的对象。以德国大众汽车公司和美国福特汽车公司为例,假设福特公司的投资等级比大众公司的高,而且该对冲基金判断福特公司的股票价值被低估,大众公司的股票价值被高估,则该对冲基金经理人将采取中性投资战略,持有福特公司股票多头,同时卖空大众公司股票。

建仓时间:2003 年 2 月 6 日

多头头寸:买入 20 000 股福特公司的股票,每股 $30

空头头寸:卖空 10 000 股大众公司的股票,每股 $58

套头比:0.5

平仓时间:2003 年 7 月 3 日

福特公司:每股 $50

利润:($50－$30)×20 000＝$400 000

大众公司:每股 $80

亏损:($58－$80)×10 000＝$220 000

净利润: $180 000

回报率:$180 000/(20 000×$30)＝30%

注:套头比(hedge ratio)是指对一单位的现金头寸进行套期保值所需的衍生工具的单位数,亦称套期保值比率或对冲比率。

表 2.4 比较了美国的对冲基金与共同基金的区别。

表 2.4　对冲基金与共同基金的比较:以美国为例

比较内容	对冲基金	共同基金
投资结构	私人投资体;有限合伙企业	公众投资公司
投资者数目	严格限制	无限制
投资金额	限制	无限制
投资战略	不限制	限制
专业化程度	很高	相比逊色
报酬结构	固定佣金＋业绩提成	一般为固定佣金
激励机制	基金经理可以参股	基金经理不能参股
筹资方式	私募	公募
撤资规定	有限制	无限制或少限制
信息披露	信息不公开	信息公开
设立情况	通常离岸设立基金	不能离岸设立
监管	不监管	严格监管
规模大小	规模小	规模大
可否融资	可以基金资产做抵押贷款	不可以贷款交易
业绩	较优	相比逊色

 本章小结

　　投资基金的种类繁多,从不同的角度可以进行不同的分类。

　　按照组织形态划分,投资基金可以分为合同型基金和公司型基金。合同型基金和公司型基金的主要区别是:有无信托财产的法人资格、信托财产的凭证、发行的筹资工具、投资者的地位、融资的渠道等。

　　按照基金单位是否可以增加和减少,投资基金可以分为开放式基金和封闭式基金。开放式基金与封闭式基金的主要区别在于:基金规模可变性不同、期限不同、交易价格的决定方式不同、交易方式不同、信息披露要求不同、投资策略不同。

　　开放式基金现在已经成为世界投资基金业的主流,原因是:开放式基金具有"开放"的特点,开放式基金的发展是基金业竞争的必然结果,开放式基金的信息透明度和信息质量高于封闭式基金。但是封闭式基金也不会完全消失,在一段时间内还具有存在的理由。

　　依照交易渠道的不同,除了开放型与封闭型外,基金又有上市型开放式基金(LOF)、交易型开放式指数基金(ETF)两个类别。LOF 投资者既可以通过基金管理人或其委托的销售机构以基金净值进行基金的申购、赎回,也可以通过证券交易所市场以交易系统撮合成交价进行基金的买入卖出。ETF 是一种在证券交易所买卖的有价证券,代表一揽子股票的所有权。投资者既可以在证券交易所像买卖股票一样买卖 ETF,也可以通过赎回 ETF单位换得所存托的一揽子股票。

　　投资基金还有其他分类方式,例如:根据投资的收益与风险的不同,投资基金可分为成长型基金、收入型基金与平衡型基金;按照投资对象来划分,投资基金可分为股票基金、债券基金、混合型基金和货币市场基金;按照资金来源渠道和运用渠道的不同,投资基金又可分为国内基金、国际基金、离岸基金与海外基金;按照募集方式的不同,可以划分为公募基

金和私募基金,其中对冲基金就是一种重要的私募基金。

 本章思考题

1. 什么是合同型基金? 什么是公司型基金?

2. 封闭式基金与开放式基金的区别和联系有哪些? 为什么说开放式基金是基金业发展的主流?

3. 为什么封闭式基金仍然有生存的空间? 在美国,封闭式基金的发展趋势如何? 你如何看待封闭式基金的未来生存理由和生存的空间?

4. LOF 基金的运作架构如何? 套利机制如何实现? 为什么国内 LOF 基金曾出现过连续涨停和连续跌停的现象?

5. 什么是 ETF 基金? 它产生的背景和原因是什么? 为什么 ETF 会成为国际资本市场近年来最为重要的金融创新品种?

6. 请比较 ETF 与 LOF 两种基金的异同点,重点区别两种基金的套利机制。

7. 什么是货币市场基金? 请简述货币市场基金的收益模式以及在我国的发展前景。

8. 什么是灵活配置型基金? 请以我国基金市场中的具体品种为例,说明灵活配置型基金的特征及其优势。

9. 请区别国际基金、离岸基金、海外基金、QDII 基金、QFII 基金、RQFII 基金等。

10. 对冲基金是什么? 它与公募证券投资基金的区别与联系是什么?

 延伸阅读

1. 关于我国封闭式基金与开放式基金的发展背景,推荐阅读:
范勇宏. 基金长青. 北京:中信出版社,2013.

2. 关于美国主要的基金类型及其特征,推荐阅读:
李·格雷米伦(Lee Gremillion). 美国开放式共同基金. 北京:中国金融出版社,2006.

3. 关于对冲基金,推荐阅读:
(美)罗闻全. 对冲基金——一个分析的视角. 大连:东北财经大学出版社,2011.

第3章　基金特殊品种

3.1　指数基金

指数基金就是指按照某种指数构成的标准购买该指数包含的证券市场中全部或者大部分证券的基金,其目的在于达到与该指数同样的收益水平。

具体来说,指数基金的特点表现在以下几个方面。

(1) 费用低廉。这是指数基金最突出的优势。费用主要包括管理费用、交易成本和销售费用三个方面。管理费用是指基金经理人所产生的成本;交易成本是指在买卖证券时发生的经纪人佣金等交易费用。由于指数基金采取买入持有策略,不经常换股,交易费用、管理费用等远低于积极管理的基金。

(2) 分散风险。指数基金广泛地分散投资,任何单个股票的波动都不会对指数基金的整体表现构成影响,从而达到分散风险的目的。

(3) 延迟纳税。由于指数基金采取了一种买入并持有的策略,所持有股票的换手率很低,只有当一个股票从指数中剔除的时候,或者基金面临净赎回的时候,指数基金才会出售持有的股票,实现部分资本利得。这样,每年所交纳的资本利得税很少,再加上复利效应,延迟纳税会给投资者带来很多好处,尤其在累积多年以后,这种效应就会愈加突出。

(4) 监控较少。由于指数基金不进行主动投资决策,基金管理人基本上不需要对基金的表现进行监控。指数基金管理人的主要任务是监控对应指数的变化,以保证指数基金的组合构成与之相适应。

截止到 2012 年 12 月,我国的指数基金发展历史已经有 14 年,共有 3 只封闭式优化指数基金和 176 只开放式指数基金,首次募集总规模 3 105.71 亿元。这些指数基金跟踪的目标指数包括有:上证 180 指数、深证 100 指数、上证 50 指数、上证红利指数、沪深 300 指数、新华富时 200 指数等。在指数基金的发展历程上,明显呈现加速的状态。2009 年作为一个明显的分界点,之前指数基金的规模、只数都较少,而之后指数基金的规模、只数呈爆发性增长。当前指数基金越来越多、越来越得到投资者认同,说明我国基金市场的成熟度在不断提高。(参见图 3.1)

知识拓展:指数基金的跟踪误差、跟踪偏离度及产生原因

本书定义指数基金的跟踪误差(tracking error)[1]如下:

---

[1]　跟踪误差的计算方式有许多不同的算法,但概念上要衡量的都是所关注的资产组合的回报率跟所要跟踪对象回报率的差距,即跟踪偏离度。最简易的算法就是文中所述的跟踪偏离度的标准差。另一种是直接取跟踪偏离度的绝对值的和,Rudolf,Wolter,and Zimmermann(1999),Hwang and Satchell(2001)比较了两种算法的不同与可能造成的偏误。

$$跟踪误差 = \sqrt{\frac{\sum_{i=1}^{n}(d_i - \overline{d})^2}{n-1}},$$

式中：d_i（跟踪偏离度）＝第 i 日基金组合收益率（r_i）－第 i 日比较基准收益率（b_i）；

$\overline{d} = \sum_{i=1}^{n} d_i / n$

指数基金跟踪误差的来源主要有以下六种因素。

（1）管理费用、托管费用

基金的管理费用、托管费用是按照指数基金单位资产净值的一定费率比例来征收的，一般是每日计算，每月支付一次。基金的每日末单位资产净值是扣减了当日的管理费和托管费之后的数值。就费用数值大小来说，影响基金业绩的主要是管理费用。基金的管理费率越高，管理费就对基金的收益率影响越大，从而跟踪误差越大，因为基准指数组合是没有管理费用的。

（2）复制误差

复制误差是指指数基金在复制基准指数组合时，发生各种困难而无法完全复制基准指数而产生的误差。复制误差和基准指数所包含的股票数目多少直接相关，一般二者成正相关关系。基准指数包含的股票数目越多，复制误差就可能越大。基准指数包含的股票数目越少，复制误差就可能越小。比如北美证券市场上的 S&P/TSE60 指数（标准普尔/多伦多证交所 60 指数），包含美国纽约证交所和加拿大多伦多证交所上市的 60 只股票，这些股票的交易非常活跃，如果购买该指数的股票，基金的购买行为对股票价格的影响非常小。所以以 S&P/TSE60 指数为基准指数的指数基金的复制误差就很小。相反，对于大型指数如 TSE300 指数（多伦多证交所 300 指数）来说，指数基金的复制组合就只能购买这个大型指数的一个"子集"——指数中的部分股票。因为该指数中部分权重较低的股票是小市值股票，流动性较差，很难在不影响股票市价的情况下购买到一定数量的该种股票，所以一般不会进入复制组合。这样复制组合只是基准指数重权重较高的一些股票组成的一个子集，而且这些股票在复制组合中与基准指数中的权重也不相同，跟踪误差就在所难免了。

需要强调的是，复制误差是一种被动投资中形成的误差，它与非指数基金进行主动投资形成的与基准指数收益率之间的差值不同。

（3）现金拖累

这里现金是指银行活期存款、短期大额存单、债券回购等货币市场投资工具。基准指数是不会包含现金成分的，而复制组合一般都包含有现金部分，这是因为：部分现金是流入基金的申购资金没有被立即投资；部分现金是作为支付赎回费用和管理费、托管费的准备金等。持有现金避免了基金定期出售股票资产换取现金的需要。不过指数基金的复制组合中，现金部分一般很小，不到组合资产价值的 1%。而 ETF 由于没有赎回压力，一般不持有现金。

由于现金获得的是货币市场收益率，与基准指数的收益率之间存在差距，前者可能高于也可能低于后者,这就是产生跟踪误差的又一个因素了。复制组合持有的现金越多,现金拖累效应越大,跟踪误差越大。进一步可以分析得出,由于现金部分的收益率标准差较小,所以复制组合收益率的标准差将比基准指数收益率的标准差小。

(4)股息收益处理不同

指数基金在收到股息之后,一般是将股息再投资到货币市场中,到基金派息日支付给投资者。而基准指数并不实际收到股息,也没有股息再投资的问题,它采取的做法是对股息进行股价复权处理,等于是将某种股票的股息重新投资到该种股票上,这样做自然也是产生跟踪误差的原因之一。

(5)监管法规限制

对指数基金的一些法规限制也导致了跟踪误差。比如我国规定一个投资基金投资于某一只证券的比例不能超过基金资产的10%,基金对关联人发行的证券投资受到一定限制等。这些规定会对指数基金的投资产生影响。比如美国规定一个发行人的证券不能超过一个基金资产的25%,在美国上市的墨西哥 iShare 指数基金,其基准指数为MSCI墨西哥指数(摩根斯坦利全球指数之一),该指数中墨西哥电讯公司的两只证券占有指数权重的30%,墨西哥 iShare 指数基金为了符合美国证券法规的要求,不得不降低对墨西哥电讯公司的投资,这也导致了跟踪误差。

(6)其他成本因素影响

由于复制组合是真实地拥有一组证券,而基准组合只是一个名义上的资产组合,所以在实际持有证券过程中发生的各种费用,如交易佣金、买卖差价、市场冲击成本、税收因素、汇率波动等,都可能影响复制组合的真实成本,从而形成跟踪误差。

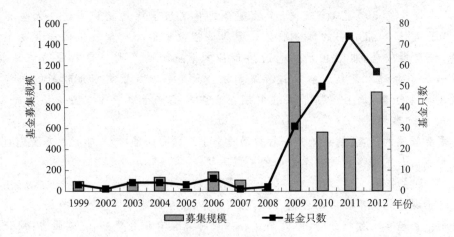

图 3.1 我国指数型基金的发展情况

注:2012 年为截至 2012 年 6 月 30 日的数据。

我国封闭式指数基金的特点是一种优化的指数基金,即资产组合中仅仅部分为指数投资。这既是因为基金法规中对国债投资比例的限制(历史上《暂行办法》要求基金必须将资产的 20％投资于国债①），基金无法全部投资于股票市场；同时也是因为基金采取部分优化投资策略，即基金组合中拥有积极投资部分，可以在保持和指数收益相当的基础上，尽可能取得超越指数的业绩。

开放式指数基金则分为指数增强型和完全复制指数型两类。

指数增强型（index enhancing）的投资理念是在保持对标的指数进行长期投资的基础上，保留一定量主动调整的股票仓位，争取实现超越指数的投资收益。而完全复制指数型是根据标的指数进行严格复制，并没有主动投资的成分。指数增强型投资是建立在市场非完全有效的投资理念基础之上。在我国基金历史上，完全复制型基金（特别是 ETF 基金）和指数增强型基金的业绩互有超越。因此，两类指数基金的优劣选择并无定论，需要结合证券市场行情进行判断。对指数基金业绩的评价，主要有跟踪误差（tracking error）和信息比率（information ratio）两个指标。跟踪误差是指指数基金收益率与基准指数收益率差值的标准差。信息比率是指跟踪误差的变异系数。

下面，我们以我国第一只开放式指数基金华安 MSCI 中国 A 股指数基金作为分析对象。

案例：我国指数增强型基金的特点——华安 MSCI 中国 A 股指数增强型基金为例

华安 MSCI 中国 A 股基金是我国第一只开放式指数基金，它的前身为华安上证 180 指数基金②，在 2006 年 1 月将基准指数更换为摩根斯坦利资本公司（Morgan Stanley Capital Incorp）开发的 MSCI 中国 A 股指数。MSCI 中国 A 股指数是一个跨沪深两市的成分指数。2008 年以前，指数成分股在 300 只左右，2009 年以后，MSCI BARRA 公司将中国 A 股指数由覆盖每个行业的 65％流通市值标准变更为覆盖全市场的 85％流通市值，和旗下其他的国家指数建立起一致的选取标准，成为 MSCI 旗下的国家指数中的一只。2011 年年底，该指数成分股有 590 只。该基金的定位是指数增强型投资基金，以下是该基金的主要特征。

1）投资目标

运用增强性指数化投资方法，通过控制股票投资组合相对基准指数有限度的偏离，力求基金收益率适度超越基金比较基准（95％×MSCI 中国 A 股指数收益率＋5％×金融同业存款利率），并在谋求基金资产长期增值的基础上，择机实现一定的收益和分配。

2）投资范围

本基金资产主要投资于标的指数成分股。具体的投资范围为以下内容。

① 投资于股票的目标比例为基金资产净值的 95％，基金投资 MSCI 中国 A 股指数成分股的比重在 50 个交易日内不持续低于组合中股票市值的 80％。

② 参与股票一级市场的市值配售以及 MSCI 中国 A 股指数成分股的增发和配股。

---

① 指数基金如果必须持有 20％的国债资产比例，势必影响基金的跟踪误差。2004 年 7 月中国证监会颁布实施《证券投资基金运作管理办法》，其中取消了对于基金投资于国债的比例限制。之后成立的指数基金都没有国债的限制性持仓比例规定，之前成立的开放式指数基金也已全部修改了基金合同，取消了 20％的债券投资限制。目前开放式指数基金的业绩基准中，标的指数的配置比例都在 95％或以上。

② 华安基金管理公司在 2006 年设计推出了上证 180ETF 基金，为了避免一个基金管理公司旗下两只指数基金跟踪同样的指数，2006 年 1 月，华安上证 180 指数基金修改基金契约，将跟踪标的更换为 MSCI 中国 A 股指数。

③ 在成分股之外的股票投资,仅限于未售出的申购新股、预期将调整入指数成分股的个股以及增强性投资中替代成分股的其他个股。

④ 在目前的法律法规限制下,保持不低于基金资产净值5%的现金或者到期日在一年以内的政府债券。

⑤ 经中国证监会批准的允许本基金投资的其他金融工具。

3) 投资组合构建

(1) 股票指数化投资组合构建:

基金的指数化投资方式将采用复制法来实现对MSCI中国A股指数的跟踪,具体过程如下:

① 以MSCI中国A股指数成分股构成及其权重为基础拟定标准权重的指数化投资组合方案;②根据增强性投资选择标准,对标准权重的指数化投资组合进行调整,形成指数增强型投资组合方案;③根据拟定的指数增强型投资组合方案,通过指数化投资组合交易系统进行买卖;④基金经理根据建仓过程中的买卖情况、申购赎回情况等,对投资组合进行动态调整,以保证完成指数化投资组合的构建。

(2) 增强性投资选择标准:

基金的增强性投资,是指在基于研究员和基金经理对行业及上市公司的深入研究和调查的基础上,由基金经理根据股票市场的具体情况,对投资组合的股票仓位、行业及个股、权重进行适当的调整。对于以下成分股,本基金将考虑予以剔除或降低权重:

①由于公司经营状况、财务状况严重恶化或其他基本面发生重大变化而导致其投资价值严重降低的个股;②因流动性太差而导致无法按照指数标准权重建仓的个股;③存在重大违规嫌疑,被监管部门调查的个股;④基金经理在充分调研的基础上,判断预期收益将远低于成分股中同类股票或指数平均水平的个股;⑤其他特殊个股,例如预期将从指数中剔除的个股等。

对于以下个股,基金将考虑纳入组合或增加投资权重:

①新股配售而得到的非成分股以及因增发配售而超出指数标准权重的成分股,本基金将在新股上市后1个月以内择机卖出此类股票;②由于其他成分股的建仓困难而被选择作为替代的个股;③基金经理在充分调研的基础上,判断预期收益将远高于成分股中同类股票或指数平均水平的个股;④其他特殊个股,例如预期将纳入指数的个股等。

4) 指数增强投资的风险控制

基金以指数化投资为主,增强性投资为辅,为控制因增强型投资而导致的投资组合相对指数标准结构的偏离,本基金将日均跟踪误差的最大容忍值设定为0.5%,如该指标接近或超过0.5%(相应折算的年跟踪偏离度约为7.75%),则基金经理必须通过归因分析,找出造成跟踪误差的来源,如是源于积极投资的操作,则在适当时机行使必要的组合调整,降低增强性投资力度,以使跟踪误差回归到最大容忍值以下。当基金运作发展到一定阶段后,可能会将测算基础转为代表相同风险度的周或月跟踪误差。

(资料来源:华安MSCI中国A股指数基金招募说明书)

在指数基金中,有一类特殊的基金,其交易和运作方式与一般的指数基金存在明显不同,但仍然属于指数基金,这就是交易型开放式指数基金(ETF)。

3.2 交易型开放式指数基金(ETF)

3.2.1 ETF 的定义、运作机制

交易型开放式指数基金(Exchange Traded Fund,ETF),又称为"交易所交易基金"[①],是一种在证券交易所买卖的指数基金,代表一揽子股票的所有权。机构投资者和大额投资者以一揽子股票与基金管理公司进行 ETF 基金份额的申购与赎回。投资者既可以在证券交易所像买卖股票一样买卖 ETF,也可以通过赎回 ETF 单位换得所存托的一揽子股票。ETF 和传统的开放式基金和封闭式基金有所不同,主要表现在以下四个方面。

1. ETF 通过跟踪拟合某一特定市场指数(如美国标准普尔 500 指数,中国的上证 50 指数等)来保证该产品的透明度,降低成本,同时可以方便套利过程,便于投资。

(1) 与开放式基金不同,基金公司在每天开市前,通过交易所向投资者公布 ETF 最小申赎单位的一揽子指数成分股名单及各自的数量,具有公开透明的特点。

(2) 因为 ETF 基金属于被动式管理的指数化投资,所以不需要负担庞大的投资和研究团队的支出,从而费用低廉,其管理费率低于普通指数基金。例如,目前国内 ETF 基金的管理费率普遍为 0.5%,而普通指数型股票基金的管理费率在 0.6%~1.2%。

(3) ETF 基金选择跟踪的指数多是为投资人熟悉和广泛认同的指数。在美国,有跟踪标准普尔 500 的 SPDRs,跟踪纳斯达克 100 的 Qubes,等等。虽然都是跟踪指数,但 ETF 与普通的指数基金存在显著差异,具体如表 3.1 所示。

表 3.1 封闭式指数基金、开放式指数基金与 ETF 的比较

内容	封闭式指数基金	开放式指数基金	ETF
与目标指数的偏离度	较小	较小	最小
组合透明度	较高,每季度公告持股前 10 名	较高,每季度公告持股前 10 名	最高,每日公告投资组合
管理费用	较低,国内现有产品费率为 1.25%	较低,国内现有产品费率为 0.6%~1.2%	最低,国内 ETF 产品费率为 0.5%
交易便利	较高,可使用股票账户或基金账户买卖	较低,只能在代销银行、券商办理或者直销,不同基金管理公司需开立不同基金账户	较高,可在使用证交所股票账户或基金账户买卖
资金效率	T 日交易,T+1 日交收	T 日赎回,资金到账一般为 T+5 日内	T 日交易,T+1 日交收
交易成本	较低,佣金不高于 0.25%	高,一般申购费为 1.5%,赎回费为 0.5%	较低,佣金不高于 0.25%
资金门槛	较低,一手 100 份,价值 100 元左右	较高,申购起点一般为 1 000元	一级市场申购与赎回门槛高(如 100 万份),二级市场交易门槛低(一手 100 份)
交易价格	市场价格存在较高的折价	基金单位净值,每天只有一个价格	连续交易,而且市场价格与基金单位净值几乎一致

---

① 我国在 2004 年 ETF 基金推出前,一般翻译为"交易所交易基金",这是从字面上的翻译。2004 年深圳证券交易所创新了 LOF 基金,被翻译为"上市型开放式基金"。为了区别,更是为准确表示 ETF 基金的本质特征,上海证券交易所自 2005 年开始将 ETF 统一改称为"交易型开放式指数基金"。这一称法目前在国内已经获得统一。

案例：ETF 的起源与发展

20 世纪 80 年代,美国证券交易所(AMEX)交易清淡,而纽约证券交易所和纳斯达克市场却欣欣向荣。此时,AMEX 主管产品创新工作的 Nathan Most 和 Steven Bloom 对此深感担忧,觉得 AMEX 应该有一条更好的出路。由于 Most 曾经在商品领域工作过,因此很熟悉大宗商品的保管仓单。另外,他们又都很熟悉共同基金,于是就设想,是否可以把这两种金融产品结合为一种混合证券——一种可以上市流通的"仓单"(depository receipt)。

1987 年证券市场暴跌之后,AMEX 面对的挑战更为严峻,推出上述新产品也更为迫切。但当时很多人不同意 Most 的想法。一些律师认为美国证券交易委员会不会同意这种金融产品的出台。但 Most 最终成功地说服 AMEX 决策层给他一次尝试的机会。这样,AMEX 聘用了 Kathleen Moriarty,她为这个金融产品通过复杂的司法论证贡献了巨大力量。该产品的合法性经过数年的争论,创新者终于取得了 1940 年《证券交易法》的特例许可,当时的美国证券交易委员会主席 Richard Breeden 非常欣赏这个产品,并给予了最终的支持。Most 先生和道富环球投资公司(State Street Global Advisors,SSGA)合作进行基金的设计工作。他们预想推出一个新的金融产品,能和当时如日中天的先锋(Vanguard)指数产品抗衡,并且能够使每年的管理费用低于 20 个基点(2‰)。

这样,针对标准普尔 500 的一揽子股票而设计的第一只 ETF——标准普尔 500 存托仓单(Standard&Poor's Depository Receipts,SPDR)诞生了。1993 年 1 月底,AMEX 冲破重重阻力,将标准普尔 500 存托仓单在 AMEX 市场上市,第一天的交易量令人咋舌,整个 2 月份平均日交易量超过 30 万单位。几年之后,标准普尔 500 存托仓单的日交易量突破 100 万单位大关,成为 AMEX 最活跃的交易品种。之后 AMEX 又引进了多只 ETF。表 3.2 是美国主要 ETF 基金及其发起人的情况。

表 3.2　美国主要 ETF 基金及其发起人

基金发起人	产品名称
巴克利国际投资者	iShares
美林集团	Holders
道富/美林集团	Select Sector SPDRs
先锋集团	VIPER

自诞生之后,ETF 成为美国历史上增长最快的金融资产。如今在美国,几乎每一个交易活跃的市场、每一个风格指数和每一个行业板块指数中都有 ETF 的身影。巴克莱环球投资管理公司(Barclays Global Investors,BGI)、SSGA 和其他主要的市场参与者把各种选择组合起来,设计出不同的 ETF,让投资者拥有了众多的可以根据自己需求来选择的投资机会。同时越来越多的市场主体参与到 ETF 产品中。2001 年以前,美国市场上主要有少数专业从事 ETF 管理的公司,其中 Barclay、道富环球资产管理公司、美洲银行三家所管理的 ETF 就占据全球 ETF 市场的 93%。2002 年以来,Merrill Lynch、Goldman Saches、Fidelity 也先后发行了 ETF 产品。各大交易所也在争取 ETF 产品。2001 年前,ETF 的上市被美国证券交易所(AMEX)垄断,2001 年后,纽约证券交易所、NASDAQ 等也开始重视 ETF。图 3.2 是美国国内证券市场 ETF 基金从 1993 年到 2011 年的发展情况。图中可

见,ETF 从数量和规模上,主要都是 2003 年以后获得了迅猛发展。在 2008 年金融危机中有下降,之后迅速回升,重新走上快速发展道路,目前基金只数、规模均处于历史最高水平。

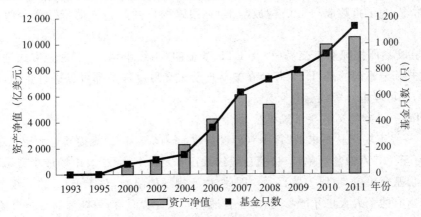

图 3.2 美国 ETF 基金的发展情况(1993—2011 年)
数据来源:美国投资公司协会,《投资公司年报(2007 年、2013 年,第 47、53 版)》。

2003 年 ETF 开始走向亚洲市场。2003 年 5 月 2 日,两只 ETF 在香港上市,分别是跟踪韩国和中国台湾股市的 MSCI 韩国指数基金和 MSCI 台湾指数。2003 年 6 月 30 日,我国台湾第一只 ETF——"宝来台湾卓越 50 基金"正式挂牌上市,销售状况和业绩表现均非常理想。目前亚太地区的主要证券市场都已推出了 ETF 产品。

ETF 自面世以来,产品创新从未停止过。

(1) 抵制通货膨胀(TIPs,Inflation Protected Securities,即根据 CPI 的变化情况相应调整面值)的债券指数 ETF 产品。2000 年,Vangard 推出第一只抵制通货膨胀的债券指数 ETF,该产品推出后表现较好,受到市场欢迎,2003 年年初,Barclay 公司也推出首只 TIP 的 ETF。

(2) 首只红利股票指数 ETF——道琼斯红利指数 ETF(Dow Jones Select Dividend Index Fund)于 2003 年 11 月 7 日在纽约股票交易所上市。该产品投资于 50 只红利发放率较高的美国股票,具体股票选择标准如下:过去 5 年每股红利增长率连续为正、过去 5 年平均红利发放率少于或等于 60%、年平均交易量超过 150 万美元。该产品以此标准筛选股票,在所筛选出的股票中按照分红发放率对公司进行排序,选择前 50 名编制指数,并以红利发放率作为权重。该指数根据上市公司每年公布的分红情况调整一次。

新的 ETF 产品还在不断面世。不过,ETF 的迅速发展给共同基金业带来了威胁,一种观点认为 ETF 将乘势发展甚至取代共同基金,不过,与此相反的观点认为 ETF 以其灵活的交易方式可以满足偏好频繁交易的投资人的需求,而共同基金更适合于"买入—持有"策略的长期投资人。此外,ETF 具有费用率低以及延迟纳税的优势,对资金量大的机构投资者会更有吸引力。因此 ETF 和共同基金的互补性甚于竞争性,二者作为市场上的不同基金品种将长期共存。

2.ETF 基金有两种交易方式

(1) 投资人直接向基金公司申购和赎回(称为 ETF 的"一级市场")。这有一定的数量限制,一般为 10 万份基金单位或者其整数倍;而且是一种以货代款的交易,即 ETF 的申购是指投资者用一揽子指数成分股实物向基金管理公司换取一定数量的 ETF 基金份额;而赎回则是用一定数量的 ETF 基金份额向基金管理公司换取一揽子指数成分股(而非现金)。通常,一揽子指数成分股的构成与 ETF 跟踪的指数所包含的指数成分股比例保持一致。

(2) 在交易所挂牌上市交易(称为 ETF 基金的"二级市场"),以现金方式进行。与通常的开放式基金不同的是,ETF 基金在交易日全天交易过程中都可以进行买卖,就像买卖股票一样,还可以进行短线套利交易。

3. ETF 一级市场交易要求规模巨大

ETF 一级市场交易要求的"每手"(创设基数,creation unit)规模要远大于二级市场,比如为 30 万至 100 万份基金单位,市值一般约数百万元以上,而二级市场最小交易单位一手只有 100 份基金单位,市值为数百元。因此,由于规模的限制,对于 ETF 的一级市场,只有机构或者富有的个人大户才能参与;对于普通个人投资者而言,只能参与二级市场的交易。

4. 有效的套利机制减小了折(溢)价幅度

因为传统开放式基金的基金净值是实时变化的,这样交易时间内不同时点的申购、赎回指令在技术上没法实时完成,所以它们都统一按"未知价法"——在收盘后以收盘价一次性结算完成。而一揽子指数成分股(实物)在每个交易日是可以固定的,所以 ETF 的申购、赎回原则上可以在交易时间内实时完成。因为 ETF 和其所代表的一揽子股票都在市场交易,同时它们之间又可以实时转换,这样就存在着一个套利机制。

具体地讲,若发生折价交易时,即 ETF 二级市场交易价格 P 小于基金净值 NAV,套利者可以进行如下操作:

① 二级市场买入 ETF(成本为 P);

② 达到最小赎回基数的规模要求后,就到一级市场赎回 ETF 份额,换回一揽子证券组合;

③ 卖出一揽子证券(得到 NAV)。

以上三个交易完成后,从中获利:NAV-P(以上未考虑交易成本)。

当溢价交易时,即 ETF 二级市场交易价格 P 大于基金净值 NAV,套利者就先买进一揽子证券组合(成本为 NAV),然后向基金发起人申购 ETF,再到二级市场卖掉 ETF(得到 P),从中获利:P-NAV(亦未考虑交易成本)。

如果以上套利过程及时有效,就会保证 ETF 基金的价格 P 贴近 NAV,使得折溢价幅度很小。此套利机制正是 ETF 能极大地活跃股票现货市场的重要因素之一。

我们可以举一个套利案例[①],如某日上证 50ETF 存在折价套利机会,买入 100 万份 ETF 花费资金 87.2 万元(已包含交易费用和冲击成本因素),立即将买入的 ETF 赎回,并将赎回获得的一揽子指数成分股卖出,扣除所有费用后得到 87.63 万元现金。这样花费 80 多万元资金进行一次套利流程赚取了 4 300 元,而整个套利过程的时间只需要 10～20 秒。

因为 ETF 产品设计精妙,具有交易便利、成本低廉、对目标指数的拟合程度高,所以 ETF 适合于各类投资者。

---

① 该案例为真实案例,是在 2005 年 2 月 23 日上证 50ETF 上市首日某机构进行的真实套利交易,由博弘投资管理公司提供。

首先,ETF 采用被动性投资方式,跟踪复制某个市场指数,获得较稳定的市场平均收益,同时,ETF 基金的费率处于股票基金的最低水平,适合于长期投资者。

其次,ETF 在交易所挂牌以市价进行交易,所以也适合于短线交易者(套利者)博取价差收益。套利交易增加了交易所股票现货的交易量和流动性,活跃了市场,也增加了交易所的收入;同时,增加了 ETF 参与经纪商和做市商的经纪利润。

最后,ETF 还可以帮助投资者进行合理避税,降低交易成本(用一揽子股票组合进行 ETF 单位的创设与赎回,规避了因股票资本利得的实现而缴纳所得税和股票交易等费用),以及实现其他诸多的投资管理功能(如管理组合现金并提高资金利用率,组合头寸对冲或构建各种市场敞口,以及进行多种组合资产配置等)。

根据美国 FRC 和 BGI 两家公司对 ETF 投资者调查统计的结果[①]:55% 的投资者对 ETF 的合理避税感兴趣;48% 对交易和纳税灵活感兴趣;46% 对低费率感兴趣;39% 对分散投资感兴趣;37% 对通过 ETF 实现投资整个市场感兴趣;35% 对部门或板块类 ETF 感兴趣;26% 对可以在二级市场连续进行 ETF 交易感兴趣。可见,ETF 产品的设计非常成功。

ETF 从募集到上市的具体运作流程如图 3.3 所示。

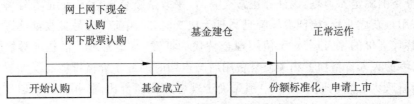

图 3.3　ETF 基金上市前的运作流程

其中,在基金成立后,到基金上市和正常运作过程中,有一个基金份额折算的过程,这是 ETF 运作中特有的。基金份额折算的目的是,使得折算后的基金份额净值与折算日标的指数收盘值的 1‰ 基本一致,便于基金对指数的跟踪。在基金上市前,基金管理人向登记结算机构申请办理基金份额的折算与变更登记。折算比例保留到小数点后第八位。

计算举例:假设某投资者在基金募集期内认购了 5 000 份某 ETF 基金,基金份额折算日的基金资产净值为 5 127 000 230.95 元,折算前的基金份额总额为 5 013 057 000 份,当日标的的指数收盘值为 953.253。

(1) 折算比例＝(5 127 000 230.95/5 013 057 000)/(953.253/1 000)＝1.072 883 37

(2) 该投资者折算后的基金份额＝5 000×1.072 883 37≈5 364 份

截至 2011 年年底,我国共有 37 只 ETF 基金(不含联接基金),首次募集规模 494.73 亿元。

3.2.2　ETF 的申购、赎回与申购赎回清单

基金管理人在开始办理 ETF 申购赎回业务之前,需要公告代理证券公司(或称代办证

---

① 转引自中国证券报社．剖析 ETF 产品设计的金融工程原理——关于投资基金新产品设计的对话．中国证券报,2003 年 6 月 6 日．

券公司,专业名词则统称为"参与券商")的名单。投资者办理 ETF 一级市场申购赎回只能在参与券商处办理。投资者可办理申购赎回的开放日为证券交易所的交易日,开放时间也即交易所交易时间。投资者申购赎回的基金份额为最小申购赎回单位的整数倍。ETF 采取份额申购和份额赎回的方式,申购赎回对价包括组合证券和现金替代两种方式。

组合证券是指基金标的指数所包含的全部或部分证券。基金管理公司每日公告的申购、赎回清单将公告最小申购、赎回单位(如 100 万份 ETF)所对应的各成分证券名称、证券代码及数量。现金替代是指申购、赎回过程中,投资者按照基金合同或者基金管理人公布的申购赎回清单,用于替代组合证券中部分证券的一定数量的现金。采用现金替代是为了在相关成分股停牌等情况下便利投资者的申购,提高基金运作的效率。现金替代分为三种类型。

(1) 禁止现金替代。在申购赎回基金份额时,该成分证券不允许使用现金作为替代。

(2) 可以现金替代。在申购基金份额时,允许使用现金作为全部或部分该成分证券的替代,但在赎回基金份额时,该成分证券不允许使用现金作为替代。可以现金替代的证券一般是由于停牌等原因导致投资者无法在申购时买入的证券。替代金额的计算公式为:

$$替代金额 = 替代证券数量 \times 该证券最新价格 \times (1 + 现金替代溢价比例)$$

最新价格的确定原则是:该证券正常交易时,采取最新交易价格;该证券停牌且当日有成交时,采用最新成交价;该证券停牌且当日无成交时,采用前一交易日收盘价。

现金替代溢价的原因是:对于使用现金替代的证券,基金管理人需在证券恢复交易后买入,而实际的买入价格加上相关交易费用后与申购时的最新价格可能有所差异。为便于操作,基金管理人在申购赎回清单中预先确定现金替代溢价比例,并据此收取现金替代金额,事后采取"多退少补"的原则进行现金差额结算。

(3) 必须现金替代。在申购赎回基金份额时,该成分证券必须使用现金作为替代。必须现金替代的证券一般是由于标的指数调整、即将被剔除的成分证券。对于必须现金替代的证券,基金管理人在申购赎回清单中公告替代的一定数量的现金,即"固定替代金额"。固定替代金额的计算方法为申购赎回清单中该证券的数量乘以其 T 日预计开盘价。

1. 预估现金部分

预估现金部分是指为便于计算基金份额参考净值及申购赎回,参与券商预先冻结申请申购赎回的投资者的相应资金,由基金管理人计算。T 日申购赎回清单中公告 T 日预估现金部分。其计算公式为:

T 日预估现金部分 = $T-1$ 日最小申购赎回单位的基金资产净值—(申购赎回清单中必须用现金替代的固定替代金额+申购赎回清单中可以用现金替代成分证券的数量与 T 日预计开盘价相乘之和+申购赎回清单中禁止用现金替代成分证券的数量与 T 日预计开盘价相乘之和)

预估现金部分的数值可能为正、为负或为零。

2. 现金差额

T 日现金差额在 $T+1$ 日的申购赎回清单中公告。其计算公式为:

T 日现金差额 = T 日最小申购赎回单位的基金资产净值—(申购赎回清单中必须用现金替代的固定替代金额+申购赎回清单中可以用现金替代成分证券的数量与 T 日收盘价相乘之和+申购赎回清单中禁止用现金替代成分证券的数量与 T 日收盘价相乘之和)

现金差额的数值可能为正、为负或为零。在投资者申购时,如现金差额为正数,则投资者应根据其申购的基金份额支付相应的现金;如现金差额为负数,则投资者应根据其申购的基金份额获得相应的现金。在投资者赎回时,如现金差额为正数,则投资者将根据其赎回的基金份额获得相应的现金;如现金差额为负数,则投资者应根据其赎回的基金份额支付相应的现金。

表 3.3 是华夏上证 50ETF 基金在某个交易日公布的申购赎回清单的具体内容。

表 3.3 华夏上证 50ETF 基金 2012 年 7 月 2 日公布的申购赎回清单

基本信息	
最新公告日期	2012-07-2
基金名称	上证 50 交易型开放式指数基金
基金管理公司名称	华夏基金管理有限公司
一级市场基金代码	510051
2012-06-29 日信息内容	
现金差额(元)	38 551.37
最小申购、赎回单位资产净值(元)	1 737 318.37
基金份额净值(元)	1.737
2012-07-02 日信息内容	
预估现金部分(元)	41 092.37
现金替代比例上限	50%
是否需要公布 IOPV	是
最小申购、赎回单位(份)	1 000 000
申购、赎回的允许情况	允许申购和赎回

成分股信息内容					
股票代码	股票简称	股票数量	现金替代标志	现金替代溢价比例	固定替代金额
600000	浦发银行	9 000	允许	10.0%	
600010	包钢股份	2 100	允许	10.0%	
600015	华夏银行	2 900	允许	10.0%	
600016	民生银行	17 800	允许	10.0%	
600019	宝钢股份	4 100	允许	10.0%	
…					
…					
601898	中煤能源	1 500	允许	10.0%	
601899	紫金矿业	6 400	允许	10.0%	
601901	方正证券	1 400	允许	10.0%	
601958	金钼股份	800	允许	10.0%	
601989	中国重工	3 500	允许	10.0%	

注:在成分股清单中,省略的成分股均为"允许现金替代",现金替代溢价比例均为 10%。可见,目前所有成分股在现金替代方面无差异。

资料来源:华夏基金管理公司网站。

目前我国 ETF 产品的创新仍在不断发展。比较重要的创新如:①2012 年 5 月,嘉实和华泰柏瑞公司分别募集成立了跟踪沪深 300 指数的我国首批跨沪深市场的 ETF 产品;②2012 年 7 月,境内首批两只跨境 ETF 及其联接基金——华夏基金公司募集并管理的香港恒生指数 ETF、易方达基金公司募集并管理的香港恒生中国 H 股企业指数 ETF 成立。

作为首批两只境内的港股ETF,华夏和易方达基金分别选用了香港恒生指数、香港恒生H股指数作为投资标的,为投资人提供了直接投资香港市场的有效ETF工具,同时其联接基金是可以直接用美元买卖的基金产品。

知识拓展:ETF在我国证券市场份额不断下降的原因

2005年2月,我国第一只ETF——上证50ETF在上海证券交易所挂牌交易,拉开了ETF在中国市场的序幕。此后,上证180ETF、深证100ETF、深证中小板ETF、上证红利ETF相继在沪深两地挂牌。然而,ETF这个全球近十年增长最快的金融资产,在中国的发展却并不令人乐观。5只ETF的基金份额不断下降,自上市以来,无一不遭到大额赎回。

以上证50ETF为例,上市时份额为64.34亿份,2005年8月最高曾达到106亿份,2005年年底降到了80亿份,此后又不断下降。到2006年5月底,跌破30亿份,之后一直维持在这一水平。截至2007年一季度,总份额为29.86亿份。又如深证100ETF,上市时总份额为48.97亿份,不到一年的时间里,份额缩减为15.44亿份。中小板ETF和上证红利ETF的份额也分别下降30%～50%,而价格最高的上证180ETF份额更是跌破了1亿份。以下我们来剖析形成这种窘境的原因。

第一,ETF折价引起的投资者套利行为导致ETF大量被赎回。在ETF折价时,投资者通过套利操作(买入ETF、赎回股票然后卖出股票)可获得无风险收益。根据上海证券交易所创新实验室的一份研究报告的统计显示,在2006年第一季度,投资者赎回所用的ETF份额绝大部分(85.3%)都是投资者当日从市场上买入的,而且赎回的股票有91.6%被立即卖出(不包括7.16%的股票因停牌而无法卖出),说明ETF赎回绝大部分是因折价引起投资者套利造成的。从一般意义分析,剩余的非直接套利原因的赎回部分,其绝大部分也是因为折价原因使投资者不愿意以低于其价值的价格卖出,导致损失,从而替代以卖出赎回股票实现收益,减少折价损失。

在统计了净赎回份额最多的10个交易日后,可以发现,赎回份额于当日处于折价状态的时间成正相关关系。(相关系数为0.6212,p值为0.0045。)(参见表3.4)

表3.4　上证50ETF净赎回最多的10个交易日情况(2006年年底前)

交易日	当日平均折价率(%)	当日最高折价率(%)	申购份额(百万份)	赎回份额(百万份)	净赎回份额(百万份)	处于折价状态(秒)	占交易时间比
2005-08-18	−0.46	−1.19	3	1 262	1 259	14 390	99.93%
2006-02-22	−0.48	−1.01	0	927	927	14 405	100%
2005-08-22	−0.23	−0.6	0	533	533	14 035	97.47%
2005-08-15	−0.32	−1.06	8	531	523	14 340	99.58%
2005-02-23	−0.28	−1.14	153	648	495	13 750	95.49%
2005-08-24	−0.22	−0.48	0	440	440	13 845	96.15%
2006-02-27	−0.29	−1.1	33	394	361	13 310	92.43%
2005-06-08	−0.3	−2.43	1	278	277	11 980	83.19%
2005-08-23	−0.21	−0.6	0	266	266	13 555	94.19%
2005-02-25	−0.18	−0.46	0	259	259	11 260	78.19%

资料来源:上海证券交易所创新实验室.我所ETF产品份额下降原因与对策分析.上海证券交易所研究报告.

第二，ETF市场流动性和市场深度不足是导致ETF折价的重要原因。投资者直接卖出ETF的市场冲击成本要远远大于赎回股票后卖出的市场冲击成本。例如，投资者卖出100万份上证50ETF比卖出100万份ETF对应的成分股组合，需增加2 600元的价格冲击成本；投资者卖出1 000万份ETF比卖出1 000万份ETF对应的成分股组合，需增加约3.2万元的价格冲击成本。这使得投资者需要卖出ETF时，倾向选择赎回股票后卖出。

第三，从根本上看，导致ETF折价、流动性不足的深层原因是对ETF的市场需求不足。

（1）整体市场产品结构不发达严重限制了ETF功能的发挥。在国际市场，ETF是资产配置的重要工具，也是对冲风险、套利、构建动态资产组合的理想工具。因此，市场对ETF有很强的需求。在我国，由于整体市场的产品结构不够合理，缺乏指数期货和期权、ETF权证和期货等产品，导致指数化投资理念比较欠缺，投资者对ETF等指数化产品的需求不足。

（2）在国际市场，由于市场比较有效，ETF的业绩通常高于主动型投资基金。相比之下，在2006年年底之前，这类投资经验在我国还较为缺乏。比如，2006年1月至10月，2005年年底之前成立的80只股票型开放式基金净值平均增长率为67.0%，上证50ETF净值增长率为53.7%，80只开放式基金中有64只业绩超过上证50ETF。我国证券市场有效性相对不足，导致主动型基金业绩（特别是在牛市时）普遍高于被动型指数基金。在市场有效性不足时，拥有信息优势和专业分析能力的主动型基金通常可以根据市场变化情况迅速调整投资组合，获取较高收益。

（3）我国ETF运行机制上的不足，使得在公司发生重大行为（特别是股改）时，对ETF份额变化造成了不利影响。例如，当公司由于增发、并购、股改（包括配送权证）等原因停牌后，投资者预期公司复牌交易后股价（或权证）会出现大幅度上涨或下跌，但由于我国市场有效性不足，公司复牌后的股价（权证）预期变化不一定能充分反映到ETF价格上，此时投资者就倾向于赎回ETF而持有相应股票，或在允许现金替代时获取现金。我们可以举以下三个案例：

① 2006年2月27日，上海机场停牌前一个交易日（2月28日是上海机场实施股改的股权登记日，股改方案为每10股送1.9股和7.5份认沽权证），当日ETF赎回3.94亿份（见表3.13），由于ETF无法充分反映权证收益，促使投资者赎回以获得股票和相应的权证。

② 2005年8月15日，宝钢股改停牌后即将复牌，当日申购或赎回上证50ETF组合中的宝钢（15400股）必须用现金替代，即申购必须缴纳79156元（按停牌前收盘价5.14元计算）现金，赎回可获得79 156元现金。投资者预期宝钢复牌后价格将大幅走低（事实上8月18日宝钢股价跌停），故此时赎回ETF就相当于以5.14元卖出了宝钢，按8月18日宝钢股价跌停计算，每赎回100万份，可实现套利8 620元。

③ 2005年8月18日，宝钢股份股改停牌于当日复牌，宝钢跌幅达10.89%，上证50指数跌幅达2.34%，50ETF持有者大量抛出（卖盘数量约为买盘数量的1.5倍），造成50ETF大幅度折价，折价率平均为0.46%，最高时达到1.2%。当日共赎回ETF12.62

亿份,其中 12.19 亿份是由折价套利引起的(投资者从市场买入 ETF 后赎回股票,然后卖出股票)。赎回最多五个投资者赎回份额分别为 4.04、2.32、1.12、0.91、0.89 亿份,占当日总赎回份额的 73.5%。赎回的股票中有 99.81%(按金额)在当日卖出。

当前,可考虑从以下几个方面采取措施,扩大 ETF 的规模。

第一,完善市场结构,大力发展指数期货和期权、ETF 和股票权证等金融衍生品市场,创造投资者对 ETF 的需求,培育指数化投资理念。

第二,尽快推出 ETF 和 ETF 成分股的融资融券业务。

第三,允许 ETF 基金参与新股配售业务,通过提高 ETF 基金的业绩间接推动 ETF 规模的扩大。

第四,废除 ETF 申购赎回的"必须现金替代"机制,在相关股票停牌时一律采取"允许现金替代"机制,允许现金替代的股票必须以复牌后实际买入价进行结算。

第五,推广集合创设机制,为中小投资者的 ETF 申购创造便利。

第六,开设盘后一揽子交易,允许投资者按给定的证券代码进行 ETF 成分股组合的一揽子交易。

3.2.3 ETF 联接基金

ETF 联接基金是将绝大部分基金财产投资于某一 ETF(称为目标 ETF)、密切跟踪标的指数表现、可以在场外(银行渠道等)申购赎回的基金。根据我国证监会的规定[①],ETF 联接基金投资于目标 ETF 的资产不得低于联接基金资产净值的 90%,其余部分应投资于标的指数成分股和备选成分股。并且,ETF 联接基金的管理人不得对 ETF 联接基金财产中的 ETF 部分计提管理费。

ETF 联接基金的主要特征在于以下几方面。

① 联接基金依附于主基金。通过主基金投资,若主基金不存在,联接基金也不存在。因此,联接基金和 ETF 基金是同一法律实体的两个不同部分,联接基金处于从属地位。

② 联接基金提供了银行渠道申购 ETF 基金的渠道,可以吸引大量的银行客户直接通过联接基金介入 ETF 的投资,增强 ETF 市场的交易活跃度。目前直接申购 ETF 的资金量一般不能少于某一限额(如 50 万份、100 万份等),因此,目前申购 ETF 以机构为主,普通中小投资者无法投资 ETF,这就限制了 ETF 基金的发展。联接基金的目的就是解决这个问题,在联接基金发行后,投资者可以通过申购联接基金的方式(联接基金最少投资 100 元或 1 000 元),参与 ETF 投资。联接基金主要是为银行渠道的中小投资者申购 ETF 打开了通道。

③ 联接基金可以提供目前 ETF 基金不具备的定期定额等方式来介入 ETF 基金的运作。

④ 联接基金不能参与 ETF 的套利,发展联接基金主要是为了做大指数基金的规模。联接基金的目的不在于套利,而是通过把银行渠道的资金引进来,做大指数基金的规模,推动指数化投资。

⑤ 联接基金不是基金中的基金(FOF),联接基金完全依附主基金,将所有投资通过主基金进行,而基金中的基金往往投资于不同基金管理人管理的多只基金。ETF 联接基金

---

① 中国证监会《交易开放式指数证券投资基金(ETF)联接基金审核指引》。

与 ETF 基金的比较详见表3.5。

表 3.5　ETF 联接基金与 ETF 基金的比较

	ETF 联接基金		ETF 基金
业绩	紧密跟踪标的指数表现		
运作方式	开放式		
门槛	低(1 000 份)		高(30 万、50 万、100 万份等)
投资标的	1. 跟踪同一标的指数的组合证券(即目标 ETF)	ETF 的投资组合通常完全复制标的指数,其净值表现与盯住的特定指数高度一致	
	2. 标的指数的成分股和备选成分股		
	3. 中国证监会规定的其他证券品种		
	另,ETF 联接基金财产中,目标 ETF 不得低于基金资产净值的 90%。它更类似于增强指数基金。90%的基金资产用来投资,跟踪指数,10%的基金资产通过主动管理来强化收益		
申购、赎回渠道	银行、券商		券商
费用	管理费:《指引》中规定了 90%的 ETF 资产不得收取管理费	ETF 在交易所交易的费用与封闭式基金的交易费用相同,比现在的开放式基金申购赎回费低	
	托管费:ETF 联接基金的基金托管人不得对 ETF 联接基金财产中的 ETF 部分计提托管费		
	费率认购、申购、赎回的费率可以参照开放式基金的相关费率水平		

2009 年 9 月,我国最早的两只联接基金——华安上证 180ETF 联接和交银 180 治理 ETF 联接基金成立。截至 2011 年年底,ETF 联接基金已募集成立 32 只,首次募集规模共 606.45 亿元。由此可见,联接基金的平均每只首发规模显著高于同期成立的目标 ETF 基金,这说明银行渠道的基金发行能力显著超过其他渠道(券商、基金直销等),ETF 联接基金获得了成功。

3.2.4　ETF 和 LOF 的比较

ETF 与 LOF 都存在一、二级两个市场,一级市场价格由基金资产净值决定,二级市场价格由供求关系影响。因此,ETF 与 LOF 既可以如开放式基金一样,以基金净值进行申购赎回(一级市场),资产规模不固定;又可以像封闭式基金一样,以市价在交易所上市交易(二级市场)。这种特殊的交易模式使得 ETF 与 LOF 都存在不同市场间套利的机会,而套利机制的存在,结果使得基金的二级市场价格与基金的净值趋于相同。

但是,ETF 和 LOF 存在以下的不同点,如表 3.6 所示。

表 3.6　ETF 与 LOF 的比较

内容	ETF	LOF
投资方法	指数化投资	不限
管理费用	较低,国外 ETF 产品费率多为 0.1%~0.6%,国内目前均为 0.5%	较高,国内现有积极管理型股票基金费率一般为 1.5%
投资组合透明度	较高,每日公布资产组合清单,一般是完全拟合目标指数	较低,每季度公告持股前 10 名

续表

内容	ETF	LOF
申购赎回	采用实物证券方式,以一揽子股票换取基金份额	采用现金方式
两个交易渠道之间的连通	套利交易当日即可完成	转托管需要2个工作日

(1) 创新定位不同。ETF是一种产品创新,是一种可上市交易的新型指数基金;而LOF的新意则在于开放式基金交易方式的创新,LOF一旦成功推出,所有的开放式基金在理论上均可在证券交易所上市。也就是说,ETF主要是基于某一个成分股指数的一种被动性投资基金产品;LOF则是开放式基金交易方式的创新,既可以用于被动投资的基金产品,也可以用于积极投资的基金。由于LOF提供的是一个平台,而不是单一的产品,任何基金都可以利用这一平台发行、交易。因此,LOF的出现一方面改变了基金发行完全依赖银行体系的现状,另一方面还可以使投资者像买卖股票一样方便地买卖基金,这改变了开放式基金的交易机制。

(2) 申购赎回的标的物不同。ETF的一级市场是以一揽子股票进行申购和赎回,而LOF在一级市场与普通开放式基金一样,实行现金的申购和赎回。

(3) 套利机制不同。虽然LOF与ETF都有套利机会,但套利机制并不相同。首先,ETF在套利交易过程中必须通过一揽子股票的买卖,而LOF进行套利交易则不需要涉及股票的买卖,仍然是现金申购和赎回。其次,LOF的套利机制主要在于消除基金的折价,而ETF的套利机制更侧重于套利的赢利空间。特别是ETF投资者可以实现当天套利。例如,上证50指数在一个交易日内出现大幅波动,当日盘中涨幅一度超过5%,而收市却平收甚至下跌。对于普通开放式指数基金的投资者而言,当日盘中涨幅再大都没有意义(因为我国目前实行的交易清算制度是$T+1$清算),赎回价只能根据收盘价来计算。而ETF的特点就可以帮助投资者抓住盘中上涨的机会,因为交易所每15秒钟显示一次IOPV(净值估值),这个IOPV即时反映了指数涨跌带来基金净值的变化,ETF二级市场价格随IOPV的变化而变化。那么,投资者可以在交易时间初期在一级市场申购ETF,当盘中指数上涨时在二级市场及时抛出ETF,获取指数当日盘中上涨带来的收益。

(4) 投资者参与门槛不同。所有投资者都可参加LOF的一二级市场套利,但ETF一级市场门槛很高,中小投资者基本上无法参与套利。比如华夏上证50ETF基金的最小申购赎回单位是100万份,易方达深证100ETF基金的最小申购赎回单位是30万份等。

(5) 产品的衍生性不同。ETF具有指数期货的现货特点,可以进行卖空交易,也可以用来进行套期保值或者进行套利交易,而且ETF一揽子股票的实物申购赎回机制有助于提高股市的成交量。建立在ETF基础上可以发展ETF的期货产品、期权产品等[①]。而LOF则简单许多,只是结合了开放式基金和封闭式基金的优点,并为"封转开"后的基金继续上市交易提供了现实渠道。

---

① 2010年4月16日我国首只股指期货——沪深300指数期货正式在中国金融期货交易所上市交易,由于股指期货套期保值和套利交易的需要,沪深300ETF就面临着强烈的需求。在2012年5月嘉实和华泰柏瑞的沪深300ETF推出之前,市场往往采取上证180ETF和深圳100ETF的人为组合作为股指期货的现货对冲产品。

（6）环境依赖性不同。ETF 基金是一个指数跟踪度高的基金产品，其成功与否与标的指数的市场认同程度、高效率市场套利机制、有效的流动性安排等市场环境密切相关，对市场环境的依赖性很强。LOF 基金对市场环境没有特殊的依赖性，各类开放式基金都可以采取 LOF 形式。

3.3　伞型结构基金

伞型结构基金（umbrella structure fund），又称伞型基金（umbrella fund），在我国被称为"系列基金"。在我国香港也称为"伞子基金"或"伞子结构基金"。它实际上就是开放式基金的一种组织结构。在这一组织结构下，基金发起人根据一份总的基金招募书，发起设立多只相互之间可以根据规定的程序进行转换的基金，这些基金称为子基金或成分基金（sub-funds），而由这些子基金共同构成的这一基金体系就被称为伞型结构基金，也可以称为母基金（parent fund）。

进一步说，伞型基金不是一只具体的基金，而是同一基金发起人对由其发起、管理的多只基金的一种经营管理方式，伞型基金本身并不构成独立的法律主体，而只是作为一种结构，体现子基金之间的共同特征和相互转换、相互依存的关系。因此，通常认为"伞型结构"基金的提法更为恰当。

伞型结构基金的概念最初起源于英国，并且在 20 世纪 80 年代初期在欧洲和美国出现了比较成熟的伞型基金，如英国的 Fleming 基金、美国的 Fidelity 基金、T. Rowe Price 基金等。在 20 世纪 70 年代，由于通货膨胀严重、汇率波动加剧、石油危机等因素，英美等西方国家的经济环境出现了较大的动荡，基金投资者逐渐改变购买并长期持有基金的投资策略，日益频繁地在不同的基金间进行转换，以回避风险或追求更高收益。伞型基金就在这个时候顺应基金投资者的这种需求而产生发展起来。在欧洲，伞型基金的迅速发展还受到欧洲一体化进程的有力推动。由于税收、法律要求等方面的有利条件，欧洲各国尤其是英国的大型基金管理公司纷纷采取在卢森堡、爱尔兰等地设立伞型基金的方式，向欧洲投资者广泛销售其基金产品。在我国的香港地区，目前伞型基金已经成为基金业在经营方式上的主要选择。

概括起来，伞型基金相对于单一基金主要有以下几大特点。

（1）法律契约的同一性

不管一只伞型基金下面可能包含了多少只子基金，它仍然只有一份相同的总招募书或总的基金契约，这些契约文件对该伞型基金下的所有子基金都同样适用，都具有相同的法律约束。

（2）基金体系的开放性

伞型基金的开放性表现在两个方面，一是基金规模上的开放性，即无论是伞型基金的总规模或该伞型基金下的各子基金的规模，都是没有限额的，这也是所有开放式基金的共同特点；二是子基金品种上的开放性，即基金发起人可以在同一份法律契约下（基金合同）下不断根据市场需要推出新的子基金品种。在设立新的子基金品种时，基金发起人所要做的就是将有关新子基金的具体情况（如投资目标、投资政策、费率标准等）添加到此前的基金契约当中，将之进行更新。由于有关新子基金的条款并不影响原有的其他子基金，更新后的契约文件对该伞型基金下所有的子基金仍然适用。

（3）基金品种的多样性

相对于单一基金而言，伞型基金通常都包含数量从数十只乃至上百只的子基金，这些子基金在投资目标、投资政策、投资对象等方面各不相同。细致而有针对性的品种设计，使得伞型基金可以在同一品牌下最广泛地吸引具有不同投资目标、投资偏好的众多投资者。由于这一特点，伞型基金有时也被誉为"适合所有人的基金"（one fund to fit all）。

（4）子基金之间的相互独立性

除了隶属于一个相同的总契约和总体框架及不同子基金间可以进行方便的转换之外，各个子基金之间在很大程度上是相互独立的。就单独一只子基金而言，在包括资金的管理运用、计价、申购、赎回、收益分配等方面在内的一整套运作机制，都与单一基金并没有实质上的区别。通常来说，除非基金契约或者法律法规另有规定，任何子基金的终止和清算，并不必然导致伞型基金和其他子基金的终止和清算。

（5）子基金之间的可转换性

同一伞型基金的投资者，可以在该伞型基金下的不同子基金之间进行方便快捷并且费用低廉的转换。除了一般开放式基金契约所规定的申购、赎回条款之外，伞型基金的招募书中还对投资者在不同子基金间进行转换的时间、手续、费率等方面作出规定。转换功能使得投资者在不同基金间转换的费用和时间显著降低，从而大大增强了伞型基金相对于单一基金的优势。不过，伞型基金下不同子基金间的转换并非一定免费，通常情况下仍需收取一定的费用（包括原有子基金的赎回费及转换费），但一般而言会低于投资者在单一基金间进行转换的费用。

从基金公司自身经营管理的角度看，采取伞型结构也比单一结构具有优势，表现在以下方面。

（1）简化管理、降低成本

不同子基金均隶属于一个总契约和总体管理框架，可以很大程度地简化管理，并在诸如基金的托管、审计、法律服务、管理团队等方面享有规模经济，从而降低设立及管理一只新基金的成本。由于伞型基金的这一优势及其品牌效应，国外有的伞型基金还因此发展出一种特殊的"外挂"（hang-off）功能——利用已有的伞型基金，为一些擅长某一方面投资，但无力或不希望自行设立基金的机构，推出由后者担任基金管理人的子基金。在伞型结构下设立、管理一只基金实现盈亏平衡所需的规模，可比单一结构下成倍地降低。

（2）强大的扩张功能

伞型基金的另一优势是它具有强大的扩张功能，包括基金品种上的扩张及基金销售地区上的扩张。由于伞型基金的所有子基金都隶属于同一个总体框架，在建立起总体框架并得到东道国金融管理当局的认可后，基金公司就可以根据市场的需求，以比单一基金更高的效率、更低的成本不断推出新的子基金品种或扩大其产品的销售地区。国外许多著名的基金管理公司如富达（Fidelity）、摩根富林明（JPMorgan Fleming）在向国外扩张时都纷纷采取了伞型基金的形式。

作为一种强调规模经济的结构形式，伞型基金所具有的统一品牌的销售能力、方便的转换所导致的特有的保持流动性的能力，以及规模经济带来的低成本，都对基金公司有相当大的吸引力。2004—2005年，伞型基金（在国内被称为系列基金）在我国得到了一定程度的发展，期间成立了招商安泰系列、泰达荷银合丰系列、嘉实理财通系列等9只系列基

金。但是,系列基金的发展仍然存在一些问题:

① 我国目前基金公司旗下的不同基金之间已经基本上实现了转换功能,系列基金的转换功能和费率成本相比普通基金来说并没有优势;

② 监管机构对新基金发行实行严格的实质性审核制度,使得伞型基金的扩张、外挂功能不能发挥;

③ 基金管理公司对系列基金品牌声誉未给予足够重视,与单只基金品牌声誉比较而言,更注重后者;

④ 系列基金中的子基金之间存在着规模、业绩等的巨大差距,使得子基金无法均衡发展;

⑤ 系列基金仍有一系列的治理问题尚未解决。

上述这些原因使得我国的系列基金停止了发展步伐,2006 年后我国就没有发行新的系列基金了。

案例:系列基金——泰达宏利价值优化型系列基金的特色

泰达宏利价值优化型系列基金成立于 2003 年 4 月,原名湘财荷银价值优化型系列基金①。系列基金中的三个子基金:泰达成长、泰达周期、泰达稳定是三只相互独立的行业类证券投资基金,共同构成了系列基金。

泰达成长、泰达周期、泰达稳定的股票投资部分分别主要投资于成长、周期、稳定三个行业类别中依据市净率(P/B)和市盈率与每股预期收益增长率之比(PEG)所确定的具有增长潜力的价值型股票,即系列基金所定义的价值优化型股票。在股票投资中严格遵循:

(1) 各行业类别基金投资于该基金类型所对应行业类别股票的比重不低于该基金股票净值的 80%(一级市场认购股票除外);

(2) 各只行业类别基金的股票投资以价值优化型股票为主要投资对象。

根据中国证监会公布的行业划分标准,及对各行业与宏观经济发展的相关性分析,基金管理人将各行业分类如表 3.7 所示。

表 3.7 泰达宏利合丰系列基金的行业分类

成长类	周期类	稳定类
电子	纺织、服装、皮毛	农、林、牧、渔业
信息技术	造纸、印刷	食品、饮料
传播与文化产业	石油化工、化学、塑胶、塑料	木材、家具
医药与生物制品	金属、非金属	电力、煤气及水的生产供应业
	机械、设备、仪表	交通运输、仓储业
	其他制造业	批发和零售贸易
	建筑业	金融、保险业
	房地产业	社会服务业
	采掘业	

注:国际上通常将行业划分为成长、周期、稳定及能源四个类别。由于能源类企业生产中间产品,为制造业及消费者提供最基本的生产资料,并且我国目前能源类上市公司数量较少,总体公司市值较低,因此将能源类—采掘业行业归入周期类。

---

① 泰达宏利合丰系列基金原名"湘财荷银合丰系列基金",由于基金管理公司的两次股权变更,湘财荷银基金管理公司分别在 2006 年更名为泰达荷银基金管理公司、2010 年更名为泰达宏利基金管理公司,系列基金名称因此先后改变为"泰达荷银合丰系列"、"泰达宏利价值优化型系列"。

因此,该系列基金中的各个子基金分别严格按照各自确定的行业方向进行投资。合丰成长基金的投向除成长类所包括的 4 个行业外,还包括分布在其他行业类别中受国家产业政策重点支持和鼓励发展的高新技术行业,如新技术、新材料、高新农业及环境保护等。在综合类上市公司中,若其在某一行业类别中的业务收入占主营业务收入的 50% 以上,则该上市公司归入相应行业类别基金投资范围。

基金管理人可以根据国家有关部门或权威机构行业划分标准,及各行业与宏观经济发展相关性的变化,对各行业类别基金所覆盖的相关行业进行适当调整,但须及时予以披露。除非主管部门或权威机构的行业划分规则发生改变,系列基金管理人不会主动改变本系列基金的行业归类。

该系列基金的业绩比较基准分别为:

(1) 合丰成长:65%×富时中国 A600 成长行业指数+35%×上证国债指数;

(2) 合丰周期:65%×富时中国 A600 周期行业指数+35%×上证国债指数;

(3) 合丰稳定:65%×富时中国 A600 稳定行业指数+35%×上证国债指数。

各个子基金之间可以免费、无限次转换。

资料来源:泰达宏利价值优化型系列基金更新的招募说明书(2012.6)。

3.4 保本基金

保本基金(segregated fund,也称为 capital preservation fund, capital guaranteed fund),是指在一定投资期限内,对投资者所投资的本金提供一定比例(一般在 80%~100%)保证的基金。也就是说,基金投资者在投资期限到期日,可以获得保证全部本金或取回一定比例的本金。而本金未获保证的部分仍有一定风险。一般情况下,投资者可在到期日前赎回,但提前赎回将不得到任何保证,并且通常有惩罚性的赎回费[①]。保本基金一旦发行,保本期限到期之前一般不再接受申购或只在有限的时间内接受申购,但一般可以接受赎回,所以典型的保本基金是一种半封闭式基金[②]。

保本基金管理人一方面通过投资低风险的固定收益类金融产品,为投资者提供一定比例的本金安全保证;另一方面通过其他的一些高收益金融工具(股票、期权等衍生产品)的投资,为投资者提供额外回报。所以保本基金为风险承受能力较低,同时又期望获取高于银行存款利息回报,并且以中长线投资为目标的投资者,提供了一种低风险同时兼具升值潜力的投资工具。保本基金一般安排一个专门的保证人/担保人,保证人会出具担保函,来提供到期的保本责任。如果保本期限到期,基金累计资产净值达不到约定的保本价值,则由保证人提供差额部分的资金。基金管理公司从基金管理费中定期支付担保费给保证人。

保本基金的运作原理是将基金资产分为两部分,分别投资在固定收益证券和高风险资产上。比如以期初 90% 的本金购买债券,到期日获得保证的本金,也就是完成保本目标。

[①] 目前我国以保本期为 3 年的保本基金来说,通常 1 年内赎回需要缴纳 2% 的赎回费率,1~2 年赎回需要缴纳 1.5% 的赎回费率,2~3 年赎回需要缴纳 1% 的赎回费率,3 年以上赎回则无须缴纳赎回费。

[②] 以我国最早成立并且目前仍然在运作的保本基金——南方避险增值基金为例,该基金于 2003 年 6 月成立,之后多次打开接受申购,并分别提供 3 年的保本保证。该基金已经进入第 4 个保本周期。该基金在保本期内的赎回是每周一提供赎回,其他时间不可赎回。

另外 10% 的本金则通过适度杠杆的运用,投资高风险资产(如股票、期货、期权等衍生品种),以获得基金的增值。其中固定收益证券投资的部分,带给投资者安全保障,若基金的风险投资部分发生损失时,亦不致造成资产本金的损害。

以下我们介绍保本基金的参与率概念。参与率为保本基金的关键概念之一,是投资者在保本基础上获取超额收益的一个概念。因为成熟市场的保本基金一般均以存款/国债的无风险资产与期权等衍生产品的高风险资产两部分构成组合。假设某一年期的保本基金组合为银行存款与股票指数期权,A 为本金,保本率为 $G\%$,一年期存款利率为 $r\%$,股票指数的现货价格为 S_0,一年后的价格(也即股指期权的结算价格)为 S_t,一年期股指期权的当前市场价格为 C,则投资者的收益为:投资本金 + 股票指数收益率 × 参与率 × 投资本金。

因此,可以写出等式

$$\frac{A - \dfrac{A \times G\%}{1 + r\%}}{C} \times (S_t - S_0) = A \times P\% \times \frac{(S_t - S_0)}{S_0}$$

化简后,可得:

$$P\% = \left(1 - \frac{G\%}{1 + r\%}\right) \times \frac{S_0}{C}$$

由此可见,参与率与保本率负相关。

保本基金参与率代表投资者可分享基金投资于风险性资产获利的比例。假设某保本基金投资于风险性资产的回报率是 30%,参与率是 60%,投资者最终可分享的获利收益为18%(60% × 30%)。一般而言,保本基金的保本率与参与率会呈现反向关系,因此保本率越高,就表示所能投资于风险性资产的比例就越低,最终获利的程度相对也越低。

纵观海外保本基金的历史,其获得快速发展都是在银行存款利率持续低位、股市前景不明朗、投资者投资意愿低迷的市场环境下产生的。2000 年以后,全球投资者的投资目标由追求资产的增值逐渐转向保守,于是保本基金吸引了许多投资者的视线,美国、我国香港地区等成熟市场均出现了大量资金流入保本基金的态势。比如我国香港地区的第一只保本基金是 2000 年 8 月由 CMG 首源公司推出的"CMG 首源科技传媒和电讯百分百保证基金",募集了 12 230 万美元。其后如 2001 年 2 月恒生银行推出的恒生保本科技基金共获得28 亿多港元的认购,汇丰银行推出的环球科技保本基金集资额更创出了 50 亿美元的新高。香港地区保本基金的销售情况在 2002—2003 年盛极一时。

据晨星亚洲公司统计,2003 年,香港保本基金的净销售额达到 10.46 亿港元,占全年基金净销售额的 29.63%,是净销售额最高的基金类型。但之后由于保本期较长、债市低迷、股市回升等原因开始呈现衰退之势,2008 年金融危机之后再度获得迅速发展,已成为成熟资本市场不可或缺的一类基金产品。

保本基金在我国境内也获得了投资者的欢迎。2003 年 5 月,我国首只保本基金"南方避险增值基金"发行,投资者认购踊跃,该基金创下了当时我国基金业的数个第一。

(1) 单只基金规模最大。到 2003 年 6 月 27 日基金正式成立,共发行 51.93 亿份,是当时单只首次募集发行规模最大的基金。

(2) 单只基金持有人最多,达到 14.81 万户。

(3) 个人持有者最多。基金持有者中个人持有者比例近 7 成,在当时已发行基金中比例最高。

(4) 代销银行的销售量最高,达到 41 亿份。

2004 年 2 月,我国首次在基金名称上使用保本概念的基金"银华保本增值基金"发行,该基金只用了 10 天就完成了 60 亿元的发行规模上限,提前 20 天结束发行,这反映了股市熊市中保本基金受欢迎的程度。2006 年以后,我国的保本基金发展陷入了低潮期。直至 2011 年,保本基金进入了一个前所未有的高峰时期,当年新成立基金的规模、只数创下了历史纪录。例如 2011 年 6 月发行的南方保本混合型基金,首募突破规模上限 50 亿元,启动了末日比例配售机制。

从更为广泛的意义上看,保本基金在中国基金市场上的积极性还在于:

(1) 保本基金具有良好的储蓄替代功能。保本基金具有较好的储蓄替代功能,可成为分流储蓄的较好工具。因为当前我国居民的储蓄动机中,有相当部分是基于社会保障、教育、医疗等动机,对于保本有强烈需求的储蓄资金与保本基金的风险收益特性能够较好匹配;

(2) 保本基金具有培育投资者的功能。公众通过投资保本基金,了解基金的基本运作方式。所以,保本基金实际上起到了培育潜在投资者的作用,这对我国年轻基金业的迅速、健康发展是至关重要的;

(3) 保本基金的发展有利于基金管理公司构建完整、连续的基金产品线。

截至 2012 年中期,我国共有 27 只保本型基金,这些保本基金大部分是 2011 年和 2012 年成立的。基金的基本情况如表 3.8 所示。

表 3.8　国内保本基金基本情况(截至 2012 年中期)

基金名称	成立日期	投资策略	保本周期 (年)	保本比例 (%)	保证人
南方避险增值	2003-06-27	优化的 CPPI	3	100	中投信用担保有限公司
银华保本增值	2004-03-02	CPPI	3	100	北京首都创业集团有限公司
国泰金鹿保本三期	2010-07-02	CPPI&OBPI	2	100	中国建银投资有限责任公司
建信保本	2011-01-18	CPPI	3	100	中国投资担保有限公司
汇添富保本	2011-01-26	CPPI	3	100	中国投资担保有限公司
广发聚祥保本	2011-03-15	CPPI	3	100	中国投资担保有限公司
东方保本	2011-04-14	CPPI	3	100	中国邮政集团公司
国泰保本	2011-04-19	CPPI	3	100	重庆市三峡担保集团有限公司
大成保本	2011-04-20	VPPI	3	100	中国投资担保有限公司
诺安保本	2011-05-13	CPPI+TIPP	3	100	中国投资担保有限公司
金鹰保本	2011-05-17	优化的 CPPI	3	100	广州国际集团有限公司
长盛同鑫保本	2011-05-24	CPPI	3	100	安徽省信用担保集团有限公司
银河保本	2011-05-31	优化的 CPPI	3	100	中国银河金融控股有限责任公司
南方保本	2011-06-21	CPPI	3	100	中国投资担保有限公司
银华永祥保本	2011-06-28	CPPI&OBPI	3	100	中国投资担保有限公司
兴全保本	2011-08-03	OBPI&TIPP	3	100	重庆市三峡担保集团有限公司
金元惠理保本	2011-08-16	优化的 CPPI	3	100	中国投资担保有限公司
招商安达保本	2011-09-01	CPPI	3	100	中国投资担保有限公司
南方恒元保本二期	2011-12-13	CPPI	3	100	中国投资担保有限公司

基金名称	成立日期	投资策略	保本周期 (年)	保本比例 (%)	保证人
国投瑞银瑞源保本	2011-12-20	CPPI&TIPP	3	100	中国投资担保有限公司
工银瑞信保本	2011-12-27	CPPI	3	100	中海信达担保有限公司
泰信保本	2012-02-22	优化的 CPPI	3	100	山东省鲁信投资控股集团有限公司
诺安汇鑫保本	2012-05-28	CPPI	3	100	中国投资担保有限公司
鹏华金刚保本	2012-06-13	优化的 CPPI	3	100	重庆市三峡担保集团有限公司
大成景恒保本	2012-06-15	VPPI	3	100	中国投资担保有限公司
中海保本	2012-06-20	CPPI	3	100	中国投资担保有限公司
交银荣安保本	2012-06-20	CPPI	3	100	中国投资担保有限公司

注:2012 年 7 月南方避险已经进入第四个保本周期;银华保本处于第三个保本周期。保本基金历史上曾经出现过的万家保本、国泰金象、嘉实浦安、金元比联宝石动力、交银保本等在第一个保本周期到期后转型为普通债券型基金、混合型基金或者股票基金等非保本基金。

资料来源:根据 WIND 金融资讯数据库整理。

案例:南方保本基金的特征分析

2011 年 6 月,南方保本基金发行十分成功,并启动了末日比例配售制度,为近期基金发行市场中的罕见成功。这证明了保本基金的设计符合了很多投资者的需求。基金的主要特征如下。

(1) 保本的概念

保本就是本金 100%保证,本金包括投资者净认购金额、认购手续费和认购期利息之和。认购期指投资者购买基金初始日到基金成立日,约一个月时间。在保本期到期日,如按基金份额持有人的基金份额与到期日基金份额净值的乘积加上期间累计分红款项之和,若计算的总金额低于保本金额,则基金管理人补足差额,担保人对此提供不可撤销的连带责任保证。

(2) 保本周期

南方保本基金的保本周期为三年。基金的投资是通过复杂的保险组合投资策略来实现的。为达到保本并获得一定收益的目的,通常需要一个较长的时间段,并在此期间投资资产相对锁定,时间过短会造成保本和实现增值的困难。

(3) 双重保本措施

为实现保本的目标,基金采取双重措施。

第一,采用国际通用的恒定比例投资组合保险策略(CPPI)。具体含义是:遵循保本增值的投资理念,把债券投资的潜在收益与基金前期已实现收益作为后期投资的风险损失限额,按照恒定比例投资组合保险(CPPI)的机制进行资产配置,以实现保本和增值的目标。

基金管理人可根据市场行情的判断来动态调整股票的投资额度。股票的投资额度是随着安全垫放大倍数的调整随之调整的。安全垫是股票投资可承受的最高损失限额。

随着安全垫放大倍数的增加,投资风险在日趋增大。但放大倍数过小,则使基金收益性不足。基金管理人必须在股票投资风险加大和收益增加两者间寻找适当的平衡点,也就是确定适当的安全垫放大倍数,以力求既能保证基金本金的安全,又能尽量为投资者创造更多的收益。

但是保本资产和收益资产的比例并不是经常发生变动的,必须在一定时间内维持"恒定比例",以避免出现过激投资行为。基金管理人一般只在市场可能发生剧烈变化时,才对基金安全垫的中长期放大倍数进行调整。

第二,由中投信用担保有限公司对基金持有人投资金额的安全进行全额担保,以保障投资者持有基金到期能够获得投资金额的全额返还。中投信用担保公司是国内最大的商业综合性担保公司之一,有充足的实力为基金提供担保。

(4)基金的增值收益来源

目前基金主要通过投资国债,参与银行间债券市场和交易所市场的债券交易,选择风险较小、信用等级较高的短期债券作为主要债券品种,其中 AAA 级以上的债券不低于60%,以获取无风险的利息收入。基金通过购买基本面好、流动性高、市盈率低、派现力强、高成长性的股票,分享中国经济增长所带来的资本升值。基金还可以参与新股申购,通过回购市场上的无风险套利操作等手段,来增加基金的整体投资回报率。

另外在衍生产品上,保本基金可以投资:

① 股指期货。基金参与股指期货的投资应符合基金合同规定的保本策略和投资目标。通过对现货和期货市场运行趋势的研究,结合股指期货定价模型寻求其合理估值水平,与现货资产进行匹配,通过多头或空头套期保值等策略进行套期保值操作。在需要调整风险资产的头寸时,基金将适当通过买卖股指期货对风险资产头寸进行调整。当需要增加风险资产头寸时,可根据相应的 β 值建立股指期货多头头寸;反之,当需要降低风险资产头寸时,可根据相应的 β 值建立股指期货空头头寸。本基金的股指期货投资将充分考虑股指期货的收益性、流动性及风险特征,通过资产配置、品种选择,谨慎进行投资,以降低投资组合的整体风险;

② 权证。基金以被动投资权证为主要策略,包括投资因持有股票而派发的权证和参与分离转债申购而获得的权证,以获取这部分权证带来的增量收益。同时,本基金将在严格控制风险的前提下,以价值分析为基础,主动进行部分权证投资。

基金业绩比较基准是:3 年期银行定期存款税后收益率+0.5%。

【保本计算举例】

若某投资者投资 100 000 元认购南方保本基金,假设该笔认购按照 100%比例全部予以确认,并持有到保本期到期,认购费率为 1.0%。假定募集期间产生的利息为 50 元,持有期间基金累积分红 0.08 元/基金份额。则认购份额为:

净认购金额=100 000/(1+1.0%)=99 009.90 元

认购费用=100 000−99 009.90=990.10 元

认购份额=(100 000−990.10+50)/1.00=99 059.90 份

(1)若保本期到期日,基金份额净值为 0.900 元

保本金额=基金份额持有人认购并持有到期的基金份额的投资金额=100 000+50=100 050.00 元;

认购并持有到期的基金份额与到期日基金份额净值的乘积=99 059.90×0.900=89 153.91元;

认购并持有到期的基金份额累计分红=99 059.90×0.08=7 924.79 元;

总金额=89 153.91+7 924.79=97 078.70 元

即总金额<保本金额

若保本期到期日该投资者赎回基金份额,应由担保人赔付的差额为 2 971.30 元(即 100 050.00－97 078.70＝2 971.30 元)。

(2) 若保本期到期日,本基金基金份额净值为 1.380 元

保本金额＝基金份额持有人认购并持有到期的基金份额的投资金额＝100 000＋50＝ 100 050.00 元

认购并持有到期的基金份额与到期日基金份额净值的乘积＝99 059.9×1.380＝ 136 702.66元

认购并持有到期的基金份额累计分红＝99 059.90×0.08＝7 924.79 元

总金额＝136 702.66＋7 924.79＝144 627.45 元

即总金额＞保本金额

若保本期到期日该投资者赎回基金份额,则其可得到的赎回金额为 136 702.66 元。 (担保人无须赔付)

资料来源:南方保本基金招募说明书。

知识拓展:保本基金的投资策略及其在国内的实际运作

现实操作中,保本基金的投资策略主要有:基于期权的投资组合保险策略(option-based portfolio insurance,OBPI);固定比例投资组合保险策略(constant proportion portfolio insurance,CPPI);时间不变投资组合保险策略(time invariance portfolio protection,TIPP)三种。这些策略的具体含义如下。

1. 基于期权的投资组合保险策略(OBPI)

OBPI 策略通过将资金的大部分购买无风险或低风险资产,使其到期的收益等于最低保本额度,而将剩余资金购买股票或股指的看涨期权,从而当股价或股指上涨时,可以获得相应的增值收益。

假设一个保本期限为三年,并实行 100％保本承诺的基金,且三年期国债的年收益是 2％。为达到保本的目的,在投资期初,需要将 94.23％的资金投资于该债券,并将剩余的 5.77％的资金购买盯住某一市场指数的看涨期权,从而既可以做到保本,又可以享受指数上涨所带来的收益。我国香港地区的保本基金大多数是采用此种 OBPI 策略,即保本底线＋欧式买权的策略。

2. 固定比例投资组合保险策略(CPPI)

CPPI 策略是指通过分析投资者的风险承受能力,设定最低保本额度(F)及乘数(m)。然后通过动态地调整资产配置,保证投资期末资产的价值不低于最低保本额度的一种动态投资组合保险策略。该策略可以表示为

$$E_t = m \times (A_t - F_t) \tag{1}$$

其中 E 代表风险资产的投资,A 代表总资产,t 代表第 t 期,F 为最低保本额度。

CPPI 策略的投资步骤为:

a) 根据投资者在保本期到期时要求的最低保本额度和合理的折现率,设定当前应持有的无风险资产或低风险资产的数量;

b) 计算投资组合现实价值超过最低保本额度的数额,此数额成为安全垫(cushion);

c) 将相当于安全垫特定倍数的资金投资于风险资产,其余资金投资于无风险或低风险资产以保证期末时的资产价值不低于最低保本额度。

对CPPI策略而言,当股价上升时,风险资产价值随之上涨,从而总资产价值也相应增加,由公式(1)可知,应该加大对风险资产的投资。举例如下:假设某投资者投资期初的资产总额为100亿元,采用CPPI策略,投资者根据自己的情况选择最低保本额度 $F=70$ 亿元,乘数 $m=2$。由公式(1)可知:在期初,投资于风险资产的价值为 60[(100−70)×2] 亿元,投资无风险资产的价值为40亿元。如果下一个调整时期,风险资产跌至48亿元,无风险资产价值上涨为42亿元,这时投资者进行调整,调整后投资于风险资产价值为 40[(42+48−70)×2] 亿元,投资于无风险资产的价值为50亿元。

3. 时间不变投资组合保险策略(TIPP)

现实生活中,当风险资产的价值上涨时,投资者更希望保护已增加的资产获利收益。TIPP策略通过不断地调整最低保本额度来保护已增加的资产。当风险资产价格上升时,最低保本额度也上升;当风险资产的价格下降时,最低保本额度则保持不变。通过时间不变投资组合保险策略,投资者能够更好保护自己的资产不受损失。因此,TIPP策略是一种比CPPI策略更为保守的动态投资组合保险策略。TIPP策略可以表示为

$$E_{t+1}=m\times(A_t-F_{t+1})$$
$$F_{t+1}=\max(F_0,A_t\times\lambda) \tag{2}$$
$$\lambda=F_0/A_0$$

其中 E 代表对风险资产的投资,A 代表总资产,t 代表第 t 期,F 为最低保本额度,λ 表示保本比例。

TIPP策略的具体步骤如下:

① 给定初始(设为第0期)最低保本额度 F,乘数 m,保本比例 λ 及初始总资本 A;

② 根据公式(2)计算第1期风险资产的投资额 E_1 以及无风险资产的投资额;

③ 计算第1期期末的资产总值,比较 F_0 和 $A_1\times\lambda$,取其中较大的一个作为 F_2;

④ 重复上面的②,③步骤,不断地循环得到最终结果。

举例如下:投资者期初的资产总额为100亿元,采用TIPP策略。投资者根据自己的情况选择最低保本额度 $F=70$ 亿元,乘数 $m=2$,保本比例 $\lambda=0.7$。同上述CPPI策略,期初,投资于风险资产的价值为60亿元,投资于无风险资产的价值为40亿元;下一个调整时期风险资产价值上涨至72亿元,无风险资产价值上涨为42亿元。这时投资者进行调整,调整后的投资价值底限应为 $\max[70,(72+42)\times0.7=79.8]$ 的较大者,可得新的价值底线为79.8亿元。投资者投资风险资产上的价值应为 $(114−79.8)\times2=68.4$ 亿元,而无风险资产上的价值45.6亿元。

就CPPI和TIPP策略而言,这两种策略的保本过程是持续、动态的调整过程,这势必产生昂贵的交易费用。所以如何降低交易费用也是投资者最为关心的问题之一,选用适当的某种标准来进行调整便是一个降低交用费用的方法。国内外大致有三种调整方法:

① 固定时间调整法:是指事先选择一个固定的时间,定期对投资组合中的风险资产和无风险资产之间的比例进行调整。理论上,调整越频繁保险的效果越好,但考虑交易成本,不可能无限次进行调整;

② 市场波动率调整法:是指当市场行情的波动值超过事先设定值时,便对风险资产和无风险资产之间比例进行调整的一种方法。理论上,事先设定值越小,组合的保险效果越好,但同样要考虑交易费用;

③ 风险偏好系数调整法:是指当风险偏好系数 m 超出设定区间时,便对风险资产和无风险资产之间比例进行调整的一种方法。假设乘数 $m=2$,且变动区间为±5%,也就是说,当 m 超出(1.9,2.1)这个区间时,就要进行调整。

我国保本基金最近几年发展很快,就 OBPI 策略而言,由于我国没有金融期权市场,因此不能用其作为我国保本基金的投资策略。国泰金象和国泰金鹿保本基金两只保本基金的招募说明书上都称含有 OBPI 策略,这两只基金的 OBPI 策略操作主要是通过可转换债券来实现的。我国保本基金的策略基本上是使用 CPPI 策略和 TIPP 策略。下面以我国第一只保本基金——南方避险增值基金的第一个完整保本周期的实际运作情况为例分析。

从 2003 年 6 月 27 日至 2005 年 11 月 23 日,南方避险基金的累计净值从 1 元上涨到 1.101 9 元,涨幅为 10.19%;同时期上证综合指数从 1 497.05 点下跌至 1 105.75 点,跌幅达到 26.14%。但是从 2005 年年末至 2006 年 6 月 27 日基金第一个保本周期结束这段时期内,基金的累计净值出现了很大幅度的增长,从 2005 年 11 月 23 日的 1.101 9 元涨至 2006 年 6 月 27 日的 1.450 5 元,上涨 31.64%,同时期上证综合指数由 1 105.75 涨至 1 551.38,涨幅为 40.30%。从表 3.6 中可以看出,南方避险在 2006 年第一季度持有的股票资产市值已经达到了基金总资产的 47.59%,而 2006 年第二季度所持有的股票资产市值更是达到了 50% 以上。

根据上述分析并结合南方避险招募说明书和基金的 2003—2006 年各定期报告(见表 3.9),可以得出结论,在基金成立的前两年中,由于市场处于震荡下跌的阶段,因此南方避险增值基金采用相对保守的投资风格,也即在保本承诺情况下,其采用的放大乘数 m 相对较小,以保证组合中无风险及低风险资产即债券和银行存款所占比例较高,维持在 75% 以上;而股票等风险资产比例较低,从而可以减小因股市下跌而给基金资产带来的损失。而从 2005 年的年末至 2006 年二季度这段期间内,南方避险增值基金采取了由防御转向进攻的投资策略,对股票管理采用了分类管理的思路,力图在股改过程中抓到一些低风险甚至无风险的套利机会,并逐步增加了一些经营稳定、有认沽权证保护的低风险品种的投资。因此,可以判断此时南方避险采用了较大的放大乘数 m,以增加对股票类资产的持有比例,并由此使得基金在股票市场的上涨中获得了较大的收益。

表 3.9　南方避险增值基金第一个保本周期(2003—2006 年)的资产配置

	各类资产市值占基金总资产比(%)				
	股票	债券	银行存款	权证	其他资产
03 三季报	2.26	59.13	1.57	/	/
03 年报	21.11	73.44	6.16	/	/

续表

| | 各类资产市值占基金总资产比(%) | | | | |
	股票	债券	银行存款	权证	其他资产
04 一季报	29.38	71.8	3.95	/	/
04 中报	22.11	71.68	5.50	/	0.71
04 三季报	13.45	83.52	0.96	/	2.07
04 年报	16.65	77.41	4.97	/	0.97
05 一季报	19.68	76.62	0.90	/	2.80
05 中报	12.88	84.33	1.18	/	1.61
05 三季报	16.18	78.41	4.41	/	1.00
05 年报	25.51	69.63	3.89	/	0.97
06 一季报	47.59	48.08	3.45	0.02	0.86
06 中报	50.60	31.44	1.12	0.61	16.23

资料来源:根据南方避险增值基金各期报告。

3.5　生命周期基金

生命周期基金(life cycle fund),是一种随时间进行动态资产配置,以满足投资者在生命中不同阶段理财需求的基金。这种基金一般会设定一个目标日期,基金的资产配置将随目标日期的到来而调整。越接近目标日期,高风险资产配置越低,低风险性资产配置越高,生命周期基金的资产配置随时间调整的特征,非常符合普通个人投资者储备养老金过程中风险承受能力下降、投资期限缩短的特点。实证数据显示,资产配置是决定中长期投资盈亏的关键因素,生命周期基金的产品设计思路正是着重于股票、债券及现金资产的资产配置比例,与人生各个阶段的风险承受能力相匹配,从而最大程度满足目标理财需求。

这类基金名称多以目标日期直接命名,例如"目标 2010"、"目标 2025"等,可称为"目标日期型基金"(target date fund)。投资人投资起来非常简单,仅需依据自己的退休时间或者需要资金的具体时间,即可选择合适的基金。

世界上最早的一只生命周期基金成立于 1990 年 2 月,不过大规模发展是在 21 世纪以后。由于生命周期基金风格明晰,目标客户群独特,在成立之初,并未像一些新类型基金那样迅速得到广大投资者的认可,从而规模也一直停滞不前。但在近年来,该类基金受到了美国养老基金 401K 计划的青睐,许多新成立的养老金计划的发起人都将其作为"默认的可投资基金产品",这促使生命周期基金迅速发展。

以美国为例,从 1996 年到 2004 年,生命周期型基金的规模从 60 亿美元增长到了 1 030 亿美元,其年复合增长率达到了惊人的 43% 左右。据美国投资公司协会的统计,截至 2010 年年底,已经有 70% 的养老金计划提供了生命周期型基金供参与人选择,而 36% 的养老计划参与者实际配置了生命周期基金,生命周期基金占全部养老计划资产的 11%,其已经成为基金市场不可或缺的重要投资工具。同时美国生命周期基金如今已扩展到子女教育金、购房等长期资金的规划运用上。富达、先锋、巴克莱等大型基金公司旗下都拥有生命周期基金,总体业绩表现良好。生命周期型基金也已逐步引入亚洲地区。香港强积金(全称"强制性公积金")计划将大量资产投放在生命周期型基金中。

1. 生命周期基金的优劣

传统基金的资产配置比例一般是固定的或由基金经理进行择时调整。投资人如果觉得自己年纪渐长,投资期限减少,想转向更偏重流动性和安全性的投资组合,则需要进行主动调整,即赎回原持有的股票基金,转而购买新的偏债基金。生命周期基金则不然,它随时间进行自动调整资产配置,在国外被称为"自动驾驶仪"。意思即基金的投资就像开车一样,刚驶离起点时,开车的人可加速前进(多配股票);接近目的地时,就要减速(减少乃至取消股票资产),以便安全刹车。在目标期限到达以后,生命周期基金的投资组合则调整为流动性很好的货币市场工具和中短期债券,以便随时应对投资者预先设定的财务需求。

不过,比起一般的配置型基金,生命周期基金的资产配置变动过于机械。有时基金经理明知道明年股票市场会好于债券市场,但受基金契约的规定限制,却不得不继续减少在股票资产上的配置。

2. 我国内地的生命周期基金

截至 2012 年中期,我国内地基金市场上存在 3 只生命周期基金。2006 年 5 月,汇丰晋信基金管理公司推出了国内第一只生命周期基金——汇丰晋信 2016 生命周期基金。该基金的目标日期是 2016 年,越临近 2016 年,股票比例上限越低,债券比例下限越高,2016 年以后则转变为一只主要投资于中短期债券和货币市场工具的低风险基金。这意味着它对于那些将在 2016 年左右退休或者理财期限为十年的人士非常合适。

2006 年 9 月,大成基金管理公司发行成立了我国第二只生命周期基金——大成财富2020。2008 年 7 月,汇丰晋信公司募集成立了 2026 生命周期基金,与 2016 成为系列的生命周期基金。

表 3.10 为汇丰晋信 2026 生命周期基金的资产配置安排。值得注意的是,随着资产配置比例的改变,生命周期基金的业绩基准、管理费和托管费率都会改变。

表 3.10　汇丰晋信 2026 生命周期基金的资产配置安排

时间段	股票类资产比例(%)	非股票类资产比例(%)
基金合同生效之日至 2012/8/31	60～95	5～40
2012/9/1～2016/8/31	50～80	20～50
2016/9/1～2021/8/31	30～65	35～70
2021/9/1～2026/8/31	10～40	60～90
2026/9/1 起	0～20	80～100
业绩比较基准	MSCI 中国 A 股指数 $\times X$ ＋中信标普全债指数 $\times (1-X)$	

注:①业绩比较基准中,X 值随时间改变,基金合同生效之日至 2012 年 8 月 31 日,X 为 75%,以后依次递减,分别为:65%,45%,20%。2026 年 9 月 1 日以后,该基金的业绩基准为中信标普全债指数。②在 2012 年 9 月 1 日前,该基金的管理费率为 1.5%,托管费率为 0.25%,之后管理费率为 0.75%,托管费率为 0.2%。

资料来源:汇丰晋信 2026 基金招募说明书。

3.6　量化投资基金

量化投资基金(quantitative investment fund)是按照量化投资理念和方法进行投资的基金。量化投资是相对于基本面投资而言。自 20 世纪 70 年代诞生以来,使用数量投资策略管理的基金资产规模持续扩大。2000 年以后进入高速发展时期,至今仍保持着高于传统基本面策略投资基金的增速。目前无论是实务界还是学术界,都难以对纯粹的数量化投资基金进行清晰的界定。2008 年美国著名金融学教授 Frank Fabozzi 在《Challenges in Quantitative Equity Management》一书中这样写道:"如果通过信息和个人判断来管理资产则为基本面投资或传统投资;如果遵循固定规则、由计算机模型产生投资决策则可被视为数量化投资。"

量化投资遵循固定规则,由计算机模型产生投资决策,与传统投资模式相比,数量化投资具有严格的纪律性、更广阔的投资视角、风险可测可控以及成本低廉等诸多好处。目前在西方,量化投资已经成为机构投资者主流投资方式之一。

相对于传统的投资方式,数量化投资有着以下明显的特点。

(1) 创造出 alpha 收益。大量海内外市场统计数据表明,传统依靠基本面分析的投资方法在长期看来无法战胜市场指数,且管理费和投资成本较高。理性的投资者只愿意为代表超额正收益的 alpha 埋单。数量化方法主要关注市场上那些具有吸引力或能够在未来可能带来超额收益的特征或因素,即能够带来 alpha 收益。

(2) 严格的纪律性。数量化投资最大的优点在于它有一配套严格模型决策和匹配的买卖规则,有非常强的纪律性,从而有效克服投资过程中投资主体的随意性和情绪冲动。

(3) 更大的投资视角。与传统主动型投资策略只能关注有限的股票数量相比,数量化由于计算机处理的强大功能投资,投资标的往往可以覆盖全市场,从而构造更广阔视角下的投资组合。

(4) 风险可控。数量化投资从预先设定的绩效目标、风险水平来定义投资组合,然后通过设置各种指标参数来筛选股票,并对组合实现优化,以保证有效控制风险。

(5) 低成本。日常运作中数量化投资无论是选股还是交易更多地由计算机程序运行,无须大量行业研究人员与熟练的交易员,运营和操作成本比传统的基本面投资要低得多。

虽然减少管理成本并不是被调查对象的一个主要考虑因素,但随着管理资产规模的扩大,采用量化投资的资产管理公司的管理费收益也明显强于采用基本面投资的公司。相比基本面投资更适用于管理小规模资产,量化投资具有明显的规模效应,适用于管理大规模资产。

在量化产品诸多优势中,产生 alpha 收益与增强投资纪律性的两点,最为资产管理者所认同,形成了此类产品最突出的卖点。近年来随着量化金融理论研究的不断深入,越来越多的传统物理/数学理论与量化投资挂钩,并演化出诸如混沌理论、多维分形理论、复杂非线性随机分析以及人工智能技术等诸多复杂量化投资理论及其实证模型。然而在对海外量化机构投资者的调查中发现,复杂的量化模型在实际应用中并不处于主导或主流地位,而传统的回归分析(包括多因素模型)、动量反转效应、资金流向研究等量化投资方法是主要的。

量化投资中值得注意的几点是:

① 量化投资并不是基本面分析的对立者,相反绝大多数的计算机模型基于基本面因素,并结合考虑技术因素,比如动量效应等;

② 计算机方式的投资并不必然就是数量化投资,传统投资者也可以借助计算机的功

能作出主观投资判断；

③ 量化投资不是简单的技术分析，后者明显基于价格图形走势，由历史数据对未来价格走势作出预测，而量化投资是基于投资者对市场的深入理解形成的合乎逻辑的投资理念。

④ 量化模型需要有合理的经济逻辑。虽然数量化投资依赖于模型，但模型不是简单地适应于历史数据，而是要建立在合理的经济逻辑之上，并在强大的统计检验中获得更为广泛的支持。

⑤ 量化模型需要不断更新，并考虑市场罕见事件。由于量化投资经理往往使用相似的模型和相似的数据，因此不断更新模型非常有必要。对于模型自身而言，通常数量模型在正常市场环境下可以运作良好，因为它是基于历史平均的统计规律作出的，其理念出发点都是"均值回复"（即所有的偏离会向历史平均值靠拢），但是如果遇到市场罕见的事件（即"黑天鹅"事件）就很可能出问题，因此量化投资经理需要对量化投资的方法与策略进行持续不断的改善。

建立可靠的信息源，调整量化模型，增加新的趋势参数或者提高短期参数的权重等，以增加模型对趋势变化的敏感度，这是应对量化投资挑战的市场共识。不同的数量化模型加入不同的市场环境，都会得到迥然不同的结果。即使是相同的模型，放在不同的市场或采用不同的参数，都会对最终的投资业绩产生极大影响。如何开发适合国内金融市场的量化投资模型，已经成为众多基金管理公司必须面对的问题。

表 3.11 是国内量化投资基金的基本情况。

表 3.11　我国量化投资基金一览表

基金简称	投资风格	投资目标	基金规模（万元）	基金成立日
光大保德信量化核心	积极型	追求长期持续稳定超出业绩比较基准的投资回报	883 020.6	2004-08-27
上投摩根阿尔法	股票型	采用哑铃式投资技术（barbell approach），同步以"成长"与"价值"双重量化指标进行股票选择。在基于由下而上的择股流程中，精选个股，纪律执行，构造出相对均衡的不同风格类资产组合。同时结合公司质量、行业布局、风险因子等深入分析，对资产配置进行适度调整，努力控制投资组合的市场适应性，以求多空环境中都能创造超越业绩基准的主动管理回报	300 878.53	2005-10-11
嘉实量化阿尔法	稳健增长型	追求长期持续稳定高于业绩比较基准的投资回报	88 178.79	2009-03-20
中海量化策略	稳健增长型	根据量化模型，精选个股，积极配置权重，谋求基金资产的长期、稳定增值	40 780.62	2009-06-24
华商动态阿尔法	灵活配置型	通过量化模型筛选出具有高 Alpha 的股票，利用主动投资管理与数量化组合管理的有效结合，管理并提高组合的 Alpha 水平，在有效控制投资风险的同时，力争为投资者创造超越业绩基准的回报	310 498.02	2009-11-24

续表

基金简称	投资风格	投资目标	基金规模(万元)	基金成立日
长盛量化红利策略	增值型	以获取中国股票市场红利回报及长期资产增值为投资目标,并追求风险调整后的收益最大化,满足投资人长期稳健的投资收益需求	23 793.28	2009-11-25
南方策略优化	股票型	通过数量化手段优化投资策略,在积极把握证券市场及相关行业发展趋势的前提下精选优势个股进行投资,力争获取超越业绩比较基准的投资回报	70 286.81	2010-03-30
华泰柏瑞量化先行	股票型	以定量估值分析为主,结合基本面定性研究,力求发现价值被市场低估且具潜在发展机遇的企业,在风险可控的前提下,追求基金资产长期稳定增值	10 368.22	2010-06-22
长信量化先锋	股票型	通过数量化模型,合理配置资产权重,精选个股,在充分控制投资风险的前提下,力求实现基金资产的长期、稳定增值	13 927.35	2010-11-18
华富量子生命力	股票型	主要采用数量化投资方法,在控制风险的前提下,力争实现基金资产的长期、稳定增值	11 030.80	2011-04-01
大摩多因子策略	股票型	本基金通过多因子量化模型方法,精选股票进行投资,在充分控制风险的前提下,力争获取超越比较基准的投资回报	72 901.30	2011-05-17
申万菱信量化小盘	股票型	采用数量化的投资方法精选个股,严格按照纪律执行,力争长期稳定地获取超越业绩比较基准的投资回报	20 498.26	2011-06-16
农银汇理策略精选	股票型	以提高投资组合经风险调整后的超额收益为目标,通过对定量和定性多种投资策略的有效结合,力争为投资者创造超越业绩比较基准的回报	47 881.04	2011-09-06
工银瑞信量化策略	股票型	合理分散投资,有效控制投资组合风险,追求超越业绩基准的长期投资收益	127 692.98	2012-04-26

注:本表选择量化基金的依据:基金名称上出现"量化投资";基金合同中明确基金的投资策略上采取量化投资方法;基金的目标明确为追求阿尔法超额收益等,并排除指数增强型基金。数据截至2012年中期。

3.7 社会责任基金和公司治理基金

社会责任投资(socially responsible investing,SRI)是一种特别的投资理念,即在选择投资的目标企业时不仅关注企业财务业绩方面的表现,同时关注企业社会责任的履行。在传统的选股模式上增加了企业环境保护、社会道德以及公共利益等方面的考察,是一种更全面地衡量企业价值的投资方式。

按照社会责任投资理念进行投资的基金,就被称为社会责任投资基金,在西方又称为伦理基金(ethical funds)。社会责任基金可分为两种,一种是私募性质的,其投资人主要包括宗教团体、政府机构、工会、基金会等。另一种是公募基金。目前在美国,超过九成以上的社会责任基金是私募性质。

当代西方社会责任投资缘起于政治萧条的 20 世纪六七十年代,当时接连发生的工业灾害、核电站泄漏、油轮泄油以及日益严重的环境问题,促使越来越多的投资者把社会责任融入投资决策。社会责任基金数十年的实践表明,社会责任的投资限制并没有影响基金业绩,反而长期投资报酬率优于其他基金。西方多数学者的研究表明,企业社会责任的表现和财务绩效之间存在正相关关系。正是由于良好的投资理念和业绩,使得过去 30 年,社会责任基金资产规模的增长率高于所有其他共同基金。

具体而言,社会责任投资可分为三类投资策略:筛选(screening)、股东主张(shareholder advocacy)和社区投资(community investing)。

1. 筛选

筛选策略分为正面筛选(positive screening)和负面筛选(negative screening)两种。

(1)正面筛选是指社会责任投资者在选择投资对象时,希望只投资于对社会有正面贡献的公司,例如只购买重视劳工关系、环境保护、产品安全品质及人权的公司股票。

(2)负面筛选则是该基金避免投资于对社会造成伤害的公司,如烟草公司、从事赌博事业的公司、生产大规模杀伤性武器的公司等。以美国为例,最常被基金筛选掉的公司包括烟草公司、生产酒类的公司、不重视劳工关系的公司、不重视环保的公司及从事赌博行业的公司等。而重视人权、平等雇用机会、重视环保的公司,往往受到青睐。近年来由于公司丑闻层出不穷,公司治理、董事会组成及信息的揭露度也逐渐成为新的筛选标准。

2. 股东主张

股东主张是指参与社会责任投资的投资者充分发挥其股东的权利,与公司交涉谈判,必要时采取行动,影响并纠正公司的行为,以达成公司治理和社会责任更完善的成果。公司治理方面着重在公司的董事会组成、董监事酬劳、遣散费用、股权激励、公司重组等。公司社会责任包括公司重要信息揭露,公司对环保、劳工、种族、健康与安全等政策。投资者可以采取与其所投资公司的管理层对话、信件沟通、提起股东决议案,乃至于用收购委托书表决的方式,来改变公司的决策。

近年来,股东主张有同时重视公司治理及公司社会责任的双目标趋势,"可持续发展的公司治理"越来越成为股东主张的焦点。另外,基金、基金会及银行等社会投资机构投资人,在股东主张方面扮演越来越活跃的角色。

3. 社区投资

社区投资是指来自社会责任投资的资金主要投资于传统金融服务难以覆盖的社区。例如提供金融服务给低收入户、中小企业,投给重要的社区服务如孩童照料、平价住房及医疗照顾等。具体包括四种社区发展机构:社区发展银行、社区发展贷款基金、社区发展信用合作社及社区发展风险投资基金。

社会责任投资在我国公募基金中也获得了发展。2008 年,兴业全球基金公司发行了"兴业社会责任股票型基金",是国内第一只社会责任基金。2009 年 8 月上海证券交易所与中证指数有限公司联合编制的上证社会责任指数正式发布,指数代码为 000048,由 100 只成分股构成,简称"责任指数"。该指数基日为 2009 年 6 月 30 日,基点为 1 000 点。这是我国首只社会责任指数,它的诞生宣告国内的社会责任投资进入了一个新的阶段。截至

2012年5月31日,上证社会责任指数累计增长率超过上证综合指数2.96%,表明投资于履行社会责任企业所获取的收益性较高。截至2012年6月,我国已发行4只社会责任基金(包括1只ETF及其联接基金)。

案例:兴全社会责任基金的投资策略

作为国内首只社会责任基金,该基金首先根据公司的经济责任表现指标,定期对股票进行初步筛选,进入备选股票池。在此基础上,按照持续发展责任、法律责任、道德责任三种不同社会责任对公司价值的相对贡献,对备选股票池中的股票进行二次筛选,进入核心股票池。对于那些因经济责任相对较差而未进入备选股票池,但持续发展责任、法律责任、道德责任等方面表现优异的公司,本基金也将重点关注,优先将其纳入核心股票池。

对于核心股票组合,基金将定期(一般一个季度)或不定期(突发事件)进行四维风险因子度量,以判断经济责任、持续发展责任、法律责任、道德责任对公司价值的相对贡献因子大小。股票精选的同时,我们强调以下两个原则:

(1) 行业内社会责任的相对表现;

(2) 辅以优化行业配置策略调整最终的股票投资组合,以避免过高的行业配置风险。

1. 经济责任

经济责任指公司生产、赢利、满足消费需求的责任,其核心是公司创造利润、实现价值的能力。公司的经济责任表现可以通过财务、产品服务、治理结构三个方面进行考察:

(1) 财务指标——衡量公司创造利润的表现

主要通过估值指标(如动态市盈率PEG、市净率B/M等)和增长指标(如主营业务增长率SG、EBIT增长率等)进行多重考察。

(2) 产品与服务——衡量公司利润创造的源泉

产品和服务安全、健康、环保,符合国家消费者商品安全条例;实施质量控制措施和顾客满意原则;对质量安全问题能迅速反应,并采取合理措施;产品广告、包装与产品内容一致。在具体的量化指标选择上,本基金可通过品牌指标(如市场占有率、行业集中度、品牌渗透率等)和质量指标(如产品合格率、产品返修率等)等进行考察。

(3) 治理结构——衡量利润创造的保证

从多个角度考察公司的治理状况:信息披露程度和强度、董事会的独立性及多样性、执行赔偿、是否关心股东利益等。对那些管理结构较差,委托—代理制度混乱以及在大股东操纵、内部人控制、担保欺骗、行受贿等方面存在可疑或违法行为的公司,本基金将不予投资。相反,基金将寻求具有以下特征的公司:具有多样化且独立的董事会;具有健全、可操作性强的、责权利明确的公司管理治理规则,能保证内控的贯彻实施;具有完善的风险管理和内部人监督体系;能强化信息披露,保证公司的透明度;注重培养健康、有道德的公司文化。

2. 持续发展责任

持续发展责任可以通过环保责任和创新责任两方面进行考察。

(1) 环保责任

基金更偏好于满足以下一个或多个要求的公司:公司本身拥有新能源开发、环保相关产品研发、经营等环保产业的一项或多项业务。实施独创性的有效防止污染、节约自然资源的环境保护方案,以表明公司正走在可持续发展的道路上;高层管理者具有环境保护意识和责任,并对那些在环境保护上做出成绩者给予奖赏;对可能造成环境污染的项目进行披露,并采取措施把污染降到最低程度。

在量化指标选择上,可通过计算公司的单位收入能耗、单位工业产值主要污染物排放量、环保投资率、横向比较公司在同行业的环保表现等方法,评估公司的环保责任表现。

（2）创新责任

即公司研发、创造新产品、新资源的责任。基金寻求满足以下一个或多个要求的公司:拥有一项或多项在本行业具有先进水平的自主研发技术;每年新产品推出的速度和数量居行业前列;制定有切实可行的政策,奖励在创新方面作出突出贡献的员工;每年有稳定的经费专用于公司产品或服务的研发、创新。

在量化指标的选择上,本基金可通过两大类指标考察公司的创新能力:一是创新产出指标,如新产品产值率、专利水平等;二是创新潜力指标,包括技术创新投入率、技术开发人员比率等。

3. 法律责任

经济责任指公司履行法律法规各项义务的责任。该项责任可以通过税收责任和雇主责任两方面进行考察。（1）税收责任。即公司按照有关法律法规的规定,照章纳税和承担政府规定的其他责任义务。（2）雇主责任。即公司承担对职工的福利、安全、教育等方面义务的责任。在具体的量化指标上,本基金可通过工资支付率、法定福利支付率、社保提取率、社保支付率等指标进行考察。

4. 道德责任

道德责任指公司满足社会准则、规范和价值观、回报社会的责任。该项责任可以通过内部道德责任和外部道德责任两方面进行考察。内部道德责任即公司对内部员工的福利、未来发展等方面所承担的责任。基金寻求满足以下要求的公司:实施良好的员工培训计划,树立健康的劳工关系以及劳资共赢的观念;建立效益挂钩的绩效制度与利益分享的激励机制。在具体的量化指标选择上,可以通过员工培训支出比率、员工人均年培训经费、员工工资增长率、就业贡献率等指标进行考察。

外部道德责任即公司对社会慈善事业和其他公益事业的社会责任。在具体的量化指标选择上,本基金可通过捐赠收入比率等指标对该项进行考察。

另外,与社会责任基金类似,公司治理基金也是基于特别投资理念和选股标准的基金。主要是选择公司治理优秀的企业作为投资对象,属于股票基金类型。目前国内专门的公司治理基金较少,主要有景顺长城的公司治理股票基金和交银施罗德的交银上证 180 公司治理指数基金 2 只。在投资理念上公司治理基金与社会责任基金相似。

3.8 境内募集海外投资基金——QDII 基金

合格的境内机构投资者(qualified domestic institutional investors,QDII)是指经中国证监会批准、在境内募集资金进行境外证券投资的机构。QDII 是在我国人民币没有实现可自由兑换、资本项目尚未开放的情况下,有限度地允许境内投资者投资境外证券市场的一项过渡性的制度安排。目前,除了基金管理公司和证券公司外,商业银行等其他金融机构也可以发行代客境外理财产品,本书主要是涉及由基金管理公司发行的 QDII 产品,即 QDII 基金。QDII 基金可以人民币、美元或其他主要外汇货币为计价货币募集。

QDII 的投资目标主要是通过在全球/区域进行资产配置和组合管理,降低组合的风险,并为投资者提供新的投资机会。在 QDII 的投资安排上,基金公司会聘请境外的投资顾问和境外的资产存管人。

2007 年 6 月,中国证监会颁布了《合格境内机构投资者境外证券投资管理试行办法》,为 QDII 基金提供了法律依据①。《办法》颁布后,2007 年 9 月,首只 QDII 基金——南方全球精选募集成立。截至 2012 年 6 月底,已有南方、华夏、嘉实、上投摩根、海富通等 30 家基金公司先后获得 QDII 资格,推出 QDII 基金产品 59 只。这些产品的投资区域如全球股市、亚太区域、金砖四国、香港市场、美国纽约交易所、NASDAQ 市场等,投资对象如黄金 ETF、全球农产品指数、奢侈品、全球能源、石油天然气、全球债券指数、房地产信托基金(REIT)等,品种十分丰富,极大地拓展了国内投资者的投资领域和范围。

根据现有规定,QDII 基金可以投资于货币市场产品(银行存款、票据、国债、各类债券等),还可以投资与中国证监会签订了双边监管合作谅解备忘录的国家/地区的股票、存托凭证、房地产信托凭证、公募基金、权证、期权、期货、远期、互换、结构性产品等,投资范围远比国内公募基金要大。但 QDII 基金存在着国内基金所没有的特殊风险:

(1)汇率风险;(2)国别风险、新兴市场风险等特别投资风险;(3)流动性风险。由于 QDII 基金涉及跨境交易,基金申购、赎回的时间要长于国内基金。

案例:QDII 基金的疯狂

QDII 基金发行的火暴和喧嚣恍如昨日。对姜先生而言,自己抢购基金的情形还历历在目。

2007 年 10 月 9 日下午一点,供职于北京一家 IT 企业的姜先生走进华夏银行某分行。他的目标非常明确,购买投资于我国香港市场的 QDII 基金——嘉实海外。姜先生看好香港市场,他认为那里上市公司质地好,而且价格便宜。此外,香港是成熟市场,监管严,不会有那么多弄虚作假欺骗投资者的事情。"就算没有 QDII,那个时候我也会找渠道去投资港股,"姜先生说,"A 股太贵,风险太大了。"当时的 A 股市场已站上 5 000 点,平均市盈率超过 40 倍。

此时,银行里已经排满了等候买基金的人,姜先生很快得知排在自己前后的人都抱着类似的想法。

一个多小时过去了,仍旧没有买上基金的姜先生发现队伍开始躁动。大多数投资者都知道,一旦超过下午三点的销售截止时间,就买不上这只基金了。因为此前发行的两只 QDII 基金都在一日内完成了募集。

由于不满银行的效率,"愤怒"的情绪迅速蔓延开来。眼看基民同银行职员要发生冲突,该分行负责人果断地决定暂停其他业务,所有工作人员投入基金销售工作中。"终于在

---

① 有一种说法认为 2006 年 11 月成立的华安国际配置基金是我国第一个 QDII 基金。该基金首次募集有效认购户数为 16 652 户,募集的有效净认购金额为 1.97 亿美元。但本书作者认为,该基金在证监会正式的 QDII 法规颁布之前,而且该基金主要通过投资雷曼公司的担保票据,主动投资成分较少,因为不作为最早的 QDII 基金。

最后时刻买到了基金,当时觉得很幸运。"

姜先生共动用了 20 万资金进行申购,由于配售比例低于 50%,他实际购得不到 10 万份的基金份额。因所购基金数量不如自己的预期,姜先生感到"很遗憾"。

正是数百万个姜先生们的积极参与,才成就了当时波澜壮阔的 QDII 基金销售盛况。

2007 年 9 月 12 日南方全球精选首日发行即募集起 490 亿元资金,此后华夏全球精选与嘉实海外中国的相继发售,资金潮水般涌来,两基金分别吸引 630 亿元和 738 亿元。

2007 年 10 月 15 日上投摩根亚太优势基金发行,当日有效认购申请金额达到 1 162 亿元,刷新了年度基金首发纪录。这也是中国基金史上第一只认购金额突破 1 000 亿元的新基金。与此同时,该基金此次募集有效认购总户数近 200 万户,创下开放式基金首发认购户数历史新高。(截至 2013 年年底,这些记录均再也未被打破!)

至此,QDII 细则颁布后获批推出的前四只股票型 QDII 基金,申购资金一度达 3 020.6 亿元,合计募集资金达到 160 亿美元。

然而,半年时间不到,风云突变。面对着当时辛苦抢购来、如今已经缩水三成的基金,姜先生有些哭笑不得。何以九、十月相继成立的四只基金都采取了同样激进的建仓策略?

一位不愿透露姓名投资港股市场的基金经理表示,没有及时从 A 股的牛市思维中调整过来是原因之一,"总担心建仓慢了,影响以后的净值增长"。

令人失望的业绩表现让投资人的海外投资热情雾一般地散去了。待到 2008 年 1 月至 2 月,工银瑞信中国机会全球配置发售时,人气大减,近一个月的销售期后,该基金的首发规模为 31.56 亿份,募集规模仅为预定募集规模 220 亿元的 14%,相比前一只 QDII 基金的首发规模骤降近九成。有效认购总户数降至 14 万户,不到峰值时的 1/10。

QDII 曾过度繁荣的泡沫消逝尽净。截至 2012 年 6 月底,最初的四只 QDII 基金份额净值仍在 0.5~0.7 元徘徊。

对于国内的基金管理公司,如何在较短的时间之内尽快建立一个海外的投资团队,是它们面临的重大挑战。内地基金公司在 QDII 产品设计和投资时,应尽量利用国际基金经理对国际市场的了解,帮助内地基金经理去了解和把握不熟悉的国际市场的运作。

国内 QDII 基金的发展任重道远。

部分内容参考了齐轶. 基金 QDII 洗尽铅华、昔日门庭若市恍如梦. 中国证券报,2008 年 4 月 19 日.

案例:诺安全球黄金 QDII 基金的投资

诺安基金公司于 2011 年 1 月推出的全球黄金投资基金,是国内较少的颇为成功的 QDII 基金。由于定位准确,获得了投资者的认可,首次募集规模达 31.97 亿份,为 2007 年 QDII 繁荣后仅有的高规模。截至 2012 年 6 月底,基金累计净值 1.087 0 元。

该基金主要通过投资于境外有实物黄金支持的黄金 ETF,紧密跟踪金价走势,为投资者提供一类可有效分散组合风险的黄金类金融工具。

(1) 投资理念

黄金作为有特殊意义和历史价值的贵金属,其分散风险、抵御通胀、对冲弱势美元的功能得到了投资者的一致认同,而黄金 ETF 更因为其良好的易得性、流动性以及投资透明性得到了投资者的普遍青睐。

基金通过投资于有实物黄金支持的黄金 ETF,最小化黄金投资风险,为投资者提供优质的黄金投资工具,使投资者可以便捷地由资本市场进入黄金投资市场。

(2)投资范围

基金的投资范围主要包括已与中国证监会签署双边监管合作谅解备忘录的国家或地区证券监管机构登记注册的公募基金中有实物黄金支持的黄金交易所交易基金、货币市场工具以及中国证监会允许本基金投资的其他金融工具。此外,为对冲本外币的汇率风险,可以投资于外汇远期合约、外汇互换协议、期权等金融工具。

实物黄金支持(physical gold underlying)的黄金 ETF 是指以标准化的实物黄金为基础资产,并可以用实物黄金申购赎回基金份额的黄金 ETF。

基金投资于有实物黄金支持的黄金 ETF 不低于基金资产的 80%;现金或者到期日不超过一年的政府债券的投资比例不低于基金资产净值的 5%。

(3)投资策略

基金遴选出在全球发达市场上市的有实物黄金支持的优质黄金 ETF,之后基本上采取买入持有的投资策略,但根据标的 ETF 跟踪误差、流动性等因素定期进行调整和再平衡。基金只买卖和持有黄金 ETF 份额,不直接买卖或持有实物黄金。

有实物黄金支持的黄金 ETF 是指可以用标准化的实物黄金在一级市场上申购赎回基金份额的 ETF,投资于此类黄金 ETF 可以最小化投资风险,规避金价之外的因素对于 ETF 价格波动的影响。

基金原则上选取发达市场交易所交易的黄金 ETF 品种,目前主要涉及的交易所有纽约、伦敦、苏黎世、多伦多、中国香港、悉尼等发达市场。

在具体遴选过程中,对于黄金 ETF,基金主要考虑的因素有:流动性、规模、跟踪误差、透明度、费率、挂牌时间、估值基准、组织架构等。

基金将选取流动性良好、规模合理、跟踪误差较小、透明度较高、费率低廉、挂牌时间较长、估值基准与本基金的业绩基准间的差异较小、组织架构合理的黄金 ETF 作为主要投资对象,构建备选基金库。

QDII 基金的出现弥补了国内基金的空白,为国内投资者提供了新的投资途径,承载着国内基金业走向国际市场的使命。受多种因素影响,截至本书完成写作的 2013 年年底,QDII 整体业绩表现并不理想,但是从分散 A 股市场系统性风险、进行长期资产配置的角度上来看,未来的 QDII 基金还是值得投资者关注的品种。

3.9　基金的基金

基金的基金(fund of funds),也称为组合基金,是指以其他证券投资基金为投资对象的基金,投资组合由各种基金组成。基金投资者的投资存在着两个层次(基础基金与组合基金)的专家经营和两个层次的风险分散,相应地,也在两个层次上对基金投资者收取了管理费用和销售费用,投资者的投资成本也较高。在基金发达的国家如美国,"基金的基金"已经成为一类重要的公募型证券投资基金。

21 世纪以来美国"基金的基金"增长速度十分迅速,如 2000 年,美国"基金的基金"的资产规模为 569.11 亿美元、215 只,2006 年为 4 710.24 亿美元、603 只,2011 年为 10 480 亿美元、1 047 只。就资产规模和基金只数看，"基金的基金"中的债券和混合型远远超过股票型。其中90％的"基金的基金"资产属于混合型基金，特别是生命周期基金。近十年来美国"基金的基金"资产规模上升的主要原因是投资者对生命周期基金的投资兴趣大幅度上升，接近70％的新增于"基金的基金"的资金投资于生命周期基金。图3.4是美国公募型"基金的基金"的发展近况。

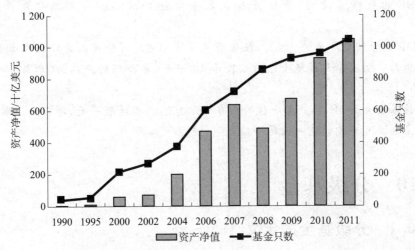

图 3.4　美国公募型"基金的基金"发展情况（1990—2011 年）

资料来源：美国投资公司协会，《投资公司年报（2007 年第 47 版，2012 年第 52 版）》有关数据整理。

目前我国公募的证券投资基金不允许投资于公募基金本身①，但是私募的理财产品如证券公司、信托公司推出的"集合理财计划"、保险公司推出的"投资连接保险"等，都有以证券投资基金作为主要投资对象的，可以说就是"基金的基金"。在 WIND 数据库中，截至2012 年 6 月底，券商发起设立的"基金的基金"集合理财计划共有 43 只，规模达到 198.26 亿元。其中不乏如华泰紫金、光大阳光、国泰君安君得益、长江超越等著名的券商集合理财品牌中的 FOF 产品。下面我们以中信证券于 2011 年 12 月推出的"中信基金精选"产品，来介绍基金的基金。

案例：基金的基金——中信基金精选集合资产管理计划

"中信证券基金精选"集合资产管理计划于 2011 年 12 月 23 日成立。募集基金份额总计 2.54 亿份，有效认购户数为 1 844 户。目前我国的券商集合理财产品分限定性和非限定性两类，前者主要是货币市场类投资产品。本集合理财产品属于非限定性计划。

该集合理财计划是 FOF 基金。在产品说明书中阐述的投资优势为：①依托中信证券研究平台精选基金。管理人中信证券公司目前已形成了完备的研究体系，在国内同行业中处于领先地位；②精选基金、分散风险。该 FOF 的投资理念是：灵活配置不同类型的基金，精选不同类型基金中的优质基金进行投资，在风险可控的基础上实现集合计划长期资本增值。其定位属于证券投资产品中预期收益和风险均较高的理财品种，适合偏好较高风险较

---

① 我国《证券投资基金法》第 58 条第 4 款，"禁止基金财产买卖其他基金份额，但是国务院另有规定的除外"。这主要是由我国基金发展初期阶段所决定的。

高收益的投资者。目标资产配置为:

证券投资基金	20%～95%,其中,QDII基金投资比例为0～20%
固定收益类资产	0～80%
现金类资产	封闭期和开放期均不低于集合计划资产净值的5%

该FOF的业绩基准为:中证开放式基金指数×70%＋一年期定期存款税后利率×30%

该FOF的管理费年率为1.5%,托管费年率为0.21%,管理人为中信证券公司,托管人为中信银行。初次参与最低金额为人民币10万元(集合理财产品的"参与"即相当于基金的"申购")。

由于该基金为FOF,其产品净值的公布要比其他产品延后一天,即网站上所见的基金精选净值是在公布日期的前一天的净值。

3.10 分级基金

3.10.1 分级基金的定义

分级基金是近年来我国基金市场中兴起的一种创新型证券投资基金。分级基金是在相同的一个投资组合下,通过对基金收益分配的重新安排,形成两级(或多级)具有不同风险收益特征的基金份额。分级基金各类子基金中的净值之和等于母基金的净值。如果母基金不进行拆分,其本身就是一个普通的基金。

一般而言,分级基金区分为母基金份额、稳健份额和进取份额三类。通过约定不同的收益分配原则,使得一类子份额(稳健份额)获得相对保守的收益;另一类子份额(进取份额)获取相对较高的期望收益,表现为各种形式的杠杆收益,同时承担着较大的风险。

母基金份额,又称基础份额,是指未拆分的基金份额,获得基金投资的全部收益,和普通的基金没有区别。母基金份额只能申购、赎回、分拆、合并,不能够上市交易;也有部分分级基金母基金份额没有持有人,只是形式上存在的,如大部分的固定存续半封闭债券型分级基金。

分级基金中的稳健份额,又被称优先份额,或者基金合同中约定具体的名称(如A份额)等,它一般是获取相对固定的约定收益。它具有保本性质或者低风险、低收益形式的安排。与稳健份额对应的另一种份额往往被称为进取份额、杠杆份额或者基金合同中约定具体的名称(如B份额)等。进取份额获取在稳健份额约定收益分配完后母基金的剩余收益,具备一定的杠杆效应。这类分级基金的实质是:进取份额(A份额)持有人向稳健份额(B份额)持有人融资,从而获得投资杠杆。

分级基金的魅力在于重构证券资产的风险收益特征,以达到与风险偏好分层后的终端投资者需求相匹配的目的。

3.10.2　分级基金的类型

由于各自产品设计的不同,分级基金产品的差异很大。总体来看,分级基金可以归为以下几类。

按投资范围分类,可分为股票分级基金和债券分级基金,股票分级基金主要投资于股票,又可分为主动管理型和指数型。债券分级基金,可分为一级债券分级基金和二级债券分级基金。一级债券基金不能在二级市场直接买入股票,但可以申购新股;二级债券分级基金可以在二级市场买入不多于基金资产净值20%的股票。

按有无到期日分类,可分为固定运作期分级基金和永续分级基金。没有到期日的分级基金,一般在每年或者定期进行份额折算以分配收益,或者重新开始一个周期。有到期日的分级基金,到期后一般转化为LOF基金,或者约定到期后可以转为下一期运作。在固定运作期内,定期开放A份额的申购和赎回,而封闭B份额,又称为固定存续期半封闭型分级基金。是否具有到期日,对分级基金的折溢价率具有重要影响。

按是否可以配对转换分类,分为可配对转换和不可以配对转换两种。目前,股票型基金分级的主流产品都是可以配对转换的,而债券型分级基金一般不可以配对转换。配对转换对折溢价率也有重大的影响,并且提供了套利的可能性(见表3.12)。

表 3.12　分级基金的分类及其特征(按存续期和是否开放)

一级分类	二级分类	特征	代表产品
股票型	永续型	无固定存续期,可配对转换,定期折算	银华深证100指数分级基金,申万菱信深证成指分级基金
	固定存续封闭型	有固定存续期,部分可以可配对转换并进行折算,部分不可	国联安双力中小板综指分级基金,招商中证大宗商品股票指数分级基金
	固定存续半封闭型	有固定存续,不可配对转换,A份额不上市交易,定期开放A份额申购赎回和折算	国投瑞银瑞福深证100指数分级基金
债券型	永续型	无固定存续期,可配对转换,定期折算,A、B份额均上市交易	嘉实多利分级债券型基金
	固定存续半封闭型	有固定存续,不可配对转换,A份额不上市交易,定期开放A份额申购赎回和折算	中欧纯债分级债券型基金、万家添利分级债券型基金
	固定存续封闭型	有固定存续期,不可配对转换,A、B份额均上市交易	浦银安盛增利分级债券型基金、泰达宏利聚利债券型基金

3.10.3　国内分级基金的发展

2007年,国投瑞银瑞福分级股票型基金发行成立,这是我国首个分级基金。该产品融合了定期开放和封闭两种方式,并且同时满足低风险偏好以及高风险偏好投资者的需求,但是由于产品条款比较复杂,导致普通投资者理解存在一定难度。2009—2010年成立的长盛同庆国泰估值在条款上做了简化,并且采用了统一募集自动分拆的方式。这一阶段成立的国投瑞银瑞和300分级基金和兴全合润分级基金也在收益分配上进行了突破,丰富了投资人的需求。

2010—2011年分级基金获得了快速发展。这一时期发行的分级基金产品主要包含了以下一些特征:第一,出现了纯债型分级产品和偏债型分级产品,并且纯债类产品资产特征明显,在市场受大大受欢迎;第二,股票型分级产品以被动管理为主,方便投资者根据标的指数走势、杠杆比例以及折溢价率迅速寻找到合适的分级产品进行投资;第三,股票型分级产品以及个别债券型分级产品采用开放式管理,具有配对转换机制,有利于抑制整体折溢价率,多数债券分级产品则是采用封闭运作,可以有效放大债券投资比例;第四,为了保护投资人利益,不少产品都设置了到点折算条款,同时也带来了很多阶段性投资机会;第五,这些主流产品在收益分配上都采用较为简单的结构,即稳健类份额获得约定收益,如一年期定存上浮3‰,激进类份额获得剩余收益,投资者的群体定位非常清晰;第六,债券型分级产品多数采用分开募集的方式,稳进类份额定期申购赎回,激进类份额上市交易,股票型分级产品多采用统一募集。

随着分级产品的快速增长,监管层注意到当分级基金杠杆过大时,市场即使小幅变动也会引发激进类份额净值的大幅波动,投资者亏损风险会显著加大。2011年12月18日,中国证监会正式实施《分级基金产品审核指引》,该指引对分级基金的产品设计、募集方式、投资策略、申请材料和销售推介等方面均作了规定,避免条款过于复杂,产品风险加大等问题,有利于投资者理解产品特征(见表3.13)。

表 3.13 现有分级基金的主要特征

代码	简称	成立时间	类型	份额(亿份)	主要特点	业绩基准	可否配对转换	运作期
121099.OF	瑞福分级	2012-07-17	股票型	72.92	瑞福优先、进取配比1:1,在3年运作期内每半年折算一次(扣除优先部分收益)。优先每年收益6%(一年期定存利率上浮3%,每半年调整一次),不上市交易,剩余收益与风险均由进取享有或承担。当进取净值在0.25元以下时提前转为LOF	95%×深证100指数+5%×活期存款利率	否	3年
163406.OF	合润分级	2010-04-22	股票型	8.07	合润A、B配比4:6,3年折算一次。当净值在1.21元以上,合润A保本无收益,盈亏全部由合润B享有或承担;当净值在1.21元以下,合润A、B净值增长率相同;当净值达到0.5元以下时,提前折算	80%×沪深300指数+20%×中证国债指数	是	3年重新拆分
162509.OF	双禧分级	2010-04-16	指数型	25.61	双禧A、B配比4:6,3年折算一次(净值"归1"处理)。双禧A每年收益5.75%(每3年按定存利率更新一次),剩余收益与风险均由双禧B享有或承担。当双禧B净值小于或等于0.15元时,提前折算	95%×中证100指数收益率+5%×活期存款利率(税后)	是	永续

代码	简称	成立时间	类型	份额（亿份）	主要特点	业绩基准	可否配对转换	运作期
162510.OF	国联双力	2012-03-23	指数型	0.28	双力A、B配比1∶1,在3年运作期内每年折算（扣除双力A部分收益）。双力A每年收益7%（一年期定存利率上浮3.5%,每年调整一次），剩余收益与风险均由双力B享有或承担。当双力A净值在0.25元以下时提前折算	95%×中小板综指收益率＋5%×活期存款利率（税后）	是	3年
166011.OF	中欧盛世	2012-03-29	股票型	1.20	盛世A、B配比1∶1,在3年运作期内,盛世A每年收益6.5%（不调整,不定期折算），剩余收益与风险均由盛世B享有或承担。当中欧盛世净值过2元或盛世B净值在0.25元以下时提前折算	75%×沪深300指数＋25%×中证全债指数	是	3年
163111.OF	申万中小	2012-05-08	指数型	5.52	中小板A、B配比1∶1,在5年运作期内每年折算（扣除中小板A部分收益）。中小板A每年收益7%（一年期定存利率上浮3.5%,每年调整一次），剩余收益与风险均由中小板B享有或承担。当申万中小净值在2元以上或B净值0.25元以下时进行到点折算	95%×中小板指＋5%×金融同业存款利率	是	5年
160806.OF	长盛同庆	2012-05-12	指数型	18.70	同庆800A、B配比4∶6,在3年运作期内每年折算（扣除同庆800A部分收益或进行"归1"折算（B类净值在1元以上））。同庆800A每年收益7%（一年期定存利率上浮3.5%,每年调整一次），剩余收益与风险均由同庆800B享有或承担。当同庆800B净值在0.25元以下时进行到点折算	95%×中证800＋5%×一年定存利率	是	3年
161715.OF	大宗商品	2012-06-28	指数型	2.91	商品A、B配比1∶1,在5年运作期内每年年初折算（扣除商品A部分收益）。商品A每年收益6.75%（一年期定存利率上浮3.5%,每年调整一次），剩余收益与风险均由商品B享有或承担。当大宗商品净值在2元以上或商品B净值在0.25元以下时进行到点折算	959%×中证大宗商品＋5%×银行活期利率	是	5年
160809.OF	长盛同辉	2012-09-13	指数型	1.37	同辉100A、B配比1∶1,在5年运作期内每12月折算一次（扣除A类部分收益）。A类每年收益7%（不调整），剩余收益与风险均由B类享有或承担。当母基金净值在2元以上或B类净值在0.25元以下时进行到点折算	95%×深100等权＋5%×1年定存利率	是	5年

续表

代码	简称	成立时间	类型	份额(亿份)	主要特点	业绩基准	可否配对转换	运作期
166301.OF	华商500	2012-09-06	指数型	0.40	华商500A、B配比4∶6,在3年运作期内,A类每年收益6.25%(不折算,不调整),剩余收益与风险均由B类享有或承担。当母基金净值在2.5元以上或B类净值在0.25元以下时进行到点折算	95%×中证500+5%×银行活期利率	是	3年
161718.OF	300高贝	2013-08-01	指数型	1.44	300高贝A、B配比1∶1,每年12月15日折算(扣除A类部分收益)。A类每年收益6.5%(一年期定存利率上浮3.5%,每年调整一次),剩余收益与风险均由B类享有或承担。当母基金净值在1.5元以上或B类净值在0.25元以下时进行到点折算	95%×沪深300高贝塔指数+5%×活期存款利率	是	永续
160219.OF	国泰医药	2013-08-29	指数型	6.67	医药A、B配比1∶1,每年12月15日折算(扣除A类部分收益)。A类每年收益7%(一年期定存利率上浮4%,每年调整一次),剩余收益与风险均由B类享有或承担。当母基金净值在1.5元以上或B类净值在0.25元以下时进行到点折算	95%国证医药卫生行业指数+5%×活期利率	是	永续
164206.OF	天弘添利	2010-12-03	一级债	20.53	有5年封闭期内,添利A、B目前配比为2∶1。其中添利A每3个月开放一次(不上市交易),目前约定年化收益为3.9%(每3个月更新一次),剩余的收益或风险均由添利B享有或承担	中国债券总指数	否	5年
162215.OF	泰达聚利	2011-05-13	一级债	15.82	在5年封闭期内,聚利A、B配比为7∶3,均上市交易。其中聚利A目前约定年化收益为4.2943%(1.3×上季度五年期国债到期收益率),每季度调整一次,剩余的收益或风险均由聚利B享有或承担	90%×中债企债指数收益率+10%×中债国债指数收益率	否	5年
163003.OF	长信利鑫	2011-06-24	一级债	6.51	在5年封闭期内,利鑫A、B配比为2∶1。其中利鑫A每6个月开放一次(不上市交易),目前约定年化收益为4.1%(1.1×1年定存利率+0.8%),剩余的收益或风险均由利鑫B享有或承担	中债综合指数	否	3年
160618.OF	鹏华丰泽	2011-12-08	纯债	20.03	在3年封闭期内,丰泽A、B最高配比为7∶3。其中丰泽A每6个月开放一次(不上市交易),目前约定年化收益为4.05%(135×1年定存利率),剩余的收益或风险均由丰泽B享有或承担	中国债券总指数	否	3年

续表

代码	简称	成立时间	类型	份额(亿份)	主要特点	业绩基准	可否配对转换	运作期
164208.OF	天弘丰利	2011-11-23	一级债	14.84	在 3 年封闭期内,丰利 A、B 最高配比为 3∶1。其中丰利 A 每 6 个月开放一次(不上市交易),目前约定年化收益为 4.05%(135×1 年定存利率),剩余的收益或风险均由丰利 B 享有或承担	中债综合指数	否	3 年
166401.OF	浦银增利	2011-12-13	一级债	9.06	在 3 年封闭期内,增利 A、B 配比为 7∶3,均上市交易。其中增利 A 目前约定年化收益为 5.25%。(3 年期定存利率上浮 0.25%),不调整,剩余的收益或风险均由增利 B 享有或承担	中信标普全债指数	否	3 年
162105.OF	金鹰回报	2012-03-09	一级债	4.06	在 3 年封闭期内,回报 A、B 最高配比为 7∶3。其中回报 A 每 6 个月开放一次(不上市交易),目前约定年化收益为 4.1%(1.1+1 年定存利率),剩余的收益或风险均由回报 B 享有或承担	中债综合财富指数	否	3 年
165705.OF	诺德双翼	2012-02-16	一级债	2.28	在 3 年封闭期内,双翼 A、B 最高配比为 2∶1。其中双翼 A 每 6 个月开放一次(不上市交易),目前约定年化收益为 3.9%(1.3×1 年定存利率),剩余的收益或风险均由双翼 B 享有或承担	中国债券总指数	否	3 年
165517.OF	信诚双盈	2012-04-13	一级债	2.72	在 3 年封闭期内,双盈 A、B 最高配比为 7∶3。其中双盈 A 每 6 个月开放一次(不上市交易),目前约定年化收益为 4.5%(1 年定存利率+1.5%),剩余的收益或风险均由双盈 B 享有或承担	中信标普全债指数	否	3 年
166105.OF	信达增利	2012-05-07	一级债	1.25	在 3 年封闭期内,信达利 A、B 最高配比为 7∶3。其中信达利 A 每 6 个月开放一次(不上市交易),目前约定年化收益为 3.9%(1.3×1 年定存利率),剩余的收益或风险均由信达利 B 享有或承担	中国债券总指数	否	3 年
162511.OF	国安双佳	2012-06-04	一级债	10.21	在 3 年封闭期内,双佳 A、B 最高配比为 7∶3。其中双佳 A 每 6 个月开放一次(不上市交易),目前约定年化收益为 4.2%(1.4×1 年定存利率),剩余的收益或风险均由双佳 B 享有或承担	中债综合指数	否	3 年

续表

代码	简称	成立时间	类型	份额 (亿份)	主要特点	业绩基准	可否配 对转换	运作期
163907.OF	中海惠裕	2013-01-07	纯债	10.76	在3年封闭期内,惠裕A、B最高配比为7∶3。其中惠裕A每6个月开放一次(不上市交易),目前约定年化收益为4.4%(1.4+1年定存利率),剩余的收益或风险由惠裕B享有或承担	中证全债指数	否	3年
164812.OF	工银增利	2013-03-06	二级债	11.06	在3年封闭期内,工银增A、B最高配比为7∶3。其中工银增A每6个月开放一次(不上市交易),目前约定年化收益为4.4%(1.4+1年定存利率),剩余的收益或风险均由工银增B享有或承担	三年定存利率+1.5%	否	3年
162108.OF	金鹰元盛	2013-05-02	纯债	12.74	在2年封闭期内,元盛A、B最高配比为7∶3。其中元盛6个月开放一次(不上市交易),约定年化收益为4.4%(1.4+1年定存利率),剩余的收益或风险均由元盛享有或承担	90%中债综合财富指数	否	2年
167701.OF	德邦德信	2013-04-25	纯债	4.09	德信A、B配比维持在7∶3,2年一折算(先折算为母基金,再按配比拆分),但当德信B净值在0.4元以下时提前折算。德信A约定收益每2年更新一次,目前约定年化收益为4.2%(1年定存利率+1.2%),剩余的收益或风险由德信B享有或承担	90%×中证1~7年中高收益企债指数+10%×银行活期存款利率	是	2年
163005.OF	长信利众	2013-02-04	一级债	7.07	在3年封闭期内,利众A、B最高配比为7∶3。其中利众A每6个月开放一次(不上市交易),目前约定年化收益为4.6%(1.2×1年定存利率+1%),剩余的收益或风险均由利众B享有或承担	中债综合指数	否	3年
165807.OF	东吴鼎利	2013-04-25	纯债	7.69	在3年封闭期内,鼎利优先、进取最高配比为7∶3。其中优先每6个月开放一次(不上市交易),目前约定年化收益为4.15%(1年定存利率×0.7+6个月Shibor×0.5),剩余的收益或风险均由进取享有或承担	中债综合指数	否	3年
160622.OF	鹏华丰利	2013-04-23	纯债	13.37	在3年封闭期内,丰利债A、B最高配比为7∶3。其中A类每6个月开放一次(不上市交易),目前约定年化收益为4.4%(1年定存利率+1.4%),剩余的收益或风险均由B类享有或承担	中债综合指数	否	3年

续表

代码	简称	成立时间	类型	份额（亿份）	主要特点	业绩基准	可否配对转换	运作期
167501.OF	安信宝利	2013-07-24	一级债	29.24	在 2 年封闭期内，宝利 A、B 最高配比为 7∶3。其中宝利 A 每 6 个月开放一次（不上市交易），约定年化收益 4.5%（1.2×1 年定存利率+0.9%），剩余的收益或风险均由宝利 B 享有或承担，但宝利 B 有保本条款，保本期即封闭期	中债综合指数	否	2 年

注：数据截至 2013 年中期。

资料来源：来自 WIND 数据库。

3.10.4 分级基金的主要运作机制

1. 分级基金的杠杆机制

根据分级基金收益分配机制的不同设计，子基金会存在着不同的杠杆特征。一般来说，市场上比较普遍的是股债分级模式、赢利分级模式、本金保本模式等。

1）股债分级模式

在股债分级模式下，低风险份额获得约定年收益率，高风险份额以净值的一定比例作为低风险约定收益率的担保，并承担支付低风险份额约定收益之后的剩余损益，本质上是高风险份额向低风险份额融资。

以银华深证 100 指数分级基金为例，其包括母基金银华深证 100 以及子基金银华稳进和银华锐进三类份额。该基金通过场外、场内两种方式公开发售，场外认购所得的全部份额将确认为银华深证 100，场内认购所得的全部份额将按 1∶1 的比率确认为银华稳进和银华锐进，两类子基金的份额配比始终保持不变。其中，银华稳进的约定收益率为 1 年期同期银行定期存款利率（税后）+3%，剩余净资产全部计入银华锐进份额。通过这种合约安排可以看出，银华稳进和锐进的净值分别为 $V_a = (1+r)^{t/N}$，$V_b = \dfrac{V - 0.5V_a}{0.5}$，其中，$t$ 日为基金份额净值计算日，$t = 1, 2, 3 \cdots, N$；N 为当年实际天数；$t = \min\{$自年初至 t 日，自基金合同生效日至 t 日，自最近一次会计年度内份额折算日至 T 日$\}$；V 为 t 日每份银华深证 100 份额的基金份额净值；V_a 为 t 日银华稳进份额的基金份额净值；V_b 为 t 日银华锐进份额的基金份额净值；r 为银华稳进份额约定年基准收益率。由于 a 和 b 的配比关系为 1∶1，b 的杠杆率 $L = \dfrac{V_a + V_b}{V_b}$ 可知，当母基金和子基金处于不同净值时，b 有着不同的杠杆率。在基金成立或者折算之初，b 的杠杆率为 2[①]。

2）赢利分级模式

赢利分级模式一般通过基金合同的设定，使母基金收益率在不同情形下，子基金获取不同比例的收益分成。年阈值即为预先设定的各个运作周年内划分两类子份额不同分成

---

① 由于存在一个时间因素，导致不同时间 A 约定的累计净值不同，以及母基金的净值也在变化，因此也使得 B 的杠杆率也随时间在变化。

比例的临界点。例如,国投瑞银瑞和沪深300指数分级基金(简称瑞和300),分为3个产品级别,一是与普通沪深300指数基金完全相同的瑞和300,另两个分级子产品分别为瑞和小康与瑞和远见,两者比例为1∶1。当瑞和300净值低于1元时,瑞和小康与瑞和远见净值与瑞和300相同,两类子基金没有杠杆。当瑞和300净值超过1元后,在年阈值以内和年阈值以外的净值增长部分分别按8∶2和2∶8比例分成①。初期设定的年阈值为10%。这也就是说在瑞和300净值处于1~1.1元区间时,瑞和小康与瑞和远见净值增长部分按8∶2分成。这时瑞和小康的杠杆率为8/5=1.6倍,而瑞和远见的杠杆率仅是2/5=0.4倍;当瑞和300净值大于1.1元后,瑞和小康与瑞和远见净值增长部分按2∶8分成,这时瑞和小康的杠杆率为0.4倍,瑞和远见的杠杆率则上升为1.6倍。

3) 本金保本模式

这种模式一般通过基金合同约定,在每个运作期到期日,如母基金份额净值低于阈值时,低风险份额获得本金保护;母基金份额净值高于阈值时,低风险份额参与部分的收益分配。例如,兴全合润分级基金包括兴全合润基础份额、合润A份额和合润B份额。其主要特点如下:对于场内认购的投资者按照4∶6的比例确认为合润A份额、合润B份额。当合润基金份额净值低于或等于1.21元时,合润A份额获得其份额期初净值(1元/份),而合润B份额获得剩余收益或承担其余损失。当合润基金份额净值高于1.21元之后,合润A份额、合润B份额与合润基金份额享有同等的份额净值增长率。

对于合润B份额,当母基金份额净值增长未超过21%,合润B份额则零息使用合润A份额的资金,因此具有一定的杠杆,且合润B份额的杠杆随合润基金份额净值的减小而增大。当母基金份额净值到达运作期提前到期触发点(0.5元)时,合润B份额杠杆达到最大,等于5;当母基金份额净值增长超过21%之后,合润B份额与合润A份额、合润基金份额享有同等的份额净值增长率,因此合润B份额的杠杆率下降至1,即失去杠杆运作的特征。

2. 分级基金的配对转换机制

配对转换机制,即两种份额可以按比例合并成母基金场内份额,同时,母基金份额也可按比例拆分成为两种份额上市交易。目前,主流股票型分级基金均存在配对转换机制。

例如:按国投瑞银瑞和沪深300指数分级基金的招募说明书,份额配对转换是指瑞和300份额与瑞和小康份额、瑞和远见份额之间的配对转换,包括分拆和合并两个方面。

① 分拆。基金份额持有人将其持有的每两份瑞和300份额的场内份额申请转换成一份瑞和小康份额与一份瑞和远见份额的行为。

②合并。基金份额持有人将其持有的每一份瑞和小康份额与一份瑞和远见份额进行配对申请转换成两份瑞和300份额的场内份额的行为。

3. 分级基金的折算机制

1) 定期折算

一般情况下,稳健份额的约定收益并非以现金分红的形式实现。对于稳健份额期末的约定应得收益,即稳健份额期末份额净值超出本金1元部分,将折算为场内对应母基金份额分配给稳健份额持有人。由于折算后母基金份额增多,净值会相应向下调整。例如:

---

① 母基金的净值在不同区间,子基金有不同的收益分配比例。阈值是母基金不同区间的临界值。如瑞和的阈值为1.1,1.1以下A、B按8∶2分成,1.1以上按2∶8分成。

2011 年 12 月 31 日,银华深 100 份额净值为 0.831 元,银华稳进净值为 1.057 5 元(其中 0.057 5 元是当年的约定收益)。投资者折算前持有 100 份银华稳进,价值为 105.75 元,折算后,银华深 100 净值调整为 0.831—(0.575/2)=0.802 3 元,投资者获得 100 分银华稳进份额(单位净值 1 元)和银华深 100 份额 5.75/0.802 3=7.16 份,合计 105.75 元。

2) 不定期折算

不定期折算是指,当进取份额净值跌至阈值或者母基金份额净值高于阈值,稳健份额、进取份额和母基金份额净值均被调整为 1 元。调整后的稳健和进取份额按初始配比保留,各类份额数量按比例增减,稳健份额与进取份额配对后的剩余部分将会转换为母基金场内份额,分配给相应份额持有者。

母基金份额净值高于阈值时发生的不定期折算,一般被称为"向上不定期折算";而进取份额净值跌至阈值时发生的不定期折算一般被称为"向下不定期折算"。

(1) 向下不定期折算

为保护稳健份额持有人的利益,大部分分级基金设计了向下不定期折算机制。其处理方式是,当进取净值跌至一个阈值(不同产品该阈值设定在 0.15~0.25 元),触发不定期折算。稳健份额、进取份额和母基金份额的基金份额净值将均被调整为 1 元。调整后的稳健份额和进取份额按初始配比保留,稳健份额与进取份额配对后的剩余部分将会转换为母基金场内份额,分配给稳健份额投资者。

举例:银华中证等权 90 的向下不定期折算的阈值是银华鑫利净值触及 0.25 元。截至 2012 年 8 月 24 日,银华鑫利净值为 0.293 元,银华金利净值为 1.045 元。如果市场继续下跌,银华鑫利净值达到 0.25 元,此时,假设银华金利净值为 1.045 元。则不定期折算发生后:

原 100 份银华鑫利持有者(持有净值 25 元)折算后持有 25 份银华鑫利,每份净值 1 元,合计净值 25 元。原 100 份银华金利持有者(持有净值 104.5 元)折算后持有 25 份银华金利(与鑫利配对),每份净值 1 元,并获得银华等权 90 场内份额 79.5 元,每份净值 1 元,合计 104.5 元。

(2) 向上不定期折算

随着母基金净值增大,进取份额杠杆逐渐降低,对投资者的吸引力下降。因此,当母基金净值高于一定阈值(2~2.5 元),会触发向上不定期折算。稳健份额、进取份额和母基金份额的基金份额净值将均调整为 1 元,稳健份额和进取份额按合同约定的配比保留,进取份额净值高于 1 的部分转换为母基金场内份额,分配给进取份额的持有人。

3.10.5 分级基金的定价和套利

1. 分级基金稳健份额的定价原理

由于稳健份额特定的约定收益规则和其他条款,其价值包含了一个债券(永续债或固定存续债),以及一个触发式期权(由不定期折算机制确定)。

1) 债券价值

分级基金稳健份额的定期折算相当于定期支付利息,类似于债券。对于永续型品种,没有到期时间,类似永续年金。假设在下一次折算后未来约定收益率保持不变,并假设折算所得约定收益以必要回报率进行再投资,则可利用如下公式计算永续型稳健份额价格

$$P = \frac{1}{(1+R_0)^{n/365}} \times \left(R^1 + \sum_{i=1}^{\infty} \frac{R^{i+1}}{(1+R_0)^i} \right)$$

其中,R_0 为稳健份额必要回报率(折现率),R^1 为稳健份额当期的约定收益率,R^{i+1} 为第 i 期后的约定收益率,n 为距离下一次折算天数。

对于固定存续品种,则价格计算公式如下

$$P = \frac{1}{(1+R_0)^{n/365}} \times \left(R^1 + \sum_{i=1}^{T-1} \frac{R^{i+1}}{(1+R_0)^i} + \frac{1}{(1+R_0)^{T-1}} \right)$$

其中,T 为剩余折算次数,其他含义同上。

由上述公式可知,若将永续型和固定存续型分级基金稳健份额视为债券,则其价格与期限、当期约定收益、未来约定收益率,以及必要回报率相关。其中必要回报率尤为重要,它不仅决定了稳健份额的价格中枢,同时也引发稳健份额的日常波动。

2) 不定期折算"期权"价值

稳健份额几乎都存在不定期折算机制。由于分级基金的稳健份额普遍折价交易,向下不定期折算发生时,此前以相对净值折价买入的稳健份额高于阈值部分可以按净值变现。如果剩余的稳健份额折价率不出现显著扩大,那么投资者将可能获得一定的套利收益。

正是由于不定期折算存在套利收益,因此这种折算机制相当于赋予了稳健份额一个触发式"期权"(但它并非真正的期权,因为满足条件后稳健份额持有人不能选择执行与否,只能被动地必须执行)。这部分期权的价值随着进取份额的净值下跌而逐渐开始显现,并随之逐渐增大。因此,稳健份额一般随着进取份额净值下跌价格逐渐上涨。

如果将分级 A 端折算权价值看作一份看跌期权,执行条件是母基金净值低于某个临界点,期权到期的收益为

$$C_t = \{ (V_a - d) \times (1-m) + d \times (1-D_a) - P_a \mid V_t < V_1 \}$$

其中:C_t 是期权在折算日 t 的收益,V_a 是折算日 A 的净值,d 是母基金净值低于一定水平,A 端相应的份额可以折算为母基金的约定值,m 是赎回费率,D_a 是折算后 A 的折价率,P_a 是当前不包含折算权价值的 A 的价格,V_t 表示折算日母基金净值,V_1 是母基金净值折算临界点。

2. 分级基金进取份额的定价原理

由于配对转换机制的存在,分级基金的理论整体折溢价为零。因此,A 份额与 B 份额的折溢价会有一个均衡关系,该均衡关系如下:

设 A、B 端的价格分别为 P_a、P_b,净值分别为 V_a、V_b,假设母基金净值为 V,其中 a、b 为两类子份额的配比,母基金不单独存在。B 的杠杆率为 $L = \dfrac{(a+b)V}{bV_b}$。

由于套利机制的存在,A 和 B 的溢价总金额为 0,即 $aP_a + bP_b = aV_a + bV_b = (a+b)V$。

A 和 B 的溢价率分别为 $D_a = \dfrac{P_a - V_a}{V_a}$,$D_b = \dfrac{P_b - V_b}{V_b}$。也等价于 $aD_aV_a = aP_a - aV_a$;$bD_bV_b = bP_b - bV_b$。其意义为子基金的折价总额等于价格总额减去净值总额。

两式相加,得:$aD_aV_a + bD_bV_b = aP_a + bP_b - (aV_a + bV_b) = 0$。

由此可得:$\dfrac{D_b}{D_a} = \dfrac{-aV_a}{bV_b} = \dfrac{-[(a+b)V - bV_b]}{bV_b} = 1 - L$

可以看出,在无套利假设下,B 的折溢价率由 A 的折溢价率和杠杆率决定,而杠杆率由基金净值比例和份额配比决定。因此,通过 A 端的价值,可以计算出 B 端的市场价值。

但实际上,B 的价格决定因素很多,比如母基金投资范围和投资者对该类资产的市场预期,市场对投资经理的能力认可度等,从而使 B 有着自身的定价逻辑。由于 A 份额和 B 份额价格之间依照无套利定价模型存在一定的内在关系,B 的价格反过来影响着 A 的定价[①]。所以,一般认为债性定价对 A 份额的决定因素较强,并通过无套利模型影响着 B 的定价,而 B 自身的一些特定定价逻辑也在一定程度上影响着 A 的定价,以及为市场提供了一定套利机会。

3. 分级基金的套利机制

1) 整体折(溢)价套利

存在配对转换的分级基金,一般两种子份额均可上市交易,但不能单独申购赎回。交易价格受多方面因素的影响,使得两种份额出现折价或溢价交易,而两种子份额价格按比例加权后,也不一定等于母基金的净值。两种子份额价格按比例加权后价格低于母基金净值,称为整体折价;反之则为整体溢价。

以银华深 100 为例,2010 年 7 月 29 日,母基金净值为 1.064 元,银华稳进和锐进的价格分别为 1.032 元和 1.248 元,则合并后对应母基金"价格"为 1.14 元,出现整体溢价,整体溢价率为 7.04%。2010 年 9 月 13 日,母基金净值为 1.152 元,稳进和锐进价格分别为 1.037 元和 1.218 元,合并后对应母基金"价格"仅有 1.127 5 元,整体折价率为 2.45%。

从理论上来说,当出现整体折价时,投资者可以同时买入较为便宜的两种子份额,配对合并后以较高的净值赎回,即可获得整体折价部分的收益;当出现整体溢价时,以较为便宜的母基金份额净值申购,配对分拆后卖出两种子份额,即可获得整体溢价部分的收益。但在现实中,由于交易清算机制的设计,使得进行这样的套利需要两到三个工作日方能完成,因此套利存在母基金净值波动的风险和溢价率变动的风险。

2) 到期折算套利

部分分级基金在运作满一定周期后(如一周年),存在份额折算机制:有关份额按"净值归一"的方式进行,即将有关分级的份额的净值重新转换为 1.00 元,并相应地按照折算前后总净值相等的原则调整投资人持有的各分级的份额。

3) 到点折算套利

为应对优先级基金约定收益支付的违约风险,保障 A 类份额净值的本金安全,永续型的股票基金一般会设置向下的到点折价条款——当 B 类净值达到很低的阈值(一般为 0.15~0.25 元)之后,基金会进行到点折算,对 A 类进行大比例的分红(以母基金的形式发放),并将母基金、A 类、B 类份额的净值全部进行归一处理。届时,由于份额大幅缩减,A 类每份担保物(即 B 类)的价值大幅提升,安全性大幅提高,但 B 类份额由于基数大幅上升,杠杆大幅下降,溢价率也有望大幅下降。到点折算套利出现概率极低且需要对市场有所预判,因而更多的套利操作来自于整体折溢价套利。

---

① 这类似于太阳和地球之间的相互转动关系,到底是地心说还是日心说? 相关研究机构就此问题在 2012 年爆发了激烈争论。但总体上,市场普遍认为,A 类投资者投资期限较长,份额流动性弱,价格相对稳定,而且债券市场规模也足够大,对单只分级基金 A 的定价影响更大。而 B 类自身定价的逻辑比较个性化。

3.10.6 分级基金中的创新品种——多空分级基金

多空分级基金是 2013 年我国基金市场中在分级基金中进行的创新。它具有牛熊两类子基金份额,通过将某类子基金净值与标的指数或基础份额净值挂钩,而由另一类份额获取剩余收益的形式,实现对于标的指数的正向和反向跟踪。

产品发起人可以自由设定直接挂钩标的指数或基础份额的子基金(即基准子基金)的涨跌乘数,从目前已有的设计方案上看,多由熊份额作为基准子基金,且涨跌乘数为-1倍,即当基础份额或标的指数上涨/下跌 1 单位或 1% 时,熊份额净值下跌/上涨 1 单位或 1%。

与传统分级基金类似,多空分级基金也采用整体合并运作、个体分离交易的形式,存在基础份额和两类子基金份额。基础份额既可以被动投资某一指数,也可以进行主动化管理,甚至可以投资于货币市场工具,子基金则通过事前约定的收益分配方式来获取相关净值回报。基础份额开放日常申购赎回,子基金份额不可单独申赎,但可以上市交易。子基金与基础份额之间,可以通过合并或分拆的方式进行相互转化。基金定期进行折算,同时当子基金净值达到某一阈值时,会触发到点折算。

与传统分级基金不同,多空分级基金的特征主要表现在以下三个方面。

第一,多空分级的定期折算多采用大折算方式,有助于控制子基金折溢价波动,增强收益兑现的确定性。目前几乎所有多空分级在到期折算中通常使用的是大折算,即将子基金按届时单位净值全部折算为净值为 1 元的基础份额,然后再重新分拆成两类子基金。而传统股票型分级基金,尤其是永续分级型产品多采用小折算,即稳健份额净值超过 1 元的部分折为基础份额,激进份额维持不变。大折算的好处在于投资者定期可以通过按净值赎回基础份额的方式实现本金和收益的退出,如果二级市场子基金折价过大的话,则可以构建"子基金+反向头寸"(熊份额折价套利时购入多头头寸,牛份额折价套利时购入空头头寸)的组合,并持有到期的方式来套取折价收益,这样就能够把子基金的二级市场折溢价控制在有限范围之内。

第二,多空分级的杠杆无须支付资金成本。多空分级的子基金不存在可以获取约定收益的稳健份额,而是根据与标的指数变动的相关性分为牛份额和熊份额。其中熊份额与标的指数反向相关,即指数上涨时,熊份额净值以指数的一定倍数下跌;指数下行时,熊份额净值以指数的一定倍数上涨。牛份额与之相反,其净值变动与标的指数同向,即指数上涨时,牛份额净值以指数的一定倍数上涨,下跌时也以指数的一定倍数下跌。子基金的杠杆不再由所谓的稳健份额提供,无须支付融资成本,使其在同等条件下具有更高的杠杆效率。

第三,多空分级投资对象可与子基金挂钩标的分离,子基金可以挂钩任何指数,增加产品设计上的多样性。基础份额一般为指数型基金,跟踪某一股票指数,也可以采用其他形式,如债券型或货币型。子基金所挂钩的标的指数既可与基础份额跟踪指数一致,也可以差异化设置。这种特性使得一些实际中流动性较差,或者受限政策而无法直接投资的指数,例如,农产品指数、原油指数,也能够作为多空分级子基金的名义跟踪标的。此外,内部收益分配机制避免了直接投资可能产生的跟踪误差问题,保持较好的复制效果,一方面为投资者提供了一条分享另类指数回报的渠道;另一方面也大大拓宽了基金产品的开发空间。

本章小结

投资基金的创新品种,或是在投资的领域和对象上突破了原有的证券市场的地域限制(比如 QDII 基金);或是投资的理念和方法与传统的投资基金不同(比如指数基金、保本基金、生命周期基金、量化投资基金、社会责任基金等);或是基金的组织结构形式实现了创新(比如伞型结构基金、基金的基金等);或者基金的交易机制和传统的开放式基金不同(比如交易型开放式指数基金(ETF、分级基金)等。

指数基金(index fund)就是指按照某种指数构成的标准购买该指数包含的证券市场中的全部或者一部分证券的基金,其目的在于达到与该指数同样的收益水平。指数基金最突出的特点就是费用低廉和延迟纳税。

伞型结构基金(umbrella structure fund),在我国被称为"系列基金"。它实际上就是开放式基金的一种组织结构。伞型基金不是一只具体的基金,而是同一基金发起人对由其发起、管理的多只基金的一种经营管理方式,伞型基金本身并不构成独立的法律主体,而只是作为一种结构,体现子基金之间的共同特征和相互转换、相互依存的关系。

保本基金(segregated fund)是指在一定投资期限内,对投资者所投资的本金提供一定比例(一般在 80%~100%)保证的基金。保本基金的投资策略一般采用国际通用的恒定比例投资组合保险策略(CPPI)。

交易型开放式指数基金(exchange traded fund,ETF)是一种在证券交易所买卖的有价证券,代表一揽子股票的所有权。基金管理人以这一揽子股票为担保,将其分割为众多单价较低的投资单位——ETF 基金份额。投资者既可以在证券交易所像买卖股票一样买卖ETF,也可以通过赎回 ETF 单位换得所存托的一揽子股票。

量化投资基金(quantitative investment fund)是按照量化投资理念和方法进行投资的证券投资基金。量化投资遵循固定规则,由计算机模型产生投资决策,与传统投资模式相比,数量化投资具有严格的纪律性、更广阔的投资视角、风险可测可控以及成本低廉等诸多好处。

社会责任投资基金(social responsibility fund)是按照社会责任投资理念进行投资的基金,在西方又称为伦理基金(ethical fund)。

境内募集海外投资基金(qualified domestic institutional investors,QDII)的投资目标主要是通过全球化的资产配置和组合管理,在降低组合波动性的同时,为投资者提供更广泛的投资工具,实现基金资产的增值。

基金的基金(fund of funds),也称为组合基金,是指以其他证券投资基金为投资对象的基金,投资组合由各种基金组成。基金投资者的投资存在着两个层次(基础基金与组合基金)的专家经营和两个层次的风险分散,不过因此运营成本也较高。

分级基金是近年来我国基金市场中兴起的一种创新型证券投资基金。分级基金是在相同的一个投资组合下,通过对基金收益分配的重新安排,形成两级(或多级)具有不同风险收益特征的基金份额。分级基金的魅力在于重构证券资产的风险收益特征,以达到与风险偏好分层后的终端投资者需求相匹配的目的。

 本章思考题

1. 什么是指数基金？请简述指数基金在我国的发展历程与前景。

2. 伞型结构基金的优势有哪些？在实际运作中,各子基金可能在哪些方面出现利益冲突？

3. 简要叙述保本基金实现保本的投资机制。并选择一个已经运作满一个保本周期的保本基金如南方避险、银华保本、金元比联宝石动力等保本基金为例,分析保本基金的实际投资业绩和投资策略。

4. 什么是ETF基金？它产生的背景和原因是什么？为什么ETF会成为国际资本市场近年来最为重要的金融创新品种？

5. 请比较ETF与LOF两种基金的异同点,重点区别两种基金的套利机制。

6. 量化投资基金为何能够近年来获得迅速增长？国内的量化基金成功吗？需要哪些条件？

7. 为什么我国要发展QDII基金？在2007年发行狂潮中的QDII应验了哪些行为金融原理？为何目前国内QDII基金业绩普遍较差,其中业绩较好的少数QDII的成功经验又在哪里？

8. 基金的基金有何特征？请你在国泰君安证券、东方证券、招商证券、华泰联合证券等券商网站上下载它们的"基金的基金"的集合理财计划产品,并作比较分析。

9. 请阅读华宝证券研究所《中国金融产品年度报告(2013)》(可更新到最新年度),阅读其中对分级基金的介绍和分析。阐述为什么分级基金产品受到市场的欢迎？

10. 从国内各种基金创新品种的特征和产生的原因中,请你尝试总结证券投资基金创新机制的规律。

 延伸阅读

1. 海通证券基金研究中心《分级基金DISCOVERY系列研究报告》；
2. 华宝证券研究所《中国金融产品年度报告(2013)》；
3. 招商证券对基金的系列研究报告；
4. 本章所举例的各种基金品种的招募说明书。

第 2 篇　基 金 交 易

第4章 基金的资产净值与估值

4.1 资产净值

基金资产净值(net asset value,NAV),是指在某一时点一个基金单位份额所实际代表的价值。基金资产净值的计算公式为

$$NAV=(基金总资产-基金总负债)/基金份额总数$$

基金的总资产是指基金拥有的所有资产的价值,包括现金、股票、债券、银行存款和其他有价证券。基金的总负债是指基金应付给基金管理人的管理费和基金托管人的托管费等应付费用和其他负债(如债券回购、同业拆借等)。

因为开放式基金申购和赎回的价格是依据基金的净资产值计算的,所以如何公平计算基金净资产价值[①],对投资人利益的保障有重大的意义。如果基金净资产价值偏离市价或合理价格,基金有可能成为套利工具,损害投资人的利益。因此,有关法规和基金设立文件一般都会对基金估值方法做出明确规定,特别是对基金持有的非公开市场交易或无参考市场价值的证券,明确其资产价值的计算方法。

4.1.1 已知价法和未知价法

计算基金单位的资产净值有两种常用的方法:

1. 已知价计算法

已知价又称事前价(backward price),或称历史计价(historical price),是指基金管理人根据上一个证券市场交易日的证券收盘价来计算基金所拥有的金融资产,包括现金、股票、债券、期货、期权等的总值,减去其对外负债总值,然后再除以已售出的基金单位总数,得出每个基金份额的资产净值。

2. 未知价计算法

未知价又称事后价(forward price),或称预约计价,是指根据当日证券市场上各种金融资产的市场价格计算出的基金资产净值。投资者在收盘前申赎基金,是无法确切知道当日证券收盘价的,也无法知晓基金资产净值。因此,称为未知价计算法。

在实行未知价计算方法时,投资者当天并不知道其申赎的基金价格是多少,要在结算后,第二天才知道单位基金的价格。而在已知价计算法下,投资者当时就可以知道单位基金的买卖价格,可以及时办理交割手续。采用已知价定价,容易给基金内部人造成可乘之

---

① 基金"资产净值"、"净资产价值"没有差异,后文中不分区别使用。

机,牟取套利机会①。例如在开放日基金资产价值实际上已经上涨时,基金关联人知晓内情,在已知价交易情形下,仍然可以按前一天的较低价格申购基金单位。因此,已知价定价会产生不公平的内幕交易行为,并加剧股市的波动,损害其他基金持有人的利益。采用未知价定价,相对于已知价定价,基金价格反映了申购赎回交易当时基金资产的合理价值,保障基金申购与赎回的公平性,并且在股市上涨(下跌)的时候减轻来自投资者的申购(赎回)压力,有助于缓解股市的波动。

目前世界各国对开放式基金的申购赎回大多采用未知价法。但从各国的实践来看,也没有禁止已知价定价②。如英国就规定,基金交易价格可以采用未来价格,也可以是已知价格,但基金必须二者择其一。我国《证券投资基金运作管理办法》规定,开放式基金的申购赎回价格采取未知价法。

4.2 基金资产估值

先来看美国的情况。美国规定共同基金对其资产,容易取得市场价值的依市场报价,其他则依公允价值(fair value)估值,由董事会确定。一般对上市交易证券使用其主要交易地交易所最近的收盘价。如果在收市后和基金单位定价前有可能发生影响证券价值的实质性事件,则有必要在考虑该事件的情况下,确定该证券的公允价值。在美国,定价的特定时间由基金董事会确定。一般基金的定价过程开始于纽约股票交易所收市时,通常为美国东部时间下午4点。基金的会计代理人包括基金投资管理人、行政管理人和托管银行,负责计算基金股份的价格。会计代理人从定价服务商以及直接从经纪商处得到基金资产中各种证券的价格并通过其内部控制程序确认收到的证券价格,一只基金可以使用一个或多个定价服务商的服务以保证定价的准确性。

我国自1998年证券投资基金面世以来,基金的估值原则有过数次变化。①在2001年以前由各基金在《基金合同》中阐述各自的估值原则。②2001年财政部颁布了《证券投资基金会计核算办法》,首次明确了基金的估值原则。③2006年11月,中国证监会下发了《关于基金管理公司及证券投资基金执行〈企业会计准则〉的通知》和《关于证券投资基金执行〈企业会计准则〉估值业务及份额净值计价有关事项的通知》两个通知,规定于2007年7月1日起开始执行新会计准则。④2008年9月,中国证监会发布了《关于进一步规范证券投资基金估值业务的指导意见》,特别对长期停牌股票等没有市价的投资品种的估值等问题作了进一步规范。

目前实施新会计准则后,基金核算与估值上的变化主要体现在对公允价值的全面运用上。下面介绍我国证券投资基金资产的基本估值原则、具体投资品种的估值和估值错误的处理和责任。

---

① 美国2003年发生的共同基金业的"金丝雀丑闻"(Canary Scandal)即暴露出这样的问题。详见基金治理部分章节的描述。

② 在1968年以前,美国《投资公司法》(1940 ICA)没有明确规定采用已知价或者未知价。在20世纪60年代的股市牛市中,由于许多基金采用已知价定价,使得很多基金投资者变成激进的投机者。结果美国证监会于1968年通过了22C-1规则,要求所有共同基金采取未知价定价。

1．估值的基本原则

1）对存在活跃市场的投资品种，如估值日有市价的，应采用市价确定公允价值[①]。估值日无市价，但最近交易日后经济环境未发生重大变化的，应采用最近交易市价确定公允价值。估值日无市价且最近交易日后经济环境发生了重大变化的，应参考类似投资品种的现行市价及重大变化因素，调整最近交易市价，确定公允价值。有充足证据表明最近交易市价不能真实反映公允价值的，应对最近交易的市价进行调整，确定公允价值。

2）对不存在活跃市场的投资品种，应采用市场参与者普遍认同，且被以往市场实际交易价格验证具有可靠性的估值技术确定公允价值。运用估值技术得出的结果，应反映估值日在公平条件下进行正常商业交易所采用的交易价格。采用估值技术确定公允价值时，应尽可能使用市场参与者在定价时考虑的所有市场参数，并应通过定期校验确保估值技术的有效性。

3）有充足理由表明按以上估值原则仍不能客观反映相关投资品种的公允价值的，基金管理公司应根据具体情况与托管银行进行商定，按最能恰当反映公允价值的价格估值。

2．具体投资品种的估值

1）交易所上市、交易品种的估值。交易所上市股票和权证以收盘价估值，上市债券以收盘净价估值，期货合约以结算价格估值。交易所以大宗交易方式转让的资产支持证券，采用估值技术确定公允价值，在估值技术难以可靠计量公允价值的情况下，按成本进行后续计量。

2）交易所发行未上市品种的估值。首次发行未上市的股票、债券和权证，采用估值技术确定公允价值，在估值技术难以可靠计量公允价值的情况下，按成本计量；送股、转增股、配股和公开增发新股等发行未上市股票，按交易所上市的同一股票的市价估值；首次公开发行有明确锁定期的股票，同一股票在交易所上市后，按交易所上市的同一股票的市价估值。

非公开发行并有明确锁定期的股票（即指基金参与定向增发持有的股票），按照下述方法确定公允价值：

①如果基金的股票初始取得成本高于在证券交易所上市交易的同一股票的市价，则采用上市交易的同一股票的市价作为估值日该股票的价值；

②如果基金的股票初始取得成本低于在证券交易所上市交易的同一股票的市价，则按以下公式确定该股票的价值

$$FV = C + (P - C)\frac{D_1 - D_2}{D_1}$$

式中：FV——估值日基金持有的该定向增发股票的公允价值；

C——该定向增发股票的初始取得成本；

---

① 这里所说的市价也即收盘价。在 2007 年 7 月 1 日以前，国内所有的封闭式基金均是按照股票交易的加权平均价估值，开放式基金则是按照收盘价估值。两种价格作为估值价格，可谓各有利弊。目前世界各国在这一点上的做法也不一致：美国是规定以收盘价估值，英国则规定"投资应以市场中间价估值"。采用收盘价估值，在正常情况下可以反映出市场在最后一刻买卖双方的意愿及各种因素对市场综合影响的结果。但是收盘价容易受到人为因素的操纵与干扰，尤其是基金重仓股在收市前的大幅波动会直接影响基金的资产净值。交易平均价不容易受到人为的操纵，但是若当天市场上出现某种重大变化引起价格的大幅波动，以平均价估值不能够真实地反映证券的价值。2007 年 7 月 1 日以后，国内所有基金（包括开放式与封闭式）对上市股票的估值均采取收盘价。

P——估值日在证券交易所上市交易的同一股票的市价;

D_1——该定向增发股票规定的锁定期所含的交易所交易天数;

D_2——估值日的剩余锁定期(即估值日至锁定期结束)所含的交易所的交易天数。

3)交易所停止交易等非流通品种的估值。因持有股票而享有的配股权以及停止交易但未行权的权证,采用估值技术确定公允价值。

对于因重大特殊事项而停牌股票的估值,需要按照估值基本原则判断是否采用估值技术。中国证券业协会基金估值工作小组介绍了此类股票常用的估值方法,包括指数收益法、可比公司法、市场价格模型法和估值模型法等,供管理人对基金估值时参考①。

4)全国银行间债券市场交易的债券、资产支持证券等固定收益品种,采用估值技术确定公允价值。

3. 估值错误的处理及责任承担

1)基金管理公司应制定估值及份额净值计价错误的识别及应急方案。当估值或份额净值计价错误实际发生时,基金管理公司应立即纠正,及时采取合理措施防止损失进一步扩大。当错误达到或超过基金资产净值的 0.25% 时,基金管理公司应及时报告中国证监会。当计价错误达到 0.5% 时,基金管理公司应当公告。

2)基金管理公司和托管银行在进行基金估值、计算或复核基金份额净值的过程中,未能遵循相关法律法规规定或基金合同约定,给基金财产或基金份额持有人造成损害的,应分别对各自行为依法承担赔偿责任;因共同行为给基金财产或基金份额持有人造成损害的,应承担连带赔偿责任。

由于银行间市场交易不够活跃等原因,确定银行间市场债券的公允价值近年来成为困扰行业的难题。货币市场基金出现之后,2005 年中国证券业协会组建了"货币市场基金影子定价工作小组",开始在货币基金中引入影子定价机制。该机制的不断完善已经为近年来防范货币市场基金的运作风险发挥了积极作用,也为基金实施新会计准则的估值工作积累了丰富经验。2006 年,我国银监会、证监会已同时宣布采用中央国债登记结算公司提供的中债收益率曲线,来确定银行间市场债券的公允价值,这就保证了今后固定收益类产品的估值能够更加准确,标准更加统一。

另外,为提高估值的合理性和可靠性,2007 年中国证券业协会改组原"货币市场基金影子定价工作小组"为"证券投资基金估值工作小组",每月定期制定并公布固定收益品种的估值处理标准,并承担了债券和权证的报价任务。2008 年,基金估值工作小组发布了《关于停牌股票估值的参考方法》。2009 年,协会与中证指数公司合作编制并发布了中证协 SAC 基金估值行业指数,专门用于基金股票估值(见本章正文最后的知识拓展)。基金管理公司和托管银行在进行基金估值、计算基金份额净值及相关复核工作时,可参考工作小组的意见,但不能免除相关责任。

---

① 关于证券业协会估值工作小组及其提供的四种临时停牌股票的估值方法,参见中国证券业协会基金估值工作小组 2008 年 9 月颁布的《关于停牌股票估值的参考方法》。

4.3 基金估值中存在的问题

如前所述,资产净值是基金价格的内在价值,在有价证券市场价格基础上计算出来的资产净值必然是公允的、准确的。但在一些特殊情况下,如证券处于停牌阶段特别是长期停牌或存在特殊事件,或证券市场流动性不足等情形下,按照证券市场价格计算的基金资产净值并不一定能真实地反映投资基金的资产状况,存在"失真"现象。

4.3.1 股改停牌等特殊事件带来的基金净值偏差

根据我国《证券投资基金会计核算办法》的估值规定,上市流通的股票以其估值日在证券交易所挂牌的市价估值;估值日无交易的,以最近交易日的市价估值。如果股票本身及市场行情没有太大的变化,对于停牌时间较短的股票,停牌前的市场价格仍然可以适用基金资产估值。但是对于一些暂停时间较长,以及上市公司发生重大变化的证券,停牌前的市场价格可能与股票的实际价值发生较大偏离。

以我国股票市场 2005—2007 年的股权分置改革为例。股改过程主要包括二个阶段的停牌与复牌。第一个阶段是公告股权分置改革初步方案停牌,进入股改沟通期,直至确定股改方案;第二个阶段是沟通期结束后,召开股东大会确定股权登记日,自股权登记日次日起持续停牌直至股改完成。股权分置改革涉及面广,停牌时间长,股改方案多样化。在股改进程中随着上市公司股改方案的披露和修改,每一次停牌与复牌之后市场都会对股改方案作出反应,市场价格因此发生较大变化。而且,股改完成后股票上市首日没有涨跌幅限制。因此,股权分置改革对股票价格乃至基金的资产净值产生了重大影响。表 4.1 是我国完成股改后上市公司股票复牌首日涨跌幅对比统计数据。

表 4.1 我国完成股改后上市公司股票复牌首日涨跌幅对比统计数据(2005 年 5 月—2007 年 3 月)

涨跌幅	上市公司(家)	占比(%)
90%以上	40	3.33
90%～30%	255	21.20
30%～10%	414	34.41
10%～0	248	20.62
0～−10%	173	14.38
−10%～−30%	73	6.07
小计	1 203	100.00

数据来源:天相资信系统。

如表 4.1 所示,股改后股票总体趋势是上涨的,大部分股票(占比约 75%)价格涨跌幅度小于 30%。基金投资单只股票上限为不超过资产净值的 10%,通常根据基金管理公司内部风控要求,配置单只股票的资金比例上限一般约为 3%。因此大多数情况下,基金资产净值受单只股改股票影响在 1%之内。但是个别股票股改前后市场价格变化会对基金资产净值产生重大影响。

案例:股改停牌对基金净值的影响——以驰宏锌锗为例

以驰宏锌锗为例,驰宏锌锗股改完成后上市首日收盘价(复权价格)与第一个阶段停牌前收盘价的涨幅为 120%,其中股改第一阶段于 2006 年 2 月 27 日发布股改提示公告开始停牌,期间 2006 年 4 月 14 日公告股权分置方案,4 月 25 日复牌。第二阶段于 5 月 9 日开始停牌,6 月 12 日完成股改后复牌,如表 4.2 所示。

表 4.2　驰宏锌锗的股改前后价格

2006 年 2 月 27 日停牌前最后一个交易日价格(1)	2006 年 5 月 8 日停牌前最后一个交易日价格(2)	第一阶段区间涨跌幅(3)=[(2)−(1)]/(1)	2006 年 6 月 12 日股改完成复牌首日价格(除权价)(4)	上市首日涨跌幅(5)=[(4)−(2)]/(2)	股改区间涨跌幅(6)=[(4)−(1)]/(1)
18.88 元	30.42 元	61.12%	41.64 元	36.88%	120.55%

数据来源:大智慧资信系统。

如上表所示,驰宏锌锗股改第一阶段价格涨幅为 61.12%,第二阶段为 36.88%。截至 2006 年 3 月 30 日,开放式基金持有驰宏锌锗数据统计如表 4.3 所示。

表 4.3　开放式基金持有驰宏锌锗数据统计(截至 2006 年 3 月 30 日)

基金名称	持股数(股)	持仓市值(元)	持仓市值占基金净值比例(%)	股改期间股价涨幅(%)	测算收益率(%)
广发小盘成长	1 699 700.00	32 090 336.00	4.3	120.55	5.18
鹏华普天收益	455 000.00	8 590 400.00	3.94	120.55	4.75
银河稳健	638 284.00	12 050 801.92	3.79	120.55	4.57
广发聚丰	2 249 808.00	42 476 375.04	3.57	120.55	4.30

数据来源:天相资信系统。

股改第一阶段复牌期间 2006 年 4 月 25 日~5 月 8 日 5 个交易日内,驰宏锌锗以每日涨停 10% 的速度价格攀升至 30.42 元,并且停牌前最后一个交易日仍是涨停,价格动能仍未完全释放。在此期间广发小盘成长、广发聚丰、鹏华普天收益、银河稳健基金的净值增长率分别为 9.18%、4.75%、4.57%、4.30%,同期上证 A 指上涨幅度约为 6.25%,基金净值与上证指数的涨幅差异可以反映出驰宏锌锗股票对基金净值的影响。2006 年 6 月 12 日,驰宏锌锗完成股改后复牌上市首日收盘价为 32.79 元,同时安排 10 送 2.7 股,复权价格为 41.64 元,期间涨幅为 36.88%。测算当日上述四基金净值增长率与上证 A 股指数增长率的差值分别为 2.23%、3.50%、3.50%、3.06%。

股权分置改革期间,由于上市公司发生重大变化,市场价格在股改二个阶段中各有不同程度的变化。因为考虑到股改的复杂性,以及缺乏可以对基金资产进行另行估值的公信机构,现实中,各基金对于股改股票完全按照前述估值原则进行操作——停牌期间按照最近交易日市场价格估值,复牌期间按照当日市场价格估值。由于股改完成股票上市首日无涨跌幅限制,价格预期当日可充分释放,若有大资金套利则显失公平。因此如果开放式基金持有某只股改股票占净值比达到 3% 以上,则在我国基金业的实践作法,通常是在知晓股票复牌时间当日即发布暂停大额申购和转入公告,直至股票复牌日次日恢复正常业务。此类的例子如开放式基金持有驰宏锌锗、招商银行、长江电力等,在股票第二阶段复牌日前都采取过暂停申购措施。因此,在整个股改过程当中,由于开放式基金核算股票估值政策的局限性,基金净值因估值偏差,多次出现了明显的套利交易机会,但基金主动宣布暂停申购,保护了基金持有人的利益。在 2008 年对停牌股票估值方法的改进之后,基金净值估值得到了改善,但在某些特殊事件导致"问题股"突然爆发时,基金估值仍然面临着严峻挑战。

4.3.2 "问题股"带来的估值偏差

早期国内基金业对估值问题的讨论,主要是源于 2001 年的银广夏停牌事件。2001 年 8 月 3 日银广夏停牌之后,由于部分基金持仓量巨大,导致基金资产遭受巨大损失,问题股定价问题引起广泛关注。也就是从这个时候起,国内基金业开始对估值问题进行反思,遇到"问题股"时到底该怎么对其定价、怎么对基金资产估值?

2001 年 8 月 3 日,银广夏开始停牌,停牌时收盘价为 30.79 元,停牌时,基金景宏、基金景福分别持有 627 万股与 485 万股,占基金资产净值的 9.57%、4.94%。9 月 10 日银广夏复牌交易,连续 15 个跌停,10 月 9 日股价跌至 6.38 元方开始恢复流动性。但是在此前的停牌期间,两只基金始终按 30.53 元即停牌前最后一交易日的市场均价进行估值。在跌停板期间,也始终按当日每一跌停板上的市场价格进行估值,没有考虑因跌停板限制价格下跌动能、基金净值损失未完全释放的因素。

2008 年基金估值改革以后,对停牌股的估值有了大幅进步。但是以 2011 年双汇事件为代表的停牌股风波,说明:由于突发事件引起的"问题股"的估值,仍然是基金业未来待解决的难题。

案例:双汇事件、侧袋机制与基金估值

2011 年 3 月 15 日,中央电视台对上市公司"双汇发展"的子公司济源双汇公司猪肉使用瘦肉精事件进行了曝光。"双汇发展"次日开盘后股价直接跌停,收报 77.94 元/股,并公告即日起将持续停牌,双汇瘦肉精事件让持有"双汇发展"股票的 56 家基金损失惨重。随之产生的难题就是——基金的估值问题!

一周之内,先后有 24 家公募基金公司公告对旗下基金持有的"双汇发展"股票进行重估,但各家基金公司给出的估值方法不尽相同。

2011 年 3 月 18 日兴全、国泰、大成、上投摩根等基金公司首先公告调整了对双汇发展的估值,以一个跌停板即 70.15 元/股的价格在净值中进行重估。3 月 21 日,华安基金则对旗下所涉基金按两个跌停板即 63.14 元/股估值,为第一家采用两个跌停估值的公司。同日,天弘、建信给出了一个跌停板的估值(也即 70.15 元),另外长城、华夏、中银 3 家公司公告称,将采取公允价值或估值模型进行估值,但未给出具体价格。

2011 年 3 月 28 日,兴全基金公司发布公告称,将通过代销机构分别申购旗下兴全全球视野基金 5 000 万元和兴全沪深 300 基金 2 000 万元(因为基金面临投资者的赎回压力)。

此次"双汇发展"瘦肉精事件属于个股特定风险,难以简单参考市场和行业指数变化进行估值判断,各家基金管理公司对双汇发展的股价评估,普遍运用的是市盈率法和现金流折现法。但各家基金公司对事件的未来预测和对双汇重组的看法不同,给出的估值价格也不尽相同。基金估值需要接受市场检验。最终,双汇发展复牌后,在 2 个跌停后止跌企稳,华安基金的估值能力经受住了考验。

中国证券业协会基金估值小组对此事件做出表态:在已有指数收益法、可比公司法、市盈率法和现金流折现法等停牌股票估值模型的基础上,基金公司可自主决定是否调整"双汇发展"估值、调整幅度以及调整时间等,并根据事件进展动态评估和调整估值,也可通过

分析境内外市场其他个股在发生类似突发事件时股价受冲击的表现,估计对停牌公司的估值影响。

中证协基金估值小组表示,在没有活跃市场价格的情况下,为突发事件停牌股票找到合适的估值方法,无论在国内还是海外市场,至今仍是一大难题。由于估值模型选取及具体参数的确定包含许多主观判断,不同市场参与主体对同一股票价值做出的判断存在分歧在所难免,找到能被所有人认同的估值方法和估值结果几乎不可能。目前,国内尚未出现能够及时对突发事件停牌股票提供第三方估值的专业估值机构,基金管理公司和协会估值小组都在积极探索建立更为有效的估值机制。

对停牌股进行估值然后计算基金的净值,这样做方便简洁,有利于释放一定的风险。但其缺点也是显而易见的,根本原因就是估值毕竟不是市场价格,两者会存在差异,对于持有或赎回的人则是不公平的。

目前海外在对冲基金估值中有一种叫"侧袋存放"(side pocket)的机制安排,可供公募基金参考。"侧袋存放"即对流动性较差较难估值的资产,先将流动性较差较难估值的资产单独打包剥离基金资产,等资产脱手后再与剥离日登记在册的投资人清算相关损益的一种安排。对冲基金由于投资品种较多,不可避免会投资一些非上市的流动性较差但未来收益可能会很好的资产。由于对冲基金投资人数量较少,日常申购、赎回不频繁,所以侧袋存放机制在对冲基金中得以实施。而国内公募基金主要面对广大个人投资者,侧袋存放在实施层面可能会面临较大障碍:一是法规层面的障碍。目前现有的基金合同对于侧袋存放均未有安排,如归入侧袋存放的资产如何安排剥离;剥离日的公允价值如何确定;账务如何处理等;二是技术层面的障碍。如要安排侧袋存放,会给现有基金注册登记系统带来巨大的数据处理压力。

根据财政部《证券投资基金会计核算办法》中的有关规定和目前国内基金业的估值业务流程,参考国外的经验,我们建议各基金管理公司制定特别定价程序,在必要时设立特别定价小组,履行对"问题证券"估值的职责。"问题证券"的特别定价程序可以包括以下几个方面的内容。

1. 特别定价程序的适用范围

(1) 被意外停牌的股票

股票由于意外事件的影响暂时被停牌,有确凿证据表明停牌前最后一个交易日的价格不能反映该股票的真实价值。

(2) ST 股票

尽管基金合同中明确规定基金不得持有 ST 股票。但是若基金已持仓的股票,由于上市公司财务经营状况的恶化变为 ST 股票,基金经理应该及时将该类股票卖出。若由于该类股票流动性较差,在一段时间内无法清仓必须持有时,必要时应采用特别定价程序进行估值。

(3) 突发事件造成债券或股票市场休市、停市。

(4) 其他情况。某证券虽然未被停牌但已经连续多日没有交易、明显缺乏流动性等情况。

2. 定价原则

按照最能反映出该证券预期变现价格或真实价值的价格估值,即按照公允价值估值。

参照中国证券业协会基金估值工作小组提供的《关于停牌股票估值的参考方法》进行合理估值。

3. 定价程序

（1）确定需采用特别定价程序的证券

基金核算人员、基金经理、交易室主管应对基金持仓证券的交易情况、信息披露情况保持应有的职业敏感、适时确定需采用特别定价程序的证券。

（2）成立特别定价小组

基金的估值工作需要大量的职业判断，由于对证券价值的评估是基金经理的专长，所以基金管理公司应成立特别定价小组。根据重要性原则，对问题证券的估值还应该考虑该证券在基金资产总值中所占的比重以及情况的严重程度。对基金持仓量大、估值难度比较高的证券，基金管理公司应给予高度的重视。

（3）特别定价小组初步决定当日的估值价格，并将该意见通知基金托管人。

（4）基金托管人反馈意见，若托管人同意基金管理人提出的定价，则按照该价格进行估值；若托管人不同意该价格，则阐明理由，由管理人再进行讨论。

（5）经过双方协商若能达成一致意见，则按照该价格进行估值；若无法达成一致，为保证基金净值能够及时计算出来，则按照《托管协议》中的约定进行处理。

（6）公司特别定价小组出具书面定价报告，注明证券名称、进行特别定价的理由、依据、确定的价格、该定价的有效期并由公司负责人签名；基金会计核算部门根据该报告确定的价格进行估值。

（7）当日的基金单位净值计算出来以后，基金核算人员制作当日的净值公告，在公告中简要说明对证券进行特别定价的理由、依据、公司特别定价与正常程序定价的差异、对净值的影响程度；经公司监察部、信息披露负责人审核后，进行信息披露。

（8）随着时间的发展、事态逐渐明朗，在有证据表明对某证券的特别定价不合理时，特别定价小组应重新召集会议，按照上述步骤重新定价。

知识拓展：指数收益法对停牌股票的估值以及 SAC 行业指数

在中国证券业协会基金估值工作小组提供的《关于停牌股票估值的参考方法》中，给出了四种估值方法，其中最主要并被基金公司实际采用最多的是第一种——指数收益法。

对于需要进行估值的股票，使用指数收益法进行估值分为两个步骤：

第一步：在估值日，以公开发布的相应行业指数的日收益率作为该股票的收益率；

第二步：根据第一步所得的收益率计算该股票当日的公允价值。

指数收益法的优点是：估值方法相对公允，同一个行业有近似的属性，能反映市场变化和行业变化。操作上比较简单，有公开数据，容易表述，有利于剔除系统风险对个股的影响。

指数收益法的缺点是：每个公司情况千差万别，行业指数不一定能代表每个公司的情况，公司本身自有的风险可能无法反映出来。目前市场上行业划分标准还不统一。

因此，提供一个关键的行业指数成为估值必须要解决的问题。基金估值需求的行业指数应该满足以下基本要求：

① 指数样本同时覆盖沪深两个市场。全市场指数覆盖的股票多,代表性也更好。

② 采用权威行业分类标准。目前证券市场上有多种行业分类标准与方法,行业指数应采用被市场普遍使用和认可的权威行业分类标准,这样得到的估值结果才能得到估值利益相关方的认可。

③ 指数应具有良好的市场代表性。行业指数代表性反映了每个行业指数的样本股在各自行业中的市场占比情况,只有代表性良好的行业指数才能充当充分反映各行业股票价格整体变动趋势的标尺。

④ 具有广泛的发布渠道。

⑤ 拥有独立第三方的指数编制机构。采用没有利益关系的第三方编制发布的指数能够保证估值的公平性,比较容易为投资者接受。

中国证券业协会最终选择了中证指数公司联合开发用于基金估值的行业指数。2009 年 6 月,中国证券业协会基金行业股票估值指数(简称"SAC 行业指数")正式出台。该指数依据中国证监会《上市公司行业分类指引》中的行业划分标准与方法,编制除制造业之外的 12 个门类指数和 9 个制造业辅助类指数,共有 21 条行业分类指数,用于反映不同行业的股价整体变动情况。与沪深两所的行业指数相比,SAC 行业指数的特征是:

① 样本覆盖范围的变化。沪深两所行业指数均只覆盖单个市场的股票,而该指数则同时覆盖两个市场;② 由现有两交易所的不同分类统一为证监会分类标准进行细分的行业分类;③ 对长期停牌股票的处理。沪深两所指数将长期停牌股票以其停牌前的收盘价计入指数,而 SAC 行业指数将长期停牌股票做了撤权处理。

由于 SAC 行业指数较现有的行业指数有了很大的改进,指数编制方法科学、分类标准统一、数据维护准确可靠,除基金估值应用外,还可用于基金产品开发。

自 2009 年 6 月 15 日起,基金管理公司、基金托管银行在选用指数收益法对相关证券进行估值时,可参考应用 SAC 行业指数。对于停牌股票,基金管理公司应充分评估停牌后经济环境变化及上市公司特有事项对股价的影响,如果潜在估值调整对前一估值日基金资产净值的影响在 0.25% 以上的,应按照《关于进一步规范证券投资基金估值业务的指导意见》的规定进行估值调整。如果基金不及时调整,导致估值偏差过大而对持有人造成损害的,监管部门将依法对相关机构及其责任人采取行政监管措施或行政处罚。对于不采用行业通用估值方法,而采用其他方法或模型进行估值的基金,应按照《指导意见》的规定进行充分的信息披露。

表 4.4 是 SAC 基金估值用行业指数的行情(2012 年 7 月 6 日)。

表 4.4　SAC 基金估值用行业指数的收盘行情(2012 年 7 月 6 日)

代码	指数简称	成分股数目 (只)	收盘 (指数点位)	涨跌 (%)	指数市值 (百万元)	市盈率	股息率 (%)
H11030	SAC 农林	35	1 596.72	2.28	87 190.06	36.25	0.71
H11031	SAC 采掘	58	1 670.77	1.65	547 054.69	12.14	3.02
H11041	SAC 公用	68	1 222.80	1.61	268 540.20	24.12	1.94

续表

代码	指数简称	成分股数目（只）	收盘（指数点位）	涨跌（%）	指数市值（百万元）	市盈率	股息率（%）
H11042	SAC 建筑	53	1 063.17	2.15	260 343.20	11.88	1.03
H11043	SAC 交运	59	1 026.60	1.06	255 144.04	11.79	2.26
H11044	SAC 信息	160	1 423.82	1.20	364 868.24	33.85	0.83
H11045	SAC 批零	143	1 470.99	1.88	432 287.17	20.21	0.73
H11046	SAC 金融	41	1 424.77	0.36	1 552 771.58	8.26	2.79
H11047	SAC 地产	133	1 643.35	3.45	584 036.42	16.51	0.77
H11048	SAC 服务	62	1 747.53	2.01	166 969.89	30.96	0.59
H11049	SAC 传播	28	1 215.62	2.11	76 332.66	29.63	0.36
H11050	SAC 综企	19	1 555.74	1.89	33 114.66	21.24	0.66
H11032	SAC 食品	86	2 532.61	3.94	574 559.93	30.84	0.70
H11033	SAC 纺织	65	1 794.35	1.79	123 803.15	21.30	1.31
H11034	SAC 木材	11	1 723.90	1.11	15 382.97	30.33	1.37
H11035	SAC 造纸	36	1 441.96	1.30	58 578.71	27.74	1.09
H11036	SAC 石化	225	1 533.80	1.73	467 564.68	23.19	0.82
H11037	SAC 电子	137	2 306.42	2.25	331 896.73	32.68	0.62
H11038	SAC 金属	172	1 566.14	2.19	643 823.20	19.15	1.38
H11039	SAC 机械	419	1 719.15	1.73	1 095 649.56	17.12	1.04
H11040	SAC 医药	121	1 975.17	3.16	468 320.65	30.14	0.87

资料来源：中国证券业协会网站。

 **本章小结**

基金资产净值，是指在某一时点单位基金份额实际代表的价值。

NAV＝（基金总资产－基金总负债）/基金份额总数。

基金总资产是指基金拥有的所有资产的价值，包括现金、股票、债券、银行存款和其他有价证券。基金总负债是指基金应付给基金管理人的管理费、应付基金托管人的托管费等应付费用、债券回购和其他负债。

基金单位资产净值的计算方法有两种：已知价计算法和未知价计算法。

因为开放式基金申购和赎回的价格是依据基金的净资产值计算的，所以如何公平计算基金净资产价值，也即基金资产估值，对投资人利益的保障有重大意义。

2007 年 7 月 1 日以后，根据中国证监会有关规定，我国证券投资基金执行新会计准则。实施新会计准则后，基金核算与估值上的变化主要体现在对公允价值的全面运用上。2007 年中国证券业协会成立了"证券投资基金估值工作小组"，承担了债券和权证的报价任务。2008 年发布了《关于停牌股票估值的参考方法》，2009 年 6 月，中国证券业协会基金行业股票估值指数（简称"SAC 行业指数"）正式出台，专门用于基金所持"问题股"的估值。

但是目前国内基金估值仍然存在一些问题，比如特殊事件导致的基金重仓股停牌和一些基金重仓股出现财务造假等影响股票价格的重大不利事件。参考国外的经验,我们建议基金管理公司制定特别定价程序,设立特别定价小组,履行对"问题证券"合理估值的职责。

 **本章思考题**

1. 什么是基金的资产净值?基金的资产净值如何计算?

2. 什么是已知价法?什么是未知价法?为什么我国开放式基金的资产净值采用未知价法计算?

3. 基金的资产净值为什么会"失真"?你如何看待这一现象?

4. 对基金持有的"问题股"应该如何估值?请分别阅读银广夏(2001)、伊利股份(2004)、双汇股份、重庆啤酒(2011)等基金重仓的"问题股"案例,加以说明。

5. 什么是"侧袋机制"(side pocket),它是否可以应用于证券投资基金的估值中?

6. 2008年中国证券业协会基金估值小组发布了《关于停牌股票估值的参考方法》。请阅读并阐述四种估值方法是什么?各自适用的条件是什么?基金估值仍可能存在哪些问题?

 **延伸阅读**

关于行业估值指数,可进一步阅读:

中国证券业协会网站(http://www.sac.net.cn/-)和中证指数公司(http://www.csindex.com.cn/sseportal/csiportal/zs/jbxx/hygz.jsp)关于SAC行业估值指数的实时数据和有关统计说明。

第5章　基金的交易

本章介绍基金交易需要的基础知识,内容涵盖基金价格的决定、认购、申购与赎回以及转换等交易方式。本章以开放型基金为对象,封闭式基金留待第8章讲述。

5.1　开放式基金报价

开放式基金报价一般有两种报价方法。一种是只有一个价格,即基金的单位资产净值。基金公司在投资者申购基金单位时另外收取申购费用,在投资者赎回时扣除赎回费。我国目前开放式基金的申购赎回中采用的是这种定价方式。

第二种是报两种价格,即基金的卖出价和买入价,这与外汇买卖报价是一样的。投资者需要注意,卖出价是基金管理公司卖出基金单位的价格,就是投资者的买入(申购)价。买入价是基金管理公司买入基金单位的价格,就是投资者的赎回价。

$$卖出价(申购价)=基金单位资产净值+申购费$$
$$买入价(赎回价)=基金单位资产净值-赎回费$$

无论哪一种报价,销售机构都要收取佣金。这里佣金是指投资者申购基金产生的费用。赎回费不属于佣金概念。是对投资者较早退出投资的一种惩罚。佣金在投资者申购基金单位时收取,称为"前收费"(front-end load),在投资者赎回时收取,称为"后收费"(back-end load)。国内目前基金的前收费或后收费,只能收取一次[①]。

基金管理公司采用何种方式来计算基金价格、如何计算基金的价格等,会在基金招募说明书中及基金合同中进行详细说明。

5.2　认购、申购与赎回

5.2.1　基本概念

基金的认购是在新基金募集期内,投资者到基金管理公司及其网上直销平台或指定的基金代销机构开设基金账户,按照规定的程序申请购买新基金份额的行为。申购是指投资者按照规定的程序申请购买已经成立的基金份额。赎回是指投资者把手中持有的基金份额,按规定的价格卖给基金管理人并收回现金的过程,是与申购相反向的操作过程。

申购、赎回价格以当日基金资产净值加减一定手续费计算。我国《证券投资基金运作管理办法》第十七条规定:"开放式基金份额的申购、赎回价格,依据申购、赎回日基金份额净值加、减有关费用计算。开放式基金份额的申购、赎回价格具体计算方法应当在基金合

---

① 美国的基金销售佣金甚至可以部分前收、部分留待后收。

同和招募说明书中载明。"因为开放式投资基金采用未知价交易,故投资者要按金额进行申购,按份额进行赎回。

基金管理人应当按时支付赎回款项,但如果发生我国《证券投资基金法》第五十三条规定的下列情形除外:

(1) 因不可抗力导致基金管理人不能支付赎回款项;

(2) 证券交易场所依法决定临时停市,导致基金管理人无法计算当日基金资产净值;

(3) 基金合同约定的其他特殊情形。

发生上述情形之一的,基金管理人应在当日报国务院证券监督管理机构备案。

5.2.2 认购和申购程序

投资者参与认购开放式基金分为开立、认购、确认三个步骤。不同的开放式基金在开立、认购、确认的具体要求上有所不同,具体要求以基金发行公告为准。

1. 基金账户的开立

基金账户是基金注册登记人为基金投资者开立的用于记录其持有的基金份额、余额和变动情况的账户。投资者进行开放式基金的认购,必须拥有基金注册登记人为投资者开立的基金账户。基金账户可通过基金代理销售机构办理。

目前我国开放式基金主要通过基金管理公司的直销中心(包括基金管理公司的网上交易平台)、商业银行以及证券公司等三个渠道进行销售,另外还有投资咨询公司和专业的基金销售机构(它们一般被称为基金第三方代销机构)[①]。基金投资者主要分为个人投资者和机构投资者。基金账户的开户手续会因投资者身份以及认购地点的不同而有所不同。

个人投资者申请开立基金账户,须提供下列资料:

(1) 本人法定身份证件(身份证、军官证、士兵证、武警证、护照等);

(2) 委托他人代为开户的,代办人须携带授权委托书、代办人有效身份证件;

(3) 在基金代销银行或证券公司开设的资金账户;

(4) 开户申请表。

机构投资者申请开立开放式基金账户需指定经办人办理,并需提供下列资料:

(1) 法人营业执照副本或民政部门、其他主管部门颁发的注册登记证书原件及复印件(加盖机构公章);

(2) 加盖机构公章、法定代表人私章的对基金业务经办人的授权委托书;

(3) 机构代码证;

(4) 经办人身份证件;

(5) 开户申请表;

(6) 银行或证券公司资金账户;

(7) 预留印鉴。

---

① 截至本书写作的 2013 年 9 月,共有 21 家第三方基金销售机构获得了中国证监会的基金代销资格核准,其中大部分是 2012 年后获得批准的。自 2012 年以来,我国第三方基金销售机构开始在基金销售市场中占据一席之地。具体第三方代销机构名单可参见中国证券投资基金业协会网址(http://www.amac.org.cn/xxgs/cyjggs/jjxsjg/382714.shtml)。

2. 资金账户的开立

资金账户是投资者在代销银行、证券公司开立的用于基金业务的结算账户,投资者认购、申购、赎回基金份额以及分红、无效认(申)购的资金退款等资金结算均通过该账户进行。

3. 认购/申购确认

个人投资者办理开放式基金认购/申购申请时,需在资金账户中存入足够的现金,填写基金认购/申购申请表进行基金的购买。个人投资者除可亲自到基金销售网点购买基金外,还可以通过电话、网上交易、传真等方式提交申请。机构投资者办理开放式基金认购/申购申请时,需先在资金账户中存入足够的现金,填写加盖机构公章和法定代表人章的购买申请表进行基金的认购/申购。

投资者 T 日提交购买申请后,一般可于 T+2 日后到办理认购的网点查询申请的受理情况。投资者在提交购买申请后,应及时到原认购网点打印购买成交确认情况和购买的基金份额。销售网点(包括代销网点和直销网点)对认购/申购申请的受理并不表示对购买申请的成功确认,而仅代表销售网点确实接受了申请,申请的成功确认应以基金注册登记人的确认登记为准。对认购来说,基金成立后,基金注册登记人将向基金投资者邮寄基金认购确认单。认购申请被确认无效的,认购资金将会退还给投资者。对申购来说,基金注册登记人将向投资者出具申购确认单据,若未能申购成功,资金将退还投资者。

案例:基金申购中的法律纠纷一例

2008 年 8 月,北京市第一中级人民法院对投资者王女士诉中国银行北京清华园支行合同纠纷案作出终审判决,中行清华园支行被判赔偿王女士 3 000 元。

2007 年年初,王女士到该支行申购某基金 2 万元,银行工作人员为其办理了相关手续。而实际上该基金只能通过"定期定额投资计划"进行申购,所以王女士的基金申购被基金管理公司确认失败。半年后,当以为自己能够分红 1.5 万余元的王女士到中行清华园支行取分红款时,才被告知基金没有买到。为此,王女士将银行诉至法院索赔经济损失 1.5 万元及精神损失 5 000 元。法院一审判决认定银行不存在过错,驳回王女士的全部诉讼请求。随后,王女士提起上诉。

北京市第一中级人民法院认为,银行作为代为办理申购手续的金融服务机构,应当承担缔约一方在缔约过程中应当尽到的诚信、照顾、告知等义务,应当根据诚实信用原则告知对方与合同有关并涉及对方利益的事由。尤其是相对于普通的不具有专业知识的投资人,银行一方作为专业金融机构,就应当尽到更多的告知义务。

中行清华园支行抗辩认为,银行方面已经提示投资人仔细了解交易规则和同意承担申请事项因不符合基金管理公司规定要求而被拒绝接受的全部后果。但法院认为该免责条款并不公平。

此案中王女士所申购的基金有两个代码,在中国银行发布的基金净值公告中有明确显示。中行清华园支行不向投资者说明两个代码基金之间的差别,接受了错误的申购申请,不能认为其尽到了审查义务。因此法院认为中行清华园支行应当承担缔约过失责任。

资料来源:佚名.中国证券报,2008 年 8 月 19 日.

5.2.3 认购份额、申购份额与赎回金额的计算

1. 外扣法和内扣法

在认购/申购费用的收取上,存在两种计费方式:一种是按"认购/申购金额"的一定比例计算认购费用,这种认购费率被称为"内扣法",也称为金额费率;另一种是按"净认购/申购金额"的一定比例计算认购费用,这种认购费率被称为"外扣法",也称为净额费率,简称净费率。这两个认购费率的计费基础不同,因此会导致认购/申购费用与认购/申购数量在计算上的不同。

(1) 内扣法下认购/申购费用与认购/申购数量的计算

内扣法是针对购买金额即投资总额的。以新基金的认购为例,在前端收费模式下,这时认购费用等于投资金额乘以认购费率。即可用下式进行认购费用的计算:

$$认购费用=认购金额 \times 认购费率$$

认购金额扣除认购费用后为净认购金额,净认购金额除以基金份额面值,就是投资者实际认购基金的基金份额数量。用公式可表示为

$$净认购金额=认购金额-认购费用$$
$$认购份数=净认购金额 \div 基金份额面值$$

认购费用、认购份数四舍五入,通常保留小数点后两位。开放式基金份额初始面值通常为1元人民币。

上述计算未考虑在募集期内产生利息的影响。为鼓励投资者在基金发售之初尽早购买基金,一些开放式基金会将基金在募集期内产生的利息折合成基金份额,记入基金投资者账户,并对资金利息产生的基金份额实行免收认购费的优惠。在这种情况下,认购费用与认购份额的计算公式如下

$$认购费用=认购金额 \times 认购费率$$
$$净认购金额=认购金额-认购费用$$
$$认购份数=(净认购金额+认购期利息) \div 基金份额面值$$

例题:某基金的认购实行内扣法费率,基金认购费率为1%,某投资者以100 000元认购该基金,假设认购资金在募集期产生的利息为134.5元,在前端收费模式下,请确定该投资者认购基金的份额数量。

解:

$$认购费用=100 000 \times 1\%=1 000 元$$
$$净认购金额=100 000-1000=99 000 元$$
$$认购份数=(99 000+134.5)/1=99 134.50 份$$

(2) 外扣法下认购费用与认购数量的计算

外扣法是针对实际购买金额即净投资额的。以新基金的认购为例,在前端收费模式下,这时认购费用可用下式进行计算:

$$净认购金额=认购金额 \div (1+认购费率)$$
$$认购费用=净认购金额 \times 认购费率$$
$$认购份额=净认购金额 \div 基金份额面值$$

在考虑认购期利息的情况下,认购份额可用下式进行计算

认购份数＝(净认购金额＋认购期利息)÷基金份额面值

例题:某基金的认购实行外扣法收费,基金认购费率为1‰,某投资者以100 000元认购该基金,假设认购资金在募集期产生的利息为134.5元,在前端收费模式下,请确定该投资者认购基金的份额数量。

解:

净认购金额＝100 000/(1＋1.0％)＝99 009.90元

认购费用＝99 009.9×1.0％＝990.1元

认购份额＝(99 009.9＋134.5)÷1.00＝99 144.40份

与前例内扣法相比,采用外扣法的费率使投资者多得近10份基金份额。

2. 当前国内基金业认购和申购份额的计算

目前我国开放式基金发行时,基金单位面值以现金计算,为1元,认购金额以人民币元为单位,包括认购费用和净认购金额。其中,认购费用采用四舍五入法,保留小数点后二位数。认购份额四舍五入后保留到小数点后两位,产生的误差通常计入基金资产。在2007年5月以前,我国大部分开放式基金的认购与申购采用的是内扣法。所在内扣法下,基金申购份额的计算如下

申购费用＝申购金额×申购费率

净申购金额＝申购金额－申购费用

申购份数＝净申购金额÷T日基金份额净值

2007年5月以后,我国开放式基金按照中国证监会规定,统一认购和申购的收费方法,全部采取外扣法[①]。在外扣法下,申购份额的计算如下

申购费用＝申购金额×申购费率÷(1＋申购费率)

净申购金额＝申购金额÷(1＋申购费率)

申购份数＝净申购金额÷T日基金份额净值

申购费用以人民币元为单位,采用四舍五入法,保留小数点后两位;基金单位净值以人民币元为单位,四舍五入保留小数点后四位;申购份数四舍五入保留小数点后两位,产生的误差通常计入基金资产。

3. 赎回金额的计算

基金持有人赎回基金单位时,采用未知价法,先以份额赎回,然后换算成金额。基金的赎回支付金额等于赎回金额减去赎回费用,计算公式如下

赎回金额＝赎回份数×T日基金份额净值

赎回费用＝赎回金额×赎回费率[②]

赎回支付金额＝赎回金额－赎回费用

---

① 2007年3月8日,中国证监会基金监管部发布通知《关于统一规范证券投资基金认(申)购费用及认(申)购份额计算方法有关问题的通知》,要求修改有关基金认购、申购费用的计算方法,计算方式统一采用外扣法计算认(申)购费用及认(申)购份额。各已成立的基金在3个月内调整完毕。这样,采用外扣法计算,在费率不变的情况下,实际上是降低了认(申)购费用,对投资者更有利。

② 关于赎回费率,开放式基金均根据投资者的持有时间,实行赎回费率递减。一般股票基金持有1年以内赎回,赎回费率为0.5％。持有3年以上赎回,赎回费率免收。具体见本书第6章基金费用部分。

赎回费用与赎回支付金额以人民币元为单位,四舍五入保留小数点后两位。

5.2.4 基金开放日和申购赎回的限制条件

开放式基金的开放日,是指基金对外接受投资者申购赎回的日期。每月较多的开放日代表较高的交易频率,可以减少套利可能,并增加开放式基金的流动性,有利于促进基金对投资者的服务,对投资者较为有利。而每月较少的开放日代表较低的交易频率,在技术上延长了投资者赎回的时间间隔,有利于基金管理人更好地管理流动性,同时可以减少交易成本。

不同国家地区对开放式基金开放日的规定不同。比如美国,每个工作日都可以办理开放式基金交易。我国香港特区规定,每月最少须有一个定期开放日。目前我国开放式基金在募集成立以后,可经过一段时间的建仓期(不超过3个月),在建仓期内可以不接受申购和赎回(因此建仓期也被称为闭锁期)。此后基金进行正常开放,每个证券交易日均为基金的开放日[①]。

1. 基金认购限制

在基金募集时,基金管理公司可以在两方面对认购做出限制。

(1) 基金总规模限制。可以分上限与下限。上限为基金的设计规模,如我国2001年开放式基金发展早期,华安创新基金设计了首发募集上限为50亿份、南方稳健成长基金的募集上限为80亿份等。募集规模下限则根据《证券投资基金运作管理办法》规定,在募集期限内,净销售额超过2亿元,最低认购户数达到100人,基金方可成立。

(2) 单户认购额度限制。也分为上限与下限。基金管理公司会对首次募集基金规定单户申购上限,同时要求:若最后一天的认购份额加上此前的认购份额超过募集总规模上限时,则只能按规定进行公平分摊(即比例认购)或最后一次认购申请作无效处理。对最低认购额的规定,各基金管理公司可以自行规定,如1 000元或者其他。

2. 基金申购限制

对申购的限制与认购阶段的限制相近,但增加了新的内容,主要有如下内容。

对最低申购金额的限制。目前的规定一般是投资者每次最低申购金额为100元或者1 000元,各基金公司的不同基金的规定不同。

对账户保留份额的限制,要求基金持有人在申请赎回时,至少保留1 000份的基金单位或其他,不足最低账户保留份额的,基金公司有权要求投资人全部赎回该品种的基金单位余额。

对基金规模下限的限制,我国《证券投资基金运作管理办法》规定:“开放式基金成立后的存续期间内,其有效持有人数量连续20个工作日达不到100人,或者连续20个工作日最低基金资产净额低于5 000万元的,基金管理人应当及时向中国证监会报告,说明出现上述情况的原因以及解决方案。”

对基金规模上限的限制。当基金规模达到基金管理公司预先设定的上限时,就只能赎回,不能申购。如上投摩根基金管理公司在2007年对旗下股票型基金资产规模上限定为150亿元,当投资者申购使得基金规模达到此上限时,基金就暂时封闭了,不再接受投资者

---

① 当然,某些特殊的公募基金如保本基金,其开放申购、赎回日并非每个证券交易日,而是每周一次,可参见本书第3章保本基金的内容。

的申购[①]。

另外,单一投资者持有基金总额达到一定数量时,或者单笔基金的申购规模过大,也会受到申购限制。这在货币市场基金和短债基金中常常会出现类似限制[②]。

3. 基金赎回限制

开放式基金在赎回方面的限制,主要是对巨额赎回的限制,在本书后文详细阐述。

开放式基金的其他限制包括对赎回指令的更改时间限制、计算方式的限制和委托方式的限制等。

5.3 基金转换、非交易过户、转托管与份额冻结

1. 基金转换

基金转换就是指投资者从原先持有的基金转换到同一公司旗下的其他基金上,相当于赎回现在持有的基金,再以该笔赎回款申购其他基金。但基金转换只需通过一个指令,就可以一步完成先赎回再申购的整个交易,能够节省投资人的时间,提高资金运用效率。

在证券市场出现波动的时候,投资者可以通过在不同风险水平的基金之间进行转换,达到规避风险的作用;当投资人对资金流动性要求产生变化,或是风险承受能力发生变化的时候,基金转换也能帮助投资人尽快修正投资组合,投资于那些更符合自身需求的基金产品;另外,基金转换还能为投资人节省一定的费用。一般情况下,无论是股票型基金互相转换,还是股票型基金和债券型基金互换,转换手续费都要比先赎回、再申购更便宜,从而可以达到节约投资成本的目的。

基金转换的计算公式如下:

(1) 转出金额＝转出基金份额×转出基金当日基金份额净值

(2) 转换费用:

① 如果转出基金的申购费率＜转入基金的申购费率;

转换费用＝转出金额×转出基金赎回费率＋(转出金额－转出金额×转出基金赎回费率)×

申购补差费率÷(1＋申购补差费率)

② 如果转出基金的申购费率≥转入基金的申购费率;

转换费用＝转出金额×转出基金赎回费率

(3) 转入金额＝转出金额－转换费用

(4) 转入份额＝转入金额÷转入基金当日基金份额净值

例题:某投资者张先生 2012 年的 3 月 1 日通过网上交易申购了 10 万元的南方基金公司的南方绩优成长基金(当日基金净值 1.105 3,网上申购费率按优惠费率 0.6％计),一年

---

① 在 2007 年牛市的时候,我国不少股票基金如上投摩根公司旗下的中国优势、阿尔法;兴业全球公司旗下的兴全优势等均暂停申购,宣告目的是为保护投资者利益。当然其中最著名的是长期居于行业领先地位的华夏大盘精选基金。该基金宣布"自 2007 年 1 月 19 日起,本基金暂停接受申购、转换转入及定期定额业务,该基金的赎回及转换转出等业务正常办理"。之后截至本书写作的 2013 年中期,华夏大盘精选基金除期间曾短暂打开申购一次外,一直处于关闭申购状态。同时该基金累计净值已经位于 12 元以上,是当前国内净值最高的基金。

② 这种短期限制大额申购,主要是为了避免套利资金的套利行为,保护基金持有人的利益。

半以后张先生已经达到了自己当初设定的目标。2013 年的 9 月 2 日,张先生决定将南方绩优成长基金(当日净值为 1.283 4 元)转换为南方基金公司旗下的南方策略优化基金(当日净值为 0.637 元),试问可以转换为多少南方策略优化基金份额?

解:2012 年 3 月 1 日,可以申购到的南方绩优成长基金份额为:100 000/[1.105 3×(1+0.6%)]=89 933.57(份)

对于基金转换,由于南方绩优与南方策略优化基金的申购费是一样的,不存在申购费补差,张先生只需要支付南方绩优基金的赎回费即可,由于持有在 1 年至 2 年,适用的赎回费率为 0.3%:

$$89\ 933.57×1.283\ 4×(1-0.3\%)/0.637=180\ 650.68(份)$$

因此,张先生通过基金转换可以换得南方策略优化基金 180 650.68 份。他不仅轻松实现了投资产品的变更,还节约了费用和时间。

2. 非交易过户

非交易过户是指不采用申购、赎回等基金交易方式,将一定数量的基金份额按照一定规则从某一投资者基金账户转移到另一投资者基金账户的行为,包括继承、捐赠、遗赠、自愿离婚、分家析产、国有资产无偿划转、机构合并或分立、资产售卖、机构清算、企业破产清算、强制执行,及基金注册与过户登记人认可的其他行为。无论在上述何种情况下,接受划转的主体必须是合格的个人或机构投资者。

办理非交易过户业务必须提供基金注册与过户登记人要求提供的相关资料,其中,因继承、捐赠、遗赠、自愿离婚、分家析产原因导致的非交易过户向基金销售网点申请办理,因国有资产无偿划转、机构合并或分立、资产售卖、机构清算、企业破产清算、强制执行原因导致的非交易过户直接向基金注册与过户登记人统一申请办理。

符合条件的非交易过户申请自申请受理日起,两个月内办理;申请人按基金注册与过户登记人规定的标准缴纳过户费用。

3. 基金转托管

基金持有人可以办理其基金份额在不同销售机构的转托管手续。转托管在转出方进行申报,基金份额转托管一次完成。一般情况下,投资者于 T 日转托管基金份额成功后,转托管份额于 T+1 到达转入方网点,投资者可于 T+2 日起赎回该部分基金份额。

4. 基金份额冻结

基金注册与过户登记人只受理国家权力机关依法要求的基金账户或基金份额的冻结与解冻。基金账户或基金份额被冻结的,被冻结部分产生的权益(包括现金分红和红利再投资)一并冻结。

5.4 开放式基金特殊交易的处理

5.4.1 巨额赎回与暂停赎回

当要求赎回金额超过基金事先所规定的比例时,就称基金发生了巨额赎回。在发生巨额赎回的情况下,一般按照比例,即将可赎回的最高限额除以要求赎回的总额,在要求赎回的投资者之间进行分摊。

我国《证券投资基金运作管理办法》规定,在单个开放日,基金净赎回申请超过基金总份额的 10% 时,为巨额赎回。巨额赎回申请发生时,基金管理人在当日接受赎回比例不低于基金总份额 10% 的前提下,可以对其余赎回申请延期办理。对于当日的赎回申请,应当按单个账户赎回申请量占赎回申请总量的比例,确定当日受理的赎回份额。未受理部分可延迟至下一个开放日办理,并以该开放日当日的基金资产净值为依据计算赎回金额,但投资者可在申请赎回时选择将当日未获受理部分予以撤销。

发生巨额赎回并延期支付时,基金管理人应当通过邮寄、传真或者招募说明书规定的其他方式,在招募说明书规定的时间内通知基金投资人,说明有关处理方法,同时需向中国证监会备案,以及在中国证监会指定的媒体及其他相关媒体上公告,通知和公告的时间最长不得超过 3 个证券交易所交易日。

如果开放式基金连续发生巨额赎回,基金管理人可按基金合同及招募说明书载明的规定,暂停接受赎回申请。已经接受的赎回申请可以延缓支付赎回款项,但不得超过正常支付时间 20 个工作日,并应当在指定媒体上公告。

暂停赎回的情形有:

(1) 不可抗力;

(2) 证券交易所在交易时间非正常停市;

(3) 基金连续两个开放日以上发生巨额赎回,基金管理人可以暂停处理赎回申请;

(4) 基金管理人认为市场缺乏合适的投资机会,继续接受申请可能对已有的基金持有人的利益产生损害;

(5) 基金管理人或基金托管人、基金销售代理人或注册登记机构的技术保障或人员的支持不够;

(6) 基金管理人认为会有损现有基金持有人利益的其他赎回。

交易暂停的程序性要求包括需向主管机关申请核准,并报告、公告和通知相关单位持有人等。当基金管理人或托管人认为引起暂停的原因已经消除,应当结束暂停,基金交易则重新开始。基金重新开放时,基金管理人应予公告,并报告最新的基金单位资产净值。

使用暂停手段解决巨额赎回等意外情况时一定要慎重。因为暂停赎回实质上剥夺了基金的流动性,增加了基金的风险,这会损害投资者参与基金的积极性,也会损害基金管理人的形象。暂停的条件和程序应在相关法规和招募说明书等基金文件中规定,程序性要求应包括向主管机关报告,特殊情况下需经主管机关核准,公告和通知相关单位持有人等。除了发生连续巨额赎回暂停接受赎回申请之外,发生基金合同或招募说明书中未予载明的事项,但基金管理人有正当理由认为需要暂停开放式基金赎回申请的,报经中国证监会批准后,可以暂停基金赎回申请。经批准后,基金管理人应当立即在指定媒体上刊登暂停公告。暂停期间,每两周至少刊登提示性公告一次。

5.4.2 基金暂停申购

在开放式基金资产达到一定规模时,基金管理公司可以决定将基金半封闭,即只接受赎回,不接受申购。这就是开放式基金的暂停申购。开放式基金暂停申购的原因:①基金管理公司需要对基金规模进行控制。每个基金经理都有其熟悉的股票和投资区域,当基金规模增长过快时,基金经理不得不把超额的资金投向其不熟悉的股票和投资区域,就会对基金业绩产生不利的影响;②基金规模太大,在实际操作中难以维持良好的赢利表现。比如,当某只超级规模的股票基金打算投资某公司股票时,很快就会引起市场注意,该基金计划部署还没有完成,股票价格已被炒高。同时超级规模股票基金也难以对有快速增长潜力的小公司投资,因为这些小公司的市值相对于基金的规模太小,即使对该小公司投入资金量已达到可投资规模上限(如总股本的 10%),但投资结果对基金的整体赢利贡献甚微;③基金资产中存在套利的机会。比如基金持有的重仓股由于特殊事件而停牌或者股票价格处于涨停板,基金估值无法合理反映其公允价值,造成基金净值失真,从而产生套利机会,此种情形下,基金公司会将基金暂停申购。

基金管理公司在封闭原有基金申购的同时,可以为投资者开设投资理念、方式以及基金经理相同的新基金(如我国在 2007 年曾推出的复制基金)。这样既保护了原基金的运作,又免得失去客户。

5.5 自动投资计划

5.5.1 定期定额投资计划

定期定额投资计划,也称为自动投资计划,是指基金管理公司与投资者签订委托协议,投资者给基金管理公司出具授权书,授权基金管理公司定期从投资者的银行账户上划出定额资金进行投资。在西方,自动投资计划又称"定期储蓄式"的基金购买方法,或称为平均成本法(dollar-cost averaging),这种方法比较适合于个人退休计划等。从投资者的角度来看,免去了定期投资的麻烦,而且自动投资计划一般最低投资额很小,并能获得申购费率的优惠,同时可以使投资者买入开放式基金的成本平均化,减少在高位集中买入基金份额的风险。从基金管理公司的角度来看,投资者的未来投资是一系列确定的现金流,更利于基金经理做出投资决策。

自动投资计划的优势主要有以下几点。

1. 定期定额投资可以降低风险。由于现实中申购与赎回基金的时机决定了大部分投资人的收益。但市场的走势在相当程度上是不可预期的,定时定额的投资方式在相当程度上平均了投资者进行择时投资的风险(timing risk)。

2. 定期定额投资可以培养投资"纪律"。投资人往往追逐基金以往的表现,在基金表现出色之后买入,在基金回报率下降的时候卖出,这其实是一种按市场时机选择的波段操作。但是定期定额投资可以避免进行这种波段操作,使投资者成为有纪律的投资人。

案例:定期定额投资计划的优势及国内基金实践中的变化

定期定额投资可以降低购买基金的成本。以下是一个具体例子。

比如,每次投资 2 000 元申购某股票基金,一段时间内投资 5 次,总计投资金额为 10 000 元,期间基金净值变动在 1.10~1.80 元,每次购买数量如下(假设每次基金申购费用为 1.2%,采取外扣法)。

基金净值（元）	购买基金份数（份）
1.10	1 796.62
1.20	1 646.90
1.50	1 317.52
1.70	1 162.52
1.80	1 097.94

总计：7 021.51 份

平均购买成本 10 000/7 021.51＝1.424 2 元

平均基金净值(1.10＋1.2＋1.5＋1.7＋1.8)/5＝1.46 元

用这种方法购买基金，定期定额的投资期间的平均购买成本会低于期间基金的平均净值。原因是：低价位基金购买的数量多，拉低了平均成本。这是一种长线投资方法，不必担心基金净值变化，特别在基金净值处于低谷时，最有利。这种投资方式，和银行零存整取的储蓄十分相似。因此，可以利用银行系统，使开放式基金的投资者账户与职工工资账户、退休金账户等相关联，鼓励投资者将这些账户中的资金定期用于购买基金，既可以降低购买基金的成本，又可以形成严格的投资纪律、积小钱为大钱。

当投资者的投资期限越短，选择一次性投资就越容易造成损失。对于净值波动很大的基金(如指数基金、股票型基金等)，定期定额投资方式降低购买成本的效果更加明显。基金公司为了鼓励投资者参与定期定额投资计划，往往在申购费率上给予一定的优惠。另外在普通定期定额投资计划基础上，很多银行和基金公司在"定期"、"定额"等方面做出变化，开发出一些创新的定期定额投资计划。比如在定期方面，各家商业银行推出了"智能定投"计划。扣款日期及扣款周期均可任意选择，客户可以设定每月任意一天为扣款日期，更可以自由决定扣款周期，比如每隔 1 个月、每隔 2 周、每隔 5 天等。客户可以根据自己的理财目标设置投资期限，并可按投资日期、扣款期数、累计扣款金额三种终止条件以结束定投计划。客户还可以修改、追加、暂停、取消基金智能定投业务。下面我们介绍三种创新升级的定期定额投资方式。

(1) 博时基金公司推出的"定期不定额"

2009 年 2 月，博时基金公司作为国内首家基金公司推出"定期不定额"投资计划，每月投资金额根据市场指数的波动自动调整，涨时少买、跌时多买。

比如设定高中低三档每月扣款金额，每月实际扣款日系统自动计算"前一工作日上证指数与上证指数十年均线的比值 X"，$X \geq 1.1$，按低档金额扣款；$1.1 > X > 0.9$，按中档金额扣款；$X \leq 0.9$，按高档金额扣款。每月投资 100 元起，费率六折起，提供多种银行卡和多种扣款选择。

(2) 工商银行推出的"基智定投"

2009 年 2 月底，中国工商银行和 20 多家基金管理公司联手推出了"基智定投"活动。这些基金公司旗下的多达 261 只基金将参与工行的"基智定投"。基智定投主要特征是定时不定额：定投额度将以基准金额为基础，随指数变化而上下浮动。

投资者需要设定一个定投的基准金额，然后还要选定一个比较基准指数和一个比较基准均线。如果投资者以"定时不定额"方式投资某股票基金，首先，他要选择一个比较基准指数，目前系统提供上证综指、深证成指、上证 180 指数、深证 100 指数、巨潮 300 指数；其次,选择比较基准均线,系统默认的是 180 日均线(另一个可选择项是 30 日均线);最后,系统将对投资者设定的扣款日的前一个交易日的指数与 180 日均线进行比较,计算出偏离度,并判断这一数值落在系统设定的哪一个偏离区间,然后系统将根据这个偏离区间对应的扣款比率进行扣款。

以上证 180 指数为例,当指数和均线形成负偏离关系,即指数低于 180 均线,且偏离度(这里偏离度均指绝对值)为 0~5% 时,扣款比率为投资者设定的定投数额的 110%;偏离度为 5%~10% 时,扣款比率为 120%;偏离度为 10%~15% 时,扣款比率为 130%;偏离度超过 15% 时,扣款比率为 140%。当指数和均线形成正偏离关系时:偏离度为 0~15% 时,扣款比率为投资者设定的定投数额的 90%;偏离度为 15%~50% 时,扣款比率为 80%;偏离度为 50%~110% 时,扣款比率为 70%;偏离度超过 110% 时,扣款比率为 0。

(3) 华安基金公司推出的"智赢定投"

2011 年 3 月华安基金公司推出了"智赢定投"计划。其核心策略可以概括为"跌时多买,涨时了结",能够根据投资人定投计划的投资收益情况,自动实现适时获利了结,或适时加大投资力度。当定投计划亏损达到一定程度时(比如亏损 30%),"跌时多买"可以更好地起到摊低成本的效果,提升后续赢利的概率。当定投计划赢利达到一定程度时(比如获利 30%),"涨时了结"能够帮助投资人规避后续可能的下跌风险。这样定投计划就不仅是在不断投入资金,也可以选择高位卖出基金。

5.5.2　自动再投资计划

自动再投资计划是指投资者将在基金投资过程中应分配的基金红利,自动转为基金单位进行再投资。这实际上是收入分配的一种形式。基金管理公司为鼓励投资者以其分配的基金红利继续购买基金份额,对自动再投资都不收取申购费用。有些基金管理公司还允许投资者的红利可再投资于其名下的其他基金。目前,除货币市场基金以外,其他开放式基金都可以由投资者自主选择分红方式,即现金红利还是红利再投资(即自动再投资)。若投资者未作选择,基金管理公司默认为现金红利。

本章小结

本章重点是开放式基金的认购、申购与赎回,以及开放式基金的特殊交易。需要了解申购与赎回的基本概念、认购份额、申购份额和赎回金额的计算、开放日、申购和赎回的限制条件等内容。

认购/申购是指投资者到基金管理公司或选定的基金代销机构开设基金账户,按照规定的程序申请购买基金份额。赎回是指投资者把手中持有的基金份额按规定的价格卖给基金管理人并收回现金的过程,是与申购相反向的操作过程。开放式基金的开放日,是指基金接受投资者申购赎回的日期。

认购、申购和赎回的费率、份额有"外扣法"和"内扣法"两种基本的计算方法,目前我国开放式基金统一采取"外扣法"为计算方法。

基金转换是指投资者不需要先赎回就可以将其持有的基金份额转换为同一基金管理

人管理的另一基金份额的一种业务模式。非交易过户是指不采用申购、赎回等基金交易方式,将一定数量的基金份额按照一定规则从某一投资者基金账户转移到另一投资者基金账户的行为。基金持有人可以办理持有基金份额在不同销售机构的转托管手续。

开放式基金的限制条件则包括对认购、申购和赎回的限制。对认购的限制包括对基金总规模的限制和单户认购额度的限制;对申购的限制包括基金暂停申购、对基金最低申购份额的限制和账户保留份额的限制;对赎回的限制包括发生巨额赎回和最低赎回的限制。

开放式基金的特殊交易包括巨额赎回和暂停赎回、暂停申购和自动投资计划和自动再投资计划等。当要求赎回份额超过基金事先所规定的比例的时候,就称基金发生了巨额赎回。在发生巨额赎回的情况下,一般按照比例,即可赎回的最高限额除以要求赎回的份额总额,在要求赎回的投资者之间进行分摊。暂停申购的主要是基金管理人要对基金规模进行控制、基金存在套利机会等原因,其动机是为了保护基金现有的投资者。

自动投资计划是指基金管理公司与投资者签订委托协议,投资者给基金管理公司出具授权书,授权基金管理公司定期从投资者的银行账户上划出定额资金(或特定规则变化的金额)进行投资。自动再投资计划是指投资者将在基金投资过程中分配的基金红利,自动申购为基金份额进行再投资。

本章思考题和计算题

1. 开放式基金是如何报价的? 什么是外扣法? 什么是内扣法? 分别对于基金管理公司和基金投资者而言,哪一种方法更为有利?

2. 基金的认购、申购和赎回的可能限制条件有哪些?

3. 什么是巨额赎回和暂停赎回? 我国对基金的巨额赎回和暂停赎回有什么规定?

4. 某位投资者有 10 万元,如果他想认购某只开放式基金,认购费率为 1%,在募集期内,资金的利息为 89.12 元,请分别用外扣法和内扣法,计算该投资者可以认购多少份额? 2013 年 5 月 15 日该基金的单位净值是 1.031 元,如果这位投资者用 10 万元申购此基金,该日可以申购份额是多少(适用外扣法,申购费率为 1.5%)? 另一位投资者有 10 万份的基金,他想在该日赎回,赎回支付金额是多少(赎回费率为 0.5%)?

5. 假设按 2013 年 12 月 9 日收盘后计算,招商基金公司旗下的招商安泰系列基金中的股票基金拥有证券资产价值为 202 724.3 万元,现金为 37.4 万元,已售出 20.51 亿基金单位。债券基金拥有的证券资产价值为 103 688.9 万元,现金为 34.1 万元,已售出 10.62 亿基金单位。某投资者在 2013 年 12 月 25 日买入该系列基金中的债券基金,持有了 1 万份债券基金,在 2014 年的 12 月 9 日欲将其转换为股票基金,请计算该投资者可以转换到的股票基金份数。(本题不考虑基金负债)

附:招商安泰系列基金基本费率表

基本费率表

	认购费率(次)	申购费率(次)	赎回费率(次)	管理费率(年)	托管费率(年)
股票基金	1.0%	1.5%(50 万元以下)	0.1%	1.5%	0.25%
债券基金	0.6%	0.8%(50 万元以下)	0.05%	0.6%	0.18%

注:持有期超过 2 年后赎回,赎回费率为 0。

转换费率表

	债券基金	平衡型基金
从股票基金转到	0	0
转入股票基金	0.7%	0

 延伸阅读

　　如果你对定期定额投资感兴趣,可参考华安基金网站,该公司在定期定额投资计划上提供了很多灵活变化(如趋势定投、智赢定投、定期不定额等)。

　　http://www.huaan.com.cn/service/2010/qsdt/index.html

第6章 基金费用

证券投资基金的费用包括基金持有人费用和基金运营费用两大类。基金持有人费用指投资者交易基金时一次性支付的费用,由投资者直接承担,主要包括封闭式基金的交易佣金、开放式基金的申购费、赎回费和转换费。基金运营费用指基金在运作过程中一次性或周期性发生的费用,从基金资产中扣除。主要包括基金管理费、托管费、证券交易佣金、信息披露费用等。对于不收取申购费、赎回费的货币市场基金(包括短期理财基金等),可以从基金资产中计提一定比例的持续性营销费,这也属于基金运营费用。

持有人费用和运营费用的性质是不同的。前者不参与基金的会计核算;后者则参与基金的会计核算,直接在基金资产中列支。

6.1 基金持有人费用

封闭式基金的持有人费用包括基金发行费、交易佣金、过户登记费、分红手续费和其他费用。基金发行费包括会计师费、律师费、发行协调人费、发行公告费、材料制作费以及上网发行费等。目前我国封闭式基金的发行费用为面值的1%,即每基金份额收取0.01元的发行费用,这是由投资者直接承担的。

开放式基金的持有人费用分为交易收费和非交易收费。交易收费包括认购费、申购费、赎回费、基金转换费等。非交易收费包括开户费、账户维持费、注册登记费、代理公司销售网点资金结算费等[①]。

认购费/申购费,又称认购/申购佣金。指投资者购买基金单位时需支付的费用,主要用于向基金销售机构支付销售费用以及广告费和其他营销支出。

在基金认购/申购收费上存在两种模式,一种是前端收费模式;另一种是后端收费模式。前端收费模式是指在认购/申购基金份额时就支付认购/申购费用的付费模式。后端收费模式是指在认购/申购基金份额时不收费,在赎回基金时才支付费用的收费模式。后端收费设计的目的是鼓励投资者长期持有基金,因此后端收费的认购/申购费率一般会随着投资时间的延长而递减直至不再收取。因此,后收申购费又被称为"或有延缓(contingent)的销售费用"。例如有些股票基金就规定,投资人持有基金单位不足一年的,其后收申购费率为1.8%,以后持有期每增加一年,该费率就降低0.3%,当持有期超过5年时,不再收取该项费用。

赎回费指基金持有人赎回基金单位时需缴纳的费用。作为一种后端收费,赎回费与后收申购费不同,后收申购费属于销售佣金,只不过在时间上递延到赎回时收取。赎回费是针对赎回行为本身而收取的一次性费用。后收申购费收入是由基金管理公司或销售机构

---

① 这些非交易费用在我国基金现实中一般并不收取。

支配,而赎回费收入的一部分归基金资产所有。赎回费是一种用于抑制基金单位短期交易的费用。我国目前规定,开放式基金赎回费收入在扣除基本手续费后,至少25%的部分归入基金资产[①]。

红利再投资费指基金持有人将从开放式基金所得到的分配收益继续投资于该基金时所要支付的申购费用。为鼓励投资者将现金红利继续投资,目前我国所有的开放式基金都不收取红利再投资费。

基金转换费是指基金持有人在同一家基金管理公司所管理的不同基金品种之间,由一只基金转换为另一只基金时,所要支付的费用。目前绝大多数基金公司都可以提供旗下管理基金之间的相互转换,一般基金之间转换费用主要由赎回费和申购费补差的费用两部分构成[②]。

开户费指投资者在开立基金账户时支付的费用。账户维护费,一般只有当投资余额低于某一水平时才才收取。目前我国开放式基金并不收取开户费和账户维护费。

知识拓展:我国基金销售费用制度的改革

2010年3月,中国证监会颁布了新规《开放式证券投资基金销售费用管理规定》,对基金销售费用作出改革。主要革新内容包括以下几方面。

1. 对于持有期低于3年的投资人,基金管理人不得免收其后端申购(认购)费用。即采取后端收费的基金,在投资者未持有3年以上的,不可以免受后端申购费用。

2. 特别规定了针对短线交易的惩罚性赎回费用。对于短期交易的投资人,基金管理人可以在基金合同、招募说明书中约定按以下费用标准收取赎回费:

(1) 对于持续持有期少于7日的投资人,收取不低于赎回金额1.5%的赎回费;

(2) 对于持续持有期少于30日的投资人,收取不低于赎回金额0.75%的赎回费。

按上述标准收取的基金赎回费应全额计入基金财产。

3. 基金管理人与基金销售机构可以在基金销售协议中约定——依据销售机构销售基金的保有量提取一定比例的客户维护费(行业内称为"尾随佣金"),用以向基金销售机构支付客户服务及销售活动中产生的相关费用。客户维护费从基金管理费中列支。

除客户维护费外,基金管理人和代销机构不得就销售费用签订其他补充协议。

这次改革的背景如下。

(1) 我国基金的销售渠道竞争激烈,基金管理公司向基金销售机构支付尾随佣金和一次性奖励的现象非常普遍,支付方式缺乏规范。由于一次性奖励以基金交易为基础计算,而非以基金保有量为基础,从某种程度上说,这种激励机制可能诱发销售人员引导投资人频繁申购赎回基金。(2)基金销售渠道结构不均衡。商业银行由于网点优势占有较高市场份额,其他销售渠道未形成合理的、可持续的赢利模式,不利于形成多元化、多层次的销售渠道体系。(3)部分投资人将基金作为投机品种进行频繁申购赎回,一些机构投资人运用资金优势进行短期套利,影响了基金管理人的投资运作,损害

---

① 对于短期交易收取的惩罚性赎回费,则赎回费收入全部归入基金资产,参见下文的知识拓展。

② 具体可参考本书5.3节的内容。

了基金长期投资人的利益。

因此,针对上述现象,此次基金销售费用改革有助于实现:

(1) 鼓励后端收费模式,引导投资人长期投资;(2) 增列短期交易的赎回费,抑制短期交易;(3) 禁止一次性奖励,规范尾随佣金,有利于建立基金管理人与销售机构的共赢机制,维护基金销售市场的秩序。

6.2 基金的运营费用

基金运营费用指基金在运作过程中发生的费用,主要包括管理费、托管费、其他费用等。管理费、托管费可按基金净资产的一定比例逐日计算、按月支付,其他费用则在收益期内摊销或据实列支。运营费用在基金利润分配前直接从基金资产中扣除。

基金管理费是支付给基金管理人的费用。基金管理人可按固定费率、或者固定费率加提业绩报酬的方式收取管理费。业绩报酬是指固定管理费之外的支付给基金管理人的与基金业绩挂钩的费用。固定费率制的管理费,是按基金资产净值的一定比例逐日计算,定期提取。

每日计提的管理费=计算日基金资产净值×管理费率÷当年天数

各国或地区管理费率并不相同,根据基金类型的差异,美国一般为基金净资产的 0.4%～1%,我国香港特区一般不超过 2%,台湾地区一般不超过 1.5%。目前我国股票型基金的管理费率普遍为 1.5%。

基金托管费指基金托管人托管基金资产所收取的费用,与基金管理费收取方式相同,通常按基金资产净值的一定比例逐日计算,定期提取。

每日计提的托管费=计算日基金资产净值×托管费率÷当年天数

海外一般为基金净资产的 0.1%～0.2%。目前我国股票型基金的托管费率普遍为 0.25%。

开放式基金还有一项运营费用,称为基金服务费。基金服务费在美国又称为 12b-1 费用,即持续性销售费用[①]。12b-1 费用是美国证券交易委员会规定的每年收取的用以支付销售开支等的营销费用。该费用每年支付,可以划归为基金运作费用的一种。12b-1 费用一般不超过净资产的 0.75%。因 12b-1 费用每年提取,投资时间越长,持续性销售费用的负担越大。在美国,大多数机构投资者很少购买征收 12b-1 费用的基金。销售佣金(前收或后收申购费用)和 12b-1 费用一起构成基金总的销售成本。在美国,不收申购佣金(无论前收费还是后收费),并且持续性销售费用不超过 0.25% 的基金称为免佣基金(no-load fund)。

其他运营费用还包括会计师费、律师费、召开年会费和基金信息披露费等。这些费用并不和基金资产净值相关。所以随着基金规模的扩大,每单位份额基金所分摊的这部分费用会越来越少。

目前,我国封闭式基金的主要费用如表 6.1 所示。

---

① 12b-1 费用这个名称起源于美国的一条法律条款规定(《投资公司法》)。

表 6.1　封闭式基金主要费用表

费用类别	项目	费率
持有人费用	基金发行费	基金面值的 1%
	交易佣金	不超过交易金额的 0.25%
	过户登记费	上交所 0.05% 过户费,深交所 0.002 5% 名册服务月费
	分红手续费	0.3%
	其他费用	转托管费、非交易过户费等
运营费用	基金管理费	固定费率 1.5%(股票型)
	基金托管费	固定费率 0.25%(股票型)
	其他费用	会计师费用、律师费用、上市费用、信息披露费用等

　　我国开放式基金的持有人费用的费率结构目前已经比较稳定,对于股票型、偏股型、配置型基金以及可转债基金等,认购费率一般为 1%,申购费率一般为 1.5%。目前也有股票基金(如一些 QDII 基金)将认购费率上调为 1.5%,申购费率上调为 2% 或者更高。债券型基金、指数型基金的申购费率一般为 0.8%~1.0%,另外所有基金均采取根据申购金额分区间递减的费率结构。

6.3　基金费率的灵活设计

　　费率问题是基金产品设计的一个非常重要的方面,它包括费率的总体水平和费率的结构两个部分。费率总水平受行业竞争的限制,一般来说各基金间相差不会很大;费率结构则受投资者偏好的制约,一般应根据投资者的需求决定。由于受其自身特点的影响,封闭式基金费率结构没有太多的变化。下面以开放式基金为例,探讨基金费率的变化与发展趋势。

　　我国开放式基金费率结构虽然比较符合国际惯例,但有许多地方仍需要完善,突出表现在针对不同的投资者设计不同的费率结构方面尚显不足。下面针对我国开放式基金的认购/申购费率、赎回费率、管理费率和托管费率等分别加以分析。

6.3.1　认购/申购费率设计

　　认购/申购费率设计指基金管理公司为了促进基金单位的销售,鼓励投资者多购买基金,根据不同的购买金额设计不同的费率。下面我们以 2012 年 7 月首次发行的广发纳斯达克 100 指数基金为例说明,广发纳指 100 基金的认购费率和申购费率根据认购金额分别分为三档,而且认购费率低于申购费率,以鼓励投资者在基金首次募集期内进行购买。为鼓励大额认购者,大额认购实行费用封顶。表 6.2 是 2012 年 7 月首次发行的广发纳斯达克 100 指数基金的费率表。

表 6.2　2012 年 7 月首次发行的广发纳斯达克 100 指数基金的费率表

费率名称	金额(万元)			
	0≤M<100 万	100 万≤M<500 万	500 万≤M<1 000 万	M≥1 000 万
认购费率	1.1%	0.60%	0.2%	1 000 元/笔
申购费率	1.3%	0.7%	0.2%	1 000 元/笔

费率名称	金额(万元)			
	0≤M<100 万	100 万≤ M<500 万	500 万≤ M<1 000 万	M≥1 000 万
管理费率	0.8%			
托管费率	0.25%			
赎回费率	持有 1 年以内 0.50%	持有(1,2]年 0.3%		持有 2 年以上 0

因此不难发现:基金管理公司在销售费率安排上的目的是,最大限度地从销售费率的设计上鼓励投资者购买。这表明开放式基金销售费率的设计是其销售工作的重要一环,合理的销售费率是保证发行顺利完成的重要因素。

另外,在基金销售费的收取时间上,可以采用前端收费和后端收费两种方法,目前我国不少基金已经提供了两种收费方式,以供投资者选择。如果选择前端收费,则按照购买金额分区间费率递减,如果选择后端收费,则按照投资者持有基金的时间分区间递减。这样可以鼓励投资者多购买并且购买后长期持有基金。下面以 2004 年 7 月首次发行的华夏大盘精选基金的前端收费与后端收费表为例,可以看出前端收费和后端收费两种模式的不同。

表 6.3　2004 年 7 月首次发行的华夏大盘精选基金的前端收费与后端收费表

前端收费模式			
购买金额	认购费率	申购费率	赎回费率
100 万元以下	1.0%	1.5%	不超过 0.5%
100 万元以上(含)	不超过 1.0%	1.2%	
500 万元以上(含)		不超过 1.0%	
后端收费模式			
持有时间	认购费率	申购费率	赎回费率
1 年以内	1.2%	1.8%	不超过 0.5%
满 1 年不满 2 年	0.9%	1.5%	
满 2 年不满 3 年	0.7%	1.2%	
满 3 年不满 4 年	0.6%	1.0%	
满 4 年不满 8 年	0.5%	0.5%	
满 8 年以后	0	0	

6.3.2　其他费率的设计

除了销售费率以外,赎回费率、管理费率和托管费率的不同设计也是基金吸引投资者的重要因素。赎回费率的设计应当采取按持有时间累退方式。即在基金持有人赎回基金份额时,根据基金持有人持有时间的长短不同设计不同的赎回费率。基金持有人持有基金的时间越长,费率越低,持有时间越短,则费率越高。随着我国基金业的发展,目前时间累退制的赎回费率设计已经为基金管理公司普遍采用。

基金的管理费率也应该采用累退制,不同投资目标的基金应征收不同的管理费率。我国封闭式基金的管理费率最初定在 2.5%,所有的基金都一样。目前我国开放式基金特别是股票基金的管理费率统一为基金净值的 1.5％。这种并不太合理、划一的费率结构,一方面造成基金缺乏激励机制;另一方面也间接影响基金投资组合风格的雷同。国外基金管理费率除采用累退制外,还对不同投资风格的基金设计不同的费率。如小型基金费率高于大型基金费率,指数基金的费率较低等。因此,我国开放式基金应该使费率结构更富有弹性,增加对基金持有人的吸引力,增强对基金管理人的激励。至于托管费率,随着基金托管人主体的扩大,基金整体规模的扩大,基金托管市场竞争日趋激烈,也应当采取按照规模进行累退制的托管费率。

另外,有必要进行基金分级,针对不同的投资者,灵活调整基金的各种费率。不同投资者的投资行为是不同的。对于短期投资者来说,会频繁地申购赎回,他们对基金的销售费用更为重视,但对于年度运营费用的关注度则较低。对于中长期投资者来说,基金持有期长,销售费用对投资者影响低,因而他们对销售费用的敏感度相对较低,但是年度运营费用的影响就较大。大额投资者则对降低成本的要求更高,同时他们的赎回行为对开放式基金的流动性管理影响也最大。

基于上述分析,我国开放式基金可以在费率方面推出基金分级体制,以满足不同投资者的需要。比如在同一只开放式基金内,对申购费设立三种收费方式:A 级、B 级和 C 级。其中 A 级只收取较高的前收费;B 级不收取前收费和后收费,但将管理费的费率提高;C 级设立后收费,且 1 年内赎回的赎回费率应高于 A 级的前收费,诸如此类等。目前,我国已经有不少基金管理公司进行了基金费率的分级设计,主要是在货币市场基金、债券基金等。例如货币市场基金根据投资者持有基金份额规模的大小,按照不同的销售服务费率进行收费。债券基金根据投资者选择收取申购费或者销售服务费的不同而进行分级。以下是具体例子。

案例:我国基金销售费率的分级设计

目前我国货币市场基金的分级,是指根据投资人在销售机构保留的基金份额等级,对投资人持有的基金份额按照不同的费率计提销售与服务费。A 级基金份额一般按照 0.25％年费率、B 级基金份额是按照 0.01％年费率计提销售服务费(即 12b-1 费用)。A/B 的基金份额单独公布每万份基金日收益和基金七日年化收益率。由于销售服务费率的差异,B 类基金的收益会高于 A 类基金。

另外相应还有基金份额的升级与降级。基金份额的升级是指当投资人在销售机构保留的 A 级基金份额达到 B 级基金份额等级最低份额限制时,基金的注册登记机构自动将投资人在该销售机构保留的 A 级基金份额升级成 B 级基金份额,相反的就是基金份额的降级。比如易方达货币基金自 2006 年 7 月 18 日起分设两级基金份额:A 级和 B 级。两级基金份额分设不同的基金代码,收取不同的销售服务费并分别公布基金日收益和基金七日收益率。

易方达货币市场基金:A 级基金与 B 级基金的区别

	A 级基金份额	B 级基金份额
管理费率(年费)	0.33％	0.33％
托管费率(年费)	0.10％	0.10％
销售服务费率(年费)	0.25％	0.01％

续表

	A 级基金份额	B 级基金份额
首次申购最低金额	1 000 元(直销柜台为 5 万元)	1 000 万元
追加申购最低金额	1 000 元	10 万元
基金代码	110006	110016
每万份基金收益(2012-07-10)	0.869 8	0.934 8
最近七日年化收益率(2012-07-10)	3.53%	3.76%

注:基金当期基金收益结转基金份额或采用定期定额投资计划时,不受最低申购金额的限制,基金 B 级基金份额暂不开通定期定额投资计划。

基金管理人可以调整基金份额等级数量、对各级基金份额计提的销售服务年费率等,并最迟于开始实施前 3 个工作日公告。

在债券基金上,目前国内基金公司往往设计出 3 种不同收费模式,将同一个基金分作 3 个类别。以博时基金公司 2010 年 7 月成立的博时宏观回报债券基金为例。

该基金按照投资者选择前端申购费、后端申购费、销售服务费,而区别为 A、B、C 类。A 类基金份额采用前端收费模式,B 类份额采取后端收费模式,C 类份额不收取申购赎回费,但是在基金资产中计提销售服务费。

基金 A/B 类、C 类基金份额分别设置代码。由于基金费用的不同,基金 A/B 类份额和 C 类份额将分别计算基金份额净值,计算公式为:计算日某类基金份额净值＝该计算日该类基金份额的基金资产净值/该计算日发售在外的该类别基金份额总数。

投资者可自行选择认/申购的基金份额类别。基金不同份额类别之间不得互相转换。具体而言,博时宏观回报债券基金的申购赎回费率结构如下表所示。

博时宏观回报债券基金的申购赎回费率结构

费用种类		A 类基金份额	B 类基金份额	C 类基金份额
前端申购费	M<100 万	0.8%		0
	100 万≤M<300 万	0.5%		
	300 万≤M<500 万	0.3%		
	500 万≤M	按笔收取,1 000 元/笔		
后端申购费	Y<1 年		1%	0
	1 年≤Y<2 年		0.7%	
	2 年≤Y<3 年		0.3%	
	3 年≤Y		0	
赎回费	Y<1 年	0.1%		持有期限少于 30 日的基金份额,赎回费率为 0.75%;持有期限不少于 30 日(含 30 日)的基金份额,不收取赎回费用
	1 年≤Y<3 年	0.05%		
	3 年≤Y	0		

C 类基金的销售服务费计提方法如下

$$H = E \times 0.35\% \div 当年天数$$

H 为 C 类基金份额每日应计提的基金销售服务费;E 为 C 类基金份额前一日的基金

资产净值。销售服务费每日计提,按月支付。销售服务费主要用于支付销售机构佣金,以及基金管理人的基金营销广告费、促销活动费、持有人服务费等。由于 A/B 类和 C 类基金的费率结构有差异,C 类基金净值总是会低于 A/B 类基金净值,比如 2012 年 7 月 10 日,博时宏观回报债券 A/B 类基金净值为 1.057 元,而 C 类基金净值为 1.048 元。

6.4   美国的基金费率

1. 美国基金业的费率状况[①]

1)基金收费情况

美国大约有 33% 的股票基金为免佣基金,收费基金在行业里占主导地位。1997 年,美国大约 2/3 的散户投资者购买的是收费基金,收费基金的销售额占股票基金总销售额的 50% 以上,收费基金大约占股票基金总资产的 60%。不过,从 1980 年到 1997 年,免佣股票基金的销量比收费基金增长得更快,前收费基金约占基金总数的 50%。基金费用总体呈现下降趋势。从 1980 年到 2006 年,美国股票基金和债券基金的全部费用下降了 50% 以上,货币市场基金的全部费用也下降了 25%。

2)基金业投资成本变化

研究结果表明,投资者对投资成本敏感。在过去 20 年中,总销售成本(distribution costs)的削减导致了整个基金投资者投资成本的大幅下降。收费基金的总持有成本从 1980 年的 3.02% 锐减到 1997 年的 2.11%。相反,免佣基金则从 0.78% 涨到 0.89%。1998 年,平均的基金持有成本为 1.35%,其中收费基金为 2%,不收费基金为 0.83%。但在 21 世纪后,费率继续下降。收费基金总成本的下降是因为总销售成本的大幅下降,同时管理费用也在下降。面对免佣基金的压力,许多收费基金不断压缩前收费佣金。前收费佣金比例不断下降。从 1980 年到 1997 年,总销售成本趋于下降,其中申购佣金(无论前收费还是后收费)持续下降,而 12b-1 费用却不断上升,但 12b-1 费用的上升被申购佣金的大幅下降所抵消。

投资者偏好购买低成本的基金。因此低成本的基金总是拥有更多的投资者和基金资产。在 2006 年,占股票基金资产 90% 的基金的费率低于平均水平。在 1997—2006 年的十年间,股票基金投资者的新申购资金的 90% 流向了运营费用低于平均水平的股票基金。就积极管理基金而言,运营费用低于平均水平的基金吸引了 87% 的新申购资金。指数基金中,运营费用低于平均水平的基金吸引了 98% 的新申购资金。

3)其他趋势

75% 的基金设有管理费率调整的投资临界点(breakpoint),即当基金资产规模达到一定程度时,管理费率相应地降低。同时越来越多的基金收取 12b-1 费用。进入 21 世纪后,基金的费用率总体是在不断下降。

---

① 本部分主要参考了美国投资公司协会(ICI)分别于 1998 年和 2007 年的两篇研究报告。John D. Rea and Brian K. Reid,"Trends in the Ownership Cost of Equity Mutual Funds,"*Perspective*,Vol. 4,No. 3,Nov. 1998(www.ici.org/pdf/per04-03. pdf)和 ICI Research Fundamentals,Fees and Expenses of Mutual Funds 2006,Vol. 16,No. 2,June,2007.

4)美国基金业费率变动的若干数据

表 6.4　美国基金业实际平均和最大平均的前端销售费用

年份	实际平均(%)	最大平均(%)
1960	7.0	
1970	5.7	
1982	4.9	7.0
1989	4.4	5.5
1991	3.6	4.9
1997	2.3	5.0

注:表中的最大平均样本基金选取的是部分最大前端销售费用大于 3% 的股票基金和债券基金。最大前端销售费用是指在招股说明书中允许该基金收取的最高前端销售费用。

资料来源:Rea&Reid. ICI Perspective. 股票基金的持有成本变化趋势,1998 年 11 月.

表 6.5　美国股票基金的总营销费用(%)

年份	总费用	12b-1 费用	申购佣金
1980	2.27	0	2.27
1985	1.61	0.14	1.47
1990	1.64	0.24	1.40
1995	1.25	0.40	0.85
1998	1.15	0.45	0.70

资料来源:Rea&Reid. ICI Perspective. 股票基金的持有成本变化趋势,1998 年 11 月.

表 6.6　美国股票基金、债券基金和货币市场基金费率(2001—2006 年)

单位:基点(即万分之一)

年度	股票基金						债券基金						货币市场基金					
	2001	2002	2003	2004	2005	2006	2001	2002	2003	2004	2005	2006	2001	2002	2003	2004	2005	2006
总费用	124	124	122	117	111	107	97	93	94	92	88	83	47	45	43	42	42	40
营销费用	25	24	23	22	21	19	22	20	20	20	18	16	—	—	—	—	—	—
运营费用	99	100	99	95	90	88	75	73	74	72	70	67	47	45	43	42	42	40

资料来源:ICI research fundamentals,Fees and Expenses of Mutual Funds 2006,June,2007.

2. 影响美国共同基金费率水平的因素

1)影响基金持有人费用的因素

随着基金业竞争的日趋激烈,基金持有人费用中很多种类如红利再投资费、账户保管费、转换费基本都不再收取,赎回费也很少收取。因此基金持有人费用中主要部分是申购费。影响基金持有人费用的主要因素是基金的品种和基金费率安排等。

2)影响基金运营费用的因素

影响共同基金运营费率的因素有:基金资产规模、基金存续时间、基金的投资方向、基金的种类、所投资证券的数量和投资组合的周转率等。

(1)基金资产规模和基金存续时间

基金费用水平与基金规模的关系主要表现在两个方面:一是大基金比小基金具有更低的运营费用;二是每一基金的运营费率通常都随着时间的推移不断降低。

（2）基金的投资方向

基金的投资方向不同,费率水平差异也很大。一般来说,特殊基金(如衍生金融工具基金)的费率高于一般的股票基金,股票基金的费率高于债券基金。海外投资基金的费率一般也是高于国内基金的。

（3）基金的种类

1999 年,在其他情况相同的条件下,指数基金的运营费率比非指数基金低 0.45%;机构基金(即有最低申购规模和投资者限制)的运营费率比不限制于机构投资者的基金的费率低 0.22%;分为多个等级的基金的运营费率则比不分等级的基金费率高出约 0.14%[①]。另外,ETF 的创新也使得整个市场的平均费率降低。

（4）所投资证券的数量和投资组合的周转率

基金所投资的证券数量越多,周转率越快,基金的运营费率也越高。

3. 美国共同基金费率设计的新趋势

为了满足不同客户的需要,鼓励投资者长期持有基金,美国的共同基金作了多种费率设计,这直接影响了费率水平的高低。

1）申购费率设计

为了鼓励投资者投资,一般来说,前收费费率的高低与投资者申购基金的数量呈负相关。也就是说,申购的数量越多,前收费的费率越低,反之则越高。

2）销售费率设计

一般地,销售费用由申购费和 12b-1 费组成。在基金的费率结构中,投资者往往会关注基金持有人费用,因为这部分费用要由投资者自己直接支付。为了吸引投资者,许多基金采取了一方面降低申购费用,另一方面收取一定的 12b-1 费作为补偿的方式。

3）基金分级设计

为了吸引不同的投资者,帮助他们选择最适合其投资需求和偏好的费用支付方式和结构,在同一只开放式基金内,投资公司可以向投资者提供不同等级的基金单位。

（1）基金针对投资者在收费结构上的不同偏好而对同一基金推出不同的收费结构,但投资活动完全一样。这样做的好处在于,有的投资者或许喜欢偏高的前收费;有的可能喜欢偏高的后收费;有的不喜欢收取申购费,但能容忍每年较高的营运费用。总之,采用多样化的收费方式可以满足不同投资者的投资偏好。如表 6.7 所示的开放式基金费用系列表。

表 6.7　开放式基金费用系列表

费用项目	A	B	C	D
前收申购费	有(高)	无	无	有(低)
后收申购费	无	有	无	无
持续性的销售费用	无	无	有	有

目前这种做法在国内基金业已经实现。读者可参见本书前文提到的按照收费方式设计的基金分类。

（2）开放式基金可以按照投资者的类型分类设计费率。同一开放式基金可以按照个

---

① 冯波. 美国共同基金费率对我国开放式基金的启示. 国泰基金管理有限公司网站,http://www.gtfund.com/.

人投资者和机构投资者分两类,或者按照保险资金、社会保障基金、上市公司等分几类发售,设计不同的收费标准。目的是针对不同风险承受能力的投资者分类发售,以满足不同类型机构投资者的需求。

4) 基金管理费率设计

在美国,不少基金对管理费都有递减的安排,当基金的某项指标达到预定数量时,管理费自动降为约定的比例。这种管理费递减安排的指标标准是多种多样的,一般来说有三类。

(1) 以基金资产规模[①]为标准,即当基金资产规模达到一定数量时,管理费递减。

(2) 以基金资产规模和业绩报酬为标准,即除了基金资产规模要达到一定数量外,基金的业绩报酬也要达到一定数量。

(3) 以基金家族的资产规模为标准,即当该基金家族的规模达到约定数量时,管理费递减。

开放式基金费率设计的目的是鼓励投资者投资和长期持有。在费率总水平一定的情况下,好的费率设计有利于促进开放式基金的销售,增加投资者的稳定性,降低基金的流动性风险。

6.5 我国基金管理费制度的创新

6.5.1 业绩报酬制度

自 1998 年我国证券投资基金金泰、开元推出之后,基金管理费均是按固定的 2.5% 年费率逐日计提。为激励基金管理人做好基金业绩,2000 年年初各基金管理公司修改了相关基金契约,对基金管理人的报酬进行了调整,一是调低基金管理费,按基金资产净值的 1.5% 年费率逐日计提;二是当基金的可分配净收益率高于同期银行一年储蓄存款利率的 20% 以上,且当年基金资产净值增长率高于同期证券市场平均收益增长率时,按一定比例计提业绩报酬。我们以兴和基金 2001 年年报公布的基金管理公司业绩报酬计算为例。

案例:兴和基金 2001 年年报公布的基金管理公司业绩报酬

业绩报酬 = 调整后年初资产净值 × min(M,N) × 5%

调整后年初资产净值 = 2000 年 12 月 31 日资产净值 − 2000 年年末分红

      = 4 254 530 397 − 753 000 000 = 3 501 530 397

基金提取业绩报酬前可分配净收益率

  = (年末未分配净收益 − 一年末未实现估值减值)/调整后年初资产净值

  = (315 461 534 − 64 924 970)/3 501 530 397

  = 7.155%

基金提取业绩报酬的资产净值增长率

  = (年末资产净值 − 调整后年初资产净值)/调整后年初资产净值

---

① 基金家族即同一基金管理公司管理的所有基金。

$$= (3\ 250\ 536\ 565 - 3\ 501\ 530\ 397)/3\ 501\ 530\ 397$$
$$= -7.17\%$$

证券市场平均收益率=当年沪市综指涨跌幅×80%+同期国债收益率×20%
$$= -15.06\%$$

M=基金可分配净收益率-1.2×同期银行一年期定期储蓄存款利率
$$= 7.155\% - 1.2 \times 2.25\%$$
$$= 4.455\%$$

N=基金资产净值增长率-证券市场平均收益率
$$= (-7.17\%) - (-15.06\%)$$
$$= 7.89\%$$

由于 M 小于 N,

业绩报酬=调整后年初资产净值×M×5%
$$= 3\ 501\ 530\ 397 \times 4.455\% \times 5\%$$
$$= 7\ 799\ 659\ 元$$

资料来源:兴和基金 2001 年年报。当时我国证券投资基金的业绩报酬计提公式是一样的,兴和基金只是其中一个代表。

在 2001 年年报中,我国部分证券投资基金可以根据上述做法计提业绩报酬,然而绝大部分基金管理公司都放弃了提取业绩报酬。这是因为当年基金业整体亏损,而且基金黑幕等基金治理问题的暴露[1],使得提取业绩报酬的做法被监管机构明文取消。

根据中国证监会的规定,2002 年以后设立的基金在基金契约中不再有计提业绩报酬的内容,而已设立的基金如果基金契约允许计提业绩报酬的,也只能执行到 2001 年年末,然后修改相关基金契约。基金管理人的业绩报酬计提制度在执行不到 2 年后即被取消了。取消业绩报酬机制与基金的激励机制存在一定的缺陷有较大关系。

首先,根据基金契约规定计提业绩报酬的主要条件:可分配净收益率高于同期银行一年定期储蓄存款利率 20%以上,且当年基金资产净值增长率高于同期证券市场平均收益率才能计提业绩报酬。显然,基金净值增长幅度至关重要。只要基金净值增长幅度足够大,就有可能获得业绩报酬。但是实践证明,片面追求基金净值增长实际上忽视了风险。为了达到较快的净值增长,一些基金进行高度集中的投资,这使得基金净值"虚增"现象比较严重。另外,还有一些基金不惜购买风险很大的股票比如 ST 股票,以提升基金净值。显然,如此激励机制增大了基金投资者的风险,对于基金管理人却是负盈不负亏,对一些稳健经营的基金是不公平的。

其次,国内基金在成长过程中得到了一些政策优惠,比如新股配售。当时基金获得了新股发行 10%的部分,无需参与普通投资者的抽签认购。那么在基金净值增长中,至少有部分业绩并不是基金管理人真实才能的反映[2]。

业绩报酬的激励机制实际上无法进行有效激励。国内基金管理人提取 1.5%的固定

---

[1] 参见本书第 16 章第 3 节。

[2] 在当时,有些基金已经意识到这一点,比如基金安信在计提 2000 年业绩报酬时,就考虑到政策性配售新股对基金净值和收益的贡献,并主动将此部分所产生的影响扣除。

管理费率完全可以做到旱涝保收。在这种情况下,业绩报酬制度只会使得基金管理人增大投资者的风险。

为尽快提高国内基金业的竞争力,健全对基金管理人的内部激励机制,2007 年在我国基金业获得巨大发展之后,业绩报酬制度重新被提起。

案例:创新型封闭式基金大成优选基金的业绩报酬制度及其实践

在 2007 年 8 月 1 日成立的创新型封闭式基金——大成优选基金中,基金管理公司设计了管理费的业绩报酬制度。但是,大成优选的业绩报酬制度并不同于 2000 年时的制度,有以下几个特色。

1. 设置了严格的提取业绩报酬的前提条件,同时年度业绩报酬总额有上限。

基金管理人可在同时满足以下条件的前提下,提取业绩报酬。

(1) 基金份额净值不得低于基金份额初始面值。

(2) 符合基金收益分配条件或其他法定要求。

(3) 基金净值增长率超过可提取业绩报酬的收益率。可提取业绩报酬的收益率不得低于 6%,且需为基金业绩比较基准同期增长率和同期可比的全部基金加权平均净值增长率上浮 5%二者中的最大值。

(4) 每年提取的业绩报酬与当年提取的基金管理费总和不得超过期初基金资产净值平均值的 5%。

(5) 未发生基金转换运作方式。

2. 业绩报酬的计算方法复杂。

在同时满足以上业绩报酬提取条件的情况下,业绩报酬的计算方法为

业绩报酬＝Delta×期初基金资产净值平均值平均值×业绩报酬比率

其中,Delta＝基金净值增长率－可提取业绩报酬的收益率。

$$基金净值增长率＝\frac{期末基金资产净值－期初基金资产净值＋当期收益分配}{期初基金资产净值}。$$

可提取业绩报酬的收益率＝max(6%,基金业绩比较基准同期增长率,同期可比的全部基金加权平均净值增长率＋5%);

同期可比的基金是指其基金合同已在当期业绩报酬对应时间区间之前生效的股票型证券投资基金(不包括指数基金),包括开放式基金和封闭式基金;

加权平均净值增长率是指全部同期可比基金按照其当期资产净值加权计算的基金份额净值平均增长率;

当期资产净值是指同期可比基金在提取业绩报酬对应时间区间的期初资产净值与期末资产净值的算术平均值。

业绩报酬比率为 10%。

期初基金资产净值平均值＝期初前 15 个交易日基金资产净值的算术平均值。

3. 对业绩报酬的提取方式和具体提取进行及时公告

业绩报酬每年提取一次,在每个会计年度结束后 30 个工作日内提取前一年业绩报酬,由基金托管人从基金财产中一次性支付给基金管理人。基金合同生效不满 3 个月的,不得提取业绩报酬。基金管理人应当在提取业绩报酬的至少 15 个工作日前,在指定报刊和网

站登载提取业绩报酬的有关公告,披露提取业绩报酬的具体时间、方式和数量等信息。首次公告发布后,基金管理人还应发布提示性公告。

在封闭运作满五年之后,大成优选于2012年7月31日到期。根据持有人大会通过的转型方案,大成优选由封闭式基金转换为LOF基金,在新的基金合同中,上述的业绩报酬条款被删除。在2012年7月11日,大成优选的累积净值0.8580元。由此可见,业绩报酬制度的实践中并不成功。

在5年中,大成优选仅在2010年满足提取业绩报酬的条件,在2011年年初提取了2010年年度业绩报酬约4 200万元。

另外,大成优选在5年运作期内,通过业绩风险准备金补偿过一次基金净值亏损[①]。原因是大成优选2011年年度业绩与业绩基准的差异达到运用业绩风险准备金弥补持有人损失的条件。截至2011年12月31日,基金业绩风险准备金账户应计提金额合计2 300万元,一次性划入了基金财产。

资料来源:大成优选基金招募说明书及2012年年报。

6.5.2 价值增长线

为保证投资者的利益,我国个别基金管理公司于2003年创新了"价值增长线"的概念。所谓价值增长线即基金净值只有高于预先设定的某个价值增长线的数值时,基金管理人才能提取管理费,否则不得提取管理费[②]。这样,就等于基金管理人给予基金价值一个比较安全的底线,将自身的利益和投资者的利益捆绑到一起。

"价值增长线"的概念是由博时基金管理公司在其首只开放式基金——博时价值增长基金中采用,以后海富通基金管理公司旗下的海富通收益增长基金、天治基金管理公司旗下的天治财富增长基金中也采用了类似设计。2007年博时价值增长贰号(复制基金)也同样设计了价值增长线。下面,我们通过分析博时价值增长基金来介绍价值增长线。

案例:价值增长线——博时价值增长基金产品创新的核心内容

博时基金管理公司2002年10月在发行其管理第一只开放式基金的时候,在基金产品的设计中提出了价值增长线的概念,构成了基金产品创新的核心内容之一。

价值增长线是指基金管理人通过自身的投资管理与风险管理,创造出一条随时间推移呈现非负增长态势的安全收益增长轨迹,简称价值增长线,基金管理人力争使基金单位资产净值高于价值增长线水平。我们可以分析一下价值增长线的具体内容。

1. 价值增长线的确定

价值增长线固定周期(按日历计算的每180天)进行调整,每期期初按照上期基金单位资产净值增长率的一定比率(提升率)和上期期末日的价值增长线水平来确定本期期末日的价值增长线水平,本期内任意一天的价值增长线水平由上期期末和本期期末的价值增长

---

① 业绩风险准备金是大成优选的又一创新,业绩报酬是一种正向激励的话,那么业绩风险准备金就是一种负向惩罚。即当基金年度业绩低于约定的指标时,基金管理人用基金的管理费积累的风险准备金补偿投资者。

② 价值增长线的做法实际上是借鉴西方对冲基金中管理人提取管理费的"水线"(watermark)安排。即只有基金业绩超越历史最好业绩的"水线"时,才能提取激励性业绩报酬。

线水平线性插值计算得出。如果当期基金分红,则分红除权日之后(含分红除权日当日),价值增长线水平扣除分红额度向下调整。如果上期基金单位资产净值为零增长或负增长,则本期价值增长线保持上期期末水平。价值增长线从基金开放日起计算,第一期价值增长线水平固定为 0.900 元。

价值增长线的计算公式如下所示。

t 期第 T 天的价值增长线数值

$$G_t(T) = G_t(0) \times \left[1 + \max\left(\frac{NAV_{t-1}(180)}{NAV_{t-1}(0)} - 1, 0\right) \times P \times \frac{T}{180}\right] - \sum_{n=1}^{m} D_t^n(T')$$

如果 $T < T'$,$D_t^n(T') = 0$;

如果 $T \geq T'$,$D_t^n(T')$ 等于 t 期第 n 次单位分红

t:价值增长线的调整期,$t = 2, 3, \cdots$;

T:t 期的第 T 天,$T = 0, 1, 2, 3, \cdots, 180$;

n:t 期第 n 次分红,$n = 1, 2, \cdots, m$;

T':t 期第 T' 天(第 n 次)的分红除权日;

$G_t(T)$:t 期第 T 天的价值增长线数值;

$NAV_t(T)$:t 期第 T 天的复权基金单位资产净值,以第 T 天收盘价格计算;

$NAV_1(0) = 1$;

$G_1(T) = 0.900$;

$G_t(0) = G_{t-1}(180)$;

P:上一期基金单位净值增长率转化为投资者安全收益的提升率,该数值取常数 70%;

$D_t^n(T')$:t 期第 T' 天(第 n 次)基金单位分红额度。

可以举例如下:

例如:$G_t(180) = G_{t+1}(0) = 0.900$ 元,$NAV_t(0) = 1.00$ 元,$NAV_t(180) = 1.05$ 元,$P = 70\%$,$D_t(T') = 0$ 元,$T = 85$,则第 $t+1$ 期期末价值增长线数值为

$$0.900 + \left(\frac{1.05}{1.00} - 1\right) \times 70\% \times 0.900 = 0.932 \text{ 元},$$

第 $t+1$ 期第 85 天的价值增长线数值为

$$0.900 + \left(\frac{0.932 - 0.900}{180}\right) \times 85 = 0.915 \text{ 元}。$$

2. 基金的风险收益构成

基金的收益由两部分构成:一部分是价值增长线所代表的安全收益;另一部分是基金单位资产净值扣除价值增长线的风险收益,也就是说该基金在收益结构上追求下跌风险有下界、上涨收益无上界的目标。

在经过基金管理人、基金托管人核对基金单位资产净值及价值增长线后,如果单位资产净值低于价值增长线,基金管理人将从下一日开始暂停收取基金管理费,直至单位资产净值不低于价值增长线;在单位资产净值低于价值增长线期间,如遇法定节假日,基金管理人将遵守前述承诺,同样暂停收取基金管理费。

3. 价值增长线的披露方式

基金价值增长线将由基金托管人核对无误后,由基金管理人连同基金单位资产净值同时向公众披露。

在该基金的历史上,博时价值增长基金曾于2008年6月13日起因单位净值低于其约定的价值增长线而暂停收管理费,直至2009年下半年博时价值增长基金净值高于净值增长线后,才开始提取管理费。但2011年以后,基金净值再次落后于价值增长线值,导致该基金截至2013年中期一直处于没有管理费的状态。

资料来源:博时价值增长基金招募说明书及定期公告。

6.6　我国基金管理费的问题与改革

我国基金管理人的报酬机制总体上看还没有能做到让"剩余索取权"与"剩余控制权"相对应[①]。在基金业发展的历史上,基金管理公司较高的、无风险的管理费收入与投资者承担的巨大亏损并存。例如2002年67只基金共计亏损114亿元(其中包括未实现亏损86亿元),但是基金管理费提取却高达14.4亿元之巨。在2003年,随着我国基金规模的上升,基金的业绩取得了大幅度上升,当时25家基金管理公司在2003年共提取19.32亿元的管理费,然而据2003年基金年报分析,104只基金在2003年获得的净收益为9.29亿元,基金在2003年净值上升的赢利主要表现为账面利润。基金已实现净收益不到基金净值增长额的4%。为获得这9.29亿元的收益,基金持有人却支付了高达24.46亿元的费用(包括托管费、交易成本等)。基金管理费远远超过基金收益的状况到目前并未得到根本改变。

总结我国基金的管理费收入,有这样一些特征。

(1)在给基金持有人造成巨额资产损失的同时,基金管理公司却获得丰厚的管理费收入。

(2)基金持有人获得的净收益和为此支付的费用不对称。

(3)基金净值的上升主要是账面的浮动赢利,给持有人的收益(已实现净收益)较少,但是管理费收入却增加了。

我国目前基金管理人报酬主要是固定费率的线性报酬契约,基金管理人按照基金净资产值的一个固定比例来提取基金的管理费用。固定提取比例因基金类型不同而有所差别,通常是在年费率0.6%～1.5%,逐日提取,按月支付。其管理费计算公式为

$$H = E \times k / T$$

其中,H——每日应提的管理费

E——前一日基金资产净值

k——年费率

T——当年天数

这种方案存在以下弊端:一只亏损的但净值高的基金提取的管理费,超过赢利的但净值低的基金提取的管理费,持有该亏损基金的投资者在遭受亏损的同时还要向基金管理人支付高额的管理费;业绩相近的基金的管理费相差甚远,原因仅仅在于基金净资产规模不同,基金管理费未能反映出基金管理人为投资者创造价值的能力;从各个基金上升到整个基金公司层面上,问题是同样的。不同基金管理公司的不同管理费收入差异,也主要源于所管理的基金资产规模的差异。

---

① 这是经济学上的用语。剩余索取权是对基金利润的拥有;剩余控制权是对基金资产管理的权力。由于两权分离,可能导致基金管理人(拥有剩余控制权)损害基金投资人(拥有剩余索取权)的利益。

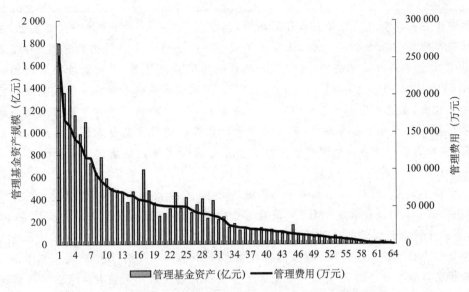

图 6.1　基金管理公司的资产规模与费用（2011 年年底）

注：横轴为基金管理公司。

数据来源：基金 2011 年年报。统计自 WIND 数据库。

从图中可见，基金公司的管理费收入和管理资产规模分布极为不均，基本上呈现阶梯状的差异化分布，管理费和资产规模的变化趋势相同。到 2011 年年底，我国基金管理公司基本形成了四个梯队。第一梯队为前 7 大公司，每家管理费收入超过了 10 亿元，包括规模最大的华夏基金，以及其后的嘉实、易方达、南方、广发、博时、大成等，仅此 7 家公司收取的管理费总额（108.6 亿元）占到了整个基金管理费收入总数（286.2 亿元）的 37.9%。处于第二梯队的基金公司所获得的管理费在 3 亿～10 亿元，包括银华等 25 家基金公司。第三梯队的基金公司所获管理费在 1 亿～3 亿元，包括国海富兰克林等 18 家基金公司。处于第四梯队的基金公司所获管理费在 1 亿元以下，包括新华、华富等 15 家基金公司。

如果我们以 5 000 万元收入作为一家基金管理公司年度经营的盈亏平衡点，那么在 2011 年运作的 64 家基金管理公司中，尚有 8 家不能赢利。目前不同基金公司的管理费收入不同，并客观上差距显著、形成不同梯队的现象，存在着各种原因，直接原因是其管理的基金资产规模不同造成的，背后原因在于基金业固定费率制的管理费提取方式。

知识拓展：关于固定费率和浮动费率、业绩报酬的借鉴与思考

在股市处于低迷时期，基金整体业绩往往持续亏损，此时投资者对基金公司"旱涝保收"的固定管理费制度就会不满。2012 年 5 月，我国基金监管部门开始探索"对称浮动"模式，将关于基金管理费用征收模式的讨论推向热潮。该模式将参考业绩基准，当基金业绩优于业绩基准时，管理费向上浮动；反之则同等水平向下浮动，旨在激励基金经理，增强基金经理和投资者的利益一致性。

1. 浮动费率在海外的发展

在海外市场，浮动管理费率主要以固定管理费用加业绩报酬的形式来体现。虽然浮动费率在全球对冲基金中得以广泛运用,但在以个人投资者为主的共同基金上,采用浮动费率模式的基金仍然较少,数量上不足5%。根据晨星公司的数据显示,在美国9 000多只开放式共同基金中,只有127只基金收取业绩报酬,平均业绩提取比例也仅为0.54%,绝大部分在0.1%~0.3%。而英国及欧洲大陆的基金收取业绩报酬的比例则相对较高,业绩费率也多在20%以上。这主要是因为欧洲市场对于基金运用金融衍生品交易采取更为宽容的态度,英国采取浮动费率的股票型基金多伴随运用金融衍生工具、实行类似对冲基金的策略。所以这些基金浮动费率的设置方式也更加贴近对冲基金模式。

事实上在20世纪六七十年代,浮动费率模式在美国曾经一度流行,但在经历1973—1974年的市场震荡之后,大多数基金公司又重新回归固定费率。从过去10年中,美国开放式共同基金采用浮动费率的基金数量呈下降趋势,由10年前的200多只减少至如今的127只。尽管如此,仍然有富达(Fidelity)和骏利(Janus)两家公司坚定不移地推广浮动费率。这两家公司历来都十分重视将投资者的利益放在首位。为促进基金经理和投资者利益的一致性,骏利还大力提倡基金经理持基计划,公司旗下的基金经理均持有至少一只公司管理的基金,并且也不遗余力地在网站显著位置公布基金经理的基金持有情况。富达公司为投资者服务的理念则更是体现在公司独特的结构上,富达公司的实际股东就是投资者本身。多年来,富达公司不懈致力于降低管理费用,不仅是行业里平均管理费用最低的公司,同时也是采用浮动费率的先驱。公司自20世纪70年代就开始陆续对股票型基金实施浮动费率,目前富达共有66只基金采用业绩管理费。在目前美国所有采用浮动费率的基金中,富达基金从数量上占据了半数以上,资产规模更是占到了80%。

依据晨星的数据显示,美国目前采取浮动费率的基金管理资产规模普遍较大,平均超过30亿美元,但暂未发现业绩报酬的提取对晨星星级评定和业绩有显著的影响。并且目前学术研究也尚未发现浮动费率有助于提高基金经理的业绩。鉴于激励性质费率易造成基金经理为追求短期业绩而追逐风险,美国证监会修订后的投资公司法案要求共同基金的费率浮动必须要符合对称原则,即管理费因投资业绩而得到的奖惩(上下浮动)必须对等。

2. 国内浮动费率之争

关于国内基金是否应该实行浮动费率,根据媒体的调查,其结果相当两极分化:机构投资者普遍持不赞成态度,而个人投资者则是压倒性的支持。

对于基金公司而言,管理费用是其主营业务收入,因此基金公司显然会倾向固定费率带来较稳定的预期现金流模式。此外,基础市场必然伴随着牛熊市交替,当市场行情不济的情况下,浮动费率势必引起管理费收入进一步缩水,给公司经营带来压力,尤其对于小规模或者刚起步的基金公司来说不利。

对于广大的个人投资者来说,管理费率与基金业绩挂钩无疑给投资者带来了莫大的心理安慰,但是否就可以断定浮动费率能够为投资者带来实质的好处呢?

1)感觉好未必真的好

对于投资者,浮动费率模式的确会让投资者感觉"更加合理一些",尤其迎合了投资者"基金亏损凭什么我埋单"的怨气。但从本质上看,固定费率与浮动费率的差别无非是从现行的牛熊市"旱涝保收"模式向"牛市多收一点、熊市少收一点"模式转变,长期而言只是从左手到右手的区别。并且投资者目前对于浮动费率的认可也存在情景依存(frame dependence)的认知偏差。当前整体基金业绩表现不好,投资者感受到浮动费率的实行有助于减少需要支付的管理费;但如果处于类似 2007 年的大牛市当中,投资者感受到的可能就是"基金只是靠天吃饭,为何还要上浮费率,增加管理费收入",从而对浮动费率转为较为反对的态度。

投资者真正关心的是基金持续优异的费后收益,如果基金持续亏损,即使管理费用分文不收,对于投资者也是无益的。如果投资者对基金没有信心,那么最好的办法就是赎回。申购赎回的机制就是对基金经理最好的激励。单纯的下浮管理费用并不能弥补现在广大基金投资者所承受的损失。

2)合理设计浮动费率

虽然投资者希望借浮动费率实现风险共担,但是浮动费率的激励特性往往会导致基金经理为求短期业绩采取激进投资行为。对此美国富达公司旗下著名的麦哲伦基金就有过前车之鉴。由于时任基金经理 Jeff Vinik 在 1996 年过分押注债券市场,以致当市场未能与其预期同步时,该基金在随后几年业绩下滑并导致管理费下调。为了防止基金经理过度追求风险,美国共同基金的费率浮动通常都较低,在 $0.1\%\sim0.3\%$,并且往往还设置了浮动上限。例如 Alliance 公司曾将旗下一只原本收取 0.75% 固定管理费的基金转变成收取 0.5% 固定费率加提取业绩报酬的浮动费率模式。基金经理的业绩与标普 500 指数相比,每超过(滞后)基准 2% 就可上浮(下调)1 个基点的业绩报酬,浮动的上限是 5 个基点。

3)业绩基准的选取和建立

建立合理的业绩比较基准是实行浮动费率的核心。美国目前实行浮动费率的基金参照的业绩基准主要是常用指数,例如标普 500 指数和罗素指数。富达公司旗下基金的业绩标准大致可分为三类:一是有明确投资风格的基金,如成长大盘、价值小盘等,此类基金业绩标准通常为相应风格的罗素指数;二是投资全球的基金,此类通常参考 MS-CI EAFE 指数;其余的基金则通常和标普 500 进行比较。

但国内基金业的现状是重视排名不重视业绩基准,尚无统一规范确定业绩基准的合理性。由于业绩基准的确定存在较多人为因素,若实行浮动费率后,基金公司选取较易实现的目标作为业绩基准,公司反而更易增加管理费收入,从本质上无异于商场促销惯用的先提价后打折的方法。

3. 基金费率改革应全方位实施

对于浮动管理费改革的讨论也是希望借由增强激励机制,促使基金公司更好地为投资者服务,推动基金业的良性发展。但就费率改革而言应当是全方位的,不只局限在是否实行浮动费率之争上。

首先国内基金管理费率存在较大的下调空间。在中国基金发蓬勃发展的十几年中,美国各类型基金的管理费率逐年下降,而国内的费率一直未有变动,基本维持在股票型基金为 1.5%、指数基金是 0.5%、债券型基金为 0.6%。国内基金管理费居高不下的相当一部分原因在于近年来渠道销售费用的攀升。为了获得更多的渠道,不少非银行系的基金公司不得不支付更多的尾随佣金维护销售渠道。如果这部分费用可以合理控制,一方面基金公司可以"让利于民",降低投资者需要支付的管理费用;另一方面基金公司也可加大对于投研团队和人才的培养以及客户服务质量等实质性层面的综合提升。

其次管理费设置还可引入市场化机制,放开费率竞争,让基金公司在市场化竞争中探索合适的差异化固定费率。把管理费高低的决策权交给基金公司,让投资者在基金公司的相互竞争中受益。

资料来源:张洁.基金浮动管理费率——探索中前行.晨星公司中国研究中心,2012年7月.

结合上文分析,本书对我国目前的基金管理人激励机制提出几点建议:

1. 提高基金管理人和基金经理持有基金份额的比例

基金管理人分享基金剩余索取权并承担经营风险的途径之一是让其持有基金份额。2002年以前在封闭式基金发行中,要求基金管理人认购一定比例的基金单位,但比例不高。基金发起人持有封闭式基金份额的比例为3%,其中基金管理人持有的比例为0.5%;基金发起人认购的基金份额,自基金成立起一年内不得转让,一年以后,在基金存续期内,基金发起持有的份额占基金总份额的比例保持不低于1.5%。为了提高激励相容程度,应提高基金管理人持有基金份额的比例,并严格限制其转让,尽可能使基金管理人与基金投资者"激励相容"。2005年以来,我国证券监管部门已经在提高基金管理人和基金从业人员持有基金份额问题上采取了相应措施。

2005年6月8日,中国证监会颁布《关于基金管理公司运用固有资金进行基金投资事项的通知》,允许基金管理公司将其固有资金投资于证券投资基金。该规定要求:基金管理公司运用固有资金投资封闭式基金的,持有该基金份额的比例不得超过基金总份额的10%,且持有的基金份额在基金合同终止前不得出售。持有开放式基金份额的期限不少于六个月,持有该基金份额的比例不超过该基金总份额的10%。2007年6月13日,中国证监会颁布《关于基金从业人员投资证券投资基金有关事宜的通知》,规定基金从业人员只能购买开放式基金,并且必须持有6个月以上。结合这两个规定,我国部分基金管理公司设计了基金经理的基金持有激励计划。

案例:我国首份基金经理的基金持有激励计划

华宝兴业基金管理公司2007年8月推出基金经理的"基金持有激励计划",该计划是国内基金管理公司推出的首份内部人持有基金份额的激励计划。该计划以基金经理为激励对象,具体安排是鼓励基金经理购买一定金额自己管理的基金并长期持有。根据基金经理购买的基金份额,基金管理公司同时也以1∶1的比例以自有资本金投资和持有相应的基金份额,这部分投资的收益最终归该基金的基金经理所有。基金公司以1∶1比例同时投资的基金有一个额度上限。

2007年8月6日华宝兴业基金管理公司公告,该公司将于8月8日总共投入自有资金210万元申购该公司旗下的全部七只偏股型开放式基金和一只债券型开放式基金。该公司的基金经理激励计划已覆盖了公司旗下除货币市场基金之外的全部基金。华宝兴业此次推出基金经理激励计划,把基金持有人的利益、基金公司和基金经理的利益更紧密地结合起来,在基金持有人、基金公司和基金经理之间建立起更深层次的信任,是实现基金持有人、基金公司和基金经理多赢的、更有效率的安排。

与此同时,这个计划是一个长期的激励安排,因为有锁定期的安排。华宝兴业要求每个基金经理持有自己的基金份额的时间不能低于一年半,并且鼓励更长期持有,而监管机构目前对基金从业人员持有基金期限的要求是不少于 6 个月。相应地,公司资本金投资的那部分基金份额持有时间会与基金经理保持一致。如果基金经理持有 20 年,公司也会持有 20 年。

由于此次计划具有实验的性质,华宝兴业基金公司和基金经理投入的金额都不是很大。公司希望基金经理今后能够持续投入,甚至可以向定期定投的方向发展。

华宝兴业推出的基金经理"基金持有激励计划",为整个行业在这方面的探索提供了有益的经验和借鉴。

2. 在评价基金业绩时引入风险指标

在评价业绩时引入风险指标。投资者的效用是由风险和收益共同确定的。我们假定基金投资者都是属于风险厌恶型,在风险一定的情况下,追求收益最大化;在收益一定的情况下,追求风险最小化。从根本上说,投资收益率(净资产增长率)只能衡量基金的经营成绩,不能反映基金的经营风险,不是综合衡量基金业绩和风险的最佳指标,而詹森指数、特利诺指数、夏普指数①等基金绩效评价指标能更全面地反映基金的风险收益状况。因此,从进一步完善的角度看,只有能综合衡量基金业绩和风险的指标才能作为业绩报酬提取的基本依据。

3. 注意不同类型基金激励方案的差异性

面对多样化的基金,评价以及激励方案也应当有所差异。如果对所有基金都以统一指标进行考核指标,势必造成基金风格趋同,这不利于投资者在风险收益组合中寻找到平衡点。

另外,开放式基金与封闭式基金的激励方案也应有所区别。开放式基金的申购和赎回本身就是激励和约束机制。而封闭式基金的规模是既定的,基金业绩的好坏,对其资产总额影响不大。封闭式基金的市场性激励不足,因而更多地需要从基金管理费率等方面设计内部激励制度。

4. 引进和提倡建立基金业的声誉机制

声誉机制是一种长期激励和动态激励。在存在声誉机制的情况下,基金激励方案中原本存在的一些问题自然而然地就消失了。例如,基金管理人可能出于增加管理费和计提业绩报酬所做的净值操纵,在一个崇尚企业声誉、基金声誉、基金从业人员声誉的公司中,就不会存在,因为这是一种"杀鸡取卵"、"竭泽而渔"的办法。与基金管理人的长期职业生涯相比,一次性的业绩报酬是微不足道的。因此,基金业的声誉机制至关重要。当然,声誉机制的建立需要许多外部支持条件。

---

① 关于詹森指数、特利诺指数、夏普指数,详见本书第 19 章第 2 节。

本章小结

本章分别讲述基金持有人费用、基金运营费用、基金费率的灵活设计和创新等。

封闭式基金的持有人费用包括基金发行费、交易佣金、过户登记费、分红手续费和其他费用。开放式基金的持有人费用分为交易收费和非交易收费。交易收费包括认购费、申购费、赎回费、基金转换费等。非交易收费包括开户费、账户维持费、注册登记费、分红手续费、代理公司直销网点资金结算费等。

基金运营费用指基金在运作过程中发生的费用,主要包括管理费、托管费、其他费用等。基金管理费是支付给直接管理基金资产的基金管理人的费用。基金托管费,指基金托管人托管基金资产所收取的费用,通常按基金资产净值的一定比例逐日计算,定期提取。

本章的重点是基金费率的灵活设计和基金管理人的报酬。基金的费率设计包括费率的总体水平和结构两个部分。费率总水平受行业竞争的限制,一般来说各基金之间相差不会很大;费率结构则受投资者偏好的制约,应根据投资者的需求决定。开放式基金的销售费率设计指基金管理公司为了促进基金的销售,鼓励投资者多购买而进行的不同设计。除了销售费率以外,优惠的赎回费率、管理费率和托管费率也是基金吸引投资者的重要因素。赎回费率的设计,应当采取时间累退方式。即在基金持有人赎回基金份额时,根据基金持有人持有时间的长短不同分别收费。

基金的管理费率目前我国均采用固定费率,未来可考虑采用累退制,不同定位的基金应征收不同的管理费率。基金管理人业绩报酬设立的目的在于激励基金管理人提高经营业绩。

价值增长线的创新体现了基金管理公司在管理费收取上对投资者利益的考虑,是基金管理费制度设计的一个进步。

必须改革现有的管理费制度,具体做法有:提高基金管理人持有基金份额的比例;在评价基金业绩时引入风险指标;业绩报酬计提的基准选择应科学;注意不同类型基金激励方案的差异性;引进声誉机制等。

本章思考题和计算题

1. 基金的运营费用有哪些? 什么是12b-1费用?

2. 基金费率的设计包括哪些方面? 为什么要对基金的费率进行不同的设计? 美国开放式基金对费率有什么样的设计? 对我国基金的费率设计有哪些启发性?

3. 创新型封闭式基金采取的业绩报酬制度有什么进步? 请以大成优选基金为例,分析其2007—2012年的5年封闭期的业绩报酬和绩效。

4. 什么是价值增长线? 为什么说价值增长线的设计体现了基金管理费制度的创新? 请分别以博时价值增长、博时价值增长2号、海富通收益、天治财富增长4只设立了价值增长线和类似指标的基金为例,分析它们的绩效是否好于同类型的其他基金。

5. 目前我国基金管理人提取管理费制度的问题有哪些? 原因何在? 你是否赞同采取

浮动费率的基金管理费制度?

6. 请阅读本章的知识拓展,其中谈到行为金融学的情景依存(frame dependence)的认知偏差理念,请你去学习行为金融学的这个概念,并思考如何用于解释基金浮动管理费率的争议。

7. 设某基金在 2018 年 11 月 5 日计算的基金资产总额为 130 532.3 万元,负债总额为 35.4 万元,管理费率为 1.5%,托管费率为 0.25%,试计算次日应提取的基金管理费和托管费。

8. 2013—2014 年,我国基金市场出现了数只采取浮动管理费率的基金,如富国目标收益一年、中欧成长优选、安信价值精选等。请找来它们的招募说明书或基金合同,分析这些基金浮动管理费设计的特征。

 延伸阅读

对于美国共同基金业费用的发展变化,可以参考阅读《ICI2012 年报》第 5 章"共同基金的费用"以及在 ICI 网站上关于基金费用的变化趋势的研究文献(目前 ICI 提供了自 2005—2011 年历年关于基金费用的研究文献):http://www.ici.org/research/policy_research。

第7章 基金的注册登记、过户清算与营销

7.1 基金的注册登记

基金的注册登记,是指基金持有人初次购买基金单位后,由注册登记机构为基金持有人建立基金账户,在基金账户中进行登记持有人信息和持有人所持有的基金单位。以后基金持有人申购或赎回基金,也由注册登记机构为基金持有人在其基金账户中登记,表明基金持有人所持有基金单位的增加或减少。封闭式基金的注册登记,采用的是证券交易所的证券中央登记结算系统,和股票的账户登记、托管、清算没有区别,因此,本章介绍的是开放式基金的登记和清算。

注册登记机构是开放式基金销售体系的重要组成部分,注册登记机构管理和维护基金投资者名册,并监督申购与赎回资金的流向。注册登记机构有以下几种类型:内置型(由基金管理公司担任)、外置型(由与基金管理公司无关联的外部机构担任)、混合型(兼有内置型和外置型),但它们的职能是相同的,主要有:

(1) 投资者服务:为基金持有人建立基金投资账户、报告账户的业绩表现、接受基金持有人的电话咨询;邮寄基金报表、分红通知、税务处理资料等;

(2) 过户登记:根据投资者的申购赎回改变投资者账户的基金份额、维护账户资料;

(3) 提供销售报告:向基金管理公司、托管银行报告实际的基金份额(根据每天申购赎回情况进行计算);

(4) 红利分配:负责红利的发放或红利的再投资;

(5) 管理申购与赎回资金流:根据基金申购与赎回的情况,监督托管银行、销售机构的资金划拨。

在海外,开放式基金的登记和过户主体有以下几种。

英国的基金过户登记责任主体为受托人。根据英国规定,受托人作为登记人应当建立和维护持有人的登记。持有人凭证可以采取记名的形式也可以采取不记名的形式。管理人和受托人必须采取适当步骤和以应有勤勉责任,确保登记信息的完整和及时。登记作为所有权的证明是确定基金份额存在的依据。在接到持有人变更姓名和地址的书面通知后,应对登记做出相应变更。

美国的基金管理公司为了便于管理都设立自己的过户代理机构。一些基金规模较小的基金公司,为了提高效率、降低成本,通常委托银行或信托投资公司代理基金过户。不过随着专业化分工的需要,越来越多的基金公司选择外包给专业的过户代理机构。在美国,这一行业被称为过户代理人(transfer agent,TA)。

过户代理人负责登记基金份额的申购和赎回,保持基金份额记录、向基金公司报告已发行的基金份额、管理基金资金流动、提供销售报告等;向股东提供服务,包括账户管理、客户服务、向股东邮寄资料、处理交易等;分配基金红利,保持详细的股东名册、确认红利分配的股东、分配收入和资本利得、处理再投资、提供综合的税务报告等。

在我国香港特区,过户登记多由受托人进行,登记人的义务包括保有单位持有人记录、准备单位持有人需要的实物凭证、确保投资者申购费的接收和向持有人收取赎回费用等。

因此,基金管理公司、商业银行、证券交易结算机构等都可以成为注册登记机构。目前,我国的基金管理公司都建立了自己的注册登记机构。在我国开放式基金发展初期,基金管理公司要在市场上抢得先机,必须充分掌握客户资源,及时了解客户交易状况,因而有必要建立自己的注册登记机构。这也是国外基金管理公司的普遍做法。

比如,我国第一只开放式基金"华安创新基金"的注册登记体系,采取了以基金管理人为主的模式,主要由注册系统、客户服务系统和会计核算系统三个子系统组成。在开放式基金试点中,采取以基金管理人的注册登记系统为主,体现了稳健的原则。不过,随着我国开放式基金的发展,基金注册登记机构目前已经出现多元化的趋势。比如,我国沪深两个证券交易所的后台清算机构——中国证券登记结算公司成为越来越多基金的注册登记机构,LOF 和 ETF 基金的发展,进一步强化了这一趋势。

7.2　基金的过户清算

7.2.1　基金登记过户模式

开放式基金的登记过户代理系统,目前主要有三种成熟的模式,即基金管理公司模式、商业银行模式和登记结算公司模式。

在管理公司模式中,由基金管理公司直接掌握基金持有人的本名账户,无论基金份额是在银行网点还是在基金管理公司直销网点或证券公司营业部销售,其客户资料最终都要通过各种渠道反馈到基金管理公司并由其加以管理和服务。这样,基金管理公司在发行结束后,便已获得了比较完整的客户资料。开放式基金持有人的这份客户资料是一份难得的一手材料,它对于细分客户群体、了解真实有效的客户信息、进行市场分析调研有着很大帮助。真实有效的客户资料,不仅有助于基金管理公司有针对性地进行产品设计、开发和提供服务,而且对于加强监管、增强证券市场的公允性也大有裨益。由基金管理公司进行登记过户,对于掌握整个证券市场真实的资金流动、客户分布有着积极意义。

在商业银行模式中,商业银行行使过户代理人的职能,所有该银行的网点、其他代销银行的网点、基金管理公司直销网点、代销证券公司的营业部都要与该过户代理银行相连接,由这家银行建立客户的本名账户并进行客户管理。

在传统的中央证券登记结算公司(即中国证券登记结算公司,简称中登公司)模式里,基金客户通过基金管理公司直销网点、代销银行网点和证券公司营业部网点以本名账户连接上证券登记结算公司,由证券登记结算公司担当基金过户代理人的角色。

另外,还有一种"二级登记模式"的方案,兼具上述三种模式的优点,将来可能更有市场生命力。它的简单构架是,基金持有人客户不但能够通过基金管理公司直销网点或其他代销网点,以本名账户方式与作为一级过户代理人的基金管理公司直接建立信托关系,也可以通过银行网点或证券公司营业部,由银行总行或中登公司承担二级过户代理人的义务,在他们建立二级代理账户后,再与一级过户代理人——基金管理公司——发生关系。这样,有实力的银行也可以担负起对基金客户的管理和服务职责。这种登记过户模式,既方便了投资人的选择,平衡了银行、中登公司、基金管理公司各方的利益,有助于发挥各自在网点、清算、登记过户等方面的优势,也便于基金管理公司的产品开发,符合国际基金业以客户为中心进行多元化竞争的发展趋势。

以美国共同基金的过户及清算流程为例,美国过户代理商拥有较庞大而复杂的技术系统,主要包括基金过户系统、佣金计算系统、交易准入系统、股份统计系统、价格控制系统、基金核对系统等。美国共同基金过户代理的业务流程,主要是接受客户的买卖指令和收取申购款;申购赎回资料输入计算机系统并进行处理;过户代理商在当晚用每股净资产值计算出购买的基金份额和赎回金额;向经纪人确认购买和赎回指示已执行,并将交易通知基金会计和分销商;把申购资金转给托管人,并把股份转为已付资本股份,将赎回资金支付给经纪人或投资者。基金公司将基金价格、应分配的红利和资本利得、每天或一段时期的分红及税收信息通知过户代理商。

从基金资金清算环节看,在美国,申购资金清算程序是投资者与分销商或过户代理商进行清算,分销商与过户代理商清算,过户代理商与托管人清算,托管人与基金公司清算;赎回资金清算程序与申购资金清算方向相反;基金相互转换的清算程序是分销商与过户代理商清算,过户代理商与清算银行(转换基金各自托管行)清算;红利分配的清算程序是基金公司通知托管人付款给过户代理商,过户代理商支付给分销商,分销商支付给投资者;佣金清算在申购时是投资者付款给分销商,分销商把除去佣金后的资金付给过户代理商。在赎回时是过户代理商将赎回款扣除佣金后的资金付给分销商,分销商再将扣除佣金后的赎回款付给投资者,过户代理商与分销商定期结算佣金。

7.2.2 基金的清算交割时间

我国开放式基金的清算交割一般在交易结束后的7个工作日内完成。我国基金投资者申购基金单位时,必须全额交付申购款项。款额一经交付,申购申请即为有效。除有基金招募说明书载明的不接受投资人申购申请的情形发生外,基金管理人不得拒绝基金投资人的申购申请。申购份额的确认到账,一般为申请日后两天,即T+2日。

当投资者提出赎回申请,除以下情况外,基金管理人不得拒绝接受投资者的赎回申请:

(1) 不可抗力;

(2) 证券交易所交易时间非正常停市,导致基金管理人无法计算当日基金资产净值;

(3) 其他在基金契约、基金招募说明书中已载明并获批准的特殊情况。

发生上述情形之一的,基金管理人应当在当日立即向中国证监会备案,已接受的赎回申请,基金管理人应当足额兑付,如暂时不能足额兑付,可按单个账户占申请总量的比例分配给赎回申请人(即发生巨额赎回),其余部分按基金契约及招募说明书载明的规定,在后续开放日予以兑付。因此,投资者提出的赎回申请,除不可抗力、交易所非正常停市、发生巨额赎回等特殊情形外,赎回即有效。

我国《证券投资基金运作管理办法》规定,基金管理人应当于自收到基金投资人申购、赎回申请之日起 3 个工作日内,对该交易的有效性进行确认。基金管理人应当自接受投资人有效赎回申请之日起 7 个工作日内支付赎回款项,但中国证监会规定的特殊基金品种除外。目前实践中我国开放式基金的份额交收实行的是 T+2 交收;资金的交割交收,申购实行的是 T+2 日清算,赎回实行的是 T+3 日清算。具体各基金的规定和托管银行的处理可能存在区别。

7.3　我国开放式基金注册登记、过户及清算方式的发展趋势

在我国开放式基金试点阶段,基金注册登记、过户清算可以由基金管理公司办理。但随着开放式基金规模和种类的增加,由于投资者数量众多,基金登记清算如由基金管理人自行处理,需要投入巨大的计算机和人员管理系统,不如利用其他现有机构"外包"办理更为经济。外包机构在完成清算和登记程序后将数据传回基金管理公司,由基金管理公司负责投资者的基金售后服务。

随着基金产业的扩大和基金管理公司管理资产规模的扩大,未来我国基金公司可以选择独立的过户代理商提供专业的过户代理服务。此外,基金的过户也可以由托管银行负责。由托管人负责过户的体制可以利用托管银行计算机网络容量大,电子化程度高,能够快速安全地完成基金的申购赎回及基金份额的过户及统计;基金的申购赎回资金循环系统与基金投资交易的资金循环系统分开,有利于保证基金资产安全。此外,中国证券登记结算公司也是一种选择。

开放式基金交易资金的清算可充分利用我国托管银行较完善、发达的清算网络进行。资金清算的主体包括参与开放式基金销售的基金管理公司总部、商业银行总行、证券公司法人、基金托管人和过户代理人。商业银行系统内参与资金清算的单位为在总行开立备付金存款账户的分行、基金管理公司和证券公司内部的基金销售网点。在清算程序上,各销售网点与投资者进行清算;分销商与系统内销售网点进行清算;分销商以法人为单位直接与过户代理人对申购赎回资金进行清算;过户代理人统一与基金管理公司办理该基金申购赎回资金清算。

为保证基金市场稳定,申购和赎回的清算及交割交收可以不同,站在基金管理公司的角度,目前实务中申购款一般于 T+2 日内到达基金在银行的存款账户;赎回款于 T+3 日划出基金在银行的存款账户。在清算方式上可采取全额清算与净额清算相结合的办法。过户代理人与管理人按申购赎回资金净额清算;分销商与系统内销售网点、各销售网点与投资人实行全额清算。对申购赎回资金实行批量处理。

7.4　基金营销方式

基金主要通过两种方式进行营销:一是直接销售方式(简称直销);二是间接销售方式。在直销方式下,基金管理公司通过自行设立的营业网点或电子交易网站把基金份额销售给投资人。在间接方式下,基金管理公司通过商业银行、证券公司、保险公司或专业的销售代

理机构等把基金单位销售给投资人。

1. 封闭式基金的营销方式

我国封闭式基金主要采取间接销售方式,通过证券公司营业网点进行交易。

2. 开放式基金的营销方式

开放式基金采取直接交易与间接交易并重的交易方式。基金营销主要是指开放式基金的营销。

就直接营销和间接营销相比,直接营销的优势在于以下几方面:

(1) 控制客户,因为基金管理公司直接与投资人建立联系,有利于稳定客户(特别是大客户和机构客户)。

(2) 高利润,这是因为不必向第三方支付销售佣金。

(3) 较低的风险,因为销售过程由基金管理公司控制,能够确保服务质量,有利于建立稳定的客户群。

(4) 便于为投资者开发新产品。

直接营销的劣势在于以下几方面:

(1) 成本较高。因为差异化的市场营销策略提高了销售成本。

(2) 营销人员需求较大。大多数的投资者都需要一定程度的投资建议,为较不成熟的市场提供服务,更需要一定的人力资源。

(3) 直接营销中可能产生道德风险。基金管理公司由于自身利益的缘故,可能向投资者提供了不公正的建议意见,会损害投资者的信心。

间接营销的优势在于(以银行和保险公司为例):

(1) 可以提供对现存资金的最直接渠道,如当前银行客户的存款。

(2) 比较规范,尽管各国监管的程度和质量很不相同,银行与保险公司还是比其他渠道更规范。

(3) 银行与保险公司在国内市场一般都有较高的知名度。

(4) 良好的分销网络,银行一般都有遍布全国的网点,保险公司也有全力以赴的销售队伍与固定的代理网络。

间接营销的劣势有如下几点:

(1) 银行经常受到对客户服务不佳的指责,银行对于不同投资渠道的投资产品,可能无法提供必要的客户服务,影响了客户对银行的忠诚度。

(2) 销售基金产品比销售银行其他金融产品更为复杂。因而代理销售投资基金在基金市场刚刚起步的国家里,会相对困难些。

(3) 较高的销售成本,委托第三方代理销售,基金管理公司要付出一笔可观的佣金,增加了运营成本。

(4) 由于销售网点非常分散,难以控制服务质量,可能会失去一部分潜在的投资者。

7.5 开放式基金营销方式的国际比较

国外开放式基金的代理销售渠道十分发达,主要有:证券公司、商业银行、保险公司以及专业的基金销售公司等。比如在美国,大多数基金都有一个附属的销售商,负责向全国销售。该承销商拥有独家销售权,利用不同的渠道销售基金单位。在我国香港特区,有四成的基金是通过银行销售的,其他的代销机构还有独立的财务顾问和保险公司等。在欧洲,基金分销渠道首先由银行占据,其次是保险公司,其他分销渠道包括独立机构、邮局和证券经纪人等。

在代销系统中,零售机构直接面向投资者,投资者通过这些机构的网点进行申购与赎回。这些网点提供的服务有两种类型:一是单纯的买卖服务;二是买卖服务与投资咨询服务。从国外情况看,各国采用的销售渠道有所不同,美国销售渠道最为丰富。

我国目前开放式基金的销售方式采取直接销售与间接销售相结合的方式。如以我国第一只开放式基金——"华安创新基金"在首次发行时采用的销售方式为例。华安创新基金首次发行时主要有两个销售途径,一个是直销机构,设在上海浦东陆家嘴的上海国际大厦二楼的华安基金管理公司客户服务中心;另一个是代销机构,当时的唯一代销机构是交通银行确定的首批试点 13 家分行的 200 多家营业网点。(交行的首批开放式基金销售试点为北京、上海、天津、重庆、南京、沈阳、广州、青岛、郑州、武汉、杭州、西安、深圳 13 家分行。)投资者要买"华安创新基金",首先要成为交通银行的储户,在银行开立储蓄账户,申购资金由储蓄存款再转为基金申购款。根据认购日当天收盘时基金净值折算为基金单位数量,实行 T+2 的交割机制。这一早期做法基本维持到当前,不过基金的代销渠道越来越多。

目前我国的基金管理公司的基金营销选择了直销与代销相结合的方式,从长远来看,还要走销售渠道多元化的道路。

7.6 我国证券投资基金营销的现状

7.6.1 营销渠道

目前我国不同的基金营销渠道具有不同的作用和优势。

1. 银行渠道

选择商业银行作为合作伙伴,主要原因如下。

(1) 方便和鼓励储蓄资金购买基金。

(2) 银行系统营业网点多,符合贴近大众的要求。

(3) 清算系统发达,基本上能够做到全国范围内的联网清算和资金划拨,对于开放式基金的销售汇总非常关键。

(4) 我国银行的信誉良好,利用银行推销基金,有利于增强投资者的购买信心。

(5) 银行可以利用自己的电脑系统,建立基金投资者名册。

(6) 商业银行具有基金托管的经验,熟悉基金业务。

在我国,大众投资群体以银行储蓄为主要金融资产,而开放式基金的产品特点与储蓄存款又具有一定的类似性。选择大型国有商业银行作为开放式基金的代销渠道,可以有利于争取银行储户这一细分市场。

在现有开放式基金发行的过程中,商业银行主要是为基金的销售提供了完善的硬件设施和客户群,但由于营销人员的专业知识和激励政策不到位等原因,销售方式主要停留在被动销售上。相应地,为投资者提供的个性化服务未得到深入开展,这就直接影响了大众投资群体的投资热情。实际上,投资者对营销渠道所提供的投资建议、服务质量的心理感觉在其购买决策过程中的作用是不容忽视的。在投资者购买基金时,能够得到面对面的指导可能会增强其购买的欲望。为此,基金管理公司必须加强与代销银行的合作,通过对银行员工的持续培训、合作组织客户推介会以及代销手续费的合理分配等方法,增强银行渠道代销的积极性,提高银行员工的营销能力。

2. 证券公司

证券公司的业务主要面向股票及债券市场,其员工有关证券类产品的专业水平较高,面对的客户主要是股民。我国的基金目标投资者分布与证券公司营业部客户分布有较大的同一性。而且证券公司的投资者有亲身投资证券市场的操作体验,并习惯于通过证券公司进行投资。针对投资意识较强的股民群体,利用券商网点销售基金将是争取这类客户的有效手段。同时相比商业银行,券商网点拥有更多的专业投资咨询人员,可以为投资者提供个性化的服务。此外,利用证券公司作为销售代理机构,可以最大限度地利用已有的证券交易系统,操作比较简便。

3. 基金公司直销中心和直销分支机构

基金公司一般会建立自己的直接销售体系,比如在全国主要的城市设立销售分支机构。这样做的原因是:贴近大众,有利于树立自己的品牌;建立各地分支机构,便于协调与各地分销机构的关系;接待当地投资者的访问,具备一定的售后服务功能;放置宣传资料,协调当地的宣传工作;方便与当地上市公司的联络,便于研究工作的开展;等等。

基金公司的直销人员对金融市场、基金产品具有相当程度的专业知识和投资理财经验,尤其对公司整体情况及本公司基金产品有着深入的了解,能够以专业水准面对专业化大型投资机构及个人等。虽然基金管理公司营销人员规模相对较小,但可以通过建立具备专业素质的直销队伍,辅以直邮、电话销售、呼叫中心以及基于 Internet 平台的直销网络,直达特定服务群体。

随着基金产品营销渠道广度和深度的不断拓宽,基金管理公司对各种渠道必须进行有效管理,组成一个功能互补、效益最大化的渠道网络,服务于各个不同的细分市场,覆盖市场空白,尽可能地扩大销售量。为此,对基金管理公司营销渠道管理人员的要求也将越来越高。

知识拓展:基金电子商务

基金电子商务是指利用互联网等信息技术为客户提供一揽子基金投资服务,主要是 BtoC(企业对消费者)电子商务。基金电子商务包括网上销售以及其他交易形式(如电话、手机),它作为基金公司自我销售网络的延伸,越来越受到重视。目前我国几乎所有的基金管理公司都已经采取了基金电子商务的营销方式。

基金电子商务由于采用不直接见面的接触形式,客户必须对这个公司、产品有较好的了解与信任,因此基金公司发展基金电子商务的主要前提是该公司拥有一定的品牌价值与客户资源。目前我国基金电子商务基金发展较好的基金公司有华安、易方达、嘉实、汇添富、广发等,这些公司管理的资产规模大,客户(特别是个人客户)基础较为广泛,他们的基金管理业绩整体较好,具备了大力推进基金电子商务的条件。

以华安基金管理公司为例,该公司基金电子商务业务在 2005 年以来得到快速发展,刚开始只是一个应用交易平台。自 2004 年年末,华安货币基金的快速发展增加了大量客户,截至 2005 年年底华安基金电子交易客户约 2 万个,基金存量 10 亿元。

1. **发展基金电子商务的意义**

(1) 延伸基金公司销售网络,为基金推广增加一种重要手段

在现有的代销、直销模式下,发展基金电子商务能够延伸基金的销售网络,成为基金公司自身的网络。从与基金业相似的证券经纪业发展电子商务的经验来看,电子商务起到了延伸网络的作用。

(2) 加强与客户的沟通,增强基金公司的直接服务能力

客户的不断增加是基金公司发展的重要目标,但是由于基金公司采取高效精简的管理体系,人员的发展肯定跟不上客户的增长速度。通过基金电子商务,基金公司能够为客户提供更好的服务,在服务质量、效率上都有很大提高。

(3) 降低销售成本和客户维护成本

通过基金电子商务为客户服务,由于采取无纸化和网络客户维护为主,能够降低基金的销售成本和客户维护成本。

2. **基金电子商务的主要模式**

主要有两种模式。电子直销:以华安为代表,目前几乎所有的基金管理公司均已推出基金电子直销。电子代销:利用银行的网上银行销售平台进行基金销售,其前提是基金管理公司和银行具有合作关系并能够实现资源共享。

3. **基金公司发展电子商务必须注意的问题**

(1) 基金电子商务的发展首先要解决定位问题

因为不同基金公司处在不同发展阶段,会有不同发展侧重点。处在创业期的基金公司主要以补充交易手段、完善客户服务为主。这一时期,基金公司品牌还未定型,知名度较低,通常客户数量很少,交易量小。目前,处在这一阶段的公司通常采用电子商务对客户提供查询、咨询、信息服务为主,主要目的是补充基金公司的交易手段、完善客户服务。处在成长期的基金公司应主要以利用电子商务发展并稳定客户为主。这一时期,基金公司品牌初步形成,被一些客户了解,客户数量开始增加,客户日常普通交易量较大。这一时期的公司可以在通过推行电子商务来开发新客户,稳定老客户。处在成熟期和持续发展期的基金公司主要以电子商务改变业务结构为重点。尽管我国整个基金行业处于成长期,但严格说来,有个别基金公司已经进入成熟期,主要特征表现为,公司品牌形成、知名度较高,客户数量较大,这一时期的公司应主要以电子商务来形成自己的销售渠道布局,改造客户结构。

(2) 因基金公司的不同战略定位而有不同的发展方向

尽管目前我国基金公司整体上在战略定位上特征不太明显,只有一些公司在尝试差异化战略。基金公司采取不同的战略定位,电子商务应有不同发展方向。

如招商基金,由于招商银行与其具有关联关系,招商基金电子商务的发展采取的模式主要是电子代销,依托平台是招商银行的网银优势,这一模式可能会被银行系基金公司较多采用。采取经纪人销售网络发展策略的公司,由于销售网络广,销售力量强,电

子商务应该是这类公司强化优势,增强销售手段的重要工具。在客户定位上采取不同定位策略的公司,电子商务发展方向应以所定位客户群体的需求和偏好为主。

(3) 基金电子商务不是被动地接受客户下单,而是推广基金的一种重要手段

电子商务是双向的,而不是简单地、被动地接受客户下单。电子商务的发展必须要有"推"的力量。首先要进行客户统计与分析,确定电子商务的需求客户,了解他们的需求,对不同档次客户采取不同的推介办法。如对受过良好教育的中青年客户,采取自学、自助的形式;对于不熟悉操作流程的客户,采取培训辅导的形式。还要培养潜在需求客户。

基金电子商务的发展过程,必须与基金公司销售队伍建设相对应。这个过程必须由销售人员来推动,由他们培训、教育、辅导客户使用平台,形成交易习惯;同时,电子商务的发展,对于销售人员来说,是一个很好的平台与工具,有助于他们增加客户服务手段。

知识拓展:基金的第三方销售机构与第三方支付机构

基金的第三方基金销售机构,是指在以基金为主的理财领域内,从事投资顾问服务、产品销售、资产管理等业务的第三方理财服务机构。第三方销售机构的出现使得基金销售通道得以扩大扩展,基金业的整个生态链得到改善,而投资者也将会获得更多的服务和更灵活的费率。

国内第三方基金销售机构获得发展的背景是:2012年,中国证监会审批通过了7家第三方销售基金机构的销售牌照,分别是:深圳众禄、上海诺亚、好买基金、东方财富、数米基金、同花顺和上海长量信息科技等。其中,如数米基金网创办于2006年,注册资本为5 000万元,是国内第一批面向个人投资者的基金垂直网站。数米基金网的网站注册用户近300万人。获批后数米基金网将其名称改为"数米基金销售有限公司",并推出基于互联网的网上基金交易服务,提供"一站式"金融理财顾问服务。

向中国证监会申请独立基金销售机构(即第三方基金销售机构)的申请人可以为依法设立的有限责任公司、合伙企业或者其他形式。独立基金销售机构以有限责任公司形式设立的,其股东可以是企业法人、自然人。独立基金销售机构的申请资格要求"取得基金从业资格的人员不少于10人"。

独立基金销售机构申请资格要求"注册资本或出资不低于2 000万元人民币,且必须为实缴货币资本",并且"制定了完善的资金清算流程,资金管理符合中国证监会对基金销售结算资金管理的有关要求"。

2012年6月,众禄基金研究中心的第三方销售业务开始正式上线运作,成为最早上线运作的第三方基金销售机构。相比其他基金销售渠道,第三方销售机构在费率上目前没有更大优势,众禄的费率最低是4折,而基金公司网站上的直销费率一般也是4折。由于没有费率的优势,投资顾问的业务能力成了第三方生存的根本点。2012年7月,好买基金宣布与18家基金管理公司开通代理销售的网上交易。自代理销售之日起,投资者通过非现场方式申购相关基金的申购费率享有4折优惠。2012年7月富国基金与诺亚推出了一个注重信用债领域的固定收益专户。这是业内第一个由第三方销

售机构发起定制的固定收益类专户产品。该产品已经完成了募集,首发规模近 1.5 亿元,接近于同类中等银行的专户产品。

在第三方销售机构获得发展的同时,第三方支付机构也迅速增长。截至 2012 年年末,证监会已经批准了 7 家支付机构获得从事基金销售支付业务资格,分别是:汇付天下、通联支付、银联通、易宝支付、支付宝、财付通、快钱。

如"汇付天下"公司旗下的"天天盈"平台已经积累超过 150 万的用户、支持 46 家基金公司、32 家银行、800 余只基金产品、覆盖 95% 的市场份额。而与"支付宝"达成基金支付的接入意向超过 30 家基金公司,而东方财富网、好买基金等第三方基金销售机构也纷纷加大与支付宝的合作力度。基金直销支付(即第三方支付)企业现在还处于圈地的阶段,第一阶段是跟基金公司建立合作关系,接着就是第三方销售机构。

第三方支付与基金的合作路径主要有两条,一种是直接连接基金公司的直销接口,为基金公司直销平台提供一站式支付服务;另一种则是与第三方销售机构实现联通。不过,制约第三方支付迅速扩张的一个风险点是销售与支付的防火墙建设。

目前,我国基金业的第三方销售、第三方支付等仅仅发挥基金销售渠道的补充作用,对于商业银行而言尚谈不上威胁。不过长远来看,基金网上销售会逐渐为市场所接受,形成一个统一的网上结算平台也将是大势所趋。基金业的第三方销售和第三方支付将打破传统的基金销售格局。

7.6.2　促销手段

基金管理公司在开发产品、制定有竞争性的价格、安排向潜在客户的分销之后,就必须与目标市场进行沟通,告诉目标市场要提供的产品。通过人员推销、广告、销售促进和公共关系来达到沟通的目的,这就是促销组合四要素。

1. 人员推销

人员推销是一种面对面的沟通形式。为了获得最佳效果,销售队伍所做的努力必须与基金公司其他的沟通方式协调一致,如广告、销售促进和宣传等。

人员推销在基金业至关重要,主要原因是投资者无法用视觉、听觉、感觉、味觉和触觉去体验产品。因此,销售人员必须清楚地解释产品和服务以及它给人们带来的益处,才能赢得消费者的信任,以市场为导向的基金管理公司提供的产品才能满足其目标市场的需要。销售队伍的工作就是发现未满足需求的潜在客户并为其提供产品,而不是将产品强加于不需要或不想要的客户。

2. 广告

根据美国营销协会的定义,广告是"由营利性和非营利性组织、政府机构和个体以付酬的方式,通过各种传播媒体在时间或空间安排通知和劝说性信息,目的是向特定的目标市场成员或客户传达和使他们相信其产品、服务、组织或构思"。即广告的目的就是通知、影响和劝说目标市场。制作的广告信息能改变目标客户的知晓程度。广告通过各种媒体发送,如印刷媒体、广播媒体、户外和公共交通广告、直接营销和网站在线服务等。

3. 销售促进

销售促进包括各种多属于短期性的刺激工具,用以刺激投资者迅速和大量地购买某一基金产品。基金业最常用的销售促进手段有销售点宣传、激励手段、研讨会、特制品和优惠等。

(1)销售点宣传

开放式基金的销售渠道主要是银行、证券公司和基金公司的直销网点。客户每次进入上述机构营业网点时,这些机构的柜台工作人员就有了与客户沟通的机会。所以,基金管理公司可以在代销网点通过粘贴画报、置于柜台上的宣传手册、卡片以及其他可以吸引客户的材料有效地与现有客户进行沟通。这类促销材料有助于与潜在客户进行沟通。

(2)激励手段

基金管理公司通过对销售渠道销售人员的奖励来激励销售人员销售本公司基金产品的积极性。

(3)研讨会

研讨会是一种很好的办法,以特定的市场为目标。基金管理公司通过对特定机构,如保险公司、财务公司等召开研讨会的办法,向特定的客户群体传授专业知识,以达到促销目的。

(4)特制品

指基金管理公司在销售基金产品时向客户提供的赠品。这些赠品一方面吸引客户购买本基金产品;另一方面随时提醒客户回想起基金管理公司及其服务。

(5)优惠

优惠指基金管理公司为报答客户或为增加新的销售量而对所销售的基金产品打折销售。

4. 公共关系

公共关系所关注的是基金公司为赢得各类公众尊敬所做的努力,这些公众包括新闻媒介、股东、证券分析师、立法者与管理者、经理、员工、客户等。与媒体保持良好的关系对于处理危急情况十分重要,因为处理这种情况的方式会影响公司的声誉和业务能力。加强与投资者的关系包括编制和发布年度、季度等报告,安排基金持有人大会等。处理与政府关系特别要关注监管者,并与其沟通,争取有利于基金发展的管理环境。

7.6.3 基金的客户服务

基金管理公司通常有一个独立的客户服务部门,一套完整的客户服务流程,一系列完备的软、硬件设施,以系统化的方式,交互式应用以下几种模式来实现客户服务。

1. 电话服务中心

电话服务中心通常以计算机软硬件设备为后援,同时开辟人工座席和自动语音。一些标准化的答案如投资操作步骤、基金管理公司相关介绍、基金普及知识等均可通过自动语音系统来提供。当然,客户也可选择人工服务。客户服务人员将根据不同的客户类别进入相应的客户管理系统中,并以最短时间提供客户所需要的查询、咨询、投诉、建议和其他个性化服务。与此同时,在不影响服务质量的基础上,客户服务人员会同时适当记录谈话资料,建立相应的客户档案,作为以后服务该客户时的参考,也作为基金管理公司对客户群统计分析和管理的依据之一。

2. 自动传真、电子信箱与手机短信、微信

这三种方式的服务具有一定的市场需求,尤其在契约、招募说明书、定期公告与临时公告等方面。前两者特别适用于传递行文较长的信息资料,而手机短信、微信最重要的功能则在于发送字节较短的信息,包括基金行情和其他动态新闻。当然,这些功能的实现很大程度上依赖于强有力的系统支持。

3. "一对一"专人服务

专人服务是为投资额较大的个人投资者和机构投资者提供的最具个性化服务的特征。这类大额投资者大部分自身有相当的专业知识和丰富的投资理财经验,尤其是机构投资者,多数设有专门的投资部门或聘用专人跟踪自己所作的投资,他们需要与基金管理公司有充分的沟通,并保持密切的联系,需要连续、专业化的服务。基金管理公司一般会为其安排固定的投资顾问,从开放式基金销售时就开始"一对一"的服务,并贯穿售前、售中和售后全过程。由于配有专人,这部分客户通常能省去很多不必要的环节,得到更充分和更及时的有效信息,享受到更便捷、更完善的服务。

4. 互联网的应用

通过互联网,基金管理公司向客户提供容量更大、范围更广的信息查询(包括投资常识、股市行情、开放式基金的表现、客户账户信息等)、基金交易、即时或非即时的咨询、自动回邮或下载的服务,并接受投诉和建议。另外,通过互联网的友情网站链接,客户可以方便地检索和查阅更多信息。

5. 媒体和宣传手册的利用

基金管理公司会通过电视、电台、报纸杂志等媒体定期或不定期地向客户传达专业信息和传输正确的投资理念。当市场出现较大波幅时,及时利用媒体的影响力来消除客户的紧张情绪,让大众多了解一点市场,减缓非理性行为的发生。宣传手册则可作为一种广告资料运用于销售过程中。在新的基金面市前,对公司形象的宣传和对新产品的介绍是客户服务中不可或缺的部分。

6. 讲座、推介会和座谈会的召开

这几种形式都能为客户提供一个面对面交流的机会,由于参与者为数不多,通常客户比较珍惜。基金管理公司从这些活动中可以获取有价值的资料,有效地推介基金产品,并据此进一步改善基金管理公司的客户服务。

7.6.4 基金市场的营销规范

2004 年 7 月,为进一步规范证券投资基金的销售活动,保护基金投资人的合法权益,促进基金市场健康发展,针对开放式基金发行销售过程中的不正当宣传行为,中国证监会正式颁布实施了《证券投资基金销售管理办法》。该办法是规范我国开放式基金发行和销售活动的指导性文件,主要从下述几个方面对开放式基金的发售活动进行了规范。

1. 对基金销售机构的规定

基金销售由基金管理人负责办理;基金管理人可以委托取得基金代销业务资格的其他机构代为办理,未取得基金代销业务资格的机构,不得接受基金管理人委托,代为办理基金的销售。商业银行、证券公司、证券投资咨询机构、专业基金销售机构(即第三方基金销售机构),以及中国证监会规定的其他机构可以向中国证监会申请基金代销业务资格。

2. 基金销售宣传活动的开始时间规定

基金的设立申请获得中国证监会核准前,不得以任何形式宣传和销售该基金。

3. 基金销售宣传活动方式的规定

基金宣传推介材料,是指为推介基金向公众分发或者公布,使公众可以普遍获得的书面、电子或其他介质的信息,包括:

(1) 公开出版资料;

(2) 宣传单、手册、信函等面向公众的宣传资料;

(3) 海报、户外广告;

(4) 电视、电影、广播、互联网资料及其他音像、通信资料;

(5) 中国证监会规定的其他材料。

基金的销售宣传资料应当经基金管理公司督察长审核后报中国证监会备案。

4. 基金销售宣传的内容规定

基金宣传推介材料必须真实、准确,与基金合同、基金招募说明书相符,不得有下列情形:

(1) 虚假记载、误导性陈述或者重大遗漏;

(2) 预测该基金的证券投资业绩;

(3) 违规承诺收益或者承担损失;

(4) 诋毁其他基金管理人、基金托管人或基金代销机构,或者其他基金管理人募集或管理的基金;

(5) 夸大或者片面宣传基金,违规使用安全、保证、承诺、保险、避险、有保障、高收益、无风险等可能使投资人认为没有风险的词语;

(6) 登载单位或者个人的推荐性文字;

(7) 中国证监会规定禁止的其他情形。

另外,基金宣传推介材料登载该基金、基金管理人管理的其他基金的过往业绩,应当遵守下列规定:

(1) 按照有关法律、行政法规的规定或者行业公认的准则计算基金的业绩表现数据;

(2) 引用的统计数据和资料应当真实、准确,并注明出处,不得引用未经核实、尚未发生或者模拟的数据;

(3) 真实、准确、合理地表述基金业绩和基金管理人的管理水平;

(4) 基金业绩表现数据应当经基金托管人复核;

(5) 基金宣传推介材料应当含有明确、醒目的风险提示和警示性文字,并使投资人在阅读过程中不易忽略,以提醒投资人注意投资风险,仔细阅读基金合同和基金招募说明书,了解基金的具体情况。

5. 对销售机构竞争行为的规定

基金管理人、代销机构从事基金销售活动,不得有下列情形:

(1) 以排挤竞争对手为目的,压低基金的收费水平;

(2) 采取抽奖、回扣或者送实物、保险、基金份额等方式销售基金;

(3) 以低于成本的销售费率销售基金;

(4) 募集期间对认购费打折;

（5）承诺利用基金资产进行利益输送；

（6）挪用基金份额持有人的认购、申购、赎回资金；

（7）中国证监会规定禁止的其他情形。

2007 年 10 月，中国证监会颁布了《证券投资基金销售适用性指导意见》，从审慎调查、产品风险评价、基金投资人风险承受能力调查和评价等方面对销售机构的行为进行规范，要求基金销售机构应当遵循投资人利益优先原则、全面性原则、客观性原则和及时性原则，核心是"将合适的基金产品销售给合适的投资人"。2009 年 10 月，中国证监会发布了《开放式证券投资基金销售费用管理规定》，以完善基金销售费用结构和水平，规范基金销售市场秩序[①]。

案例：华安基金管理公司对投资者的风险测试

基金管理公司为执行《证券投资基金销售管理办法》和《证券投资基金销售适用性指导意见》，在基金代销渠道和网上直销中，都对首次投资者进行风险测试，并定期对投资者进行更新测试。以下是华安基金公司在电子直销网上交易平台上对投资者的风险测试题目：（各基金公司的测试题目基本类似）

1. 您现在的年龄是：

A. 55 岁以上　　　B. 40～55 岁　　　C. 30～40 岁　　　D. 30 岁以下

2. 您收入是否稳定？

A. 不稳定

B. 一部分为稳定收入，但其他收入的浮动性较大

C. 基本稳定

D. 稳定

3. 您有股市投资经验吗？

A. 从来没有　　　B. 小于 1 年　　　C. 1～3 年　　　D. 5 年或以上

4. 您资产的流动性比率是多少？（流动性比例＝流动性资产/每月支出，其中流动性资产是指在急用情况下能迅速变现而不会带来损失的资产，比如现金、活期存款、货币基金等。）

A. 小于 3　　　B. 4～6　　　C. 7～10　　　D. 大于 10

5. 您认为进行一项投资并获取预期的收益需要多长时间？

A. 1 年以内　　　B. 2～3 年　　　C. 5 年左右　　　D. 10 年

6. 朋友在网站上游览到一个新开发的旅游区，风景优美，价格还特别便宜。但由于是新开项目，当地还没有正规的旅馆而仅提供民宿。朋友约你两人前往，你会：

A. 觉得不太安全，拒绝朋友的邀请

B. 两个人太少了，多约些朋友才安全

C. 到网站查询该旅游区的游记，确认当地基本安全才能前往

D. 这么好的地方当然要去，随时可以出发

7. 你购买一只股票，在一个月后暴涨了 50%。假设你并未找到任何促使该股票大涨

---

① 关于基金销售费用的新变革，可参见本书第 6 章关于基金费用的介绍。

的利好原因,你会:

A. 卖掉它

B. 卖掉一部分保证本金不受损

C. 继续持有它,期待未来可能更多的收益

D. 买入更多—也许它还会涨得更高

8. 如果一项投资,您的投资本金为 10 000 元,以下 4 个比较合理的预期盈亏区间,您个人更趋向于哪种?

A. 最好情况获利 1 000 元,最差没损失

B. 最好情况获利 5 000 元,最差损失 1 000 元

C. 最好情况获利 10 000 元,最差损失 4 000 元

D. 最好情况获利 30 000 元,最差损失 8 000 元

9. 您购买证券投资基金的资金未来主要用于:

A. 养老   B. 置业及子女教育

C. 应对通货膨胀   D. 寻求资本的增值

10. 您目前的投资基金占您所拥有总资产的比重是:

A. 0   B. 10%~30%   C. 30%~60%   D. 60%以上

根据测试结果,给出投资者的风险偏好:保守、稳健、积极配置、进取四种类型。而在销售基金时,基金销售机构应通过自身或第三方机构对基金产品的风险进行评价,并对基金产品的风险等级进行界定,至少包括低风险等级、中风险等级和高风险等级三个层次。风险评价主要依据的因素是:基金招募说明书所明示的投资方向、投资比例、基金的历史规模和持仓比例、基金的过往业绩及波动等。这样,通过对投资者的风险测试和基金产品的风险评价,基金销售机构可以实现投资者和基金产品的风险匹配,将合适的产品销售给合适的投资者。

 **本章小结**

本章共分六节,分别讲述基金的注册登记、过户清算及其发展趋势。基金的注册登记是指基金持有人初次购买基金单位后,由注册登记机构为基金持有人建立基金账户,在基金持有人的基金账户中进行登记,表明基金持有人所持有的基金单位。在我国开放式基金发展初期,基金管理公司一般均建立了自己的注册登记机构。基金的过户清算介绍了基金的登记过户模式和基金的清算交割时间。基金的登记过户模式主要有基金管理公司模式、商业银行模式和登记公司模式三种。我国开放式基金的清算交割一般在交易后的 3 个工作日内或 7 个工作日内完成。第三节讲述了基金登记过户清算的发展趋势。随着基金产业的扩大和基金管理公司管理资产规模的扩大,可以选择独立的过户代理商,提供专业的过户代理服务。

后三节介绍基金的营销方式。基金主要通过两种方式进行营销:一是直接销售方式(直销);二是间接销售方式。在直接方式下,基金管理公司通过自行设立的营业网点或电子交易网站把基金单位销售给投资人。在间接方式下,基金管理公司通过商业银行、证券

公司、保险公司、专业销售机构等代理机构把基金份额销售给投资人。目前我国开放式基金的营销渠道主要有：商业银行、证券公司、基金公司直销中心、电子商务直销等，基金的第三方销售机构和第三方支付机构正在发展起来。

为规范证券投资基金的销售活动，保护基金投资人的合法权益，中国证监会自 2004 年以来颁布了一系列规范证券投资基金销售的法律、法规。

 **本章思考题**

1. 基金的登记过户模式有哪些？二级登记过户模式有什么优点？

2. 试分析我国开放式基金的过户登记清算模式的发展趋势。

3. 试以我国的交易所上市基金（LOF）为例，说明基金的注册登记机构和过户清算模式。

4. 开放式基金的销售渠道主要有哪两种？分别各有什么优势和劣势？

5. 为什么目前商业银行是我国基金销售的主渠道？这种现象的背景和原因是什么？你以为未来的发展趋势如何？

6. 基金宣传推介材料登载该基金、基金管理人管理的其他基金的过往业绩时，应注意哪些问题？我国《证券投资基金销售管理办法》、《开放式证券投资基金销售费用管理规定》等法规对基金销售机构的竞争行为、销售费用等有哪些禁止性规定和强制性规定？试举出我国开放式基金销售中的实际案例进行分析。

7. 商业银行销售开放式基金，是否会影响商业银行的自身业务？比如出现"储蓄分流"现象？你如何看待商业银行代销基金的利和弊？

8. 你如何认识基金电子商务的现状与前景？你又如何看待 2012 年以来兴起的第三方基金销售机构和第三方支付机构的未来前景？

 **延伸阅读**

1. 关于基金第三方销售机构，可选择登录一家第三方销售机构网址，如：好买基金网（http://www.howbuy.com/）、数米基金网（http://www.fund123.cn/）等，了解各自的背景、公司理念、交易模式等；

2. 关于基金第三方支付机构，可登录汇付天下网站（http://www.chinapnr.com/）及其天天盈基金支付网站（http://www.ttyfund.com/）了解具体情况。

第8章 封闭式基金的价格与折价交易

8.1 封闭式基金价格

封闭式基金的价值有面值、净值和市价三种。在基金发行阶段,发行价格一般为基金面值,我国境内封闭式基金发行时一般按照 1.01 元/单位的价格发行,其中 0.01 元为发行费用。基金发行期满后至基金上市日之前,此时基金的价格是按资产净值计算。基金上市交易后进入交易阶段,基金价格是由交易双方在证券交易所通过公开竞价的方式来确定,即按市价买卖。基金面值、净值、市价都是封闭式基金价值的构成内容,它们之间有着密切的联系。面值、净值是市价的基础,市价是面值和净值的市场表现形式,但它们之间又存在着两个重要区别。

(1) 面值和净值属于价值范畴,市价属于价格范畴。面值是指基金证券的账面价值(book value),净值可看作基金证券的实际价值或经济价值(economic value)[①],市价才是基金的现实市场价格(market value)。对投资者来说,当基金成立以后,面值已无多大意义,投资者关注的是净值。在基金上市交易后,投资者最关心的是市价及其背后的净值。

(2) 净值主要由基金本身内在表现即基金资产和收益状况决定,而市价主要受供求关系决定。

8.2 封闭式基金的折价与溢价

当基金市价高于净值时称为溢价(at premium)交易,当基金的市价低于净值时,称为折价(at discount)交易,基金溢价和折价的大小可通过下列公式来计算

$$溢价率/折价率 = (市价-净值) \div 净值 \times 100\%$$

在多数时候,封闭式基金的价格均低于资产净值,即处于折价交易状态。例如美国封闭式基金当前平均处于折价交易,其中股票基金折价幅度平均稳定在 $0 \sim 10\%$[②]。我国封闭式新基金从 1998 年发行后,经历了一个从溢价到折价的过程。在基金刚上市交易的时候,由于公众对证券投资基金缺乏正确的认识,基金的市场价格普遍出现较高的溢价。但随着时间的推移,又普遍出现了折价现象。

1998 年 4 月 17 日,金泰基金作为第一只基金上市,以 1.45 元开盘,溢价 45%。随后

---

① 由于基金每日编制资产负债表,当基金估值采取市场公允价值进行,基金账面价值也就是基金净值。

② 关于美国封闭式基金的折溢价率的现实情况,可以登录北美封闭式基金协会网站(http://www.closed-end-funds.com/default.aspx)。

兴华基金上市期间,基金溢价进一步加大,多只基金交易价格达到 2 元以上,溢价率达 100% 以上。随着投资者对证券投资基金认识的深入以及封闭式基金发行数量的增加,基金价格开始回落,基金溢价率逐渐下降。到 1999 年规模 30 亿的基金开始发行时,已基本呈现出规模 20 亿份额的基金平价或小幅折价、规模 30 亿的基金小幅溢价的格局。2000 年一季度,22 只大型基金全面进入折价交易,自 2000 年以后,所有大盘封闭式基金基本上都处于折价交易。封闭式基金的发行也因此遇到了困难。2001 年 8 月到 2002 年 8 月,我国发行了通乾、鸿阳、丰和等 6 只新设立的封闭式基金,这些基金一般上市即跌入折价交易的状态。银丰基金在 2002 年 8 月份发行,上市后即进入折价交易,并从未出现过溢价交易。这说明在 2002 年以后,基金的折价交易已经成为一个市场规律。

从 1999 年年中到 2001 年年底,此期间中国基金业的一个重要工作就是对 1991—1993 年成立的老基金进行清理规范。除个别被清盘外,老基金绝大多数被改制重组、扩募成新基金,并上市。由于这些基金的历史交易价格较高,上市后全部高溢价交易,但溢价程度随时间的推移越来越小,2002 年以后这些基金也进入了折价交易。以图 8.1 中的基金同智、科汇、安瑞为例,在上市初期都以高溢价交易,这种改制扩募基金的溢价交易在 1999—2001 年维持着,进入 2002 年年后,这些基金也进入了折价交易状态。

下面,我们可以从 2001 年 6 月易方达基金管理公司旗下的 3 只"科系"基金的上市价格的走势分析中,回顾我国基金市场上改制基金的溢价交易历史。

案例:市场要对非理性投资做出补偿? ——从科系基金上市后的牛气走势说开去

正如大家预期的那样,2001 年 6 月 20 日科系三基金上市即封死涨停,且几乎没有抛盘,成交稀疏。科汇全日成交 5 294 手,科翔成交 3 663 手,科讯成交 8 390 手。这基本是以前老基金清理规范完成后重新上市走势的翻版。如基金金盛、金鼎、金元等上市后基本都有连续三个涨停板,汉鼎甚至连续四天达到涨停。而按现在的情况分析,科系三基金极可能原样照搬,同样来它连续三四个涨停。市场同样清楚的是,这种上涨并不是基于科系基金或别的"什么系"基金在清理规范后有着极好的投资收益前景,当然也不是因为其管理人有着超群的资产管理运作能力。就科系基金 1.01 元出头 1.02 元不到的单位净资产值来说,这样的价格走势只能从价值以外去寻求原因,显然与其净值、收益预期等"价值"因素无关。

直接的原因在于,老基金摘牌前,多是在进行大幅度的溢价交易,基金单位的持有人持筹成本很高。这明显是一种刚性成本,投资者都是可以很简单地计算出来的。其中广信基金原持有人的成本最高,转换后每单位实际成本为 2.23 元,而且,广信停牌的时间也是最长,它 1999 年 1 月 7 日起就停止交易(正式摘牌时间亦与另外 5 只老基金一样为 2000 年 7 月 13 日),距今已有近二年半的时间。其持有人的时间成本亦最高。老基金的持有人在解套的强烈期盼中持筹、等待,造成了上市初期的抛压极轻,甚至几乎没有抛盘的情况,连续上涨当然就是顺理成章的事情了。

第二个原因就是市场的示范效应。1999 年 10 月 28 日,由原湘证基金规范而来的基金裕元作为首只清理规范后的基金上市。上市首日,其最高价甚至达到 10 元的天价,当日报收于 6.20 元,引起市场一片哗然。"投机莫过老基金"由此可见一斑。裕元基金的疯狂还引发了监管层对老基金规范清理后重新上市,首日进行 30% 涨跌幅限制的规定。但先例既成,后来者便照方抓药。虽不能再现首日涨幅 520% 的辉煌,却也能拥有连续三四个涨停的风光。

由于历史原因,老基金从其设立时就比较混乱,加上对其运作的监管不到位,其总体资产质量较差,难以给持有人带来理想的回报。但由于老基金均规模极少,大多为两三亿单位,就成为一些投机资金的"良好"投资工具,基金市场投机成风就成了一个历史传统。对其进行清理规范是证券市场健康发展的必需之举。但老基金清理规范后上市的这种走势则不免让人担心。对单个基金的资产、管理进行了清理规范,但老基金市场原有的投机风气似乎并没有得到清算。并且,这种投机病毒还有感染相对规范运作的新基金市场的危险。

事实上,这种清理规范后基金上市的走势,是比较典型的以市场化手段来消化、解决历史遗留问题,这也是监管层一贯的思路,无疑是非常正确的。但老基金的单位持有人持筹成本极高,他们完全可以说是非理性的投资者,他们理应对其非理性的投资行为付出代价,而不应由现在的市场来消化、承担他们的投资损失。若任由这种趋势发展下去,他们就会相信证券市场都会对其非理性投资行为造成的损失进行补偿,这显然不利于理性投资理念的形成。

资料来源:杨国成. 中国证券报,2001 年 6 月 21 日。

从 2002 年开始,包括小盘改制基金在内的所有封闭式基金全线进入折价交易。直至 2013 年,封闭式基金的折价交易现象一直没有改变[①]。作为一种市场现象,封闭式基金的折价交易将一直存在下去。

图 8.1 是我们选择的 8 只有代表性的基金在历史期间的折价率变化,从中可以看出我国封闭式基金交易情况的发展变化。

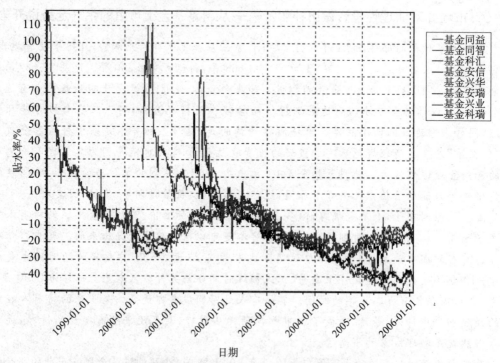

图 8.1　我国封闭式基金折价率的变化(1998 年 5 月—2006 年 2 月)

资料来源:WIND 金融资讯数据库。

---

① 除 2007 年大成优选、建信优势动力等创新型封闭式基金在上市初期出现过短暂溢价交易,2010 年后封闭式债券基金曾较长时间(在 2010—2011 年)保持着溢价交易,但在 2012 年以后连封闭式债券基金也普遍是折价交易。

图 8.1 中的 8 只基金分属四家基金管理公司,同益、同智属于长盛基金管理公司,科汇、科瑞属于易方达基金管理公司,安信、安瑞属于华安基金管理公司,兴华、兴业属于华夏基金管理公司。从图中可以看出,2002 年以前,在基金上市初期,均出现了溢价,改制的小盘基金(同智、科汇、兴业、安瑞)上市初期的溢价波动幅度很大。在 2002 年以后,所有基金均开始折价交易,而且折价率重合。但在 2004 年以后,大盘和小盘基金的折价率明显分化,小盘基金折价率减小回升,而大盘基金折价率继续扩大。这反映了证券市场对小盘基金即将到期转为开放式基金的预期。

在 2006—2007 年部分封闭式基金转型(即到期转为开放式基金)完成以后,我国 2002 年以前成立的封闭式股票基金数量减少了一半左右。不过 2010 年以后,我国开始大力发展债券型封闭式基金[①]。截至本书写作,处于封闭期的共有 14 只封闭式债券基金,封闭期大多为 3 年,个别为 2 年和 5 年。这些封闭式债券基金在到期后将转为 LOF 上市型开放式基金。目前在二级市场上(本书写作的 2012—2013 年),这些封闭式债券基金普遍也是折价交易。我们可以就某一个具体时点来看基金的折价率数据。这种具体数据表现了基金折价率和基金到期时间之间的相关关系,即基金离合同封闭期到期日的时间越远,折价率越高。比如,在我们选择的这个时点 2012 年 7 月 13 日,封闭式股票基金的平均折价率为 11.65%,平均到期时间为 2.25 年,封闭式债券基金的平均折价率为 4.34%,平均到期时间为 1.66 年。

表 8.1　我国封闭式基金折价率(2012 年 7 月 13 日)

基金名称	成立日期	封闭期(年)	剩余日(天)	折价率(%)	剩余年限(年)
基金开元	1998-03-27	15	256	−3.38	0.70
基金金泰	1998-03-27	15	256	−4.42	0.70
基金兴华	1998-04-28	15	288	−4.00	0.79
基金安信	1998-06-22	15	343	−5.27	0.94
基金裕阳	1998-07-25	15	376	−7.78	1.03
基金普惠	1999-01-06	15	541	−10.11	1.48
基金同益	1999-04-08	15	633	−10.02	1.73
基金泰和	1999-04-08	15	632	−9.29	1.73
基金景宏	1999-05-04	15	660	−10.62	1.81
基金汉盛	1999-05-10	15	664	−10.10	1.82
基金裕隆	1999-06-15	15	700	−11.41	1.92
基金安顺	1999-06-15	15	700	−10.99	1.92
基金普丰	1999-07-14	15	730	−13.73	2.00
基金兴和	1999-07-14	15	729	−13.54	2.00
基金天元	1999-08-25	15	772	−14.16	2.12
基金金鑫	1999-10-21	15	828	−16.25	2.27
基金同盛	1999-11-05	15	844	−12.72	2.31
基金景福	1999-12-30	15	899	−15.28	2.46
基金汉兴	1999-12-30	15	899	−15.62	2.46
基金通乾	2001-08-29	15	1 506	−17.08	4.13

① 在 2010 年 6 月第一只封闭式债券基金——招商信用添利成立之前,我国的封闭式基金均为股票型基金。

基金名称	成立日期	封闭期(年)	剩余日(天)	折价率(%)	剩余年限(年)
基金鸿阳	2001-12-10	15	1 609	−17.61	4.41
基金科瑞	2002-03-12	15	1 702	−17.99	4.66
基金丰和	2002-03-22	15	1 712	−19.08	4.69
基金久嘉	2002-07-05	15	1 817	−18.21	4.98
基金银丰	2002-08-15	15	1 857	−19.73	5.09
大成优选	2007-08-01	5	18	−0.99	0.05
建信优势动力	2008-03-19	5	248	−5.30	0.68
招商信用添利	2010-06-25	5	1 076	−6.61	2.95
银华信用债券	2010-06-29	3	350	−2.82	0.96
华富强化回报	2010-09-08	3	421	−3.36	1.15
信诚增强收益	2010-09-29	3	442	−3.06	1.21
易方达岁丰添利	2010-11-09	3	483	−4.14	1.32
鹏华丰润	2010-12-02	3	506	−4.25	1.39
交银信用添利	2011-01 27	3	562	−4.8	1.54
工银瑞信四季	2011-02-10	3	576	−4.13	1.58
国投瑞银双债	2011-03-29	3	623	−3.93	1.71
建信信用增强	2011-06-16	3	702	−5.49	1.92
广发聚利	2011-08-05	3	752	−2.61	2.06
华泰柏瑞信用	2011-09-22	3	800	−6.5	2.19
融通四季添利	2012-03-01	2	595	−4.71	1.63
中银信用增利 *	2012-03-12	3	971	/	2.66

* 注:在 2012 年 7 月 13 日,中银信用增利基金尚未上市交易,正式上市交易为 2012 年 7 月 18 日。

数据来源:WIND金融资讯数据库。

8.3 封闭式基金折价之谜

封闭式基金折价交易现象,是基金领域的一个重要研究问题。国外的实证研究表明,封闭式基金会出现折价和溢价现象,并存在四大特征。

(1)封闭式基金在上市初期,往往存在溢价现象,溢价幅度在 10% 左右。

(2)在上市 120 天的溢价之后,封闭式基金就会出现折价现象。除了上市初期外,封闭式基金其他时间大都处于折价状态。

(3)封闭式基金的折价幅度大幅度波动。

(4)当封闭式基金接近封闭期时,折价率趋近于 0,也就是说,封闭式基金的价格与其净值趋于一致。

因此,国际学术界总结上述封闭式价格交易的特征为"封闭式基金折价交易之谜",并把"封闭式基金折价交易之谜"总结为以下四点[1]:

---

① 可参考 Lee,Shleifer 和 Thaler(1991)文章总结的封闭式基金折价之谜。Lee,Shleifer,Thaler. Investor Sentiment and the Close-end Fund Puzzle. *Journal of Finance*,Vol. 46,No. 1,Mar. 1991,75~109.

（1）封闭式基金折价交易的现象与一价定理（law of one price）[①]、市场有效性是不相符合的；

（2）折价水平具有时变性，即随着时间的变化而改变；

（3）尽管封闭式基金存在着折价交易，但是为何基金 IPO 后上市首日及初期是溢价交易的；

（4）如果封闭转开放或者进行清算，为何折价幅度会大幅减小。

自从 Pratt（1966）[②]对封闭式基金折价现象第一次做出理论上的解释以来，许多金融学者提出了各种解释，总体上可以划分为两类。

第一类是古典经济学解释。这一类解释的基本框架是基于基本经济学原理，从市场摩擦、信息成本来解释封闭式基金折价交易现象，比如代理成本假说、市场分割假说、税负因素假说等。

第二类是行为金融学解释。这一类主要是基于投资者的非理性对封闭式基金折价交易进行解释，比如投资者情绪假说、噪声交易假说等。

8.3.1 古典经济学解释

1. 套利成本（arbitrage costs）

由在前文关于 LOF 以及 ETF 的讨论可以得知，若 LOF/ETF 基金在二级市场的交易价低于基金公司的赎回价，则可以通过在二级市场上买入，再交由基金公司赎回来达成套利，两市场间的差价最终将消除。封闭式基金由于基金设立之后即无法与基金公司进行交易（即申购赎回），投资人若要完成套利，则必须由投资人自行在证券市场上变现。基金净值（NAV）与交易价格（trading price）的差距即反应了投资人要进行套利的成本。Pontiff（1996）通过实证研究验证了这样的假说，发现当封闭式基金的资产组合越难复制、基金分红越少以及基金的总资产价值越小和市场利率越高的时候，基金折价的现象就越为明显。

2. 资本利得税负因素（capital gain tax）

关于封闭式基金折价交易的另一个解释是，基金净值可能是被高估的。导致基金净值高估的因素主要有资本利得税的税收因素、资产流动性因素两类。美国《1940 年投资公司法》要求基金实现收益的 90％以上必须分配给投资者。由于美国等西方国家对资本市场投资工具存在资本利得税，因此那些具有未实现资本利得较大的封闭式基金，对投资者而言意味着将来要承担较高的税负，折价也就是对这一因素的合理反映。根据资本利得税假说，既然未实现的资本利得税造成基金净值被人为地高估，那么当基金从封闭式宣布清盘或转为开放式时，未实现资本利得将变成已实现资本利得，从而产生税负，基金净值就应下降到等于基金的价格，折价现象消失。但一般的经验事实是，在基金宣布将清盘或从封闭式转为开放式时，是基金价格上升到等于基金单位净值，而不是反过来，因此税收因素并不

---

① 一价定理（law of one price）是比有效市场假说（efficient market hypothesis）更为基本也更强大的理论假设。之所以学术界对于封闭型基金折价如此有兴趣，原因是：基金净值（NAV）和基金市值（trading price）背后所代表的是相同的资产组合，若是在一二级市场都可以进行交易，则在市场的套利行为作用下，不可能产生如此长期的折价现象。

② Pratt, Eugene J. Myths Associated with Close-end Investment Company Discounts. *Financial Analyst Journal*，1966(22):79～82.

能完全解释封闭式基金的折价。

3. 资产流动性缺陷（liquidity）

资产流动性缺陷是指当基金出售所持证券时可能引起的证券价格下降，也称为流动性冲击损失，使变现的价值少于所公布的基金资产净值，特别是基金所持证券的流动性较差时，会加大变现成本。该假说认为封闭式基金所持有的证券存在比较大的流动性障碍，因而封闭式基金所公布的资产净值就夸大了真实价值，从而导致了封闭式基金折价率的存在。

在国外，有些封闭式基金持有的证券确实存在流动性限制。这些股票的市场价格不易确定，价值可能被高估。当用这些股票的市场价格来计算基金的资产净值时，就可能夸大基金的实际净值。因此含有流动性较差股票的基金，其价格会有一定程度的折价，基金投资于流动性较差的股票数量越多，基金的折价就越大。Malkiel（1977）[①]，Lee，Shleifer 和 Thaler（1991）研究均发现，基金折价的大小与基金投资组合中所含流动性较差的股票数量的多少有显著关系。

4. 代理成本及不完备信息（agency cost & asymmetric information）

代理成本从基金较高的运作成本和基金业绩的角度来解释折价现象，认为封闭式基金折价是基金管理成本超越了基金未来业绩增长的一种反映。根据代理成本假说，基金的业绩表现不佳，折价率会较大，而折价率较高的基金也意味着基金未来的绩效表现也会较差。

典型的代理成本假说认为基金费用率越高，基金的折价幅度也就越大。Boudreaux（1973）认为，如果基金的管理费用太高，或者投资者预期基金未来的业绩低于市场平均水平，那么就会导致基金的折价。Ammer（1990）对英国的基金进行考察后认为，相当一部分基金的折价能够用管理费用过高来解释。然而 Malkiel（1977，1995）发现代理成本的大小并不必然引起折价幅度的高低，折价幅度的大小主要取决于基金增加管理成本是否会超越基金未来的业绩增长。他通过对美国封闭式基金的研究发现，基金折价率与基金的管理费用没有相关性。

另外，市场不完备信息假说认为，市场的不完备性是导致封闭式基金折价的主要原因。个体投资者的非理性并不会导致封闭式基金折价。即使在理性环境下，若个体投资者具有不完备的信息，也会导致封闭式基金折价的产生。Pratt（1966）认为，相对于开放式基金而言，封闭式基金由于缺少销售宣传而使得公众对其缺乏认识和了解，因此不得不以折价进行交易。

5. 市场分割（market clientle）

市场分割假说认为，各种各样的市场分割可能是封闭式基金折价交易的原因。市场分割是指市场间的流动障碍和差异及其导致的同质产品在不同市场出现价格差异的现象。Levy & Yeyati（2000）等人的研究发现，封闭式基金的价格中包含了对市场分割的补偿。市场分割假说又可以从两个角度进行解释，一是国际市场分割；一是国内市场分割。在解释国际市场分割时，该假说较为有力。实证分析发现，当放宽国际投资限制时，封闭式基金折价率明显减小。但在解释国内市场分割时，却未发现一致性的结论。

市场分割学说还进一步提出：当大盘指数持续上升时，投资者更愿意购买股票，从而使得基金净值上升，而基金市场价格受此影响相对较小，由此导致基金折价幅度扩大。反之当大盘指数下降时，投资者开始抛售股票，使得基金的净值下降，而基金的市场价格在股价

---

① Malkiel B. G. The Valuation of Close-end Investment Company Shares. *Journal of Finance*，1977(32)；847~858.

指数下跌时跌幅较股票小,因而此时基金的折价幅度较小。因此市场分割学说认为基金折价幅度与市场指数存在相关关系,即指数上涨时,折价幅度增大,反之,折价幅度减小。

除了上述 5 种代表性的解释因素之外,还有其他一些因素比如基金规模、基金分红等,但是这些基于古典经济学的解释并不能完全解释封闭式基金折价之谜。20 世纪 90 年代以来,行为金融学突破了古典经济学下的理性投资人的假设,对封闭式基金折价提出了新的解释。

8.3.2　行为金融学解释

1. 噪声交易理论(noise trader)

Delong,Shleifer,Summers 和 Waldmann(1990)[①]提出了噪声交易理论。DSSW(1990)建立了一个包括理性投资者(rational investors)和非理性(噪声)投资者(noise traders)两类投资者在内的相互博弈的噪声交易模型。他们假设市场中存在理性投资者和非理性投资者,非理性投资者只根据噪声做交易,他们有时会高估而有时会低估资产价值。理性投资者完全依据基本因素的变化采取行动,但只关注短期的回报率,并且无法预期非理性投资者的交易行为。在这一个市场中,因为有非理性投资者的存在,并且这些非理性投资者的交易行为常是连动的,于是对于理性投资者而言,除了资产本身的风险之外,还要负担非理性投资者交易的风险(noise trader risk)。因此资产价格可能会长期低于由基本面决定的价值(fundamental value)。而只有在理性投资者认为折价率低至足以弥补噪声交易风险的情况下,他们才会进行交易。

2. 投资者情绪理论(investor sentiment)

Lee,Shleifer 和 Thaler(1991)则从 DSSW 模型出发,进一步提出"投资者情绪"理论。LST(1991)进一步假设上述 DSSW 模型中的噪声交易者,是从情绪出发做交易的。从美国封闭式基金主要由个人投资者持有的实际出发,他们认为这些噪声交易者的交易行为可以代表市场上的投资者情绪。折价率的变化源自个人投资者情绪的波动,并验证了投资者情绪波动可以解释大部分的封闭式基金折价之谜。例如他们发现封闭式基金之间折价率在相同的时点(横截面上)有较高的相关性,另外也发现美国封闭式基金加权折价率与美国小型公司(此类公司的投资者也是以个人投资者居多)回报率之间具有相关性。

知识拓展:为什么投资人仍选择持有封闭式基金?

封闭式基金为何折价交易一直是金融学界的一个难题。以上的古典经济学和行为金融学的阐述虽然可以解释为什么封闭式基金的交易价格与基金净值存在偏差,但无法解释一些进一步的问题:在封闭式基金平均存在折价的情况之下,为什么投资人选择在发行时购买这些基金而不等到折价后再行购买? 为什么投资人仍选择持有封闭式基金? 若是封闭型基金平均而言存在折价,为什么基金经理仍能享有高薪呢?

一种新的理论观点认为,封闭式基金的折价是由投资人认为的基金经理能力(managerial ability)以及投资人支付的管理费用(fees)之间的权衡所造成的。若是基金经理人能够发挥优秀管理能力、提升基金资产价值,基金会存在溢价。反之,当基金经理人能

---

①　DeLong,Shleifer,Summers and Waldmann. Noise Trader Risk in Financial Markets. *Journal of Political Economy*,1990,8(6):703~739.

力比投资者在购买基金时的预期来得差的话,基金则会存在折价。因此,封闭式基金的折价反映的是基金经理的实际投资能力低于投资者预期的结果。

Berk 和 Stanton(2007)[1]通过理论分析,提出一种新的解释。大多数基金经理的管理费是由资产管理规模所决定的,而且管理费率可以调整。在基金管理业,基金经理的合约是短期的,再加上有足够能力当基金经理的人选是有限的。结果是:若优秀基金经理人管理的基金存在溢价,则这些优秀基金经理人的薪酬以及基金的管理费用会调涨,否则他们会被能够提供给他们更好待遇的基金公司挖走。于是对于这些存在溢价的封闭式基金,投资者预期由于未来基金管理费用的提升将导致基金净值上升的潜力下降,基金的溢价仅能存在一段很短的时间,折价却是个会持续的现象。

Berk 和 Stanton (2007)假设投资人通过学习,能够得知基金经理的真实能力,在这样一个体系中,唯一有能力获取超额利润的就是有能力的(skilled)基金经理本身。于是也就造成了封闭式基金折价与基金经理的高薪并存的现象。

图 8.2 是 Berk 和 Stanton (2007)的模型画出的基金价格相对净值比例(纵轴,即折溢价率)与封闭式基金年龄(横轴)的作图。实线是样本期望值的作图,虚线则是基金回报率最高(95%)到最低(5%)分组基金的作图。举例 75%的这组封闭式基金一开始溢价,而后长期折价并且随着时间折价率加深的现象。

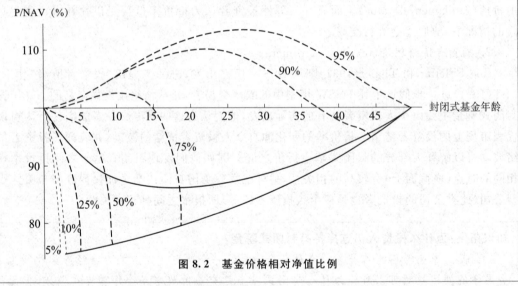

图 8.2　基金价格相对净值比例

8.3.3　我国封闭式基金折价原因分析

我国封闭式基金为什么折价交易呢?由于我国证券市场具有与其他国家市场不同的特点,我国封闭式基金的折价交易还有一些特殊的原因。

1. 基金净值"失真"情况下投资者对基金资产变现成本的预期

这和前文所说的资产流动性缺陷因素相符合。净值失真的缺陷及其导致的资产变现

---

① Berk,Jonathan B,and Richard Stanton. 2007. Managerial Ability,Compensation,and the Closed-End Fund Discount. *Journal of Finance*,62 (2):529~556.

成本在我国基金市场更为突出。比如 2003 年以来,价值投资理念得到市场的广泛认同,基金的交叉持股现象也越加严重。2003 年在机械制造、金融保险、交通运输、金属非金属生产和电力五大板块上,基金持仓占到基金股票市值总额的 60% 以上。基金过高的集中持股对基金资产的流动性产生了较大的影响。潜在的变现成本不断提高,按照基金所持股票市值为基础计算出来的基金净值,并不能反应基金的真实价值,流动性下降带来的变现损失,是直接导致基金折价率产生的一个重要原因。

2. 交易费用

投资者买卖封闭式基金的时候会发生一定的交易费用,造成投资收益的下降,而封闭式基金卖出股票资产时也要交一定的交易费用,因此封闭式基金折价中的一部分是为了抵偿这些市场交易成本[1]。

3. 封闭式基金的治理机制相比开放式基金较弱

对封闭式基金管理人而言,由于封闭期是事先确定的,在此期间无论基金业绩如何,均可以每年获得可观的固定收益(通常为 1.5% 的管理费)。封闭式基金管理人没有赎回压力和流动性压力,同时也没有扩大基金规模的激励,相比开放式基金而言缺乏监督管理。在这样的机制下,基金管理者缺乏积极性,封闭式基金业绩往往不如开放式基金。而且,基金公司为了保住开放式基金的业绩很可能牺牲封闭式基金的利益,存在封闭式基金为开放式基金高位接盘的可能性,甚至有投资者担心封闭式基金会成为基金公司培养新基金经理的"实验田"。

另外,封闭式基金的信息披露不够充分及时,透明度较低。绝大多数封闭式基金的分红采取一年一次的做法,使得封闭式基金的利润不能及时返回投资者,无法通过及时分红降低折价率。如此种种问题,导致封闭式基金出现高折价。

4. 封闭式基金投机性较差,交易不活跃

我国证券市场投机气氛浓厚,投资者追逐市场热点的心态使他们对封闭式基金兴趣不大。当股市不景气时,投资封闭式基金的可能性更为降低,参与者极其稀少,市场交易清淡,由此出现高折价。

基金的低价格和最小交易单位进一步限制了基金的短线投资需求。在 2003 年 3 月 3 日以后[2],证监会对我国封闭式基金的最小交易价格进行了改革,从 0.01 元降低为 0.001 元,基金的短期赢利空间下降,进一步限制了短线投资者对封闭式基金的需求。

综述之,目前对封闭式基金折价交易现象,国内外理论和实务界尚未能形成一致的结论,各种解说都有一定的说服力。

---

[1] 我国封闭式基金交易的主要费用是:(1)交易佣金为成交金额的 0.25%,不足 5 元按 5 元收取;(2)上海证券交易所按成交面值的 0.05% 收取登记过户费;深圳证券交易所按流通面值的 0.002 5% 向基金收取基金持有人名册服务月费;(3)基金买卖股票,单笔交易要按成交金额的 0.3% 纳印花税,成交金额的 0.1% 纳佣金。

[2] 我国封闭式基金在二级市场的交易价格,在 1998 年 3 月—2003 年 3 月,最小交易价格单位为 0.01 元,由于当时的封闭式基金价格和净值多为 1~2 元,0.01 元的最小交易价格给予了一些机构投资者套利的空间,并被市场参与者形象地称作"夹板交易"。2003 年 3 月以后,中国证监会规定了封闭式基金二级市场最小交易价格单位改为 0.001 元,从而使得套利机会大幅度较小乃至不存在。二级市场最小交易交割为 0.001 元的情形也适用之后的 ETF、LOF 等上市基金。

8.4 封闭式基金转型为开放式基金

封闭式向开放式转型的动力有两方面:

(1) 消除封闭式基金的折价现象;

(2) 政府监管部门的推动。

在一个成熟市场中,转型最大的动力来自于二级市场的折价。折价的存在具有两面性。一方面对于潜在投资人来说,折价意味着能以更便宜的价格投资于该基金。另一方面,折价对于基金持有人来说是一种损失。而消除折价则对所有持有人有利,不论他是以什么价格买入。因此,美国的许多封闭式基金在招募说明书上载有向开放式基金转型的条款,规定在一段时间内如果基金的二级市场价格相对于基金净值(NAV)的折价比率达到一定程度,持有人就有权利要求召开持有人大会讨论是否转为开放式[①]。在美国,每年都有为数不少的封闭式基金转为开放式基金。

在一些发展中国家的证券市场,基金行业最初往往是以封闭式基金为主。在封闭式基金发展到一定规模后,再发展开放式基金。在这种情况下,原已存在的大量封闭式基金就存在一个转型的问题,而政府部门则成为推动转型的主要动力。政府监管部门往往以法律、法规或条例的形式,推动封闭式基金的转型。在我国台湾地区,监管部门即以法律的形式规定了封闭式基金转型与下市的触发条件,并提出了具体的转型原则、程序等,为封闭式基金的转型提供了法律依据。

我们可以用表 8.2 比较不同市场中封闭式基金转型的特征。

表 8.2 比较不同市场中封闭式基金转型的特征

国家/地区	法律规定	推动因素	结果
中国大陆	《中华人民共和国投资基金法》第七十一条规定转换基金运作方式需召开基金份额持有人大会审议决定; 第七十二条规定,代表基金份额百分之十以上的基金份额持有人就同一事项要求召开基金份额持有人大会,而基金管理人、基金托管人都不召集的,代表基金份额百分之十以上的基金份额持有人有权自行召集,并报国务院证券监督管理机构备案; 第七十五条规定,基金份额持有人大会应当有代表百分之五十以上基金份额的持有人参加,方可召开;大会就审议事项作出决定,应当经参加大会的基金份额持有人所持表决权的百分之五十以上通过;但是,转换基金运作方式、更换基金管理人或者基金托管人、提前终止基金合同,应当经参加大会的基金份额持有人所持表决权的三分之二以上通过。基金份额持有人大会决定的事项,应当依法报国务院证券监督管理机构核准或者备案,并予以公告	管理层控制管理,市场力量推动;封转开试点途径的确立需要管理层的认可。推行过程中会受到管理人的阻力,特别对于大盘基金	2006 年 11 月以来,封转开进程已经启动,到期的封闭式基金已经逐步转为开放式基金

---

① 这种条款规定被称为"救生艇"(lifeboat)条款。

续表

国家/地区	法律规定	推动因素	结果
美国市场	由基金招募说明书中就转型事项所须条件进行规定,如加入在规定折价率上可提交封转开申请的救生艇条款,董事会可提交方案,持有人大会讨论是否通过	持有人与管理人的博弈,管理人阻力较大,同时也并非所有持有人希望改变封闭形式	市场化推进

资料来源:笔者根据有关资料整理。

因此,关于封闭式基金向开放式转型,我们需要讨论以下问题[①]。

8.4.1 基金转型需考虑的因素

设计封闭式向开放式转型的方案时,一般需考虑如下几个方面,目的都在于尽可能维护持有人的利益。

1. 公平、公开、公正原则

封闭式基金在转型为开放式的过程中,应按公平、公开、公正原则行事。这里有几个方面的问题需要注意。

(1) 如何设定基金持有人大会通过转型决议的比例,这是一个非常重要的问题。比例的设定要能满足大多数投资人的意见,并要防止基金的大持有人对投票结果影响过大。但经验显示,相当部分的小持有人不参加持有人大会。在这种情况下,原本合理的比例设定——例如全体持有人的75%,又变得难以达到。

(2) 要注意充分的信息披露。基金转型过程中对转型提议的表决、转型方案的设计、资产的评估、税收和相关费用等问题都必须进行充分的信息披露,以尽可能使每个基金持有人能完全了解基金转型涉及的各方面因素,以便其根据自身意愿做出适当的判断。

(3) 在转型决议通过之后,短期持有人将会在基金开放后一段时间内集中赎回,迫使基金将部分非流动性资产变现。由此导致的所得税增加、资产变现损失和交易成本将减少基金的净值,这难免损害长期持有人的利益,并降低这部分持有人的持有意愿,进一步增大赎回压力。转型方案的设计要注意防止这种恶性循环。

2. 保持基金持续稳定运作

在基金转型过程中,保持基金规模的稳定是至关重要的。它有利于基金稳健运作,有利于基金资产组合、投资风格的持续性,有利于减少每单位基金运营费用和所得税,降低基金成本。但经验表明,封闭式基金转开放的最大威胁在于赎回导致的资产规模大幅缩减。如何减少部分短期基金投资人的赎回动机,或者使其赎回压力在时间上分散化,降低封闭式基金转型后的赎回压力,这是转型方案设计的重要考虑因素。

研究表明,封闭式基金宣布其持有人大会通过转型决议后,其二级市场交易价格的折价都有一定幅度的降低。从无套利均衡的角度来理解,这一现象是必然的。然而折价幅度的下降是逐渐调整的,这可以解释为市场信息的逐渐消化过程。表8.3是基金研究机构

---

① 以下两小节部分内容参考了易方达基金管理公司:"封闭式基金转型研究",易方达基金管理公司内部研究资料。

Wiesenberger 的研究人员 Brown,Navarro,Ketchledge 等人对 10 家美国封闭式基金转型信息公布前后的基金折价情况的研究。

表 8.3　美国封闭式基金转型信息公布前后的基金折价情况

基金名称	折价率	
	开放决议公布前的周五	开放决议公布后的周五
Alliance Global Environment	19.18%	4.95%
Convertible Holdings	10.77%	10.72%
GT Global Developing Mkts	14.68%	8.44%
New Age Media	19.09%	7.71%
Oppenheimer World Bond	9.28%	4.24%
Pilgrim America Bank & Thrift	11.65%	6.78%
Quest for Value Dual Purpose Fund	5.41%	4.75%
Schroder Asian Growth	13.60%	10.20%
TCW/DW Energing Mkts Oppt Tr	16.78%	12.83%
Worldwide Value Fund	13.59%	5.34%
平均	13.40%	7.60%

数据来源："Wiesenberger Study of Closed-End Funds that Open-End",转引自北美封闭式基金协会网站 http://www. closed-endfunds. com/Learn/Content/ResearchArticles/research1. fs

从表 8.3 数据可以看出,决议公布后折价幅度已大大缩减,但也并未立即调整到接近于零。认识到这一过程,我们就可以通过合理的方案设计,减小基金开放后的赎回压力并尽量降低开放前后基金资产的大幅变动。

基金转型后的投资风格亦有可能发生转变,这是出于以下几方面的原因。一是封闭式基金由于没有赎回压力,可以选择流动性不高但赢利能力很高的资产进行投资。而开放式基金迫于赎回的压力,不得不持有部分高流动性资产。封闭式基金进行开放转型,将迫使基金管理人改变资产组合的构成;二是如果基金采取并入另一家开放式基金的方式实现开放,有可能两个基金的投资目标和投资风格不完全一致,而封闭式基金就不得不变动资产构成与投资风格,以求与并入的开放式基金相吻合;三是转为开放式基金有可能变更基金经理。

基金转变投资目标可能与部分持有人的投资目标相冲突,而且被迫转变投资风格和资产组合的构成也极可能对基金业绩表现造成相当大的不利影响,增加了不确定性。

知识拓展:封转开套利 (closed-end fund arbitrage)

　　如表 8.3 所示,在封闭式基金在转为开放式基金的过程中,交易价格会向基金净值调整,折价的现象会减轻。由于美国基金为公司制,若获得公司一定的股份则可以拥有董事会的席位,进而通过董事会决议迫使基金的管理层将封闭式基金转为开放式。于是有些主动型对冲基金 (hedge fund) 便大量购买折价的封闭式基金份额,利用掌握的基金投票权使封闭式基金转型为开放式基金,来取得基金转型过程中的差价。

　　这一套利操作中最大的障碍在于这些对冲基金必须持有一定的股份,在董事会中拥有话语权,才能通过代理投票 (proxy voting) 为其他封闭式基金持有者争取基金开放并消除折价。1992 年美国公司治理运动中代理投票制度的变革[1]，使得某一公司的独立的股票持有者能够有效地向其他股东争取（solicit）代理投票，也间接造成了封转开套利的盛行。

Bradley（2010）等人收集在 1988—2003 年所有美国市场中曾经成为主动对冲基金目标的所有封闭式基金一共 142 只（如图 8.3 所示）。他们发现基金的折价率越高，被对冲基金作为目标锁定的概率也越高。（考虑内生性的情况下，若是折价率每升高1%，在一年当中被锁定的概率会高出 1.03%）他们也发现在这些基金当中，在 1990 年以前受到主动对冲基金攻击的比率仅有 3%，而到 1992 年之后，这个比率攀升到接近 30%，这一结果显示 1992 年美国股东代理投票制度的变革对封闭式基金封转开套利交易起了很大的推动作用。

另外，在这些被攻击的封闭式基金里，仅有 1/3 会成功转型为开放式基金，但其他受到攻击却未能成功转型为开放式基金的基金，平均的折价率也会缩小约 6%。这显示了外部投资人（尤其是主动型对冲基金）的参与，使得封闭式基金折价现象能够得到减轻，对资产的定价效率提升是有价值的。

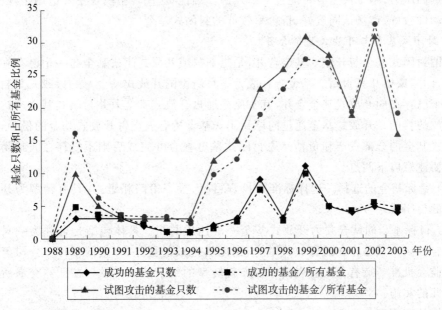

注：图中基金均指封闭式基金。

图 8.3　1988—2003 年美国封闭式基金被对冲基金锁定并成功封转开的次数（Bradley et al. 2010）

8.4.2　封闭式基金的转型模式

关于封闭式基金转型，主要有三种模式。

---

① 1992 年，美国证监会 SEC 颁布关于股东信息交流的《股东交流规则》，取消了代理投票的事前审查制度，提高了股东之间的代理投票制度的便利性。

1. 封闭式基金直接开放

所谓封闭式基金直接开放是指封闭式基金在满足一定条件时,召开持有人大会讨论改型,若决议开放,则在有关部门批准后直接转型成开放式基金。这种方法的操作流程如下:

满足基金转型的触发条件—召开持有人大会,讨论改型—表决通过开放—经有关部门批准改为开放式基金—确定下市日期,开始申购、赎回。

可以举如下的应用实例。

美国的 Dessauer Global Equity Fund(DGLEX)基金合同规定,在基金开始运作 18 个月后,只要连续 15 个交易日的收盘价格相对于 NAV 的折价幅度达到或超过 5%,该基金将在一定时间内召开持有人大会自动转为开放式,除非有 80% 以上的持有人赞成维持封闭。

该模式的优点为:这一模式的特点是程序简单,只需满足一定的触发条件(trigger),就必须召开持有人大会讨论转型。一旦持有人大会通过转型,基金将直接下市,并开始接受申购和赎回。但这一模式的缺点:将面临大比例赎回的风险。一旦基金开放后净赎回比例过大,基金将被迫变现大量的资产。对于一直持有很大比例低流动性资产的封闭式基金来说,快速变现伴随的交易和税收成本将不可避免地降低基金的资产净值,并且还可能引发进一步赎回压力,基金甚至有可能被全部赎回。因此,这一转型模式主要适用于规模较大、资产流动性较好、市场认同度好、折价率较低的封闭式基金。

2. 封闭式基金与开放式基金合并

所谓封闭式基金与开放式基金合并,是指一只或几只封闭式基金与一个已存在的开放式基金合并,或由几只封闭式基金合并成为一只新设的开放式基金。一只或几只封闭式基金与一个已存在的开放式基金合并,其实质是通过开放式基金兼并封闭式基金来达到封闭式转开放的目的。开放式基金通过向原封闭式基金持有人支付开放式基金的份额,来取得原封闭式基金的全部资产和负债。原封闭式基金在合并完成后则不复存在。封闭转为开放时需要注意以下两点。

(1) 目标基金的选择。选择标准为投资目标、投资策略相近,并具有转型为开放式基金意向的封闭式基金。

(2) 目标基金间就合并为开放式基金一事达成共识。具体包括是合并为一只新设基金还是合并到一只已存在的开放式基金,封闭转开放的程序:方案的拟订—公司董事会批准—证监会批准—持有人大会表决—各方就转型的细节达成一致—在证券交易所下市—基金合并的实施。

具体的应用实例如下。

2001 年年初,美国的 MSDW① Municipal Income Trust (NYSE symbol:TFA),MSDW Municipal Income Trust Ⅱ (NYSE symbol:TFB),和 MSDW Municipal Income Trust Ⅲ (NYSE symbol:TFC) 3 家封闭式基金的持有人大会上,持有人同意按净资产价值并入 MSDW Tax-Exempt Securities Trust,一只同样由 Morgan Stanley Dean Witter 管理的开放式基金。这 3 只封闭式基金的投资目标大致相同,与开放式基金的投资目标也比较接近,且都属于收益型基金,并在同一基金管理人名下。2001 年 1 月 23 日为这 3 只封闭式基金的最后交易日,此后它们不再在纽约股票交易所上市交易。经过重组后,3 家封闭

---

① MSDW 为 Morgan Stanley Dean Witter 的简写,即美国的投资银行——摩根斯坦利添惠公司。

式基金的持有人将获得 MSDW Tax-Exempt Securities Trust 的 D 类基金权益单位，并从 2001 年 2 月 5 日起开始自由申购赎回。

该模式的优点是，将几只封闭式基金并入一只开放式基金，可以避免单只封闭式基金规模比较小，改为开放式基金后面临赎回压力比较大的情况，有利于保持基金规模的稳定。并且几支封闭式基金原来的投资目标、投资策略比较相近，转型为开放式基金后，有利于基金投资风格与资产组合的稳定。但是这一模式涉及的对象比较多，容易导致谈判成本偏高、成功率偏低的情况出现。

因此，这一转型模式在美国大多表现为同一个基金管理人旗下的具有类似投资目标的小型封闭式基金合并到该管理人管理的另一只具有相近投资目标的开放式基金。

3. 封闭式基金渐进转型为开放式基金

所谓封闭式基金渐进转型为开放式基金，是指在满足一定条件时，封闭式基金召开持有人大会讨论基金转型问题，若大会流会（指无法召开大会），则基金每隔一段时间确定一天为开放日，该日基金持有人可以基金单位资产净值为基准赎回一定比例的基金份额，若多次开放赎回导致基金规模低于一定标准时，基金将自动转换为开放式基金。其操作流程如下：

满足基金转型的触发条件—召开持有人大会讨论改型—流会—渐进式开放—达到下市标准—经证监会核准改为开放式基金

具体的应用实例如下。

我国台湾地区的中国基金由封闭式转为开放式基金。该基金合同中改型条款规定"本基金受益凭证上市满二年后，若有最近 20 个营业日之集中交易市场平均收盘价低于同期间平均单位净资产之 90% 之情形者，经理公司应于 3 个月内召开受益人大会讨论改型"。此即"救生艇条款"。中国基金于 1997 年 3 月 18 日上市，于 1999 年 3 月 17 日上市满两年。中国基金于 1999 年 3 月 18 日达到改型标准，于 1999 年 6 月 17 日召开受益人大会，并于 1999 年 9 月份开始接受定期赎回。因定期开放赎回之故，致受益权单位数减少，于 2000 年 5 月 12 日达下市标准。2000 年 8 月 11 日经台湾证期会核准改为开放式基金。

该模式的优点是：这种渐进开放的模式，不仅有利于消除基金的折价，更重要的是渐进开放的制度安排给所有的基金持有人一段缓冲期，使他们有权利自由决定是立即赎回还是继续持有，有利于保护持有人的利益。而且与封闭式基金一次性直接开放的模式相比，这种模式充分考虑到基金管理人调整投资组合进行流动性管理的需要，对基金管理的冲击相对较小。

但是采用这种模式时，转型过程较为漫长（可能持续到一年以上），而且在操作不当时，也有可能导致较大的赎回压力。

以上介绍的是封闭式基金转型的几种模式，其中渐进转型模式在我国台湾地区尤为普遍，主要原因在于我国台湾地区政府当局为了推动原有大批封闭式基金的转型，利用行政手段进行推动，制定了一系列的法规来规范封闭式基金转型的过程。根据这些法令，当基金满足了转型的触发条件召开受益人大会时，若出席受益人大会的人所代表的基金份额数未达到基金总份额数的 1/2 时（由于基金的持有人比较分散，这种情况很容易出现），视同流会，基金必须定期开放接受赎回，而当基金总规模因定期赎回之故低于 8 亿新台币时，基金就自动转型为开放式基金。在美国则存在许多封闭式基金与开放式基金合并的例子，这主要是因为美国的基金数量众多、规模大小不一，一家基金管理公司旗下管理多只基金的情况比较普遍，这就为基金之间的合并创造了前提条件。至于封闭式基金直接转型为开放式基金的模式,由于直接转型的风险比较大,若连续出现大额赎回将迫使管理人将大量资产折价变现,将损害剩余持有者的利益。不过在股票市场处于牛市中的封闭式基金转型,成功的概率却大大增加,2006年以来我国的封闭式基金直接转型就是一例。

8.4.3　我国封闭式基金转型为开放式基金

我国封闭式基金在面临存续期满后,有三种选择:一是续期(即再签定一个封闭期);二是清盘;三是将封闭式基金转为开放式基金(封转开)。2006—2009年我国封闭式基金期满时都选择了第三种方式——"封转开"[①]。

从2006年6月14日首个进入"封转开"程序的基金兴业,到2011年6月30日大成创新成长成立,共有14只到期封闭式基金相继转为开放式基金(如表8.4所示),其中基金兴业、基金同智、基金景业等9只基金采用了直接转型的方式,基金普润和基金普华采用了合并转型——变更为鹏华优质治理(LOF)。原在深圳证券交易所上市的封闭式基金普润和基金普华、基金久富、基金通宝、基金兴科采用了转为上市开放式基金(LOF)的模式。

表8.4　我国已经完成"封转开"的基金(截至2011年6月30日)

原代码	原名称	现代码	现名称	封转开后的总规模(亿份)*	集中申购期内申购份额(亿份)**	投资类型
500028	基金兴业	519029	华夏平稳增长	23.5	18.5	混合型
184702	基金同智	160805	长盛同智优势成长	117.4	108.4	混合型
500017	基金景业	519017	大成积极成长	111.4	97.6	股票型
500013	基金安瑞	040007	华安中小盘成长	110.4	98.8	股票型
500019 500019 基金普润 184711 基金普华	基金普润 基金普华	160611	鹏华优质治理(LOF)	118.8	93.8	股票型
184720	基金久富	162006	长城久富核心成长(LOF)	90.8	79.3	股票型
500010	基金金元	202005	南方成分精选	122.5	106.5	股票型
500035	基金汉博	519035	富国天博创新主题	61.0	47.5	股票型
184738	基金通宝	161610	融通领先成长(LOF)	30.6	17.7	股票型
184708	基金兴科	160311	华夏蓝筹核心(LOF)	111.31	99.6	混合型
500016	基金裕元	050008	博时第三产业成长	132.0	98.8	股票型
500021	基金金鼎	519021	国泰金鼎价值精选	106.8	98.6	混合型
184695	基金景博	160910	大成创新成长	120.77	98.6	混合型

注释:*封转开后的总规模,是指原有的封闭式基金份额将基金净值折算为面值1元后的新份额加上集中申购期内新募集的份额的总和。

**集中申购期内新募集的份额,是指封转开过程中,基金按照面值1元接受投资者的申购的份额。这个集中申购期规定为1个月,但是在2007年股市牛市中,往往一周甚至一天就达到募集规模上限。

在"封转开"过程中,除基金兴业在退市前表现平平之外,其余封闭式基金退市前多数都有大幅度的上涨[②]。上涨动力主要来自于两个方面:一方面是在股票市场牛市好的背景

---

① 2006—2009年当时封转开的基金均为股票型基金。2010年以后成立的封闭式债券基金在到期后也将转型为开放式基金或者续期运作(再作一个封闭期运行)。

② 封闭式基金先是公告将召开持有人大会、讨论转型方案,随即基金不再交易。等持有人大会表决通过转型方案后,为了一些中小投资者退出的方便,基金会再次短暂复牌交易,一般1~2周,此处退市前的上涨即指复牌交易。之后,封闭式基金正式退市。一些封基就不再上市,而另一些原在深圳证券交易所上市的封将转型为LOF基金重新上市,但此时它们已经是开放式基金了。由于LOF套利机制的存在,它们的价格不再有大幅折价。

下,封闭式基金停牌期间净值增长,而交易价格没有变化,导致其折价率大幅上升,"封转开"之后投资者可以按照净值赎回基金,市场出现套利机会;另一方面是"封转开"前的高分红预期推动封闭式基金上涨。以下是国内第一只封转开基金的转型案例。

案例:兴业基金转型为华夏平稳增长基金

兴业证券投资基金是由原海鸥基金、珠信基金、赣农基金和金星基金四只基金经清理规范后合并而成的契约型封闭式基金(即前文所说的改制基金)。基金的发起人为华夏基金管理有限公司和兴业证券股份有限公司,基金存续期为 10 年。到期日为2006 年 11 月 14 日。基金管理人为华夏基金管理有限公司,基金托管人为中国农业银行。

兴业基金的封转开经历了"停牌—开会—复牌—中止上市、转为开放式—集中申购—开放申购赎回"的整个过程。

2006 年 7 月 14 日,兴业基金召开基金份额持有人大会。根据会议表决的《兴业证券投资基金转型方案说明书》,基金兴业将由封闭式基金转型为开放式基金,基金兴业名称将变更为"华夏平稳增长混合型证券投资基金",基金存续期由 2006 年 11 月 14 日到期调整为无限期;同时,华夏基金将向上证所申请终止或提前终止基金兴业的上市交易。在终止上市以后,原上市份额将批量转托管至中登公司,并可以通过"上证基金通"系统办理基金的申购赎回。具体"封转开"有以下几个重要转变。

1. 投资范围的扩大

基金投资范围由"本基金的投资范围仅限于具有良好流动性的金融工具,包括国内依法公开发行上市的股票、债券及中国证监会允许基金投资的其他金融工具"。调整为:"限于具有良好流动性的金融工具,包括国内依法公开发行上市的股票、权证、债券、资产支持证券及中国证监会允许基金投资的其他金融工具。"其中,基金股票投资比例范围为 0~95%,权证投资比例范围为 0~3%;债券投资比例范围为 0~95%,资产支持证券投资比例范围为 0~20%;现金以及到期日在 1 年以内的国债、政策性金融债等短期金融工具的资产比例不低于 5%。

2. 投资目标的调整

基金投资目标由"本基金将投资于企业基本面良好、业务具有成长性、符合国民经济产业升级和结构调整方向的上市公司。基金将通过积极的投资策略,为份额持有人谋取长期稳定的投资收益"。调整为:"在运用 TIPP 投资组合保险策略进行风险预算管理的基础上,通过实施主动资产配置、精选证券投资、金融衍生工具投资等多种积极策略,追求基金资产的持续、稳健增值。"

3. 为降低封转开后投资者大量赎回而设计了费率优惠和激励方案

1)对原持有人长期持有给予份额激励

基金管理人承诺对自基金开放日常申购、赎回之日起持有基金份额满半年的转型前兴业基金投资者,在其原持有的兴业基金份额基础上提供 1% 的基金份额补偿;若持有基金份额满 1 年,则在其原持有的基金份额基础上再提供 0.5% 的基金份额补偿。

2)对原持有人在短期内赎回收取较高的赎回费

对于投资者在基金退市前持有的基金份额,如在 2006 年 11 月 14 日之前赎回的,赎回费按 3‰ 收取,并全部归入基金资产;对于在基金开放日常申购、赎回之日起三个月以内赎回的,所收取赎回费全部归入基金资产。赎回费率如下表所示。

持有期限	赎回费率
三个月以内(不含三个月)	1.5%
三个月至一年(不含一年)	0.5%
一年到两年(不含两年)	0.2%
两年(含两年)以上	0

对于在基金开放日常申购、赎回之日起持有三个月以上赎回的,所收取赎回费的 25% 归入基金资产,其余用于支付登记结算费、销售手续费等各项费用。

3)对集中申购期内申购的投资者设置申购费率优惠

在基金退市以及基金份额转移登记完成后,基金管理人将以中国证券登记结算公司作为登记结算机构,通过各销售机构以及"上证基金通"系统开放集中申购,集中申购期间不超过 1 个月。集中申购期间申购费率,100 万元以下为 1%。

2006 年 7 月 14 日,中国人寿、中国人保、全国社保组合等一批机构和中小个人持有人代表出席了兴业基金持有人大会。其中表示同意的表决权占出席本次会议的持有人持有的表决权总数的 98.69%,反对表决权占 1.31%。

2006 年 7 月 29 日华夏基金公司发布《兴业证券投资基金基金份额持有人大会决议公告》,兴业基金持有人大会决议通过的"封转开"方案已获证监会批复同意并正式生效。

2006 年 7 月 31 日,兴业基金在上海证交所复牌交易,为反对封转开方案的中小投资者提供二级市场的退出通道。

2006 年 8 月 9 日,一周交易之后基金兴业终止上市交易。同一天,由其转型而来的华夏平稳增长混合型证券投资基金的合同宣告正式生效。

2006 年 9 月 8 日至 9 月 26 日,华夏平稳基金开放集中申购,其间不开放赎回,称为"集中申购期"。

2006 年 9 月 29 日,基金集中申购验资结束当日,基金以可分配收益为准,向原兴业基金持有人进行收益分配。进行收益分配后,当日基金份额净值降为 1.000 元。这样做的目的是使原兴业基金投资者和新集中申购投资者的投资成本一致。集中申购有效申购总户数为 53 532 户,集中申购期申购及利息结转的基金份额共计 1 846 459 118.72 份。集中申购后,加上原兴业基金的投资者封转开后的份额,基金的总份额为 2 346 459 118.72 份。

2006 年 10 月 13 日,华夏平稳增长基金开放日常申购赎回。

至此,华夏兴业基金成为国内第一只到期成功转为开放式基金的封闭式基金。兴业基金顺利转型为以后我国到期的封闭式基金树立了可参照标准,为基金封转开模式的确立和市场的稳定起到了积极的作用。

8.5 创新型封闭式基金

2007 年下半年,我国基金市场上出现了创新型的封闭式基金。这是在封闭式基金发行市场停顿了 5 年以后的重新启动。封闭式基金创新主要是为了重建我国的封闭式基金市场,增加封闭式基金品种,促使基金市场结构更加合理。其时创新型封闭式基金的代表品种是大成优选股票基金和国投瑞银瑞福基金。

大成基金管理公司推出的"大成优选"创新型封闭式基金,是在原有封闭式基金体系基础上着力解决基金的治理结构问题,以抑制封闭式基金的高折价率。在产品中共提出五项改善治理结构的方法:(1)每年定期召开持有人大会;(2)每月从管理费中计提 10% 作为业绩风险准备金,在基金业绩跑输业绩基准 5% 的情况下弥补持有人损失;(3)适当激励基金管理人,在绝对投资业绩、相对投资业绩的严格要求基础上,把超额部分的 10% 用于提取业绩报酬;(4)增加"救生艇条款",具体内容为:在基金合同满 12 个月后,若折价率连续 50 个交易日超过 20%,基金公司将在 30 个工作日内召开持有人大会,审议"封转开"事宜;(5)分配制度改进。基金分配制度也比原有封闭式基金更加严格,增加了"每年至少分配两次,每次分配不少于当期可分配收益 60%"的条款[①]。

国投瑞银基金管理公司设计的"国投瑞银瑞福"的创新型封闭式基金,方案则是结构化分级,即封闭式基金由优先级与进取级两级份额组成,分别募集和计价,资产合并运作[②]。

两级基金根本区别在于收益分配权的差异,优先级份额享有优先分配权,但基金收益分配在满足优先级份额后的大部分(90%)分配给进取级份额。另外,两级基金享受不同的流动性安排,进取级份额安排在交易所上市交易,以满足风险偏好型投资者的交易需求及其流动性偏好;优先级份额通过场外申购赎回方式,为此类投资者提供进入或退出的安排。这样的结果是,"瑞福进取"成为一只在交易所上市的 5 年期封闭式基金,"瑞福优先"则不上市,每年在托管银行开放一次申购赎回。基金将一年定期存款上浮 3% 的利率作为瑞福优先的有限基准收益,基金收益优先满足这一基准收益,然后在基准收益以上的超额收益部分由瑞福优先和瑞福进取按照 1:9 进行收益分配。瑞福优先的收益部分相当于是瑞福进取放大交易中的借贷成本。

国投瑞银的方案同样在努力尝试消除高折价。在股票市场处于牛市环境中,进取级份额上市后的交易折价可得到极大的抑制,并极有可能出现溢价交易。从直观上讲,溢价来自于其资金放大效应。在分级结构下,进取级份额包含一个看涨期权,其对应标的为在支付完优先级份额的优先收益分配后的基金剩余收益。期权是具有价值的,因此期权价值的存在将有效降低进取级份额的折价。此外,与大成创新封闭式基金方案相似,国投瑞银也强调分红。

2007 年 7 月和 8 月,大成优选和国投瑞银分别募集了 46.74 亿元和 60 亿元。两只封闭式基金上市后,大成优选在短短一周内出现了溢价,但是随后一直呈现折价交易。而瑞福进取则上市后一直呈现溢价交易。

大成优选和国投瑞银瑞福作为创新的封闭式基金,重新开启了我国封闭式基金募集的大门,为封闭式基金的发展奠定了基础。2008 年第一只封闭式债券基金——富国天丰成立,2010 年以来,封闭式债券基金的规模逐渐增加。封闭式债券基金普遍采取 3 年作为封闭期限,在 3 年封闭期内在证券交易所上市,到期后转为开放式的 LOF 基金。目前封闭式

---

① 大成优选的方案相比之前的封闭式基金有很多创新之处,但在实践中,基金业绩及其治理并未体现出优势。在本书基金费用一章中 6.5.1 节的案例已对大成优选的管理费设计及其实际结果的分析。

② 这是我国基金市场上的第一只分级基金,可参见本书第 3 章第 10 节对分级基金的阐述。

债券基金已成为我国封闭式基金中重要的构成部分。

案例:首只封闭式债券基金——富国天丰

随着国内债券市场逐步走强,基金产品创新的焦点也转移到了债券基金领域。2008年10月24日,国内首只创新封闭式债券基金——富国天丰强化收益债券型证券投资基金成立了。

富国天丰债券强化收益基金,为国内债券基金市场的首例创新品种,也是第一只带有封闭期的债券型基金。之前国内的封闭式基金全部为股票型。富国天丰基金在合同生效后3年内封闭运作,并在深圳证券交易所上市交易,基金合同生效满3年后转为上市开放式基金(LOF)。富国天丰债券基金的封闭运作,是考虑国内市场实际,并汲取成熟市场经验而设计的。

1. 国内债券市场处于大发展前期、西方封闭式基金以债券基金为主

考察西方成熟市场可以发现,在封闭式基金市场,债券型封闭式基金占主要地位。从国内现状来看,债券型基金正面临着良好的发展机遇与广阔前景。债市日趋向好,很多优质的债券品种常常出现供不应求的局面。管理层致力于大力发展债券市场,完善投资主体;并鼓励基金产品创新。

2. 封闭式债券基金有利于提高收益

封闭设计意味着基金产品,可以不受申购、赎回的冲击,无须因流动性压力而牺牲收益。这对于债券型基金而言,意义尤甚。债券产品较高的收益率,经常伴随着相对较弱的流动性。在债券市场上,为保持资产的良好流动性,往往以放弃较高的收益率为代价。

对于开放式债券基金而言,为了应对申购赎回,必须保持5%以上比例的流动性资产,而该类资产的收益率很低;在出现大额申购时,开放式基金难以在短时间内购买到足够的高收益产品,从而摊薄了该时期内的基金收益;此外,若过度关注债券基金的流动性,大量投资央行票据等高流动性品种,将导致基金组合的整体收益降低。

而封闭设计的债券型基金品种,与开放运作比较的优点,是不用应对赎回的要求。富国天丰基金在封闭期内,可以较大比例投资于高收益高等级的债券品种,并持有到期,从而获得较高收益。而开放式债券为应对赎回,常常对流动性较弱的高收益债券投资有限。

在封闭运作期间,富国天丰基金还可以适度参与回购来提高基金收益率;在封闭期间,富国天丰基金可以持有被市场错误定价的债券,通过持有到期获得较高收益。对于稳定的、可以持有到期的资金而言,在市场定价出现较大偏离时可以通过持有到期实现超额收益。但若流动性受限,即使在误定价时买入,也可能会因为流动性的需要而以偏离更大的价格被迫卖出而产生亏损。国外经验显示,3~5年期封闭式债券基金的投资收益较开放式债券基金存在较大优势。美国市场的数据显示,封闭式债券型基金的收益率比开放式债券基金要高出50%以上。

3. 通过上市来提供流动性并降低折价

结合国内的实际情况,作为首只带有封闭期设计的创新产品,富国天丰设置了三年的封闭期限,以期接近收益率与流动性的合适匹配。与之相比,债券投资的收益(表现为债券到期收益),往往是可预测并相对稳定的,现金流预期也很明确。相对而言,基金可以很容

易求得现有债券组合的收益。假设封闭式债券基金出现折价,就意味着可以用更便宜的价格,买到收益预期明确的债券组合。

4. 每月定期分红、以降低折价率

富国天丰基金力争每月定期分红。基金合同生效六个月以后,若满足分红条件,每月将可分配收益的 50% 以上用于分红;每年基金收益分配比例不低于可分配收益的 90%。这一设计旨在力争为投资人提供稳定的现金流,也有利于消除二级市场折价。

富国天丰还设计了"救生艇"条款。若基金折价率达到规定要求,可以转为上市开放式基金(LOF)。上述设计均有助于稳定投资者的心理预期,降低折价的可能。

在实际运作中,富国天丰债券以企业债为主要投资对象,兼顾股票一级市场新股投资。在债券投资方面,该基金专注于信用债的投资,其中基金对企业债稳定投资和对杠杆的灵活运用是其良好收益的主要来源。在股票投资方面,新股投资贡献的收益较为明显。截至 2011 年 10 月,封闭期结束,富国天丰基金分红 31 次。在 3 年的封闭期中,富国天丰取得了 27.66% 的累积净值增长率,超过业绩基准近 21%,成为国内最成功的债券基金之一。

知识拓展:封闭式债券基金的投资价值

在我国基金市场上第一只封闭式债券基金——富国天丰——推出近 2 年时间内,它都是唯一的封闭式债基。直到 2010 年 6 月开始,其他基金公司才陆续推出了封闭式债基。在二级市场上,富国天丰大多数时间都处于溢价状态,其他成立较早的封闭式债基如招商信用添利也曾处于溢价状态。但是 2012 年之后,大多数封闭式债基都进入折价交易状态。

封闭式基金的优势在于没有赎回压力,基金可以利用持有债券的回购放大资金杠杆,并且投资一些流动性不高但收益率较高的券种。正是由于这种原因,最初的几只封闭式基金都曾处于溢价状态。富国天丰的溢价一方面是因为富国基金在固定收益领域做得比较好,有一定品牌效应。另一个主要原因是当时市场上产品少,有一定稀缺性,但随着同类产品的增多,其溢价也会慢慢回归合理。

截至 2012 年 7 月 13 日,市场上的 13 只封闭式债券基金全部处于折价状态,折价率基本上在 -7% 至 -2%,平均折价率为 -4.34%,剩余到期时间在 1~3 年,平均剩余年限为 1.66 年。(参见本书前文表 8.1)

导致折价率扩大主要是二级市场价格涨幅并没有跟上基金净值的涨幅。这一现象体现了目前投资者对于债券市场并不是特别看好,这是一个市场情绪的先行指标。从目前来看,市场情绪和债券市场扩容压力两个因素并没有改变。所以并不能排除封闭式债基折价率进一步扩大的可能。但是目前的高折价率已经提供了一个很好的安全垫,如果投资者立足于长期投资的话,应该有比较稳定的收益率。如果我们假设债券基金的年平均净值增长率为 6.67%,封闭式债券基金的到期年化收益率都在 10% 以上;如果债券基金的平均净值增长率为 3.83%,则大部分封闭式债券基金的到期年化收益率依然可以保持在 8% 以上。因此,封闭式债券基金的折价提供了一个较为安全的套利投资工具,当然折价率的高低只是一个技术指标,关键是投资者对于债券市场长期走势的判断。

 **本章小结**

封闭式基金的价值有面值、净值和市价三种。基金面值、净值、市价都是封闭式基金价值的构成内容,它们之间有着密切的联系。面值、净值是市价的基础,市价是面值和净值的市场表现形式。在绝大多数时候,封闭式基金的价格均低于资产净值,即处于折价交易状态。在我国基金市场起步的时候,封基的市场价格曾普遍出现较高的溢价。但随着时间的推移,折价交易成为正常现象。

封闭式基金折价交易现象,是基金领域的一个重要研究问题。国际学术界总结为"封闭式基金折价交易之谜",对此现象的解释总体上划分为两类:第一类是古典经济学解释。这一类解释的基本框架是基于有效市场假设,从市场摩擦、信息成本等方面来解释封闭式基金折价交易现象,提出了代理成本因素、市场分割因素、税负因素等;第二类是行为金融学解释。这一类主要是基于投资者非理性解释,提出了投资者情绪假说、噪声交易假说等。

我国封闭式基金的折价交易还有一些特定的原因。另外我国基金市场中,还曾出现部分封闭式基金较长时间的溢价交易,这主要是历史上一些老基金改制过来的小盘基金上市初期出现溢价交易,以及2008—2011年少数创新封闭式债券基金的溢价交易。

封闭式基金在转型为开放式的过程中,应按公平、公开、公正原则行事。转型方案要能够消除折价,在基金转型过程中,保持基金规模的稳定是至关重要的。

关于封闭式基金转型,主要有三种模式:(1)封闭式基金直接开放;(2)封闭式基金与开放式基金合并;(3)封闭式基金渐进转型为开放式基金。从2006年6月14日首个进入"封转开"程序的基金兴业,到2007年6月30日大成创新成长成立,我国已经有14只到期封闭式基金相继转为开放式基金,在股票市场牛市中均实现了募集规模扩大和平稳转型。2007年下半年开始,以大成优选和国投瑞银瑞福基金为代表,创新型的封闭式基金在治理结构和产品结构分级等方面进行了突破,使得封闭式基金重新进入我国基金一级市场。

 **本章思考题**

1. 学术界所称封闭式基金折价率、溢价率是如何计算的?

2. 为何学术界称封闭式基金折价是一种行为金融学上的"异常现象(anomaly)"?

3. 对于封闭式基金折价交易现象,古典经济学是如何解释的? 行为金融学又是如何解释的? 你认为哪一种解释更合乎我国实际?

4. 封闭式基金转为开放式基金的原则、模式和条件准备分别是哪些? 从美国和我国的封闭式基金转型案例中,可以总结哪些经验教训?

5. 请选择一只我国已经成功转型的封闭式基金,分析整个转型过程。

6. 创新型封闭式基金的创新点在何处? 请以大成优选和国投瑞银瑞福基金为例,进行说明。

7. 为什么在 2007 年以来，创新型封闭式基金的折价率出现了不同分化，有的处于折价，有的处于溢价？请尝试分析原因。

8. 在北美封闭式基金协会网站（http://www.closed-endfunds.com/default.aspx）上，理柏公司（Lipper）给出了美国封闭式基金的折价率数据：

统计时点： 2012/7/6	平均折溢 价率(%)	折溢价率 中位数(%)	溢价基 金只数	折价基 金只数	总基 金数目
全部封闭式基金	−0.47	−0.36	291	318	609
股票型封基	−5.59	−7.93	49	163	212
债券型封基	2.27	1.54	242	155	397

请就以上数据发表你的评论。

 延伸阅读

1. Bradley，Michael，Alon Brav，Itay Goldstein，and Wei Jiang. 2010. Activist Arbitrage：A Study of Open-ending Attempts of Closed-end Funds. *Journal of Financial Economics* 95 (1) :1~19.

2. Delong J. B. ，Shleifer，Summers and Waldmann. 1990. Noise Trader Risk in Financial Markets. *Journal of Political Economy* ,8(6):703~739.

3. Dimson，Elroy，and Carolina Minio-Kozerski. 1999. Closed-End Funds：A Survey. *Financial Markets，Institutions and Instruments* ,8 (2):1~41.

4. Lee，Charles M. C. ，Andrei Shleifer，and Richard H. Thaler. 1991. Investor Sentiment and the Closed-End Fund Puzzle. *Journal of Finance* ,46 (1):75~109.

5. Malkiel，B. G. 1977. The Valuation of Closed-end Investment Company Shares. *Journal of Finance* ,(32):847~858.

6. Pontiff，Jeffrey. 1996. Costly Arbitrage：Evidence from Closed-End Funds. *The Quarterly Journal of Economics* ,111 (4) :1135~1151.

7. Pratt，Eugene J. 1966. Myths Associated with Close-end Investment Company Discounts. *Financial Anayst Journal* ,(22):79~82

第3篇　基金管理

第9章 基金募集设立

9.1 基金募集程序

基金的募集与设立是基金运作的第一步。世界上各个国家和地区对基金的发起设立都有一定的资格要求和限制,只有符合一定资格条件的法人才能作为发起人,向监管当局申请设立基金。不同的国家和地区对发起人的要求程度也不一样。如在英国,由于基金发展历史较长、法规完善、行业自律组织比较发达,因此对发起人的要求相对宽松,只要求发起人是基金行业协会的会员。但在我国,目前公募基金的募集设立必须经过中国证监会审核批准[①]。

1. 基金发起人

基金发起人是指为设立基金采取必要的行为和措施,完成发起、募集和设立基金的法定程序的机构。例如,在筹备基金的过程中,发起人必须负责起草设立报告、设计基金的具体方案、拟订基金合同等有关文件,还要为基金的募集和设立承担法律责任。

在我国早期封闭式基金发展的历史时期(1998—2002 年),我国基金普遍采取发起设立方式,并以基金管理公司和基金管理公司的关联单位(如基金管理公司的股东等)作为发起人,要求基金发起人有义务必须认购和持有一定的封闭式基金单位。在开放式基金时期(2003 年以后),基金设立取消了基金发起人的概念,在基金募集成立之前的工作,均由基金管理人承担,也即基金管理人作为实际上的基金发起人。基金管理人并不必须在基金初次募集时认购基金份额。在 2012 年 6 月,随着《基金法》的修订,中国证监会对《基金法》的重要配套政策——《证券投资基金运作管理办法》进行了修改,其中一项重要的新增规定是:允许基金管理公司的股东、公司、公司高级管理人员或基金经理等在基金募集时认购基金份额,并将上述关联人认购基金规模、承诺持有期限等作为基金成立的条件之一。这实际上恢复了基金发起人的做法。

2. 申请募集基金的基本条件

根据我国《证券投资基金法》的规定,我国证券监管部门对申请募集基金的审核,主要从基金管理人、托管人的资格条件以及拟成立的基金两方面进行。《证券投资基金运作管理办法》对申请设立募集基金做出了具体规定。其中第六条规定,申请募集基金,拟任基金管理人、基金托管人应当具备下列条件:

(1) 拟任基金管理人为依法设立的基金管理公司,拟任基金托管人为具有基金托管资格的商业银行;

(2) 有符合中国证监会规定的、与管理和托管拟募集基金相适应的基金经理等业务人员;

---

① 我国公募基金发行一直在考虑采取注册制,截至本书写作的 2013 年中期,仍未实现。

（3）基金的投资管理、销售、登记和估值等业务环节制度健全,行为规范,不存在影响基金正常运作、损害或者可能损害基金份额持有人合法权益的情形;

（4）最近一年内没有因违法违规行为受到行政处罚或者刑事处罚;

（5）没有因违法违规行为正在被监管机构调查,或者正处于整改期间;

（6）不存在对基金运作已经造成或可能造成不良影响的重大变更事项,或者诉讼、仲裁等其他重大事项;

（7）不存在公司治理不健全、经营管理混乱、内部控制和风险管理制度无法得到有效执行、财务状况恶化等重大经营风险;

（8）中国证监会根据审慎监管原则规定的其他条件。

同时《证券投资基金运作管理办法》第七条对拟募集的基金应具备的条件作了规定:

（1）有明确、合法的投资方向;

（2）有明确的基金运作方式;

（3）符合中国证监会关于基金品种的规定;

（4）不与拟任基金管理人已管理的基金雷同;

（5）基金合同、招募说明书等法律文件草案符合法律、行政法规和中国证监会的规定;

（6）基金名称表明基金的类别和投资特征,不存在损害国家利益、社会公共利益,欺诈、误导投资人,或者其他侵犯他人合法权益的内容;

（7）中国证监会根据审慎监管原则规定的其他条件。

另外,我国的《证券投资基金法》、《证券投资基金运作管理办法》等规定,无论封闭式或开放式基金,募集期限届满,具备下列条件之一的,基金管理人可以按照规定办理验资和基金备案手续:

（1）基金募集份额总额不少于两亿份,基金募集金额不少于两亿元人民币;基金份额持有人的人数不少于两百人;

（2）基金管理公司在募集基金时,使用公司股东资金、公司固有资金、公司高级管理人员或基金经理等人员资金认购基金的金额不少于一千万元人民币,且承诺持有期限不少于三年;基金募集份额总额不少于五千万份,基金募集金额不少于五千万元人民币;基金份额持有人的人数不少于两百人。

另外对于封闭式基金而言,募集基金份额总额必须达到核准规模的80%以上。满足以上这些条件,基金方可正式成立。

知识拓展: 发起式基金重新出现

发起式基金即基金管理公司的股东、基金管理公司、基金管理公司的高管和基金经理等作为基金发起人认购基金的一定数额方式发起成立的基金。早在封闭式基金年代(1998—2002年),当时的所有新成立的封闭式基金,均设立有基金发起人,一般是基金管理公司的股东单位和基金管理公司。发起人认购一定比例的基金份额(一般为基金批准规模的3%),并承诺持有一定期限(一般规定在基金上市一年内不得转让,之后直到基金封闭期结束,发起人持有基金份额不少于基金总规模的1.5%)。

中国证监会2012年6月20日发布新的《证券投资基金运作管理办法》,修改了基金募集的相关规定,恢复了基金发起人的概念和做法。基金公司在募集资金时,发起人用自有资金购买的新基金金额不少于 1 000 万元,并承诺持有期限不少于 3 年,同时外部的募集金额不低于 5 000 万元,基金份额持有人不少于 200 人,符合以上条件的就可以成立发起式基金。这样的规定等于降低了基金成立的"门槛"——原先的基金运作管理办法要求开放式基金最低募集 2 亿元资金方可成立。

2012 年 6 月下旬,证监会增设发起式基金审核通道,简化审核程序,并优先审核(将从普通基金的 3 个月审核期减少为 1 个月的审核期),这意味着我国发起式的开放式基金正式开始出现。2012 年 6 月 25 日,首只发起式基金——天弘基金公司的债券型发起式基金递交募集申请并获得中国证监会受理。

发起式基金的出现及其在中国证监会的快速审核,标志着我国基金发行监管正从"核准制"向"注册制"逐步转变。

3. 投资基金的设立程序

1) 设计基金方案

要成功发起设立一个投资基金,首先必须作好基金的必要性和可行性分析,设计好基金方案。基金的主要发起人首先必须看好某一投资市场的潜力,认为有必要为此设立一个基金才着手筹备。接下来便是对可行性进行分析,主要是分析哪些投资者会对拟投资的市场感兴趣,其年龄结构、收入状况、地区分布如何,拟设立的基金如何吸引这些潜在的投资者等。在进行了以上两步工作后,就可以设计出一个具体的基金方案,采取哪种基金类型有利于吸引投资者并有利于基金的运作,确定什么时候推出、在何地推出、发起规模、存续时间等。

一般来说,基金的组织形态是采取合同型还是公司型,跟该国投资基金的传统有关,如英国大多采取合同型,而美国大多采用公司型基金。采取封闭式基金还是开放式基金,主要看投资对象的流动性、成熟度以及经理人的经验,通常投资对象流动性高、市场成熟,可以采用开放式基金。而封闭式基金有利于经理人的运营,特别是投资对象属于流动性较弱的品种(如债券市场的一些产品)时,通常应该采取封闭式基金。

2) 聘请基金管理人和基金托管人以及投资顾问、注册会计师、律师、财务顾问等,并签订有关合约。

3) 制定各项申报文件,向主管机关报批。

根据我国《证券投资基金法》及其实施细则,基金发起人申请设立基金,发售基金份额,应当向国务院证券监督管理机构提交下列文件,并经国务院证券监督管理机构核准:

(1) 申请报告。主要内容包括:基金名称、拟申请设立基金的必要性和可行性、基金类型、基金规模、存续时间、发行价格、发行对象、基金的交易或申购和赎回安排、拟委托的托管人和重要发起人签字、盖章;

(2) 基金合同草案;

(3) 基金托管协议草案。基金托管协议是基金管理人与基金托管人签订的,旨在明确各自在管理、运用基金财产方面职责的协议;

(4) 招募说明书草案;

(5) 基金管理人和基金托管人的资格证明文件;

(6) 经会计师事务所审计的基金管理人和基金托管人最近三年或者成立以来的财务会计报告;

（7）律师事务所出具的法律意见书。具有从事证券法律业务资格的律师事务所及其对管理人资格、托管人资格、基金合同、托管协议、招募说明书、基金管理公司章程、本次发行的实质条件、管理人和托管人的重要财务状况等问题出具法律意见；

（8）国务院证券监督管理机构规定提交的其他文件。

4）公布基金招募说明书和基金合同，发售基金受益凭证。

9.2 基金合同

基金合同是指基金管理人、基金托管人为设立投资基金而订立的用以明确基金当事人各方权利和义务关系的书面文件。管理人对基金财产具有经营管理权；托管人对基金财产具有保管权；投资人则对基金运营收益享有收益权。

基金合同不但规范了管理人与托管人的行为准则，还规范了基金其他利益当事人如基金持有人、律师、会计师等的地位和责任。同时，基金合同也为制定投资基金其他有关文件提供了依据，包括招募说明书、基金募集方案及发行计划等。如果这些文件与基金合同发生抵触，则均以基金合同为准。因此，基金合同是基金正常运作的基础性文件。基金合同对投资基金的经营活动规范化有着重要的意义，主要体现在以下两个方面。

（1）确立了各当事人的权利和义务，有利于保护投资者的利益。

（2）有利于加强基金管理人和基金托管人的自律性监管和相互监督。因为基金合同是经过法律程序订立的，它通常是在基金正式成立时，基金管理人与基金托管人签订并经过公证的协议，要报主管机关批准。因此，基金合同构成了投资基金各当事人合作的基础，对于基金管理机构与基金托管机构的行为具有一定的约束力，是基金管理机构与基金托管机构加强自身管理和互相监督的准则。

基金合同作为基金正常运作的基本文件，内容非常广泛，囊括了基金从设立、运作到终止的全过程中当事人的行为、权利和义务。具体来说，它应该载明以下主要内容：

1. 基金概况

（1）基金名称、类型和注册地。

（2）基金发行概况。包括发起人的名称、地址、法人代表；发行日期及期限；发行规模与方式；存续时间；逾期未募足款项的处理办法等。

（3）基金的上市安排或赎回安排。封闭型基金应在发行期满三个月后安排上市；开放型基金应在初次发行期满后允许投资者赎回或申购（可以有一个短暂的封闭期）。因此应载明拟申请上市的地点或申购与赎回的程序、方法、地点以及价格的计算方法。

（4）基金有关费用的规定：包括首次认购费、年管理费率、年托管费率、申购费、赎回费的计算标准及方法等。

（5）基金收益分派的方式、方法。

（6）基金单位的估值方法和基金单位净值的计算方法。

2. 有关当事人的权利与义务

（1）基金管理人、托管人、投资顾问、律师、会计师、审计师的名称、地址、法人代表等。

（2）基金管理人、托管人的职责、权利以及退任的条件。

（3）投资者的权利与义务。

3. 基金的运作方式

(1) 投资目标。投资目标通常有三种:一是追求资产的长期增值;二是追求比较稳定的收益;三是同时强调资产增值及稳定收益。不同的投资目标伴随着不同的风险,因此投资目标的不同实际上意味着该基金对收益及风险的态度。

(2) 投资范围。包括投资区域和投资对象。投资对象主要包括上市公司的股票、政府公债、地方政府债、公司债、认股权证、可转换债券、货币市场工具、期货、期权等。

(3) 投资政策。投资政策是根据投资目标与投资范围而采取的投资策略。投资政策主要体现在投资组合的选择上和资产分散化程度上。投资组合的选择必须要在投资范围内体现投资目标,如投资目标是追求长期资产增长,而投资范围是股票、债券的话,则投资组合中的股票比例应比较大,且应多投资于升值潜力较大的小型公司股票、高科技股票等。

(4) 投资限制。基金合同应载明的投资限制,应该在不违反有关法规规定的前提下,根据基金的具体投资目标、投资范围、投资政策而制定出更明确、具体的限制措施。

4. 基金的变更、终止与清盘

基金的变更、终止与清盘属于基金的重大事项,须经基金持有人大会通过并经主管机关核准。

1) 基金的变更

主要包括基金的运作方式的改变;投资范围的改变;停业与复业;解散与合并;更换托管人或管理人;改变基金份额的认购办法、交易方式及净资产值的计算方法等。

2) 基金的提前终止

基金的提前终止通常出现在以下情况发生时:

(1) 由于现行法规的变更或新法规的实施使基金不能继续合法存在或运行时;

(2) 管理人/托管人因故退任或撤换,而在 6 个月内无新的管理人/托管人继任时;

(3) 管理人/托管人无法履行其职责(如破产)时;

(4) 因不可抗力使基金不能正常运作达 2~4 个月时;

(5) 持有人大会中,占基金份额总数 75% 以上的基金持有人通过提前结业决议时。

3) 基金的清盘

封闭式基金提前终止或期限届满而未获延长时将进行清盘,开放式基金在出现管理人/托管人因解散、破产、撤销等情形而在 6 个月内无继承人时、或者持有人大会通过决定的情况下,可以清盘。清盘时管理人、托管人必须聘请公众会计师事务机构和公证法律机构进行基金的清产核资和公证,并将基金结存或剩余资产在扣除清算费用后按各受益人持有份额比例退还给受益人。

最后,应载明信托合同制定的法律依据,争议的解决程序与方式,合同修改或增补及终止的有关规定。

根据我国《证券投资基金法》第三十七条,基金合同应当包括下列内容:

(1) 募集基金的目的和基金名称;

(2) 基金管理人、基金托管人的名称和住所;

(3) 基金运作方式;

(4) 封闭式基金的基金份额总额和基金合同期限,或者开放式基金的最低募集份额总额;

(5) 确定基金份额发售日期、价格和费用的原则;

(6) 基金份额持有人、基金管理人和基金托管人的权利、义务;

(7) 基金份额持有人大会召集、议事及表决的程序和规则;

(8) 基金份额发售、交易、申购、赎回的程序、时间、地点、费用计算方式,以及给付赎回款项的时间和方式;

(9) 基金收益分配原则、执行方式;

(10) 作为基金管理人、基金托管人报酬的管理费、托管费的提取、支付方式与比例;

(11) 与基金财产管理、运用有关的其他费用的提取、支付方式;

(12) 基金财产的投资方向和投资限制;

(13) 基金资产净值的计算方法和公告方式;

(14) 基金募集未达到法定要求的处理方式;

(15) 基金合同解除和终止的事由、程序以及基金财产清算方式;

(16) 争议解决方式;

(17) 当事人约定的其他事项。

9.3　招募说明书

招募说明书是基金的自我介绍文件,目的在于提供基金详情,以便投资者做出决策。一般基金合同制定的依据是该国或地区的有关投资基金的法律、法规,招募说明书制定的依据则是基金合同。基金合同是基金管理人、托管人与投资人之间签订的负有法律责任的纲领性文件,因此措辞严谨,有关条款是原则性的。而招募说明书是写给投资大众看的,所以措辞通俗,有关条款详细、具体。由于招募说明书的重要条款均来源于基金合同,因此本节着重于介绍招募说明书的制定与基金合同有关条款的不同之处。

1. 基金概况

招募说明书关于基金的概况应在基金合同的基础上更详细、更具体。如发行时间的规定,在合同上只能规定出一个大概的时限,而说明书中则必须具体到日期;基金合同关于首次认购费会有一个明确的比例规定,但招募说明书可以根据基金发行时的实际情况而更具体地制定认购费率以及优惠条件等。

招募说明书必须说明该基金设立及发行的依据和经有关部门批准的文件号,而基金合同制定时,该基金还没有获得监管部门的核准。

招募说明书中必须将该基金的风险提示于投资者。说明书中应该做出类似于如下的声明:虽然基金管理人将尽量分散投资风险,但因受证券市场涨跌及其他因素的影响,本基金之投资目的是否一定达到是无法保证的(各国法律均严禁基金管理人在招募说明书承诺或暗示其管理的基金能达到某一收益率,以免误导投资者)。

案例:基金风险提示——华夏大盘精选基金招募说明书节选

十八、风险揭示

(一) 投资于本基金的主要风险

1. 市场风险

证券市场价格因受各种因素的影响而引起的波动,将对本基金财产产生潜在风险,主要包括以下内容。

(1) 政策风险

货币政策、财政政策、产业政策等国家政策的变化对证券市场产生一定的影响,导致市场价格波动,影响基金收益而产生风险。

(2) 经济周期风险

证券市场是国民经济的晴雨表,而经济运行具有周期性的特点。宏观经济运行状况将对证券市场的收益水平产生影响,从而产生风险。

(3) 利率风险

金融市场利率波动会导致股票市场及债券市场的价格和收益率的变动,同时直接影响企业的融资成本和利润水平。基金投资于股票和债券,收益水平会受到利率变化的影响。

(4) 上市公司经营风险

上市公司的经营状况受多种因素影响,如市场、技术、竞争、管理、财务等都会导致公司赢利发生变化,从而导致基金投资收益变化。

(5) 购买力风险

本基金投资的目的是使基金资产保值增值,如果发生通货膨胀,基金投资于证券所获得的收益可能会被通货膨胀抵消,从而影响基金资产的保值增值。

2. 信用风险

指基金在交易过程发生交收违约,或者基金所投资债券之发行人出现违约、拒绝支付到期本息,导致基金财产损失。

3. 流动性风险

指基金资产不能迅速转变成现金,或者不能应付可能出现的投资者大额赎回的风险。在开放式基金交易过程中,可能会发生巨额赎回的情形。巨额赎回可能会产生基金仓位调整的困难,导致流动性风险,甚至影响基金份额净值。

4. 管理风险

在基金管理运作过程中,可能因基金管理人对经济形势和证券市场等判断有误、获取的信息不全等影响基金的收益水平。基金管理人和基金托管人的管理水平、管理手段和管理技术等对基金收益水平存在影响。

5. 操作或技术风险

指相关当事人在业务各环节操作过程中,因内部控制存在缺陷或者人为因素造成操作失误或违反操作规程等引致的风险,例如,越权违规交易、会计部门欺诈、交易错误、IT 系统故障等风险。

在开放式基金的各种交易行为或者后台运作中,可能因为技术系统的故障或者差错而影响交易的正常进行或者导致投资者的利益受到影响。这种技术风险可能来自基金管理公司、注册登记机构、销售机构、证券交易所、证券登记结算机构等。

6. 合规性风险

指基金管理或运作过程中,违反国家法律、法规的规定,或者基金投资违反法规及基金合同有关规定的风险。

7. 其他风险

战争、自然灾害等不可抗力因素的出现,将会严重影响证券市场的运行,可能导致基金财产的损失。

金融市场危机、行业竞争、代理商违约、托管行违约等超出基金管理人自身直接控制能力之外的风险,可能导致基金或者基金持有人利益受损。

(二) 声明

1. 本基金未经任何一级政府、机构及部门担保。投资人自愿投资于本基金,须自行承担投资风险。

2. 除基金管理人直接办理本基金的销售外,本基金还通过本招募说明书"五、相关服务机构"中所列代销机构代理销售,但是,基金并不是代销机构的存款或负债,也没有经代销机构担保或者背书,代销机构并不能保证其收益或本金安全。

节选自 2012 年 3 月华夏大盘精选基金更新的招募说明书。

2. 有关当事人的权利与义务

除了基金合同所载明的有关当事人的权利与义务外,在招募说明书中必须较详细地介绍管理人、托管人的股东、董事及监事的有关情况,还必须对管理人从事投资基金业的经历做出简要描述。

3. 基金的运作方式

招募说明书是基金经营的行动纲领,因此应在基金合同的原则性规定的基础上,更详细地说明证券投资组合的确定与调整依据以及资产分散化的程度,并应对证券市场作简单的回顾与展望。

4. 基金的变更、终止与清盘

上述条款的有关规定必须与信托合同相符。

5. 基金合同条款

最后应该说明招募说明书所依据的基金合同是依据什么法律、由哪些法人订立的、其主要内容是什么、基金份额持有人到何处查阅或购买基金合同副本。

根据我国《证券投资基金法》第三十八条的规定,基金招募说明书应当包括下列内容:

(1) 基金募集申请的核准文件名称和核准日期;

(2) 基金管理人、基金托管人的基本情况;

(3) 基金合同和基金托管协议的内容摘要;

(4) 基金份额的发售日期、价格、费用和期限;

(5) 基金份额的发售方式、发售机构及登记机构名称;

(6) 出具法律意见书的律师事务所和审计基金财产的会计师事务所的名称和住所;

(7) 基金管理人、基金托管人报酬及其他有关费用的提取、支付方式与比例;

(8) 风险警示内容;

(9) 国务院证券监督管理机构规定的其他内容。

9.4　基金的募集与认购

9.4.1　基金的发行

基金的发行即募集投资基金。在得到主管机关批准后,投资基金的发起人、管理人即可进行基金份额的发行工作。基金的发行方式、定价以及公布招募说明书是基金发行工作的主要内容。

1. 基金证券与基金份额

基金证券是基金发起人或其委托的证券机构向投资者发行的,表示其持有人有按其所持基金份额享有基金资产所有权、收益分配权、剩余财产分配权和其他相关权利,并同时承担相应义务的可转让或可赎回的凭证。基金证券是一种有价证券。对公司型基金来说,基金证券表现为公司股份。对合同型基金来说,基金证券就是受益凭证。现在的基金证券已普遍使用无纸化发行。

受益凭证是常见的基金证券形式。受益凭证一般是可自由转让的有价证券。它记载着投资者认购的基金单位数,表明受益人可依基金份额分享基金权益,以及对基金管理机构或保管机构行使基金合同所规定的权利,包括本金受偿权及参与投资人大会表决等。受益凭证分记名和不记名两种,由基金管理机构和保管机构共同签署并经公证后发行,一般为记名式。受益凭证上记载的受益权包括受益人享有的本金受偿权、收益的分配权及其他权利。

目前我国的证券投资基金并不采取受益凭证的形式,而是采取基金份额的形式。投资基金在募集资金时,为了正确计量投资者的投资份额及受益权份额,必须确定基金单位的面值。一般一个标准面值的基金称为一个基金份额。在首次发行时通常确定一个整数票面价格(如我国为一元人民币),首次发行结束后,对于开放式基金来说,基金份额以净资产价值为计价的基准。

2. 基金发行成本

基金发行成本是指基金管理人和基金托管人在发行基金过程中发生的各种费用开支。基金发行成本高低对筹资者的发行效益关系密切。发行成本主要包括以下几项:

1) 印刷费

基金受益凭证作为书面凭证,必须经过印刷。基金受益凭证上的面值、各种图案等给印刷带来了一定的要求。因此,印刷费中包含有:设计费、制版费、油墨费、纸张费以及人工费等。

2) 手续费[①]

手续费包括基金管理公司在申请发行时,向证券主管机关支付的费用,以及委托基金代销机构代理发行基金时需支付的费用。手续费的高低一般与下列因素有关。

(1) 发行总额。因为基金发行的手续费是按基金发行总金额的一定比例提取的。

(2) 管理人的信誉。管理公司的信誉好,得到广大投资者的信赖,其基金的市场销路好,发行时间短,代销机构的业务量和风险性都比较小,收费率也就比较低。反之,管理人的信誉差,往往因销路差而拉长发行时间,使代销机构的工作量和风险加大,因而销售费用相对也要高一些。

(3) 基金的种类。不同种类的基金风险不同,销售费用也有所不同。

3) 广告宣传费

广告宣传是为了使广大投资者了解基金发行者,增加投资者对发行者的印象,以加速

---

① 这里的基金发行手续费,即前文第 6 章"基金费用"中所说的基金认购费、申购费。

筹资的进度,缩短发行时间。宣传、广告必然产生一定的费用。

3. 基金的发行方式

证券投资基金的设立在获得主管部门批准后,便进入募集发行阶段,即向机构投资者或社会公众宣传介绍基金的情况。基金代销机构或基金管理公司向投资者销售基金份额或基金公司股份,募集资金。只有在募集资金达到法规要求后,基金才能成立并进入投资运作阶段。

基金的发行按照发行的对象不同可以分为私募发行和公募发行。

私募发行是指面向少数特定的投资者发行基金的方式,发行的对象一般是大机构和富有的个人。由于发行的对象特定,发行的费用较低并能节省时间。同时各国对私募发行的监管较为宽松,不必公布招募说明书。选择私募发行的方式,一般是基于以下原因:

(1) 基金的风险很高,不适合社会普通公众购买;

(2) 基金的设计规模较小;

(3) 基金的投资范围比较狭小;

(4) 基金发行总额在规定的范围内由特定的投资者认购便可以完成发行计划,因而没有必要向全社会公众公开发行等。

如在美国,为了保护普通投资者的利益,要求对冲基金这类投资风险较高的基金只能采取私募的发行方式。

案例:美国对冲基金的私募发行

对于美国国内的对冲基金,美国证券交易委员会(SEC)将对冲基金投资者数目限制于最多99人(不包括基金经理),并且,其中至少65人必须是"可信赖的投资者"(accredited investors)。1996年美国SEC出台了新的规定,允许对冲基金的参与者由99人扩大到500人。美国SEC对"可信赖投资者"的规定如下:

(1) 单独的个人投资者在过去两年中必须有至少20万美元的年收入,并且未来继续保持这种合理的预期收入。

(2) 有配偶的个人投资者夫妇两人必须有至少30万美元的年收入。

(3) 单独的个人投资者必须有至少100万美元的净资产,不包括房屋和汽车。

美国证券法规定,对冲基金不允许利用任何媒介做广告,因此顾客获得有关对冲基金信息的途径就相当有限。筹集资金往往通过专家顾问的介绍或其他人的口头相传,这些专家顾问与许多打算要投资于对冲基金的一些够资格的客户关系密切,而且有时候代替客户监督检查对冲基金经理的背景和工作,这就免不了专家顾问要亲自拜访对冲基金调查有关背景、搜集介绍材料和业绩数据,并且进行统计分析,以此来保护他们的客户。因此,对冲基金的发行募集是一种通过专家顾问介绍的私募方式,投资者人数有限制。

公募发行又叫公开发行,指向广大的社会公众发行基金,社会投资者都可以认购基金单位。由于面向广大投资者,各国对公募发行的监管比较严格。发行基金选择公募的方式往往是考虑到以下因素:

(1) 基金发行额较大,必须大范围发行才能完成预定的发行计划;

(2) 急需募集资金,以争取有利的投资时机;

（3）对所发行的基金受投资者欢迎的程度把握不准，因而采取向社会公众发行的方式，以便在尽可能短的发行期内完成发行计划；

（4）出于公平、公正原则之考虑等。

按照基金发行销售的渠道，基金的发行可分为自办发行和承销两种方式。

自办发行或称为直销，即基金公司通过自己的销售渠道直接向投资者发售基金单位，采用这种方式的费用较低。

承销即通过中介机构向投资者发售基金单位，又可分为代销和包销。在代销方式下，中介机构尽最大的努力去销售基金，如果基金单位未能全部发售，中介机构也不承担任何责任；而在包销的方式下，发行人和中介机构签订合同，由中介承销机构买入全部基金单位，然后承销机构再向投资者销售，如果未能将基金单位全部销售出去，则余下的基金单位由承销商自己持有。在采取承销方式时，发行人都必须向承销机构支付一定的承销费用，但在代销的方式下，由于承销机构的风险较低，所以承销费用也较低。在承销的方式下，可以由多个承销机构组成承销团，共同负责基金的销售。

按照《证券投资基金法》的规定，我国的证券投资基金只能采用公募即公开发行的方式，发行渠道采取基金公司的直销和银行、券商、第三方销售机构等代销相结合。

下面是一个封闭式债券基金的发行公告部分内容，从中我们可以看到我国基金发行的基本情况[①]。

案例：投资基金的发行——广发聚利债券型证券投资基金份额发售公告节选

基金管理人：广发基金管理公司

基金托管人：中国建设银行股份公司

发售日期：2011 年 7 月 4 日—2011 年 7 月 29 日

1. 广发聚利债券型证券投资基金（以下简称"本基金"）的募集已获中国证监会证监许可〔2011〕668 号文批准。

2. 本基金是契约型债券基金，基金合同生效后 3 年内为封闭期，封闭期间投资人不能申购赎回本基金份额，但可在本基金上市交易后通过深圳证券交易所转让基金份额；封闭期结束后转为上市开放式基金（LOF）。

3. 本基金的管理人为广发基金管理公司，基金托管人为中国建设银行股份有限公司，注册登记机构为中国证券登记结算有限公司。

4. 本基金自 2011 年 7 月 4 日起至 2011 年 7 月 29 日通过深交所挂牌发售，同时通过基金管理人指定的场外销售机构（包括直销中心和代销机构）公开发售，基金管理人可根据募集情况，在符合相关法律法规的情况下，适当延长或缩短本基金的募集期限并及时公告。

5. 投资者可通过场外认购和场内认购两种方式认购本基金。本基金通过场外发售的销售机构包括本公司直销机构和中国建设银行、广发证券等；本基金通过场内发售的机构为具有基金代销资格的深圳证券交易所会员单位。

---

① 目前我国的普通开放式基金与这里的广发聚利发行中的场外发售方式是一致的，而场内认购方式只在 ETF、LOF、封闭式基金中存在。广发聚利兼有场内和场外两种发售方式。2002 年以前封闭式基金通过证券交易所新股发行系统的网上和网下同时配售的方式，目前已经不再采用。

6. 本基金的募集对象为符合法律、法规规定的可投资于证券投资基金的个人投资者、机构投资者、合格境外机构投资者，以及法律、法规或中国证监会允许购买证券投资基金的其他投资者。

个人投资者指依据有关法律法规规定可投资于证券投资基金的自然人。机构投资者指依法可以投资证券投资基金的、在中华人民共和国境内合法注册登记并存续或经有关政府部门批准设立并存续的企业法人、事业法人、社会团体或其他组织。

合格境外机构投资者指符合现时有效的相关法律法规规定可以投资于中国境内证券市场的中国境外的机构投资者。

7. 本基金募集规模上限为 40 亿份（不包括利息折算的基金份额）。募集期内，若当日场内及场外认购结束后发现累计认购申请接近、达到或超过本基金的募集份额上限，基金管理人将于下一个工作日在指定媒体上公告提前结束募集，并自公告日起不再接受认购。基金管理人也可根据认购和市场情况决定提前结束募集。发生此种情况时，本基金将于次日公告提前结束发售，并自公告日起不再接受认购申请。

若募集期内场内及场外认购申请全部确认后认购份额不超过本基金的募集份额上限（不包括利息折算的基金份额），基金管理人将对所有的场内及场外有效认购申请全部予以确认。

若募集期内场内及场外认购申请全部确认后认购份额超过本基金的募集份额上限（不包括利息折算的基金份额），基金管理人将对募集期内最后一个认购日之前的有效认购申请全部予以确认，对最后一个认购日有效认购申请采用"末日比例确认"的原则给予部分确认。未确认部分的认购款项将在募集结束后 7 个工作日内划出，退还投资者。

8. 投资者欲通过场外认购本基金，需开立中国证券登记结算有限责任公司的深圳开放式基金账户。募集期内本公司直销机构、本公司网上交易系统和指定的基金销售代理机构网点同时为投资者办理场外认购的开户和认购手续。

9. 投资者欲通过场内认购本基金，需具有深圳证券账户。其中，深圳证券账户是指投资人在中国证券登记结算有限责任公司深圳分公司开立的深圳证券交易所人民币普通股票账户（以下简称"深圳 A 股账户"）或证券投资基金账户。募集期内具有基金代销资格的深交所会员单位可同时为投资者办理场内认购的开户和认购手续。

10. 本基金场外认购采用金额认购的方式。在募集期内，除《发售公告》另有规定，每一基金投资者通过本公司网上交易系统和代销机构代销网点每个基金账户首次认购的最低限额为 1 000 元（含认购费），追加认购最低限额为 1 000 元（含认购费），直销机构网点（非网上交易系统）每个基金账户首次认购的最低限额为 50 000 元（含认购费）。各销售机构对最低认购限额及交易级差有其他规定的，以各销售机构的业务规定为准。已在基金管理人销售网点有认购本基金记录的投资人不受首次认购最低限额的限制，但受追加认购最低限额的限制。本基金募集期间对单个基金份额持有人不设最高认购金额限制。如发生末日比例确认，认购申请确认不受最低认购数量的限制。

11. 本基金场内认购采用份额认购的方式。通过深交所会员证券营业部认购时，场内认购单笔最低认购份额为 1 000 份，超过 1 000 份的须为 1 000 份的整数倍，且每笔认购最大不超过 99 999 000 份基金份额。本基金募集期间对单个基金份额持有人最高累计认购份额不设限制。如发生末日比例确认，认购申请确认不受最低认购数量的限制。

12. 投资者在募集期内可以多次认购基金份额,认购期间单个投资者的累计认购规模没有限制,但已申请的认购一旦被注册登记机构确认,就不再接受撤销申请。

13. 销售网点(包括直销机构和代销网点)或网上交易渠道对认购申请的受理并不代表该申请一定成功,而仅代表确实收到了认购申请。认购的确认应以注册登记机构的确认结果为准。投资者可在基金合同生效后到各销售网点或通过网上交易系统查询最终成交确认情况和认购的份额。

......

(节选自 2011 年 7 月发行的广发聚利债券型基金的《发行公告》)

在我国现行的基金发行机制中,如果封闭式基金或有募集规模下限的开放式基金在发行期内,基金未足额认购,可以延长基金发行期,封闭式基金最终还可以由基金承销团包销。不过实际基金发行中并没有基金不能成立的实例。但是基金延长发行期或由承销团包销的例子,都曾经发生过①。另外,封闭式基金或某些特殊类型的开放式基金(如 2007 年的股票基金、QDII;以及 2010 年以后的分级基金等)往往设置了首次发售的规模上限,若发行期结束时,投资者认购份额超过了募集规模上限,则需要启动末日比例配售制度。

9.4.2　基金份额的认购

投资者通过购买合同型基金的受益凭证或购买公司型基金的股份实现其投资。在一般情况下,投资者购买投资基金的数额都有一个最低限制,即至少要购买若干份额。基金的认购手续比较简单,但在具体操作程序上,不同类型的基金又有不同的认购方式。

1. 开放式基金的认购方式

开放式基金的认购方式主要是:

(1) 投资者凭身份证、印章到基金管理机构或指定的代销机构,填写申请认购表并留下印鉴;

(2) 按所认购的份额缴纳价款(含手续费),取得缴款单,等候领取基金的通知(交易确认回执);

(3) 通常在两天后,投资者得到交易确认单,完成认购过程。

投资者在开放式基金首次发行期内的购买,称为"认购",在基金成立以后的日常购买,称为"申购"。在首次发行期内认购,按发行面额另外加计认购费用计价。发行结束后申购,就按前一营业日的基金单位净资产价值另加申购费用计价。投资者在申购时无法确切知道其所购买到的基金份额数,须等到管理人对销售日基金单位净资产价值进行核算后才能知道。

2. 封闭型基金的认购方式

封闭型基金的认购方式比开放型基金认购方式简单,投资者只能在基金发行期内于证

---

① 我国基金市场上首次发行失败主要发生在 2002 年的封闭式基金上。发行失败表现为发行时间延期,即基金不能在规定时间内完成预定的募集规模。原因在于:①封闭式基金二级市场折价交易,而一级市场按面值发行。②股票市场处于熊市。最后通过延长发行期、承销团包销等处理办法,基金都顺利完成预定规模而获得成立,比如 2002 年成立的封闭式基金科瑞、银丰等。

券公司或其他代销机构处认购,认购价格也按面额计算(另外加计认购费用)。发行期过后,投资者若要购买这类基金,只能通过在证券二级市场上竞价购买,价格按当日挂牌的交易价计算,购买手续与购买股票一样。

3. 海外基金的认购方式

投资者认购海外基金有两种方式:一是寻找一家证券投资公司作顾问,然后委托该公司向海外购买,由该公司办妥申请认购的手续(填写申请表等)后,直接汇款向海外的基金管理人购买;二是直接到该海外基金在国内的代销机构(一般指定为银行)购买,投资者以"指定用途信托资金"的方式,购买海外基金公司的基金(目前我国境内投资者并不能直接认购海外基金公司管理的基金)。

在发行期内认购投资基金后,投资者应当注意该基金的发行情况。如果是封闭型基金,只要发行总额认购已满,基金就不再接受认购申请。开放型基金则不作此限制。一些开放式基金在认购时也会规定规模上限。比如2001年我国最早发行的两只开放式基金华安创新和南方稳健成长,分别设置了50亿元和80亿元的首次募集规模上限,又比如2004年发行的银华保本基金设置了60亿元的首次募集规模上限。在2007年我国基金的爆炸性增长期间,几乎当年发行的每只开放式基金都设置了首次发行的规模上限,一般都是100亿元。2007年9—10月,试点的4只QDII基金每只均设置了300亿元的首次发行规模上限。2008—2013年,我国的封闭式债券基金、分级债券基金和保本基金一般均设置了规模上限和末日比例配售制度。

假设在发行期间认购不足,则不论封闭式或开放式基金都可延长原定的认购期限(但不超过3个月)。如果在延长期满,发行总额仍未被认购完毕,那么该基金属于发行失败,基金不能成立。基金管理人应通知托管机构将已收的认购款加计利息退还给投资者,让投资者及时领回投资款。

案例: 启动末日比例配售机制——富国汇利基金一天完成募集上限

2010年9月1日富国汇利分级债基金开始募集。9月2日,基金管理人富国基金管理公司即公告:根据《基金合同》和《发售公告》的有关规定,决定提前结束富国汇利分级债券的募集。9月1日既是本次募集的首日,也是本次募集的末日。而原定的募集终止日为2010年9月10日。

在该基金发售公告中,规定基金募集规模上限为30亿元(不包括募集期利息)。募集期内,在当日基金认购(包括场外与场内)经确认后的累计发售规模接近、达到或超过募集规模上限时,基金管理人将于次日在公司网站和指定媒体上公告自即日起停止基金的认购业务。认购期内基金认购的有效申请的总金额若不超过30亿元(不包括募集期利息),有效认购申请将全部获得确认,若超过30亿元(不包括募集期利息),最后一个认购日之前的有效认购申请将全部获得确认,最后一个认购日的有效认购申请采用"末日比例配售原则"给予部分确认,未确认部分的认购款项将退还给投资者。而实际发行的结果是:9月1日当天投资者认购踊跃,累计认购申请已超过30亿募集份额上限。富国基金决定提前结束富国汇利募集。末日认购申请确认比例计算方法如下:

末日认购申请确认比例=30亿/末日有效认购申请金额(公式中的金额均不包括利息)。

根据上式计算的富国汇利分级债券 2010 年 9 月 1 日认购申请确认比例结果为 56.39％。也即 2010 年 9 月 1 日认购的投资者每户获得认购的份额比例为 56.39％。

富国汇利的发行成功原因在于其产品设计。在封闭式债基的基础上,汇利基金进一步引入了致力于令风险收益特征更加鲜明的分级设置,这亦是国内第一个债券型创新分级基金。与早期的富国天丰债券基金的发行以机构客户为主相比,个人投资者对富国汇利显示了极大兴趣。自发售公告以来,富国客服热线一直超负荷运转。2010 年 9 月 1 日,位于上海的富国直销柜台更排起了长队,不少老客户慕名而来。

 **本章小结**

基金的募集设立是基金运作的第一步,世界各国对基金的发起设立都有一定的资格要求和限制。基金发起人一般是基金管理公司及其股东单位。

投资基金的设立程序为:设计基金方案;聘请基金管理人和基金托管人以及投资顾问、注册会计师、律师、财务顾问等,并签订有关合约;制定各项申报文件,向主管机关报批;公布基金招募说明书,发售基金份额。

基金合同是基金正常运作的基础性文件,它对投资基金的经营活动规范化有着重要的意义,主要表现在:它确立了各当事人的权利与义务,有利于保护投资者的利益;有利于加强基金管理机构和基金托管机构的自律性监管和相互监督。

基金合同的内容包括了基金从设立、运作到终止的全过程中基金当事人的行为、权利和义务。它应载明的主要内容包括:基金概况、有关当事人的权利与义务、基金的运作方式、基金的变更、结业与清盘。

招募说明书是基金的自我介绍文件,其目的在于提供基金详情,以便投资者作出是否投资该基金的决策。招募说明书的重要条款均来源于基金合同,但由于它主要是给投资者看的,所以与基金合同相比,它的措辞更加通俗,有关条款更加详细具体。

 **本章思考题**

1. 在我国,申请募集设立基金需具备哪些条件?

2. 基金合同的重要意义表现在哪些方面?它通常包括哪些主要内容?

3. 基金招募说明书的重要意义表现在哪些方面?它通常包括哪些主要内容?

4. 简要叙述封闭式基金和开放式基金的认购流程。

5. 在 2008 年以后,我国基金发行进入相对困难的时期。但富国天丰(封闭式债券基金)、富国汇利(分级债券基金)、诺安黄金(QDII)、南方避险(保本基金)等基金均取得了优秀的首次发行销售业绩,并最终采取了末日比例配售机制,请思考总结这些热销的"末日比例配售"基金有什么共同特征,它们为什么会成功?

第 10 章　基金管理（1）：投资决策过程与策略

投资基金从分散的投资者手中筹集到资金并汇总后，通过基金管理人的投资运作，力求在降低风险的前提下获得最大的收益。为达此目的，基金管理人必须建立科学有效的投资决策和执行系统，并制定明确的投资目标。不同类型的基金有各自不同的投资理念、投资目标、投资对象和投资策略。激进型的基金力求使投资者投入的资本在一段时间内有迅速的增长，投资者在获得高收益的同时也要担负较高的风险。保守型的基金通常是保证投资者的当期收益并追求收益的长期稳定，相应投资者需负担的风险也较小。

在投资过程中，基金会根据投资目标制定相应的投资政策，然后选择合适的投资对象构建投资组合。证券组合管理理论的发展，为基金的投资决策起到了较好的指导作用。基金管理人通过熟练运用证券组合理论，以实现扩大投资收益、降低投资风险的目标。

投资基金规模巨大，基金资产通常是数以亿元计甚至几十亿元计，所以基金是证券市场上最重要的机构投资者，其投资行为会对整个证券市场带来重大影响。为了减少市场的异常波动，保护投资者利益，各国一般都制定了相应的法律规定来规范基金的投资行为，对基金投资的限制主要包括投资对象和投资比例两方面的内容。

开放式基金为了满足投资者赎回基金份额的要求，必须保留一定数额的现金，否则就会发生流动性风险，甚至危及基金的生存。加强开放式基金的流动性管理，有利于基金在确保必要流动性的条件下增加投资收益，为投资者带来更好的回报。

10.1　基金的投资决策程序

投资基金作为一个庞大的机构投资者，运作着数十亿元乃至百亿元的资金，盲目的决策和杂乱无章的投资必定会使基金遭受巨大的损失，因而建立一个规范有效的投资决策系统对基金来说是必需的。基金的决策系统通常包括决策机构、决策的制定、实施和风险管理等。通常决策机构依据规范的决策程序，制定并下达投资决策，由实施机构负责投资决策的具体实施，同时基金管理人的风险控制机构及内部监察稽核机构进行风险评估，以督促基金管理人防范投资风险。

10.1.1　决策机构

根据基金发展比较成熟国家的经验，基金管理人要想实现基金运作的科学性和稳健性，就必须建立一个理性、高效的投资决策机构，这个决策机构被称为"投资决策委员会"。它通常是由基金管理公司的高级管理层和各相关业务部门负责人组成，定期讨论基金的投资目标、投资对象并分析和评价基金的投资业绩。

我国 1993 年前后设立的老基金虽也有类似的机构，但事实上是形同虚设的，并没有真正起到制定投资决策的作用。1998 年以后，依据《暂行办法》规定设立的新基金大都有比较完备的投资决策机构。目前，我国基金管理公司的投资决策架构体系一般都非常完善。以下是一个典型的基金管理公司的投资决策体系设置[①]。

基金管理公司实行投资决策委员会领导下、团队协作基础上的基金经理负责制。在投资决策上，强调团队的价值和分工协作，注重研究人员和基金经理的充分沟通，杜绝研究和投资割裂的现象。公司内部主要相关投资机构有以下几个部门组成。

（1）投资决策委员会：是基金投资运作的最高决策机构，主要负责审议基金资产配置计划、股票投资的行业配置计划，以及金额超过一定限额的具体投资计划。投资决策委员会一般每月召开两次会议，基金经理和相关研究人员列席会议。

（2）基金投资部：负责在投资决策委员会的指导和授权下进行基金的投资运作。如果基金经理的操作超出投资决策委员会议定的基本配置范围，基金经理应说明理由并提交相应的支持报告。在个股选择上，基金经理投资的所有股票都必须来自公司的股票备选库。

（3）研究部：负责宏观经济、行业、个股及债券研究。研究员在对上市公司深入调研的基础上，写出研究报告，在投资研究部和基金管理部人员组成的投资研究联席会议上，将围绕研究报告对股票的投资价值进行充分讨论和论证，经投票表决并有 2/3 以上人员通过，股票才能进入投资备选库，尤其是核心备选库中的所有股票还须经过研究员实地调研和集体讨论两重把关，有效防止因上市公司质量不佳带来的个股风险和基金经理道德风险，并有利于提高投资收益。

（4）集中交易室：接受基金经理下达的投资指令，在确认投资指令的合规性、合理性、有效性后按照指令的规定内容严格执行；并及时向投资总监、投资部总经理、基金经理以及监察部反馈与交易相关的信息。

（5）金融工程部：运用数量化分析手段对每只基金的收益、风险和有关指标定期进行分析评估，对各种潜在的投资风险进行讨论，提出相应的风险控制计划和改进投资的建议。

（6）风险管理部：对投资组合的风险水平及基金的投资绩效进行评估，报风险管理委员会，抄送投资决策委员会、投资总监及基金经理，并就基金的投资组合提出风险管理建议。

（7）法律合规部：对基金的投资行为进行合规性监控，并对投资过程中存在的风险隐患向基金经理、投资总监、投资决策委员会及风险管理委员会进行风险提示。

10.1.2　决策制定流程

决策制定流程通常包括投资决策的依据、决策的方式和程序、决策部门的权限和责任等内容。开放式基金在设立过程中，为了保证投资决策的科学性和有效防范风险，都在有

---

① 这个案例选择的是易方达基金管理公司的投资决策体系，具有一般的代表性。来自 2004 年 8 月易方达积极成长基金产品说明和投资建议书。

关文件中明确规定了投资决策应如何制定①。

一般基金的投资决策依据主要有：

(1) 符合基金份额持有人利益最大化的原则；

(2) 国家有关法律法规、《基金合同》及公司章程的有关规定；

(3) 国家宏观经济环境及其对证券市场的影响；

(4) 国家宏观经济政策以及具体针对证券市场的政策；

(5) 各行业、地区发展状况；

(6) 上市公司财务状况、行业环境、市场需求状况及其当前市场价格；

(7) 证券市场资金供求状况及未来走势。

一般基金的投资决策制定程序为：

(1) 研究部、金融工程小组和交易部通过自身研究及借助外部研究机构形成有关公司分析、行业分析、宏观分析、市场分析以及数据模拟的各类报告，为基金的投资管理提供决策依据。

(2) 投资决策委员会定期召开会议，并依据上述报告对基金的投资方向、资产配置比例等提出指导性意见。如遇重大事项，投资决策委员会及时召开临时会议做出决策。

(3) 基金经理小组根据投资决策委员会的决议，参考上述报告，并结合自身对证券市场和上市公司的分析判断，形成基金投资计划，包括资产配置、行业配置、股票/债券选择，以及买卖时机。

(4) 交易部依据基金经理小组的指令，制定交易策略，统一执行证券投资组合计划，进行具体品种的交易。基金经理必须遵守投资组合决定权和交易下单权严格分离的规定。

(5) 风险控制委员会和风险管理部根据市场变化对投资组合计划提出风险防范措施，监察部和法律合规部对投资组合计划的执行过程进行日常监督和实时风险控制，基金经理小组依据基金申购和赎回的情况控制投资组合的流动性风险。

(6) 基金管理人在确保基金持有人利益的前提下，有权根据环境变化和实际需要对上述投资程序做出调整。

我们可以用图形来演示基金管理公司的投资决策流程(如图 10.1 所示)。

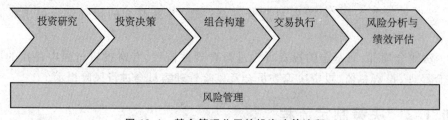

图 10.1　基金管理公司的投资决策流程

下面，我们以中外合资基金管理公司——光大保德信基金管理公司为例来阐述基金管理人的投资决策程序。

---

① 回顾我国基金业历史，1998 年以前的老基金以及封闭式基金发展初期，基金管理人对于投资决策的制定一般都没有规范的书面化规定，在实际制定投资决策时也往往是由少数主要负责人决定，没有一个系统的决策程序。

案例：光大保德信量化核心基金的投资决策程序

本基金强调团队式的投资管理机制，是国际成熟投资理念及本土长期投资经验的有效组合。在强调团队式管理机制的同时，各层次的投资决策主体各司其职，明确权限设置及分工，对投资决策过程进行严格的风险管理。

（1）投资决策委员会。它是公司负责宏观投资决策和投资监督的机构，确定投资原则、投资方向和投资范围；制定投资决策流程及权限设置；决定业绩比较基准的变更；决定对基金经理的投资授权并审核批准超出基金经理投资权限的投资项目；定期对投资流程及投资决定进行审查。投资决策委员会由首席执行官、投资总监、基金经理、市场总监、销售总监、研究部经理以及有关研究人员等组成。投资决策委员会的主任委员由首席执行官担任，一般每季度召开例会，如发生重大事宜，投资决策委员会召开临时会议作出相应决策。

（2）投资总监。负责投资组合委员会的日常管理，投资组合委员会每周召开例会，决定资产配置和投资组合构建的具体方案，对日常投资流程和投资决策进行审查；评估投资流程中的各个因素以便进一步优化整个流程，及时适应市场环境的变化。投资组合委员会由投资总监、研究主管、量化分析小组负责人、基金经理以及其他相关研究人员组成。

（3）债券基金经理。侧重于宏观经济研究及债券研究，制定投资组合资产配置策略，并负责投资组合中债券部分的构建及日常管理。

（4）股票数量分析员。着重关注量化研究，关注证券估值及预期收益率预测，每日将股票基本数据导入多因素数量模型，由数量模型预估股票预期收益率，作为投资组合构建的重要依据。

（5）股票基金经理。主要负责投资组合的日常管理，使投资组合的风险收益特征符合既定目标。基金经理着重关注行业景气状况及未来变动趋势，对行业进行评级，为投资组合优化提供行业选择的投资建议。此外，基金经理还负责研究新股及股票增发策略，并作出相应的投资决策。

（6）股票研究员。着重评估数据质量及可靠度，通过走访公司，对上市公司商业运营模式，公司治理情况，赢利状况及成长性，管理者能力和诚信度等基本面因素进行综合评估，并结合定量分析与定性分析对上市公司进行评级，为投资组合优化提供个股选择的建议。

（7）组合数量分析员。将多因素数量模型估算的股票预期收益率及投资团队设置的投资组合优化参数导入投资组合优化器，产生经优化的投资组合备选方案，报投资组合委员会审议批准。

（8）投资组合方案经投资总监负责的投资组合委员会批准后，由基金经理制定具体的建仓平仓计划，并决定买卖时机，以投资指令的形式下达至集中交易室。基金经理还应依据基金申购和赎回的情况控制投资组合的流动性风险。

（9）集中交易室。依据投资指令制定交易策略，统一执行投资交易计划，进行具体交易，并将指令的执行情况反馈给基金经理。投资组合决定权必须与交易下单权严格分离。

（10）风险控制委员会。根据市场变化对投资组合计划提出风险防范措施。监察稽核部对计划的执行过程进行日常监督和实时风险控制，投资组合方案执行完毕，基金经理负责向风险控制委员会，投资决策委员会及投资组合委员会提出总结报告。

(11)数量小组。定期和不定期对基金进行投资表现绩效分析及风险评估,并提供相关报告,帮助投资团队和风险控制委员会及时了解基金收益主要来源及投资策略实施效果、投资组合风险水平及风险来源,从而及时调整投资组合,使其风险收益水平符合既定目标。

基金管理人有权在确保基金份额持有人利益的前提下根据实际情况对上述投资程序进行调整。

(资料来源:2012年4月光大保德信量化核心基金更新的招募说明书。)

10.1.3 决策实施

基金管理人在确定了投资决策后,就要进入决策的实施阶段。具体来讲,就是由基金经理根据投资决策中规定的投资对象、投资结构和持仓比例等,在市场上选择合适的债券、股票或其他投资工具来构建投资组合。投资决策是否得到合理、有效地实施,直接关系到基金投资效益的好坏和基金投资者收益的高低。从国内基金的招募说明书中可以看到,基金管理公司通常会设立专门的基金投资部,负责基金的具体投资工作。

在基金的具体投资运作中,通常是由基金经理向基金交易员发出交易命令,这种交易命令具体包括买入(卖出)何种投资工具,买入(卖出)的时间和数量,买入(卖出)的价格控制等。可以说,基金经理的投资理念、分析方法和投资工具的选择是基金投资运作的关键,基金经理投资水平的好坏,直接决定了基金的收益情况。基金经理在实际投资中依据一定的投资目标,构建合适的投资组合,并根据市场实际情况的变化及时对投资组合进行调整,合理地吸收或剔除相应的债券、股票或其他投资工具。

在实际操作中,交易员的地位和作用也是相当重要的。基金经理下达交易命令后要由交易员来负责完成。交易员即通常所说的"操盘手",他每天从基金经理那里接受交易指令,然后寻找合适的机会以尽可能低的价位买入需要买入的股票或债券,以尽可能高的价位卖出应当卖出的股票或债券。交易员除了执行基金经理的指令外,还必须及时向基金经理汇报实际交易情况和市场动向,协助基金经理完成基金的有效运作。

10.1.4 风险控制

为了提高基金投资的质量,防范和降低投资和管理风险,切实保障基金投资者的利益,无论是国外还是国内的基金都必须建立一套完整的风险控制机制。目前我国基金都制定了严格的风险防范制度,并以书面形式在招募说明书中予以规定。一般基金的风险控制制度如下:

1. 风险控制机构

基金管理公司设有风险控制委员会,是基金投资的风险控制机构。风险控制委员会通常由公司总经理或副总经理、督察长、监察稽核部经理及其他有关人员组成,负责制定风险管理政策,评估、监控基金投资组合的风险,提出改善建议,并在市场发生重大变化的情况下,研究制定风险控制办法等。

2. 内部风险控制制度

基金的内部风险控制制度包括:

（1）严格按照《证券投资基金法》规定的投资比例进行投资，不得从事法律禁止的业务；

（2）坚持独立性原则，基金管理公司管理的基金资产与基金管理公司自有资产应相互独立，实行分账管理。基金和基金管理公司的会计人员以及工作场地应相互分开；

（3）实行集中交易制度，每笔交易都必须有书面记录并加盖时间章；

（4）加强内部信息控制，实行空间隔离和门禁制度，严防重要内部信息的泄露；

（5）前台与后台部门应独立运作；

（6）控制交割清算风险，选择信誉好、效率高的证券经营机构。

3. 内部监察和稽核制度

基金管理公司的监察稽核部直接接受总经理领导，接受中国证监会的业务指导并向其报告工作，独立开展内部监察稽核工作。

监察稽核部的工作内容包括：

（1）基金管理稽核，主要是检查各部门在基金投资管理中是否违反了国家有关法律、法规和公司有关业务规章制度；

（2）财务管理稽核，主要是审查、监督基金核算和公司财务管理制度的执行情况，审查财务收支和费用、成本及利润是否真实、准确地反映公司实际经营情况，检查财会制度的执行是否符合国家法规和公司规章制度的要求，是否体现客观、真实、完整、准确的原则；

（3）内控制度稽核，负责调查和评价公司内部风险控制制度的健全性、合理性和有效性；

（4）其他稽核事项，主要是指对重大违法违纪事故和案件配合有关部门进行的联合稽核，其他总经理以及上级有关部门认为需要稽核的事项等。

监察稽核部的权限包括：

（1）从公司有关部门获取文件和材料；

（2）检查被稽核部门的会计凭证、账簿和报表，查阅有关业务合同、协议及相关附件；

（3）查实实物资产，并就实物资产与账面资产进行核对；

（4）按照国家和公司有关规定，对被稽核部门及有关人员的违规、违法行为提出处理意见；

（5）抽查各项流程作业；

（6）调查员工交易是否违背关系人交易等相关法规；

（7）经总经理同意后有权参加被稽核部门的有关会议，召集有关人员座谈和个别谈话，查阅有关文件档案；

（8）要求被稽核部门及其有关人员支持配合监察稽核人员开展工作，提供调查证明材料和必要的办事条件，不得设置任何障碍；

（9）在稽核工作完成后，对被稽核部门、人员提出的不合规定的业务、财务和钱物等活动建议或意见，有权限期整改或答复。

4. 督察长制度①

督察长负责组织指导公司监察稽核工作，其履行职责的范围涵盖基金及公司运作的所

---

① 关于基金管理公司督察长的风险控制职责，具体可见中国证监会 2006 年 5 月颁布的《证券投资基金管理公司督察长管理规定》。

有业务环节。督察长由总经理提名,董事会聘任,并经过全体独立董事同意。督察长履行职责应保持充分独立性。督察长的主要职责包括:

(1) 重点关注基金销售、投资、信息披露、运营等各环节是否符合法律、法规规定和基金合同约定,是否存在损害基金投资人利益行为和操纵市场等违法行为,重点关注基金管理公司的资产是否安全完整等。

(2) 监督检查基金管理公司内部风险控制情况。

(3) 对基金管理公司推出新产品、开展新业务的合法合规性提出意见。

(4) 指导、督促公司妥善处理投资人的重大投诉,保护投资人的合法权益。

5. 财务管理制度

即从财务管理的角度制定相应的风险防范制度。主要是通过严格执行国家有关政策、会计制度和准则,做好公司业务活动和其他活动的核算工作,如实反映基金的情况和基金管理公司的开支情况。通过严格的财务管理,配合加强基金的成本控制工作。

案例:华夏基金管理公司的风险管理制度

基金管理人根据全面性原则、有效性原则、独立性原则、相互制约原则、防火墙原则和成本收益原则建立了一套比较完整的内部控制体系。该内部控制体系由一系列业务管理制度及相应的业务处理、控制程序组成,具体包括控制环境、风险评估、控制活动、信息沟通、内部监控等要素。公司已经通过了 ISAE3402(《鉴证业务国际准则第 3402 号》)认证,获得无保留意见的控制设计合理性及运行有效性的报告。

1. 控制环境

良好的控制环境包括科学的公司治理、有效的监督管理、合理的组织结构和有力的控制文化。

(1) 公司引入了独立董事制度,目前有独立董事 3 名。董事会下设审计委员会等专门委员会。公司管理层设立了投资决策委员会、风险管理委员会等专业委员会。

(2) 公司各部门之间有明确的授权分工,既互相合作,又互相核对和制衡,形成了合理的组织结构。

(3) 公司坚持稳健经营和规范运作,重视员工的职业道德的培养,制定和颁布了《员工合规行为守则》,并进行持续教育。

2. 风险评估

公司各层面和各业务部门在确定各自的目标后,对影响目标实现的风险因素进行分析。对于不可控风险,风险评估的目的是决定是否承担该风险或减少相关业务;对于可控风险,风险评估的目的是分析如何通过制度安排来控制风险程度。风险评估还包括各业务部门对日常工作中新出现的风险进行再评估并完善相应的制度,以及新业务设计过程中评估相关风险并制定风险控制制度。

3. 控制活动

公司对投资、会计、技术系统和人力资源等主要业务制定了严格的控制制度。在业务管理制度上,做到了业务操作流程的科学化、合理化和标准化,并要求完整的记录、保存和严格的检查、复核;在岗位责任制度上,内部岗位分工合理、职责明确,不相容的职务、岗位分离设置,相互检查、相互制约。

（1）投资控制制度

① 投资决策与执行相分离。投资管理决策职能和交易执行职能严格隔离，实行集中交易制度，建立和完善公平的交易分配制度，确保各投资组合享有公平的交易执行机会。

② 投资授权控制。建立明确的投资决策授权制度，防止越权决策。投资决策委员会负责制定投资原则并审定资产配置比例；基金经理在投资决策委员会确定的范围内，负责确定与实施投资策略、建立和调整投资组合并下达投资指令，对于超过投资权限的操作需要经过严格的审批程序；交易管理部负责交易执行。

③ 警示性控制。按照法规或公司规定设置各类资产投资比例的预警线，交易系统在投资比例达到接近限制比例前的某一数值时会自动预警。

④ 禁止性控制。根据法律、法规和公司相关规定，基金禁止投资受限制的证券并禁止从事受限制的行为。交易系统通过预先的设定，对上述禁止进行自动提示和限制。

⑤ 多重监控和反馈。交易管理部对投资行为进行一线监控；风险管理部进行事中的监控；监察稽核部门进行事后的监控。在监控中如发现异常情况将及时反馈并督促调整。

（2）会计控制制度

① 建立了基金会计的工作制度及相应的操作和控制规程，确保会计业务有章可循。

② 按照相互制约原则，建立了基金会计业务的复核制度以及与托管人相关业务的相互核查监督制度。

③ 为了防范基金会计在资金头寸管理上出现透支风险，制定了资金头寸管理制度。

④ 制定了完善的档案保管和财务交接制度。

（3）技术系统控制制度

为保证技术系统的安全稳定运行，公司对硬件设备的安全运行、数据传输与网络安全管理、软硬件的维护、数据的备份、信息技术人员操作管理、危机处理等方面都制定了完善的制度。

（4）人力资源管理制度

公司建立了科学的招聘解聘制度、培训制度、考核制度、薪酬制度等人事管理制度，确保人力资源的有效管理。

（5）监察制度

公司设立了监察部门，负责公司的法律事务和监察工作。监察制度包括违规行为的调查程序和处理制度，以及对员工行为的监察。

（6）反洗钱制度

公司设立了反洗钱工作小组作为反洗钱工作的专门机构，指定专门人员负责反洗钱和反恐融资合规管理工作；各相关部门设立了反洗钱岗位，配备反洗钱负责人员。除建立、健全反洗钱组织体系外，公司还制定了《反洗钱工作内部控制制度》及相关业务操作规程，确保依法切实履行金融机构反洗钱义务。

4. 信息沟通

公司建立了内部办公自动化信息系统与业务汇报体系，通过建立有效的信息交流渠道，公司员工及各级管理人员可以充分了解与其职责相关的信息，信息及时送交适当的人员进行处理。目前公司业务均已做到了办公自动化,不同的人员根据其业务性质及层级具有不同的权限。

5. 内部监控

公司设立了独立于各业务部门的稽核部门,通过定期或不定期检查,评价公司内部控制制度合理性、完备性和有效性,监督公司各项内部控制制度的执行情况,确保公司各项经营管理活动的有效运行。

资料来源:摘自2013年9月华夏大盘精选基金更新的招募说明书(2013年第2号)。

10.2 基金的投资目标和投资理念

基金的投资目标是指基金管理人运作基金资产所要达到的目的。我国的基金一般都在招募说明书上明确表明其投资目标。

对于投资目标的具体表述,随着我国基金业发展在不断进步,不同发展阶段的封闭式基金、封闭式改制基金和开放式基金等的投资目标表述有所不同。

以基金安信、基金开元为代表的封闭式基金,其投资目标的表述倾向于向投资者说明一个总体的投资原则,且大都比较简单。比如基金安信和基金开元对其投资目标的表述都是:为投资者减少和分散投资风险,确保基金资产的安全并谋求基金长期稳定的投资收益。

1999—2002年设立的改制扩募基金,由于大都规模较小,在具体投资时往往倾向于集中投资某一特定类型的上市公司股票,相应的,其投资目标的表述也更加具体。此阶段我国基金投资目标日趋多样化。表10.1是当时一些代表性的改制封闭式基金的投资目标。

表 10.1 部分改制封闭式基金的投资目标(2001—2002 年)

改制封闭式基金	投资目标
裕元——重组基金	通过投资于重组类上市公司实现资本增值,拟投资的重组类上市公司包括已经实现重组、正在实施重组和有可能实施重组的上市公司
景博——中小盘基金	投资于中小型成长性企业,在分散和规避投资风险的前提下,谋求基金资产增值和收益的最大化
汉鼎——信息技术产业基金	通过对符合国家产业发展方向的信息技术类上市公司的投资而实现长期资本增值,充分注重投资组合的成长性并兼顾流动性,同时通过投资组合等措施减少和分散投资
科汇——成长型基金	本基金为成长型基金,主要投资目标是所处行业具有良好发展前景,在本行业具有较强竞争力,业绩维持高速增长的上市公司
鸿飞——积极成长基金	本基金为积极成长型基金,所追求的投资目标是在尽可能地分散和规避投资风险的前提下,谋求基金资产长期增值和收益的高速稳定增长

资料来源:各基金招募说明书。目前表中基金均已经转换为开放式基金,相应的投资目标也已经更改。

2001年下半年,我国进入了开放式基金的发展阶段,开放式基金对于投资目标的表述都比较详细。在投资目标的分类上,出现了成长、价值、平衡;大盘、中盘、小盘;红利股投资、指数投资等。现实中不同基金往往用基金投资风格来阐述自己的投资目标。我们认为,投资目标主要应该划分为两类:即绝对收益(absolute return)目标和相对收益(relative return)目标①。这种划分是就基金的业绩基准而言。绝对收益目标是不论证券市场涨跌，基金均要获取正回报；相对收益目标则是要超越预先设定的业绩基准（在熊市时候，基金也可能为负收益，但必须超越基准）。在基金投资目标中明确标明追求绝对收益的基金，早期如在基金业绩基准中设置了"价值增长线"的基金——博时价值增长及贰号、天治财富增值、海富通收益增长等，由于业绩基准价值增长线的非负增长性质，可以认为，这几只基金具有绝对收益概念。其他如德盛安心成长基金，以及 2010 年之后债券型基金和分级基金中的稳健子基金，都具有绝对收益的投资目标。

投资理念(investment philosophy)从英文本义上指的是投资哲学。哲学是指人们的系统化的世界观和方法论。因此，投资理念从其本质上说就是指投资者对投资目的的认识和对投资方法的认知。投资理念包含两个层面：一是为什么要投资，即投资的目的是什么；二是怎样投资，即投资的方法是什么。因此，基金的投资理念往往是投资风格的高度浓缩，投资风格则是投资理念的具体诠释。从 2001 年开放式基金开始，基金招募说明书中在表明投资目标的同时还向投资者阐述了基金的投资理念，这是以前的封闭式基金所没有的。

2002 年以来，我国基金的投资目标和投资理念都日益多样化，不同的投资基金开始日益显示出各自的差异性。各个基金管理公司逐渐形成并完善各自独特的投资理念，目的是塑造各自的品牌优势②。当然，同一基金公司旗下不同的基金由于性质差异，投资理念也存在差异。本书按照投资理念的区别，以价值、成长、平衡和灵活配置为分类，举例如下③。

1. 价值投资理念

博时基金管理公司于 2003 年在国内基金业最早提出了"价值投资"的概念，旗下基金的投资理念一致为"做投资价值发现者"。以博时价值增长基金为例。

（1）投资目标。在力争使基金单位资产净值高于价值增长线水平的前提下，本基金在多层次复合投资策略的投资结构基础上，采取低风险适度收益配比原则，以长期投资为主，保持基金资产良好的流动性，谋求基金资产的长期稳定增长。

（2）投资理念。做投资价值发现者。本基金认为，具有持续的现金收益和良好增长前景的上市公司，最终将得到投资者的认可并会在股价上得到体现。本基金力求在强化投资研究的基础上，长期坚持对股票进行质地分析和现金流分析，发现具有投资价值的上市公司。同时，本基金致力于通过专业化投资方法将中国经济长期增长的潜力最大地转化为投资者的安全收益。

2. 成长投资理念

比如交银施罗德基金公司 2006 年募集成立的交银成长基金，阐述其投资理念如下：在坚持一贯的价值投资理念基础上，通过专业化研究分析，积极挖掘得益于中国经济高速增长的高成长性行业和企业所蕴含的投资机会。该理念至少包含以下三方面的含义：

---

① 一般，证券投资基金大部分的收益来源在于持有证券(buy-and-hold)而非对冲市场风险(hedging market risk)。但 21 世纪特别是金融危机以来，西方国家资本市场相对表现较差，使得投资人开始追求在熊市中也能获利的绝对收益基金(absolute return fund，ARF)。以追求绝对收益为目标的投资方法和投资基金得到了投资者的追捧，拥有越来越广泛的市场。绝对收益基金成为一类重要的基金。其实，对冲基金(hegde fund)从投资目标上说，就是一类绝对收益基金，只不过它属于私募产品。

② 基金投资理念和下文阐述的基金投资风格无法严格区分。

③ 这里举例的各基金投资理念、投资目标等均根据最新的（截至 2013 年中期）更新的招募说明书进行了核对，不过各基金的投资理念与募集成立时的招募说明书中阐述均没有任何改变。

(1) 证券市场不是完全有效,通过专业研究可以获得信息优势,挖掘具有高成长特性的行业和上市公司,积极投资,可以获得较高的超额收益。

(2) 随着股权分置改革的逐步推进,国内上市公司的治理结构得到优化,内在价值成为投资的基础,而上市公司的成长性终将在价值中得到体现。

(3) 得益于中国经济持续的高速增长,一些上市公司已经呈现出良好的成长性,投资于这些成长型股票,可以在最大程度上分享中国经济高速增长的成果。

具体的投资对象,基金的投资对象重点为经过严格品质筛选和价值评估,具有完善治理结构、较大发展潜力、良好行业景气和成长质量优良的成长型股票,以同时具有以下良好成长性特征的上市公司股票为主:

(1) 未来两年预期主营业务收入增长率和息税前利润增长率超过 GDP 增长率;

(2) 根据交银施罗德企业成长性评估体系,在全部上市公司中成长性综合评分排名前 10%;

(3) 根据交银施罗德多元化价值评估体系,投资评级不低于 2 级。

3. 配置型投资理念

以南方基金管理公司旗下的南方积极配置基金为例:

1) 投资目标

本基金为股票配置型基金,通过积极操作进行资产配置和行业配置,在时机选择的同时精选个股,力争在适度控制风险并保持良好流动性的前提下,为投资者寻求较高的投资收益。

2) 投资理念

本基金将股票型、配置型和积极操作型基金相结合,采用定量分析和定性分析相结合的方法,在秉承南方基金管理公司一贯的投资理念的基础上,按照以下理念进行投资。

积极投资原则:本基金认为中国证券市场是一个非完全有效市场。因此,通过积极投资,动态资产配置和行业配置,挖掘出投资价值被市场低估的股票或债券,可以获得超过市场平均水平的收益。

价值投资原则:通过对中国经济发展的结构变化和各行业发展周期的研究,通过对上市公司投资价值的定性和定量研究,进行价值投资。

研究为本原则:本基金坚信在中国证券市场,研究创造价值。通过对上市公司具有前瞻性的研究,挖掘上市公司内在投资价值,有助于规避上市公司的道德及信用风险。

再比如华安基金管理公司旗下的华安宝利配置基金,其阐述的投资目标和理念为:

(1) 投资目标:本基金通过挖掘存在于各相关证券子市场以及不同金融工具之间的投资机会,灵活配置资产,并充分提高基金资产的使用效率,在实现基金资产保值的基础上获取更高的投资收益;

(2) 投资理念:把握风险,管理风险,获取与风险相对应的收益。

10.3 基金的投资策略

基金的投资策略千变万化,总体而言可以分为两类:一类是积极的投资策略(active investment strategy,或译主动投资);一类是消极的投资策略(passive investment strategy,

或译被动投资）。采用积极投资策略的基金是欲通过积极的组合管理和市场时机的把握来获取高于市场平均收益（即市场指数）的回报；而消极的投资策略是基于这样一种理念，即长期而言，持续战胜市场指数是十分困难的，因此最好的策略就是复制市场组合，争取获得同市场指数相同的回报。

两种迥异的投资策略是基于投资者对市场效率（market efficiency）的不同认识。认为市场定价有效率的投资者倾向于支持被动的投资策略，而认为市场定价失效/暂时失效的投资者则坚持采用积极的投资策略。

积极和消极的投资策略有很多不同之处。主要表现在：(1)投资组合的构造上；(2)证券的交易；(3)投资组合的监测。首先在投资组合的构建上，积极投资一般采取主观判断作为决策的依据，而消极投资往往根据一些客观与简单的规则。积极投资的证券交易一般较为频繁，而消极投资一般采用程序化的交易，交易次数较少。由于消极投资需要复制指数，因此必须不断监测组合的表现，以保证组合的跟踪误差在允许的范围内。

10.3.1　积极投资策略

采用积极投资策略的投资者一般会用两种方式构筑投资组合。一种是自下而上（bottom-up）；另一种是自上而下（top-down）。自下而上的组合构筑方法，主要关注对个别股票的分析，而对宏观经济和资本市场的周期波动不很重视。基金管理人主要通过基本面分析的方法，来预测股票的未来收益，然后根据股票所处的行业及其他一些参数确定股票的内在价值，通过比较股票的内在价值和现行市价决定是否要将股票纳入投资组合。最后的组合是满足这些选股条件的个别股票的集合。大名鼎鼎的美国投资家沃伦·巴菲特（Warren Buffet）和基金经理彼得·林奇（Peter Lynch）等采用的就是典型的自下而上的投资策略。自下而上投资策略的特点是股票个数较少，且行业分布较不均匀。

积极投资的投资经理还可以采取自上而下的投资策略来构筑投资组合。首先基金管理人将对宏观经济环境进行评估，并预测近期经济前景，在此基础上决定资金在资本市场不同部分之间的分配。对于被允许投资债券的基金经理来说，首先，必须决定资金在股票、债券和现金等价物之间的分配，这一过程就是资产配置阶段（asset allocation）。其次，管理人必须决定如何在股票市场的不同板块和行业之间分配资金。根据预期的经济前景，基金管理人对股票市场各个板块和行业进行分析，从而选出那些可能获取最高收益的市场板块和行业进行重点配置（over weight）。最后，在决定了板块和行业的资金分布之后，再决定在每个板块和行业中个别股票的分布。采用自上而下的投资策略，基金组合中个股的行业分布较为均匀，股票的个数也较多。

10.3.2　消极投资策略

根据现代投资组合理论，在定价有效率的市场中，"市场组合"给单位风险提供了最高的收益率水平。市场组合在理论上包含了整个市场的股票。构造市场组合时，每个股票在组合中的权重应该是该股票的总市值/全市场资本总额。这种以市场组合作为投资组合的消极投资策略（passive management），就是指数化投资策略（indexing）。

指数化投资策略的目的是获得与市场基准指数相同或十分接近的收益。在美国，全市场的基准指数通常是标准普尔 500 指数(Standard & Poor 500 Stock Index,S&P500)或威尔舍 5000 指数(Wilshire 5000),前者是标准普尔公司选取美国 500 家大型公司股票价格编制的指数,后者是美国威尔舍公司选取美国 5 000 家大公司股票价格编制的指数。在中国市场上,可供基金选取的基准指数包括:上证综合指数、深证成分指数、沪深 300 指数、中证 100 指数、中证 300 指数、中证 500 指数、上证 180 指数、上证 50 指数等。

实际操作中构造指数化组合主要有以下三种方法:

(1) 资本化方法(capitalization method)。管理者购买指数中资本化程度最高的股票,并且平均分配指数中的其余股票。例如,如果复制组合选定了 200 个资本化程度最高的股票,这些股票占指数总资本的 85%,其余的 15%平均分配给其他股票。

(2) 层化方法(stratified method)。应用这种方法的第一步是对组成指数的股票分类因素进行分析。最典型的因素是行业因素,其他因素包括风险特征例如贝塔等。这样可以为层化方法提供第二个层次。利用行业因素把指数中的每一个公司都划归一个行业。这样做的目的是,通过应用与基准指数相同的比例使行业分类多样化来降低残余风险。在这种情况下,属于每一层或行业的股票都可以随机选择,通过资本化排列或最优化等其他方法进行选择。

(3) 二次最优法(quadratic optimization method)。就是使用二次最优化程序产生一套有效的投资组合。有效模型包括不同预期收益率水平下的最小风险变量组合。投资者可以在模型中选择能满足投资者风险偏好的投资组合。

指数化概念起源于 20 世纪 70 年代中期,是由诺贝尔经济学奖获得者萨缪尔森提出的。萨缪尔森注意到,尽管当时很多股票交易者试图战胜市场,但其中只有很少一部分人成功做到了这一点。现实中结果是 2/3 到 3/4 的共同基金的业绩要低于标准普尔 500 指数。其中关键的原因在于交易费用——交易成本、管理费和其他费用。这些费用意味着一个基金经理必须达到超出市场指数 2 个百分点以上的收益水平,才能在扣除开支后与市场指数持平。

指数化策略的优势在于它可以最大限度地减少交易,因此可以大幅度降低管理费用和基金成本。指数基金的实践创始人、美国先锋(Vanguard)基金管理公司前董事长约翰·鲍格尔指出,指数基金最吸引人的地方就是其先天的成本优势,平均起来,指数基金比积极管理基金的费用每年要低 2.1 个百分点。西方基金市场长期的实证数据证实了指数化策略的优势。据美国先锋基金公司的数据显示,从 1983 年到 1997 年的 15 年中,先锋 500 指数基金(Vanguard S&P500 index fund)的表现超过了 85%的积极管理基金,在经过 15 年存续下来的 268 个基金中,只有 28 个基金(11%)超过了先锋 500 指数基金的表现[1]。

人们自然要问一个问题:既然积极管理不能产生超额收益,为什么还会有那么多的积极管理基金的存在,而且在数量上占绝对优势?一个可能的原因或许是那些表现突出的积极管理基金的示范效应。20 世纪杰出基金经理之一的彼得·林奇在管理富达公司的麦哲伦基金期间,曾长时间战胜了标准普尔 500 指数[2],其他一些基金经理人也有长期战胜市场

---

① 关于指数基金的讨论,特别是指数基金相对于积极投资基金的长期优势,可参考:约翰·鲍格尔. 共同基金常识. 北京:中国人民大学出版社,2011.

② 彼得·林奇在 1977—1990 年的 13 年间,担任麦哲伦基金经理期间年平均复利回报率高达 29%,基金资产从 2 000 万美元增长到 140 亿美元。

指数的历史。这些人尽管是极少数，但造成的影响却是很强的。另外，积极管理的基金作为一个整体在某些时候也取得了较好的成绩。

从总的情况来看，指数化策略正得到越来越多的支持。自指数化基金于 1971 年首次出现以来，经历了迅速的增长，增长速度超过美国投资基金行业整体速度的一倍以上。

知识拓展：积极投资的算术及其成本

1. 积极投资的平衡算术

诺贝尔奖得主 William Sharpe 在 1960 年曾写了一篇文章"积极投资的算术"（the arithmetic of active management），用非常简单的论点来支持指数化的投资，内容只涉及基本的会计概念。他将所有的证券市场参与者分为主动投资人及被动投资人。被动投资人是在该市场中每一样产品都持有一个单位份额的投资人，而主动投资人是所有非被动投资人的投资者——包括证券市场上没有任何投资的所有人①。换句话说，完全按照市场组合投资的投资人称为被动投资人，而手握的资产有偏离的投资人是主动投资人。在这样的定义下，平均而言，主动投资人的回报率在任何时间段和任何市场情况之下，都将会等于被动型投资人。根本原因是市场的交易一定要由两方面共同做出，若是有一些主动投资人能够击败市场，另一些主动投资人将被市场所击败。

William Sharpe 接着做了一个假设，即主动投资所需付出的成本比被动投资来得高。由于主动投资投资人需要关注市场，做行业分析以及公司的研究，对于主动型的基金而言，所需付出研究团队的成本以及高额的基金经理薪水。这样结合起来，平均而言，主动投资与被动投资的回报率相同，但主动投资成本较高，于是被动投资反而会取得比较高的收益。这个结论在指数型基金所取得的成功上也得到部分验证。

但为什么投资人仍然去追逐投资主动型基金而不是全部投资指数型基金呢？原因是虽然 Sharpe 的分析指出平均而言被动投资获益较高，但不表示所有的主动投资都是无用的。当市场参与者众多的时候，若是基金经理是比较有获利能力的投资人，他们就仍可能击败市场，获得比他们应得的管理费更高的收益。特别是当市场有效度较低的时候，可以想象基金经理比较有可能击败其他专业水平较低的市场参与者。但美国的历史数据并不支持以上的说法，平均而言，主动型投资基金的回报率是低于指数型基金的。

2. 积极投资的"无谓的损失"

Sharpe 的基本论点得到了学界的重视。"试图击败市场"是一个零和游戏。有些投资人能够通过这个过程得到超过市场的报酬，另一些投资人则被市场所击败。所以以一个社会整体的角度来看，对于主动投资的关注或付出的任何成本，都是"无谓的损失"（deadweight loss），对整个社会本身并没有助益。②于是 Kenneth French 在 2008 年就

---

① 对于主动投资人以及被动投资人的定义与一般坊间的定义有些差异，这里对于主动与被动的定义差别，在于是否与市场的资产组合有差异。一般意义上的"主动"投资人，更明确的分法应该是称作动态调整（dynamic）的投资方式，意义上是与买入并持有（buy-and-hold）做区别的。

② 当然可以说主动投资者对社会的效益不仅仅是本身得到的回报率，对市场的价格发现的贡献也应该被考虑进去。但这些只能说是主动投资者的外部性。想象一个极端的状况，如果一个假想的社会主动投资者能得到非常高的报酬，社会中将不会有人从事任何生产，对社会本身不会是件好的事情。

任美国金融学会主席的就职演说中,特别提到了这个现象,并计算了主动投资者在尝试击败市场以得到高于市场回报的同时,付出了多少社会成本? French 把所有付出的成本分为以下几类:投资者支付给共同基金的费用;机构投资者的投资管理成本;投资者支付给对冲基金及对冲基金的费用等,所有投资者都需要支付的交易成本并考虑各个投资方式占市值的比例,计算结果如表 10.2 所示。

表 10.2　French 教授计算的全社会付出的主动投资成本占股市市值的比率

	1980 年	2006 年
投资者申购/赎回共同基金的费用	2.08%	0.95%
机构投资者的投资管理成本	0.34%	0.23%
对冲基金的费用	4.26%	6.52%
交易成本	1.46%	0.11%

资料来源:French (2008)

从表 10.2 中可以发现,共同基金的费用在 2006 年有所降低。另外由于程序化交易(algorithm trading)的盛行,交易成本也有所降低,但对冲基金的费用却是升高的。通过计算估计,1980 年投资者的主动投资成本是美国三大资本市场(NYSE,Amex,NASDAQ)总市值的 0.82%,这一比例到了 2006 年是 0.75%。考虑被动投资也有成本,以投资者的实际投资费用与被动投资费用之差衡量主动性投资成本的话:1980—2006 这一差额的平均值为 0.67% 的资本市场总市值。以美元计算,社会所付出的主动投资成本,在 1980 年共计是 70 亿美元,1993 年则是 305 亿美元,到 2006 年随着市场的成长变成 1018 亿美元。除上美国的人口数,每个美国人平均每年花上 330 美元参与这个零和游戏。

3. 选择主动投资的理性解释——基金经理的能力稀缺

不论在基本的理论上(Sharpe 的观点)和实证(美国历史平均而言,主动型投资的基金的回报率是低于指数的)上,都不支持主动型的投资,为什么投资人仍然去追逐主动型基金而不全部选择指数型基金呢?是投资人特别不理性,盲目追捧基金经理吗?为什么有些基金经理如 Peter Lynch,能够持续创造超越市场的绩效呢?若是主动投资的基金经理并没有办法创造比市场更好的绩效,为什么多数基金经理能够得到很好的薪酬待遇呢?

这些问题光靠 Sharpe 的论点和一般理性的解释并没有办法很好回答。Berk 和 Green (2007) 试着提出了一个合乎理性预期的模型解释。

基金经理人	适合管理的最大资产规模(百万美元)
1	5 000
2	3 000
3	2 500
4	2 000
5	1 600

在一个简化的市场中,假设这些基金经理是能够创造绩效的,但由于市场的投资标的物是有限的,基金经理并没有办法无限制地复制他的投资策略,于是基金经理手上管

理的资产达到一定额度之后，绩效就会下滑，下滑到最后会跟被动指数投资的回报率一致。假设投资人是理性的，通过学习能够发现市场上所有基金经理人的能力，市场中的资金就会按照这些基金经理人所能管理的最大限度去做分配（即按照上表的内容分配）。能力越强的基金经理人手上握有的资金越多，但并不表示这些基金经理人能够创造更多的绩效——原因是投资人已经投资到这些基金经理人所能管理资产的极限，若是再给这些基金经理人更多资金，他们的绩效将会比指数还要差[①]。

由于投资人必须通过学习才能够获知基金经理的真实能力，一开始投入的时候，投资人并不知道某个基金经理是能够创造比市场更好抑或是更差的绩效，所以有些运气好些的投资人能够跟着较好的基金经理击败市场，但运气差点的投资人就可能会被市场击败。平均而言，投资人并没有办法得到比市场更好的收益，再加上投资基金必须付出的管理费用，回报率自然比市场指数更差。

也因此在投资基金的利益相关各方中，唯一可以持续地得到经济利润的参与者是基金经理。原因是基金经理是基金经济体中唯一有能力的一分子——基金经理的人力资本是稀缺的。这也就造成了"基金平均无法击败市场与基金经理普遍享受高薪"并存的现象。

联系本书在第八章提到的对封闭式基金折价的解释，Berk 主张，基金经理的能力以及这种能力的有限性，是造成基金经理的"高薪"与"低绩效"并存的最重要原因。

本章小结

基金的投资决策系统通常包括决策机构、决策制定、实施和风险管理等。通常决策机构依据规范的决策程序，制定并下达投资决策，由实施机构负责投资决策的具体实施，由风险控制机构及内部监察和稽核机构进行风险评估。

目前，我国基金管理公司的投资决策架构体系一般实行投资决策委员会领导下、团队协作基础上的基金经理负责制。在投资决策上，强调团队的价值和分工协作，注重研究人员和基金经理的充分沟通。公司内部主要相关投资机构有：投资决策委员会、基金投资部、研究部、集中交易室和金融工程部（数量分析部门）等。

基金的投资目标是指基金管理人运作基金资产所要达到的目的。基金的投资理念（investment philosophy）指的是投资哲学。投资理念包含两个层面：一是为什么要投资，即投资的目的是什么；二是怎样投资，即投资的方法是什么。各个基金管理公司逐渐形成并完善各自独特的投资理念，目的是塑造各自的品牌优势。

基金的投资策略千变万化，但总体而言可以分为两类：一类是积极的投资策略（active investment strategy）；一类是消极的或被动的投资策略（passive investment strategy）。采

[①] 这个逻辑可以解释我国华夏基金管理公司旗下华夏大盘精选股票基金长期停止申购的现象。该基金历史上最著名的基金经理王亚伟取得了 2006—2010 年的全国基金业最佳绩效，但蜂拥而来的投资者申购资金使得华夏大盘自2007 年 1 月以来一直停止申购。

用积极投资策略的基金是想通过积极的组合管理和市场时机的把握,来获取高于市场平均收益(即市场指数)的回报;而消极的投资策略是基于这样一种理念——长期而言,持续地战胜市场指数是十分困难的。因此最好的策略就是复制市场组合,争取获得与市场指数相同的回报。

 **本章思考题**

1. 什么是基金的投资决策系统?我国基金管理公司的投资决策构架如何?请以某基金管理公司的实际情况举例说明。

2. 什么是基金的投资目标?什么是基金的投资理念?

3. 请简要阐述什么是"价值型投资"?价值型投资一定优于成长型投资吗?并给出你的评论。

4. 请解释为什么 Sharpe 认为被动投资能够创造比主动投资更高的收益,其论点有哪些不足的地方?

5. Sharpe 等学术界人士认为被动投资能够创造比主动投资更高的收益,请用理性的观点解释为什么投资人仍然偏好于主动型基金?在中国基金市场上为什么更是如此?

6. 在我国基金市场上,主动将股票型基金长期暂停申购的代表就是华夏基金公司。其多只股票基金的暂停申购期均达到 1 年以上甚至最长曾达到 5 年,但这些基金均是开放式基金。与一些基金管理公司因规避资产组合中的事件套利行为而暂停申购的动机不同。请结合本章知识拓展"积极投资的算术与成本",分析华夏公司旗下股票基金暂停申购的动因。

 **延伸阅读**

关于价值投资的讨论,可以参考以下几本书籍:

1. Graham and Dodd. 1934. *Security Analysis: Principles and Technique*, 1E. New York and London: McGraw-Hill Book Company, Inc.

2. Benjamin Graham, "The Intelligent Investor", 4 ed., 2003

关于主动与被动投资的讨论,可以参考以下文献:

1. Berk, Jonathan B. "*Five Myths of Active Portfolio Management.*" The Journal of Portfolio Management 31, No. 3 (January 2005): 27~31.

2. Berk, Jonathan B., and Richard C. Green. "*Mutual Fund Flows and Performance in Rational Markets.*" Journal of Political Economy 112, No. 6 (December 2004): 1269~1295.

3. French, Kenneth R. "*Presidential Address: The Cost of Active Investing.*" Journal of Finance 63, No. 4 (August 2008): 1537~1573.

4. Sharpe, William F. "*The Arithmetic of Active Management.*" Financial Analysts Journal 47, No. 1 (February 1991): 7~9.

第11章 基金管理(2): 资产配置与投资风格

11.1 资产配置定义

资产配置(asset allocation)是指根据投资需求将投资资金在不同资产类别之间进行分配,通常是将资产在低风险、低收益证券与高风险、高收益证券之间进行分配。根据基本的投资组合理论,除非各资产的回报率是毫不相关的,由多种资产所组成的最佳配置(optimal allocation)一般而言会比单独持有某一类资产更好①。一个简单的例子如下,若是持有标准普尔500指数,期望的年收益为11.05%,并有17%的波动率,单独持有摩根斯坦利欧洲、澳洲和远东地区股票指数(EAFE指数)所能得到的期望年收益率是11.6%,但有22%的波动率。但若是用80%的标准普尔500指数与20%的EAFE指数组合,能够得到比标准普尔500指数更多的回报率,也降低了波动率。因此,适当的资产配置是降低风险、提高收益的一个途径。

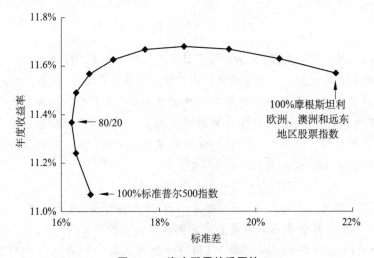

图11.1 资产配置的重要性

资料来源:John A. Haslem (2010),Mutual Funds-Portfolio Structures,Analysis,Management,and Stewardship.

资产配置可以从中长期静态配置发展至动态配置。比如基金的资产管理可以利用期货、期权等衍生金融产品来改善资产配置的效果,也可以采用其他策略实现对资产配置的

---

① 当然这不表示持有组合资产必定能够得到比较好的回报,有些组合甚至可能比单一资产来的差。在图11.1中也可以看到这样的状况。

动态调整。总之,不同配置具有不同的理论基础、行为特征和支付模式,并适用于不同的市场环境和客户投资需求。

一般而言,在股票、债券和现金等大类资产之间的资金分配,称之为一级(或大类)资产配置;一级资产配置后,再进行二级资产配置,比如债券组合中投资于国债、企业债、金融债及可转债的比例,股票投资于行业或风格板块的比重,有时对股票基金来说二级配置也称为行业配置;三级(品种)资产配置,即各具体品种如各个股票、债券等的投资额或比重的确定,对股票基金来说三级配置也就是个股选择。通常的资产配置是采用这种"从上而下"的模式,不过也可以采用"自下而上"的直接选择品种的资产配置方式。

资产配置是中长期投资获利的决定性因素,做好资产配置规划,是决定中长期投资组合绩效的关键。到底资产配置有多重要?我们可以通过以下的分析,来看资产配置对基金业绩的贡献程度。

知识拓展:资产配置有多重要?

由 Brinson,Hood 和 Beebower(1986、1991)提出,一个简单的分析方式是把资产配置所得到的收益——资产配置收益(policy return,PR)由基金总收益(total return,TR)中抽取出来,计算资产配置所得到的收益占总收益的多大比例。

资产配置收益的计算方式是按照基金招募说明书中,投资政策所规定的资产配置的比率投资在各个相对应资产的指数当中所得到的当期收益。例如以某股票型基金为例,招募说明书规定应持有80%的股票,剩余20%持有现金,则用80%乘以当其股票指数收益加上20%乘以短期利率即为当期的资产配置收益。用算式来表示可以写成:

$$PR_{i,t} = \sum_{k=1}^{K} w_{ik}R_{tk} - c$$

其中,w_{ik} 为第 i 基金在第 t 时期投资于第 k 类品种的比重,R_{tk} 为第 i 基金在第 t 时期投资于第 k 类品种的收益;c 为假设基金跟踪基准的交易等费用,用总资产的比例表示。

这样的计算方式考虑基金指定的资产配置组合,完全不考虑基金经理的选股与择时能力,若使用第10章的主动投资与被动投资的概念说明,资产配置收益界定的就是一种被动投资的收益。也因此总收益与资产配置收益的差,就可以视为是主动投资能得到的收益(active return,AR)。

$$TR_{i,t} = (1 + PR_{i,t})(1 + AR_{i,t}) - 1$$

于是我们可以建立回归模型,用总收益(TR)作为因变量、资产配置收益(PR)作为自变量,回归方程的 R 方即可以看成资产配置对总收益的贡献度。

Brinson,Hood 和 Beebower(1986、1991)分析发现资产配置对投资总收益的贡献度平均为80%至92%;他们发现美国大型退休基金在 1974—1983 年的年回报率的93.6%和 1977—1987 年期间获得的年回报率的91.5%归功于资产配置收益[①]。

国内研究机构对基金资产配置效果做过类似的实证分析。样本数据选用了从2000

---

① Brinson, Hood, and Beebower, 1986, Determinants of Portfolio Performance, *Financial Analysts Journal*, 42(4),39~44. Brinson, Hood, and Beebower, 1991, Determinants of Portfolio Performance II: An Update, *Financial Analysts Journal*,47(3),40~48.

年第一季度到 2004 年第二季度（到 2004 年 5 月 21 日），按季度分别分析了所有基金的一级资产配置效果。结果如表 11.1 所示。

表 11.1 2000 年第一季度至 2004 年第二季度基金资产配置贡献

时期	2000Q1	2000Q2	2000Q3	2000Q4	2001Q1	2001Q2	2001Q3	2001Q4	2002Q1
资产配置贡献率	75.77%	65.85%	17.96%	78.89%	46.88%	88.20%	89.18%	59.36%	29.03%
时期	2002Q2	2002Q3	2002Q4	2003Q1	2003Q2	2003Q3	2003Q4	2004Q1	2004Q2
资产配置贡献率	72.56%	86.50%	79.76%	77.62%	16.08%	—	53.93%	86.12%	—

注：Q1、Q2、Q3、Q4 分别表示一年的四个季度。表中数据按各基金的规模加权平均。因此，我国基金资产配置对总收益的贡献度，按基金规模大小加权平均贡献率为 72.77%。

资料来源：申银万国证券研究所，转引自华安宝利配置基金产品说明书。

但资产配置的贡献度占总绩效的 70% 以上，其实是一个很难以解释的现象。这背后的意义是基金所有的绩效里面，仅有不到 30% 是被其他因素包括基金经理能力、运气、基金费用等所决定。若是这样的结果为真，选基金的过程会变得非常简单：只需要选择不同资产配置的基金，完全不需考虑基金经理的能力，原因是基金经理能力仅占基金绩效非常小的一部分，但这显然并不正确。

若需要更深入地探讨其中的论点，读者可以参考 Ibbotson 与 Kaplan（2000）对本现象的讨论[①]。基本的结论是，这个回归的 R 方，并不能纯粹看作是资产配置对于绩效的贡献度，更大的一部分其实是市场对于绩效的影响，并且这个回归解释的大部分是基金回报率的时间序列（time series）的变化，而非横截面（cross-section）的变化。若是把资产配置回报（PR）除以市场的回报率（market return），也把总回报率（total return）同样除以市场回报率，会得到主动选择（active return）和资产配置同样重要的结论，这样的结论较为合理。

11.2. 资产配置的步骤与基本方法

11.2.1 资产配置的步骤

一般情况下，资产配置的过程包括以下几个步骤。

1. 明确投资目标和限制因素

通常考虑投资者的投资风险偏好、流动性需求、时间跨度要求，并考虑市场上实际的投资限制、操作规则、税收等问题，确定投资需求。

2. 明确资本市场的期望值

这一步骤包括利用历史数据与经济分析来决定资产在相关持有期间内的预期收益率，确定投资的指导性目标。

3. 确定有效资产组合的边界

这一步骤是指找出在既定风险水平下可获得最大预期收益的资产组合，确定风险修正

[①] Ibbotson, R. G., & Kaplan, P. D. (2000). Does Asset Allocation Policy Explain 40, 90, or 100 Percent of Performance? *Financial Analysts Journal*, 56(1), 26~33.

条件下投资的指导性目标。

4．寻找最佳的资产组合

这一步骤是指在满足投资者面对的各种限制因素条件下，选择最能满足其风险—收益目标的资产组合，确定实际的资产配置战略。

5．明确资产组合中包括哪几类资产

确定具体的资产配置构成，通常考虑的主要资产类型有货币市场工具、固定收益证券、股票、期货、海外资产等。

系统化的资产配置是一个综合的动态过程，它是在与投资者的风险承受能力一致、投资者长期成本最低、投资组合能够履行义务的基础上进行的理想化预测，即集控制风险和增加收益为一体的长期决策。对于不同投资人来说，风险的含义不同，资产配置的动机不同，因而资产配置也各不相同。

11.2.2 资产配置的基本方法：历史数据法和情景综合分析法

针对上述影响资产配置五个环节的主要因素，资产管理人需要采用相应方法加以对待，其中历史数据法和情景综合分析法是贯穿资产配置过程中的两种主要方法。

1．历史数据法和情景综合分析法的主要特点

1）历史数据法

历史数据法假定未来与过去相似，以长期历史数据为基础，根据过去的经验推测未来的资产类别收益。有关历史数据包括各类型资产的收益率、以标准差衡量的风险水平以及不同类型资产之间的相关性等数据，并假设上述历史数据在未来仍然能够继续保持。在进行预测时一般需要按照通货膨胀预期进行调整，按调整后的实际收益率进行决策。

更复杂的历史数据法还可以结合不同历史时期的经济周期进一步分析，即考察不同经济周期状况下各类型资产的风险—收益状况及相关性，并进行预测。不同类型的资产在特定的经济环境中具有不同的表现，而经济状况的变化将在很大程度上改变不同类型资产的绝对表现和相对表现[①]。因此，对历史资料进行细分可以使分析者正确地认知未来，并有助于确认未来可能发生的类似经济事件和资产类别表现。

2）情景综合分析法

与历史数据法相比，情景综合分析法在预测过程中的分析难度和预测的适当时间范围不同，也要求更高的预测技能，由此得到的预测结果也更有价值。一般来说，情景分析法的预测期间在3~5年，这样既可以超越季节因素和周期因素的影响，更有效地着眼于社会政治变化趋势及其对股票价格和利率的影响，同时也为短期投资组合决策提供了适当的视角，为战术性资产配置提供了运用空间。

运用情景分析法进行预测的基本步骤包括如下内容。

（1）分析目前与未来的经济环境，确认经济环境可能存在的状态范围即情景。

（2）预测在各种情景下，各类资产可能的收益与风险，以及各类资产之间的相关性。例如利息率、股票价格、持有期回报率等。

---

① 2004年美国美林证券首次提出了投资时钟（the inuestmeut clock）模型，通过经济周期掌握证券资产收益率的变动趋势，并以此构建动态资产组合配置策略。

（3）确定各情景发生的概率。

（4）以情景的发生概率为权重，通过加权平均方法估计各类资产的收益与风险。

以下我们可以运用历史数据法和情景综合分析法来演示一下资产组合的配置过程。

2. 资产配置的具体过程演示

1）确定资产类别收益预期

（1）历史数据法

$$\bar{R} = \frac{\sum\limits_{t=1}^{N} R_t}{N}$$

式中：R_t——t 时期内的投资收益率；N——考察期间数目。

（2）情景综合分析法

$$E(R) = \sum_{i=1}^{N} (R_i \cdot P_i)$$

式中：R_i——i 情形下的投资收益率；

　　　P_i——i 情形发生的概率

2）确定资产类别的风险预期

（1）历史数据法

$$\sigma^2 = \frac{\sum\limits_{t=1}^{N} (R_t - \bar{R})^2}{N}$$

式中：σ^2——收益率的方差；

　　　R_t——t 期内的投资收益率；

　　　R——平均投资收益率；

　　　N——总体个数。

（2）情景综合分析法

$$\sigma^2 = \sum_{i=1}^{N} \{ [R_i - E(R)]^2 \cdot P_i \}$$

式中：R_i——i 情形下的投资收益率；

　　　P_i——i 情形发生的概率；

　　　$E(R)$——期望回报的投资收益率。

3）确定不同资产投资收益率之间的相关程度

（1）历史数据法

$$\mathrm{cov}_{1,2} = \frac{\sum\limits_{t=1}^{N} [(R_{t,1} - \bar{R}_1) \cdot (R_{t,2} - \bar{R}_2)]}{N}$$

式中：$R_{t,1}$——资产 1 在 t 期间的投资收益率；

　　　$R_{t,2}$——资产 2 在 t 期间的投资收益率；

　　　$\bar{R}_1$——资产 1 的期间平均投资收益率；

　　　$\bar{R}_2$——资产 2 的期间平均投资收益率；

N——考察期间数目。

（2）情景综合分析法

$$\text{cov}_{1,2} = \sum_{i=1}^{N} \{P_i \cdot [R_{i,1} - E(R_1)] \cdot [R_{i,2} - E(R_2)]\}$$

式中：P_i——i 情形发生的概率；

$E(R_1)$——资产 1 的期望投资收益率；

$E(R_2)$——资产 2 的期望投资收益率。

（3）计算收益率的相关系数

$$\rho_{1,2} = \frac{\text{cov}_{1,2}}{\sigma_1 \cdot \sigma_2}$$

当 $\rho = +1$ 时,说明两种资产的投资收益率呈完全正相关关系；

当 $\rho = -1$ 时,说明两种资产的投资收益率呈完全负相关关系；

当 $\rho = 0$ 时,说明两种资产的投资收益率之间没有任何相关关系。

一般情况下,$\rho \in (-1,1)$,且 $\rho \neq 0$,即所有资产均为风险资产。

4）确定有效市场前沿

明确了单一资产的投资收益率、风险状况,以及两者之间的相关程度以及收益的相关关系,则可计算资产组合的期望收益率和风险,从而确定有效市场前沿。具体计算方法如下。

（1）确定资产配置中不同资产的权重,则组合的期望收益率为

$$E(R_p) = w_1 E(R_1) + w_2 E(R_2)$$

式中：$E(R_1)$——资产 1 的期望投资收益率；

$E(R_2)$——资产 2 的期望投资收益率；

w_1——资产 1 在资产组合中的比例；

w_2——资产 2 在资产组合中的比例。

（2）计算资产配置的风险：

$$\sigma_p^2 = w_1^2 \sigma_1^2 + w_2^2 \sigma_2^2 + 2 w_1 w_2 \sigma_1 \sigma_2 \rho_{1,2}$$

式中：σ_1——资产 1 的投资收益率方差；

σ_2——资产 2 的投资收益率方差；

$\rho_{1,2}$——资产 1 和资产 2 的期望投资收益率相关系数。

（3）确定有效市场前沿

在确定了资产组合的投资风险、期望收益率以及不同资产之间的投资收益相关系数以后,必须对所有组合进行检验,找到在同一风险水平下能够令期望投资收益率最大化的资产组合,或者是在同一期望投资收益率下风险最小的资产组合。所有满足这一要求的资产组合形成了有效市场前沿线。

11.3 资产配置策略的主要类型及比较

11.3.1 资产配置策略的主要类型

资产配置在不同层面有不同含义。从范围上看,可分为全球资产配置、股票债券资产

配置和行业风格资产配置；从时间跨度和风格类别上看，可分为战略性资产配置、战术性资产配置。从资产管理人的特征与投资策略上，可分为买入并持有策略、恒定混合策略、投资组合保险策略和战术性资产配置策略等。

战略性资产配置策略是资产配置的基本方式，它以不同资产类别的收益情况与投资人的风险偏好、实际需求为基础，构造一定风险水平上的资产比例，并保持长期不变。战术性资产配置则是在战略性资产配置的基础上，根据市场的短期变化，对具体的资产比例进行微调。不同范围资产配置在时间跨度上往往不同，一般而言，全球资产配置的期限在 1 年以上，股票债券资产配置的期限为半年，行业资产配置的时间最短，一般根据季度周期或行业波动特征进行调整。从实际操作经验看，资产管理者多以时间跨度和风格类别为基础，结合投资范围确定具体的资产配置策略。根据资产配置调整的依据不同，可以将资产配置的动态调整过程分为以下四种主要类型，即买入并持有策略、恒定混合策略、投资组合保险策略和战术性资产配置策略。其中第一种属于消极型的长期策略，其他几种则相对较为积极。

1. 买入持有策略

买入持有策略（buy-and-hold）是指按恰当的资产配置比例构造了某个投资组合后，在诸如 3～5 年的适当持有期间内不改变资产配置状态，保持这种组合。买入持有策略是消极型的长期投资方式，适用于有长期计划水平并满足于战略性资产配置的投资者。

在该策略下，投资组合完全暴露于市场风险之下。它具有交易成本和管理费用较小的优势，但也放弃了从市场环境变动中获利的可能，同时还放弃了因投资者的效用函数或风险承受能力变化而改变资产配置状态，从而提高投资者效用的可能。因此，买入持有策略适用于资本市场环境和投资者的偏好变化不大，或者改变资产配置状态的成本大于收益时的状态。

一般而言，采取买入持有策略的投资者通常忽略市场的短期波动，着眼于长期投资。买入持有战略的投资组合价值与股票市场价值保持同方向、同比例的变动，并最终取决于最初的战略性资产配置所决定的资产构成。

2. 恒定混合策略

恒定混合策略（constant mix）是指保持投资组合中各类资产的固定比例。也就是说，在各类资产的市场表现出现变化时，资产配置应当定期进行相应调整以保持各类资产的投资比例不变。这种定期进行资产配置调整以恢复固定配置比例的行为，称为组合的再平衡（rebalancing）。

与战术性资产配置相比，恒定混合策略对资产配置的调整并非基于资产收益率的变动或者投资者的风险承受能力变动，而是假定资产的收益情况和投资者偏好没有大的改变，因而最优投资组合的配置比例不变。恒定混合策略适用于风险承受能力较稳定的投资者，在风险资产市场下跌时，他们的风险承受能力不像一般投资者那样下降，而是保持不变，因而，其风险资产的配置比例反而上升；反之，当风险资产市场价格上升时，投资者的风险承受能力仍然保持不变，其风险资产的配置比例将下降。

当市场表现出强烈的上升或下降趋势时，恒定混合策略的表现将劣于买入持有策略。因为采用恒定混合策略是在市场向上运动时放弃了利润，在市场向下运动时增加了损失。但是，如果股票市场价格处于来回震荡、波动状态之中，恒定混合策略就可能优于买入持有策略。因为当股票市场下降时,增加了股票持有比例以保持资产配置比例不变,而当股票市场转而上升后,投资组合的业绩因股票投资比例的提高而出现更快的增长。反之,当股票市场先上升后下降时,恒定混合策略的表现也将优于买入持有策略。

3. 投资组合保险策略

投资组合保险策略(portfolio insurance)是将一部分资金投资于无风险资产从而保证资产组合最低价值的前提下,其余资金投资于风险资产,并随着市场的变动调整风险资产和无风险资产的比例,同时不放弃资产升值潜力的一种动态调整策略。当投资组合价值因风险资产收益率的提高而上升时,风险资产的投资比例也随之提高,反之则下降。

投资组合保险的一种简化形式是恒定比例投资组合保险(constant proportion portfolio insurance,CPPI)[①],此外还包括以期权为基础的投资组合保险等形式。其主要思想是假定投资者的风险承受能力将随着投资组合价值的提高而上升,同时假定各类资产收益率不发生大的变化。

因此,当风险资产收益率上升时,风险资产的投资比例随之上升,如果风险资产市场继续上升,投资组合保险策略将取得优于买入并持有策略的结果;而如果市场转而下降,则投资组合保险策略的结果将因为风险资产比例的提高而劣于买入并持有策略的结果。反之,如果风险资产市场持续下降,则投资组合策略的结果较优;而如果风险资产市场由降转升,则投资组合策略的结果劣于买入并持有策略的结果。

与恒定混合策略相反,投资组合保险策略在股票市场上涨时提高股票投资比例,而在股票市场下跌时降低股票投资比例,从而既保证资产组合的总价值不低于某个最低价值,同时又不放弃资产升值潜力。在严重衰退的市场上,随着风险资产投资比例的不断下降,投资组合最终能够保持在最低价值基础之上。在股票市场急剧降低或缺乏流动性时,投资组合保险策略保持最低价值的目标可能无法达到,甚至可能由于 CPPI 策略的实施反而加剧了整个证券市场向不利方向的运动[②]。

4. 战术性资产配置策略

战术性资产配置(tactical allocation)是根据资本市场环境及经济条件对资产配置状态进行动态调整,从而增加投资组合价值的积极战略。大多数战术性资产配置一般具有以下共同特征。

(1)建立在一些分析工具基础之上的客观、量化的过程。这些分析工具包括回归分析或优化决策等。

(2)战术性资产配置主要受某种资产类别预期收益率客观测度的驱使,因此属于以价值为导向调整的过程。可能的驱动因素包括以现金收益、长期债券到期收益率为基础计算的股票预期收益,或按照股票市场股息贴现模型评估的股票收益变化情况等。

(3)战术性资产配置规则能够客观地测度出哪一种资产类别已经失去市场的注意力,并引导投资者进入不受人关注的资产类别。

(4)战术性资产配置一般遵循"回归均衡"的原则,这是战术性资产配置中的主要利润机

---

① 关于投资组合保险策略,本书在介绍保本基金时,已经详细阐述。详见本书第 3 章第 4 节。

② 美国股票市场发生于 1987 年 10 月 19 日的"黑色星期一"股灾,道·琼斯指数一天之内重挫了 508.32 点,跌幅达 22.6%。总结原因,除去经济基本面因素之外,大量保险公司、基金投资机构采取投资组合保险策略,也被认为是加剧了当时市场暴跌的过程,被认为是造成市场大幅度波动的重要原因之一。

制。假设股票收益与债券收益相比，比正常水平高 2%，我们可能期望市场回归正常关系状态，即股票收益下降（股票价格回升）1% 或债券收益上升 1%（债券价格下跌）。

11.3.2　买入并持有策略、恒定混合策略、投资组合保险策略的比较

上述三类资产配置策略是在投资者风险承受能力不同基础上进行的积极管理，具有不同特征，并在不同市场环境变化中具有不同的表现（如表 11.2 所示），同时不同策略的市场流动性要求不同。具体表现在以下三个方面：

表 11.2　资产配置策略的特征比较

资产配置策略	市场变动时的行动方向	有利的市场环境	要求的市场流动性
买入持有策略	不行动	牛市	小
恒定混合策略	下降时买入，上升时卖出	易变，波动性大	适度
投资组合保险策略	下降时卖出，上升时买入	强趋势	高

1. 市场变动时的行动

买入持有策略为消极性资产配置策略，在市场变化时不采取行动。恒定混合策略在下降时买入股票并在上升时卖出股票。反之，投资组合保险策略在下降时卖出股票并在上升时买入股票。

2. 收益情况与有利的市场环境

当股票价格保持单方向持续运动时，恒定混合策略的表现劣于买入持有策略，而投资组合保险策略的表现优于买入持有策略。当股票价格由升转降或由降转升，即市场处于易变的、无明显趋势的状态时，恒定混合策略的表现优于买入持有策略，而投资组合保险策略的表现劣于买入持有策略。反之，当市场具有较强的保持原有运动方向趋势时，投资组合保险策略的效果将优于买入持有策略，并优于恒定混合策略。

3. 对市场流动性的要求

买入持有策略只在构造投资组合时要求市场具有一定的流动性。固定混合策略要求对资产配置进行实时调整，但调整方向与市场运动方向相反，因此对市场流动性有一定的要求但要求不高。对市场流动性要求最高的是投资组合保险策略，它需要在市场下跌时卖出而市场上涨时买入，该策略的实施有可能导致市场流动性进一步恶化，甚至最终导致市场的崩溃①。

11.3.3　战术性资产配置与战略性配置的比较

1. 对投资者的风险承受和风险偏好的认识和假设不同

与战略性资产配置过程相比，战术性资产配置策略在动态调整资产配置状态时，需要根据实际情况的改变，重新预测不同资产类别的预期收益情况，但未再次估计投资者偏好与风险承受能力是否发生了变化。也就是说，战术性资产配置实质上假定投资者的风险承

---

① 比如众多股灾中——包括前页脚注提到的 1987 年 10 月 19 日的"黑色星期一"事件，股票市场大幅下挫，流动性已经大幅度紧张，组合保险策略要求此时卖出股票，由于缺乏买盘，会进一步恶化市场的流动性。

受能力与效用函数是较为稳定的,在新形势下没有发生大的改变,于是只需要考虑各类资产的收益情况变化。

在风险承受能力方面,战术性资产配置假设投资者的风险承受能力不随市场和自身资产负债状况的变化而改变。这一类投资者将在市场风险—收益报酬较高时,比战略性投资者更多地投资于风险资产。

2. 对资产管理人把握资产投资收益变化的能力要求不同

战术性资产配置的风险—收益特征与资产管理人对资产类别收益变化的把握能力密切相关。如果资产管理人能够准确地预测资产收益变化的趋势,并及时采取有效的行动,则使用战术性资产配置会带来更高的收益;但反之,若预测错误,则投资收益将劣于购买并持有市场投资组合时的情况。因此,运用战术性资产配置的前提条件是资产管理人能够准确地预测市场变化,并且能够有效实施。

11.4 资产配置、行业配置、个股选择的实际案例分析

当前我国基金的资产配置策略越来越成熟,表现在各个基金的招募说明书、产品说明书以及投资建议书中,关于资产配置的阐述越来越深入和专业。我们在众多的基金中,选择海富通基金管理公司提出的多因素分析决策系统、南方基金管理公司提出的行业配置模型、中邮创业基金管理公司、兴业基金管理公司、国海富兰克林基金公司等提出的行业配置和个股选择模型,作为分析对象[①]。

11.4.1 资产配置和个股选择的案例——海富通的多因素决策分析系统

在资产配置上,海富通基金管理公司独立研发了资产配置的决策模型即多因素分析决策支持系统,用于对资产配置进行决策。该决策系统具有很强的综合性和代表性。

多因素分析决策支持系统主要是以宏观经济分析为重点,基于经济结构调整过程中相关政策与法规的变化、证券市场环境、金融市场利率变化、经济运行周期、投资者情绪以及证券市场不同类别资产的风险/收益状况等,判断宏观经济发展趋势、政策导向和证券市场的未来发展趋势,确定和构造合适的基金资产配置比例。

多因素分析决策支持系统是由两个层次构成。证券市场的价格水平、上市公司赢利和增长预期、市场利率水平及走势、市场资金供求状况、市场心理与技术因素以及政府干预与政策导向六大因素构成多因素分析决策支持系统的第一层次。通过分析六大因素,把握宏观经济和证券市场的发展趋势,确定投资组合的资产配置。该系统的第二层次是由分析六大因素的一系列具体指标构成的,这些具体指标构成了多因素决策支持系统的第二层次。图 11.2 是资产配置的多因素决策支持系统的结构图。

---

① 随着我国基金业的发展,基金资产配置决策系统在不断改进中。本书这里选择了部分基金公司的案例,并不表示全代表我国基金业资产配置的全貌,需要读者阅读更多基金的招募说明书。

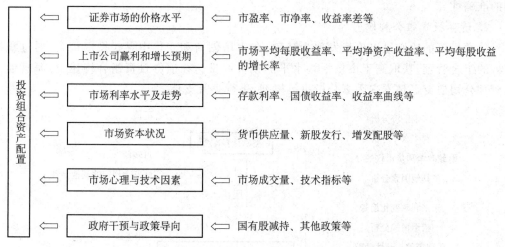

图 11.2　资产配置的多因素决策支持系统的结构图（海富通基金管理公司）

1. 股票投资组合构建

在股票投资组合构建上，海富通研究制定了一个精选股票分析决策支持系统（如图 11.3 所示），进行决策支持。

精选股票分析决策支持系统是把经过大量实证分析挑选出的适用于中国股票市场的一系列定价指标，与具有前瞻性的赢利预测指标分析相结合而开发的，用以选定具有投资价值的股票。该分析决策支持系统的目的是要挑选出定价指标低于行业、市场平均水平且赢利预测指标高于行业、市场平均水平的备选股票池。

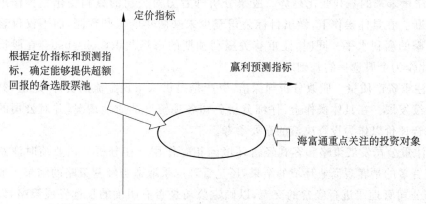

图 11.3　精选股票分析决策支持系统（海富通基金管理公司）

图 11.3 中，Y 轴代表定价指标，X 轴代表赢利预测指标，坐标轴的中心代表行业、市场的平均水平。定价指标低于行业、市场平均水平且赢利预测指标高于行业、市场平均水平，即位于坐标轴中第四象限的股票，构成海富通基金管理公司重点关注的投资对象。

基金成功运作的必要条件之一是进行成功的个股选择。对上市公司基本面调研，并取得上市公司第一手材料，是识别上市公司风险和准确进行上市公司赢利预测的基础。海富通投资管理团队利用精选股票分析决策支持系统选择出的股票池作为重点研究对象，通过基金经理和证券分析师不定期地走访公司，会见公司管理层、行业监管当局、主要竞争对手、供货商和大客户等，及时掌握公司第一手资料，了解行业的变化发展情况，提高赢利预测的准确性。

2. 债券投资组合构建

债券投资的原则是以价值发现为基础,在市场创新和变化中寻找投资机会,通过积极有效的组合管理,获取高于市场平均水平的投资回报。在债券投资组合构建上,海富通基金管理公司研究了债券多因素分析决策模型,进行决策支持。

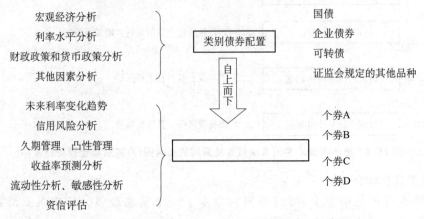

图 11.4 债券投资组合的多因素分析决策模型(海富通基金管理公司)

3. 个股选择

个股选择策略包括个股选择原则和个股选择程序两个层面。

1) 个股选择原则

(1) 注重未来的赢利变化趋势。股票分析师着力对公司的赢利变化趋势作出准确和明确的判断。在具体操作上,做出目标公司至少未来两年的赢利预测,而不仅仅着眼于当季或下一季的赢利水平。同时,注重有关赢利预期的市场共识(consensus)在股价中的反映,并以此作为个股选择的基础之一。

(2) 注重资产质量。股票分析师深谙"资产是提供未来现金流的资源"之道,并强调公司的可持续发展。在具体操作上,仔细分析公司各项资产的质地情况,并对公司的资产质量作出综合评价以作为投资决策的重要参考。

(3) 注重公司发展策略和客观经营环境的相互作用。在分析公司业绩时注意区分该经营业绩更多的是客观商业环境的结果,还是管理层采取适当经营策略的结果。股票分析师注重与公司管理层进行经常的交流,以确定公司是否有明确的长远发展策略,以及是怎样的发展策略,然后分析该等策略的可行性及可能面临的风险。

(4) 注重公司治理。注重公司是否有完善的公司治理结构来防止管理层的"代理人问题",以保护股东特别是中小股东的利益。在具体操作上,海富通基金管理公司自己设计了公司治理问卷表,股票分析师对每个公司的公司治理情况就问卷表上的问题进行量化的打分,并根据总分得出对该公司在公司治理方面的综合评价。

(5) 注重内部分析师的独立判断。基金公司的股票分析师在关注外部券商的研究报告作为投资参考的同时,在任何时候都将保持其独立性而非人云亦云,以最大限度地保护基金持有人的利益。

(6) 注重交叉复核(cross check)。交叉复核的对象主要包括公司的一般员工(相对于管理层而言）、客户、供应商、竞争对手、行业协会、政府监管部门等。交叉复核是使股票分析师保持独立性的有效措施之一。

（7）注重股价对基本面的反映程度。基金管理公司一般坚信从长远来看公司的基本面决定其股票的价格。股票分析师综合运用时间序列法、横向比较法等各种方法来判断基于基本面的公司估值与当前股价的关系。

2）个股选择程序

（1）根据预先设定的量化指标筛选初步关注对象名单。这些指标包括绝对股价、每股销售收入、每股经营活动产生的现金流、市盈率、市净率等。

（2）由分析师根据当时的情况进一步从初步关注对象中筛选出股票形成股票池。当时的情况主要是指在调研当时的市场、行业、公司、股票等方面的动态变化情况，此时需要分析师的职业判断。

（3）对股票池内的每一支股票建立档案。档案内容包括公司财务模型、公司投资要点、公司治理问卷表、外部券商的相关研究报告、公司新闻简报等。

（4）团队成员间的充分讨论与沟通，并不断完善上述档案。在完成个股档案的底稿之后，某一股票分析师就个股档案中的相关内容与其他分析师/基金经理进行探讨以获得更多的启发，并在此基础上进一步完善股票档案中的相关内容。

（5）股票分析师将备选股提交给基金经理以备组合构建之需。股票分析师本人用备选股（或再从备选股中选择股票）构造行业模拟组合，以观察所选股票经组合后的表现。

（6）股票分析师重复上述程序一至程序五，使个股研究成为一个动态选择和实时监控的系统和过程。

11.4.2　行业配置的案例——行业 PEG 分析、行业生命周期选择、全球视野下的行业周期判断、与弹性市值调整

关于基金的行业配置，本书以南方积极配置、中邮核心成长、兴业全球视野和国海富兰克林弹性市值四只基金为代表举例说明。

1. 行业 PEG 分析——南方积极配置基金

首先，南方积极配置基金的行业配置提出了行业 PEG 分析的方法。该基金采用自上而下和自下而上相结合的研究方法，结合行业 PEG 定量研究，从众多行业中精选出与国民经济增长具有高度关联性、贡献度大、成长性快、投资价值高的六个行业进行投资。

自上而下的研究方法是指通过对主要宏观经济数据的分析和预测，确定主要宏观经济变量的变动对不同行业的影响，为选择行业提供依据。

自下而上的研究方法是指通过对外部环境、产业政策和竞争格局的分析预测，确定行业结构变化对各个行业的潜在影响，为选择行业提供依据。

除了定性分析方法之外，该基金最重要的特点是将股票分析中的 PEG（price earnings growth，PEG 或 P/E/G 指标，中文含义为"考虑成长性后的市盈率"）方法应用于行业分析，即形成所谓的行业 PEG 分析。行业 PEG 研究方法是指通过定量分析行业市盈率和行业增长率之间的比率关系，确定行业的投资价值。

PEG 的表达式为：$PEG = PE/(G \times 100)$

式中,PE 为市盈率(可采取静态市盈率或动态市盈率指标①),G 为净利润的增长率,一般取 3—5 年。

通过以上分析,南方积极配置基金可以从众多行业中精选出最能够分享经济成长、最具有增长优势的六个行业,对这六个行业的投资比例将不低于基金股票投资的 65%。基金管理公司的研究人员对精选出的六个行业中的上市公司建立跟踪库,根据对公司投资价值的定性和定量研究,确定公司的合理估值水平,形成投资建议表,并定期或不定期进行更新。投资决策委员会根据宏观经济形势的变化和行业未来发展的研判,决定一二级配置的比例。基金经理根据投资决策委员会的决议,以投资建议表为主要的选股基础,再结合基金目前的持股情况,最终决定所投资的股票。

不过,南方积极配置基金所选择的六个行业并非一成不变,而是动态调整的六大行业,基金管理公司的研究部每个季度根据宏观经济形势和市场行情变化提交行业调整报告,投资决策委员会根据报告决定是否新增或剔除某些行业,再交由投资部门具体执行行业调整。

2. 行业生命周期选择——中邮核心成长基金

中邮核心成长基金的行业配置遵循自上而下方式,具体表述为以下几方面。

(1) 基于全球视野下的产业周期分析和判断

本基金着眼于全球视野,遵循从全球到国内的分析思路,从对全球产业周期运行的大环境分析作为行业研究的出发点,再结合对国内宏观经济、产业政策、货币政策等经济环境的分析,从而判别国内各行业产业链传导的内在机制,并从中找出处于景气中的行业。在行业把握上,本基金进一步通过从宏观到行业再到行业内部的思路进行深入挖掘。

(2) 基于行业生命周期的分析

对每一个行业,分析其所处生命周期阶段。本基金将重点投资处于成长期的行业,对这些行业给予相对较高估值,而对处于初始期的行业保持谨慎。某些行业虽然从大类行业看属于衰退性行业,但其中某些细分行业仍然处于成长期,具有较好的发展前景或较强的赢利能力,本基金将对这些细分行业的公司进行投资。对于国家扶持和经济转型中产生的行业成长机会也予以重点关注。

(3) 基于行业内产业竞争结构的分析

本基金重点通过迈克尔·波特的竞争理论考察各行业的竞争结构:(a)新进入者的威胁;(b)供应商的议价能力;(c)行业内部的竞争现状;(d)替代品的威胁;(e)购买者的议价能力等。本基金重点投资那些拥有特定垄断资源或具有不可替代性技术或资源优势,具有较高进入壁垒或者具有较强定价能力,具有核心竞争优势的行业。

行业配置流程图如图 11.5 所示。

3. 全球视野下的行业选择——兴业全球视野基金

兴业全球视野基金采用"自上而下"与"自下而上"相结合的投资策略。

1) 大类资产配置策略

本基金以全球视野的角度挖掘中国证券市场投资的历史机遇,采取"自上而下"的方

---

① 所谓静态市盈率即用当前股票价格除以历史的每股收益(比如最近的会计年报或者最近的四个季度的收益数据);动态市盈率是指用当前股票价格除以预期的当年每股收益。

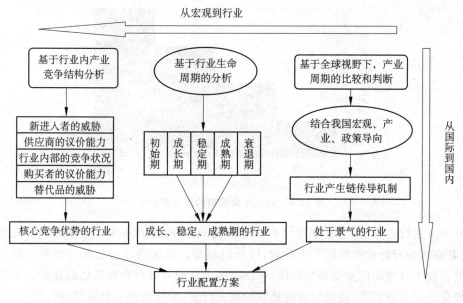

图 11.5　行业配置流程图（中邮核心成长基金）

法,定性与定量研究相结合,在股票与债券等资产类别之间进行资产配置。

（1）全球视野下的国内市场变动趋势

本基金通过动态跟踪国内外主要经济体的 GDP、CPI、利率等宏观经济指标,以及估值水平、赢利预期、流动性、投资者心态等市场指标,并考察各种关键指标之间的关联度,确定未来市场变动趋势。

（2）大类资产的风险/收益预期

本基金通过全面评估上述各种关键指标的变动趋势及其相互关联度的基础上,对股票、债券等大类资产的风险和收益特征进行预测。

（3）确定资产配置

根据上述定性和定量指标的分析结果,运用资产配置优化模型,在给定收益条件下,追求风险最小化目标,最终确定大类资产投资权重,实现资产合理配置。

2）行业配置策略

本基金充分把握全球经济一体化、全球产业格局调整与转移趋势以及国内经济工业化、城市化、产业结构升级与消费结构升级的发展趋势,以全球视野的角度寻求符合国际经济发展趋势、切合国内经济未来发展规划的国内优质产业。

本基金运用"兴全全球视野行业配置模型"进行行业配置,该模型考察国内外产业生命周期与行业景气度两大指标体系,并跟踪两者之间的关联度,动态调整投资组合中的行业配置比例。

（1）全球视野下的行业生命周期演进

把握国内行业生命周期的演进规律需要在一个全球视野的角度下,综合国内外影响行业发展演进的各种因素及其相互之间关联度,才能得出正确结论。以此为理论依据,在全球视野的角度下,本基金将国内行业划分为三大类别:生命周期滞后型行业（A）;生命周期阶段一致型行业（B）和生命周期先导型行业（C）。

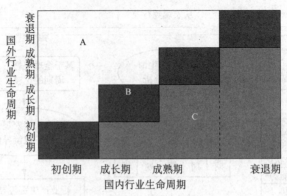

图 11.6　行业生命周期的国内外对比

基于上述行业分类,本基金可以在全球视野角度下把握国内行业生命周期的演变规律,前瞻性地进行行业投资的合理配置,以获取超额行业配置收益。针对成熟市场与国内同类型行业生命周期的演变特征规律,可以对国内外股票进行合理的估值比较。本基金将重点投资于处于初创期、成长期和成熟期的相关行业,而规避处于衰退期的行业。

(2) 行业景气周期确定

本基金将行业景气周期分为三个阶段:景气上升期、景气平稳期和景气下降期,通过观测产量、销售量、利润、开工率、投资额、存货、价格及其变化趋势等指标的变化,来预测行业景气的变化情况,确定行业景气周期不同阶段,并动态跟踪国外同类行业景气周期变化趋势与关联关系。

(3) 确定行业配置

根据上述定性和定量指标的分析结果,综合考察国内外行业生命周期、行业景气周期变动趋势以及相互之间的关联度,确定行业资产投资权重。

4. 弹性市值调整——国海富兰克林弹性市值基金

国海富兰克林弹性市值基金在股票组合的构建中,充分、及时地利用证券市场出现的各种投资机会,按照市值属性进行配置。在正常的市场环境下,本基金投资于大市值上市公司的比例占本基金股票资产的 20%～100%,中市值上市公司的比例为 0～70%,小市值的比例为 0～40%。

划分市值时,基金管理人每季度将中国 A 股市场中的所有上市公司,按其总市值由大至小排列,并计算各公司所对应的累计总市值占全部公司累计总市值的百分比,将所对应的累计总市值百分比处在 0～40% 的公司定义为大市值公司,在 40%～70% 的公司定义为中市值公司,在 70%～100% 的公司定义为小市值公司。若因新股发行等因素导致 A 股市场市值规模分布发生较大变动,并因而导致本基金股票组合在大、中、小市值公司的投资超出上述配置比例时,本基金将根据市场情况,本着基金持有人利益最大化原则,适时予以调整,调整期限最长不超过一年。

在具体的股票选择上,本基金在学习和借用富兰克林邓普顿基金集团弹性市值基金管理经验的基础上,创造性地科学制定规范的股票选择流程,包括如下几个步骤:

(1) 检验所有 A 股

通过定性和定量方法全面研究中国股市整体状况,在分析经济周期的影响和各行业投资机会时,横跨三种不同的市值大小,力争寻找各行业中最好的机会,形成初级股票池。

（2）鉴别成长驱动因子

在形成初级股票池后,进行上市公司成长的驱动因子分析,以进一步寻找能推动企业未来收益增长的驱动因子。其中,独特的产品领域、特有的生产技术、出色的财务状况、良好的企业管理和领先的行业地位都是蕴含增长潜能的竞争优势,也就是所谓的成长驱动因子。具体操作上,本基金将那些在一个或者多个驱动因子方面具有明显优势的上市公司选择出来以形成次级股票池。并不要求进入初级股票池的所有股票同时具备四个驱动因子的全部条件,本基金管理人将根据具体上市公司的实际情况深入挖掘其具有的成长驱动因子。

（3）评估成长潜力和风险

本基金考察的财务风险指标主要包括长期负债权益比率、资产负债率、长期负债资产比率;经营风险指标主要包括主营收入增长率、净利润增长率、总资产增长率、固定资产增长率、股东权益增长率、主营利润增长率等。此外,如上市公司的应收账款周转率、获利能力、偿债能力、高级管理人员的信用记录、操作品性评估等指标,也是上市公司经营风险分析的主要内容。

（4）利用三层次分析方法有效把握股票的成长性机会和特殊情况下的市场机会

本基金重点关注和选择具有成长性的股票,那些收益增长潜力尚未完全反映在目前股价上的股票,构成了我们投资组合的基础。在此基础上,根据市场机会的变化,捕捉套利性和特殊性机会,以降低基金的整体风险并提升基金的超额收益。

11.5　我国基金的投资组合

11.5.1　投资组合的调整

总体来看,基金调整投资组合可分成以下三个步骤。

（1）金融资产的选择

根据资产组合理论,基金经理在选择金融资产时应充分考虑其 β 值的大小,评估系统风险。β 值较大说明该证券的价格波动与市场相关较大。理论上,β 值较大的证券的期望收益也较好,以补偿系统风险。但实际上并不是所有 β 值大的证券都有实际的较高收益。

除了在选择证券时注意 β 值的大小外,基金经理还必须密切关注所持有证券 β 值的变化。如果某些证券 β 值变大,则应及时考虑用 β 值较小的证券来替换。如果要继续持有 β 值较大的证券,应考虑适当增加无风险债券的持有量,以降低组合的整体风险。

案例:大型封闭式基金在 2001 年三季度 β 系数出现大幅降低

基金执行防守型投资策略使得封闭式基金在 2001 年三季度的净值相对上证 A 股指数的 β 系数较 2001 年二季度出现大幅降低。对比不同时期的 β 系数能够较客观地判断防守型策略的实施是否真正有效地对系统风险进行了管理和控制。表 11.3 是部分基金的 β 系数在 2001 年三季度和二季度的对比表。

表 11.3　大型基金 2001 年二季度和三季度 β 系数的变化

基金	二季度 β 系数	三季度 β 系数	β 系数的减少
基金开元	0.82	0.48	−0.34
基金普惠	0.98	0.42	−0.56
基金同益	0.79	0.44	−0.35
基金景宏	0.94	0.46	−0.48
基金裕隆	0.79	0.43	−0.36
基金金泰	0.9	0.58	−0.32
基金泰和	0.67	0.46	−0.39
基金安信	1.06	0.38	−0.68
基金汉盛	0.88	0.42	−0.46
基金兴华	0.77	0.28	−0.49

资料来源:招商证券研发中心内部研究报告。

封闭式基金的 β 系数的下降,表明基金净值相对上证 A 股指数的弹性相当低,也就是说当 A 股市场总体价格水平上升时,基金净值的涨幅会低于 A 股指数涨幅,而在股票市场总体价格水平下降时,基金净值的下降幅度将比 A 股指数跌幅小。

基金组合的 β 系数在相邻两个季度间发生巨大改变,表明基金在实施防守型投资策略时有效地降低了基金面临的系统风险。

（2）投资规模的调整

当各种宏观和微观的政治经济因素导致整个证券市场发生变化时,就应该考虑系统风险的问题。因为组合投资只能规避非系统性风险,而对系统风险是无能为力的,所以当系统风险有增大的趋势时,基金经理就应考虑缩小股票投资规模,以免遭受更大的损失。反之,当系统风险减小,市场前景明朗时,就可以扩大股票投资规模以获得更多的收益。

（3）投资目标的修正

基金的投资目标一般是在基金合同中制定的,不能轻易更改。但是,当市场环境发生重大变化,基金经理发现按照原定投资目标会使基金遭受重大损失时,本着保障投资者利益的原则,经基金持有人大会通过,基金经理可以修正基金投资目标,并依据新目标构建投资组合。

11.5.2　国内基金的投资组合分析

在 1998 年到 2001 年年初,当时国内十大基金管理公司旗下的基金大都采用了成长型组合,各家基金公司普遍奉行"精选个股、集中投资、重仓持有"的投资策略,目的就是赚取高额股票买卖差价收入。当时,基金投资组合中占最大比例的往往是市场上的活跃板块,比如重组概念、高科技和生物药业等。当时我国股市规模较小,活跃板块的股票数目不多,基金重仓股相互重合的现象非常严重。

2001 年以来,随着管理当局对股票市场的规范,重组概念和高科技板块的股票价格出现大幅回落。同时,市场上出现了许多资产质量高、业绩好、市盈率低的公司,这些公司的投资价值凸现出来,成为基金投资理想的避风港。各家基金纷纷对以前的成长型组合进行调整,价值型组合逐渐为基金青睐。2000 年以前发行的基金绝大部分采用成长型投资组合,只有基金同盛在招募说明书中表明将采用成长价值复合型组合。2001 年新发行的基金通乾和基金鸿阳以及南方稳健开放式基金均宣称是成长价值复合型的基金。2002 年第一季度发行的科瑞基金和丰和基金则明确表示自己是价值型基金。

2003 年以来,以博时基金管理公司等主导的价值投资理念深入人心,价值型投资成为基金投资的主流。基金的行业集中度、持股集中度大幅度上升。

基金的行业集中度＝基金持有的前三大行业股票的价值÷ 基金的股票资产价值

基金的持股集中度＝基金持有的前十大股票的价值÷ 基金的股票资产价值

由于众多基金的持股雷同,使得证券市场产生了基金核心资产的概念。根据申银万国证券研究所的定义,基金核心资产是指根据基金公布的投资组合数据汇总,占基金重仓股总市值前 80％的股票[①]。进一步可用等权重方法,编制基金核心资产指数。图 11.7 是基金核心资产在 2004 年 1 月 1 日至 2004 年 7 月 31 日间的涨幅图,从中可以看出基金核心资产超越大盘的表现。

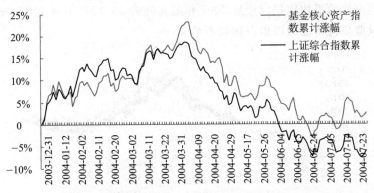

图 11.7　基金核心资产指数与上证综合指数的变化（2004/1/1—2004/7/31）

资料来源:徐妍. 申银万国基金市场投资策略研究报告. 申银万国证券研究所,2004 年 8 月.

不过,2004 年 4 月我国股票市场进入了新的一轮下跌行情中,在市场成交递减的情况下,基金核心资产的交易却出现了显著放大的情况。基金核心资产的快速下跌和成交量的放大,从市场结构上而言,是对原有核心资产的市场分歧较大,其中受国内宏观调控影响较大的部分行业受到不利影响,市场注意力更多转向处于成长型行业、消费类行业等不易受到紧缩政策冲击、业绩保持快速增长的公司。在紧缩引发的市场快速下跌过程中,基金的核心资产受到了冲击。同时市场和基金投资出现了由价值型向成长型转移的变动方向,一些反周期特征的行业和公司受到关注,一些成长型开放式基金业绩开始出现上升。

总之,基金从成长型组合向价值型组合的转变,一方面说明我国上市公司质量的提高和股票市场价格波动幅度的减弱;另一方面也反映了基金力求长期稳定地回报投资者,降低投资风险的理念。总的来看,价值型基金的增多有利于我国证券市场的健康稳定发展,但根据国内外市场的经验,成长型基金和价值型基金在不同的市场环境中,分别

---

① 也有证券研究机构选择所有基金共同持有市值最大的前 20 只重仓股。

有较好的表现,有此消彼长的现象。因此,两类基金应共同发展,以适应投资者的不同需要。

2006—2007 年以来,基金加大了对大市值、蓝筹股票的持有,这与我国上市公司的结构变化和基金整体规模的不断上升有关。2007 年三季末基金持有市值前 20 大重仓股占相应股票流通市值的平均比例为 33.12%,其中所有基金共同持有招商银行和中国平安的市值分别达到该股流通市值的 55% 以上,基金合计持有唐钢股份、苏宁电器、中国船舶和深发展 A 的市值超过该股流通市值的 40%。尽管这些股票都是大市值蓝筹股,基金整体集中持有 40% 以上的流通市值仍然相对偏高。[①]

而 2007 年四季度,考察基金全部重仓股中中证 100 成分股、中证 200 成分股和非沪深 300 成分股[②]的相对占比可发现,中证 100 成分股市值在所有基金重仓股市值中的占比为 85.45%,而非沪深 300 成分股仅占 7.13%[③]。因此,大市值蓝筹股票仍然是我国基金资产组合的最重要配置构成。

在 2008 年和 2009 年上半年,基金核心资产股仍以中证 100 成分股为主,但基金的市场影响力逐渐下降。以 2009 年 2 季度末持仓数据来看,基金持有市值前 20 大重仓股占相应股票流通市值的平均比例已经从 2007 年最高峰的 33.12% 下降至 23.56%,并且核心资产股中单只股票持有流通市值占比均不足 40%。

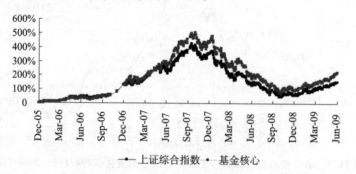

图 11.8 2005—2009 年上半年基金核心资产股指数跑赢上证综合指数

资料来源:朱赟. 申万研究所基金周报. 申银万国证券研究所,2009 年 7 月.

2009 年下半年之后,由于股权分置改革导致的限售股大量上市流通,使得基金整体在市场中的持股进一步下降。同时证券市场缺乏趋势性机会,即使上涨也以结构性行情为主,基金持仓开始逐渐分散化,基金重仓股和核心资产股的数量均大幅上升。至 2012 年 2 季度,基金重仓股和核心资产股数量分别由 2009 年 2 季度的 382 只和 41 只上升至 813 只和 107 只,这也导致了基金核心资产股不再跑赢市场指数。从持仓品种来看,蓝筹股依然在核心资产股中占据主导,但一批高成长、中等市值规模的上市公司也受到了基金的青睐。如图 11.9 所示的 2009 年下半年至 2012 年 6 月底基金核心资产股指数表现落后于上证综合指数。

---

① 王丹妮等. 招商证券研究报告. 中国证券投资基金便览,2007 年 11 月。

② 沪深 300 指数成分股为两个证券市场中总市值、流通市值和流动性最好的 300 只股票。中证 100 指数样本股为沪深 300 指数中总市值排名前 100 名的股票,中证 200 指数样本股为沪深 300 指数中除中证 100 指数成分股之外的股票。

③ 吴天宇. 2007 年基金四季报综述. 国泰君安证券研究所研究报告,2008 年 1 月.

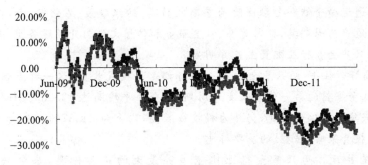

图 11.9　2009 年下半年至 2012 年 6 月底基金核心资产股指数表现落后于上证综合指数

资料来源：朱赟．申万研究基金周报（2012-7），申银万国证券研究所

下面，我们可以选择一些基金的投资组合历史情况进行分析。

案例：从基金兴华与基金安信的比较看基金运作变化 ①

基金安信自 1998 年成立时起连续四年单位净值第一，至 2001 年仍保持单位净值和单位分红两项桂冠，是当时市场公认的基金"老龙头"。

然而，从 2002 年起基金安信的业绩开始大幅下滑，与之相反，基金兴华的净值增值率不断上升，2002 年、2003 年已连续两年保持第一，截至 2004 年中期，兴华基金已经成为所有封闭式基金之冠。

为什么基金兴华能取代基金安信成为新龙头呢？透析二者投资策略的差异及其变化有助于我们发现其中的奥秘。

1. 兴华择时能力强于安信

我们着重考察股票仓位。2002 年基金安信的平均仓位为 59.7%，基金兴华为 56.8%，相差 2.9 个百分点，差别不大。但是，深入分析仓位的动态变化，可以发现二者有着两点明显差异。

一是仓位变动幅度不同。基金安信最大仓位为 66.08%，最小 49.59%，相差 16.49 个百分点，振幅为 27.62%；基金兴华最大仓位 72.19%，最小 40.38%，振幅 56%，为基金安信仓位振幅的 2.03 倍。

二是仓位变动的趋向不同。基金安信是以我为主，不管大盘如何走，坚持逐季加仓：一季度为 49.59%；二季度为 59.09%；三季度为 64.05%；四季度为 66.08%。基金兴华则不然，仓位高低与大盘强弱走向一致：一季度为 51.31%；二季度为 72.19%；三季度为 63.31%；四季度为 40.38%。

可见，二者的仓位控制是两种风格。基金安信的稳健风格在上升市中有可能获得较好的超额收益，但在 2002 年下跌市中，逆市加仓难免加大了缩水的风险。基金兴华属于依时而变的机变派，具有较好的择时能力。涨时重仓有利于提升业绩，跌时轻仓可以减少缩水，这是其在大调整的 2002 年成为基金龙头的重要原因之一。

2. 行业配置各有偏好

我们把投资组合中列示的 22 个行业分为五类：电子、医药生物和信息技术为科技成长

---

① 改写自，叶再林．从基金兴华看机构运作手法．证券日报，2003 年 3 月 10 日。

类,电气水、交通运输仓储和金融保险为垄断收益类,纺织服装、石化塑、金属非金属、机器设备仪表和房地产为周期类,批零贸易、社会服务和传播文化为开放服务类,其余8个行业为其他类。两只基金在行业配置上差异明显。

1) 行业偏好。往年,两只基金的第一偏好都是科技成长类,这一特点在2002年发生了重要变化:基金安信的第一偏好改变为周期类,全年平均高达43.93%,科技成长类已退居第三;基金兴华第一偏好未变,仍然为科技成长类,比重为34.57%。基金安信行业偏好的大转变是其投资策略"转型"的重要标志。

2) 偏好差异度。两只基金行业比重差异最大的是其他类,基金兴华其他类占15.52%,约为基金安信的2.3倍。其次是科技成长类和周期类,基金兴华科技成长类比重超过基金安信的幅度达70.8%,基金安信周期类比重超过基金兴华的幅度达71.74%,二者对垄断收益类的偏好都排在第二位,彼此的平均比重相差甚远。

二者行业配置的差异与资产配置的差异具有密切的内在联系,这种差异反映了两只基金理念的差异,或者说理念的差异决定了二者投资策略的不同。

3. 运作风格迥异

我们考察换股率和持股集中度两项指标。

1) 换股率。基金安信2002年重仓股平均换股率为17.5%,基金兴华为37.5%,这充分显示基金安信为稳健型,基金兴华为机变型。

2) 持股集中度。从全年平均集中度来看,基金安信为57.39%,基金兴华为63.03%,二者的差异不是很大。但是,从集中度的变化趋势来看却令人惊讶:原本以"集中投资"闻名的基金安信2002年一反往常,持股集中度逐季降低:一季度67.27%;二季度61.08%;三季度51.64%;四季度49.58%,呈现出稳步推进的"风格转型"态势,相反,基金兴华却逐季上升:一季度48.38%;二季度49.47%;三季度60.41%;四季度93.86%,二者玩起了"围城"。

由上可见,基金安信和基金兴华的投资策略存在全面差异,这是二者2002年业绩转化的基本原因。特别地,基金安信在2002年实际上实施了以行业偏好大转变和持股集中度持续降低为标志的策略"转型",在此"转型"期间无疑对业绩带来了一定的影响。

案例:2007年博时主题行业基金的资产配置

博时主题行业股票基金成立于2005年1月6日,是博时基金公司的第五只开放式基金。截至2007年12月28日(当年最后一个证券交易日)的净值数据显示,博时主题行业以189.93%的年度净值增长率名列股票型基金第三名。特别值得注意的是,该基金的净值波动幅度很小。博时主题基金在2007年的成功投资,与其资产配置的选时、选股能力密切相关。

该基金确定了明确的投资目标,通过前瞻性地把握中国经济增长方式或产业结构即将发生根本性改变的历史机遇,并将这种历史机遇深化为可投资的主题,即中国城市化、工业化及消费升级三大主题。通过投资于这三大主题相对应的三大行业,即消费品行业、基础设施行业及原材料行业,使投资者最直接地成为这三大主题行业巨大增值过程中的受益者,获得长期、稳定且丰厚的投资回报。博时主题采取价值策略指导下的行业增强型主动投资策略。基金股票资产在消费品、基础设施及原材料三大行业的配置比例以新华富时中国 A600 指数中消费品、基础设施及原材料三大行业的权重作为配置基准。

从基金 2007 年的行业配置看，该基金在一季度轻配金融保险业，重点配置了金属非金属、电力、房地产等行业，在二季度大幅增持金融保险业，减持房地产，在三季度增持采掘业和交通运输业。这样的行业配置很好地把握了 2007 年前三季度板块轮动的上涨机会，从而取得了良好收益。四季度，资产配置上着眼于防守。由于四季度持续的申购，该基金规模迅速扩大。新流入的资金被集中配置于银行、交通运输、钢铁行业，以及部分具备吸引力的中小市值公司。四季度基金维持了较低的仓位，积极参与新股申购，获得了满意的回报。从重仓股的变化来看，三季度博时主题增持 4 700 多万股中国石化并使之成为第一大重仓股，增持工商银行 1 亿多股使之成为第三大重仓股，四季度以来中国石化和工商银行大涨，使得该基金在 10 月份以来的调整中实现净值正增长。

随着股指的不断上涨和系统风险的加大，博时主题的股票仓位不断降低，从一季末的 93.73% 降到二季末的 76.76%，再降到三季末的 66.37%，这样的仓位调整很好地降低了该基金的风险。第四季度由于持续申购，基金的股票仓位回升到 73.11%。

基金经理在 3 季度报告中称："三季度，基于对市场高估的判断，我们采取了保守的策略，资产配置上着眼于防守，希望在大潮退却时还能有所赢利或损失较小。我们增加了相对低估的大盘蓝筹公司如中石化、联通、工行以及交通运输、电力等公用事业行业的配置，降低了金融地产行业的配置。三季度本基金发生了大规模申购，出于审慎的目的，我们将仓位保持在低水平……全球前 10 大市值的公司，中国与美国各占 4 家。现有估值水平下，我们对未来的回报率持谨慎看法。我们希望持有人调低预期，后面将继续采用防守型策略，维持低仓位比例。"在四季度报告中称："现有估值水平下，寻找风险收益比合适的投资标的是比较困难的。2008 年上市公司赢利的增速低于 2007 年是大概率事件。由于所得税改革的一次性影响，2009 年企业赢利增速可能会继续下滑。因此，市场整体估值水平的向下调整是不可避免的。考虑到本基金的规模，我们对未来的回报持谨慎看法。"

在市场调整过程中，真正拉开彼此间差距的是基金经理对股票仓位的控制。震荡市中，基金主动减低仓位，提高现金比例。此举在面对市场调整的时候，净值调整幅度会相对较低；同时在市场调整后，基金又有资金再度买入超跌个股，对基金业绩也起着积极作用。正是受合理股票仓位的影响，在 2007 年 10 月后的股市震荡中，博时主题行业基金业绩表现较为突出，也使得在 2007 年年末的基金排位战中，在第一名（华夏大盘精选）已然决出的情况下，博时主题行业与中邮核心优选的榜眼之争异常激烈。在 10 月同类基金业绩整体大幅下滑的同时，博时主题行业的稳步增长令其在短期内脱颖而出。

11.6　基金的投资风格

投资基金的风格（investment style）是一个较新的概念。随着 20 世纪 70 年代基金业在美国的蓬勃发展和现代投资管理理论的兴起，越来越多的业界人士和学术专家开始对基金的投资策略进行详细的跟踪研究。他们在对基金业绩的表现进行因子分析（factor analysis）的过程中，搜集和分析了大量市场及基金的数据，发现有些基金有着较为类似的组合特征及业绩表现，而操作这些基金的管理人也拥有相似的投资理念，因此就把这种具有类似的组合特征和相应的基金投资策略归为投资基金的风格。

因此用简单的话来说,不同投资风格就是不同投资方式的回报与风险的集合——同样风格的基金会有类似的回报与风险,不同风格的基金彼此间会比较不相像。因此投资风格的中心思想其实跟绩效评估有所重叠,绩效评估中的业绩基准在某种程度上决定了投资风格的划分。这部分的技术性问题,我们留到第19章基金绩效评估再详加探讨。

现在投资基金的风格已经成为投资者选择基金的重要考虑因素。

11.6.1　投资基金风格:定义与划分

投资基金的风格是投资基金在分类上的一些特征,这些特征使得不同基金的业绩与市场表现各自不同,这被称为"股票聚美"。相同风格的基金管理人在选择股票上倾向于同一种类的股票,这被称为"股票聚美"(stock grouping),投资理念以及操作策略往往也有类似之处。

目前国内外衡量投资基金组合特征,主要从两个尺度上进行,一个是成长——价值尺度,一个是大——小市值尺度。这两个尺度构成了股票投资基金四种主要的风格,即大盘成长、大盘价值、小盘成长和小盘价值。

股票的成长价值尺度主要是由一系列比例所决定,这些比例包括但不限于:市盈率(P/E ratio)和市净率(P/B ratio)等。此外还有价格与每股销售收入的比例(Price/Saleings Ratio,市销率)、价格和每股现金流量比例(Price/Cash Ratio,市现率)、企业价值和息税折旧摊销前利润比例(EV/EBITDA)等。

11.6.2　成长型风格、价值型风格

1. 成长型风格

成长型基金的经理偏好有较好增长前景的公司,因而他们选择的股票有着较高的市盈率和市净率,价格也相对偏高。他们的投资理念是通过每股赢利的高速增长,拉动股票价格的上升,从而使市盈率保持在一个合理的水平。因此成长型基金经理特别关注公司的赢利能力和公司质量。他们一般在组合中用较多的资金投向于消费品、服务业、医药以及高科技行业,而周期性和防守性行业股票的比重比较轻。

成长型基金的投资关键在于挖掘尚未在现行股票市场价格中体现出来的未来成长前景,这也往往是成长型基金风险较大的原因之一,因为很多有着诱人增长前景的股票已经在价格上得到了充分乃至过分的反映,特别是当成长预期有着相当高的不确定性时。美国纳斯达克市场的股票价格指数由2000年3月的5 200多点一路狂跌至2001年9月最低的1 400点,其中关键原因就在于人们对网络这一新兴产业过于乐观,无论是机构还是个人都大肆买入各种网络股票,以致"透支"了未来。当人们发觉这样的行为不过是一场疯狂的时候,股市泡沫便破灭了。

成长型风格的基金还可以继续划分为两类次级风格的基金。一种是稳定增长型(consistent growth);另一种是收益动量增长型(earnings momentum)。

(1) 稳定增长型。这类基金的管理人一般较注重质地良好、有着稳定成长记录的公司。这些公司往往有着稳定的收入和现金流,对营利有着相当的控制力,并且利润率超过行业平均水平。这些公司的市盈率比资本市场平均值高。稳定增长型的公司在消费品行

业比较常见。

（2）收益动量增长型。这类基金的管理人偏好于利润增长率不断加速的公司,但是公司利润的波动性也比较大。这样的公司一般出现在高科技等新兴行业。由于新技术的应用和新市场机会的出现,这些公司在短时间内有着惊人的增长速度,但由于这些公司是一些新兴企业,在高速增长的同时会出现较多的问题——例如竞争对手的进入或替代产品的出现等等,都可能使这些公司的增长速度迅速下降。

比如,我国 2004 年 8 月发行的一只开放式基金——易方达积极成长基金就属于典型成长型风格的基金,并且属于收益动量增长型。

该基金的投资理念是投资超速成长企业,获取超额收益。基金的投资策略是采取主动投资管理模式,一方面主动地进行资产配置,以控制或规避市场的系统性风险;另一方面采取自下而上的选股策略,主要投资于经严格筛选的、具有良好成长性且价格合理的上市公司,其投资的重点是"超速成长"公司的股票,以争取尽可能高的投资回报。

那么,什么是"超速成长"公司呢? 该基金的选股标准是:具有良好成长性且价格合理的上市公司,并根据预测利润增长率及增长率的加速度来选取"超速成长"公司,作为重点投资对象。"超速成长"公司包括:(1)未来一年利润总额增长率超过国内生产总值增长率3 倍,而且在未来两到三年内将继续保持赢利增长的公司;(2)未来一年利润总额增长率超过上一年利润总额增长率的 1.5 倍,绝对增长率超过国内生产总值增长率,而且在未来两到三年内将继续保持赢利增长的公司。

从上述基金的选股标准可以看出易方达积极成长基金的"积极成长"的投资风格。

2. 价值型风格

价值型基金的经理对当前的股票价格十分敏感,较为注重公司股票价格与公司价值是否相符。价值型投资之父本杰明 · 格雷厄姆(Benjamin Graham)与大卫 · 多德(David Dodd)在 1934 年出版的《证券分析》一书被称为价值型投资者的圣经。在这本书中,格雷厄姆认为,要成为一个真正的价值投资者,必须掌握两项:精确计算公司价值的方法和钢铁般的意志。

价值型基金的经理一般会选取市盈率和市净率较低的公司。由于一些特殊事件或投资者的情绪波动对股价造成不利影响也会吸引价值型基金经理的兴趣。此外,当一些周期性的股票如资源类、汽车、钢铁等在一个经济周期的底部时,往往也是价值型基金经理重点关注的对象。

价值型投资的追随者中最著名的就是沃伦·巴菲特,作为格雷厄姆的学生,他发扬了老师的理论,认为公司的特许权之类的无形资产要被看作公司的价值所在,因此他曾经大量买入当时看来价格不低的可口可乐公司股票,而事后证明这是一个英明的投资决定。通过对公司价值的透彻分析,巴菲特赢得了巨大的投资成功。

价值型投资者一般都在某种程度上相信市场是无效的,不过,他们取得的业绩被那些有效市场理论的拥护者称为"不符合统计规律的例外"。

价值型风格可以进一步细分为三个次级风格,分别是:低市盈率型(low P/E)、反向型(contrarian)和收益型(yield)。

（1）低市盈率型。基金经理一般关注相对目前赢利或者相对未来赢利水平市价偏低的股票,一般这些股票都属于一些防守型、周期性或不符合大众口味的行业股票。

（2）反向型。反向型的基金经理注重那些相对于公司有形资产的账面价值定价偏低的公司。这些公司一般都是业务上发生困难、财务杠杆较高、没有当期赢利或红利的公司。购入这些公司股票,是希望通过行业的周期性反弹或公司的业务或债务重组使得业绩有大幅度提升,从而使得股价出现较好的表现。

(3)收益型。收益型基金经理是三类价值型投资中最保守的一种,偏好于那些现金流稳定并能稳定支付红利的公司。这些公司一般都属于公用事业等防守型的行业。

对于价值型基金,以我国的一只价值型基金——丰和基金——为例进行分析。

丰和基金是我国的第二只价值型基金,也是我国的第51只封闭式基金。在我国2002年以前发行成立的54只封闭式基金中,只有两只价值型基金,这反映了我国基金市场发展初期以成长型为主的现实。丰和基金采取的价值型投资策略,主要投资于内在价值未被市场认识或被市场低估的上市公司股票,该基金价值型投资的主要选股标准如下(以下摘自丰和基金招募说明书):

(1)与主营业务相同或相近的其他公司相比,公司具有相对价值,具体可能表现为,在同一时期,公司的市盈率水平偏低、价现比(价格与每股现金流之比)水平偏低、价售比(价格与每股销售收入之比)水平偏低、公司的企业价值与息税折旧摊销前利润的比值偏低,但这种偏低并非由于企业基本经营状况不佳所引起;

(2)与公司未来业务发展和赢利水平相比,公司目前的市盈率水平偏低;

(3)企业拥有未被市场认识或被市场低估的资源。如企业所拥有的有形资产(如企业所拥有的矿产资源、土地资源等)或无形资产(如专利、专有技术、品牌、特许权等)的实际价值未被市场认识或被市场低估。企业具有相对垄断的原材料基地、企业具有相对垄断的市场进入限制、企业拥有同行所没有的销售网络等潜在价值未被市场认识或被市场低估;

(4)企业的创新能力和人力资源优势未被市场认识或被市场低估的企业;

(5)企业经过并购和资产重组后,基本面发生了积极变化,其潜在价值未被市场认识或被市场低估。

因此,丰和基金的价值型投资策略主要属于低市盈率和反向型。

3. 成长型和价值型的相对业绩表现

关于价值型和成长型孰优孰劣,在业界和学术界一直是非常令人感兴趣的话题。以美国为例,多年来在华尔街上的投资家中一直划分为两大阵营:价值型投资者和成长型投资者。在较长一段时间里,价值型投资者似乎略占上风。例如,1975—1990年这一段时间里,价值型投资的年平均回报率为17.6%,而成长型投资的年平均回报率为16.2%。但进入20世纪90年代以后,风向开始了转变。尤其是1995年以后,成长型投资的回报率遥遥领先价值型投资的回报。Fama和French(1998)提供了美国、日本、英国、加拿大和德国等主要国家资本市场的价值型股票和成长型股票的相对表现。他们使用以P/B比率为基础的价值型和成长型的简单标准,计算了1975—1995年进行1美元投资的成长型股票和价值型股票的价值增值情况。结论是,在研究样本的13个国家中的12个国家,价值型表现均比成长型表现要好,20年里价值型组合的年度收益率每年高于成长型7.68%[①]。不过关

[①] Eugene F. Fama;Kenneth R. French,1998,"Value versus Growth:The International Evidence",*The Journal of Finance*,Vol. 53,No. 6. pp. 1975~1999. 另外,Fama和French之前在1992年提出了著名的资产定价三因素模型,就已经将账面价值/市场价值、规模两个因素,加上股票的系统风险贝塔系数,来解释不同股票的收益。

于这一结果，一直存在着较大争议。对价值型组合超越成长型组合的超额收益，一种解释是在分析中有一种或多种风险因素未被确认，因而价值型股票相对成长型股票的收益升水就是对这种未知风险的补偿。另一种解释是，证券分析师在作利润预测时，过于依赖历史数据并有一定程度上的从众心理，从而高估了高市盈率股票的收益预期，同时低估了低市盈率股票的收益预期。

11.6.3 成长价值风格的演变:风格轮动与哑铃式投资

不管是价值型股票还是成长型股票，都有可能在一段时间内表现出色，资本市场也会出现某种风格轮换的特征，即在某一段时间内某一种风格的股票表现最为出色。因此，基金管理人在对未来一段时间表现最优的股票作出预期后，可以积极转变股票风格，这种投资组合策略被称为积极的风格管理（active style management）或策略性风格管理（tactical style management）。如果基金管理人能够成功预见到业绩表现最好的风格并进行投资，将带来巨大的收益。此外，同完全的风格转换策略不同，还可以采用风格倾斜策略，即在价值型股票和成长型股票中均匀分配一定的资金，并根据市场的情况及时调整两种风格的资金配置比例以达到最佳效果。当然，无论风格转换策略和风格倾斜策略都会带来额外的交易成本，同时也增加了决策风险。

1. 风格轮动策略

我国目前基金市场中出现了不少风格轮换的基金，下面以 2004 年募集的"华宝多策略增长基金"为例。该基金的股票投资策略就是典型的风格转换策略，在基金的招募说明书中称为"风格板块轮动策略"。关于风格板块轮动策略，解释是:根据数量化辅助模型和公司内部研究支持以及基金经理自身判断，决定股票资产在各风格板块间的配置。当某一风格板块相对股市的超额收益率出现上升或者下降趋势并到达预设的临界点时，增加或者减少该板块的权重。

该基金的股票投资对象按流通市值和市净率分为四大股票风格板块:大盘价值、大盘成长、中小盘价值、中小盘成长。80％以上的股票资产投资于符合各风格板块精选个股标准的股票。针对各风格板块，分别在不同的板块内精选个股标准，定性指标与定量指标相结合，定性指标主要考察上市公司的治理结构、管理水平、竞争优势及行业特点等因素。具体不同板块的界定标准如下。

（1）大盘价值板块:采用股息率、市盈率、市净率、市销率、市现率五个指标。股息率较高的股票得分较高，市盈率、市净率、市销率、市现率较低的股票得分也较高。

（2）大盘成长板块:侧重于选取具有难以超越的竞争优势的个股。主要考虑公司是否具有优越的管理团队;具有长期发展策略;具有垄断优势;公司所处行业基本面已经好转，且已有融资计划的上市公司;所在行业中处于领先地位，或者占据绝对多数的市场份额;高收益增长率，高利润率;专利产品多，低成本的生产或分销能力。

（3）中小盘价值:侧重选取内在价值被市场低估的个股。具体的评价指标是股票价格低于其清算价值或其有形账面价值;相对于其获益潜力或者重置成本来说，股票价格偏低;公司进行资产重组，股票价格大大低于市场估值;公司具有至少 10％～20％的增长率，财务状况良好，市盈率低于市场平均水平。

（4）中小盘成长:倾向于选择业绩可能大幅增长、股本扩张能力强的上市公司个股。

主要考虑过往赢利持续增长或赢利增长潜力巨大;获取具有吸引力的净资产收益率(ROE)的能力;低于基金经理对未来三年预期赢利增长率的 P/E 指标;不断扩大的市场份额;良好的资产负债情况;股东及管理团队实力雄厚;较强的新产品开发能力。

因此,华宝兴业多策略基金是一个风格轮换变化的基金,其投资目标就是按照风格转换及个股精选策略,有效控制风险,以创造超额收益。

2. 哑铃风格策略

风格轮动是采取"多头时买进成长型股票"、"空头时转入价值股"的策略。不过,随着经济景气循环缩短、市场变化日益加速,多空判断越来越不易。因此,一种新的投资风格和投资策略形成了,即所谓"哑铃式投资"(barbell approach)。哑铃式投资组合的搭配形同"哑铃",强调两端投资,即价值与成长的平衡。基金同步执行价值与成长选股策略,兼顾价值与成长型股票,可以较好控制组合的市场适应性,一定程度上能够排除对经济景气的误判概率,以求在多空环境中都能创造主动管理回报。2005 年 9 月募集的上投摩根阿尔法基金就是采取哑铃式投资风格的典型代表。

上投摩根阿尔法基金的投资理念是:实践表明,价值投资(value strategies)和成长投资(growth strategies)在不同的市场环境中都存在各自发展周期,并呈现出一定的适应性。本基金将价值投资和成长投资有机结合,以均衡资产混合策略建立动力资产组合,努力克服单一风格投资所带来的局限性,并争取长期获得主动投资的超额收益[①]。

该基金的投资策略是:为合理辨别上市公司价值和成长特征,基金根据现代统计学的基本理论,将各风格因子进行数据标准化。经过科学计算后,最终得到每一只股票的风格等级。基金将最具价值特征的股票风格等级定为 0,最具成长特征的股票风格等级定为 100,所有排名被分别分配到各风格衡量中。每家上市公司的价值和成长因子都配有一个风格排名,用其确定价值和成长因子排名。获得价值和成长因子序列后,个股的总体风格排名经过算术平均后即得出。这样,依据个股价值与成长属性的排序筛选股票,并进而形成相对均衡的风格类资产组合。通过执行数据标准化的程序,在摒弃异常数据的同时,可以更加合理的多层面评估上市公司价值和成长特征,基金管理人不仅能够深入鉴别股票可投资性能,增加投资组合的长期稳定效益,也可以借助风格因子的追踪调整及投资组合的重新平衡,更好地判断市场方向与把握市场中价值与成长的变换节奏。图 11.10 是该基金的股票投资程序和主动管理收益来源的解释。

11.6.4　大市值风格和小市值风格

除了价值——成长取向划分外,基金的风格还可以用组合中单个股票的市价总值的特点来划分。如果组合中的股票主要以大市值(large cap)为主称为大市值基金,反之则称为小市值(small cap)基金。在 20 世纪 80 年代以前,美国机构投资者的主流是投资有较大市值规模的公司,投资小公司和初创公司被认为是高风险的,因此不为大多数机构所接受。进入 20 世纪 90 年代后,随着科技创新的不断出现,涌现出像英特尔、微软等一批发展极为迅速的公司,越来越多的机构投资者开始关注小型和高成长的公司,小市值基金逐渐成为一种风格。

---

① 可参见上投摩根阿尔法基金的招募说明书。

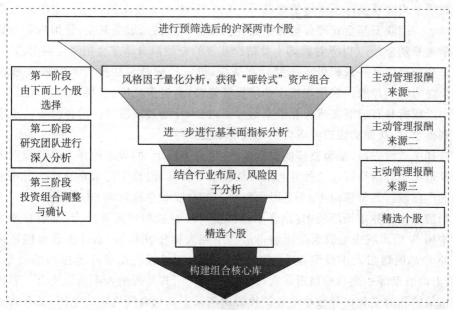

图 11.10　上投摩根阿尔法基金的哑铃式股票投资程序

小市值基金管理人之所以关注这一市场板块，是因为他们相信这些股票并没有被广大投资者所跟踪，因此通过证券研究来发现市场定价不合理的机会就越多。典型的小市值基金资产组合的特点是：低于市场平均水平的红利回报率；高于市场平均水平的波动性；较高的公司异质性风险或者说是公司个别风险。

投资学的研究表明，股票的收益率同股票的流动性有一定的关系，流动性差的股票会有更高的风险溢价，而股票的市值可以作为流动性的近似替代，因此长期来看小市值股票的回报要比大市值股票高。班茨（Banz）首先发现股票的市值增加了贝塔系数对预期收益率的解释能力，并且小市值股票相对于大市值股票具有较高的系统风险调整收益，因此形成小市值效应[①]。另据美国伊伯逊协会（ibbotson associates）的统计资料，在 1926—1998年美国纽约交易所中市值最低的 20% 的股票（作为小市值股票代表）超越了标准普尔 500指数的回报。标准普尔 500 指数的股票一般是市值较大的股票，因此标准普尔 500 指数一般被当作大市值股票投资的基准指标。在这 72 年的历史中，小市值股票平均年回报率是12.18%，而标准普尔 500 指数的年平均回报是 11.22%。这意味着小市值股票的年平均回报率超过大市值股票 0.96%。但是，小市值股票的波动性比大市值股票大，特别是在证券市场调整的时候，小市值股票一般会遭受更大的损失。72 年期间的单年度最差收益率指标，小市值股票为 −59.12%，而标准普尔 500 指数为 −43.35%[②]。

尽管国内股票市场发展时间没有发达国家资本市场长，但实证分析得出同样的结论，

---

　　① Banz，Rolf W.，1981. "The relationship between return and market value of common stocks," *Journal of Financial Economics*，Vol. 9(1)，pp. 3～18.

　　② 美国伊伯逊协会编写的《股票、债券、短期国债和通货膨胀》一书记载了美国主要的金融资产从 1926 年开始的极为详尽的财务数据，并不断更新版本。本书这里的数据转引自：威廉·伯恩斯坦. 有效资产管理. 上海：上海财经大学出版社，2004：10.

小市值股票平均表现要好于大市值股票[1]。我国 2004 年 3 月由国内第一家中外合资基金管理公司——国联安基金管理公司募集设立的德盛小盘精选股票基金,是国内第一只明确宣称的小盘股基金。[2] (以下对德盛小盘精选基金的介绍摘自该基金招募说明书。)

该基金的定位是一只积极成长型股票基金,投资目标是专注投资于中国 A 股市场上具有成长潜力的小盘股。采用积极主动的投资策略,通过多角度、多层次的基本面研究,充分发掘小盘股所具有的潜在成长性带来的投资机会,并通过波段操作的择时策略追求较高的资本利得收益,从而实现投资者资产的长期增值。

在选择小盘股方面,基金整体的投资策略以"自下而上"的股票选择。股票投资方面的主要对象是未来具备良好成长性并且现时估值水平较低,股价中尚未充分反映公司未来高成长性的小盘股。通常情况下,小盘股投资将占基金股票总投资的 80% 以上。

在当前中国证券市场环境中,德盛小盘基金对小盘股的界定方式为:基金管理人每季度将对中国 A 股市场中的股票按流通市值从小到大排序并相加,累计流通市值达到总流通市值 50% 的股票归入小盘股集合;其间对于未纳入最近一次排序范围内的股票(如新股、恢复上市股票等),则参照最近一次排序的结果决定其是否纳入小盘股集合。若因某些小盘股市值的相对变化而导致小盘股的投资比例低于基金合同规定的范围,基金将根据市场情况,本着投资人利益最大化的原则,适时予以调整,最长不超过一年。基金对于小盘股的界定方式将随中国证券市场未来的发展与变革情况作出相应的调整。

在基金选择股票过程中,成长性和估值水平是应该考虑的两个最主要因素,基于对这两方面因素的考量,基金主要投资于以下两类股票:

(1) 在行业处于高速增长时期或公司在行业中具有独特的、短期内难以被模仿的竞争优势,使得公司在未来具有可持续的高成长性,并且目前的估值水平较低的上市公司;

(2) 公司的现状不甚理想,但经过深入调研发现,公司的基本面情况将在可预见的未来发生实质性变化,使公司的业绩得以大幅度增长,并且这种基本面的变化尚未充分反映到股票价格中的上市公司。

11.6.5 股票的风格指数

随着股票风格投资的不断兴起,出现了一大批衡量不同风格股票表现的指数。在美国,用于评价基金管理人的主要风格指数有:

(1) 标准普尔与巴拉合资公司(S&P/Barra)的指数;

(2) 罗素公司(Russell)的指数;

(3) 威尔舍协会(Wilshire)的指数;

(4) 普天寿证券公司(Prudential)的指数。

---

[1] 国内学者对股票市值效应的研究,大部分结论认为:中国股市存在小市值效应。小市值股票与大市值股票的收益率差异在上涨时(牛市)比下跌时更为显著。而这种规模效应的成因主要可以归纳为"股价操纵"以及"收购效应"。可参见张艾、杨朝军、赵熠(2005);李颖、陈方正(2002)等。

[2] 2003 年 5 月募集的嘉实理财通系列基金中的嘉实增长基金,也定位于中小盘股票基金。在德盛小盘之后,国内先后发行的小盘股基金主要有广发、金鹰、诺安、海富通、光大保德信、景顺长城等小盘或中小盘基金,另外华夏中小盘 ETF、富国中证 500ETF、华泰柏瑞上证中小盘 ETF 等指数基金。这些小市值股票基金的投资策略相似。

这些机构大都是按照市值和成长价值的区分来设立指数。例如标准普尔/Barra 推出了六种指数：大股本成长性指数；大股本价值性指数；中股本成长性指数；中股本价值性指数；小股本成长性指数；小股本价值性指数。投资风格指数样本股票是从一些具有权威性的指数样本股票如 S&P500 中选取的，这样做可以保证所选取的投资风格指数样本股票具有较好的行业代表性和市场流动性。在各种投资风格指数系列中，对大市值/中市值/小市值的划分方法不存在明显区别，但对价值/成长股的构造方法上存在一定的差异，简单的方法如 S&P/Barra 是通过单一指标 B/P 划分价值/成长股，复杂的方法如 Russell 通过复合指标划分价值/成长股。表 11.4 是国外主要的投资风格指数系列。

表 11.4　国外主要投资风格指数系列

指数名称	指数内容与样本股选择方法
S&P/Barra 系列指数	该指数系列包括 The S&P/Barra Growth/Value Index、The S&P Midcap400/Barra Growth/Value Index、The S&P Midcap600/Barra Growth/Value Index 共 6 个指数
	风格指数样本股选择集合分别为 The S&P500、The S&P Midcap400、The S&P Midcap600
	对三种不同市值样本股，按照 B/P 指标的大小，划分为成长/价值型；样本股调整时间为每年的 1 月 1 日和 7 月 1 日；样本股中每只股票属于且仅属于一种风格指数
Russell 指数系列	该指数系列包括 The Russell 3000 Growth/Value Index、The Russell 1000 Growth/Value Index、The Russell 2000 Growth/Value Index、The Russell Top 200 Growth/Value Index、The Russell Mdicap Growth/Value Index、The Russell 2500 Growth/Value Index 共 12 个指数
	风格指数样本股集合分别为 The Russell 3000、The Russell 1000、The Russell 2000、The Russell Top200、The Russell Midcap、The Russell 2500
	对不同市值样本股集合，按照 B/P 和 I/B/E/S 预期增长率两指标，通过样本打分，划分为成长/价值型；样本股调整时间为每年的 6 月 30 日；每支样本股可能属于价值，也可能属于成长型，也可能属于混合型
Wilshire Associates 指数系列	该指数系列包括 The Wilshire All Growth /value Index、The Wilshire Large Growth/value Index、The Wilshire Midcap Growth /value Index、The Wilshire Small Growth /value Index 共 8 个指数
	风格指数样本股集合分别为 The Wilshire 5000、The Wilshire Large Cap 750、The Wilshire Midcap Cap 500、The Wilshire Small Cap 1750
	对不同市值样本股集合，按照 B/P 和 E/P 两指标通过 3∶1 比例构成复合指标划分为价值/成长型；样本股调整时间为每年 6 月；每支样本股属于且仅属于一种指数
Prudential 指数系列	该指数系列包括 The Prudential Securities Large-cap Growth/Value Index、The Prudential Securities Mid-cap Growth/Value Index、The Prudential Securities Small-cap Growth/Value Index 共 6 个指数
	风格指数的样本集合为 Standard&Poor's Compustat database
	划分成长型的指标是历史销售收入增长率、5 年预测的 EPS 增长率和股息支付率、负债率；划分价值型的指标是 PE、股息支付稳定并增长

知识拓展:可作为基金业绩基准的中信标普股票风格指数

目前国内代表性的投资风格指数——中信标普风格指数系列,是由中信标普指数信息服务有限公司编制发布的,其前身是中信投资风格指数,是我国第一个投资风格指数系列。该指数的基准日为 2004 年 2 月 27 日[①]。

中信标普中国 A 股指数用于反映中国 A 股市场的表现。中信标普 100 指数、中信标普 200 指数以及中信标普小盘指数分别代表 A 股市场中的大盘、中盘及小盘股的表现。中信标普 300 指数由中信标普 100 和中信标普 200 指数成分股组成,代表市场的大中盘股票表现。风格指数系列为上述四个主指数提供多种风格子集。中信标普中国风格指数系列反映了两种不同的需求。第一种是穷尽型风格指数,它适合作为指数基金和衍生品的投资标的,使产品能够宽泛且经济地投资于某种特定的风格板块。第二种需求是狭义的纯风格指数,适合基于风格的投资工具或"风格利差"产品的开发基础。

关于成长和价值的风格因素的划分依据为,根据每一只成分股票的成长因子和价值因子的数字,并进行标准化和排序后得到。这些风格因子如表 11.5 所示。

表 11.5 中信标普股票风格指数的风格因子

成长因子	价值因子
EPS 三年增长率	每股赢利/股票价格
每股净资产三年增长率	每股经营现金流/股票价格
净资产收益率(ROE)	每股主营业务收入/股票价格
长期负债/股东权益	股息收益率
	每股净资产/股票价格

通过分别建立一系列具体的中国市场风格指数和纯风格指数,中信标普公司建立了一整套一致的股票风格评分体系,为投资者提供了全面的风格指数解决方案。其中穷尽型风格指数系列将每一个主指数的成分股平均分配到成长和价值指数中。该系列覆盖了主指数中的所有股票,使用传统且节约成本的流通市值加权法,将不属于纯风格集合的股票市值在成长和价值指数之间进行分配。纯风格指数系列将主指数成分股的三分之一归为纯成长,三分之一归为纯价值(即如 S&P/CITIC 100 纯成长的成分股为 S&P/CITIC 100 成长指数中的 36 只样本股票)。纯成长指数和纯价值指数之间没有任何重叠。样本股票按其相对的风格属性被赋予权重,不会由于使用市值加权而造成规模偏差。风格指数与股票特征对应如 11.6 所示。

表 11.6 风格指数与股票特征(成长价值属性和市值规模)对应表

	价值	混合	成长
大盘	S&P/CITIC 100 价值 S&P/CITIC 100 纯价值	S&P/CITIC 100	S&P/CITIC 100 成长 S&P/CITIC 100 纯成长
中盘	S&P/CITIC 200 价值 S&P/CITIC 200 纯价值	S&P/CITIC 200	S&P/CITIC 200 成长 S&P/CITIC 200 纯成长

---

① 本节对中信标普指数和风格指数的介绍参考了中信标普指数公司的《中信标普风格指数编制方法》。

续表

	价值	混合	成长
小盘	S&P/CITIC 小盘价值 S&P/CITIC 小盘纯价值	S&P/CITIC 小盘	S&P/CITIC 小盘成长 S&P/CITIC 小盘纯成长
大中盘	S&P/CITIC 300 价值 S&P/CITIC 300 纯价值	S&P/CITIC 300	S&P/CITIC 300 成长 S&P/CITIC 300 纯成长

这样有了投资风格指数，基金经理们不仅仅因为击败市场指数就可以获得成功，他们被要求超过他们管理基金所属风格的相应风格指数。也就是说要区分基金管理人的业绩表现中，有多少是因为基金风格本身所带来的收益，有多少是因为管理人积极投资获得的收益[①]。

同时在积极投资和被动投资之外，又出现了第三种投资方式，即被动的风格投资（passive style investment）。这种投资方式就是把资金投向盯住某个风格指数的指数基金。同盯住市场指数的被动投资不同，这种投资的优点是有机会超过市场指数，而同时比积极投资的基金承受更低的操作风险和管理费用。

11.6.6　基金的投资风格与投资绩效

基金的投资风格可能影响投资绩效，那么有没有一些特定风格的基金能持续打败指数呢？James Davis（2001）[②] 在《金融分析师》杂志上的文章试图回答以上的问题。他考察自1962—1998 年美国市场的所有股票型基金，结果表明不同风格的基金，为投资人带来的绩效也有所不同。从事价值型投资风格[③]的基金，平均异常年收益率（abnormal return）达到了 2.75%。Davis（2001）也发现了美国从事成长型（growth）投资以及动量型（momentum）投资的基金占了大多数。这说明基金的投资风格，与投资绩效存在一定的相关关系。所以在对基金进行业绩评价时，要将同风格类型的基金一起比较才显得公平。

基金投资风格的分类方法主要有以下两种。

1. 投资组合法（portfolio approach）

直观上决定基金投资风格的最简单方式，是通过观察基金的投资组合中大盘股占的多，还是小盘股占的多；是成长型股票占的多，还是价值型股票占的多。但此法有以下几个问题：

（1）小盘股基金缺失的问题。即使是宣称投资"小盘股"的基金，用此方法测算出来可能还是会偏向大盘股，因为目前中国基金市场实际上基本不存在只投资小盘股的基金，即使如基金招募说明书中所宣称的"小盘股基金"。使用价值加权法计算出来的风格指数，还是会偏向中到大盘股。

（2）存在主观认定的问题。一只股票究竟是属于成长型还是价值型？若是选取存在偏差，最后对于风格的认定也会产生偏差。

---

① 传统的基金业绩评估主要是通过构造风险调整指标进行的，但这种评估方法的缺陷是忽略了基金投资风格对基金业绩的影响。比如 Sharpe（1992）的研究发现基金业绩中 90% 以上的部分是由基金投资风格决定的，Wermers（2000）也发现基金的市场表现中投资风格发挥着重要作用，具有不同投资风格的基金在市场上的表现具有显著差异。

② Davis，J. L.（2001）. Mutual Fund Performance and Manager Style. *Financial Analysts Journal*，57(1)。

③ 此处的价值型投资并不完全等于所谓的价值投资，请参考本章前面关于价值投资与价值型投资的讨论。

（3）披露信息不全的问题。我国监管部门规定基金的详细持股信息每半年披露一次，但这个信息仅能够反应期末时点的持仓部位特征，无法反应由于基金"窗饰行为（window dressing）"[1]所带来的观察偏差。

2. 回报率模型法（return approach）

由于考虑投资风格其实就是对于未来回报率期望的一种分类方式，所以可以使用对基金回报率构建模型的分析方法，这种方法可能更加科学一些[2]。但此法也存在一定的问题。

（1）资产定价模型的问题：依照投资的历史回报率试图预测未来的投资风格，需要假设某一种资产定价模型是正确的，但这个前提不见得是正确的。

（2）时间长度问题：要能准确估计资产定价的模型，所需要的回报率时间序列的长度各有所不同，有可能需要长至一年的数据，但在这一年中，基金投资风格可能会作多次的变换而无法被察觉。

由上述讨论可以看出，无论是哪一种风格确定方式都会存在一些问题，因此在讨论基金投资风格的时候，需要更加小心谨慎。

知识拓展：被扭曲的基金风格指数

基金的风格认定还存在另一个问题：风格指数被扭曲。各种不同的基金自然存在许多不相同的投资策略，而基金合同和招募说明书等法律文件本身也会对基金的投资策略做一个归属认定。但这些归属认定真得符合基金本身的投资行为吗？

Di Bartolomeo 和 Witkowski（1997）[3]发现至少有一半以上 1990 年的基金在 1995 年时已经变换了投资风格，例如一半从小盘股转为激进成长股，原先是成长型的基金五年后风格转换到其他各个投资类别里。当然这样的现象也许是这些基金所持有股票的性质在五年间发生了改变，但不管怎么说，一开始投资风格的认定与最后基金的实际风格还是有所差异的。

另一种差异则是基金公司主动造成的。Cooper 等人（2005）[4]的研究即验证这样的现象。他们观察到在美国市场 1994—2001 年，曾经存在的 15 972 支基金里，有 935 支基金曾经换了名字。这些换名字的基金通常同时隐含着投资风格的转变。这样的现象在 2000 年美国科技股泡沫大崩盘前后特别明显：有许多基金的投资风格在 2000 年前由价值风格转为成长风格，而 2000 年后投资风格又发生急速的逆转。

Cooper 等人发现基金改变名字的做法，对于基金实际投资的绩效并没有帮助，但也没有损害。但基金投资者对基金更名的反应是显著的。基金更名后，投资人平均增加了 10% 的资金投入（申购），不论这种基金更名背后是否同时带来了真正投资风格的改变。并且投资人对于基金更名为当前热门的投资风格，反应更加强烈，更名前后的资金投入差距达到了 13 个百分点。

---

① 基金的窗饰行为是指在定期信息披露日前，基金经理为了特定目的(排名、考核等)更换资产组合，披露的基金组合并非基金长期持有的股票，待披露日过后，又重新换回原来的资产组合。

② 详细的计算方式请参考本书第 19 章绩效评估的章节。

③ Bartolomeo,D.,Witkowski,E.,Dan di Bartolomeo,& Erik Witkowski.(1997). Mutual Fund Misclassification: Evidence Based on Style Analysis. *Financial Analysts Journal*,53(5):32~43. doi:10.2469/faj.v53.n5.2115

④ Cooper,M.J.,Gulen,H.,& Rau,P.R.(2005).Changing Names with Style:Mutual Fund Name Changes and Their Effects on Fund Flows. *Journal of Finance*,60(6),2825~2858.

当许多投资风格的描述仅仅是基金公司自己认定的时候,投资风格本身就变成虚无缥缈的口号了。对于基金投资风格的认定,还是需要更加科学化的描述和论证,而非只是听从基金公司的一己之言。

 **本章小结**

资产配置的含义是指根据投资需求将资金在不同资产类别之间进行分配,通常是将资产在低风险、低收益证券与高风险、高收益证券之间进行分配。

在股票、债券和现金持有等大类资产之间的资金分配,称为一级资产配置;一级资产配置后,再进行二级资产配置。有时对股票基金来说,二级配置也简称为行业配置;三级资产配置,即各具体品种如各个股票、债券等的投资额和比重的确定,对股票基金来说三级配置也就是个股选择。通常的资产配置是采用这种"从上而下"的模式,也可以采用"自下而上"的直接品种选择的资产配置。

历史数据法和情景综合分析法是贯穿资产配置过程的两种主要方法。资产配置的具体过程包括:

(1) 确定资产类别收益预期;

(2) 确定资产类别的风险预期;

(3) 确定不同资产投资收益率之间的相关程度;

(4) 确定有效市场前沿。

从资产管理人的特征与投资者的性质可分为买入并持有策略、恒定混合策略、投资组合保险策略和战术性资产配置策略等。

买入并持有策略(buy-and-hold)是指按恰当的资产配置比例构造了某个投资组合后,在诸如 3～5 年的适当持有期间内不改变资产配置状态,保持这种组合。买入并持有策略是消极型的长期再平衡方式,适用于有长期投资计划并满足于战略性资产配置的投资者。

恒定混合策略是指保持投资组合中各类资产的固定比例。在各类资产的市场表现出现变化时,资产配置应当进行相应的调整以保持各类资产的投资比例不变。

投资组合保险策略是在将一部分资金投资于无风险资产从而保证资产组合最低价值的前提下,将其余资金投资于风险资产,并随着市场的变动调整风险资产和无风险资产的比例,同时不放弃资产升值潜力的一种动态调整策略。当投资组合价值因风险资产收益率的提高而上升时,风险资产的投资比例也随之提高,反之则下降。投资组合保险的一种简化形式是恒定比例投资组合保险(constant proportion portfolio insurance,CPPI)。

战术性资产配置是根据资本市场环境及经济条件变化对资产配置状态进行动态调整,从而增加投资组合价值的积极战略。

目前国内外衡量投资基金组合特征,主要从两个尺度上进行,一个是成长价值尺度,一个是市值尺度。这两个尺度构成了投资基金四种主要的风格,即大盘成长、大盘价值、小盘成长和小盘价值。股票的成长价值尺度主要是由一系列比例所决定,包括:市盈率(P/E ratio)、市净率(P/B ratio)、价格与每股销售收入的比例(P/S ratio,市销率)、价格和每股现金流量的比例(P/C ratio,市现率)等。另外,风格轮动和哑铃式投资风格策略是普通成长—价值投资风格的演变。

各种投资风格指数的出现,使得基金经理们不能仅因为击败市场指数就可以获得成功,他们被要求超过他们管理基金所属风格的相应风格指数。但投资风格的认定存在许多问题,需要更科学化的方式去识别基金的投资风格。

 **本章思考题**

1. 请简述什么是基金的资产配置?什么是一级配置、二级配置和三级配置?

2. 进行资产配置需要考虑的因素有哪些?进行资产配置的具体过程是怎样的?

3. 什么是历史数据法?什么是情景综合分析法?它们在基金资产配置过程中的作用如何?请简述基金资产配置的三种基本策略:买入持有、恒定比例、投资组合保险,并进行比较各自特征,说明在不同市场环境中各种策略的适用情况。

4. 什么是基金的投资风格?如何划分基金的成长型风格和价值型风格、大市值风格和小市值风格?

5. 什么是风格轮动策略和哑铃式投资风格策略,请分别举例说明。这两种策略的有效性如何?

6. 什么是股票的风格指数?试以中信标普股票风格指数为例加以说明。股票风格指数对于基金投资有何意义?

7. 股票基金投资风格的认定存在哪些方式?其现实的难题又各有哪些?

8. 请选择阅读以下基金的更新招募说明书:华夏大盘精选、摩根华鑫优质资源、嘉实研究精选、中银中国、国泰金牛创新、景顺长城内需、农银行业成长、泰达宏利成长等,这些长期表现较为优异的基金,它们的资产配置、行业配置和个股选择有哪些特殊的地方?

 **延伸阅读**

资产组合配置对基金表现有多大影响:

1. Ibbotson, R. G. (2010). Perspectives: The Importance of Asset Allocation. *Financial Analysts Journal*, 28(3):371~382.

2. Ibbotson, R. G. ,& Kaplan, P. D. (2000). Does Asset Allocation Policy Explain 40, 90, or 100 Percent of Performance? *Financial Analysts Journal*, 56(1):26~33.

3. Xiong, J. X. , Ibbotson, R. G. , Idzorek, T. M. , & Chen, P. (2010). The Equal Importance of Asset Allocation and Active Management. *Financial Analysts Journal*, 66(2):1~9.

关于投资风格除正文中提到了文献之外,还可以参考以下文章:

1. Chan, L. K. C. ,Chen, H. -L. H. , & Lakonishok, J. (2002). On mutual fund investment styles. *The Review of Financial Studies*, 15(5):1407~1437.

2. Dor,A. B. ,Jagannathan,R. ,& Meier,I. (2003). Understanding Mutual Fund and Hedge Fund Styles Using Return-Based Style Analysis. *Journal of Investment Management*,1(1):94~134.

3. Wermers,R. (2000). Mutual Fund Performance：An Empirical Decomposition into Stock-Picking Talent，Style，Transaction Costs，and Expenses. *Journal of Finance*,55(4):1655~1695.

第 12 章　基金管理(3)：流动性管理与投资限制

与封闭式基金相比,开放式基金运营管理最大的区别在于,开放式基金需要日常应付投资者的申购和赎回,必须保持基金资产良好的流动性。因此开放式基金的流动性管理是一个关键的问题,它会直接影响开放式基金能否顺利、稳定发展。

一项金融资产的流动性是指金融资产持有者按该资产的价值或接近其价值出售的容易程度。美国经济学家詹姆斯·托宾曾提出一种考核流动性的方法,即如果卖方希望立即将其所持有的金融资产出售,可以用卖方可能损失的程度作为该资产流动性好坏的衡量标准。《新帕尔格雷夫货币金融大词典》对"流动性"的解释是:

(1) 资产在合理的价位转换成现金的能力;

(2) 流动性可以通过所交易的资产的市场深度、宽度和弹性来描述;

(3) 流动性也可以解释为快速执行交易所导致的交易成本。

其中(1)和(3)是从资产的角度来描述流动性,(2)是从市场的角度来描述流动性。[①] 关于开放式基金的流动性风险,美国证券交易委员会(SEC)是这样定义的:基金持有的一项资产,不能以正常交易程序在 7 日内以最大限度接近其计价价值的价格出售变现。这一定义主要考虑到基金需要在 7 天内满足持有人的赎回请求。

基金管理公司只有充分认识到开放式基金流动性管理的重要性,学习国外的成功经验,做好应付紧急情况的准备,才能实现推动基金行业发展、促进证券市场稳定的初衷。否则,如果开放式基金一旦难以应付潜在的巨额赎回,会影响基金业乃至整个证券市场的稳定。

12.1　开放式基金的流动性风险

开放式基金的流动性风险是指这样一种事件和过程:基金在出现较大损失的情况下,引起赎回要求和流动性风险的增加,导致基金流动性头寸不能满足投资人赎回要求。并且,投资人和其他相关主体的非理性行为,进一步引发基金被动抛售资产、基金遭受净值贬值损失和投资人赎回要求增加之间的相互促进,形成了恶性循环。当流动性危机导致巨额赎回产生时,基金就极可能面临倒闭清算的灾难性后果[②]。

从上述分析中可以看出,开放式基金流动性危机的爆发可以划分为三个阶段:

---

① 彼得·纽曼等. 新帕尔格雷夫货币金融大辞典(第二卷). 北京:经济科学出版社,2000:574.

② 本书第 2 章第 5 节谈到 2007 年金融危机中美国众多货币市场基金的关闭清盘,就是由于投资者巨额赎回、爆发流动性危机导致的。

第一阶段是扮演着导火线角色的基金出现较大亏损。这种较大亏损可能是由于宏观经济政策突发变动、基金投资失误、证券市场行情不佳或其他突发事件等非常规事件[①]引起的；

第二阶段是较大亏损引起投资人非理性赎回要求和基金流动性风险的剧增，导致流动性危机爆发，基金不得不抛售资产以获得流动性，来满足投资人不断涌入的赎回要求；

第三阶段是一个更大程度的基金资产的贬值。这种进一步的贬值，通常是在非正常情况下，市场主体的非理性行为所导致的结果。基金净资产的下跌进一步增加对流动性的需求；加速了基金净资产的贬值，这种贬值反过来又促进投资人的非理性赎回要求，导致基金面临更大的流动性需求，流动性危机不断自我循环而被放大。

图 12.1 直观地说明了开放式基金流动性与收益性的关系。

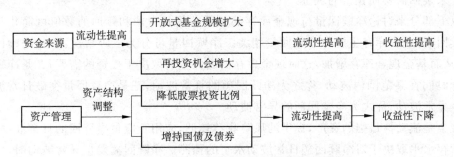

图 12.1　开放式基金流动性与收益性关系图

需要说明的是，在证券市场长期持续繁荣的情况下，提高开放式基金的现金净流入无疑是进行流动性管理的可行方案。但仅靠这一途径无法完全防范流动性风险，证券市场是变化莫测的。当整个证券市场不景气时，很难通过寻求新的现金净流入来应对赎回请求，而只能通过合理的资产配置策略来进行流动性管理，满足赎回请求，降低流动性风险。

12.1.1　现金流量分析

开放式基金的现金流入主要有以下四个渠道：

（1）出售新基金份额所获得的现金扣除赎回所支付现金后的净流入，这是现金的主要来源，也是基金规模得以持续扩大的因素之一；

（2）卖出持有证券所得现金与买进证券所付现金的差额；

（3）所持证券的现金股利和利息收入；

（4）从市场上短期融入的资金。这主要是指国债等债券回购，但一般基金可用于回购的债券金额有限，回购比例也受到限制，可获得的资金量比较有限，而且回购天数较短，到期后要偿还，所以只能应付临时性和短期的、规模较小的流动性不足情况。

另外，美国开放式基金的现金流入来源还有：①商业银行融资，基金公司若面临流动性危机，可向商业银行申请贷款，但一般会受到严格的监管；②基金互换/转换，当某一基金出现流动危机时，投资者预期赎回将带来较大的净值损失，可以选择转换为同一基金家族的另一基金，或者转换后再赎回。基金管理公司通常会制定鼓励性措施，以避免危机的发生。

---

①　这种概率上极小会发生的非常规事件，可以称为"黑天鹅"事件。

这样单一基金的流动性风险就由整个基金家族分散承担了。基金互换是增强基金流动性的有效措施。

基金的现金支付压力主要是在满足投资需要的同时,满足赎回和分红需求。如果第一类现金流入不能满足支付需要,而短期融资渠道不畅,那么基金不仅不能扩大资产规模,而且需要将所持证券变现。在市场低迷时期,无疑会遭受不必要的损失,而资产净值的降低会进一步助长赎回需求,从而陷入恶性循环。

12.1.2 净赎回量影响因素分析

开放式基金保留现金,主要出于两种目的:一是基金经理进行资产配置的需要;二是为满足未来赎回需要而预留的现金。

以下部分来讨论净赎回量与现金库存的关系。每日申购和赎回的数值可简化为单一的净赎回额,现金库存主要与净赎回量相关。净赎回量可分为三种情况:一是净赎回量小于零,从而基金现金库存增加,这时现金库存的高低主要取决于投资的需要;二是净赎回量大部分时间在某范围内波动,称之为净赎回额的日常波动;三是净赎回量突破日常波动范围发生异常波动,称之为净赎回额的异常波动。

现金是流动性最强的资产,提供的风险收益较低,应用于应付净赎回的日常波动要求。现金库存水平取决于对净赎回额日常波动水平的预测。净赎回额发生异常波动时,所要求的现金量较大。影响基金净赎回量的因素主要有以下几方面:

1. 市场走势

股票市场走势是影响股票基金净赎回量/净流入量的重要因素。通常认为,在股市上升的过程中,基金会发生净资金流入,而在下跌过程中会发生净资金流出。但有关数据分析显示,虽然这种情况发生的频率占到了多数,但这种对应关系并不是十分固定的[①]。

2. 股票、债券以及货币市场的收益率

一般来说,投资者进行基金投资的意愿主要取决于对投资收益率的预期,在股票、债券以及货币市场收益率增加时,增加对基金的投资。而在股票、债券以及货币市场收益率下降时,减少对基金的投资。

3. 基金投资策略

基金投资策略的设计非常重要。当投资者认为市场趋势与基金的投资策略不吻合时,就可能选择全部或部分赎回基金。另外,在投资者需要资金赎回基金份额时,不同类型或投资策略不同的基金被赎回的可能性也有所不同。

一般来说,投资者倾向于赎回保守型股票基金,而进取型基金的赎回要求不高,这可能是由于进取型基金主要面对风险承受能力较强的投资者,他们在购买时就计划进行长期投资,因而不会频繁赎回。

---

① Rea and Marcis(1996)发现美国共同基金投资者在股市周期性变化中的行为相当稳定,特别是在股市突然大幅下跌时,投资者并没有发生恐慌性赎回。在1987年10月19日的股市暴跌后的6周里,只有5%的股票基金投资者选择了赎回。从长期看,投资者在股市上升时期增加申购,在股市下跌时期选择赎回,这个规律是存在的,但是申购和赎回发生得相当平稳。参见 John Rea and Richard Marcis,"Mutual fund shareholder activity during U. S. stock market cycle, 1944—1995". ICI Perspective Vol. 2 No. 2,1996.

4. 经济环境

基金的赎回与经济环境密切相关。当经济环境不好时，投资者手头现金紧张，通常会变现基金。因此，在经济萧条期间，基金管理公司更应留意流动性风险。

5. 投资者的资金需求

投资者的资金需求一般存在季节性或其他规律现象。比如在我国，一般个人投资者在重大节日特别是在春节前，会有大额的资金需求，因此导致对基金有大额的赎回。机构投资者一般在年底结账时需要收回资金，从而对基金进行赎回。另外，有的机构投资者会参与上市公司的新股认购，因此在新股发行期间为申购新股而发生大额赎回。同时，作为基金发行中的一个特殊现象，有部分机构客户的认购资金属于临时性周转资金，购买基金是一种"关系认购"或称"友情认购"。当基金成立的初始封闭期结束后，这部分资金就会赎回，造成基金份额的巨大收缩[①]。

知识拓展：美国基金投资者的赎回行为调查分析[②]

美国共同基金的投资者多为机构投资者和有经验的个人投资者。一方面，机构投资者基本上并不以短期的谋利为目标，而是追求资本的长期增值；另一方面，机构投资者对投资风险多有着较为清醒的认识，因此不会快进快出、频繁赎回。绝大部分个人投资者也并不是首次投资基金，大部分个人投资者购买基金是为退休作准备或是为了其他一些长期目的。因此，基金的投资者对市场短期的波动并不敏感。

1. 基金投资者赎回的次数与持有时期

与长期的投资目标相联系，基金投资者的持有期大多较长，极少进行赎回交易。图12.2 是 1998 年全年美国股票基金持有人赎回次数分布的百分比统计：

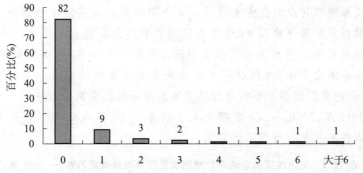

图 12.2　1998 年全年美国股票基金持有人赎回次数的分布百分比统计

资料来源：美国投资公司协会 2001 年 3 月的研究报告，《共同基金投资者的赎回行为分析》，(ICI, Redemption Activity of Mutual Fund Owners, 2001, http://www.ici.org/shareholders/dec/fm-v10n1.pdf)

从图 12.2 可以看出，82% 的投资者在一年的时间内未进行一次赎回交易，有 9% 的投资者进行了一次赎回交易，只有 1% 的投资者进行了超过 6 次的赎回交易。值得注意

---

① 这种现象在我国的基金市场中被形象地称为"拧干新基金发行中的水分"。

② 本部分内容主要参考了美国投资公司协会的调查报告和分析文章。如 ICI2001 年 3 月的研究报告，《共同基金投资者的赎回行为分析》；另外 ICI《2004 年共同基金年报》也有类似的调查数据。

的是,自20世纪90年代中期以来,投资者的赎回比率(赎回金额占净资产的比率)有逐步上升的趋势,但这种赎回金额的增加并不是投资者普遍地缩短了基金份额的持有期,而主要是由少数投资者所进行的大额赎回行为所致。

美国股票基金投资者的申购与赎回数额(1991—2000年)如表12.1所示。

表12.1　美国股票基金申购与赎回数额(1991—2000年)

年份	申购		赎回	
	金额(10亿美元)	占平均净资产比重(%)	金额(10亿美元)	占平均净资产比重(%)
1991	146.6	45.5	106.7	33.1
1992	201.7	43.9	122.7	26.7
1993	307.4	49.0	180.1	28.7
1994	366.7	46.0	252.1	31.6
1995	433.9	41.3	309.5	29.4
1996	674.4	45.3	457.4	30.7
1997	880.3	43.0	653.2	31.9
1998	1 065.5	39.9	908.4	34.0
1999	1 411.0	40.2	1 223.3	34.9
2000	1 975.5	49.4	1 666.2	41.6

注:年均净资产为本年12月份和上年12月份基金净资产的均值。
资料来源:美国投资公司协会2001年3月的研究报告,《共同基金投资者的赎回行为分析》,(ICI,Redemption Activity of Mutual Fund Owners,2001,http://www.ici.org/shareholders/dec/fm-v10n1.pdf)。

据美国投资公司协会的一份调查显示,投资人持有基金份额的时间一般较长,平均可达到5年,持有期限超过10年的也有15%以上,持有期不足两年的为23%。可见,基金的投资人多为长期投资者。

如果将实施赎回行为的投资者按照是否全部赎回其某只基金全部的基金份额,可以分为全额赎回者和部分赎回者,这两类赎回者的行为有着一些区别。全部赎回和部分赎回的基金持有人对基金的平均持有年限分别为6年和8年,而所有赎回者对基金的平均持有年限则为7年,这反映了美国投资者对基金的持有是一种长期投资行为。从表12.2所示的美国股票基金的平均赎回次数与平均持有期分析中可以看出,持有期在1—2年、3—4年、5—6年、7—9年及大于或等于10年的分布相差不多,只有不到25%的赎回者持有基金的时间不到两年。

表12.2　美国股票基金的平均赎回次数与平均持有期(1991—2000年)

项目	次数年限	全部赎回者(%)	部分赎回者(%)	所有赎回者(%)
平均赎回次数	1—2次	66	62	64
	3—5次	25	26	25
	≥6次	9	12	10
对基金的平均持有期	≤2年	24	23	23
	3—4年	20	18	19
	5—6年	23	17	21
	7—9年	19	20	19
	≥10年	14	22	18

资料来源:美国投资公司协会2001年3月的研究报告,《共同基金投资者的赎回行为分析》,(ICI,Redemption Activity of Mutual Fund Owners,2001,http://www.ici.org/shareholders/dec/fm-v10n1.pdf)。

从表 12.2 中还可以看出，总体来说，全部赎回者与部分赎回者的特征比较接近。但是，全部赎回者的家庭收入及拥有的金融资产数量都要超过部分赎回者，全部赎回者拥有的分散化投资组合的数量也要高于部分赎回者。

2. 赎回基金的原因

在赎回基金的原因中，部分赎回者和全部赎回者具有很大的差异。全额赎回的投资者进行赎回的主要原因是出于投资战略方面的考虑，想投资于其他基金公司的基金或是投资于其他金融工具；其次则是基金方面的原因，如基金表现不佳、没有达到预期的收益率、基金收费太高等；第三个原因则是需要现金，例如投资者需要进行大宗购物或是要付住房贷款的首期付款等；也有投资者是由于基金服务方面的原因结束账户。相比较而言，部分赎回者赎回基金的最主要原因则是急需现金，其需要现金的用途与前面基本类似：大宗购物、买房的首期付款、教育费用、医疗账单等；转变投资战略也是其考虑的因素之一，主要有：市场条件不佳、希望投资于其他金融工具、希望改换基金公司、转换投资目标等原因；部分赎回者对其他因素的考虑较少。

部分赎回者中，有 75% 的人认为自身的现金需求是其选择赎回的主要原因，而 49% 的人则强调了与投资战略有关的原因。而全部赎回者的情况则有所不同，80% 的人强调了与投资战略有关的原因是导致其赎回的直接原因，而 55% 的人强调了与基金有关的原因。（如表 12.3 所示）

表 12.3　美国基金投资者的赎回原因　　　　　　　　　　　　单位：%

赎回原因	全部赎回者	部分赎回者	所有赎回者
与投资决策有关的原因	80	49	66
与基金有关的原因	55	16	37
现金需求	34	75	53
与基金的服务有关的原因	26	7	17

资料来源：同上。

ICI 的报告中虽然描述了股票基金投资人的投资行为，但对于投资人的行为，除了做问卷调查之外，并没有更多的解释与分析。Ivkovic 和 Weisbenner（2008）[1]使用了美国参与基金投资的三万多个居民户的资料，实际分析了各个账户申购赎回行为的动机。他们发现税收情况是能部分解释个人投资者的申购赎回行为。一部分投资人的账户是有免税额度的，在基金净值上升或下降时都没有表现出明显的再申购或是赎回的行为，但在需要课税的账户中，投资人在基金净值上升时，赎回的情况明显降低，也没有申购的行为。另外，采取不同的前后收费和分红方式等也会影响投资人的申购赎回行为。有趣的发现是，投资人在申购时，关注的是基金的相对业绩表现（relative performance），而在赎回的时候，绝对业绩表现（absolute performance）才是决定的主因。

---

[1]　Ivkovic, Z. , & Weisbenner, S. (2009). Individual investor mutual fund flows. Journal of Financial Economics, 92 (2), 223~237。

3. 赎回资金的再投资

由于大部分的全额赎回者进行赎回的原因是出于投资战略方面的考虑,那么利用赎回资金进行再投资则在情理之中了。约有75%的赎回者进行了再投资,在再投资者中又有70%的人还是选择了基金这种金融工具进行投资,并且大部分人会选择同一类型的基金。这表明即使投资者对某一支基金不满意,但对于整个基金业的发展还是充满信心的。直接投资于股市则是在投资人的第二选择,这说明投资者在对基金的投资中得到了锻炼,投资的经验更为丰富,从而对基金的投资逐渐减少。其他的投资还有:房地产、支票、储蓄、定期存单等,但所占份额较小。对于部分赎回者而言,情况则有所不同,由于他们进行赎回的主要原因是需要现金,那么进行再投资的可能性则不大。其中一半以上的再投资依然选择了基金。

综上所述,虽然近年来股票基金的赎回比率达到了30%以上,2000年更是达到了40%,但这部分资金中流出基金这个大市场的并不多,大部分的资金依然留在了基金市场中进行再投资。

12.2 国外开放式基金的流动性管理

国外的基金监管机构对于开放式基金资产流动性都有相应的规定。大多数国家的规定类似,仅在具体比率上的规定不同。各国通常规定,投资基金必须保持良好的流动性,准备金及闲散资金一般可以存放于金融机构、用于购买短期票券、投资于货币市场工具或进行隔夜拆借。

在实际操作上,基金管理公司对于流动性管理,通常采用以下方法。

(1) 在选股时确定可供选择股票的最小市值、日平均交易量以及换手率等指标的范围。

(2) 在投资方针中加入流动性比例条款。流动性比例一般选择为投资组合中某一股票的持有数量与该股票日平均交易量之比。

(3) 保持较高水平的现金或货币等价物。

(4) 与券商协议批量交易价格或者和其他机构投资者进行大宗交易(block trade),以求降低手续费及价格冲击成本。

(5) 运用股指期货等衍生工具来对冲风险。

(6) 采取措施将申购与赎回引起的资金流入(出)量限制在一个可控制的水平。这些措施包括:依照当年赎回/净资产的比例跟踪基金的赎回情况;对开放式基金申购与赎回采取限制措施,对每日流入(出)量进行限制,例如规定每日赎回量最高为基金净资产的10%或者提高赎回条件等;如果有必要可寻求外部资金支持,比如拆借或借贷融资。

12.3 我国开放式基金的流动性管理

1. 确定流动性管理的目标

开放式基金流动性管理的目标是:在保证基金一定的收益和净值增长水平的条件下,

保持资产适当的流动性，以应付当时市场条件下的赎回要求，并降低资产的流动性风险。

2. 制定流动性管理计划

（1）预测现金需求

现金需求中不确定性最大的是持有人的现金需求，它受股票市场整体走势、基金经理业绩表现、利率、投资者偏好等因素影响。目前对这类需求的预测方法主要有历史模拟法和时间表法两种基本方法。前者适合预测数额小且交易次数多的现金流量，如面对散户投资者的日常申购与赎回，需要建立在历史数据统计分析的基础上。后者适用于支付金额大且能单独计算的现金流量，如面对保险公司、社会保障基金等机构投资者的申购与赎回，时间表法建立在基金与机构投资者的相互关系和处理经验的基础上。

（2）编制分析持有人清单

基金管理人应对基金份额持有人进行构成分析，如保险公司、券商、各类企业、普通居民等，根据其资金来源、持有动机、对证券市场的敏感程度、对利率的敏感程度等因素加以分类，制定出一份最有可能提取现金及对基金赎回最为敏感的持有人明细清单。基金管理人对清单上的持有人在未来一段时期的赎回要求定期加以预测，这种预测可随时根据实际赎回情况进行修正。在正常市场状况下，这种清单对常规赎回需求的预测很有帮助。

（3）流动性评估

基金经理除了要预测未来现金支付的需要之外，更要对自身能在多大概率上满足这种需求能力亦即流动性进行评价，可用以下公式概括：

$$基金流动性＝预计的流动性资源/不确定现金流量的期望值$$

该比率越高，说明基金流动性越大，但其高低并不是判定绝对好坏的标准。

基金经理需要对维持流动性的成本（包括机会成本）和流动性不足可能引致的后果进行综合考虑，做出最优决策。流动性评估过程可分为几步：确定一个可接受的现金不足的最大概率。如果基金经理认为 2% 的概率是可以接受的，那么未来一年中，基金大概有一周的时间因资金支付不足而要采取某些紧急措施；预测基金超过上述概率的净现金流出量；安排流动性资源，使其足够偿还可能的现金流出。

3. 资产角度的流动性管理

（1）资产配置

总的原则是根据流动性将资产划分排序，将不同流动性要求的资金来源分配于不同流动性的资产。开放式基金相对应的资金来源有：居民活期储蓄、企业闲置资金、居民定期储蓄、券商等机构资金、保险资金和社会保障基金等，对流动性的需求由高到低依次减弱。基金管理人对资产的配置应考虑基金各种资金来源之间的比例而制定。对来源于居民活期储蓄的资金大部分应投资在国债等流动性较强的资产上，对长期资金来源如寿险资金、社保基金等，可适量用于长期持有的重仓股。对于我国目前的情况而言，具体可以参考如下措施。

① 根据投资者日常的赎回要求，将一部分资金（约占总资产的 5%）作为准备金，以应付客户的赎回请求。

② 将一部分资金（根据基金风格确定）作为二级准备，投资于国债等流动性较强的资产，以备变现，补充基金的流动性。

③ 将部分资金投资于流动性较高的蓝筹股，以保证在某些极端情况下，可以低成本

变现。

④ 可将一部分资金用于投资高成长性的股票,这类股票虽然风险较高、流动性较差,但其收益往往也很高,开放式基金通过对该类股票的中长期投资来谋求较高的收益率,吸引更多资金的注入。

另外,在发生较大规模的赎回(如巨额赎回)时,组合资产的流动性或变现能力的高低对开放式基金而言至关重要。基金组合的流动性评估指标体系中,应主要从集中度指标、变现能力指标、变现选择指标等几个方面加以监控[①]。

(2)证券选择

流动性对基金所持有证券有两点要求:一是持有期同现金支付的期限相匹配,或者有稳定可预期的股息、利息流入;二是证券本身流动性好,容易以最低成本变现。对开放式基金经理而言,一方面,要注意选择流通盘较大、市场认同度高的蓝筹股票作为投资对象;另一方面,要避免或谨慎对待基金经理之间的从众行为。

(3)运用衍生工具

在美国,共同基金有相当多的金融衍生工具可以利用。基金经理往往适度运用金融衍生工具,一方面保持一定的流动性,另一方面取得对冲效果,减少基金收益率的波动甚至提高基金收益率,从而降低投资者的赎回。随着我国金融市场的进一步发展,这些衍生工具如股指期货已经陆续推出,为我国开放式基金的流动性管理提供了多样化的手段。

4. 负债角度的流动性管理

基金管理人为了弥补流动性不足,在必需的时候也可以积极向外界筹措资金,进行负债经营。事实上部分基金已经利用国债回购进行了主动负债经营,反映出的是基金以股票投资、债券投资和现金形式存在的资产高于资产净值,其差额即是负债,负债中除了应付费用(基金管理费、托管费等)之外,主要由债券回购融资构成。

在负债经营中,影响管理人决策的主要因素是:负债的期限结构是否与资产匹配,能否满足预测的现金需求;负债成本对收益率的影响和债务风险。由于债务成本事实上是未赎回的持有人承担的,为满足赎回需求所借的债务越多,对长期持有人带来的成本就会越高,同时债务风险加大不利于资产安全。如果赎回需要的大额融资带来的成本和风险过高,基金经理可选择对基金实行暂时的"封闭"措施(如巨额赎回情况下的暂停赎回)。总之,从负债的思路进行流动性管理需要基金经理权衡利弊,慎重决策。

12.4 开放式基金的融资管理

当面临基金份额的较大规模赎回甚至出现巨额赎回而基金资产又难以立即变现的时候,基金就会对临时性资金产生一定的需求。此时国际上通常的做法是由托管银行向基金提供短期信贷,属于"过桥贷款"(bridge loan)的性质。这种融通方式为基金提供了一个调整资产结构的机会。

1. 国外开放式基金的融资

在美国,由于投资基金是公司型的,具有法人地位,所以投资基金可以以自身公司

---

① 可参考于进杰. 开放式基金流动性风险管理研究. 上海财经大学硕士论文,2004 年.

名义进行融资。但是在封闭式和开放式之间存在区别。封闭式基金可以发行公司的优先股和债券，也可以向银行和市场外的来源借款，开放式基金则不能发行优先股和债券。但是，开放式基金可以向银行贷款。美国的《投资公司法》规定，基金公司可以向银行融资，但是借款不得超过公司净资产的 50％。因为公司的净资产是在不断变化着的，如果任何时候由于净资产值的变动使借款的比例超过了这一限制，那么投资公司应该在 3 天内减少其借款总量，使之满足该比例限制。我国香港特区《单位信托及互惠基金守则》规定，基金的借款限额限于其资产净值的 10％，且仅限于应付赎回要求和支付营运费用。

可以看出，开放式基金的融资具有如下特点：

（1）借贷的主体为基金，而不是基金管理人；

（2）借贷目的有的地区有明确限制，如我国香港特区规定，借贷资金仅限于支付营运费用和应付赎回请求；

（3）借贷的比例一般有上限限制；

（4）借贷的期限一般没有明确规定。

2. 我国开放式基金的融资

我国 2001 年的《开放式基金试点办法》曾规定，"开放式基金的管理人可以根据开放式基金运营的需要，按照中国人民银行规定的条件，向商业银行申请短期融资"。但是，我国的《证券投资基金法》中对开放式基金的融资问题没有作出具体规定[①]。

开放式基金的融资渠道可以包括如下：

（1）向托管银行或其他商业银行进行短期借贷。开放式基金可与其托管银行约定，在面临连续性巨额赎回申请时，允许其进行证券抵押贷款。因为托管银行对基金资产的情况最为了解，基金的稳定经营对基金的托管人也是有利的，在一定范围内给予基金提供资金支持，符合托管银行自身的利益。而且，托管人作为基金资产的名义所有人，对基金管理人行使监督权利，可以监督资金的使用和管理，保证信贷资金的正确使用。

（2）发行短期票据，满足暂时的流动资金需求，这种票据的发行对象可以是特定的，例如证券公司、商业银行以及其他金融机构等。

（3）可以考虑允许基金进行债券回购，满足对短期资金的需求（这在我国实践中已经采用）。

（4）可以考虑在开放式基金发行时进行特殊规定，在巨额赎回发生时，向一些机构如基金管理公司或基金管理公司的主要发起人定向发行基金份额，用资金的流入部分抵冲资金的流出[②]。

融资制度设计的本质是为一定情况下基金管理人进行资产结构的调整提供必要的时

---

① 对于开放式基金是否可以向商业银行申请融资，国内有两种不同意见。赞成的一方认为有利于基金进行流动性风险管理，认为法律上应给予支持，反对的一方认为有可能造成商业银行的资金流入证券市场，形成事实上的混业经营，会给商业银行经营造成较大的风险。所以在《证券投资基金法》中，最终没有明确支持或者禁止开放式基金的融资，而是将这个问题留给银行和基金管理公司自主决定。

② 本书这里提出的四条建议中，目前仅第 3 条已经在现实中采用。目前，在各基金的合同和招募说明书中一般均写有基金的融资政策，"根据国家有关规定，在法律法规允许的前提下，以基金的名义、为基金的利益依法为基金进行融资、融券"。

间,使资产结构能够满足流动性的需求,而不是利用融通的资金进行投资活动。因此融资制度的设计和对融资活动的控制与监管都应当以此为原则来进行,单纯为投资而融资的行为应予以禁止。

12.5 基金投资的限制

为了维护证券市场的稳定,保护中小投资者的利益,降低投资风险,各个国家都对基金的投资范围、数量、比例等加以必要的限制。这些限制通常以基金法规的形式确定下来,主要包括以下几方面内容。

(1) 投资范围的限制。投资基金主要投资于证券市场上的各种有价证券,各个国家对基金所投资有价证券的范围作了各自不同的规定,一般包括金融票据、各种债券和股票等。对于未上市证券等特殊投资对象的投资,不同国家也有不同规定。在绝大多数国家,除了专门的产业投资基金、私募股权基金外,普通的公募证券投资基金都禁止或限制投资于房地产、未上市股权等实业资产。

(2) 投资数量和投资比例的限制。主要是规定基金对特定证券的最高投资比例。通常包括单个基金对某一证券的最高投资比例和同一基金管理公司旗下的所有公募基金对某一证券的最高投资比例。

(3) 特殊投资行为的限制。比如基金之间的投资限制、关联交易等。

12.5.1 境外对基金投资的限制

1. 投资范围限制

根据美国《投资公司法》的规定,投资公司可以自由投资于任何金融工具,但为了避免过度投机,基金投资应遵守以下限制:投资政策应予公布,其修改需经基金股东大会决议;《投资公司法》授权美国证监会就高风险投资予以限制;对基金之间相互投资加以限制;为满足投资者赎回,投资公司应将其资产保持一定的流动性。日本有关法律规定,基金可投资于政府债券、公司债券、股票及新股认购权证、证券投资信托及放款信托之受益证券、外国证券、指数期货、期权、外国证券期货、远期利率和外汇交易等。我国台湾地区禁止基金投资于受益凭证。有些国家对投资基金买卖股票的种类也作了相应的规定,比如规定所投资股票的范围或特性,以保证基金资产的流动性和安全性。

2. 特定投资对象限制

(1) 未上市证券

美国、英国、我国香港特区和日本原则上允许投资基金投资于未上市公司的股票和私募债券,但大都规定了一定的投资比例。比如美国规定基金对未上市股票的投资不得超过其净资产的10%,对私募债券的投资也不得超过净资产的10%。英国规定证券投资基金投资于非上市但可流通证券的比例为净资产的10%,我国香港特区规定不得超过基金净资产的15%。日本规定对私募债券的投资不得超过基金净资产的10%。而我国台湾地区则严格规定基金不得投资于未上市或未上柜公司的股票。

(2) 衍生证券

美国对基金投资于期货期权等衍生证券作了如下限制:基金净资产加上借款及商品期货之债务,不得低于期货商品价值加计借款价值的三倍;如净资产价值低于前述比例,基金须于三天内采取措施达到该比例；基金须保持相当于期货契约原始保证金相等价值的现金或政府债券；不得投资于超过原始保证金两倍的期货契约；对期货的投资不得超过资产的10%。英国规定证券投资基金可投资于衍生工具，但投资于认股权证的比例不得超过5%。日本规定基金的期货期权投资额不得超过其净资产的50%。

（3）基金之间相互投资[①]

对基金之间的相互投资，各国/地区一般都予以禁止，理由是：第一，如果基金投资于其他基金，而该基金与被投资基金持有同一公司的股票时，可能违反投资数量上的限制；第二，基金投资于其他基金，则前者可能影响后者的投资决定，做出有损投资者利益的行为；第三，如果基金投资于其他基金，则前一基金的投资者很难了解其所投入的资金事实上投资于哪些证券，从而发生误导投资者的现象。但近年来，这一禁令有所放宽，各个国家只是在投资比例上制定严格的限制。例如英国规定证券投资基金之间可以互相投资，但其比例不得超过 5%，德国也有类似的规定。

（4）房地产和无限责任投资

大多数国家都限制投资基金从事可能承担无限责任的投资或者投资于房地产。美国《投资公司法》对于基金投资不动产，除要求必须在招募说明书和登记文件中注明外，还规定基金投资不动产的比例不得高于其净资产的 10%。而我国香港特区则明确规定，证券投资基金不得投资于任何类别的地产（包括楼宇）或地产权益（包括期权或权利，但不包括地产公司的股份）。

3. 投资数量限制

对投资基金投资数量的限制，大多数国家的基金监管机构都明确规定以下两方面内容：一是投资于同一种股票的价值占该基金资产净值的比例限制；二是投资于一家公司发行的股票占该公司已发行股份总数的比例限制。大多数国家规定这两个比例的上限均为10%（但美国为 5%），对于第二个比例限制，既是指单个基金也包括对一家基金管理公司管理的全部公募基金。

4. 特殊投资行为限制

（1）卖空

各国/地区一般都规定基金不得有卖空行为或者对卖空加以严格限制。比如我国香港特区规定，如果卖空行为导致基金有责任交付价值超过其总资产净值 10% 的证券，则不可进行卖空；拟卖空的证券在准许进行卖空交易的市场，必须有活跃的交易等。

（2）担保、长期贷款和证券承销

各国/地区一般都禁止或严格限制将基金资产用于抵押、担保或者长期贷款，也规定基金不得从事证券承销业务。比如我国香港特区规定，如果事先未获得委托人或托管人书面同意，基金不得进行放贷、承担债务、进行担保、背书或直接及间接地为任何人士的责任或债项承担责任。

（3）关联交易

各国/地区一般都对基金的关联交易予以禁止，规定基金管理公司及其董事、主要股东

---

① 但这里并非指专门的"基金的基金"，基金的基金只投资于证券基金，而不进行股票投资。可参见本书第 3 章第9 节。

和主承销商等基金的关联人士不得利用其有利条件为自己谋利,侵害基金投资者的权益。比如美国绝对禁止基金向关联人士购买或出售关联人士自营的证券;禁止基金购买与基金经理有关联的公司所发行的证券;禁止基金贷款给基金经理或其关联人士或向其借款。还有以下的关联交易将受到证券监管部门的严格限制和监控,包括:关联人士作为经纪商向基金购买或出售证券,并且在买卖中不承担市场风险;关联人士作为承销商或分销商向基金销售新股;同一基金经理管理的不同基金之间的交易。

知识拓展: 基金投资限制与基金业绩的关系

在 Almazan 等人(2004)[1]的文章中,描述了1994—2000年美国国内证券投资基金在基金合同/章程中对投资行为的限制规定,如表12.4所示。基金的投资限制大体上可以分为以下六个类别:借贷限制、保证金交易限制、卖空限制、权证交易限制、期货交易限制、受限制交易产品限制等。表12.4可以说明,在基金给美国证监会的报告中,有某些(借贷、权证、期货、受限制交易产品)限制的基金个数并没有占很高的比例,占了两成到三成左右。

表 12.4 1994—2000 年美国国内证券投资基金投资行为的限制　单位:百分比[2]

年份	基金数	借贷	保证金交易	卖空	权证	期货	受限制交易产品
1994	679	0.212	0.931	0.733	0.290	0.409	0.222
1995	1050	0.235	0.916	0.724	0.304	0.409	0.238
1996	1201	0.230	0.910	0.700	0.277	0.379	0.209
1997	1411	0.219	0.915	0.671	0.247	0.357	0.187
1998	1605	0.240	0.918	0.689	0.241	0.352	0.165
1999	1741	0.224	0.910	0.689	0.230	0.330	0.144
2000	1838	0.206	0.893	0.661	0.227	0.314	0.149
总数	9525	0.224	0.911	0.689	0.252	0.355	0.179

注:表格中统计的是美国国内股票基金合约中规定有限制或禁止某类资产投资的百分比。不同资产类型具体指的是:借贷表示向银行等金融机构借款;保证金交易指向证券公司融资;卖空是指借入股票卖出;权证是指个股期权;期货是指股票指数期货;受限制股票是指一些流动性受限制的股票。

但若观察共同基金的行为,实际上基金里面真正从事借贷、卖空与操作期权的,又只占了小部分。没有明确在章程/合同上写上限制的基金,会从事以上六种交易的,也仅仅占一成到两成。那么为什么基金公司会为一些基金设置一定的投资限制呢?作者分析后发现,投资限制与投资绩效并没有显著的关系,限制多的基金与限制少的基金平均而言业绩差距并不大。但若是:①董事会里有更高比例的内部人(insiders);②拥有更有经验的投资经理;③或基金是团队经理而不是个人经理进行管理的,这些情形下基金在章程中更容易有投资的限制。作者的解释是:这些基金在基金管理上可能存在更多的代理成本,因此需要更多的外在限制来保护投资人的权益。

---

① Almazan,A.,Brown,K. C.,Carlson,M.,& Chapman,D. A. (2004). Why constrain your mutual fund manager? *Journal of Financial Economics*,73(2),289~321.

② 同前 Almazan et. al (2004).

12.5.2　我国对基金投资的限制

1. 投资范围限制

我国最初成立的投资基金大都有投资房地产的经历，尤其是在 1992—1994 年的房地产热潮中，很多基金都较大规模地投资于房地产，结果之后房地产热降温，价格暴跌，导致许多基金遭受重大损失。1997 年《证券投资基金管理暂行办法》出台，吸取了以前的教训，从保护投资者利益，降低投资风险的角度出发，明确规定投资基金不得从事房地产投资，将基金的投资对象限定在债券和股票上。1998 年后成立的基金都严格按照《暂行办法》的有关规定，在其招募说明书中通常都有如此表述：本基金的投资范围仅限于国债和国内依法公开发行、上市的股票。

2001 年起步的开放式基金主要投资对象确定为债券和股票，同时，为了保证基金资产的高度流动性，基金管理人不得将基金资产投向流动性差的投资项目；为了降低基金的投资风险，保证基金资产的安全，基金管理人也不得将基金资产投向高风险的投资品种，或从事使基金承担高风险的业务活动。

2004 年我国《证券投资基金法》中第 58 条规定，"基金财产应当用于下列投资：

（1）上市交易的股票、债券；

（2）国务院证券监督管理机构规定的其他证券品种"。

随后，中国证监会出台了一系列行政法规，对基金投资进行具体的规定。近年来比较有代表性的对具体投资品种的规定有：

（1）权证（warrant）

2005 年中国证监会颁发了关于基金投资于股改权证的有关规定。明确：基金可以持有在股权分置改革中被动获得的权证，并可以根据证券交易所的有关规定卖出该部分权证或行权。也可以主动投资于在股权分置改革中发行的权证。

（2）资产支持证券（asset-backed securities）

2006 年，中国证监会颁布了关于基金投资于资产支持证券的规定，是指符合中国人民银行、中国银行业监督管理委员会发布的《信贷资产证券化试点管理办法》规定的信贷资产支持证券和中国证监会批准的企业资产支持证券类品种。基金可投资的资产支持证券必须在全国银行间债券交易市场或证券交易所交易。

货币市场基金投资的资产支持证券的信用评级，应不低于国内信用评级机构评定的AAA 级或相当于 AAA 级的信用级别。其他类型基金应投资于信用级别评级为 BBB 级以上（含 BBB 级）的资产支持证券。

（3）股指期货（index future）

2010 年，中国证监会发布了关于基金参与股指期货交易的有关规定。股指期货，是指由中国证监会批准，在中国金融期货交易所上市交易的以股票价格指数为标的的金融期货合约。基金参与股指期货交易，应当根据风险管理的原则，以套期保值为目的，并按照中国金融期货交易所套期保值管理的有关规定执行（保本基金及中国证监会批准的特殊基金品种除外）。具体见下文知识拓展。

知识拓展：　基金参与股指期货投资

2010年4月，中国证监会发布《证券投资基金投资股指期货指引》(以下简称《指引》)，明确了参与程序、比例限制、信息披露、风险管理、内控制度等。主要内容有：股票型基金、混合型基金及保本基金可以投资股指期货，债券型基金、货币市场基金不得投资于股指期货；基金投资股指期货以套期保值为主，同时，必须控制持仓规模，持有的买入合约价值不得超过基金资产净值10%，持有的卖出合约不得超过20%；为防止基金利用期货投资的杠杆特性增大投资风险，《指引》将基金的总投资头寸，即持有的买入期货合约价值与有价证券市值总和，普通开放式基金限制在基金资产净值的95%之内，ETF基金、指数基金和封闭式基金控制在100%之内。

1. 与国外运用股指期货趋势一致

美国晨星公司在2006年3月曾考察美国共同基金市场中3年业绩排名前十位的大中小盘基金使用金融衍生品(股指期货为主)的情况，得到了金融衍生品占基金净资产的数据。其中，大盘基金参与度(指基金的数量)为53%，投资比例不超过5%；中盘基金参与度为60%，投资比例不超过2%；小盘基金参与度为23%，投资比例不超过1%。

我国台湾市场投资基金从2000年开始参与股指期货，但市场占有率不超过0.6%，一直对市场影响微乎其微。截至2005年年底，我国台湾的286只共同基金中有109只参与了股指期货，参与比例为38%左右，基金运用股指期货进行投机操作的头寸价值总额不超过基金净资产的15%，平均水平为5%，仓位都很低。

我国规定买入合约价值不得超过基金资产净值10%，持有卖出合约不得超过20%，目标是以套期保值为主。

2. 对我国公募基金的影响

(1) 偏股型基金增加避险工具

公募基金参与股指期货后，可利用股指期货对冲市场风险。我国《证券投资基金运作管理办法》规定股票型基金的仓位不得低于60%，在没有股指期货对冲风险之前，基金被动保持着高仓位，即使看空市场，受制于仓位限制，难以规避系统性风险。按《指引》精神，股票型基金可有20%的空头仓位，这样股票型基金通过卖空指数，可以规避大部分系统性风险。在混合型基金中，大部分基金的投资范围是30%～80%，通过股指期货操作与降低仓位，理论上可以规避绝大部分系统风险。

(2) 保本基金可利用"股指期货＋固定收益"的投资策略

在"股指期货＋固定收益"模式下，期初绝大部分的基金资产投资于固定收益产品，保证在期末这些固定收益产品能增值到基金初始募集来的全部资产总额，从而实现保本目的。期初剩余的那部分资金投资于股指期货，来博取期末的高额收益。

(3) 提高资产配置效率

利用股指期货进行资产配置的调整以提高投资效率。一方面，在市场看多时，可以买入股指期货，迅速增加组合的贝塔值，分享上涨收益，同时避免在股票市场上迅速建仓产生的冲击成本；另一方面，在市场看跌时，可以卖出股指期货，降低组合的贝塔值，规避系统性风险，也避免在股票市场上集中卖出产生的冲击成本。

2. 投资数量比例限制

根据《证券投资基金运作管理办法》第 31 条规定,基金管理人运用基金财产进行证券投资,不得有下列情形:

(1) 一只基金持有一家上市公司的股票,其市值超过基金资产净值的 10%;

(2) 同一基金管理人管理的全部基金持有一家公司发行的证券,超过该证券的 10%;

(3) 基金财产参与股票发行申购,单只基金所申报的金额超过该基金的总资产,单只基金所申报的股票数量超过拟发行股票公司本次发行股票的总量;

(4) 违反基金合同关于投资范围、投资策略和投资比例等约定。

目前根据中国证监会其他有关基金投资的规定,基金投资中的数量比例限制还有以下条款:

(1) 进入全国银行间同业市场的债券回购融入的资金余额不得超过基金资产净值的 40%;

(2) 保持不低于基金资产净值 5% 的现金或者到期日在一年以内的政府债券;

(3) 基金投资股权分置改革中产生的权证,在任何交易日买入的总金额,不超过上一交易日基金资产净值的 0.5%,基金持有的全部权证的市值不超过基金资产净值的 3%,同一基金管理人管理的全部基金持有同一权证的比例不超过该权证的 10%;

(4) 基金投资资产支持证券的,持有的同一(指同一信用级别)资产支持证券的比例,不得超过该资产支持证券规模的 10%;基金投资于同一原始权益人的各类资产支持证券的比例,不得超过该基金资产净值的 10%;基金管理人管理的全部证券投资基金投资于同一原始权益人的各类资产支持证券,不得超过其各类资产支持证券合计规模的 10%;基金持有的全部资产支持证券,其市值不得超过该基金资产净值的 20%,中国证监会规定的特殊品种除外;

(5) 基金进行股指期货交易的,应在任何交易日日终,持有的买入股指期货合约价值,不得超过基金资产净值的 10%;持有的卖出期货合约价值不得超过基金持有的股票总市值的 20%。开放式基金在任何交易日日终,持有的买入期货合约价值与有价证券市值之和,不得超过基金资产净值的 95%;基金在任何交易日内交易(不包括平仓)的股指期货合约的成交金额不得超过上一交易日基金资产净值的 20%;开放式基金(不含 ETF)每个交易日日终在扣除股指期货合约需缴纳的交易保证金后,应当保持不低于基金资产净值 5% 的现金或到期日在一年以内的政府债券。

封闭式基金、ETF 每个交易日日终在扣除股指期货合约需缴纳的交易保证金后,应当保持不低于交易保证金一倍的现金。封闭式基金、开放式指数基金(不含增强型)、交易型开放式指数基金(ETF)在任何交易日日终,持有的买入期货合约价值与有价证券市值之和,不得超过基金资产净值的 100%。保本基金参与股指期货交易不受上述规定的限制,但应当符合基金合同约定的保本策略和投资目标,且每日所持期货合约及有价证券的最大可能损失不得超过基金净资产扣除用于保本部分资产后的余额。

除以上规定之外,基金管理人应当自基金合同生效之日起六个月内使基金的投资组合比例符合基金合同的有关约定。因证券市场波动、上市公司合并、基金规模变动等非基金管理人的因素,致使基金的投资组合不符合上述规定的投资比例的,基金管理人应当在 10 个交易日内进行调整。

3. 货币市场基金的投资数量比例限制

货币市场基金由于投资对象的特殊性,除了执行上述对股票债券基金的投资规定之外,还有一些特殊性的规定[①]。

(1) 存放在具有基金托管资格的同一商业银行的存款,不得超过基金资产净值的30%;存放在不具有基金托管资格的同一商业银行的存款,不得超过基金资产净值的5%;

(2) 基金投资组合的平均剩余期限在每个交易日均不得超过180天;

(3) 基金不得与基金管理人的股东进行交易,不得通过交易上的安排人为降低剩余期限的真实天数;

(4) 除发生巨额赎回的情形外,基金的投资组合中,债券正回购的资金余额在每个交易日均不得超过基金资产净值的20%;因发生巨额赎回致使基金债券正回购的资金余额超过基金资产净值20%的,基金管理人应当在5个交易日内进行调整;

(5) 基金持有的剩余期限不超过397天但剩余存续期超过397天的浮动利率债券的摊余成本总计不得超过当日基金资产净值的20%;基金不得投资于以定期存款利率为基准利率的浮动利率债券;

(6)基金买断式回购融入基础债券的剩余期限不得超过397天。

4. 禁止投资行为

我国《证券投资基金法》第五十九条规定,基金财产不得用于下列投资或者活动:

(1) 承销证券;

(2) 向他人贷款或者提供担保;

(3) 从事承担无限责任的投资;

(4) 买卖其他基金份额,但是国务院另有规定的除外;

(5) 向其基金管理人、基金托管人出资或者买卖其基金管理人、基金托管人发行的股票或者债券;

(6) 买卖与其基金管理人、基金托管人有控股关系的股东或者与其基金管理人、基金托管人有其他重大利害关系的公司发行的证券或者承销期内承销的证券;

(7) 从事内幕交易、操纵证券交易价格及其他不正当的证券交易活动;

(8) 依照法律、行政法规有关规定,由国务院证券监督管理机构规定禁止的其他活动。

12.6 基金投资的特殊问题

12.6.1 "问题股票"的投资和"转债门事件"

在基金投资中,基金可能会买入了一些"问题股票","问题股票"是指财务数据造假和虚假重组的公司(例如2000年的银广夏、2001年的东方电子、2007年的天一科技、2011年的重庆啤酒等)、业绩发生巨额亏损的公司、也有治理存在重大问题的公司(如2004年6月伊利股份发生"独董风波"、2010年的双汇股份发生"瘦肉精"事件等)的股票。基金为避免

---

① 货币市场基金首先必须满足上述第2条对一般基金投资的数量比例限制,除非与货币市场基金的特殊规定不符合。

投资这些"问题股票"，应该提高对上市公司的调研分析能力，并加强基金的投资风险防范机制。另外，基金公司可就问题上市公司的财务造假、信息披露等问题给投资者带来的损失，向上市公司进行民事赔偿的追究[①]。

案例：调整重仓股估值、自购旗下基金——兴业基金公司积极应对"双汇事件"

2011 年 3 月，双汇股份"瘦肉精事件"发生后，持有双汇发展 2 298.65 万股、排名基金持股第一的兴业全球基金，做了两件事：①第一时间发布公告，对"双汇发展"的公允价值（3·15 中央电视台曝光后，公司股票已停牌）做出下调 10% 的估值调整。随后其他 20 多家基金公司紧接着进行了估值调整；②率先宣布用基金管理公司的自有资金 1 亿元自购旗下重仓双汇股份的基金：兴全全球视野、兴全沪深 300、兴全趋势 3 只基金。兴业基金认为："行动胜于言论，既然我们敢投重金，就表示我们对净值表现有信心。"不过双汇事件爆发后，引发了投资者的赎回狂潮，在短短的数日内，兴业等基金公司旗下重仓双汇的基金遭遇到了罕见的大额赎回。

兴业基金在事件发生后的信息公告中宣称：

"双汇事件"是一次行业性事件在双汇身上的集中反映，双汇存在把关不严、疏于管理、质量意识不足的严重责任。不可否认，此事可能会对上市公司造成较大的利润损失，但整体处于可承受的范围内。与之前奶粉事件有所不同的是，猪肉市场不可能被大量进口猪肉替代，其他肉类的替代作用也不会很大。中国猪肉消费比较刚性，中国老百姓对肉类的需求仍在快速增长，行业的集中程度还很低，作为行业龙头，还有很大的成长空间。如果双汇能因此吸取教训、积极应对，未来的前途并不悲观。

同时也应看到，这次事件也有一些积极的影响，有望加快行业集中度提升的步伐，行业监管的加强也有利于行业走上长期的良性发展道路。诸多公募基金持有双汇发展的股份，应积极推动双汇发展的管理层"化危为机"，发挥股东积极作用。兴业全球基金表示，双汇事件发生以后，公司一直在与双汇方面进行积极的沟通。

此次双汇发展事件也再次彰显了整个基金行业进行社会责任投资的必要性。通过更多地考察上市公司社会责任方面的表现，有助于降低投资风险，认认真真地在投研中贯彻社会责任的理念，长期下来完全可以成为一家基金公司的竞争优势来源。

案例：基金持有的上海电力转债被强制赎回

2007 年 8 月 14 日，上海电力可转换债券结束交易、被强制赎回前的最后一个交易日，上市公司为转债开出的强制赎回价格为 102.76 元，而当日转债收盘价为 225.04 元，当日正股股票上海电力收盘价 10.12 元，对应的转换价值达到 228.44 元（上电转债的合同转股价为 4.43 元/股）。投资者如果没有卖出上电转债或转股，而被上市公司强制赎回，则相当

---

① 2000 年银广夏财务造假案爆发，大成基金管理公司管理的基金景宏、基金景福重仓持有了银广夏的股票，造成两只基金的巨额亏损。2004 年 8 月，大成基金管理公司代表景宏、景福两只基金的投资者就上市公司的虚假陈述事由，向银广夏公司提出赔偿诉讼。不过最终结果是，宁夏高院于 2008 年 3 月作出终审判决，驳回了大成基金的诉讼请求，银广夏案之续案（部分中小投资者获得了赔偿）以原告基金公司败诉而告终。这说明基金管理公司作为专业机构投资者与普通中小投资者在筛选股票的能力上是不同的，法院认为基金在选股上未能尽到勤勉、尽责的受托人职责，不应获得赔偿。

于每张债券损失接近 126 元。

在赎回之前一个多月内，上海电力连续 8 次发布了《关于"上电转债"赎回事宜的公告》。在最后一个交易日，却真有一些转债持有者没有选择卖出或者转股，而是被上市公司赎回。赎回的数量为 271 190 张，本金为 27 119 000 元，占"上电转债"发行总额 10 亿元的 2.71%。这些转债投资者中恰恰有基金。其中基金持有的被赎回的可转债约为 18 万张，占到了被赎回可转债总张数的三分之二。

2007 年 9 月 5 日，中国证监会基金监管部向各基金公司和托管银行发出《关于部分基金管理公司未按期操作上电转债事件的通报》。《通报》指出，3 家基金公司（南方、泰达荷银、华安）旗下的 5 只基金（南方避险、南方高增长、泰达荷银效率优先、泰达荷银风险预算和华安宝利配置），未能及时转股或卖出所持有的上电转债，被上市公司强制赎回，直接造成 2 200 万元损失。此次事件是近年来管理人未能勤勉尽责、操作不当而发生的较大案例之一，反映出相关投资管理人责任心和风险控制意识薄弱，专业素质和技能不够合格，同时，事件过程中部分托管银行工作人员责任心不强，无法满足基金托管业务的要求。

针对转债被赎回造成的损失，基金公司动用风险准备金进行了补偿[①]，没有让投资者利益受到损失。具体做法是：补偿方案以持有人利益最大化为原则，即基金管理公司用风险准备金按上电转债赎回登记日（2007 年 8 月 14 日）的转债收盘价全额弥补。因此，这样的补偿方案使得即使转债被赎回，对基金净值没有产生实际影响，基金持有人的利益没有受到因赎回转债而发生损失。

然而事件发生后，转债门事件涉及的三家基金公司无一及时向公众披露，承担责任，做出积极的姿态。事后在基金三季报中才进行了总结，一些基金经理也进行了公开道歉。例如华安宝利配置基金在 2007 年三季报中承认，"8 月 15 日，华安宝利基金持有的上电转债共 25 370 张，因 8 月 14 日收市之前没有及时转股而被发债人赎回。以 8 月 14 日基金持有该债券的市值（包括应收利息）5 748 315.14 元和税后赎回总值 2 607 021.20 元计算，其中价差为 3 141 293.94 元。公司于 8 月 15 日当日动用风险准备金弥补了此交易的价差"。时任基金经理袁蓓表示："由于我本人的工作失误，在上电转债的操作上出现了不应有的错误，对此产生的不良影响深表歉意，今后我将更勤奋、更细致地工作，以良好业绩回报投资者的信任。"

"上电转债门事件"表明了部分基金公司在投资管理和风险控制方面的漏洞。基金公司的投资部门、交易部门和监察部门在此次事件中都未能及时发现问题。事件发生后，一些基金公司纷纷自查基金投资管理和风险控制中的漏洞，加强对基金公司从业人员的教育，以及密切关注可转债、权证等相对复杂的金融产品投资中的问题，以杜绝此类事件的再次发生。

12.6.2 关联交易——基金财产购买关联人证券或承销的证券

根据我国《证券投资基金法》第五十九条第 6 款的规定，基金财产不得"买卖与其基金管理人、基金托管人有控股关系的股东或者与其基金管理人、基金托管人有其他重大利害

---

① 根据 2006 年 8 月 14 日颁布的《关于基金管理公司提取风险准备金有关问题的通知》，基金公司每月从基金管理费收入中计提风险准备金，计提比例不低于基金管理费收入的 5%，风险准备金余额达到基金资产净值的 1% 可以不再提取。风险准备金用于赔偿因基金公司违法违规、违反基金合同、技术故障、操作错误等给基金财产或者基金份额持有人造成的损失。

关系的公司发行的证券或者承销期内承销的证券"。由于目前我国基金管理公司的控股股东主要是证券公司和信托投资公司两类企业，而这两类企业又是上市公司股票的主要承销商，《基金法》的该条规定，使得基金无法购买关联的券商、信托公司承销的上市公司首发股票以及配股和增发股票，这有可能会造成基金利益的损害。

案例：5家基金管理公司放弃中国联通的配股

2004年7月7日至7月20日，是中国联通（600050）15亿股再融资的配股缴款期。而中国联通在2004年年初是基金的重仓股，即使部分基金在2004年上半年减持了该股，但还属于基金业的核心资产。业界普遍认为，由于联通的配股资金用于向集团收购BVI公司股权，今后每股赢利和每股净资产都会有所增厚，3元的配股价具有相当吸引力，因此投资者参与配股的热情很高。中国联通配股承销团的成员中金公司、国泰君安、银河证券和中信证券同时也坚定地向外界表示，如果有认购不足的部分，绝对全部照单包销。

但并不是所有的基金管理公司都有权利参与配股认购，国泰君安、银河证券和中信证券这些承销团成员所控股的基金公司，就属于丧失配股权的公司，他们包括国泰、国联安、银河、中信和长盛等基金管理公司。

《证券投资基金法》中对"基金财产不得用于的投资或者活动"有明确规定："买卖与其基金管理人、基金托管人有控股关系的股东或者与其基金管理人、基金托管人有其他重大利害关系的公司发行的证券或者承销期内承销的证券。"可见，《基金法》当中对于基金公司控股股东所承销的股票是禁止该基金买卖的。

2004年7月6日除权前，联通的收盘价是3.55元，7月7日除权后的价格变成了3.42元，对于没有参与配股的投资者来说，由于配股除权后股价向下的缺口存在，客观上形成了每股0.13元的损失。如果其他公司进行大比例配股，假如10配6或10配8，除权缺口会更大，不参与配股带来的资产损失也就更大了。由于不参与配股，导致基金净值损失，这并不是投资失误所致。

此次"不能参与联通配股"事件引发了基金业内人士对更多新股以及再融资申购行为的关注。事实上，不少基金公司的股东不仅仅是一个券商，像富国基金管理公司的股东中就有海通证券、申银万国证券等大券商，其中任何一家股东券商所做的承销项目，富国基金管理公司都不能参与认购。这个现象将导致的结果是，基金公司的券商股东投行业务越多，也就意味着可能受到的新股或再融资申购的限制越多。显然在这一点上，对于那些有多家券商，特别是实力雄厚券商作为股东背景的基金公司来说，股东优势却变成了劣势。

2004年9月宝钢股份增发时，中国证监会对于基金投资的上述关联交易禁止条款作出了具体解释，解决了基金参与认购新股的问题。由于宝钢股份是众多基金重仓持有的股票，如果作为宝钢股份增发承销团成员券商参股的基金管理公司都不能认购的话，将给基金造成较大的利益损失，也直接影响宝钢增发能否成功。中国证监会基金监管部的解释为，"基金不得认购基金管理人的控股股东担任主承销商所承销的证券"。[①] 由于宝钢增发

---

① 在证券和基金业的金融机构对某些具体业务是否会违反现有法律法规受到处罚，并不清楚（一般是由于法规表述本身有模糊的地方）的情况下，从而写信给证券监管部门要求回复给予解释，这种做法是美国证券监管机构与业界保持沟通并履行监管职责的重要方式，被称为"无行动信函"（no-action letter）。中国证监会出函解释基金认购关联股份的政策做法，就属于"无行动信函"。

的主承销商为中国国际金融有限公司，而该公司未控股任何一家基金管理公司，这样就解决了基金认购新股以及增发新股等的问题。

但是，随着我国大型商业银行以及证券公司的股份制改制和上市，基金不得购买关联机构的股票以及关联机构承销的股票，那么以大型商业银行作为托管人以及证券公司控股基金公司旗下的各家基金，都不能参与这些最具金融行业代表性的蓝筹公司的新股申购，这已经让很多基金受到程度不同的影响①。

12.6.3　基金申购新股

我国基金申购新股经历了四个阶段，期间我国上市公司的新股发行制度也经历了较大的变化。

第一阶段为1998年3月至2000年5月，该阶段为政策扶持期。为扶持新生的证券投资基金，中国证监会专门出台了有关基金申购新股的规定，要求上市公司从新股发行额度中划出10％的股票，专供证券投资基金认购。因此，基金可以不参与普通投资者的上网抽签认购，而直接获得上市公司新股。由于当时中国股票市场上一级市场和二级市场之间存在着巨大价差，这一时期，特殊的新股认购利益构成了我国证券投资基金利润的重要来源。2000年5月，中国证监会取消了向投资基金专供新股的政策，基金和其他投资者开始一起参与网上或网下新股抽签申购。

第二阶段为2000年6月至2002年2月，该阶段为政策相对空白阶段。基金参与新股申购并没有具体的政策规定，只有《暂行办法》规定的两个10％的基金持股比例限制，即基金持有1只股票不得超过基金资产净值的10％，不得超过该公司发行总股本的10％。由于基金申购新股存在中签率的不确定性，所以实际上双10％的比例限制无法有效监督基金申购新股的行为。所以基金在申购新股时往往报出申购巨量，尽量多获得新股认购，以获取无风险的新股价差收益。这期间发生了我国基金史上的"泰和申购青啤"和"基金违规申购深高速"两个事件。这两个案例都是基金利用资金和机构优势过量申购新股的例子。

在深高速事件之后，中国证监会加强了对基金申购新股的政策规定和监管。2002年3月12日中国证监会颁布了《关于证券投资基金参与股票发行申购有关问题的通知》（9号文）中明确规定：单只基金所申报的股票数量不得超过拟发行股票公司的本次股票发售总量，申报的股票价值不得超过基金资产总值。

第三阶段为2002年3月至2004年年底，该阶段为监管加强阶段。在这个阶段，对于基金申购新股的政策已经十分明朗。同时这个阶段，我国改革了新股发行制度，主要采取了按二级市场市值配售的方法，投资者不需要交纳定金或者锁定资金，基金申购新股的违规得到了一定的控制，但是基金的申购量仍然有可能超过上市公司股票发行股本。部分基金管理公司仍然出现违规超额申购现象。

第四阶段为2005年至今，这一阶段为新股询价制阶段。2005年1月，中国证监会《关于首次公开发行股票试行询价制度若干问题的通知》开始实施：新股采取由保荐机构向询

---

① 关于关联交易的监管过严问题，已有不少学者提出，应该借鉴美国《1940年投资公司法》的规定，将"完全禁止关联交易"修改为"有条件允许"，如在以下情形之下：事前充分披露、当新股申购的超额认购倍数较高、以网上形式申购、区分主承销商和副主承销商以及分销商，或者当基金为被动投资型（指数基金）时，允许进行类似的关联交易。

价机构初步和累计投标询价的方式确定发行价，并向询价机构配售股票。这些询价对象是指六类机构投资者：证券投资基金管理公司、证券公司、信托投资公司、财务公司、保险机构投资者和合格境外机构投资者（QFII）。

询价对象应以其指定的自营账户或管理的投资产品账户分别独立参与累计投标询价和配售，并遵守账户管理的相关规定。单一指定证券账户的累计申购上限不得超过拟向询价对象配售的股份总量。询价对象参与累计投标询价和配售应全额缴付申购资金，申购资金冻结期间产生的利息归询价对象所有。询价对象应承诺将参与累计投标询价获配的股票锁定 3 个月以上，锁定期自向社会公众投资者公开发行的股票上市之日起计算。

2009 年 6 月 10 日，证监会公布实施《关于进一步改革和完善新股发行体制的指导意见》，强调完善询价和申购的报价约束机制，淡化窗口指导规则，市盈率不再做硬性或隐性的限制。2010 年 11 月 1 日实施了《关于深化新股发行体制改革的指导意见》，提出了新股发行市场化的第二阶段改革措施，包括：合理设定每笔网下配售的配售量，以促进询价对象认真定价；主承销商可以自主推荐一定数量的具有较高定价能力和长期投资取向的机构投资者，参与网下询价配售；增强定价信息透明度等[①]。

目前，基金作为重要的新股询价机构，在新股定价、申购等过程中，发挥了核心作用。

案例：华宝兴业基金公司公告暂停接受新股询价和路演

尊敬的发行人、保荐机构：

根据目前国内股票市场状况和近期新股询价结果，鉴于近期新股发行节奏密集，发行人所处的行业面较宽，地域分布较广，我公司无法在短期内完成对发行人的充分调研并给予科学、合理的询价意见。为提高公司投研工作效率，公司决定即日起本公司管理的公募基金暂停参与各发行人的 IPO 询价，暂停接待各发行人、保荐机构的 IPO 路演。

我公司将密切跟踪股票市场状况和新股发行询价结果的变化，适时恢复参与新股询价业务，届时将不做特别提示。

特此提示。

华宝兴业基金管理有限公司

2011 年 12 月 28 日

以上是一家基金公司在网站上的公告。华宝兴业基金的投资总监事后说：根据公司当前投研工作重点，为了提高投研工作效率，公司决定所管理的公募基金暂停参与各发行人的 IPO 询价，暂停接待各发行人、保荐机构的 IPO 路演。这是为了给自己增加约束，也为了发行人和保荐机构能够理解，所以通过公司网站对外作出公告。

在证券市场下跌、而 IPO 节奏较快的背景下，基金公司等询价机构对很多 IPO 公司所处的新行业、细分行业看不懂，时间成本、财务成本都不允许实地调研，难以进行价格判断。

---

① 2012 年 4 月证监会发布的《关于进一步深化新股发行体制改革的指导意见》，这是新股发行制度改革第三阶段的政策。该政策规定：根据询价结果确定的发行价格市盈率高于同行业上市公司平均市盈率 25% 的，中国证监会综合考虑补充披露信息等相关情况后，可要求发行人及承销商重新询价。对于询价方式定价做出了一定修正，发行人和主承销商可以根据初步询价结果直接确定发行价格，也可以通过初步询价确定发行价格区间，在发行价格区间内通过累计投标询价确定发行价格。2012 年 11 月后，新股发行暂停（直至本书写作的 2013 年 12 月，IPO 仍在暂停）。由此可见，新股发行制度改革的艰难。

在公布招股说明书到报价的短暂时间内,难以全面了解一家公司的质量,部分基金属于从众行为、跟风报价。

截至 2011 年年末,当年共有 282 只新股上市,其中 199 家跌破发行价,282 只上市新股以发行价和年末收盘价计算的平均收益率为－9.15%。这一方面表明 2011 年的"打新"投资并未给基金带来任何正收益;另一方面也表明新股发行价过高。如何使新股发行价更加合理,还需要发行人、保荐机构、包括基金在内的询价机构认真反思和共同努力。

 **本章小结**

一项金融资产的流动性是指金融资产持有者按该资产的价值或接近其价值出售的容易程度。开放式基金需要每日应对投资者的申购和赎回,必须保持基金资产较好的流动性,否则基金无法支付投资者的赎回请求,出现流动性风险。开放式基金的流动性风险存在不断自我循环而放大的危险。开放式基金净赎回的影响因素有:股票市场行情、股票债券的收益率、基金投资策略、经济环境等。对开放式基金的流动性进行管理的主要方法有:预测现金需求、编制持有人清单、流动性评估;从资产角度进行管理包括资产配置、证券选择、运用衍生工具;从负债角度进行管理主要是基金对外融资。

开放式基金的融资渠道可以包括:(1)向托管银行或其他商业银行进行短期借贷;(2)发行短期票据;(3)在开放式基金发生巨额赎回等特殊情况时,向一些机构如基金管理公司或基金管理公司的主要发起人定向发行基金份额等。

融资制度设计的本质是为基金管理人进行资产结构的调整提供必要的时间,使资产结构能够满足流动性的需求,而不是利用融通的资金进行投资活动。单纯为投资而融资的行为应予以禁止。

各个国家包括我国都对基金的投资加以必要的限制。这些限制通常以基金法规的形式确定下来,主要包括以下几方面内容:(1)投资范围的限制;(2)投资数量的限制;(3)特殊投资行为的限制。

在我国的基金投资领域,还出现一些特殊问题。比如"问题股票"的投资和特殊事件(如基金持有转债被赎回等);关联交易涉及的基金管理人股东单位承销的证券;基金申购新股等。随着我国基金业发展,这些问题正得到逐步解决。

 **本章思考题**

1. 什么是开放式基金的流动性风险?为什么开放式基金流动性风险存在自我循环和放大的危险?

2. 开放式基金净赎回的影响因素有哪些?怎样进行分析?

3. 请论述国外和我国开放式基金流动性管理的主要方法。

4. 你认为开放式基金对外融资的合理性和风险何在?如何进行融资的风险防范?

5. 从本章的"知识拓展——美国基金投资者的赎回行为分析"内容,你认为对国内基金的流动性风险管理有何启示？

6. 简述我国对证券投资基金的投资组合的限制规定。货币市场基金投资又有哪些特殊规定？

7. 从银广夏、伊利股份、上电转债，到双汇股份、紫鑫药业、重庆啤酒等，我国的股票市场上，"问题股"或称"地雷股"等一直不断。恰恰这些"地雷股"却都曾被专业的机构者——基金重仓持有，你如何看待基金重仓持有"地雷股"的投资行为？你认为由此带来的基金净值的损失应该由谁承担责任？

8. 你认为基金是否可以购买基金管理公司的股东单位承销的股票？基金关联交易应该如何合理监督？

9. 请简述我国基金申购新股的四个政策阶段。为什么基金的新股申购政策会有这样的变化？未来发展方向如何？

10. 在本章的案例中，为什么华宝兴业基金公司会拒绝参与新股询价？背后的真实原因可能是哪些？

第 13 章　基金管理(4)：基金的收益分配与税收

根据基金运作的法律、法规,基金在获得投资收益并扣除有关费用后,就要将收益分配给基金投资者。从实际操作上看,各国/地区对基金收益的分配制定了各自不同的规定,不过其中比较相似的一点,就是基金收益中应分配给投资者的部分占基金收益的比例都很高。

基金的收益在分配给投资者之前,必须按照有关法律、法规缴纳一定比例的税款。各国/地区对基金的征税有不同的规定。但总的来说,为了鼓励和支持投资基金的发展,各国/地区政府都倾向于给予基金税收上的优惠,少征或者免征基金税负,并防止双重征税。

13.1　基金的收益来源和基金收益概念

13.1.1　基金的收益来源

不同类型的基金在投资对象、投资策略和投资目标上有所不同,从而其投资收益的组成来源也不相同。我国基金的收益主要可以分为以下四种类型。

1. 利息收入

可以说任何类型的证券投资基金,其收益中都包含有利息收入,因为无论是封闭式基金还是开放式基金在任何时刻都必须保留一定数额的现金。一般来说,基金会将必须保留的这部分现金存入银行,从而获得存款利息收入。其次,基金因投资各种债券(国债、金融债、企业债等)而定期取得债券的利息收入。

货币市场基金投资于短期商业票据、短期国债、央行票据等货币市场工具,其收益主要就是由利息组成。债券基金投资于中长期国债、金融债券和企业债券等,其收益也主要是债券的利息。因此对于债券型基金或货币市场基金,利息收入通常是其收益的主要来源。

2. 股利收入

基金买入并持有上市公司的股票,从而获得红利或股息收入。红利是指基金购买上市公司普通股而享有的分配权。股息是指基金购买上市公司的优先股而享有的分配权。股息通常是按照一定的比例事先规定的,这是股息和红利的主要区别。不过,在现实中,红利和股息并不加以严格区别,往往统称为股利。

股息的支付通常可以采用三种形式:现金、股票和实物,或者是其中的组合。允许派发实物红利的国家并不多见,而且一般来说,派发实物红利的上市公司财务状况必定不太理想,投资基金一般是不会购买这类股票的。现金股利是以现金的形式发放,股票股利是以股票的形式发放。需要注意的是，由于股票股利不涉及现金收益，一般通过在除息日对分配所得的股票进行估值来体现基金收益，并不直接计入基金的收入类科目。而现金股息则在除息日时直接计入基金收益①。

3. 资本利得

资本利得是指股票、债券或其他有价证券因卖出价高于买入价而获得的收入。资本利得是股票基金收益最主要的来源。

基金所获得的资本利得可划分为两类：已实现的资本利得和未实现的资本利得。一般来说，如果基金管理人判断正确，逢低买入某种股票，然后待该股票价格上升到一定价位后再卖出就可以获得资金的增长。这种已实现的资金增长称为已实现的资本利得。如果基金管理人买入某种股票后，该股票价格上升，基金管理人继续持有该股票而并未卖出，这时基金能获得投资该股票的账面收入。在卖出股票之前，因股票价格上升而形成的基金账面收入称为未实现的资本利得。对于投资者来说，虽然基金的账面收入并未变现，但它会引起基金净资产的增加，并且会在投资者赎回基金份额时得到相应的体现。所以这种未实现的资本利得也能使投资者受益。

2007 年 7 月我国基金业实施新《会计准则》，基金的"未实现资本利得"更名为"公允价值变动损益"，指基金持有的采用公允价值模式计量的各种交易性金融资产、交易性金融负债等公允价值变动形成的应计入当期损益的利得或损失，并于估值日对基金资产按照公允价值估值时予以确认。

4. 其他收入

包括买入返售证券收入、赎回费扣除基本手续费后的余额、手续费返还、因运用基金财产带来的成本或费用的节约等。

13.1.2 基金收益的几个概念

关于基金收益，根据目前的会计核算规定，有以下几个概念需要解释。

1. 本期已实现收益

本期已实现收益是指一定会计时期内（如会计年度），基金收入减去费用后的余额。从基金会计的角度看，基金收入包括股票差价收入、债券差价收入、债券利息收入、存款利息收入、股利收入、买入返售证券收入以及其他收入等科目，基金费用则包括基金管理费、基金托管费、销售服务费、交易费用、卖出回购证券支出、其他费用（包括信息披露费用、法律费用、审计费用等）等科目。本期已实现收益只反映基金在会计期间已经实现的收益情况，不包括未实现估值收益。

2. 本期利润

本期利润是基金在一定时期内全部损益的总和，包括计入当期损益的公允价值变动损益。该指标包括了基金本期已实现收益与基金未实现估值增值（减值）两部分，是一个能够全面反映基金在一定时期内经营成果的指标。本期已实现收益只是基金已经实现的收益，不能够全面反映基金的经营成果，因此单纯使用已实现收益指标衡量基金的经营成果常常有失偏颇。

---

① 可参见财政部文件《证券投资基金会计核算办法》，2002 年 1 月 1 日实施。

3. 损益平准金

损益平准金是指在申购赎回基金份额时,申购或赎回款项中包含的按未分配基金净收益(或累计基金净损失)占基金净值比例计算的金额。损益平准金于基金申购确认日或基金赎回确认日确认,并于期末全额转入未分配基金净收益(或累计基金净损失)。

4. 期末可供分配利润

期末可供分配利润等于期初未分配收益加本期已实现收益,再加上本期损益平准金(若有),减去本期已分配收益。

5. 未分配基金利润

未分配基金利润是基金进行收益分配后的剩余余额。未分配基金利润将转入下一期分配。

13.2 基金收益的分配方案

为了保障基金投资者的切身利益,各国都会对基金的收益分配做出明确细致的规定,通常包括:基金收益分配的基本原则、收益分配的比例和频率、收益分配的对象、收益分配的方式和收益分配的支付方式等。

1. 基金收益分配的基本原则

基金收益分配的对象是指基金当年获得的全部收益扣除按照有关规定应扣除的费用后的余额,即基金当年的净收益进行分配。一般来说,如果基金以前年度有亏损,则当年的净收益应弥补相应亏损若有余额后才能进行分配。如果基金当年净亏损,则原则上不进行收益分配。

目前,我国基金的收益分配原则如下:

(1) 每一基金份额享有同等分配权;

(2) 基金收益分配比例按有关规定制定;

(3) 投资者可以选择现金分红方式或红利再投资的分红方式(指开放式基金);

(4) 基金投资当期亏损,则不进行收益分配;

(5) 基金收益分配后基金单位资产净值不能低于面值;

(6) 基金当年收益应先弥补以前年度亏损后,才可进行当年收益分配;

(7) 在符合有关基金分红条件的前提下,基金收益每年至少分配一次(指封闭式基金),但若成立不满3个月则可不进行收益分配,年度分配在基金会计年度结束后的4个月内完成。

2. 收益分配的比例和频率

在不违反有关法律、法规的前提下,基金可以在基金合同中对其收益分配的比例和频率作出具体规定。从实际操作上看,出于保护投资者利益并以此促进基金行业发展的目的,各国所规定的基金收益分配的比例都比较高。比如美国有关法律规定共同基金必须将其净收益的90%以上分配给投资者。在收益分配的频率上,各个国家的规定和实际操作也各不相同。在国外,货币基金一般每月分配一次,债券基金可以每月或者每季度分配一次,而股票基金通常每年分配一次。

我国《证券投资基金运作管理办法》第35条规定,"封闭式基金的收益分配,每年不得少于一次，封闭式基金年度收益分配比例不得低于基金年度已实现收益的 90％。开放式基金的基金合同应当约定每年基金收益分配的最多次数和基金收益分配的最低比例"。

目前我国开放式基金收益分配的比例和频率具有较大的自主性，各只基金在合同中规定的分配比例和频率差异较大。比如：2004 年 8 月发行的南方积极配置基金的收益分配原则就是，"本基金每年收益分配次数最多为 4 次，年度收益分配比例不低于基金年度已实现收益的 50％"。而信诚基金管理公司的首只基金、于 2006 年募集成立的信诚四季红基金的分红规定非常有特色，在满足法律规定的分红条件下，该基金设计了如下的分红政策：（以下摘自信诚四季红基金招募说明书）

（1）本基金采用季度结算的收益分配机制：①分红结算日：每季最后一个工作日作为每季分红结算日；②分红前提：分红结算日基金份额净值超过 1.00 元，且基金产生已实现收益；③分红比例：本基金进行收益分配，至少分配基金份额净值超过 1.00 元部分的 25％；但分红金额不得超过已实现收益，且分配后基金份额净值不低于 1.00 元；④分红登记日与除权日：基金管理人于每季分红结算日（T 日）决定是否分红，若确定分红，经基金托管人核实后，则 T＋1 日为权益登记日并进行除权，T＋7 日内实现派息；⑤若基金已实现收益不足基金份额净值超过 1.00 元部分的 25％，在满足法律、法规的前提下，基金将全部分配已实现收益（每份基金份额的最小分配单位为 0.1 分）；

（2）本基金约定每季度结算收益，但并不保证每季度实现分红。在符合有关基金分红条件的前提下，基金收益分配每年不超过 4 次，基金合同生效后的下一个季度开始分红结算；

（3）基金年度收益分配比例不低于基金年度已实现收益的 50％。

3. 收益分配的对象

和股票相类似，基金收益分配的对象是指在权益登记日持有基金份额的投资者。基金管理公司通常会规定获取基金收益分配权的最后份额登记日，在该登记日当天交易结束后，持有基金份额的所有投资者都有权获得基金的收益分配。基金管理公司会委托证券登记结算公司（封闭式基金）或者通过注册登记机构（开放式基金）确定基金份额持有者名单，以明确收益分配的对象。

4. 收益分配的方式

基金收益分配一般采用以下两种方式：现金、红利再投资。

我国《证券投资基金运作管理办法》第 36 条明确规定，"基金收益分配应当采用现金方式。开放式基金的基金份额持有人可以事先选择将所获分配的现金收益，按照基金合同有关基金份额申购的约定转为基金份额；基金份额持有人事先未做出选择的，基金管理人应当支付现金"。红利再投资是将分到的现金红利折算成基金份额进行再投资该基金，以便享受基金净值增长的复利效果。一般红利再投资可以获得免收申购费的优惠。

从基金的长期投资效果看，红利再投资对于最终的理财效果十分显著。在美国有这样一个例子：假如你在 1925 年用 1 美元投资标准普尔 500 股票指数，并把全部红利再投资，到 1997 年年末你会拥有 1 828.33 美元。如果你不将收益再投资，原始投资的收益仅仅建立在股票升值上，则到 1997 年年末你拥有的财富为 76.07 美元[①]。可见选择红利再投资还是选择现金分红，从长期看，两者之间的收益差异十分明显。

---

① 参见玛丽·罗兰（Mary Rowland）. 投资共同基金. 北京：中信出版社，2007：53.

5. 收益分配的支付方式

所谓收益分配的支付方式是指投资者通过何种程序来领取属于他的那部分收益。国外的通常做法是:如果是分派现金,由基金托管人通知基金所有者亲自来领取,或汇至所有者的银行账户里;如果是分派基金股份,则指定的证券公司会把分配的基金股份记录在投资者的基金股份持有证明上。国内基金分派现金通常是借助于证券清算系统或者基金管理公司向托管银行及投资者开户机构,将应分派的现金数额直接记录到基金所有者的资金账户上。基金所有者通过交易终端查询,就可以了解到是否已经获得现金分红以及分红的数额。如果投资者选择将红利转为基金单位,则基金注册登记机构将红利折算成基金份额,记增投资者的个人基金账户。

13.3 基金的收益分配

13.3.1 封闭式基金的收益分配

我国封闭式证券投资基金历年进行了收益分配,分配额度根据基金收益情况的变动,呈现了较大的波动性。

2006 年 10 月,基金金泰宣布修改基金合同,首先,将《基金合同》的收益分配条款"基金收益每会计年度分配一次,采用现金形式分配"修改为"基金收益每年度至少分配一次,采用现金形式分配"。其次,将《基金合同》中的收益分配条款中"于每个基金会计年度结束后四个月内实施"的有关表述删去。这样,基金可以自由选择合适的分红时间进行分红。在金泰之后,我国更多的封闭式基金进行了类似修改。通过基金合同的修改,封闭式基金的年度收益分配次数和分配时间具有了更大的灵活性。

13.3.2 开放式基金的收益分配

1. 收益分配的两种方式

开放式基金的分红方式可以在现金红利和红利再投资之间进行选择。这是开放式基金与封闭式基金在收益分配上的最大不同。

(1)现金红利。基金派发现金红利和股票的现金分红非常相似,现金红利通常会通过清算机构记录到投资者的银行账户上。

(2)红利再投资。这种方式是将分红资金按照分红除息日的基金资产净值折算成相应的基金股份记入投资者的账户。投资者选择红利再投资表示他们愿意放弃当期的现金红利而追求长期的资本增值。对于这种红利的再投资,通常基金管理人是不收取申购费用的,以鼓励投资者继续投入资本。

基金管理公司会允许投资者在两种收益分配方式之间进行选择和更改。若投资者不做选择,则基金公司默认为现金分红[①]。

---

① 在 2004 年 7 月《证券投资基金运作管理办法》实施以前,我国开放式基金合同中的默认分红方式普遍为"红利再投资",在 2004 年 7 月以后,原先成立的开放式基金通过修改合同和之后新成立基金在合同中均规定:基金默认分红方式为现金分红。

2. 收益分配方式的分析

派发现金红利通常会受到投资者的欢迎，如果基金宣布不分配红利，往往会遭到大多数投资者的反对，甚至会引起投资者用脚投票、退出基金，这也是基金管理人最不愿意看到的。但是派发现金红利显然会影响基金的流动性，如果基金已经公布了派现计划，又由于某些原因一时间无法安排出足够的现金，或因被迫卖出股票而导致基金的投资收益受损，就会陷入十分尴尬的境地。在条件允许的情况下，基金管理人可以通过外部筹资来解决派现资金的不足，以抵补基金短期货币资金收支的失衡。

红利再投资对于基金来说自然是较好的分配选择，因为它能将现金保留在基金内，既保证了基金的流动性，减少了筹集现金的负担，又能使基金的规模扩大以期在未来获得更多的收益。但问题并不是所有的投资者都热衷于红利再投资以获得长期的资本增值。

知识拓展：什么因素影响了我国股票基金的红利再投资比例？

（1）基金份额因素。基金份额越大，投资者越会选择红利再投资。这说明投资者对大型基金相比小型基金的信心更强。投资者之所以选择红利再投资，实际上是表达继续看好后市、信任基金管理人能力的一种心态——实际上就是信心。因此，红利再投资比例的高低和基金份额的多寡存在正向相关关系，是有内在逻辑支持的。在 2006 年上半年的股市牛市中，早先成立的基金在整体上仍然处于净赎回情形：在这半年中，股票基金的单位资产净值出现了快速上涨，但与此同时基金的份额出现了大幅萎缩。因此，在这种情况下，较大规模的基金有利于增加投资者的信心，有利于提高投资者面对基金分红时选择再投资的比例，这又促使基金份额规模扩大，从而在大型基金——分红——分红再投资比例高——基金份额扩大——基金规模更大之间形成正向反馈关系。

（2）基金存续时间因素。由于股票型基金的默认分红方式是"现金分红"，因此只有那些对基金知识了解较多的投资者，才有可能在基金分红方式上作出主动选择，即更改默认方式、选择"再投资"。一方面，这些投资者更多地会通过比较基金的历史业绩选择基金，因此他们投资的基金本身就是存续时间较长的；另一方面，那些投资于新基金的新基民在经历基金的多次分红和接受了市场教育后，了解到自己有权利选择基金的分红方式，会根据需要做出自己的选择。这两个因素都有可能导致基金存续时间和红利再投资比例正相关。另外，考虑到假设在不发生申购、赎回和分红方式改变的情况下，每一次分红都会导致基金份额中选择红利再投资比例的增加，从而提高分红再投资比例，因此这种正相关关系的存在，也就不奇怪了。

对基金越有信心，就越会选择红利再投资；越了解基金、越愿意持有或买入基金，就越会选择红利再投资。

资料来源：摘录自李曜、徐端丰. 股票基金红利再投资比例的实证研究. 上海立信会计学院学报. 2007 年第 6 期.

---

3. 开放式基金收益分配的比较

我国《证券投资基金运作管理办法》第 35 条、36 条规定，"开放式基金的基金合同应当约定每年基金收益分配的最多次数和基金收益分配的最低比例"。

我国的开放式基金在收益分配原则上基本一致,但是具体到各自的分配方案,存在一些差别。根据我国《证券投资基金法》以及《证券投资基金运作管理办法》,基金分红的默认方式确定为现金分红。开放式基金不需要必须将90%以上的收益当年分配,具体分配比例可以由基金管理公司自主确定,这和封闭式基金的分红方式不同。

4. 货币市场基金的收益分配

对于每日按照面值进行报价的货币市场基金,在基金合同中将收益分配方式约定为红利再投资,并每日进行收益分配。根据我国目前规定,货币市场基金当日申购的基金份额自下一个工作日起享有基金的分配权益,当日赎回的基金份额自下一个工作日起不享有基金的分配权益。具体而言,投资者于周五申购或者转换转入的货币市场基金份额不享有周五和周六、周日的收益,投资者于周五赎回或者转换转出的基金份额享有周五和周六、周日的收益。

5. 开放式基金分红策略的正确选择

2006—2007年,我国开放式基金曾出现分红频繁,甚至形成基金分红潮的现象。一些并不适宜频繁分红的基金也不得不参与到分红中。例如,一些基金经理采取"买入并持有"的投资策略,而投资者的分红要求使其坚持这一策略的压力增大。而另一些被动投资的基金,如指数基金,从设计上说更是应该"买入并持有,少分红甚至不分红",但这类基金为适应市场要求也开始多次分红,个别基金的分红频率还相当高。不过事实上,基金频繁分红对投资者而言也是有利有弊,无论基金公司还是投资者都不宜盲目追求频繁分红。

由于现行税收政策,机构投资者对开放式基金分红有着较高的要求。根据我国相关法规要求(详见13.4节),对企业投资者申购和赎回基金单位取得的差价收入,应并入企业的应纳税所得额,征收企业所得税;对投资者(包括个人和机构投资者)从基金分配中取得的分红收入,暂不征收个人所得税和企业所得税。从合理避税的角度看,机构投资者当然希望开放式基金频繁分红。

另外,无论是机构还是个人,用赎回的方法实现收益都需要支付赎回费,这也增加了投资成本。因此,投资者希望开放式基金分红存在其合理性。

然而,频繁分红并非有利无弊。按现行规定,基金用于收益分配的必须是已实现收益,基金浮盈不得作为分配基础。频繁分红要求基金频繁交易,这就增加了基金的交易成本,最终损害了投资者的利益。因此,基金应该根据自身的风格特征,采取适当的分红策略。

案例:开放式基金通过大比例分红进行持续营销[①]

2006年,中海、嘉实、南方、招商、易方达、景顺长城、华富等基金公司先后推出了旗下基金的高比例分红,将基金净值通过分红降低为一元面值左右,进而进行营销活动。结果这种方式大受普通投资者的欢迎。各基金公司旗下高比例分红基金的申购情况都反响良好。例如2006年年末的嘉实稳健只有4亿元左右的净值规模,虽然业绩不错,但申购不热烈,而推出每10份基金分红4.87元的当时最高分红方案后,将赢利几乎全部兑现,这只净值回到1元的老基金,在短短两天时间里便募集到30亿元的净申购。可以说,高净值基金

---

① 关于我国开放式基金大比例分红的研究,可以参考何众志,李科,陆蓉. 基金大比例分红之谜. 工作论文,2012. 2010年以后,以大比例分红进行基金持续营销的做法,已被我国证监会禁止。

的高分红带来意想不到的效果。

这种"大比例分红＋持续营销"的方式一时间成为了基金业的共识，在 2006—2007 年里被基金公司奉为突破困扰基金业多年的持续营销难题的重要方法。这两年里，很多开放式基金加入"大比例分红潮"。

基金分红是投资者翘首以盼的好事，但是，大量基金大比例分红很可能因此对证券市场造成冲击。为了应对分红，基金必须进行仓位调整，分红比例越大，需要变现调仓的股票越多，分红的基金只数越多，需要卖出的股票则越多，尤其当交叉持股的几只基金同时抛售其中一只股票时，该股不可避免出现大跌。而当下基金动辄以 30％～40％ 的大比例分红更是意味着至少 10％～20％ 的减仓幅度，对一个 100 亿份的基金来说，需要在短短几天内腾挪出 10 亿～20 亿元现金，对基金重仓股带来的价格冲击不可小觑。

在一个持续牛市中，如果认为有大量好的投资机会，仅仅为了扩大规模或者迎合持有人而分红，实在是一种短视行为。因为，这意味着基金将被迫卖出部分看好的股票，而等持续营销筹集到资金后，基金却可能要以更高的价格把这些股票买回来。在这个过程中，原有的持有人的损失是显而易见的。

13.4　基金的税收

基金的税收是将基金的投资收入在国家和投资者之间进行合理分配，既是对国家利益也是对投资者合法利益的保护。

税收是国家运用行政权力向特定的纳税人强制征收，用以维持国家机器正常运转和社会发展所需费用的重要手段。税收可以分为流转税、所得税和特殊行为税等几类。流转税是国家对商品在流转过程中的增值或企业因提供劳务而获取报酬等行为征收的有关税种，比如增值税、营业税和消费税等；所得税是国家对从事各类经营或提供劳务等行为获取所得收入而征收的税种，包括企业所得税和个人所得税；特殊行为税是国家对企业和有关组织从事特殊行为而征收的税种，包括印花税、耕地占用税和车船使用税等。

基金是以募集资金从事证券投资的形式获取投资收益，基金的税收主要是指对基金投资收益所征收的所得税。基金管理公司对基金资产进行经营，应依法缴纳营业税及其他规定的税种。

13.5.1　基金的所得征税

基金的投资所得应依法缴纳所得税，对基金所得征税主要涉及以下几个问题：

1. 所得税的征收对象

根据各国的税法法律，基金从事投资经营所获得的收入都必须缴纳规定的所得税。但在具体操作上，还涉及向谁征收的问题。只有区分基金的不同当事人之间的关系，针对实际享受收益所得的人征税才能体现公平税赋的原则。在契约型基金中，主要包括三方当事人的利益关系：一是基金组织；二是基金管理人和托管人；三是基金投资者。在公司型基金中，只涉及投资者和基金公司两者的关系。根据所得课税的原则，谁最终享有所得谁就应当依法缴纳所得税。

基金组织（即契约型基金下的信托财产或公司型基金下的投资公司）运用投资者投入

的资本进行证券投资,其本身没有财产,投资所获得的收益都要以管理费、托管费等名义被支付或作为收益被分配出去。可见,基金组织并不是收益的最终获得者,因而它不应该承担投资所得的税收。

基金管理人和托管人代人理财和管理,其理财的所得收益是归基金所有的。虽然他们在理财管理中按规定获得劳务报酬,但这种报酬不属于基金的收益分配,因此,他们也不应当承担基金投资所得的税收。

基金投资者投入资本,委托基金管理人理财,并享有基金投资所产生收益的分配权。也就是说,投资者是基金收益的最终享有者,因此,投资收益的所得税应当直接向他们征收。

2. 所得税的征收形式

投资者投资于基金,将获得不同形式的收益。有的国家对收益形式不加以区别,而统一征收一定比例的所得税,但大多数国家还是对不同收益予以区别对待。比如对基金获得的储蓄利息征收利息所得税,对金融债和公司债券的利息收入征收利息所得税,对股票的红利收入征收分红所得税,对股票的买卖差价收入征收资本利得税等。

3. 基金股份赎回或交易所得的征税

封闭式基金通常是上市交易的,投资者通过低买高卖可以获得差价收入。开放式基金允许投资者申购赎回基金股份,可以获得基金份额的增值收入。对于这种基金份额的申购赎回差价或交易所得,大部分国家不予征税。

4. 其他征税事项

投资者在境外投资所得按规定可以获得税收抵免。比如投资者投资于外国基金时,如按该国的法律规定已征收过所得税,则这部分收益在汇回国内时,投资者所在国从该投资者收益分配所得税额中加以扣除,以避免重复征税。

13.4.2　海外对基金投资所得的征税

海外对基金的税收主要是针对投资所得征收所得税,在实际操作上,由于各国/地区情况和法律、法规的不同,做法也有很大差别。但是,一个总的原则是各国都承认的,那就是尽可能对基金投资所得的征税实行优惠,并尽量避免重复征税。

1. 美国对基金投资所得的征税

根据 1942 年颁布的有关法律,美国对投资公司的红利股息收入、利息收入和任何资本增值都是免税的,但这种免税必须具备一定的条件:第一,享受免税待遇的必须是经证券管理部门登记注册的合格投资公司;第二,享受免税待遇的投资公司其性质须为"受控"公司。即必须满足以下条件:公司 90% 以上的总收入来自于股息、利息以及资本利得;至少有 50% 的基金资产是现金、政府证券和多样化证券;任何一个应税年度,股息的分配不得低于总投资收入和短期资本收益的 90%[①]。

投资公司向投资者支付的投资收益,投资者应依法缴纳个人所得税。美国 1986 年以前的税法规定,将投资者收入中的一般收入和短期资本收益区别对待,除对一般的投资或劳务所得征收个人所得税外,对于短期资本投资中的红利和股息收入另征资本增值税。这

---

① 关于美国共同基金的税务处理,可参考罗伯特·博森,特蕾莎·哈马彻. 基金业务. 北京:中信出版社,2012 年.

样一来,投资公司向投资者分配投资收益时,就需说明哪些收入来自投资净收入,哪些收入来自已实现的资本收益,以便投资者就不同的收益申报纳税。这种做法给基金投资公司和投资者带来许多麻烦,给税务部门也增加了许多额外的工作。1986 年美国对原有税法进行了修改,修订后的税法规定,基金受益人的所有利息、红利股息收入和资本利得都视同普通收入,报税时并入综合税项统一按一定比例缴纳,从而免去了分别缴纳的麻烦。

2. 日本对基金投资所得的征税

日本税法规定,契约型基金不是法人,不必缴纳法人所得税。对基金投资者从基金分得的投资收益要征收所得税。因基金类型的不同,所得税的征收方式也不同:股票基金分配的利润被视为股利收入,债券基金分配的利润被视为利息收入,对两类投资收入分别征收不同的所得税。

3. 英国对基金投资所得的征税

英国对于投资者投资基金所获收益的征税比较简单,投资者进行基金投资不需缴纳资本增值税,只对于基金股份持有人因转让、赎回基金股份所获收益征收资本所得税。

4. 我国台湾地区对基金投资所得的征税

我国台湾地区规定,受益人无论是个人还是法人,从基金获取的利息及红利股息收入均可获得一定额度的免税优惠,超过这个限额的基金投资收益应按规定缴纳个人或法人所得税。受益人获得的短期票据利息收入,依法扣缴所得税后,不再并入个人综合所得或法人所得申报课税。受益人赎回基金受益凭证,或在基金清算时缴回受益凭证分配剩余财产的,可免缴证券交易税。受益凭证的申购、赎回及转让也免交印花税。

从以上这些国家和地区的实践可以看出,各国/地区税法一般都规定基金作为主体是免税的,但基金投资者在获得基金分配收益时,需缴纳所得税,可以由基金代扣代缴,也可以由投资者直接缴纳。

13.4.3　我国对投资基金的征税

为加快投资基金的发展,培育市场上成熟、规范的机构投资者,鼓励中小投资者通过投资基金间接投资于股票市场,我国政府给予了投资基金一系列优惠政策,其中包括在基金征税方面的优惠。具体的基金税收政策法规主要是财政部和国家税务总局分别于1998 年发布的《关于证券投资基金税收问题的通知》;2002 年发布的《关于开放式证券投资基金有关税收问题的通知》;2004 年发布的《关于证券投资基金税收政策的通知》和2005 年发布的《关于股息红利个人所得税有关政策的通知》、《关于股息红利个人所得税政策的补充通知》;2008 年发布的《储蓄存款利息所得暂免征收个人所得税》等。

1. 对基金组织的征税

契约型基金事实上没有自己独立的资产(基金财产本质是属于投资者的),也无须保留投资收益。基金管理人、托管银行以基金名义从事投资、托管等所获得的收益,最后都以管理费用、托管费用和投资收益的形式予以提取和分配,因此对基金组织本身不应征税。我国的做法基本与国外一致,即对基金本身不征税,但由于基金从事证券投资,国家对证券投资交易的税收制度使得基金间接地承担了一些税负。

根据我国上述法规的规定,目前关于基金的税收主要规定有:

(1) 以发行基金方式募集资金不属于营业税的征税范围,不征收营业税;

(2) 对基金从证券市场中取得的收入,包括买卖股票、债券的差价收入,暂不征收营业税;

(3) 对基金取得的股利收入、债券的利息收入、储蓄存款利息收入,由上市公司、发行债券的企业和银行在向基金支付上述收入时代扣代缴。其中,上市公司的股利收入的所得税率为 20%,但应纳税所得额减半征收。债券利息收入所得税率为 20%。

(4) 基金卖出股票需要征收印花税[①]。

2. 对基金管理人和基金托管人的征税

基金管理公司和托管银行作为金融企业,运用基金资产从事证券投资经营和资产托管经营,必须按照国家有关规定,缴纳营业税和所得税。

3. 对基金持有人的征税

基金持有人是基金收益的最终享有者,根据上文的分析,基金持有者应当承担基金投资收益的所得税负。为了避免重复征税,一般对基金所得的征税都是由基金管理公司代扣代缴。我国税法对机构投资者(具体又划分为金融机构和非金融机构)和个人投资者的征税有所区别。

目前,金融机构(包括银行和非银行金融机构)买卖基金的差价收入征收营业税,非金融机构买卖基金份额的差价收入不征收营业税。所有企业投资者买卖基金份额暂免征收印花税。所有企业投资者买卖基金份额的差价收入,应并入企业的应纳税所得额,征收企业所得税,企业投资者从基金分配中获得的分红收入,暂不征收企业所得税。

对个人投资者买卖基金份额(包括申购赎回)获得的差价收入,在对个人买卖股票的差价收入未恢复征收个人所得税以前,暂不征收个人所得税。个人投资者从基金分配中取得的分红收入,暂不征收个人所得税。个人投资者买卖(包括申购赎回)基金份额暂免征收印花税。

 本章小结

通常基金所获得的投资收益,在按法律规定扣除有关费用后,就应当分配给基金持有人。尽管各个国家和地区在基金收益分配的具体操作上有所不同,但为了保证基金持有人的利益,他们都倾向于将基金收益的绝大部分及时分配给基金持有人。

基金的投资收益主要包括利息收入、红利和股息收入、资本利得和资本增值。在基金收益分配的具体操作上,主要涉及收益分配的内容、收益分配的比例和频率、收益分配的对象和方式及收益分配的支付方式等几方面内容。国外基金用于分配的收益占净收益的比例一般都比较高,很多国家甚至规定把基金的全部费后收益都用于分配。国内基金的收益分配应严格遵照《证券投资基金法》、《证券投资基金运作管理办法》等的有关要求。开放式

---

① 股票交易印花税率曾是我国股票市场上政府部门调控股市的一个重要政策工具,印花税率在股市的不同时期多有变动,牛市时,将印花税率调高;熊市时,将印花税率上调低。如 2007 年 5 月 30 日起,股票交易的买卖双边印花税率上调为 0.3%。2008 年 4 月 24 日,印花税率复又下调为 0.1%。自 2008 年 9 月 19 日起,印花税改为单边征收,即买入股票不征收、卖出股票征收,税率仍为 0.1%。

基金的收益分配方式主要有现金红利和红利再投资两种，开放式基金应根据自身特定的需要合理地做出选择，为了基金营销目的的过度分红行为不利于基金的长期业绩增长。

基金的税收主要是对基金投资收益的所得征税。根据所得征税的原则，基金投资收益的所得税应由基金持有人承担。根据我国的有关规定，涉及基金的税收主要包括基金管理人的营业税和所得税以及基金持有人的所得税。我国对有关证券投资基金的征税制定了较多的优惠措施。

 **本章思考题**

1. 基金收益的来源主要包括哪几方面？在制定基金收益分配的具体方案时，需要考虑哪几方面问题？

2. 比较开放基金的两种收益分配方式，并请分析投资者应该如何选择开放式基金的分配方式？

3. 简述我国对证券投资基金征税的具体规定（包括基金、基金管理人、基金托管人、机构投资者和个人）。

4. 从近年来我国基金收益来源的实际情况出发，请你分析基金收益来源结构反映了我国基金市场以及资本市场中的哪些问题？

5. 2006—2007 年我国出现的基金大比例分红、进行持续营销的实际效果如何？你如何看待这种分红营销行为？

 **延伸阅读**

关于基金分红与持续营销，可参阅：
李科，陆蓉．投资者有限理性与基金营销策略．管理世界．2011 年第 11 期．

第 14 章 基金管理(5)：
基金信息披露

投资基金的信息披露是指基金管理人必须按有关规定,定期或不定期地公布基金的经营情况、投资组合以及各类财务报表等资料,以便提示基金的投资风险,引导投资者做出相应的决策,同时也有利于监管当局更好地实施基金监管。

基金信息披露可以分为基金募集时的信息披露、运作中的定期信息披露以及不定期公告等三个层次。基金监管当局对各个层次的信息披露都有不同的要求,尤其是对基金的中期和年度报表要求更为严格。通常,基金所公布的有关资料和报告都有规范格式,监管当局要求基金管理人和托管人等按照规定的格式发布基金的信息,以便对其进行审查和管理,同时也便于投资者比较和选择不同的基金。基金管理人、基金托管人是基金信息披露的主要义务人。

我国投资基金成立初期,由于没有出台专门的法律、法规,很多基金的投资运作都比较混乱,也几乎没有信息披露这一说法。直到 1997 年《证券投资基金管理暂行办法》颁布以后,基金的信息披露才有章可依、有规可循。《暂行办法》以及第五号实施准则明确规定了我国证券投资基金信息披露的三个层次,并以附件的形式规定了披露文件格式。1998 年后成立的新基金都依照上述法规的规定,向投资者公布有关信息或文件资料,并将其呈交证监会备审。2004 年 7 月《证券投资基金信息披露管理办法》以及随后的关于基金信息披露的各项《编报准则》和《内容与格式准则》等颁布与实施,标志着我国证券投资基金的信息披露进入了一个新的发展阶段,向着更加规范、更符合实际的方向发展。

14.1 国外基金的信息披露要求

考察国外基金的信息披露制度可以发现,大多数国家对基金信息披露的要求很高,主要是为了保护中小投资者的利益的需要。成熟规范的证券市场必然要求基金信息的高透明度,反过来,对基金信息披露的严格要求也会大大促进证券市场的成熟和规范。从具体内容上看,国外基金的信息披露主要包括基金成立时的信息披露和基金投资运作中的信息披露。

14.1.1 基金成立时的信息披露

基金成立时的信息披露主要是指有关文件资料的公布,包括基金合同、基金公司章程以及招募说明书等。这些文件资料必须按规定向监管当局报送,招募说明书还应免费送发给投资者。

比如在美国，证券监督法规对基金的信息披露要求很高。1933 年的《证券法》确定了信息披露原则即"公开原则"，根据法律规定，以下文件和资料必须予以披露：注册登记表、招募说明书、中期报告、年度报告、股东大会报告和股东账户及记录等。美国证监会有权审查这些报告。

基金的销售必须受到 1940 年《投资公司法》及美国证监会的有关约束。首先，基金的任何销售材料在发送时都应附上招募说明书，并不得含有可能误导投资者的内容；其次，特定信息的广告中不得含有基金业绩的说明条款；最后，基金应公开招募说明书中的所有信息。投资公司可以委托投资顾问代为管理基金的投资，但有关投资顾问的顾问契约必须经基金持有人大会决议通过。此外，基金及其承销商的广告材料，通常要通过美国证券交易商协会（NASD[①]）的审查。

就基金销售材料而言，美国证监会一般要求基金发布标准格式的"招募说明书（prospectus）"，此外，基金通常还应提供一份"招募说明书概要（profile prospectus）"和"附加信息说明（the statement of additional information，SAI）"。即完整的基金销售文件和资料应包括"招募说明书"、"招募说明书概要"和"附加信息说明"等三个内容。

对招募说明书的审查包括以下两个方面：一是要求招募说明书必须清楚和全面地解释基金的投资政策、运作和提供的服务，帮助投资者估价和比较不同的基金；二是招募说明书必须全面、客观地揭示基金运作的风险，以保证基金及其发起人的资产状况符合联邦证券法的有关规定。除了证监会具体要求列入招募说明书的资料外，招募说明书还要通过一项防止欺骗测试。具体是指：基金的招募说明书不得载有"对有关重要事实的虚假陈述，或遗漏刊载规定或必要的、以免造成误导的重要事实"。有关这项声明如何在招募说明书中解释的问题，美国已经有过上千宗的法律诉讼，这足以说明这项声明的重要性。如果招募说明书中有误导投资者的内容，根据招募说明书购买基金的投资者可以退回其所购买的基金股份。

基金在披露信息时，应着重披露有效信息，并应以平实语言陈述以便投资者理解[②]。招募说明书主要应当包括关于基金特征、投资风险等的关键信息，这些信息应当：

（1）帮助投资者将该基金与其他基金区分比较；

（2）避免简单地重述法律或监管要求；

（3）避免对非核心投资作不适当的强调。

招募说明书应该尽量减少众所周知的信息，并避免过分专业化或技术性的信息，内容应简洁，避免主次不分。

由于不断出售新的基金股份以及基金股份的赎回，基金还必须每年向证监会提交更新后的注册登记表和招募说明书。通常，证监会基金管理部的工作人员对基金的第一份注册登记表及有关文件作全面审查，而对其后上交的更新文件只作选择性的审查。

---

① 2007 年，美国国家证券交易商协会（NASD）与纽约证券交易所执法部合并，现更名为"美国金融业监管局"（FINRA）。可登录其网站 www.finra.org。

② 1993 年，时任美国证监会主席的 Artheur Levitt 发现阅读基金的招募说明书很困难，难以理解。在他的推动下，美国证监会发动了"简明英语工程"（the SEC's plain English project），并于 1998 年制定了《简明英语手册：如何制作简明扼要的证券交易委员会披露文件》。

14.1.2　基金运作中的信息披露

对于基金投资运作中的信息披露,主要是披露基金业绩报告、基金投资组合报告、基金持有人大会报告以及财务报告(中期报告和年度报告,包括资产负债表、损益表)等。中期报告和年度报告应该免费发送给投资者。

在美国,所有注册登记的基金公司必须每半年向证监会呈报诚实和非误导性的报告,并应向投资者呈送同样的报告。这些报告和其他财务报表必须经独立的注册会计师鉴定,注册会计师必须由没有利益冲突的董事选举确定,经基金持有人大会批准。近几年来,投资运作环节的信息披露在美国有加强的趋势,比如说讨论是否要求制定统一的基金业绩报告形式,以便于投资者对各基金进行比较等。2004年由于美国基金业的丑闻(具体见本书第16章基金治理),基金信息披露的频率增加了,从半年增加到每个季度,即基金必须每个季度进行全部投资组合的披露以及业绩报告等。

在我国香港特区,基金经理人除了应每年至少两次将其会计账目和附有资产负债材料的报告书寄送给基金持有人之外,还应将上述材料及时呈交单位信托委员会备案。基金经理人的年度报告,必须经核数师(即注册会计师)审核签署,于财政年度结束后4个月内出版及派发。基金的最新价格或资产净值,必须至少每月一次在我国香港特区至少一家每日印发的主要报章上公布。如果基金停止或暂停交易,管理公司或其我国香港特区代表①必须立即通知证监会。有关方面必须在做出此等决定后,在该基金平日刊登其价格的报章上,立即刊登相关通知,并且在暂停交易期内至少每月一次刊登有关通知。任何基金管理公司的投资广告,如未经证监会批准而擅自刊登,均属违法,会遭到起诉。经证监会批准的宣传和推广的广告也有一定限制,比如不得使用广播电台、电视、剧院或以海报形式发送,逐户兜售也是被禁止的。1987年我国香港特区证监会发布《基金广告守则》,规定基金管理公司在刊登广告时须列出最近期内的基金增长表现,并且还应列明赎回基金的限制。除非另有规定,有关的广告必须载有一项重要提示,即表明基金单位的价格及其收益,不但可能上升而且可能下跌,广告内所显示之过往业绩数据并不表示在将来亦会有类似的业绩。

14.2　我国基金的信息披露要求

依据我国《证券投资基金法》的第六十二条以及《证券投资基金信息披露管理办法》中的有关规定,我国证券投资基金的信息披露通常包括以下三方面内容:一是基金募集发行时的信息披露,主要是基金的发行公告和招募文件;二是基金投资运作中定期的信息披露,主要是为了让投资者充分了解基金的经营业绩、基金资产的增值情况以及基金的投资组合是否符合基金事先承诺的投资方向;三是基金的临时公告,当发生一些对基金产生重大影响的事件时,基金必须按规定将相关内容予以公告。在上述三方面内容中,以基金运作期间的各项定期报告为最重要的信息披露内容。

---

① 我国香港特区的基金大部分是"离岸基金",即基金的法律注册地一般是在海外如卢森堡、爱尔兰、百慕大群岛等地,香港是离岸基金的全球募集地之一,也可能是离岸基金的投资市场之一。

14.2.1　基金募集时的信息披露

基金募集时信息披露的主要内容包括基金招募说明书、基金合同和基金份额上市交易公告书。由于开放式基金的持续销售特征，基金募集信息披露又可分为首次募集信息披露和存续期募集信息披露，以下是首次募集信息披露的内容。

1 招募说明书

基金发行前，发行协调人应协助基金发起人根据《证券投资基金信息披露管理办法》及其实施准则《证券投资基金招募说明书的内容与格式》编制并公告招募说明书。根据规定，招募说明书应于基金募集前 3 天在证监会指定的报刊上刊登。招募说明书是用于披露所有对投资者的投资决策有重大影响信息的法律文件，其具体内容包括：基金管理人和托管人情况、基金的投资目标和理念、基金投资组合、基金费用、财会制度和收益分配等。对于开放式基金，其招募说明书中还应包括基金销售渠道、基金份额的申购和赎回等内容。

2. 基金合同

基金合同是规定基金各方当事人权利和义务的法律文件。基金合同规定了基金的基本情况、设立与交易、基金投资与收益分配、各方当事人的权利义务、基金资产估值和信息披露制度等。投资者依据合法程序购买基金股份，就成为基金的持有人，并按基金合同享有权利承担义务。投资者可以通过查阅基金合同，了解各方当事人的权利义务关系和基金的详细情况。

3. 基金份额上市交易公告

封闭式基金或者 LOF、ETF 基金获准上市交易时，基金管理人应当编制基金上市公告书，并由基金管理人与基金托管人在上市交易日前两个工作日内刊登在证监会指定的全国性报刊上，同时一式二份分别报送证监会和上市的证券交易所备案。基金上市交易公告书的内容与格式应当符合中国证监会制定的《证券投资基金信息披露内容与格式准则第 1 号》（上市交易公告书的内容与格式）的规定。

14.2.2　基金运作中的定期信息披露

基金定期的信息披露是为了让基金持有人及时了解基金的经营状况，以帮助正确选择继续持有或转让、赎回基金份额。根据我国的规定，证券投资基金定期披露的信息主要包括以下内容：中期报告、年度报告、投资组合公告、基金资产净值公告以及更新的招募说明书（对于开放式基金而言），这些报告或文件应在规定时间内在证监会指定的媒体上予以公告。

1. 中期报告

基金管理人应当于每个会计年度的前 6 个月结束后 60 日内编制完成中期报告，并刊登在中国证监会指定的全国性报刊上，同时一式五份分别报送证监会和基金上市的证券交易所备案。基金的中期报告主要应披露报告期间内基金管理人运作基金资产所取得的业绩、基金的资产负债情况、分配预案以及其他重大事项。中期报告的内容与格式应当符合《中期报告的内容与格式》的规定。

2. 年度报告

基金管理人应当在每个基金会计年度结束后 90 日内编制完成年度报告，并刊登在中国证监会指定的全国性报刊上,同时一式五份分别报送证监会和基金上市的证券交易所备案。基金的年度报告主要应披露报告期间内基金管理人运作基金资产所取得的业绩、基金的资产负债情况、收益分配及其他重大事项。基金年度报告的内容与格式应当符合《年度报告的内容与格式》的规定,其中财务报告应当经过审计。

3. 投资组合公告

根据有关规定,基金应每季度公布一次投资组合情况,经基金托管人复核后于公告截止日后15个工作日内公布,同时分别报送证监会和基金上市的证券交易所备案。投资组合公告的内容与格式应当符合《基金投资组合公告的内容与格式》的规定。

4. 基金资产净值公告

封闭式基金应每周至少公布一次资产净值。基金管理人应于每次公告截止日后第1个工作日计算并公告基金资产净值及每一基金单位资产净值,同时分别报送证监会和上市的证券交易所备案。

开放式基金在首次募集成立后、正式开放申购赎回之前,一般至少每周披露一次资产净值和份额净值,正式开放申购赎回后,应每个工作日公布一次资产净值,并披露公告截止日前1个工作日每一基金份额的资产净值。

5. 更新的招募说明书

开放式基金成立后,基金管理人应于基金合同生效后每6个月结束后的30日内编制并公告更新的招募说明书,并应在公告时间前15日内报证监会审核。更新的招募说明书的内容包括:基金简介、经营业绩、投资组合、重要事项变更和其他应披露事项等。

案例:开放式基金首度公开说明书亮相[①]

我国2001年下半年率先发行的两只开放式基金华安创新基金和南方稳健成长基金于2002年4月30日刊登首份公开说明书。从中可以看出,放宽申购条件、拓展代销渠道成为开放式基金的一个营销重点。

与年报、中报、投资组合公告等一样,公开说明书属于开放式基金定期报告的一部分。它是基金成立后每六个月公告一次的有关基金简介、基金投资组合、基金经营业绩、重要变更事项和其他按法律规定应披露事项的说明。从华安创新和南方稳健成长这两份公开说明书中不难看出,基金管理公司对于加强投资者服务和基金营销方面下了很大功夫。

在两份公开说明书的"重要事项提示"部分,基金申购的放宽均在其中。华安创新的个人投资者不再受30万元上限的限制。与机构投资者一样,单一个人投资者累计持有份额不可以超过5亿份。南方稳健成长则取消了单个基金账户最高持有基金单位的比例不得超过基金总份额10%的限制。

在代销渠道上,华安创新在不断增加交通银行受理网点的同时,从2002年2月4日起,开始增设了中国银行为新的销售代理人。而南方基金管理公司则将聘请招商银行代销南方稳健成长基金,以及即时开通网上交易,并在条件成熟的时候开通电话交易。此外,主代销银行工行在条件成熟的基础上,也将逐步在主要城市开通电话交易。

---

① 在2005年之前,更新的招募说明书曾被称为"公开说明书"。目前基金对定期更新披露的招募说明书,统一称为"更新的招募说明书"。

14.2.3 　不定期公告

基金在运作过程中，可能会遇到某些影响基金持有人权益及基金份额交易价格的重要事项，对于这些重要事项，有关信息披露义务人应当于第一时间报告证监会及基金上市的证券交易所，并编制临时报告书，经上市的证券交易所核准后予以公告，同时报证监会。

临时信息披露中关键是"重要事项"的概念界定。一般有两种标准：一种是"影响投资者决策"；一种是"影响证券市场价格"。我国法规采用了两种标准，即如果预期某种信息可能对基金份额持有人权益或基金份额的价格产生重大影响，则该信息为重大信息，相关事件为重大事件，信息披露义务人应当在重大事件发生之日起两日内编制并披露临时报告书。

根据《证券投资基金信息披露管理办法》的规定，这些重要事项包括：

(1) 基金份额持有人大会的召开；

(2) 提前终止基金合同；

(3) 基金扩募；

(4) 延长基金合同期限；

(5) 转换基金运作方式；

(6) 更换基金管理人、基金托管人；

(7) 基金管理人、基金托管人的法定名称、住所发生变更；

(8) 基金管理人股东及其出资比例发生变更；

(9) 基金募集期延长；

(10) 基金管理人的董事长、总经理及其他高级管理人员、基金经理和基金托管人基金托管部门负责人发生变动；

(11) 基金管理人的董事在一年内变更超过百分之五十；

(12) 基金管理人、基金托管人的基金托管部门主要业务人员在一年内变动超过百分之三十；

(13) 涉及基金管理人、基金财产、基金托管业务的诉讼；

(14) 基金管理人、基金托管人受到监管部门的调查；

(15) 基金管理人及其董事、总经理及其他高级管理人员、基金经理受到严重行政处罚，基金托管人及其基金托管部门负责人受到严重行政处罚；

(16) 重大关联交易事项；

(17) 基金收益分配事项；

(18) 管理费、托管费等费用计提标准、计提方式和费率发生变更；

(19) 基金份额净值计价错误达基金份额净值百分之零点五；

(20) 基金改聘会计师事务所；

(21) 变更基金份额发售机构；

(22) 基金更换注册登记机构；

(23) 开放式基金开始办理申购、赎回；

(24) 开放式基金申购、赎回费率及其收费方式发生变更；

(25) 开放式基金发生巨额赎回并延期支付；

(26) 开放式基金连续发生巨额赎回并暂停接受赎回申请；

(27) 开放式基金暂停接受申购、赎回申请后重新接受申购、赎回;

(28) 中国证监会规定的其他事项。

案例:关于华夏大盘精选证券投资基金暂停申购、

转换转入及定期定额业务的第一次提示性公告[①]

华夏基金管理有限公司已于 2007 年 1 月 19 日发布了《关于华夏大盘精选证券投资基金暂停申购、转换转入及定期定额业务的公告》,根据《华夏大盘精选证券投资基金招募说明书(更新)》的有关规定,现将华夏大盘精选证券投资基金(以下简称"本基金")暂停申购、转换转入及定期定额业务情况第一次提示如下:

自 2007 年 1 月 19 日起,本基金暂停接受申购、转换转入及定期定额业务。在暂停本基金申购、转换转入及定期定额业务期间,本基金的赎回及转换转出等业务正常办理。本基金恢复办理申购、转换转入及定期定额业务的具体时间将另行公告。

如有疑问,请登录本公司网站(www.ChinaAMC.com)获取相关信息。

特此公告

华夏基金管理有限公司

二○○七年二月二日

14.3　基金信息披露的内容和格式

我国基金信息披露的有关文件资料包括招募说明书、上市交易公告书、中期报告、年度报告、投资组合公告以及重大事件临时公告等。《证券投资基金信息披露内容与格式准则》规定了各项报告的内容和格式。

14.3.1　招募说明书

基金招募说明书的内容和格式如下。

(1) 绪言。须载明招募说明书编写所依据的法规和基金合同。下列文字必须载入绪言:全体发起人已批准该招募说明书,确信其中不存在任何虚假内容、误导性陈述或重大遗漏,并对其真实性、准确性、完整性承担个别及连带责任。本基金单位是根据本招募说明书所载明的资料申请发行的。本基金发起人没有委托或授权任何其他人提供未在本招募说明书中载明的信息,或对本招募说明书作任何解释或者说明。

(2) 释义。对招募说明书中具有特定含义的词汇做出明确的定义、解释和说明。

(3) 基金设立。包括:基金设立的依据、基金存续期间及基金类型、基金发起人认购及持有情况、基金合同。

(4) 本次募集有关当事人。本节列出下列有关募集当事人的机构名称、住所、法定代表人、电话、传真以及下述当事人中负责本次募集有关事宜的联系人,包括:基金发起人、销售机构、律师事务所和经办律师、会计师事务所和经办注册会计师、其他与本次募集有关的机构。

[①] 华夏大盘精选自 2007 年 2 月暂停申购以后,至本书写作的 2013 年 10 月一直未打开申购,但基金净值增长率曾长期排名国内基金业第 1 名。2013 年 10 月 8 日,累计基金净值为 13.026 元,是国内累计单位净值最高的基金。

（5）募集安排。本节说明与本次募集有关的下列事项,包括:募集方式、募集时间、基金单位拟募集总份额、基金单位每份发行价格、面值、发行费用、基金单位的认购和持有限额。

（6）基金成立。本节说明基金成立的条件及基金未能成立时已募集资金的处理方式。说明基金成立前,投资者的认购款项只能存入商业银行,不得动用。

（7）基金的投资。包括:投资目标、投资范围、投资决策、投资组合、投资限制、基金管理人代表基金行使股东权利的处理原则及方法。

（8）风险揭示。本节说明风险因素包括:市场风险、管理风险、其他风险。

（9）基金资产。包括:基金资产的构成、基金资产的账户、基金资产的处分。

（10）基金资产估值。包括:估值目的、估值日、估值方法、估值对象、估值程序、暂停估值的情形。

（11）基金费用。本节列明基金应承担的各项费用,包括基金管理人报酬、基金托管费等,并具体说明其计提方法、计提标准、支付方式等。

（12）基金税收。本节说明基金、基金持有人根据国家有关规定纳税的情况。

（13）基金收益与分配。包括:收益的构成、收益分配原则、收益分配基本比例、每年收益分配次数、分配时间、分配政策、收益分配方案、收益分配方案的确定与公告。

（14）基金的会计与审计。包括:基金会计政策、基金审计。

（15）交易安排。如为封闭式基金,说明其成立后申请上市及拟上市的证券交易所、拟上市时间及其他有关事项;如为开放式基金,说明其成立后的下列事项:申购和赎回场所、申购和赎回开始日、申购和赎回申请方式及申请的确认、申购和赎回的数额约定、申购和赎回价格及费用的计算与公告、申购和赎回款项的支付方式、赎回后的变更登记、赎回款项延期支付的情形及处理方式、与交易有关的其他事项。

（16）基金的信息披露。包括:信息披露的形式、信息披露的内容及时间、公开说明书、基金信息披露文件的存放与查阅。

（17）基金持有人。包括:基金持有人的权利及义务、基金持有人大会。

（18）基金发起人。包括:基金发起人情况、基金发起人的权利与义务。

（19）基金管理人。包括:基金管理人情况、基金管理公司章程摘要、基金管理人的更换、基金管理人禁止行为、基金管理人受处罚情况、基金管理人的权利与义务。

（20）基金托管人。包括:基金托管人情况、基金托管人的更换、基金托管人禁止行为、基金托管人受处罚情况、基金托管人的权利与义务。

（21）基金终止。

（22）基金清算。包括:基金清算小组、清算程序、清算费用、基金清算剩余资产的分配、清算的公告、清算账册及文件的保存。

（23）其他应披露事项。

（24）招募说明书存放及查阅方式。说明招募说明书的存放地点及投资者查阅方式。

14.3.2　上市交易公告书

基金上市交易公告书的内容和格式如下:

（1）绪言。必须载明以下文字:××基金上市交易公告书是依据《证券投资基金法》和

《证券交易所证券投资基金上市规则》的规定编制,本基金管理人及基金托管人愿就本公告书所载资料的真实性、准确性和完整性负连带责任。

证券交易所对××基金上市及有关事项的审核,均不构成对本公告内容的任何保证。如果投资者欲购买××基金,应详细阅读×年×月×日刊登在××报的招募说明书和本上市公告书。

(2) 概要。应列示上市公告书中的主要内容,包括:基金简称、基金交易代码、基金单位总份额、本次上市流通份额、上市时间、上市交易所、基金管理人、基金托管人、上市推荐人。

(3) 基金概况。

① 基金设立的主要内容。包括:基金设立批准机构和批准文号、基金成立日期、基金类型、基金存续期、发起人名称、法人代表、注册资本、发起人注册地址及联系电话、联系人。

② 基金募集的主要内容。包括:基金单位募集总份额、每份基金单位面值、发行价格、募集日期、持有人数、登记结算机构、发起人持有份额、募集情况简介。

③ 基金上市的主要内容。包括:上市核准文号、上市日期、本次上市流通份额、发起人认购部分的流通规定。

(4) 基金持有人结构及基金前十名持有人。应分别列示各发起人和社会公众持有的基金份额及占总份额的比例,同时还需列示基金前十名持有人的名称、持有份额、占总份额的比例及基金持有人总数等。

(5) 基金管理人、托管人简介。

① 基金管理人简介。包括:法定名称、法定代表人、总经理、注册资本、注册地址、成立批准文号、工商登记注册的法人营业执照文号、股东、内部组织结构及职能、人员情况、信息管理负责人及咨询电话、基金管理业务情况简介。

② 基金托管人简介。包括:法定名称、法定代表人、注册地址、注册资本、托管部负责人、托管部人员情况、信息管理负责人及咨询电话、托管业务情况简介。

(6) 基金投资策略和投资组合。包括:基金投资策略、公告日前倒数第二个工作日当日的投资组合。

(7) 基金合同摘要。包括:投资目标、投资范围、投资决策、投资组合和投资限制、基金资产估值、基金费用与税收、基金会计与审计、基金的信息披露、基金合同存放地和投资者取得基金合同的方式。

(8) 基金运作情况。包括:基金管理人报告、基金托管人报告。

(9) 财务状况(截止至公告日前两个工作日)。

(10) 重要事项揭示。本节列示基金发行后发生的对基金持有人有较大影响的重要事项。

(11) 备查文件目录。

14.3.3 中期报告

基金中报的内容和格式如下:

(1) 重要提示。本基金的托管人×××已于×年×月×日复核了本报告。

(2) 基金简介。列示以下事项:①基金简称、基金交易代码、基金单位总份额、基金类型、基金存续期、上市地点等；②基金管理人的法定名称、注册地址、办公地址、邮政编码、法定代表人、总经理；负责信息管理事务人员的姓名、联系地址、电话、传真；③基金托管人的法定名称、注册地址、办公地址、邮政编码、法定代表人、托管部负责人；负责信息管理事务人员的姓名、联系地址、电话、传真；④基金所聘请的会计师事务所的法定名称、注册地址、办公地址、法定代表人、经办注册会计师；⑤基金所聘请的律师事务所的法定名称、注册地址、办公地址、法定代表人、经办律师。

（3）基金管理人报告。①应声明其在报告期内，是否存在损害基金持有人利益的行为，是否严格遵守了《证券投资基金法》及其各项实施准则、基金合同和其他有关法规的规定，是否勤勉尽责地为基金持有人谋求利益；②应结合宏观经济情况及证券市场情况，简要说明报告期内基金投资策略；③可对宏观经济形势、证券市场大势及行业走势等进行展望，但不得对报告期后的基金业绩及具体证券的走势进行预测。

（4）基金财务报告。①基金会计报告书，包括：资产负债报告书、收益及分配报告书；②会计报告书附注，包括：主要会计政策、关联交易、主要报表项目说明；③应详细说明任何流通受限、不能自由转让的基金资产的名称、数量、金额，转让受限原因、受限期限，估值办法及其对基金财务状况的影响等；④基金投资组合。

（5）基金持有人结构及基金前十名持有人。应分别列示各发起人和社会公众持有的基金份额及占总份额的比例，此外还需列示按市值排序的基金前十名持有人的名称、持有份额、占总份额的比例。

（6）重要事项揭示。包括：①管理人、托管人的重大诉讼事项；②基金的会计师事务所变更；③基金管理人、基金托管人办公地址的变更；④投资组合策略的改变；⑤基金管理人、基金托管人机构及其高级管理人受到任何处罚的情况；⑥基金管理人选择证券经营机构的交易席位作为基金专用交易席位的有关情况，包括已选定机构、选择标准、当期变更情况、当期成交量及占当期成交总量的比例、支付给该机构的当期佣金及占基金当期佣金总量的比例等；⑦其他。

（7）备查文件目录

14.3.4　年度报告

基金年报的内容和格式如下。

（1）基金简介。列示以下事项：①基金简称、基金交易代码、基金单位总份额、基金类型、基金存续期、上市的证券交易所等；②列示基金管理人的法定名称、注册地址、办公地址、邮政编码、法定代表人、总经理；负责信息管理事务人员的姓名、联系地址、电话、传真；③列示基金托管人的法定名称、注册地址、办公地址、邮政编码、法定代表人、托管部负责人；负责信息管理事务人员的姓名、联系地址、电话、传真；④列示基金所聘请的会计师事务所的法定名称、注册地址、办公地址、法定代表人、经办注册会计师；⑤列示基金所聘请的律师事务所（如有）的法定名称、注册地址、办公地址、法定代表人、经办律师。

（2）基金管理人报告。①应声明其在报告期内，是否存在损害基金持有人利益的行为，是否严格遵守了《证券投资基金法》及其各项实施准则、基金合同和其他有关法规的规定，是否勤勉尽责地为基金持有人谋求利益；②应结合宏观经济情况及证券市场情况，简要说明报告期内基金投资策略；③可对宏观经济形势、证券市场大势及行业走势等进行展望，但不得对报告期后的基金业绩及具体证券的走势进行预测。

(3) 托管人报告。①应声明其在报告期内,是否存在任何损害基金持有人利益的行为,是否严格遵守了《证券投资基金法》及其各项实施准则、基金合同和其他有关法规的规定,完全尽职尽责地履行了应尽的义务;②应说明在报告期内基金管理人在投资运作、基金资产净值及每份基金单位资产净值的计算等问题上,是否存在任何损害基金持有人利益的行为,是否严格遵守了《证券投资基金法》及其各项实施准则、基金合同和其他有关法规的规定;③应对基金管理人在本年度内所编制的与托管人有关的基金披露信息是否合法、真实、完整做出说明。

(4) 基金年度财务报告。①审计报告,应采用中国注册会计师协会规定的审计报告格式,就财务报告的合法性、公允性及会计处理方法的一贯性发表审计意见,同时判定其是否符合基金合同的规定;②基金会计报告书,包括资产负债报告书、收益及分配报告书;③会计报告书附注,包括主要会计政策、关联交易、主要报表项目说明;④应详细说明任何流通受限、不能自由转让的基金资产的名称、数量、金额,转让受限原因、受限期限,估值办法及其对基金财务状况的影响等;⑤基金投资组合;⑥主要财务指标,至少披露最近 3 个基金会计年度的以下财务指标:基金可分配净收益及单位基金净收益、期末基金资产总值、期末基金资产净值及单位资产净值、基金资产净值收益率。

(5) 基金持有人结构及前十名持有人。应分别列示各发起人和社会公众持有的基金份额及占总份额的比例,同时还需列示基金前十名持有人(含发起人)的名称、持有份额、占总份额的比例。

(6) 重要事项揭示。包括:①管理人、托管人的重大诉讼事项;②基金的会计师事务所变更;③基金管理人、基金托管人办公地址的变更;④投资组合策略的改变;⑤基金管理人、基金托管人涉及托管业务及其高级管理人受到任何处罚的情况;⑥基金管理人选择证券经营机构的交易席位作为基金专用交易席位的有关情况,包括已选定机构、选择标准、年度内变更情况、年成交量及占全年成交总量的比例、支付给该机构的年佣金及占基金全年佣金总量的比例;⑦其他。

(7) 备查文件目录。

14.3.5 投资组合公告

基金公告投资组合的内容和格式如下。

1. 重要提示。本基金的托管人×××已于×年×月×日复核了本公告。

2. 基金投资组合公告至少应当包括以下内容。

(1) 基金投资组合报告在披露基金的资产组合情况时,应列表显示(可附图示)报告期末股票、债券、银行存款和清算备付金合计、其他资产等的金额及其占基金总资产的比例(%)。

(2) 基金投资组合报告在披露按行业分类的股票投资组合时,应列示按行业分类的股票市值及合计、占基金资产净值比例及合计。指数基金若兼具积极投资和指数投资的,应分别积极投资和指数投资列示按行业分类的股票投资组合及合计。

(3) 基金投资组合报告在披露报告期内股票投资组合的重大变动时,应列示:

① 报告期内累计买入、累计卖出价值超出期初基金资产净值 2%(报告期内基金合同生效的基金,采用期末基金资产净值的 2%)的股票明细,至少应披露累计买入、累计卖出

价值前二十名的股票明细。具体包括股票代码、股票名称、本期累计买入金额或累计卖出金额、占期初（或期末）基金资产净值的比例；

②整个报告期内买入股票的成本总额及卖出股票的收入总额。

（4）基金投资组合报告在披露债券投资组合时，应按券种（主要包括国债、金融债、企业债、可转债等）列示债券投资的市值及合计、市值占基金资产净值比例及合计。

（5）基金投资组合在披露按市值占基金资产净值比例大小排序的债券明细时，至少应列示债券名称、市值、市值占基金资产净值比例。

3. 基金投资前十名股票明细。列示基金投资组合中，按市值占基金资产净值比例大小排序的前十名股票明细，至少应列示股票代码、股票名称、数量、期末市值、市值占基金资产净值比例。指数基金若兼具积极投资和指数投资的，应分别按积极投资和指数投资列示股票明细。

4. 基金投资组合的报告附注至少应披露以下项目：

（1）报告项目的计价方法。如上市证券采用公告内容截止日的市场收盘价，非上市债券按面值加计至公告内容截止日应计利息。

（2）流通转让受到严格限制的资产。包括对基金配售的新股等应在报告中采用购入成本单独列示，同时必须在报告附注中详尽披露下列事实：该资产的总成本、总市价、计价方法、该方法对基金财务状况的具体影响及转让受限原因、转让受限期限。基金持有的已长期停牌股票应在报告中以最近期的市价列示。

（3）货币资金及其他资产的构成。

（4）应明确陈述是否存在购入成本已超过基金资产净值 10% 的股票。如存在，应列示这些股票的名称、数量、占基金资产净值的比例及处理方式。

（5）报告期内基金投资前十名证券的发行主体被监管部门立案调查的，或在报告编制日前一年内受到公开谴责、处罚的，应当对该股票的投资决策程序作出说明。

（6）基金投资的前十名股票中，若有投资于超出基金合同规定备选股票库之外股票的，应对相关的投资决策程序进行说明。

（7）持有处于转股期的可转换债券明细，至少包括可转换债券的代码、名称、期末市值、市值占基金资产净值比例。

14.4　基金信息披露中的问题

目前，国内基金的信息披露已经制度化和规范化。从信息披露的内容来看，我国基金法规的信息披露要求比世界上其他国家和地区更为复杂和严格，这充分地体现了我国基金和资本市场处于发展阶段，需要从信息披露方面加强对投资者利益的保护。不过在基金具体的信息披露中，仍有一些方面需要改进。

1. 投资组合披露中的问题

（1）披露时间的滞后

基金披露投资组合的滞后期往往长达 15 个交易日以上，如此长的滞后期，不利于基金持有人及时了解基金的投资动向，甚至滞后的信息披露可能会对市场和投资者产生误导。甚至有些基金应该事前披露的信息改在了事后披露。

案例:基金管理公司赎回自持基金的信息披露

某基金管理公司先后两次公告,赎回以其固有资金投资的该公司旗下的基金份额,一次为公告后三日赎回该公司持有的基金份额(属于事前公告);另一次为公告日前一日已经赎回该公司持有的基金份额(属于事后公告)。

中国证监会2005年6月8日专门发出《关于基金公司运用固有资金进行基金投资的通知》,对基金公司以固有资金进行基金投资的信息披露进行规范。通知指出,基金公司运用固有资金赎回本公司管理的开放式基金,应至少提前两个交易日公告拟赎回品种、赎回日期、拟赎回份额、适用费率等情况。

按照上述通知要求,基金公司以自有资金投资本公司所管理的基金,应该先公告再赎回。但是该基金的第二次赎回基金的公告做法正好相反,先赎回后公告,属于违规行为。

(2) 国债和现金资产的区分

基金发展历史上,在2004年以前,多数基金公布投资组合都是把国债和现金资产合并为一项报出。《暂行办法》明确规定,基金投资于国家债券的比例不得低于该基金资产净值的20%(目前这一规定已经取消)。从基金持有国债的比例,可以确定基金管理人是否遵守基金管理法规和基金合同的有关规定,而从基金持有现金头寸的大小,可以看出基金管理人运用基金资产的能力,因而国债和现金资产的意义有很大不同。从这个角度看,基金应该将国债和现金持有额分别列项披露,才更能体现信息公开的原则,否则就可能误导基金持有人的投资决策。目前,根据《证券投资基金信息披露管理办法》及其实施细则的规定,基金的资产组合应该严格分类披露,国债和现金等货币资产已经被要求分别予以披露。

2. 资产净值披露中的问题

基金管理人不仅应重视披露基金资产净值的变化,更要注重披露基金的实际收益。尤其是当基金资产中有价值存在重大损失可能性的股票或债券时(比如如前文所述的基金持有"地雷股票"或者"上电转债门事件"、"双汇"等特殊事件股票),此时基金管理人应对基金资产净值的可能变化,做出临时披露,进行具体说明[1]。

3. 关联交易披露中的问题

如果从保护投资者利益的角度考虑,基金有必要充分披露任何可能发生关联交易的行为,基金管理公司不得利用关联方交易等手段侵吞基金资产或操纵基金利润。基金管理人及托管人也不得将关联方交易非关联化,掩盖实质上的关联方关系及交易,损害基金份额持有人的利益。

知识拓展: 基金的关联方及关联交易信息披露

基金会计报表附注应按照以下要求披露关联方关系及关联方交易,其中,基金关联方关系及关联交易的界定应当符合国家法律、法规和中国证监会的有关规定。

1. 关联方关系

披露基金管理人、基金托管人、基金管理人的股东等与基金存在重大利益关系的主要关联方的名称及关联关系。当基金与其关联方发生交易时,则应披露发生交易的所

---

[1] 关于基金资产净值估值和披露中的问题,可参见本书第4章第3节的讨论。

有关联方的名称及关联关系。

2. 关联方交易

若关联方同基金进行交易，则至少应列示关联交易的类型、交易金额、定价政策及确认该种交易是在正常业务中按照一般商业条款而订立的声明，应披露的关联方交易包括但不限于以下交易：

(1) 通过关联方席位进行的交易

分别列示本基金通过关联方席位进行股票投资成交金额及占报告期股票成交总额的比例、债券投资成交金额及占报告期该类交易成交总额的比例、债券回购交易成交金额及占报告期该类交易成交总额的比例、支付给该关联方的佣金及占报告期佣金总量的比例。

基金应对基金交易佣金的计算方式、佣金比率是否公允、管理人因此从关联方获得的服务（例如研究服务）等作出说明。

(2) 关联方报酬

分别列示从基金资产中支付给基金管理人、基金托管人等关联方报酬的计算标准、计算方式及金额。

(3) 与关联方进行银行间同业市场的债券（含回购）交易

分别列示与关联方进行银行间同业市场的债券（含回购）交易的成交金额、回购利息收入及利息支出。

资料来源：摘自中国证监会文件：《证券投资基金信息披露编报规则》第 3 号——会计报表附注的编制及披露。

4. 信息披露的准确性问题

基金信息披露的准确性亟待提高。经常关注基金信息披露情况的投资者不难发现，基金信息披露的差错率仍然难免，不仅出现过基金漏报重仓股、股数统计有错的情况，对于上市公司名称的提法也有诸多的错误或不规范。

本章小结

"阳光是最好的消毒剂。"基金的信息披露是指基金管理公司必须按有关规定，定期或不定期地公布基金的经营情况、投资组合以及各类财务报表等资料，以便提示基金的投资风险，引导投资者做出相应的决策，同时也有利于监管当局更好地实施基金监管。

为了能保护投资者尤其是中小投资者的权益，同时为了减少证券市场异常的价格波动，各国和地区都对基金的信息披露制定了非常严格的规章和制度。基金的信息披露主要包括成立时的信息披露和运作中的信息披露等两方面。基金成立时的信息披露主要是公布基金合同、基金公司章程以及招募说明书等；运作中的信息披露主要是披露基金业绩报告、基金投资组合报告、基金持有人大会报告以及财务报告（中期报告和年度报告，包括资产负债表、利润表、净值变动表）等。

我国证券投资基金的信息披露包括三方面内容：一是基金募集时的信息披露；二是基金运作中定期的信息披露；三是基金的不定期公告。基金发行时的信息披露主要内容包括基金发行公告、基金上市公告书、基金合同和基金招募说明书；基金的定期信息披露包括中期报告、年度报告、投资组合公告、资产净值公告以及更新的招募说明书;基金的不定期公告主要是指当发生某些对基金有重大影响的事件时,基金对有关内容及可能后果的披露。基金的信息披露通常都有规定的内容和格式,必须按照事先规定的统一格式来编写,并及时送交监管当局审查和递送给投资者查阅。

 **本章思考题**

1. 基金信息披露的基本原则是什么?

2. 为什么各个国家和地区都制定了相当严格的基金信息披露制度? 国外基金的信息披露通常包括哪两方面内容?

3. 我国基金的信息披露主要包括哪几方面内容?

4. 简述基金的投资组合公告、基金年报两种定期披露的主要内容。

5. 什么是基金的财务状况报告表,具体包括哪些内容?

6. 试举例分析目前我国基金信息披露中所存在的问题。

 **延伸阅读**

请你从基金公司网站或 WIND 等数据库,下载基金的招募说明书,基金合同及基金年报进行阅读,从中理解基金信息披露的内部和要求。

第 15 章　基金管理(6)：
理论与实务

15.1　证券组合管理理论及其应用[①]

证券组合管理的目标是在既定的风险条件下,获得最大的收益,或在既定的收益水平下,承担最小的风险。组合管理首先要有一个计划,即考虑和准备一组能满足目标的证券,然后选择买卖时机,做出适合的选择。在买入证券后,应定期跟踪检查,如果发现证券的特性已经不符合投资目标,投资者应果断将其剔除,再选择其他合适的证券。

15.1.1　证券组合管理理论

1. 传统证券组合管理理论

传统证券组合管理理论靠非数量化的方法即基本分析和技术分析来选择证券,构建和调整证券组合,现在仍有很多投资者尤其是中小投资者习惯于采用这种组合管理方法。

2. 现代证券组合管理理论

(1) 马柯维茨的期望方差模型

现代证券组合管理理论是公认的组合管理主流理论,其奠基人是 1990 年诺贝尔经济学奖获得者哈里·马柯维茨(Harry Markwotize)。马柯维茨指出,投资者的证券选择应该实现两个相互制约的目标——预期收益的最大化和收益率不确定性的最小化之间的平衡。他创造性地提出用数学期望来度量预期收益,用方差来度量预期收益的不确定性即风险,建立了期望方差模型。

马柯维茨在分析投资者的证券组合时,提出以下两个假设：

① 投资者以期望收益率来衡量实际收益率的水平,以收益率的方差(或标准差)来衡量收益率的不确定性(风险)；

② 投资者是不知足的和厌恶风险的,总是希望期望收益率越高越好,而方差越小越好。

马柯维茨进一步分析指出,根据假设①,证券或证券组合的特征完全由期望收益率和方差来描述,在图形上,若以期望为纵轴、以方差为横轴,则证券或证券组合就由平面上的一个点来表示。假设②设定了判断这个组合点好坏的标准。在给定相同方差水平的组合中,投资者会选择期望收益率最高的组合；在给定相同期望收益率的组合中,投资者会选择

---

① 本章介绍基础的证券投资理论,主要为了说明基金组合投资的理论基础。关于证券投资理论的具体内容可以参考任何一本投资学教科书。

方差最小的组合。这些选择会产生一个有效边界。投资者根据个人的效用偏好(用无差异曲线表示),在有效边界上选择他最满意点的证券组合,该点是投资者的无差异曲线与有效边界的切点。

在投资者只关注期望收益率和方差的假设前提下,马柯维茨提供的方法是完全精确的。但这种方法面临的最大问题是计算十分困难。1963 年,威廉·夏普(William Sharpe)提出了一种简化形式的计算方法,借助于"单因素模型"来实现。这一简化形式使得证券组合理论应用于实际市场成为可能。

(2) 资本资产定价模型

夏普、林特(Lintner)和摩森(Mossin)通过对证券组合理论应用的证券定价问题研究,分别于 1964 年、1965 年和 1966 年提出了著名的资本资产定价模型(CAPM)。

根据夏普的研究,资本资产定价模型首先存在以下假设:

① 投资者都依据组合的期望收益率和方差选择证券组合;

② 投资者对证券的收益和风险及证券间的关联性具有完全相同的预期;

③ 资本市场上资本和信息自由流动。

在上述假设都成立的情况下,则引入"无风险资产"后,投资者会构建新的组合,并根据自身偏好在新的有效边界上选择他认为最优的证券组合,这样就引入了"资本市场线"的概念。

进一步地分析,夏普研究单个证券的定价决定因素,提出了 β 系数,用于衡量单个证券的价格波动相对于市场有效组合价格波动的敏感程度。如果 β 系数大于 1,则说明该证券的价格波动大于市场有效组合的价格波动,反之则反是。借助 β 系数的引入,夏普得出单个证券的期望收益率与 β 系数存在线性关系,而不像有效组合那样与总风险有线性关系。根据单个证券期望收益率与 β 系数之间的线性关系,夏普证明了对单个证券的定价用 β(代表系统风险)来衡量更为合适。

资本资产定价模型在金融领域盛行数十年,但也有人对其提出了批判。比如 1976 年理查德·罗尔(Richard Roll)批评这一模型永远无法用经验事实来检验。与此同时,史蒂夫·罗斯(Stephen Ross)在 CAPM 的基础上创造性地提出套利定价模型(arbitrage pricing theory,APT),认为只要任何一个投资者不能通过套利获得无限财富,那么期望收益率就一定与风险相联系。套利定价模型需要较少假设,罗尔和罗斯经研究证明 APT 理论至少原则上是可以检验的。

15.1.2 证券组合管理理论的应用

在实际运用中,马科维兹模型存在着以下的局限性和困难:

(1) 马科维兹模型所需要的基本输入变量包括证券的期望收益率、方差和两两证券之间的协方差。当证券的数量较多时,基本输入变量所要求的估计量非常大,从而也就使得马科维兹模型的运用受到很大限制。因此,马科维兹模型目前主要被用于资产配置的最优决策上。

(2) 数据误差带来的解的不可靠性

马科维兹模型需要将证券的期望收益率、期望的标准差和证券之间的期望相关系数作为已知数据进行基本输入。如果这些数据没有估计误差,马科维兹模型就能够保证得到有效的证券组合。但由于实际数据是未知的，需要进行统计估计，因此这些数据就会有误差。这种由于统计估计而带来的数据不准确性，会使一些资产类别的投资比例过高，而使另一些资产类别的投资比例过低。

（3）解的不稳定性

马科维兹模型的另一个应用问题是输入数据的微小改变会导致资产权重的很大变化。解的不稳定性，限制了马科维兹模型在实际制定资产配置政策方面的应用。假设每一季度对输入数据进行重新估计，用马科维兹模型就会得到新的资产权重解，新的资产权重与上一季度权重的差异可能会很大。这意味着必须对资产组合进行较大的调整，而频繁的调整会使人们对马科维兹模型产生不信任感。

（4）重新配置的高成本

资产比例的调整会造成不必要的交易成本上升。资产比例的调整会带来很多不利的影响，因此正确的政策可能是维持现状而不是最优化。

不过，可以肯定的是，尽管存在着上述问题，经过数十年的实践应用，马科维兹模型以及 CAPM 等证券定价模型已越来越被基金经理和其他机构投资者所接受，在西方投资界成为最主流的理论，并发挥着巨大的作用。

15.2 有效市场理论及其运用

15.2.1 有效市场理论的基本内容

有效市场理论，或者称为有效市场假设理论（efficient market hypothesis，EMH），讲述的是信息对证券价格的影响问题。有关该理论的论述可以追溯到巴奇列（Bachelier，1900年）的研究。巴奇列认为，商品价格是随机游走（random walk）的，即价格变动是随机的并且是不可预测的。1953年，法国经济学家肯德尔（Kendall）发表了题为《经济时间序列分析：价格》的论文，认为股票价格是随机游走的，没有什么模式可以预测股票价格的走势。在任何一天，股票价格上升的可能性和下跌的可能性是一样的，他们和过去的变化没有关系。历史数据不能提供预测股价变化的方法。这个结论在学术界引起了震动，许多学者迅速做出了反应，他们先是论证了"市场是无理性的"这一结论的正确性，即股票价格基本遵循随机游走的规律，很快学术界明白了这个结论的深刻意义，这个规律说明证券市场发挥着很好的功能，或证券市场是有效的。哈里•罗伯茨（Harry Roberts）于1959年第一次提出了用于描述信息集类型的术语，后来，法马（Fama）于1970年用我们现在采用的形式表述了这些术语。法马首先将信息分为历史价格信息、公开信息以及全部信息（包括内幕信息）三类，并在此基础上将市场的有效性分为三种形式：弱势有效市场、半强势有效市场以及强势有效市场。

弱式（weak form）有效市场假设认为，当前的股票价格已经充分反映了全部历史价格信息和交易信息，如历史价格走势、成交量等。因此，试图通过分析历史价格数据预测未来股价的走势，期望从过去价格数据中获益将是徒劳的。也就是说，如果市场是弱式有效的，那么投资分析中的技术分析方法将不再有效。

半强式（semistrong form）有效市场假设认为，当前的股票价格已经充分反映了与公司前景有关的全部公开信息。公开信息除包括历史价格信息外,还包括公司的公开信息、竞争对手的公开信息、经济以及行业的公开信息等。因此,试图通过分析公开信息,是不可能取得超额收益的。这样,半强式有效市场假设又进一步否定了基本分析存在的基础。

强式有效(strong form)市场假设认为,当前的股票价格反映了全部信息的影响,全部信息不但包括历史价格信息、全部公开信息,而且还包括私人信息以及未公开的内幕信息等。这是一个极端的假设,是对任何内幕信息的价值持否定态度。

总之,有效市场假设理论认为,证券在任一时点的价格均对所有相关信息做出了反应。股票价格的任何变化只会由新信息引起。由于新信息是不可预测的,因此股票价格的变化也就是随机变动的。在一个有效的市场上,将不会存在证券价格被高估或被低估的情况,投资者将不可能根据已知信息获利。有效市场理论下的有效市场概念指的是信息有效,它既不同于通常所指的资源有效配置的帕雷托有效,也不同于马科维兹关于均值—方差有效组合的概念。

在一个高度竞争性的市场下,有效市场假定具有直观的合理性:由于市场上存在大量的投资者,这些投资者都在努力寻求一切获利机会,都在把自己掌握的信息用于投资活动。因此,人们有理由期待股票价格将充分反映所有已知信息,新信息会立即在股票价格中得到反映。

尽管如此,在市场是否有效的问题上,争论一直在持续:如果市场是有效的,那么追求优越的投资表现就变得毫无意义。但反过来,如果没有人去追求优越的投资表现,市场就不可能变得有效。这就是所谓的"有效市场悖论"。

有关实证研究还表明,对于发达国家的金融市场来说,弱式有效性假设常常可以成立,而美国这样的发达金融市场可以达到半强式有效。

15.2.2 市场异常现象对有效市场理论的挑战

对有效市场理论的一大挑战来自一些无法解释的市场异常现象,简称"市场异象"(anomaly),即表明市场是无效的。市场异象可以存在于有效市场的任何形式之中,但更多的时候它们出现在半强势市场之中。市场异象可以被分为日历异象、事件异象、公司异象以及会计异象等。

(1) 日历异象

日历异象是一类与时间因素有关的异常现象。如周末异象:证券价格在星期五趋于上升,在星期一趋于下降;假日异象:在某假日前的最后一个交易日有非正常收益等。

(2) 事件异象

事件异象是与特定事件相关的异常现象。如分析家推荐:推荐购买某种股票的分析家越多,这种股票越有可能下跌;入选成分股:股票入选成分股,引起股票上涨等。

(3) 公司异象

公司异象是一类由公司本身或投资者对公司的认同程度引起的异常现象。如小公司效应:小公司的收益通常高于大公司的收益;封闭式基金效应:折价交易的封闭式基金收益较高;被忽略的股票效应:没有被分析家看好的股票往往产生高收益;机构持股效应:为少数机构所持有的股票趋于拥有高收益。

（4）会计异象

会计异象是一类与会计信息相连的股价变动的异常现象。如盈余意外效应：实际盈余大于预期盈余的股票在宣布盈余后价格仍会上涨；市净率效应：市净率低的公司的股票收益常常低于高市净率公司的股票收益；市盈率效应：市盈率较低的股票往往有较高的收益率。

上述这些市场异常现象，说明证券市场远非有效市场假设理论描述得那样简单。

15.2.3　有效市场理论在投资管理中的运用

对有效市场理论的理解不同，直接导致了两种完全不同的投资策略——积极投资和消极投资。积极投资的信奉者不相信市场总是处于有效状态的，市场中的信息从来都是不完全的，而人们对信息的理解也常常是方向相反的，人们常常也并不是理智的，所以市场对股票的定价不会正好反映其价值。像巴菲特和彼得·林奇等人都不大信奉有效市场理论，巴菲特就曾这样评价："有效市场理论的倡导者们似乎从未对与他们的理论不相符的证据产生过兴趣。很显然，不愿宣布放弃自己的信仰并揭开神职面纱的人不仅仅存在于神学家之中。"他还说，"'市场经常是有效的'这一观察是正确的，但由此得出结论说市场永远是有效的，这就错了。这两个假设的差别犹如白天和黑夜"。当然他们也以自己的成绩向人们证明了积极投资可以超越市场。但是有一点需要清楚，这样的人确实是凤毛麟角。

而相信有效市场理论的人则认为，人们无论怎样努力都无法长期战胜市场，因此模仿市场是最好的策略。比如美国先锋集团（vanguard）的创始人约翰·鲍格尔就认为，低成本是一个基金能够取得好业绩的关键所在，而那些积极管理的基金由于频繁买卖支付了大量的交易费用，所以无法取得令人满意的成绩。他创立的先锋集团在 30 年里已经成为美国仅次于富达集团的第二大基金管理公司，该集团崇尚的指数化投资方法取得了骄人业绩。

因此，有效市场理论的反对者和信奉者都能找到很充分的证据来支持自己的观点，这一理论的争论还要进行下去，永远也不会停止①。我国的证券投资基金绝大部分都认为国内的证券市场属于非有效市场或者有效性不强，通过积极投资（选股和选时）可以获得超额收益。

15.3　博弈论与基金投资

15.3.1　博弈论的基本内容

博弈论（game theory）是研究在一个游戏中，参与者之间在决定自己如何行动时，考虑他人会怎样行动，而自己的行动又会对他人造成什么影响，从而他人会有什么反应，相互之间如何进行博弈（就像下棋一样）的理论。博弈论在经济学中的绝大多数应用模型都是在20 世纪 70 年代以后发展起来的。从 20 世纪 80 年代开始，博弈论逐渐成为主流经济学的

---

①　2013 年的诺贝尔经济学奖授予了美国芝加哥大学的尤金·法玛和耶鲁大学的罗伯特·席勒，两人分别是有效市场理论和非有效市场理论（行为金融学派）的代表人物，就说明学术界认为两种理论均有道理。

一部分,甚至可以说构成了现代微观经济学的基础①。

博弈论可以划分为合作博弈(cooperative game)和非合作博弈(non-cooperative game),现在经济学研究的博弈论,一般指的是非合作博弈。

博弈论的基本概念包括:参与人、行动、信息、战略、支付函数、结果、均衡。参与人指的是博弈中选择行动以使自己的选择效用最大化的决策主体;行动是参与人的决策变量;战略是参与人选择行动的规则,他告诉参与人在什么时候选择什么行动;信息指的是参与人在博弈中的知识,特别是关于其他参与人(对手)特征和行动的知识;支付函数是参与人从博弈中获得的效用水平,它是所有参与人战略或行动的函数,是每个参与人真正关心的东西;结果是指博弈分析者感兴趣的要素的集合;均衡是所有参与人的最优战略或行动的组合。在上述概念中,参与人、行动、结果统称为博弈规则,博弈分析的目的是使用博弈规则决定均衡。

博弈的划分可以从两个角度进行。第一个角度是参与人行动的先后顺序。从这个角度,博弈可以分为静态博弈(static game)和动态博弈(dynamic game)。静态博弈指的是博弈中,参与人同时选择行动,或虽非同时行动但后行动者并不知道前行动者采取了什么具体行动;动态博弈指的是参与人的行动有先后顺序,且后行动者能够观察到先行动者所选择的行动。划分博弈的第二个角度是参与人对其他参与人(对手)的特征、战略空间及支付函数的知识。从这个角度,博弈可以划分为完全信息博弈和不完全信息博弈。完全信息指的是每一个参与人对所有其他参与人的特征、战略空间及支付函数有准确的知识。否则,就是不完全信息。

将上述两个角度的划分结合起来,我们就得到四种不同类型的博弈:完全信息静态博弈、完全信息动态博弈、不完全信息静态博弈、不完全信息动态博弈。

博弈论进入主流经济学,反映了经济学发展的几个趋势。

第一,经济学研究的对象越来越转向个体,放弃了一些没有微观基础的假定,一切从个人效用函数及其约束条件开始,解约束条件下的个人效用最大化问题而导出行为及其均衡结果。博弈论的研究范式就是:给出个人的支出函数及战略空间,然后看当每个人都选择其最优战略以最大化个人支付函数时,将发生什么。这与经济学效用最大化的研究方式完全相同。

第二,经济学越来越转向人与人关系的研究,特别是人与人之间行为的相互影响和作用,人们之间的利益冲突与一致、竞争与合作关系的研究。这种研究开始注意到理性人的个人理性行为可能导致的集体非理性,这一点和传统经济学形成明显对照。在传统经济学中,价格机制可以使个人理性和集体理性达到一致。现代经济学认为解决个人理性和集体理性矛盾和冲突的办法,不是像传统经济学主张的通过政府干预来避免市场失败所导致的无效状态,而是认为如果一种制度安排不能满足个人理性的话,就不可能实行下去。博弈论主张的解决办法不是否认个人理性,而是设计一种机制,在满足个人理性的前提下达到集体理性。

第三,经济学越来越重视对信息的研究,特别是信息不对称对于个人选择和制度安排的影响。从一定意义上讲,信息经济学是博弈论应用的一部分,或者说,信息经济学是非对称信息的博弈论。

---

① 关于博弈论,有兴趣的读者可以参阅:张维迎.博弈论与信息经济学.上海:格致出版社,2004.

15.3.2　博弈论在基金投资中的运用

在基金投资的具体过程中，投资决策者和基金经理要求对所有证券市场的参与者进行分析和研究，掌握和了解交易对手的习惯，以及他们可能得到的信息状况和可能采取的投资战略。在此基础上，制订基金的投资战略计划，采取有针对性的交易。

从博弈的角度看，我国资本市场历史上可以说先后经历了机构与散户为主的博弈时期、基金参与为主的博弈时期（具体可分为基金与券商的博弈，以及基金之间的博弈）等。我们可以分析这些博弈的特征。比如在机构与散户为主的博弈时期，机构投资者常常是通过坐庄来获取高额的利润。这些庄家常常设计好坐庄的思路，然后通过拉升股票价格来吸引个人投资者跟进，然后又通过震荡、调整等手段来震掉那些不坚决的跟庄者。通过反复的操作，从而一步步吸引越来越多的投资者进入该股，然后庄家在这一过程中慢慢出货，从而赚到大量利润。这一过程实际上是一个博弈过程。庄家要想办法吸引散户跟进，而散户也在猜测庄家准备在什么时候出货，两者之间不断进行着博弈。虽然有时庄家由于一些内部人的关系可以获得更多的信息并顺利出货，但并不是所有的庄家都能够战胜散户顺利出货的，这时坐庄的机构反而成为被套牢的一方。上述的这种坐庄和操纵股价的行为在任何国家均被视为非法，我国自然也不例外。2002 年以后，我国监管机构加大了监管力度，坐庄者和违法违规者得到了应有的惩罚。

在 2004 年以后，我国的证券市场进入了基金参与博弈的时期。这个阶段的博弈主体包括了基金公司、企业年金、社保基金、保险资金以及 QFII 等。我们可以在 2004 年 4 月宏观调控导致的一轮下跌行情中，基金公司之间因博弈而形成的"羊群效应"来分析基金之间博弈的特征。由于投资思路的相似、投资产品的雷同，在该次由宏观调控导致的市场下跌中，大多数的基金陷入了博弈论提到的"囚徒困境"中。

案例：基金博弈行为左右股票价格

2004 年的中报披露是《证券投资基金信息披露管理办法》开始实施以来，基金首次按照新规则规定格式进行披露的中报信息。较之以往，基金信息相对更加透明，例如"基金报告期内买卖量最大的前 20 只股票明细"就成为了新规则中规定要进行公示的一个重要部分，它从一个侧面揭示出了基金的操作重点和操作手法。

2004 年的基金中报数据显示，本期汽车、钢铁、工程机械和一些有色金属股成为了净卖出最多的几类股票，而若排除战略性建仓的因素，几只机场股、兖州煤业、贵州茅台、燕京啤酒和长城电脑等几只股票成为基金净买入最多的品种，其中不乏煤电油运等近期热门行业中的绩优股以及一直被看好的消费类股票。另外，从重仓买卖股票的大量重合现象看，基金博弈行为十分激烈，数据显示，基金净买入的股票平均涨幅明显高于净卖出的股票，可见基金的关注程度在很大程度上决定了股票的价格走向。

1. 基金博弈行为决定股票价格

中报披露了报告期内单只基金买卖量最大的前 20 只股票明细，这些股票是当期基金交易最为活跃的部分。统计数据显示，在交易最为频繁的股票中，主流大盘股仍旧是其中最重要的组成部分，不过，买和卖成交量最大的 20 只股票中，有 16 只出现了重合，在分别进入基金买卖股票榜的 370 只和 349 只股票中，出现了 285 只重合的现象。这种情况表明,在报告期内基金整体对多数标的股票进行了循环操作,显示出基金博弈十分激烈。汽车、钢铁、工程机械和一些有色金属股被减持,煤电油运等近期热门行业中的绩优股以及一直被看好的消费类股票成为关注对象。

(1)基金大量交易的仍然是大盘蓝筹股。在基金整体累计买入或卖出额处于前20名股票中,都有近30只以上的基金参与操作,其中多为如中国联通、中国石化以及招商银行等大盘蓝筹股,可见目前大盘蓝筹股仍旧是基金整体的重点操作对象。不过,在这两组股票中,有16只出现了重合现象,也就是说在报告期内,基金整体对这些大盘股票进行了循环操作,这些股票也是基金博弈的主战场。另外,在同期上证指数下跌6.54%情况下,考虑净买卖量,我们看到257只基金净买入的股票平均涨幅为3.28%,而171只净卖出的股票的平均价格下跌9.9%,可以明显地看到基金的操作对于个股价格的变化起到了相当的影响作用,而且其中基金净买入的股票其价格表现相对较好,而类似一汽轿车、申能股份等基金大幅抛出的股票二级市场价格均出现大幅度下跌。

(2)观察基金减持幅度较大的股票,汽车、钢铁、工程机械和一些有色金属股成为了出现频率最高的几类品种,可见基金对于前期的热点投资出现了分化。前期涨幅较大或受宏观调控影响较大的股票成为了基金净减持的对象。股市是以主流资金的投资理念为主导的,在目前机构投资者时代,价值投资的理念还将不断深入下去,大盘蓝筹仍是未来股市持续的热点。

2. 基金短线操作特征明显

多种现象表明,我国股市已经步入了机构博弈的时代,而基金一直是这场游戏中的主角。上述相关数据表明,本期内基金在多数重仓股票上存在大笔买入和大笔卖出的行为,可见操作同一只股票的基金内部阵营已经开始分化,从而逐渐演变为基金之间的博弈行为。而对于同一只股票存在相反方向两种操作的现象,可以归结为以下几点原因。

(1)对于同一类股票,不同的基金作出了不同的价值判断。例如汽车行业的股票,2003年被机构和个人资金共同追捧,股价也一度达到了历史高位,不过汽车行业赢利能力在经历了顶峰之后出现了下滑的迹象,因此诸多基金对该行业今后的业绩走向也产生了分歧,反映在市场上就会出现不同方向的操作,比如博时基金不断买入上海汽车,而同期其他一些基金却一直在抛售。

(2)某些股票在报告期内由于本身经营活动的变化使得其股价存在短期获利机会。目前的市场环境一定程度上束缚了基金进行长期投资的行为,许多基金加入了股票短线炒作的行列,而某些股票公布的相关信息也帮助他们可以从中获得短线的获利机会。例如宝钢股份、武钢股份以及中国联通等股票在报告期内公布了再融资行为,同时其股价也在出现相关信息后产生了较大的波动,不排除诸基金于其中短线操作获利的行为。以往机构投资者中存在着买入长期持有并不断推高股价的操作模式,不过随着基金规模数量的不断增加,这种类似坐庄的操作模式已经被市场所摈弃,而波段操作渐渐成为基金的主要赢利模式。股票的价格存在一个震荡的过程,基金的关注往往会使其价格走高,而涨幅达到一定比例时就会引发基金出货的意愿,而触发卖出行为的临界比例并没有一个统一的界定,每只参与基金都会紧密注视着其中稍纵即逝的机会。另外,当股票价格随着基金的减持而走低到一定程度时,其投资价值必然再次显现,又会触发基金整体的买入行为。这样周而复始,就完成了基金对一只股票的波段操作获利行为。不过,在波段操作中买卖时点和价位的选择问题是其中最大的难点,这一方面需要准确的判断;另一方面更需要理性,应当尽量避免"多杀多"等非正常行为的发生。

（资料来源：摘自招商证券研究发展中心吴志刚 2004 年 9 月的研究报告）

在机构博弈的时期，各个机构投资者可以通过基金的信息披露，特别是季度报告和年度报告中的投资组合公告，可以比较该基金的投资组合变化，判断基金经理看好的行业、持股集中度、基金重仓股、基金对后市的看法等操作思路，还可以从上市公司前十大流通股东名单的变化中，看出有哪些基金较为看好该股票，又有哪些基金退出了该股票，从而进行有效博弈。同样，对于个人投资者来说，也可以进行这样的分析，判断其他投资者可能的行动，决定自己的投资方案。

知识拓展：博弈论于投资中的应用——索罗斯提出的反射理论

1. 反射理论的基本内容

反射理论是由国际著名的金融投资家索罗斯提出的。该理论认为，市场价格不会是正确的。它们总是会忽略未来发展趋势的影响。但是对未来预测的扭曲具有双向的作用力。不仅市场参与者怀着偏见进行操作，而且他们的偏见也能对市场事态施加影响。这就可能使人产生一种错觉，即市场能够准确地预测未来。但实际上却是，并非目前的预测与未来的事件吻合，而是目前预测造就了未来的事件。市场参与者的观念具有先天的缺陷，在事实的发展过程与这种先天的缺陷之间存在着双向的联系，结果是使得二者很难吻合。这种双向联系叫作"相互作用力"（reflexivity）。在观念和现实之间的双向作用构成了相互作用理论。

2. 反射理论在基金投资中的应用

观念有缺陷的个体投资者使市场对他们的情绪起到推波助澜的作用，也就是说投资者使自己陷入了某种狂躁或类似兽性的情绪当中。索罗斯的理论紧密围绕着这样一个核心：投资者付出价格不仅仅是股票价值的被动反映，而且更是创造股票价值的积极因素。这种观点与现实之间的双向反馈——索罗斯称之为作用力与反作用力——成为索罗斯反射投资理论的重点。

纵容狂躁者情绪的市场往往充斥了过度行为，并容易走向极端。这种过度行为——极端现象的推动力——导致了盛衰的发生。于是，投资成功的关键就是，认清市场开始对自身发展势头产生推动力的一刻，一旦这个关键时刻得到确认，投资者就能洞察一次盛衰现象正在开始还是已经在进行中。

索罗斯如是解释："反射过程总跟随着辩证模式的原因是：市场的不确定越多，随波逐流于市场趋势的人就越多；而随这种趋势而动的投机行为影响就越大，局面也就越不可靠。"

一个典型的盛衰过程的主要特征是：

（1）市场发展的趋势尚未认定；

（2）一旦趋势被认定，这种认定将加强趋势的发展，并导致一个自我推进的过程的开始。随着现行趋势和现行观念的相互促进，偏见被日益夸大，当这一过程发展到一定阶段，"极不平衡态"的条件即告成熟；

（3）市场的走向可以得到成功的测试：市场趋势和市场人士的偏见都可以通过各种外界的冲击一遍又一遍地受到测试；

（4）确信度的增加：如果偏见和趋势在经受各种冲击之后依然如故，那么，用索罗斯的话来说，就是"不可动摇的"。他把这一阶段称为加速过程；

（5）现实和观念的决裂：此阶段的出现标志着信念和现实之间的裂痕是如此之大，市场参与者的偏见已经显而易见了，此时高潮即将来临；

（6）终于，一个镜面反射型的、能自我推进的高潮向着相反的方向发生了。

此时，仅需内部因素即可保持这种自我推进的趋势延续。但是，人们对市场的看法一旦不再起作用，原来趋势的发展将停滞不前。对市场走势的信心丧失，使得走势本身发生逆转，索罗斯把这个转换点叫作交叉点。这是人们的动机向反方向转变的交叉点，从此走向市场的崩溃，或者如索罗斯所称的崩盘加速阶段。

总而言之，索罗斯强调，当某一趋势延续的时候，为投机交易提供的机遇大增。市场人士的种种偏见与市场的走势相互作用，只要原来的趋势一直得以保持，偏见将愈发偏离真相。市场趋势一旦产生，就将按其自己的规律开始发展。

3. 反射理论在中国基金市场的案例

中国基金市场是一个新兴市场，因此这种极端的案例有很多。以2001年10月22日为例，中国基金市场出现连续的价格暴跌，市场处于极度的恐慌之中。尽管这种价格的暴跌是在股票市场连续价格暴跌之后，但是人们仍然无法接受。许多投资人纷纷斩仓出局。10月22日晚，中国证监会出台了《关于国有股减持的暂行方案》，10月23日上午基金市场开盘后，部分基金价格出现涨停，下午收市时，出现基金市场上罕见的现象——封闭式基金价格全线涨停。这就是反射理论在我国基金市场上的一个典型案例。

15.4 行为金融理论与基金投资

15.4.1 行为金融理论的主要内容

行为金融理论兴起于20世纪80年代，并在20世纪90年代得到较为迅速的发展，它是在对传统投资理论的挑战和质疑背景下形成的。行为金融理论以心理学的研究成果为依据，认为投资者行为常常表现出不理性，因此会犯系统性的决策错误，这些非理性行为和决策错误将会影响到证券的定价，投资者的实际投资决策行为往往与投资者"应该"（理性）的投资行为存在较大的不同。因此，建立在理性投资者假设和有效市场假设基础之上的传统投资理论，不能对证券市场的实际运行情况作出合理的解释。行为金融理论充分考虑了市场参与者心理因素的作用，为人们理解金融市场提供了一个新的视角，成为金融研究中非常引人注目的领域。但目前行为金融理论尚未形成一个完整的理论体系，仍主要集中于对一些市场异常现象的讨论上。

行为金融的研究表明，投资者在进行投资决策时，常常会表现出以下一些心理特点[1]。

---

① 关于行为金融学对个人投资者决策特征的总结，本书在这里仅是对一些主要规律的简单介绍，有兴趣的读者可以参阅：[英]福布斯. 行为金融. 北京：机械工业出版社，2011.

1. 过分自信

投资者总是过分相信自己的能力和判断。过分自信常常导致人们低估证券的实际风险,进行过度交易。

2. 重视当前和熟悉的事物

人们总是对近期发生的事件和最新的经验以及熟悉的东西更为重视,从而导致人们在决策和做出判断时过分看重近期事件和熟悉事物的影响。如投资者总是会对最近发生的事记忆犹新。人们总是对经常看的股票进行投资,并认为这些股票的风险较小,对不熟悉的股票、资产则敬而远之等等。

3. 回避损失和"心理"会计

对于收益和损失,投资者更注重损失所带来的不利影响,这将造成投资者在投资决策是主要按照心理上的"盈亏"而不是实际的得失采取行动。如投资者总是选择过快地卖出有浮盈的股票,而将具有浮亏的股票保留下来。

4. 避免"后悔"心理

投资失误将会使投资者产生后悔心理,对未来可能的后悔将会影响投资者目前的决策。因此,投资者总是存在推卸责任、减少后悔的倾向。委托他人代为投资、"随大流"、追涨杀跌等从众投资行为等,都是力图避免后悔心态的典型决策方式。

5. 相互影响

社会性的压力使人们的行为趋向一致。

行为金融理论认为,正是由于存在上述种种心理因素的影响,投资者在进行投资决策时偏离了理性前提,使得证券价格的变化不同于现代金融理论和有效市场理论的推断。因此,行为金融理论认为,由于受信息处理能力的限制、信息不完全的限制、时间不足的限制以及心理偏差的限制,投资者将不可能立即对全部公开信息做出反应。投资者常常会对"非相关信息"做出反应,交易不是依据信息而是根据"噪声"做出的。在这种情况下,市场也就不可能完全有效。此外,行为金融理论从投资者行为入手对许多市场异常现象做出了解释,认为异常现象是一种普遍现象。这从另一个方面说明市场的常态是无效的,而不是有效的。

15.5.2 行为金融理论在基金投资等方面的应用

行为金融理论认为,所有人包括专家在内都会受制于心理偏差的影响,因此机构投资者包括基金经理也可能变得非理性。如基金经理也可能进行跟风操作,以避免使自己过于"与众不同"等。

行为金融的一个研究重点在于确定:在怎样的条件下,投资者会对新信息反应过度(overreaction)或反应不足(underreaction)。因为投资者对新信息的错误反应会导致证券价格的错误定价,这就为采用行为金融式的投资策略奠定了理论基础:投资者可以在大多数投资者意识到错误之前采取行动而获利。

过去投资者总是希望能够通过掌握比别人更多的信息获利,但随着信息时代的到来,运用这种方法获利已变得越来越困难。但是行为金融理论指示可以利用人们的心理及行为特点获利。由于人类的心理及行为基本上是稳定的,因此,投资者可以利用人们的行为偏差而长期获利。

当前,美国已经出现直接标榜为"行为金融基金"的共同基金,基金经理利用投资者的各种认知偏差和市场表现出来的价格波动异常现象,在行为金融理论指导下,采取数学工具和计算机程序来选股和操作。如美国著名的行为金融学家 Richard Thaler 和 Russell Fuller 建立了一家以他们名字命名的基金公司,管理着行为金融共同基金。

下面第一个知识拓展是我们运用行为金融学理论分析了我国开放式基金 2003 年前后时期运作中的一些现象和问题。第二个知识拓展是对美国行为金融共同基金的介绍。

知识拓展:行为金融学与开放式基金的有关问题

行为金融学作为一门兴起于 20 世纪 90 年代的金融学和心理学的边缘交叉学科,在分析金融现实现象中有其强大的说服力和优势。本扩展内容旨在将行为金融学的原理用于对开放式基金现象的分析,提供给读者一个认识和分析问题的新视角,帮助人们正确理解我国开放式基金发展中的问题。

1. 开放式基金的大面积赎回现象

2003 年年初,我国 17 只开放式基金期初净值合计为 477.73 亿元,上半年实现净收益 11.07 亿元,未实现利得 25.66 亿元,即经营活动创造的基金净值增加为 36.73 亿元。然而,开放式基金整体却面临较大的赎回压力,17 只基金申购款为 67.24 亿元,赎回款为 207.93 亿元,净赎回 140.69 亿元,净赎回金额占基金期初净值的 29.45%。开放式基金总体面临着较大的赎回压力。表 15.1 是 2003 年上半年开放式基金的净值增长率和赎回率数据。

表 15.1　2003 年上半年开放式基金净值增长率与赎回率

基金名称	基金净值增长率	期初基金净值(亿元)	净赎回金额(亿元)	赎回比率
华安上证 180	5.62%	30.9	18.7	0.605 014
长盛成长价值	9.77%	19.7	9.22	0.467 902
嘉实成长收益	9.75%	18.1	8.08	0.446 922
大成价值	8.62%	19.6	8.69	0.444 107
博时价值	21.15%	27.6	11.9	0.430 845
宝盈鸿利	6.96%	11.2	4.78	0.427 21
易方达平稳增长	7.96%	40.7	16.3	0.400 335
富国动态平衡	5.82%	36	11.6	0.322 609
南方宝元债券	2.33%	39.8	11.3	0.282 729
华安创新	8.61%	42.9	11.5	0.267 885
南方稳健成长	12.50%	28.5	5.67	0.198 835
银华优势企业	3.91%	13	2.39	0.183 471
融通新蓝筹	9.45%	18.1	3.16	0.174 459
华夏成长	6.42%	39.3	6.48	0.164 632
鹏华行业成长	10.42%	31.8	4.15	0.130 439
华夏债券	2.19%	37.2	4.69	0.125 882
国泰金鹰增长	5.47%	23	2.13	0.092 974

注:①表中净赎回金额来自各基金 2003 年年中报的《基金净值变动表》中的"基金单位交易产生的基金净值变动数"一栏。②赎回比率为净赎回金额除以期初基金净值。③华安上证 180 基金的统计起点是 2002 年 11 月 8 日。④数据来源为各基金 2003 年年中报。

进一步地，对基金的净赎回比率和净值增长率进行回归分析，可以发现二者有一定的正相关关系。

$$Y = 0.191215 + 1.143526X \cdots (1) \quad R^2 = 0.146\,503$$
$$\quad (2.79) \qquad\qquad (1.55)$$

上式中 Y、X 分别为赎回率和净值增长率。系数下方括号中的数值为 t 检验值。回归样本数据选择了表 15.1 中的 16 只基金数据（因为统计期限要一致的原因，扣除了华安上证 180 指数基金。）。样本数据分析说明，赎回率是净值增长率的线性递增函数，也即净值增长率上升，赎回率上升。

因此，从 2003 年基金市场的实证分析得出结论：在基金净值上升时，投资者净赎回基金。表现好的基金，净赎回压力较大，资产规模下降。相对表现差或者平平的基金，反而净赎回压力较小。

从理论上说，开放式基金相对于封闭式基金的一个重要优越特征就是通过申购赎回产生的"优胜劣汰"机制。然而现实中，投资者的申购赎回行为却并没有表现为"优胜劣汰"机制，在整体基金净值上升的时候，发生大面积赎回，具体到各基金上，绩效更好的基金面临的赎回压力较大。投资者的交易行为反而促成了"劣（庸）胜优汰"，很可能会给基金经理的进取精神以及开放式基金竞争机制的发挥带来负面影响。基金经理为避免赎回而普遍缺乏动力提高基金收益率，采取雷同投资风格，保持相近收益率水平甚至甘愿中庸。这不禁使人疑惑，似乎是"劣币驱逐良币"的古老而著名的"格雷欣法则"在我国新兴的开放式基金中重现了？如何看待这种现实与理论的相悖呢？

行为金融学理论认为，投资者是非理性的，受到各种心理因素的影响。投资者对于赢利和亏损的心理态度和风险承受能力是不对称的，从而对待收益和损失的效用函数曲线特征是不同的，效用函数在面临收益时为凸型，在面临亏损时为凹型，整个效用函数呈现 S 形。当所投资的证券处于赢利状态时，财富带来的边际效用递减，卖出证券的期望效用大于继续持有证券，投资者倾向于卖出证券，从而表现为风险回避。而当证券处于亏损状态时，亏损带来的负的边际效用递减，持有证券的期望效用大于卖出证券，投资者倾向于持有证券，从而表现为风险偏好。这就是所谓的"前景理论"（prospect theory）。该理论在实践中的应用就是解释了证券市场上投资者的"处置效应"（disposition effect），即投资者长期持有已套牢亏损的股票，而过早抛出赢利的股票。西方学者的实证研究证明，投资者卖出后的股票的收益率远远高于持有着的股票的收益率。这反过来印证了投资者的非理性。

因此，开放式基金中的高比例赎回现象，可以说是基金市场中的一种"处置效应"，其表象是投资者的非理性行为，背后的原因是投资者面临收益时的风险回避心理特征。

2. 开放式基金品种设计中的市场细分（niche）策略

行为金融学家在分析市场中金融机构的资产组合时，发现和主流金融学中马柯维茨提出的有效组合不同。马柯维茨理论认为所有有效组合都能够表示为一个股票与债券具有固定比例的风险资产组合和不同数量无风险证券的组合。（所谓两基金分离定理）除此之外的组合都是非有效的。行为金融学家在解释现实现象时，认为马柯维茨理论只考虑了不同证券之间的协方差，没有考虑它们不同的风险特征，而且投资者都被假定为风险厌恶者,这不符合实际情况。现实中,投资者的资产组合是一种金字塔形的层状结构的资产组合,也称为行为资产组合,金字塔的每一层都对应着投资者特定的投资目的和风险特性,一些资金投资于最安全的底层,一些资金投资于更具冒险精神的高层。不过,行为金融学对各层之间的相关性却忽略了。

因此,实践中基金管理公司可以不受制于并不存在的"最优资产组合"的限制,而是采取市场细分(niche)策略,界定和划分投资者的金字塔需求层次和内容,着重于投资者的投资目的和风险特征设计产品。比如,西方学者Shefrin(2000)画出的金字塔结构中,从底层的储蓄账户、货币基金、长短期CD,接着是上一层的国债、市政债、公司债、垃圾债等债券层,中间层次主要是对股票的区分,从公用事业股票、高收益股票、价值型股票到成长型股票,最高层是彩票。随着层次的上升,本金安全性下降、资本损失风险增大,潜在的收益也在增加。总之,基金管理公司可以根据投资者不同层次上的投资目的和风险承受特征,设计不同内容的投资基金,满足投资者的需要。

另外,还要考察投资者需求层次的变化,即金字塔中各层次之间是有相关性的,投资者在不同情况下,会处于金字塔的不同层次上。因此,在系列基金(伞型基金)中需要设计不同需求层次的品种,以利于投资者未来需求层次变化后,可以在系列基金内部转换。

3. 基金的分红策略

对于开放式基金来说,有净值上升带来资本利得的收益和基金分红带来的分红收益,目前我国对两种收益都不征收所得税。是否两种收益一样呢?是否基金可以不分红呢?

行为金融学提出了"心理账户"(mental accounts)概念,认为投资者心理上将红利和资本利得纳入不同的心理投资账户,对待红利等保值型心理账户,具有较强的风险厌恶特征,对待资本利得等资本增值型心理账户,具有较强的风险承受能力甚至表现为风险追求。所以,当一直发放红利的股票取消红利时,投资者的激烈反对也就可以理解了。

在现实中,不同的开放式基金应该选择不同的分配方式,有的基金可以每年保持稳定乃至递增的分红,有的基金可以主要依赖净值的上升,这样有利于基金采取不同的投资策略,对于追求净值上升的基金可以采取长线投资,避免每年分红带来的资产处置压力。

因此,不同的基金应该通过宣传明确告诉投资者基金的分红策略,使自己被投资者纳入不同的心理账户。对于侧重净值升值的基金(比如积极投资的股票基金),可以减少分红及次数或者不分红,使得资产净值上升,短期内不会增加赎回反而有利于吸引申购资金。而对于侧重分红的基金(比如债券型或者平衡型基金),必须定期提供稳定分红或者增加分红次数,否则取消分红可能引起大量赎回。重要的是,基金的分红策略最好稳定,避免大幅度变动。

4. 基金的投资策略

行为金融学理论认为资本市场并非有效市场,首先它否定了主流金融学理论提出的套利行为对非有效市场的纠正机制。行为金融学认为现实中套利行为是有限的(boundary arbitrage),原因可能是:(1)无法找到套利对象的替代品;(2)首先,套利需要的流动性头寸过大,从而无法实现。其次,资本市场中的投资者存在大量行为偏差。比如投资者在短期对新信息反应不足，股票价格出现惯性效应（momentum），在长期对信息反应过度，股票价格出现反转效应。De Bondt 和 Thaler 对纽约证交所的研究数据发现，在过去 5 年中表现最差的 35 只股票在接下来的 5 年中股价表现优于市场整体水平，而过去 5 年表现最好的 35 只股票在接下来的 5 年中落后于市场。针对市场非有效性，行为金融学提出了行为资产定价理论（behaviour asset pricing model，BAPM），以区别于有效市场的资本资产定价模型（CAPM）。

市场既然非有效，基金经理就可以击败市场。基金经理要击败市场，就必须利用其他投资者的行为偏差。针对行为金融学提出的各种投资者行为偏差，基金经理可以采取以下一些投资策略。

（1）反向投资策略。这是对市场过度反应的一种纠正。比如选择低市盈率的股票、低市净率的股票、历史收益率低的股票。选择其他基金很少投资的股票，甚至 ST 股票也可以考虑等。

（2）成本平均策略。在股市下跌时，分批买进股票以摊低成本。

（3）惯性交易投资策略。利用股价的连续性同一个方向的变动，进行反向投资。在股价连续上涨时，连续卖出；在股价连续下跌时，连续买入。

（4）从众投资策略。从众投资策略是在群体压力下产生的非理性行为，但是在很多情况下，市场在做出对定价错误的纠正之前，时间很长。这时采取从众行为，投入"羊群"，反而比逆市而为的理性套利行为获利更大。

另外，基金还可以利用资本市场中一些长期存在的异象效应，如小盘股效应、账面市值比效应、周一效应、1 月效应等，相机抉择最佳投资策略。

5. 基金经理的选择策略

基金经理在实际投资中，也会出现各种非理性行为或称行为偏差，投资者选择开放式基金，也是选择基金经理。基金经理的行为偏差包括：①羊群行为，主要是指基金经理出于声誉考虑或者出于报酬考虑的羊群行为。为了避免因投资失误而出现声誉风险，或者当基金经理的报酬是建立在同行业业绩比较的基础之上时，基金经理之间就有采取相互模仿行为的倾向；②基金经理可能由于过于自信而过高估计自身的能力，为了获取较高的投资回报而从事风险较大的投资；③在一段时间内投资业绩优秀的基金经理可能为了保持自己的声誉而采取较以前更为稳定的投资策略，降低基金组合的风险程度，从而锁定基金的投资收益。

基金经理的上述行为可能会使得基金的风险收益发生意外变化或者基金收益过于平庸，因此，投资者在选择基金时，必须对基金经理人的心理变化和行为倾向进行关注。

（资料来源：李曜. 从行为金融学看基金的赎回现象、分红及基金经理选择. 南京大学 2003 行为金融学国际研讨会入选论文，连载于《上海证券报》2003 年 12 月 1 日、8 日、15 日。）

知识拓展：行为金融基金

研究行为金融的学者们在发现一些情况下，投资者非理性地不将个人财富最大化作为投资目标，或者是出现系统性的心智错误。这两种情况下都可以导致证券价格的错误定价，并且都是行为偏差导致的结果。试图从行为偏差中获得超额收益的基金经理就可以被称为"行为基金经理"。而且，通过行为偏差来获取超额收益有显著的优点——持续性强。这主要是由于人的行为偏差很难改变，即便改变也是个缓慢的过程。因此，利用行为金融来产生获取超额收益的策略，具有普通价值投资方法或者数量投资方法所不具备的持续性。

以上是行为金融基金这种产品出现的理论背景。目前，国外已经有一些共同基金管理公司投入行为金融产品的研发和实践，比较著名的有 JPMorgan 资产管理公司、Fuller & Thaler 资产管理公司、荷银资产管理公司（ABN AMRO）和 LSV 资产管理公司。这四家公司都具有成熟的行为金融产品。他们都试图通过发掘投资者非理性行为寻找到战胜市场的投资策略。许多开发行为金融产品的基金公司都对自己的投资理念进行了评述，基本都和 Fuller & Thaler 资产管理公司对这种反指数（anti-index）投资的投资理念相似，该资产管理公司的投资理念概述如下。

"Fuller & Thaler 试着在投资者错误的处理信息带来的市场非有效性上进行投资并获得超过市场的收益。我们运用了从下至上的投资方法，该方法结合了基本面研究和行为金融的理念来获得超越市场的竞争力。"

JP 摩根银行于 1992 年开始了行为金融产品研究和设计，到 2006 年共有 760 亿美元资产采用了行为金融的理念，其中 2/3 的行为金融产品都投资于非美国股票。JP 摩根第一只行为金融基金叫作"Premier Equity Growth"，于 1992 年在英国国内发售。JP 摩根的资料显示该基金在成立初的前十年中有九年都跑赢了基准。但从 2002—2007 年的业绩记录来看，则未能超越指数的表现。

2003 年 JP 摩根在美国本土发售了第一只行为金融基金——"JPMorgan Intrepid International Fund"，该基金主要投资于西欧市场而并非美国。随后行为金融小组又推出四只投资于美国市场的行为金融基金。行为金融基金的资产规模从最初的 1 亿美元到 2006 年三季度已经超过 200 亿美元。从其披露信息来看，JP 摩根强调两类行为偏差——"过度自信"和"损失厌恶"。该公司认为两种偏差是普遍且持续地影响投资决策，并且是解释价值和动量策略的关键。归根结底，他们的两种策略是价值投资和动量投资，找到具有比市场便宜并比市场有更好动量的"超级股票"。

综上所述，行为金融基金并不神秘，从投资风格来划分，并没有突破原来价值投资的理念，只是运用了行为金融的知识，因此比传统价值投资走得更远。与传统的价值型基金相比，行为金融基金更强调数量化选股模型和动量反转等行为偏差的作用，避免投资过程中的判断错误和行为弱点，试图通过挖掘投资者行为的偏差来寻找长期战胜市场的投资策略。但正如美国 LSV 资产管理公司创始人之一、著名行为金融学家、美国伊利诺斯大学教授 Lakonishok 所说："正如你所知道的那样，行为金融并非是如何战胜市场的明确诀窍。人们容易认为行为金融中存在对于每个人都适用的一套投资策略，但是实际上并不存在。"

（资料来源：谢江，宋曦. 行为金融系列研究报告. 联合证券研究报告，2007 年 8 月。）

 **本章小结**

传统证券组合管理靠非数量化的方法即基本分析和技术分析来选择证券,构建和调整证券组合。现代证券组合管理理论是公认的组合投资管理的主流理论,其奠基人马柯维茨(Markowitz)指出,投资者的证券选择应该实现两个相互制约的目标——预期收益的最大化和收益率不确定性的最小化之间的某种平衡。他创造性地提出用数学期望来度量预期收益,用方差来度量预期收益的不确定性即风险,建立了期望方差模型。夏普(Sharpe)研究单个证券的定价决定因素,提出了β系数,用以衡量单个证券的价格波动相对于市场有效组合价格波动的敏感程度。夏普等人于 1964 年提出了著名的资本资产定价模型(CAPM)。

有效市场理论,或者称为有效市场假设理论(efficient market hypothesis,EMH),讲述的是信息对证券价格的影响问题。法马(Fama)首先将信息分为历史价格信息、公开信息以及全部信息(包括内幕信息)三类,并在此基础上将市场的有效性分为三种形式:弱势有效市场、半强势有效市场以及强势有效市场。对有效市场理论的一大挑战来自一些 EMH 无法解释的市场异常现象,简称市场异象,如日历异象、事件异象、公司异象以及会计异象等。

博弈论(game theory)是研究在一个游戏中,参与者之间在如何决定自己行动时,考虑他人会怎样行动,而自己的行动又会对他人造成什么影响,从而他人会有什么反应,相互之间如何进行博弈(就像下棋一样)的理论。在基金具体投资的过程中,基金投资决策者和基金经理要求对所有证券市场的参与者进行分析和研究,掌握和了解交易对手的习惯,以及他们可能得到的信息状况和可能采取的投资战略。在此基础上,制订基金的投资战略计划,采取有针对性的交易手法。

反射理论(reflexivity)作为博弈论应用于投资中的一个发展,是由国际著名的金融投资家索罗斯提出。该理论认为,市场价格不会是正确的,市场价格总是会忽略未来发展趋势。

行为金融理论(behaviour finance theory)以心理学的研究成果为依据,认为投资者行为常常表现出不理性,因此会犯系统性的决策错误,这些非理性行为和决策错误将会影响证券的定价。投资者的实际投资决策行为往往与投资者“应该”(理性)的投资行为存在较大的不同。投资者的非理性行为主要有:过分自信;重视当前和熟悉的事物;回避损失和“心理”会计;避免“后悔”心理;相互影响等。目前在我国的基金市场上,在基金赎回、分红、投资策略等方面都存在一定程度的投资者非理性行为。目前国际上已经出现依据行为金融理论为投资策略的行为金融基金。

 **本章思考题**

1. 什么是现代投资组合管理理论？请简述这一理论的发展脉络。
2. 投资组合管理理论运用于现实中的问题表现在哪些方面？

3. 什么是有效市场理论？什么是市场异象？具体包括哪些内容？请举例说明。

4. 什么是博弈理论？为什么博弈理论在中国目前基金市场中的运用日益重要？请尝试举例分析。

5. 什么是反射理论？请举中国证券市场和基金市场的具体案例说明。

6. 什么是行为金融理论？投资者的非理性行为的具体表现有哪些？你认为以行为金融理论为基础的"行为金融基金"具有长期的生命力吗？

7. 结合我国基金市场的发展变化，评述一下你对本书作者的"行为金融理论在开放式基金中运用"文章的看法。

 延伸阅读

关于基金赎回异象，可阅读：

1. 陆蓉，陈百助，徐龙炳，谢新厚．基金业绩与投资者的选择——中国开放式基金赎回异常现象的研究．经济研究，2007 年第 6 期．

2. 李曜，于进杰．开放式基金赎回机制的外部效应．财经研究，2004 年第 12 期．

3. 姚颐，刘志远．我国开放式基金赎回行为的实证研究．经济科学．2004 年第 5 期．

4. 肖峻，石劲．基金业绩与资金流量：我国基金市场存在"赎回异象"吗？．经济研究，2011 年第 1 期．

第4篇 基金治理与绩效

第 16 章　基金治理结构(1)：背景与现实问题

16.1　基金治理结构定义

基金从本质上来说,就是一种代理投资制度(delegated portfolio management)——投资人将手中的资金交由基金管理人代为投资。于是如同一般公司一样,股东与管理层的代理关系同样存在于基金之中。具体而言,基金中存在的受托人与委托人之间可能的利益冲突(conflict of interests)称为代理成本（agency cost）。

最简单的代理成本体现在基金投资者的利益和基金管理公司的利益是不一致的。基金投资者投资在基金中,期待的是基金回报。但事实上投资者购买基金之后什么保障也没有,只是对未来收益的一种期望。这种期望的收益是无法得到任何法律保护的[①]。而基金管理公司的收益是来自于其管理的基金资产的提成,基金管理公司的收益是稳定有保证的。当基金管理公司赚钱的时候,不代表基金投资人也一样赚钱。为了保证基金管理公司能够按照投资人的利益做投资决策,需要治理制度的安排。

基金的治理结构是用以协调基金相关利益方之间关系和利益的制度安排,包括相互关联的三个方面：

(1) 控制权的分配与行使；

(2) 对相关利益方的监督与评价；

(3) 激励机制的设计与实施。

这里的相关利益方,对于合同型基金而言,包括基金持有人、基金管理人和基金托管人；对于公司型基金而言,包括基金股东、董事会、基金管理人(投资顾问)和基金托管人。从广义上讲,一个完整的基金治理结构应当包括三个方面：

(1) 内部治理,即狭义上的基金治理结构；

(2) 外部治理,即通过市场机制来约束基金管理人的道德风险行为,包括在基金市场上投资者以"用脚投票"的方式来表达对基金管理人的不满；在基金管理人市场上通过基金管理人的进入退出行为,表达市场对基金管理人的看法。

(3) 相关者治理,即通过法律、监管等第三方的直接安排,介入基金投资者与基金管理人之间的交易,以降低交易成本,消除利益冲突和基金管理人的道德风险。

本书主要是从狭义角度阐述基金的治理结构。以下第 16 章主要介绍基金代理人成本

---

① 法律规定,证券投资基金的投资风险是由投资者完全承担的。基金不得保证投资者的收益。除个别类型的基金(如保本基金)可以一定的本金保证之外。如《证券投资基金法》第 3 条规定,"基金份额持有人按其所持基金份额享受基金收益和承担风险",第 64 条规定,"公开披露信息,不得有以下行为,……违规承诺收益或者承担损失"。

的缘由、理论与实证上解决基金代理成本的方式。第17章将按基金行业的不同参与者(基金持有人、管理人与基金托管人)分别介绍法律规章的规定以及不同基金治理结构的实现方式。第18章则对基金监管制度做一个简单的概括。

16.2　代理人成本与非对称信息

非对称信息(asymmetric information)是指在交易活动中,某些参与人拥有但另外一些参与人不拥有的信息。在基金市场中,由于基金投资是一种代理投资,本质上基金管理人必定拥有基金投资人所不拥有的信息。若是基金投资人拥有跟基金管理人同样的信息,基金投资人就没有必要将资金交给基金管理人了。也因此非对称信息是基金治理中的核心问题,任何的治理结构和监管制度,虽然可以在一定程度上缩小非对称信息所带来的代理成本(agency cost),但不能完全将之消除。

从非对称信息的内容来看,非对称信息既可能是指基金管理人的行为(action),即基金管理人是否在为基金投资者尽职尽责工作;也可能是指基金管理人的能力(ability)[1],即基金管理人管理基金资产的能力。投资者购买基金,本质上是购买基金管理人的能力和尽职尽责程度,而基金管理人的能力和尽职尽责程度又是难以直接观察的。

对于基金管理人行为的非对称信息以及对于管理人能力非对称信息分别导致两个问题,即道德风险(moral hazard)和逆向选择(adverse selection),其中,对于管理人能力的非对称信息将导致逆向选择——投资人不见得能够选择能力较好的基金经理,而基金管理人行为的非对称信息将导致道德风险——基金管理人损害投资者利益的实际行为。我们在下文重点分析基金行业的道德风险。

16.3　基金行业的道德风险

道德风险是指投资者在购买基金之后,基金管理人可能做出不利于投资者的行为选择。道德风险产生的充分条件是基金市场中的信息不对称,必要条件是基金管理人和投资者之间的利益冲突。根据前文的分析,充分条件和必要条件在基金市场中都存在,所以,基金的道德风险问题就在所难免了。在基金的实际运作过程中,道德风险存在于基金投资、交易、销售、信息披露等各个环节。

1. 净值操纵

基金管理人以获取管理费收入最大化为目标[2]。由于目前我国基金管理费的提取比例是固定的(一般股票型基金为1.5%,混合型基金为1.2%,债券型基金为0.6%~0.8%,货币市场基金为0.33%等),作为外生变量,基金管理人自己无法控制。基金管理人能够控制的变量只有基金净值。使基金净值增长的途径有三种:一是增加基金的净销售量(净申

---

[1]　所谓的能力(ability)理论上是把所有和基金操作绩效相关的能力全部划归到这一个变量上。但实际上的操作也许是一个互相关联的多维度向量,包含基金经理在资产配置的操作手法、基金经理的知识背景、行业关系、选股能力、择时能力、流动性管理能力等。但理论上为简便起见,通常都直接称作基金经理人的能力。

[2]　目前我国的基金管理公司均明确提出公司目标是"以基金投资者利益最大化为目标",但从经济理性上说,并不能排除管理人自身利益最大化即管理费最大化的目标。

购量)；二是通过研究、分析、价值挖掘等实现基金净值增加；三是操纵基金净值。其中,第一种对投资者是中性偏有利的,因为基金净销售增加,基金规模扩大,有利于净值上升。第二种是和投资者利益相一致的。第三种操纵基金净值则是与投资者利益相违背的。

操纵净值的主要办法是操纵股票价格,特别是操纵基金重仓股的价格。基金在交易日的最后几分钟,用不多的交易量将股票价格拉上去,使基金净值大幅增加[①]。比如,一只基金持有某只股票 500 万股,在收盘前的最后几分钟,用 50 万元的资金,将股票价格拉高 1元,其净值可以增加 500 万元,所用资金与净值提升的比例为 1：10。

净值操纵与计提管理费和业绩报酬的方法有关,也与基金净值排名有关。基金管理费是按每日的基金净值逐日计提,基金净值排名是按周(月、季、年等)进行,基金的业绩报酬是按年进行。因此,基金净值操纵往往发生在每周最后一个交易日、年中最后一个交易日或每年最后一个交易日,甚至是该交易日收盘前的最后几分钟。

净值操纵在基金市场发展初期比较普遍,那时股票流通量小,易于操纵。随着股票市场规模扩大,操纵股价的难度越来越大,成本越来越高,基金的净值操纵行为也越来越少。从制度设计上看,我国股票市场收盘价以最后一分钟(沪市)成交量加权平均价作为收盘价[②]、监管部门对“尾盘拉升”行为的明文禁止等使得净值操纵的成本增加。

净值操纵对投资者的影响是：增加了基金运营成本(包括管理费和交易佣金),降低了投资者的回报率。操纵净值的结果是基金资产的流动性下降,某些基金的净值暴涨很可能只是“纸上财富”,所持股票能否以高价变现很成问题。当基金持股较多时,抛售股票直接影响个股走势,影响基金净值。

2. 操纵市场

操纵市场是指基金以获取超额利润或减少风险为目的,利用资金、信息优势,影响股票价格,制造市场假象,诱导投资者在不了解事实真相的情况下做出投资决策。基金操纵市场的手法主要有如下几种：

(1) 合谋。是指基金与利益相关者串通,由一方做出交易委托；另一方知悉对方委托内容,在相似时间,以相似价格、数量做出相反委托,并达成交易。这种做法也属于下面讲到的关联交易。

(2) 对倒,又称连续双向交易。是指基金在同一时间对某一只股票进行又买又卖的操作,故意制造繁荣交易假象,以抬高或者压低股票价格[③]。

(3) 拉托。是指基金借助于市场咨询机构或股评人士散布谣言或不实资料,使公众投资者对股票价格走势产生错误判断,自己趁机获取利益或避免损失。

对基金投资者而言,操纵市场的行为一方面增加了投资者的收益；另一方面增加了投资者的风险。这种风险可能是市场本身的风险,即操纵失败的风险,也可能是法律风险,即操纵市场被查处的风险。基金的上述操纵市场行为,属于我国《证券法》第七十一条禁止的

---

① 净值操纵的前提是基金的资产价值以股票的收盘价估值,2007 年 7 月之前,封闭式基金采取上市股票的当日成交均价进行估值,开放式基金以股票当日收盘价估值。2007 年 7 月我国基金业实施新会计准则后,无论是开放式还是封闭式,所有基金均以上市交易股票的收盘价估值。

② 深圳证券交易所(含中小板、创业板)的股票收盘价通过最后三分钟集合竞价的方式产生。

③ 在 2000 年 10 月《财经》杂志的“基金黑幕”一文详细描述了基金的对倒交易。其后 2001 年中国证监会对基金交易行为进行了调查,博时等基金管理公司及管理人员受到了相应处分。

交易行为①,因此,从表面上看,操纵市场对投资者是一种高风险高回报的行为,但本质上说,是使投资者承担严重违法成本的错误行为。对整个市场来说,则扭曲了市场价格信号,导致无序和紊乱,没有任何积极意义。

3. 关联交易

基金的关联交易主要有两种形式:一种是基金与基金管理公司控股股东之间的交易;另一种是同一基金管理公司的内部各基金之间的交易。基金与基金管理公司控股股东之间的关联交易行为包括以下三个方面:

(1) 基金与基金管理公司控股股东自营盘之间的交易,通过这种交易转移利润。在我国基金市场发展初期有一种说法,基金是证券公司的"第二自营盘",即指基金和基金管理公司股东证券公司之间的利益从属关系。

(2) 基金管理公司动用基金资产为其控股股东证券公司在新股承销、增发、配股乃至资产重组、股权分置改革投票等过程中提供某些支持,减轻控股股东的承销风险或者帮助控股股东完成投资银行业务。

(3) 基金管理公司将基金的交易席位分配给控股股东。正常的市场交易原则是基金管理公司租用证券公司的交易席位,证券公司为基金管理公司提供研究成果和相关服务。基金管理公司分配给证券公司的交易量与证券公司提供的研究成果的质量和数量相匹配。但是,在关联交易的情况下,二者之间未必匹配。同时,作为对基金管理人的回报,控股股东可能在基金的年报和中报统计日前,大幅拉高基金重仓股股价,抬高基金净值,为基金提取管理费、基金排名等方面提供支持。

我国目前的基金管理公司大多是以证券公司和信托投资公司为主发起人设立的。证券公司和信托投资公司与基金管理公司有很强的产业关联性;他们之间要么存在上下游关系(证券承销与证券投资、证券研究与证券投资、证券经纪与证券投资等),要么存在同业竞争关系(都作证券投资业务)。产业关联性是关联交易的基础,而股权结构是实现关联交易的直接保证。我国首批设立的基金管理公司,各发起股东的持股比例各不相同,其中单个股东最高持股比例达到60%,这种股权结构为控股股东干预基金管理公司正常运作和关联交易提供了条件,后来成立的基金管理公司基本都是等比例持股,这种股权结构有利于基金经理人的正常运作,减少关联交易②。

关联交易的另一种形式是同一管理公司管理的不同基金之间的交易行为。一般表现为用一个基金的赢利来填补另一个基金的亏损。这种关联交易既可以发生在同一基金管理公司所管理的不同基金之间,也可以发生在基金管理公司管理的公募基金与所管理的代客理财账户(比如全国社保基金的专户、企业年金专户以及"一对一、一对多"专户等)之间,还可以发生在同一基金管理公司所管理的封闭式基金与开放式基金之间。

这种关联交易行为通常是以基金之间的相互"倒仓"形式表现出来。所谓"倒仓"是指甲、乙两只基金通过事先约定的价格、数量和时间,在市场上进行相对交易的行为③。一家基金管理公司管理的两只基金相互倒仓,既可以解决先成立的基金的资产流动性问题,又

---

① 我国《证券法》第71条列出了合谋、连续交易、自买自卖等操纵证券价格的行为。
② 关于我国基金管理公司的股东及其持股结构,参见本书附录"我国基金管理公司股权结构一览表"。
③ 参见平湖.基金黑幕.财经,2000年第10期.

不影响甚至提高基金净值。例如,倒仓行为的表现如下。

(1) 为了保证开放式基金的净值或者应付赎回资金需要,有可能出现将开放式基金的大量股票倒仓给封闭式基金,反正封闭式基金不存在流动性风险问题。

(2) 基金管理公司为树立品牌形象,可能选择一只开放式基金树立作为公司品牌,将其流动性差、亏损的股票倒给公司旗下其他的基金,以确保"品牌基金"的净值在市场中处于领先。

(3) 如果遇到基金公司旗下某一只基金需要扩募或续期(指封闭式基金),其他基金可能通过集中拉抬该只基金重仓股股价的方式解决基金扩募需要的净值增长率问题。

(4) 为了吸引和保证获得代客理财客户,基金管理公司也可能以牺牲公募基金投资者的利益确保定向的专户理财账户的收益率。

2001 年 6 月中国证监会发布了《关于规范证券投资基金运作中证券交易行为的通知》,其中要求,"证券交易所在日常交易监控中,应当将一个基金视为单一的投资人,将一个基金管理公司视为持有不同账户的单一投资人,比照同一投资人进行监控。"[①]这一规定对防止同一基金管理公司内部各个基金之间的倒仓行为有着积极意义,但是难以防止基金与其控股股东或其他利益相关者之间的倒仓行为或关联交易。2006 年 6 月和 10 月,中国证监会分别颁布了《证券投资基金管理公司治理准则(试行)》和《基金管理公司投资管理人员管理指导意见》,对基金的投资行为进一步规范;2008 年 3 月,《公平交易指导意见》的颁布,更是直接加强了对不公允关联交易的监管要求(见下文的知识拓展)。

关联交易对投资者利益产生的不利影响包括:

(1) 利益损失。将基金利益转移给基金管理公司的控股股东,或者将一只基金的利润转移给另一只基金,或者将基金的利润转移给代客理财账户,或者将封闭式基金的利润转移给开放式基金,或者是逆向转移,都必然会损害基金管理公司客户的利益。

(2) 扭曲基金净值和赢利信号,扰乱市场资源配置机制。基金净值和基金赢利是基金管理人能力的综合体现,也是投资者选择基金进行投资的重要指标。如果出现关联交易行为,净值和收益的价格信号功能就会扭曲变形,基金投资者无法准确判断基金的真实情况,进而给投资者的投资决策造成困难,导致基金市场资源配置混乱。

知识拓展： 关于基金管理公司内部公平交易的监管

2008 年 3 月 20 日,中国证监会颁布了《证券投资基金管理公司公平交易制度指导意见》(2008[9]号),目的是进一步完善证券投资基金管理公司的公平交易制度,保证同一公司管理的不同投资组合得到公平对待,保护投资者合法权益。

该法规要求公司应严格遵守法律、法规关于公平交易的相关规定,在投资管理活动中公平对待不同投资组合,严禁直接或者通过与第三方的交易安排在不同投资组合之间进行利益输送。所称投资组合包括封闭式基金、开放式基金、社保组合、企业年金、特定客户资产管理组合等。

公司的公平交易制度所规范的范围应包括所有投资品种,以及一级市场申购、二级

---

① 中国证监会："关于规范证券投资基金运作中证券交易行为的通知"(证监发[2001]29 号)第 5 条。2001 年 6 月颁布。

市场交易等所有投资管理活动,同时应包括授权、研究分析、投资决策、交易执行、业绩评估等投资管理活动相关的各个环节。具体的执行要求如下。

(1)组织结构上:公司应合理设置各类资产管理业务之间以及各类资产管理业务内部的组织结构,在保证各投资组合投资决策相对独立性的同时,确保其在获得投资信息、投资建议和实施投资决策方面享有公平的机会。

(2)投资决策上:公司应在备选库的基础上,根据不同投资组合的投资目标、投资风格、投资范围和关联交易限制等,建立不同投资组合的投资对象风格库和交易对手备选库,投资组合经理在此基础上根据投资授权构建具体的投资组合。

(3)内部控制上:公司应将投资管理职能和交易执行职能相隔离,实行集中交易制度,建立和完善公平的交易分配制度,确保各投资组合享有公平的交易执行机会。如果投资风格相似的不同投资组合对于同一证券有相同的交易需求,公司应保证这些投资组合在交易时机上的公平性,以获得相同或相近的交易价格。

对于交易所公开竞价交易,公司应严格执行交易系统中的公平交易程序。公司应完善银行间市场交易、交易所大宗交易等非集中竞价交易的交易分配制度,保证各投资组合获得公平的交易机会。对于部分债券一级市场申购、非公开发行股票申购等以公司名义进行的交易,各投资组合经理应在交易前独立地确定各投资组合的交易价格和数量,公司应按照价格优先、比例分配的原则对交易结果进行分配。

(4)稽核和信息披露上。公司应加强对投资交易行为的监察稽核力度,建立有效的异常交易行为日常监控和分析评估制度,并建立相关记录制度,确保公平交易可稽核。

公司应分别于每季度和每年度对公司管理的不同投资组合的整体收益率差异、分投资类别(股票、债券)的收益率差异以及不同时间窗内(如当日内、5日内、10日内)同向交易的交易价差进行分析,如果在上述分析期内,公司管理的投资风格相似的不同投资组合之间的业绩表现差异超过5%,公司应就此在监察稽核季度报告和年度报告中做专项分析。

这一法规颁布实施后,我国公募基金在定期报告中均对公平交易进行了专门的信息披露。

4. 内幕交易

内幕交易是指内幕人员以及其他以不正当手段获取内幕信息的人员违反法律、法规规定,泄漏内幕信息,根据内幕信息买卖证券或者向其他人提出买卖证券建议的行为。基金的内幕交易行为主要有三种:

(1)基金与上市公司之间的内幕交易。基金凭借其代理股东地位,迎合上市公司的特殊需要,比如行使投票权支持上市公司管理层提出的某些议案,以换取上市公司内幕信息,或者优先得到某些内幕信息。

(2)基金管理人的内幕交易。基金管理人的内部员工可能利用基金交易过程中产生的内幕信息为自己牟取私利。最典型的例子是"前置交易"(front running,其含义相当于中文的"老鼠仓"。)即基金经理等先为自己或利益相关者买入某些股票,之后再为基金买。这样的行为会使股票价格攀升,抬高基金的成本。在出货时,基金经理自己或利益相关者先卖出股票,之后基金再卖出,甚至可能用基金的钱去高位接盘。

(3) 基金与其特殊投资者之间的内幕交易。基金本身产生的内幕信息比如基金业绩、基金投资组合、基金重仓股等都是非常重要的内幕信息,这些信息在公布之前具有重要的投资价值,基金可能利用这些重要信息与其特殊关系客户作交易,从而损害其他基金投资者的利益。

对于内幕信息的监管,我国《证券法》第六十七条至第七十条都做出了有关规定,禁止内幕信息的知情人员或者非法获取内幕信息的其他人员,买卖有关证券。我国《证券投资基金法》第十八条规定,"基金管理人的董事、监事、经理和其他从业人员……不得从事损害基金财产和基金份额持有人利益的证券交易及其他活动"。2009 年我国《刑法》修正案(七)明确规定,包括基金管理公司在内的有关金融机构从业人员利用内幕信息及其他未公开信息,进行内幕交易获利,将被判处 1—5 年的有期徒刑并处罚金,情节严重的,判处 5—10 年有期徒刑。

内幕交易对基金投资者的影响是:与上市公司之间的内幕交易看似为了投资者的利益,其实这种行为面临着极大的法律风险,最终承担风险的还是基金投资者。基金管理人的内幕交易直接损害投资者的利益。基金与其特殊投资者之间的内幕交易损害中小基金投资者的利益。另外,各种内幕交易均违背"三公"原则,不利于市场功能的正常发挥。

案例:对基金经理内幕交易的处罚一例[①]

中国证监会市场禁入决定书([2008]9 号)

当事人:唐建,男,1974 年 4 月出生,时任上投摩根基金管理有限公司研究员兼阿尔法基金经理助理,住址:略。

依据《中华人民共和国证券法》的有关规定,我会对唐建违反证券法律法规一案进行了立案调查、审理,并依法向当事人告知了作出市场禁入的事实、理由、依据及当事人依法享有的权利。应当事人申请,我会举行了听证会,听取了当事人及其代理人的陈述与申辩意见,现已调查、审理终结。

经查明,唐建任职上投摩根期间,利用职务便利通过其所控制的证券账户交易"新疆众和"股票,为自己及他人非法获利 152.72 万元。具体情况如下:

2006 年 3 月,唐建任职上投摩根研究员兼阿尔法基金经理助理,在执行职务活动,向有关基金二级股票池和阿尔法基金推荐买入"新疆众和"股票的过程中,使用自己控制的中信建投证券上海福山路营业部(以下简称福山路营业部)"唐金龙"证券账户先于阿尔法基金买入"新疆众和"股票,并在其后连续买卖该股。其间,唐建还利用职务权限,多次查询上投摩根阿尔法基金投资"新疆众和"股票的信息,充分掌握了该基金的投资情况。截至2006 年 4 月 6 日全部卖出前,"唐金龙"证券账户累计买入"新疆众和"股票 60 903 股,累计买入金额 76.49 万元;全部卖出所得金额 105.45 万元,获利 28.96 万元。此外,2006 年 4月至 5 月,唐建还利用福山路营业部"唐金龙"资金账户下挂的"李成军"证券账户、东方证券上海浦东南路营业部"李成军"证券账户连续买卖"新疆众和"股票的机会,为自己及他人

---

① 由于该案例发生在 2006 年,当时刑法修正案(七)尚未生效,因此对于基金经理的内幕交易处罚,仅涉及证监会的行政处罚。

非法获利 123.76 万元。

以上违法事实,有上投摩根情况说明、当事人询问笔录、营业部情况说明及有关人员询问笔录,"唐金龙"、"李成军"账户开户资料及交易流水,"唐金龙"账户网络交易 IP 地址,上投摩根出差记录及报销凭证,"新疆众和"公司 2006 年第一季度报告等证据在案证明。

唐建的上述行为违反了《中华人民共和国证券投资基金法》第十八条有关禁止从事损害基金财产和基金份额持有人利益的证券交易及其他活动的规定,同时也违反了《证券法》第四十三条有关禁止有关人员参与股票交易的规定,构成了《证券投资基金法》第九十七条所述基金从业人员损害基金财产和基金份额持有人利益的行为以及《证券法》第一百九十九条所述违反法律规定参与股票交易的行为。我会依据《证券投资基金法》第九十七条、《证券法》第一百九十九条的规定对唐建作出了行政处罚。

同时,我会认为,鉴于唐建违反证券法律、法规的行为性质恶劣,情节严重,根据《证券法》第二百三十三条和《证券市场禁入规定》第三条、第五条的规定,经研究决定:认定唐建为市场禁入者,自我会宣布决定之日起,终身不得从事证券业务或担任上市公司董事、监事、高级管理人员职务。

中国证券监督管理委员会

二〇〇八年四月八日

(另:中国证监会同日还出具了对唐健的行政处罚决定书,其中,一、取消唐建基金从业资格;二、没收唐建违法所得 152.72 万元,并处 50 万元罚款。而在 2009 年 2 月我国《刑法修正案(七)》颁布实施之后,对于唐建之类的基金从业人员内幕交易行为,将被作为刑事犯罪受到刑事处罚。)[1]

5. 群体思维的危害和基金经理的羊群行为

我国基金投资目前实行的主要是投资决策委员会制度。在基金投资决策过程中存在着一些缺陷。通常情况下,投资决策委员会的每一个成员在投资策略上存在着很大分歧,这些分歧一般情况下难以协调。结果往往是投资决策委员会在每个成员都最没有把握的地方达成一致意见,因为对每一个成员而言,在自己没有把握的地方,反对的意愿最小;而对整体投资决策而言,反对意见最小的方案最容易被通过。这样每个成员的聪明才智被加总成集体的平庸[2]。

另外,在基金之间,也会由于基金经理的群体思维,而造成基金投资组合的趋同,我们可以称之为"羊群行为"(herding behavior)。基金之间的竞争以及基金投资组合的公开披露,是羊群行为产生的前提条件。基金经理的羊群行为,主要是出于声誉考虑或者出于报酬考虑的羊群行为(reputation-based and compensation-based herding)。为了避免因投资失误而出现声誉风险,或者当基金经理的报酬是建立在与同行业业绩比较的基础之上时,基金经理之间就有采取相互模仿行为的倾向。

① 2007 年 5 月爆发的唐建事件,是我国基金管理公司内部人员被中国证监会公开查处的首次"老鼠仓"事件。在此之后,基金经理的内幕交易案件诸如融通基金的张野、长城基金的韩刚、光大保德信基金的许春茂、交银施罗德基金的李旭利、博时基金的马乐等,这些人均历任基金经理,因"老鼠仓"行为受到了中国证监会的行政处罚以及法院的刑事判决处罚。

② 基金投资中出现的"群体决策的危害"的现象,符合著名经济学家奥尔森(1965)在其《集体行动的逻辑》一书中得出的集体行动悖论/困境的说法,即"由理性个体组成的大集团,却不会为集体利益行事"。

基金经理出于对其职业前途的考虑，可能依靠也可能不采用他个人所收集到的个人信息，这取决于他个人的行为如何反映其所获得的个人信息。Chevalier 和 Ellison(1998)[①] 的研究结果表明：如果基金经理采用非常规的投资策略，一旦失败，将比采用常规的投资策略更有可能受到离职的惩罚；而采用非常规的投资策略，即使能够成功，也不会受到明确的奖励，不会明显地降低离职的概率。对于年轻的基金经理而言，采用非常规的投资策略失败后所得到的惩罚比年长的基金经理要严厉，这说明对于年轻的基金经理，不仅根据其业绩而且还根据其行为方式来考核，年轻的基金经理为了避免离职，遵从"羊群行为"方式的可能性更大。

基金的群体思维和羊群行为，在投机性的市场上其结果将是灾难性的，损失的最终承担者将还是基金投资者。

6. 基金销售中的道德风险

以上讨论的是基金交易本身所关联的道德风险，基金行业中还包含其他层面如销售人员、其他关联客户等，在这些层面上也有可能发生道德风险。

基金销售机构可能会对投资者产生道德风险行为。比如证券公司在销售基金产品时除了得到销售费用外，还可能得到基金分盘投资所带来的交易手续费。这种安排将诱使基金销售人员不去考虑某种基金对特定的客户是否合适，而是根据基金管理公司开出的销售回扣或者分盘优惠条件等，向客户进行推销。对于代销银行来说，它们通常集中精力销售某种基金产品，即销售那些在过去比较成功的基金、那些它们较为熟悉的基金、那些能够为其带来特殊利益的基金(比如本银行控股基金公司的基金、本银行托管的基金)等。对于基金管理公司的销售人员来说，他们处于双重利益即他们的私人利益和投资者利益的牵制之中。他们一方面要竭力赚取销售费用和奖金；另一方面要为投资者提出投资建议。当个人利益和投资者利益发生冲突时，个人利益总是会占据上风。

另外，基金管理人在销售产品的过程中，面对大型、特大型的客户可能私下做出一些收益保障性的承诺或者提供内幕信息的承诺(比如将基金建仓股票的信息提前告知)。这些承诺最终能否兑现先且不说，即使能够兑现，也是以牺牲其他基金投资者利益为代价的。

7. 基金交易中的道德风险

基金在交易中，对于某些大客户可能给予法律允许之外的一些优惠措施，也造成其他基金投资人的隐形损失。

在每日净值确定后(美国基金市场为东部时间下午 4 点，我国基金市场为下午 3 点证券市场交易时间结束)，基金管理人和特定客户继续进行交易，这是所谓的"市后交易"或"盘后交易"(late trading)。基金管理人提供有关信息予特定客户，客户利用可能存在的基金价格差进行快速的短期交易，这称为"短线交易"或"择时交易"(time trading)。上述非法交易行为的背后，是巨额的利益驱动、制度缺陷、自我约束机制弱化和道德危机。券商等经纪人帮助特定的大客户进行"市后交易"或"短线交易"，是为了收取频繁买卖的申购赎回费用；基金管理公司依赖券商等中介机构的客户关系，往往默许券商等机构的特定投资者采取不同于普通投资者的交易方式，甚至提供基金单位净值波动的实时信息供特定客户进

---

① 具体可参见：Chevalier, Judith and Glenn Ellison, 1999. "Career Concerns Of Mutual Fund Managers," *The Quarterly Journal of Economics*, Vol. 114(2), 389~432.

行短期套利。

2003年9月,美国基金业爆发了大丑闻。时任纽约州司法部长艾略特·斯皮策(Eilot Spitzer)指控4家基金公司涉嫌与金丝雀(Canary)对冲基金进行非法交易,在收盘后买卖基金。斯皮策向事件的有关负责人提起了民事诉讼,指控他们违反了纽约州商业法律,牺牲了广大个人投资者的利益。美国司法部业随后开始调查共同基金的买卖行为。这起事件沉重打击了基金投资者的信心,重创了美国基金业历经80多年所建立起来的良好形象。

知识拓展: 美国2003年共同基金业丑闻

2003年9月爆发的美国共同基金丑闻,是以金丝雀投资管理公司(以下简称Canary)为核心的。该公司为对冲基金管理公司,从管理资产中收取1.5%的管理费,并在利润达到一定水平时享有25%的利润分成。到2003年6月,Canary收取了大约4 000万美元的管理费和提成费。费用的规模反映了Canary投资的成功。Canary雇佣了许多专业人士和交易员,并使用复杂的计算机模型和设备,以确认和利用盘后及择时交易的机会。因为大量的业务要在美国市场收市后进行,Canary的雇员通常工作到晚上。

Canary在2000—2003年与包括美洲银行、证券信托公司(STC)、第一银行、水星(Janus)、斯特朗(Strong)等机构管理或服务的数十个基金家族达成协议,允许它在许多不同的基金中进行盘后与择时交易。这些基金通常是国际股票基金,可以进行时差或流动性套利。择时后被告将资金在这些不同的基金中尽快转移,不用时就放在同一基金家族的货币市场基金或类似基金中,并向基金管理人保证,它可以就这些资金收取管理费以及其他费用。作为补偿,基金管理人有时放弃短期持有的赎回费用,这就使基金少收了应用于补偿其他投资者的费用。

金丝雀的高级管理人员不断改进其交易策略,获取了大量不当利益。2000年之前,他们采取了一种简单的择时交易策略:在市场上升时大量买入小盘科技基金(属于流动性套利),然后在市场将要下跌时卖出。他们可以反复地从事这项交易,因为金丝雀与基金家族的高级管理人员有默契,可以无限期地进行择时交易,而基金管理人则收到一笔跟随资产(sticky asset)作为回报。

2000年,Canary运用一种叫"雷达下择时(timing under radar)"的方法进行择时交易。择时交易者通过经纪人或其他中介机构将买卖基金的指令集中提交给共同基金,从而不易被发现。2001年,面对下跌的市场,Canary运用一种组合方式,使其可以卖空基金,并从下跌的基金净值中获利。为达此目的,Canary首先要向基金管理人了解基金的完整组合情况,之后①卖空这些证券,以设立此基金一面反面的镜子(create a negative mirror image of the fund);②以相同金额买入基金(buy the fund in an offsetting a mount)。这样,Canary就持有基金份额,但总体上处于"中立位置"(overall market neutral)。由于进行了全面对冲(fully hedged),它就等待市场机会,使基金价格下跌,从而创造出套利机会。Canary在此时将基金份额以较高的价格赎回(因为基金净值尚未充分反映市场的下跌趋势),并以更低的市价结清短头部位。剩下的现金就是其利润。

通过择时与盘后交易，被告获取了丰厚利润。金丝雀的高管人员从 1998 年 7 月开始做择时交易。1998 年，他们获取 18％的回报，1999 年获取了 11％的回报，2000 年，Canary 获取了 49.5％的回报，而同期 S&P500 指数和 NASDAQ 分别下跌了 9％和 39％。2001 年，金丝雀获得了 28.5％的收益，而同期 S&P500 和 NASDAQ 分别下跌 13％和 21％。2002 年，金丝雀获得了 15％收益，而同期 S&P500 和 NASDAQ 分别下跌 23％和 31％。

基金管理人和其他中介机构允许择时交易和盘后交易的一个诱惑是，基金管理人可以从择时者投入基金的资产中收取管理费，其他中介机构则可以从增加的资产中收取相应费用，甚至还可以进行利润分成，如 STC 向 Canary 收取托管资产 1％的市场分成费（这是正常收费的 10 倍），并就 Canary 的所得收取 4％的利润分成费。

允许择时交易的另一个诱惑是基金管理人通常收到一笔"跟随资产"。这些资产通常是长期的，并不用于作择时交易，而是放入基金管理人管理的金融工具（如债券基金或对冲基金），确保基金管理人有一笔稳定的管理费收入。

基金管理人和其他中介机构为获取以上不当利益，配合择时者频繁交易，严重损害其他投资者的利益，其行为令人触目惊心。

Canary 的盘后交易和择时交易与美洲银行做得最多。从 2001 年开始，美洲银行①为 Canary 安装了最先进的电子设备，允许它可以在美洲银行管理的数百个基金进行盘后交易；②允许它在其基金家族"Nations Funds"进行择时交易；③为它提供几千万至数亿美元的信用资金进行盘后及择时交易；④在市场下跌时为 Canary 提供短头部分的衍生品，以进行择时交易。这些事实没有在"Nations Funds"的招募说明书中披露。在此过程中，Canary 成为美洲银行最大的客户。这种关系是互利的：Canary 通过盘后和择时交易获取了数千万美元的利润，美洲银行也获取了数百万美元利润。

择时和盘后交易能够在基金管理公司和其他中介机构内部一路绿灯，畅行无阻，内控制度形同虚设，这更令人触目惊心。盘后交易直接违反了法律关于当天交易指令必须在下午 4：00 前到达的规定。择时交易虽然没有直接违反法律规定，但违反了管理人对投资人应负的诚信义务，并违反了基金招募说明书中的反择时交易规定，因此，也是违法行为。许多例子证明基金管理人违反了招募说明书的约定。

资料来源：节选自易方达基金管理公司总裁叶俊英．从美国共同基金丑闻看基金治理安排．证券市场导报，2004 年第 10 期．

8. 信息披露中的道德风险

基金的信息披露包括招募说明书、更新的招募说明书、基金年报、基金中报、基金季报（投资组合公告）以及重大事项公告（临时公告）。在每一种公告文件中都有可能产生道德风险行为，即做出对基金管理人或销售商有利而对投资者不利的公告表述。信息披露中的道德风险行为常常表现为基金管理人利用法律、法规的漏洞，做出对投资者误导性的或遗漏性的信息公告。

以投资组合公告为例，对此类道德风险行为加以说明。我国《证券投资基金信息披露管理办法》中规定，基金管理人应当在每个基金会计年度结束后 90 日内编制完成年度报告；于每个基金会计年度的前 6 个月结束后 60 日内编制完成中期报告；于每季度公布一次投资组合,时间为公告截止日后15个工作日内。在这90日、60日和15日的工作期内,没有法规限制投资基金的仓位不准变化,也没有法规要求这种变化应该进行公告。结果在投资基金公告的时候,投资者看到的基金组合中的股票和债券,可能已经不是基金还在持有的股票和债券。事实上,由于有15日、60日及90日的时间滞后,基金可以在此期间进行持仓调整。所以,基金的信息披露可能造成信息失真,并对投资者形成误导[①]。

以上内容分析了基金管理人道德风险行为的种种具体形式,不过需要指出的是,并非所有的基金在所有的时期都会有上述所有的道德风险行为。有的基金比较规范,有的基金违规操作的成分比较大。理论研究旨在将各种可能性一一列出,以便于设计制度,堵塞漏洞,防患于未然。另外,这些道德风险行为也不是一成不变的,基金管理人会根据具体的市场条件和监管环境的变化不断做出适应性调整,旧的道德风险行为会逐渐被淘汰,新的道德风险行为不断产生。基金行业就是在道德风险行为不断产生和不断治理之中向前发展的。

16.4　基金管理公司道德风险的解决对策

1. 加强内部控制与风险管理制度

一个合格的基金管理公司应当有一套完善的、行之有效的内部控制制度来防止损害基金持有人利益行为的发生。这种内部控制制度不仅涵盖基金投资决策程序和基金业务操作流程规范,还包括建立基金内部稽核制度等诸多方面。更为重要的是,基金管理公司在实际运作中要遵循内部控制制度的规定,使内部控制制度真正发挥作用,而不是流于形式。在2000年10月《财经》杂志刊出"基金黑幕"一文后,中国证监会及时对文中提到的10家基金管理公司进行了调查。调查结果显示,只有2家基金管理公司没有发现相关异常交易行为。这足以表明基金管理公司内部控制的薄弱性。缺乏有效的内部控制制度,基金管理公司容易背离基金契约的承诺,使基金管理活动损害基金持有人的利益。下面就是一个基金管理公司内部风险控制制度不健全引发基金巨额损失的案例。

案例:"银广夏事件"对基金景福、景宏的巨大投资风险冲击

2001年中国证券市场发生的"银广夏事件",将基金景福、基金景宏暴露在巨大的投资风险之中,基金净值剧烈下跌。管理景系基金的大成基金管理公司在投资决策上出现了问题。基金景福在2001年年报中的"内部监察报告"中进行了总结:

"本基金自2000年三季度以来陆续买入的银广夏股票,是基于银广夏近年来业绩以及未来的高成长性的基本面分析,是按照公司投资决策程序进行的一种正常投资性,但去年8月份银广夏事件的暴露,造成基金景福投资银广夏的重大亏损。由此暴露了本基金管理人在研究、决策投资与风险控制等方面存的问题,尤其对上市公司非系统风险的识别控制能力较弱,在实地调研时重视价值发现,而对风险因素的揭示相对较少。对此,为避免类似事件的再次发生,本基金管理人已多次召开了投资检讨会,从中吸取经验教训,重新检讨完善研究投资工作流程,并提出了相应的改进办法,再次强调了投资、研究的风险分析控制的重要性,并对

[①]　这种利用披露时差有意报告不实信息的行为,被称为"窗饰"(window dressing)行为。西方学者认为主要在业绩较差的基金中会出现窗饰现象。参见 Xiaolu Wang(2012).

有关责任人进行了处理。有关情况已及时、如实地向证监会进行了专题汇报。"

在内部监察工作报告中，大成基金管理公司表示：为进一步规范基金运作，加强防范和控制投资风险，本基金管理人采取了一系列措施，其中之一是制定了《股票投资限制制度》，并每两个月发布一次"内部股票投资限制表"，禁止各基金投资 PT 及 ST 股票、短期内涨幅过高的股票、市场有明显争议的股票以及证监会立案调查的公司股票等，努力减少各种可能的投资风险。

2. 基金经理人的选择应适合基金产品特征

我国基金管理公司更换基金经理已是司空见惯的事。不管是出于何种原因，基金经理的频繁变换都不利于基金的稳定发展。要选择合适的基金经理，可以参考以下三点建议。

(1) 基金经理的类型应该符合基金契约的要求，基金经理的投资理念、操盘风格应该符合基金契约所规定的基金投资理念与风格。也就是说，应该是基金经理适应基金，而不是基金适应基金经理。比如说，应该找符合基金有关条件的基金经理，而不能因为基金经理的个性去改变基金的个性，除非经过了符合法规、契约程序的基金合同改变。换而言之，基金经理可以换，但基金的风格、投资偏好等不能变。

(2) 基金管理公司聘请了基金经理后，可以把他摆到合适的基金上，使他更好地发挥其独特的投资能力，甚至可以根据基金经理的特点发起设立符合其投资能力并方便其操作的基金，使其创造更好的业绩，创造出具有市场影响力的品牌基金。

(3) 通过长期的市场运作，努力建立基金经理的市场形象与信誉。这样基金经理能长时间服务于一个基金，有利于稳定基金经理的职业生涯预期，稳定基金的特色，也最终稳定基金的客户群。

2006 年 10 月，中国证监会出台《基金管理公司投资管理人员管理指导意见》，其中明确规定：基金经理管理基金未满 1 年的，(基金管理)公司不得变更基金经理；基金经理管理基金未满 1 年主动提出辞职的，应当严格遵守法律、法规和聘用合同竞业禁止有关规定，并向中国证监会及相关派出机构书面说明理由；(基金管理)公司不得聘用从其他公司离任未满 3 个月的基金经理从事投资、研究、交易等相关业务。这些规定，有利于稳定基金经理队伍。

3. 基金管理公司的股权结构有待改善

目前我国的基金管理公司一般采取"绝对控股"和"均分股权"两种模式。采用"绝对控股"模式的，早期的基金管理公司由一家证券公司主导，如南方、华夏、国泰等基金管理公司。采用"均分股权"模式的，基金管理公司由几家券商共同管理。在我国基金业的发展初期，由于基金管理公司的股权过于集中，在监管上产生了不少问题，因而中国证监会要求基金管理公司的大股东出让部分股权，以利于监管。但是，采取"均分股权"模式的基金管理公司，内部发生运作思路与权力冲突的可能性较"绝对控股"模式大。因为每一个基金管理公司的发起人均是国内实力派券商，在投资运营上均有各自独特的风格，对市场有不同的理解。受文化、思维、利益与个性的驱使，难以在管理上取得一致，甚至产生内耗，不利于基金管理公司的发展。

我国最早成立的股权集中的 5 家基金管理公司，由于主发起人在股份上占优，加上实力和影响力明显超群，由于某种"君子协议"安排，其他合作伙伴在基金公司中"无为而治"，因而内部管理层相对稳定。另外，我国目前已是世界贸易组织的成员国，采用"均分股权"模式的基金管理公司，容易被外资控制。因而，目前基金管理公司采用控股模式比较有利。

从国内基金管理公司实践来看,在职业经理层未出现之际,基金公司股东之间的矛盾冲突,往往对基金公司影响极大。

一家基金管理公司需要一个核心,由控股股东负主要责任,有利于在基金公司内部形成一个稳定的管理层。只有管理层稳定,才能贯彻长期战略。基金公司内部法人治理结构的完善,可以通过增设独立董事、强化外部监督、职业基金经理层的诞生等其他方式解决。

4. 独立董事制度建设有待加强

基金管理公司的独立董事制度是指在基金管理公司的董事会中,引进一定比例的外部董事,制衡大股东的力量和监督基金管理人的行为,以保护基金持有人利益的一种制度。作为基金管理公司治理结构的一部分,独立董事制度有其特殊之处。基金独立董事应处理好三对关系:

(1) 基金管理公司的治理关系,即处理好基金管理公司与其股东的关系,这与普通公司一样;

(2) 与监管部门的治理关系(regulatory governance),即处理与证券监管部门的关系。在一般公众公司治理中,如发生代理人之争,证券监管部门只是作为仲裁人,而在基金治理结构中独立董事类似于证券监管部门在基金中的延伸,负有一定的管理责任。

(3) 基金契约的治理关系(contractual governance)。在这个关系中,独立董事类似于代表投资人对一个基金合同进行监督。所以,基金独立董事应对基金本身负责,而不是对基金管理公司负责。独立董事不仅要执行公司法所赋予董事的一般责任,还要承担保护基金持有人权益的特殊监督责任,即当基金运作与投资者利益相悖时,独立董事必须完全站在投资者一方。独立董事在维护基金持有人利益的同时,还被要求对基金运行的合规性履行监管责任。

除了在对基金管理费、托管费等重要费用的确定等方面赋予独立董事明确的责任和权利外,对独立董事的选举等运作程序方面也应有严格的制度保证。从长远来看,要在制度上限制基金管理公司与大股东的不公平关联交易,完善基金董事会的内部制衡机制,监督公司管理层严格履行契约承诺,强化内控机制,切实保护基金持有人的合法权益,独立董事的人数应在董事会中占有多数。引进独立董事制度的目的在于完善公司治理结构,但独立董事能否真正发挥作用,与其专业经验、职业道德、个人品质等直接相关。基金管理人在选择独立董事和监督独立董事行为时要慎之又慎,才能使独立董事制度真正发挥作用。

关于在基金管理公司中设立独立董事的制度,中国证监会在2001年1月发布了《关于完善基金管理公司董事人选的通知》,要求基金管理公司必须完善治理结构,实行独立董事制度,独立董事人数不少于公司全部董事的1/3,并多于第一股东提名的董事人数。2004年7月中国证监会颁布《证券投资基金管理公司管理办法》,进一步明确了基金管理公司的独立董事制度,增加要求独立董事不少于3人。并且明确董事会审议下列事项应当经过2/3以上的独立董事通过:①公司及基金投资运作中的重大关联交易;②公司和基金审计事务,聘请或者更换会计师事务所;③公司管理基金的半年度报告和年度报告等。

在上述规定指导下,我国基金业的独立董事制度已建立起来。下面是我国华夏基金管理公司建立独立董事制度的一个案例。

案例:华夏基金管理有限公司的独立董事制度建设

华夏基金管理公司的独立董事制度建设走在全国前列。历史上公司曾一度聘请了5

名独立董事(占当时 11 名董事会成员的 45%)。目前为 3 名独立董事,分别在会计、金融、法律等领域富有经验和造诣。

根据华夏基金公司章程,公司和基金的审计事务,公司的关联交易,高级管理人员、督察员和基金经理的任免,董事、高级管理人员的薪酬及其他形式的报酬,公司租用基金专用交易席位,聘用销售代理、托管或注册登记机构及相关费率,公司聘请或更换会计师事务所等事项,均须经三分之二以上的独立董事同意方可生效。

为了使独立董事的监督作用落到实处,华夏基金管理公司采取了四个方面的措施:

(1) 独立董事的知情权。凡须经董事会决策的事项,公司必须在法定的时间内通知独立董事,同时提供足够的资料,独立董事认为资料不充分的可以要求补充。

(2) 独立董事的投票权。对很多有关关联交易和可能损害中小股东权益的事项,独立董事都必须发表独立的意见。

(3) 在各个专业委员会中,独立董事应该占多数。比如,在薪酬、审计、提名等委员会中,独立董事在委员会成员中都占有二分之一以上的比例。

(4) 独立董事行使职权时,公司有关人员应当积极配合,不得拒绝、阻碍或隐瞒,不得干预其独立行使职权。

 **本章小结**

基金的治理结构,就是基金管理人、托管人、持有人以及其他利益相关主体之间的相互关系。根据基金组织制度的不同,基金治理结构分为公司型基金的治理结构和合同型基金的治理结构。基金治理结构具体包括相互关联的三个方面:一是控制权的分配与行使;二是对相关利益方的监督与评价;三是激励机制的设计与实施。

以信托关系为基础的合同型基金"先天性"具有剩余控制权与剩余索取权不对称的特征。合理的基金治理结构就是要解决这种不对称条件下基金相关当事人可能产生的道德风险,治理结构是对投资者利益保护的重要环节,而对投资者利益的保护是基金业得以发展的保证。

基金投资本质上是一种代理投资制度:投资人将手中的资金交由基金投资公司代为投资。投资人与基金管理公司存在着利益冲突,这种可能的利益冲突造成的额外成本称为代理成本。本章介绍了基金管理中最显著的一些代理成本即道德风险及其可能体现的方式,包括:净值操纵、操纵市场、关联交易、内幕交易、羊群行为等。另外,除了基金的交易行为本身可能产生的道德风险外,其他包括销售单位或关联交易客户,以及在信息披露上也都可能会有道德风险的发生。

最后我们提出了缓解基金行业中道德风险的几项可能办法。

本章思考题

1. 什么是道德风险?什么是非对称信息?为什么说在基金市场中必然会存在基金管理人的道德风险?

2. 请解释净值操纵、操纵市场、内幕交易、关联交易、基金信息披露的道德风险、基金交易的道德风险、基金投资行为中的道德风险等。

3. 你如何看待基金管理公司的道德风险问题,你认为应该从哪些方面以及采取什么措施和如何防范这些道德风险。

4. 请阅读证券市场中对基金经理"老鼠仓"事件的报道,特别是 2011 年以来被监管部门处罚的"许春茂案"、"李旭利案"、"马乐案"等。为什么基金经理会采取内幕交易行为?你认为基金经理是否应被允许投资股票?如何从制度设计上防范规避内幕交易?

 延伸阅读

关于西方发达国家(美国)基金业的内幕交易、信息披露的窗饰行为等,请阅读:

1. 易方达基金管理公司总裁叶俊英. 从美国共同基金丑闻看基金治理安排. 证券市场导报,2004 年第 10 期.

2. Xiaolu Wang, Prevalence of mutual fund window dressing, http://ssrn.com/abstract=1911458

关于国内基金道德风险,请阅读:

李建国. 基金治理结构——一个分析框架及其对中国问题的解释. 北京:中国社会科学出版社,2003.

第 17 章　基金治理结构(2)：结构设计

17.1　证券投资基金当事人之间的关系

17.1.1　合同型基金的法律关系

合同型基金以信托原理为基础,构成信托法律关系的当事人主要是与信托活动有直接关系的委托人、受托人、受益人,这三方当事人必须同时具备,缺少任何一方,信托关系都不能成立。

在合同型基金中,基金份额持有人是依法设立信托的人,是信托关系中的委托人;基金管理人和基金托管人是与基金份额持有人依法订立基金合同,承诺接受委托,并按照基金合同的约定对基金财产进行管理、运用、保管的人,是信托关系中的受托人;基金份额持有人按其所持基金份额享受基金收益和承担风险,同时也是信托关系的受益人。简言之,在合同型基金中,基金持有人既是委托人又是受益人,基金管理人和基金托管人则是共同受托人。

在合同型基金中,基金财产作为信托财产,具有独立性。依据我国《证券投资基金法》的规定,基金财产是独立于基金管理人、基金托管人的固有财产。基金管理人、基金托管人不得将基金财产归入其固有财产。基金管理人、基金托管人因基金财产的管理、运用或者其他情形而取得的财产和收益,归入基金财产。基金管理人、基金托管人因依法解散、被依法撤销或者被依法宣告破产等原因进行清算的,基金财产不属于其清算财产。基金财产的债权,不得与基金管理人、基金托管人固有财产的债务相抵销;不同基金财产的债权债务,不得相互抵销。非因基金财产本身承担的债务,不得对基金财产强制执行。

1. 基金持有人与基金管理人的关系

基金持有人与基金管理人的关系是通过信托关系而形成的委托人与受托人之间的关系。作为受托人,基金管理人必须按《证券投资基金法》和基金合同的约定履行受托职责,负责基金财产的投资运作,为基金份额持有人的利益服务。基金管理人管理、运用基金财产,应当恪尽职守,履行诚实信用、谨慎勤勉的义务。

2. 基金持有人与基金托管人之间的关系

基金持有人与基金托管人的关系是通过信托关系而形成的委托人与受托人之间的关系。作为受托人,基金托管人必须按《证券投资基金法》和基金合同的约定履行受托职责,负责基金财产的保管,为基金份额持有人的利益服务。基金托管人保管基金财产,应当恪尽职守,履行诚实信用、谨慎勤勉的义务。

3. 基金管理人与基金托管人之间的关系

依据我国《证券投资基金法》,管理人和托管人是基金的共同受托人。针对证券投资基金活动的特点,《证券投资基金法》对基金管理人和基金托管人的受托职责进行了具体划分,规定基金管理人和基金托管人分别履行基金财产的投资运作和基金财产的托管职责,并实行相互监督。任何一方有违规之处,对方都有权监督并及时制止,直至请求更换违规方。基金管理人、基金托管人在履行各自职责过程中,违反基金法或基金合同约定,给基金财产或者基金份额持有人造成损害的,应当分别对各自的行为依法承担赔偿责任。这不同于信托法对共同信托人承担连带赔偿责任的有关规定。但因共同行为给基金财产或者基金份额持有人造成损害的,应当承担连带责任。

为保证监督机制的有效发挥,充分保护基金份额持有人的利益,我国《证券投资基金法》规定,基金托管人与基金管理人不得为同一人,不得相互出资或者持有股份。

4. 证券投资基金当事人之间的关系是实践发展的要求

证券投资基金运作中的"三角"关系是证券投资基金实践发展的要求。1868年以后,投资基金在英国等国家开始发展。早期的投资基金往往由管理人发起和管理,没有托管人,管理人承担了类似信托人、管理人和托管人的多重角色,管理人"会计和出纳一身兼"。到20世纪40年代以前,因为投资基金的规模不大,数量也不多,故基金运作的非合理性在社会经济生活中没有引起太大的混乱,所以,各国法律、法规对投资基金的运作并没有特殊的规定。

20世纪30年代的经济危机暴露了投资基金运作模式的弊端。由于经济危机,基金投资的股票严重下跌,基金亏损严重。于是,一些基金管理人借机将投资人的钱款卷走,使投资人蒙受了较大的损失。更有甚者,少数所谓的基金管理人从一开始就欺骗投资人,基金募集成立后,就将投资人的钱款席卷一空。基于此,美国在1940年出台了《投资公司法》和《投资顾问法》,对投资基金的运作进行了严格的规定。最重要的一些规定包括:要求在证券投资基金运作中,基金管理人和基金托管人必须分开设立,由不同的机构担任;必须有规定资质的机构才能承担管理人和托管人;基金投资运作中,要按照规定的投资组合和投资限制进行投资等。

此后,英国、加拿大、法国等国家也纷纷效仿,基金管理人和托管人相互独立、相互制衡的关系成为基金业的普遍制度。

17.1.2 基金的剩余索取权与剩余控制权的不对称

以信托关系为基础的合同型基金"先天性"具有剩余控制权与剩余索取权不对称的特征。基金管理人拥有基金财产的剩余控制权,而不享受基金剩余收入的索取权;基金投资者承担基金运作过程中的所有风险,而不拥有对基金的控制权。剩余控制权与剩余索取权的不匹配是基金合约的本质特征。

剩余控制权与剩余索取权的不对称产生了一系列问题,如基金管理人侵害基金持有人利益、基金投资目标偏离基金持有人利益最大化目标等。具体而言,剩余控制权与剩余索取权不对称带来的问题主要有如下几个:

(1)转移剩余收入。基金管理人通过关联交易、内幕交易、互惠交易等形式将基金利润转移出去,使投资者无法获得应得的全部基金剩余收入。

（2）创造剩余收入的激励不足。既然大部分基金剩余收入都归基金投资者，基金管理人又有什么动力去开发对基金资产有利可图的新用途呢？而对于基金投资者来说，由于基金契约的限制，他们对基金资产的投资目标和投资方法等，没有发言权。

（3）降低剩余收入的"质量"。基金管理人为了提取更多的管理费，利用对基金的剩余控制权，操纵市场，操纵基金净值。这些操作方法虽然在短期内可能增加基金的剩余收入，但是以投资者长期承担更高风险为代价的。

面对上述问题，如何保证基金投资者的利益呢？这就需要通过基金治理结构来解决。有效的基金治理结构就是通过对基金管理人的行为进行必要的激励和约束，使基金能以最小的成本获取相应的投资回报，或者在一定的成本下为投资者获取较高的回报，使基金管理人的利益和基金持有人的利益趋于一致。

因此，合理的基金治理结构是对投资者利益保护的重要环节，对投资者利益的保护是基金业得以发展的保证。

17.2　基金治理结构的国际比较

不同的国家（地区）根据自己的法律传统和经济环境，选择不同的基金法律形式。基金的法律形式不同，其治理结构也不同。比如信托型基金依据信托关系成立，强调受托人在法律上对基金资产享有的所有权和核心地位；公司型基金依据公司法成立，强调股东利益，具有比较稳定的特点。以下对世界主要投资基金治理结构模式进行介绍和比较。

17.2.1　公司型开放式基金的治理结构

在美国，共同基金根据其所在州的法律，以公司、商业信托或有限合伙的形式组成，其中开放式投资公司是其主要的组成形式。典型的投资公司由发起人（Sponsor）组织设立，该发起人可能是一个经纪商、投资顾问、保险公司或其他金融机构。美国公司型开放式基金的治理结构如图 17-1 所示。美国公司型开放式基金的治理分为如下层次。

1. 股东

公司型开放式基金的股东享有一定的选举权。这些选举权由基金设立州的法律、投资公司章程、地方法和 1940 年投资公司法（*Investment Company Act*），（以下简称 ICA 1940）等进行规定。大多数共同基金并不要求每年召开股东大会，但州法和 ICA 1940 规定了共同基金需要召开特殊会议的情况。例如，ICA 1940 规定基金投资顾问合同的修改、基金投资目标和政策的根本性改变必须得到股东大会的同意。

根据 ICA1940，共同基金发行的所有股份都必须是选举权股票，并且每股必须有相同的选举权。股东一般有两种投票方式，他们可以亲自参加股东大会进行投票，或委托代理人进行投票。绝大多数持有人是通过代理人进行投票的。对股东的代理事务由 1934 年证券交易法和 ICA 1940 规范。基金须保证银行、经纪商等名义持有人提交代理材料副本给投资人。

2. 董事会

美国共同基金董事会由关联董事和独立董事组成，对股东负责，负责决定公司的营业

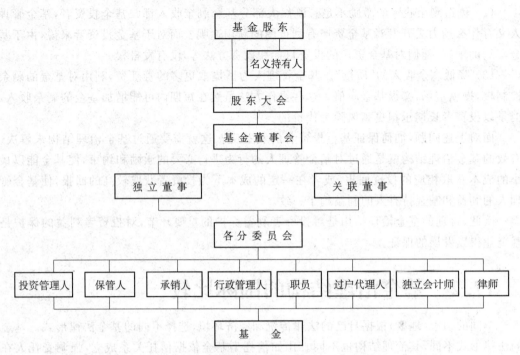

图 17.1　美国公司型开放式基金的治理结构

目标,制定投资的政策和战略,并控制管理目标的实施、监督基金各项运作,包括批准与基金管理公司及其他有关服务机构订立的合同。董事需要进行适当的商业判断,执行监管和检查功能,包括对投资顾问、主承销商和对基金提供服务的其他机构表现进行评估。关联董事一般是基金投资管理人的雇员。

　　根据 ICA 1940 的规定,美国投资公司董事会中必须至少有 40% 的董事为独立董事,ICA 1940 通过对关联人和利害关系人概念的严格定义,确保了独立董事的独立性,并保证基金事务由与基金投资顾问、主承销商及其雇员无其他商业或家庭关系的独立董事监管。独立董事通常具有深厚的商业、政府或学术机构背景和丰富的职业经历和经验,可以代表基金及其股东做出独立的商业判断。独立董事的资格需要经过严格的考核,曾有违反证券法规的记录或曾从事美国证监会禁止活动的人士,不得担任基金的独立董事。2001 年 1月,美国证监会通过了修正案《投资公司独立董事角色》(*Role of Independent Directors of Investment Companies*),强化了独立董事的作用,要求董事会中独立董事至少占半数。2003 年 11 月,美国证监会通过了《共同基金诚信与费用透明法》(*Mutual Funds Intergrity and Fee Transparency Act of 2003*),要求所有的公司型基金均须在董事会设立全部由独立董事组成的审计委员会,负责对独立会计师的选择提出建议,检查财务报表和审计结果,监管基金内控体系。并且投资公司的审计委员会每年至少一次与独立会计师举行会议。2004 年 7 月份,美国证监会通过了《投资公司治理准则》,作为 ICA 1940 的补充。其中要求基金公司董事会组成中有 75% 以上独立董事,并且董事长必须是独立董事。

　　独立董事由法律明文规定的责任是保障投资者免受基金经理及其关联单位违规行为的损害。独立董事作为代表股东利益的监督者,参与决定基金管理人、基金会计师及基金分销商的聘用、对基金管理人和基金的其他关联人进行监督和检查。如果有关基金的重大决策及保管协议、销售协议等没有经过大多数独立董事同意，即被视为无效。正因为如此，基金董事会经常需要考虑采用何种方式，加强独立董事的独立性和有效管理的能力。

案例：美国公司型基金的独立董事制度

近几十年来，美国的证券投资基金得到了长足的发展，在世界各国中独领风骚。这与美国完善的法律制度和有效的基金治理结构分不开。其中，独立董事制度发挥了重要作用。美国 SEC 对独立董事制度的设计如下：

（1）投资公司董事中至少 75% 是独立董事。目前，美国 SEC 发布一些规则要求独立董事对可能产生冲突的一些领域进行监管。主要有：关于基金购买有其关联人参与的承销辛迪加所承销的证券、管理基金与关联方的交叉交易、关于通过关联经纪商进行证券组合经纪交易等。然而，仍有许多无法预见到的基金股东与投资顾问利益冲突的问题可能在基金运行过程中出现，法律尚无法做出明确规定。但一个 75% 的标准将比简单多数更能从机制上提高独立董事的权威。在美国符合这样标准的投资公司董事会还不普遍，为了符合这个 75% 标准，许多基金董事会不得不减少关联董事，或者增加独立董事。

（2）基金投资顾问、主承销商及其关联方的前高级职员或董事禁止担任基金独立董事。基金投资顾问或主承销商的前高级职员和董事常常因为他们在基金家族（fund complex①）、投资顾问或主承销商的运行等方面拥有广泛的知识而被认为是董事的合意候选人。然而他们先前的经历可能影响董事的独立性，他们是否能有效转换角色，也令人怀疑。因此，他们不应在基金董事中担任独立董事。甚至，前基金顾问和主承销商关联机构（母公司或分公司）的前高级职员和董事，同样由于在这些情形下可能引起潜在利益冲突，而不能担任独立董事。有一种意见认为可以在担任基金投资顾问或承销商的前高级职员或董事与担任基金独立董事之间设一时间间隔，比如 5 年，但实际上，这一时间间隔并不能真正消除问题的存在。此外，为维护公众对基金董事独立性的信心也不宜这样做，因此，长期的禁止更为可取。但董事会或许可以选择他们作为关联董事（affiliated director）或担任诸如顾问委员会委员之类的成员。

（3）独立董事的选举和任命由在任独立董事进行。一个新基金联合体成立之初，独立董事无可避免地由出资方任命，法律关于独立性的标准和要求事实上也要求初始董事具有独立性。董事由投资顾问推选，难以真正独立地发挥作用。在美国基金业，独立董事对独立董事选举和任命过程的控制已经非常普遍。

（4）独立董事的薪酬制定权由独立董事掌握。共同基金独立董事与其他类型公司董事一样，由其任职董事会所在实体付酬。由于基金组织的复杂性和规模不同，基金业内独立董事的薪酬也是各不相同的。美国董事薪酬决定权总体上是在董事会手里，然而，对基金而言，董事的合适薪酬水平应由独立董事来决定，或通过一个委员会来制定。薪酬的控

---

① 美国的大多数基金（即投资公司）并非孤立存在，而是由专业运营共同基金的机构——管理公司（即投资顾问）组织起来的一个基金家族（family of funds）的成员。管理公司和受它控制的基金组（group of funds）被认为是基金家族。Fund Complex 是指大型基金家族。目前美国最大的 10 个基金家族占据了全行业管理资产的 50% 以上，它们是：Fidelity，Vanguard，Capital Research & Management American Funds，JP Morgan Chase，Black Rock includes Merry Lynch，PIM-Co Funds，Franklin Templeton，Federated，Bank of New York Mellon/Dreyfus，Goldman Sachs & Co.，这里是根据美国投资协会统计的截至 2009 年年末的数据。

制权掌握在独立董事手里,而不在基金管理人手里,有助于确保董事会的独立性和效力。

(5) 关于独立董事的律师及其他专家服务。为了使独立董事的律师能在基金和其服务提供者之间有潜在利益冲突的一些领域提供客观建议,他们必须独立于投资顾问和基金其他服务提供者。新基金的律师经常是由管理人代表基金聘请的,独立董事应有权更换。除了涉及诉讼外,基金的利益和其董事的利益都是一致的,独立董事的律师因而可以担任基金的律师。基金董事的律师也有可能向基金投资顾问或其他服务提供者提供一些法律服务。独立董事在遇到特别的问题或动议时也应能从独立会计师和其他第三方获得专家意见。基金公司章程应明确授权独立董事或独立董事委员会在他们认为对增进股东利益有必要的时候,可以用基金资产来聘请专家。当然,独立董事也必须注意所咨询的专家要独立于基金投资顾问及其他服务提供者。

(6) 独立董事对基金董事会审计委员会进行组织和运作。基金董事会下设审计委员会,来对审计师选择提出建议,检查财务报表和审计结果,监管基金内控体系。投资公司法规定审计师的选择应由独立董事控制。实际上,审计功能被认为非常重要,以至审计师的选择是法律专门委托给独立董事的职能之一。审计委员会应每年至少一次与独立审计师举行会议,届时基金管理人应无代表在场。现在许多审计公司也从事管理咨询和其他职能,这可能导致其与基金管理人或其关联机构产生非审计业务关系。如果存在,审计委员会应要求审计师予以报告,审计委员会应考虑这种关系或涉及的费用是否影响了审计师的独立性,审计师在对管理方内控结构进行评估过程中,是否会站在审计师所在咨询组织的立场上提出建议。

(7) 必要时独立董事应单独举行会议。对基金管理人提高管理费用的提议或涉及基金与其相关服务提供者之间安排的一些重大变化,独立董事的独立会议都是非常必要的。独立董事的独立会议可以与常规预定的董事会议一起举行。在独立举行的会议上,独立董事成员对预定的议程进行审议,讨论全体董事会议上应被强调的问题及这一年应予以特别关注的其他问题。独立董事的律师应参加这些单独举行的会议,必要时基金的律师也应参加。

(8) 在独立董事之中选出一个或多个领导。独立董事领导在主持独立董事的单独会议、与律师提出和讨论问题等方面可以协调独立董事的活动,他也能在董事会议期间充当发言人。许多基金董事会可能发现由一个董事担任独立董事领导身份最佳,而另一些基金董事会可能宁愿把这些领导责任分担在两个或更多独立董事身上。需要强调的是,选举一两个独立董事作为他们的领导并不意味着其他独立董事责任或承担义务被削弱。

(9) 关于独立董事的保险。一般而言,独立董事和基金管理人之间产生诉讼的情形并不多见,但美国也曾出现基金管理人通过诉讼解决与独立董事之间严重分歧的例子。这就有必要采取一些措施保证独立董事在为保护股东利益采取某些行动时,不必顾忌自己的诉讼责任,尤其是在与基金管理人发生诉讼时候。这样的诉讼费用可能十分高昂,个人无法承受。缺乏足够的保险费用可能导致独立董事担心招来这样的诉讼而不愿为股东利益积极采取一些十分必要的行动,甚至使一些高素质人士不愿担任独立董事。在决定这些保险费用是否足够时,必须考虑当基金董事终止在董事会任职后,基金对其提供的保险和保障政策是否能够持续。不然,董事在采取行动时可能也要顾忌他们由于担任董事期间采取的行动而在离开董事会后遭到诉讼却没有保障。这个政策如在董事离任后被结束或修改,也会出现同样的问题。能否在董事离任之后确保他们有足够的保险,并明确谁来支付这样的长期保险,对独立董事的独立性和效力有一定的影响。

(10) 基金家族中董事会组成形式对独立董事作用的影响。现在美国大多数基金是由同一投资顾问管理的包含多重基金的联合体。这些基金的董事会一般按以下两种模式之一来组织:一类是单元型董事会(unitary board)或共享型董事会(pooled board),由在基金联合体中每个基金任职的董事组成一个董事会,负责管理基金家族中所有的基金。另一类是组合型董事会(cluster board,或译成"群集型董事会"),由一个基金家族中两个或两个以上单独的董事会组成。组合型董事会,典型的是按投资目标、投资部门、或销售渠道或由于基金联合体的合并(它们起初是由不同管理人分开组织的)建立起来的,董事会成员要分成许多组,不同的组管理不同类型的基金,如股票基金和债券基金等。与单元型董事会相比,组合型董事会使独立董事有更多机会接近基金顾问并对基金顾问产生更大的影响。而且,基金家族中单元型董事会的独立董事职位,难以吸引到高素质的人。一些基金家族可能不得不拥有 20 个以上的独立董事。由于单元型和组合型董事会各有自己的优点,在两者之中选其一就要看具体基金组织的情形了。

不过,基金业内外对美国基金独立董事制度存在着一定的争议。对独立董事制度提出批评的主要有三个方面:

(1) 董事获得高额薪酬。一名董事在一家基金领取的酬金并不算多,但一个董事常常服务于一个基金家族中的多只基金,并分别计酬。因此,一名董事每年可以从一个规模较大的基金家族中获得超过 11.5 万美元的报酬。这样,独立董事出于维护自身利益的考虑,会避免与管理公司发生冲突。

(2) 独立董事在所任职的基金中没有个人投资。虽然越来越多的董事被要求购买他们负责监管的基金,但他们并没有拥有大量的基金份额。

(3) 基金董事会并未能降低基金费用。批评者指出,如果董事把股东利益最大化作为行为准则,他们应该设法降低支付给管理公司的费用。但是基金董事会几乎从不采用竞争性投标方式决定顾问合约,也很少更换管理公司。

许多投资管理人同时管理数只不同的共同基金,每只都有不同的投资政策和策略。这被称为基金家族,通常基金家族使用组合型董事会。不同的董事会成员小组监督基金家族中的不同基金。例如股票型董事会小组监督管理一个基金家族中所有的股票基金。

考虑到所管理业务的庞大规模和复杂性,投资公司董事会往往成立专业的委员会,完成特定的职能。如近年来,基金业受到来自政府和社会舆论的压力,他们要求基金董事会加大基金内部审计的力度,使投资者的利益充分得到保障,因此,董事会中的审计委员会便应运而生。其他的委员会还有诸如公司治理委员会、执行委员会、投资委员会和费用委员会等。为加强监管,美国证监会于 2003 年 12 月制定了一项新规定,即《投资公司和投资顾问的合规程序》,要求所有基金和基金投资顾问执行全面的监察制度和程序,保证投资公司和投资顾问的内部运营程序和联邦证券法规相一致,并且要求任命一名首席督察长(chief compliance officer,CCO),该首席督察长向董事会汇报,其罢免须报董事会批准。从 2004 年 10 月起,所有基金必须遵守该项新规定。

3. 主要服务主体

几乎所有的共同基金都是由外部管理的,投资公司没有自己的雇员,基金所有的运作一般由发起人及其关联人或与基金有合约的其他单位执行。负责投资公司事务的职员一般由它的发起人雇佣并支付报酬。基金通过其董事会,与向股东提供服务的这些机构签订合同。为共同基金提供服务的主体主要包括:

(1) 基金投资管理人(即投资顾问)

基金管理人负责根据基金招募说明书中规定的投资目标和政策管理基金资产,同时也负责向经纪商下达投资指令,并使这些指令得到全面执行。基金投资管理人根据与基金的书面合同履行这些服务。美国法律规定基金投资管理人负有严格的受托和公平交易义务,必须将客户的利益放在第一位,并通过基金支付得到补偿。基金投资管理人在避免关联交易等方面也负有法定义务。

(2) 行政管理人

基金行政管理服务可以由基金的关联人(一般是基金投资管理人)或非关联的第三方提供。行政服务包括监督为基金提供服务的其他公司的表现,确保基金的运作符合联邦法律的规定。基金行政管理人一般需要支付办公场所、设备、人员工资等费用、提供一般会计服务、帮助建立和执行监督程序和内部控制制度。他们经常也承担向 SEC、税务机关、股东和其他相关主体准备和提供报告的责任。

(3) 承销人

共同基金一般通过独立组织销售他们的股份,指定他们为基金的承销人。承销人通过直销或以第三方分销的方式销售基金股份。承销人大多数是 NASD(美国全国证券商协会)的成员,并受 NASD 关于共同基金销售规定的规范。

(4) 保管人

保管人为基金持有资产,单独保管该资产以保护基金持有人的利益。ICA 1940 要求共同基金将其资产保存在符合规定要求的银行或其他保管人处。绝大多数基金都选择银行作为保管人。SEC 要求共同基金保管人将他们的资产组合证券与保管人的其余资产独立保管。除非接到来自基金投资顾问的指令和特定种类的交易外,保管人不得动用基金的现金和证券。

(5) 过户代理人

过户代理人(transfer agent,TA)负责处理基金申购与赎回的订单,并进行股东账户的记录,反映投资者的每日申购、赎回和账户余额。过户代理人一般同时也作为红利支付代理人,其职责包括计算红利、授权保管人支付和保持红利支付记录。过户代理人还需准备和向股东邮寄定期会计报表、联邦收入税报表和其他通知。过户代理人在许多情况下也代表基金及其承销人准备和邮寄交易确认书和反映投资者基金股份余额。此外,过户代理人还设有客户服务部受理有关股东账户状况的电话和信件查询。

(6) 独立会计师

独立会计师负责审核基金的有关财务报表。

可见,美国共同基金由发起人根据公司法组织设立,并设立董事会。董事会作为投资者利益的权威代表,负有基金的受托责任,除基金的特殊事项需股东大会决定外,董事会负责处理基金的所有事务。董事会通过与各服务主体签订合同的形式,将相关业务交由共同基金的外部主体办理,并负责监督和检查处理基金事务的分工体系。董事会设有绝对多数比例(75%)的独立董事参与基金重要事务的决定,以强化其对股东利益的代表性。

17.2.2　信托型开放式基金的治理结构

国外的信托型开放式基金以英国和我国香港特区为代表。英国单位信托根据信托法规范成立,管理人和受托人都有信托义务(*fiduciary duty*),该义务来源于普通法、信托契约和其他计划相关文件和规范。历史上,英国有两套法律和法院体系,普通法(*common law*)规定信托财产的所有权归受托人所有,不承认受益人对信托财产的所有权。衡平法(*equity law*)则对受益人对信托财产的权益给予了承认和保护。目前虽两套法院已合为一体,但其原有的信托法律传统得以保留,受托人作为信托关系的核心成立信托。其主要的治理机制包括如下内容。

(1) 单位持有人大会

对信托契约和计划的重大修改等事项,需要由单位持有人大会决议通过。

(2) 受托人

受托人是基金运作的核心,作为基金资产的名义持有人,负责保护对投资的所有权和单位持有人的利益。受托人的责任包括监督管理人遵守法规契约和执行业务的情况,如认为管理人没有达到规定的要求,可向英国金融服务监管局(financial services authority, FSA)和自律组织报告;控制基金资产并进行适当记录;采取适当措施确保管理人发出的财产所有权相关指令得到执行。

(3) 管理人的责任

管理人负有根据法规、信托契约和招募说明书管理基金的责任,管理人可以在没有受托人特别授权的情况下向代理人发出接受和处置基金资产的指令。管理人还负责进行估值和决定基金价格。管理人应保有会计记录、每日单位持有记录和其他记录,并接受受托人的检查,在受托人要求时向其提供相关资料。

(4) 管理人和受托人的关系

管理人可以将任何职能委托给任何人包括受托人,但受托人不能将监管管理人、保管职能或控制基金资产的职能委托给管理人,受托人也不能将监管管理人的职能委托给管理人的关联人。除此之外,受托人可以将任何职能委托给任何人包括管理人。此外,英国法律还规定了一些利益冲突的情形以及关联人禁止进行的一些交易,以防止利益冲突。

英国信托型开放式基金的治理结构如图 17.2 所示。

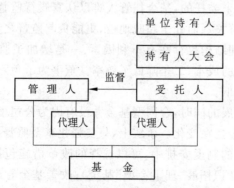

图 17.2　英国信托型开放式基金的治理结构

在我国香港特区,单位信托业务受《信托法》《单位信托及互惠基金守则》等相关规则规范,其主要的治理机构包括如下内容。

(1) 持有人大会

持有人大会决定有关法规、信托契约规定的重要事项,除部分持有人自己参加投票外,相当一部分投资者在代销机构开立名义账户由代销机构行使投票权,机构投资者则多通过与基金管理人的委托合同由基金管理人作为基金的名义持有人行使投票权。

(2) 受托人

受托人在基金的信托关系中居于核心地位,是基金资产的名义所有人。作为基金的监护人,受托人确保投资管理人的活动符合监管机关的要求并处理基金的设立文件,可以为自己和受益人的利益对管理人进行尽职调查。受托人往往同时兼任保管人、登记人和行政管理人。保管人负有安全保管基金资产的责任;登记人负责保有适当的持有人记录,准备单位持有人需要的实物凭证,确保投资者申购费的接收和向持有人支付赎回资金;行政管理人则负责处理基金会计事务包括记账、基金估值、向监管机构和持有人准备财务报告等。

(3) 管理人

管理人负责基金的设立、销售和售后服务以及基金投资。它与受托人签订信托契约,与保管人签订保管协议。在业务运作中,管理人发指令给证券经纪人,并通知受托人记账,保管人负责资金调动。

在信托型开放式基金中,受托人作为信托关系的核心和受益人利益的代表,以信托资产的所有人名义,对各服务主体履行监督和检查职责。

17.2.3 两种治理结构模式的比较

公司型基金与合同型基金的优劣历来存在广泛争论,不过现实中越来越多的国家开始走上美国的公司型基金道路,或在实践中借鉴公司型基金的治理的成功经验。最重要的原因是,以独立董事为特征的公司型基金的治理结构更有利于保护投资者利益。

独立董事能直接对基金管理人加以干预,及时防止基金管理人有损于基金资产的行为。独立董事和董事会的监督是及时的,也是有弹性的。而在合同型基金中,基金投资者缺乏对管理人有效的监督机制,即使赋予基金受托人/托管人相应的监督权,但是建立在合约的基础上,基金受托人/托管人不能灵活处理。而且很多情况下基金托管人是由作为基金发起人的基金管理公司来委托的,基金托管人难以认真履行监督职责。但在公司型基金下,独立董事由于没有利益关系而处于超脱地位,更能负起监督之责。

不过,公司型基金治理结构也存在有不利因素:一是增加了监督成本。包括董事的薪水和为董事决策提供信息的成本;二是降低了效率。董事为了免除自身的责任可能滥用监督权从而导致决策效率降低。

在公司型基金迅速发展的同时,合同型基金并没有因为公司型基金的扩张就退出了基金舞台,传统的合同型基金也在变化。事实上,只要强化基金监督,合同型基金亦能保护投资者利益。在合同型基金的制度安排中,可以选择的改革措施包括:强化持有人在选择管理人中的作用(见下文的知识拓展"理事会型"基金);改善基金管理公司的董事会结构;强化托管人的监督功能等。

当然,对于有效的基金治理结构来说,基金业的充分竞争——包括基金管理人和其他基金受托人的充分竞争,形成一个有效的市场竞争压力也是至关重要的。

17.2.4　我国合同型基金的治理结构

目前我国《公司法》规定不可以设立可变资本公司,并且原则禁止公司收购本公司股份。因此,投资基金不可能采用公司的法律形态。中国大陆的投资基金一直采取的是合同型基金形态,经过十多年的发展,已经积累了丰富的经验。

在目前基金相关法律、法规体系下,基金由管理人和托管人签订基金合同和基金托管协议,向公众招募后正式成立。相关的关系人包括:基金持有人、基金管理人、基金托管人和其他利益相关主体。目前我国合同型基金的治理结构如下。

(1) 基金持有人大会

基金持有人大会是合同型基金的最高权力机构。基金持有人大会决定关系基金持有人利益的重大事项,如修改基金契约、更换基金管理人、更换基金托管人、与其他基金合并、终止基金等。

(2) 基金管理人

我国大陆称基金管理人为“基金管理公司”,由聘请的职业投资专家组成。基金管理人负责基金的设立、募集、资产运用、售后服务和收益分配等职能。

(3) 基金托管人

基金托管人负责保管基金资产和监督基金管理人。

(4) 其他利益相关主体

其他相关利益主体包括会计事务所、律师事务所、基金代销机构等。

随着基金产业的发展,为适应效率和安全的要求,我国基金特别重视治理结构的调整。比如建立代表投资者利益的权威机构;建立开放式证券投资基金的分工体系;在基金管理公司建立独立董事制度等。

知识拓展:基金持有人大会中的理事会

2012 年 8 月我国《基金法》修订草案中,在现行契约型基金组织形式的基础上,借鉴国外基金发展经验,公募基金引入了“理事会型”基金制度,私募基金引入了“无限责任型”基金制度,这属于基金组织形式上进行的创新。修订草案中增加的“理事会型”与“无限责任型”两种新的基金组织形式,给基金投资者提供更多选择,也有利于基金治理结构的改进。理事会是指在基金份额持有人大会中设立基金理事会作为常设机构,依法行使监督基金管理人和托管人等职权;无限责任型基金是指由基金管理人或与其有控制关系的机构参与基金,并对基金债务承担无限连带责任,强化对基金管理人的激励和约束。

“理事会型”基金提供了普通投资者表达意愿的通道。基金理事会由投资者选举产生理事、每年必须至少召开一次理事会等,基金理事会可以强化对基金管理人的监督、完善基金的激励和约束机制。其实,“理事会型”在我国基金实践中,曾有类似组织出现过,比如华夏、南方等基金管理公司曾在旗下的某只基金中设置过类似的组织,名称称为“投资者理事会”、“投资者顾问”等,以保护基金投资人。而“无限责任型”在有限合伙制私募股权基金和私募证券基金中较为普遍地采用,作为基金管理人的无限合伙人承担无限责任。

理事会型基金的理事会对基金份额持有人大会负责,行使下列职权:

(1) 召集基金份额持有人大会;

(2) 提请更换基金管理人、基金托管人;

(3) 监督基金管理人的投资运作、基金托管人的托管活动;

(4) 提请提高基金管理人、基金托管人的报酬标准;

(5) 基金合同约定的其他职权。

理事会每年至少召开一次定期会议,持有百分之十以上基金份额的持有人、三分之一以上理事可以提请召开理事会临时会议。

无限责任型基金应当有一个以上的无限责任人,无限责任人应由基金管理人或与其有控制关系的机构担任。无限责任人对基金债务承担无限连带责任,其他基金份额持有人以其认缴的出资额为限对基金债务承担有限责任。

2012 年 12 月 28 日,在正式修订后的《基金法》中,将"理事会"改为"基金份额持有人大会可以设立日常机构"。

下面,本章将通过具体分析基金的各当事人,探讨我国基金治理结构的现状与问题。

17.3　基金管理公司

证券投资基金的基金管理人,指具有专业的投资知识与经验,根据法律、法规与基金契约或章程,负责基金的发起、设立、募集、投资运作、收益分配等职能,谋求基金资产不断增值,实现基金持有人利益最大化的专业金融机构。基金管理人最主要的职责就是按照基金契约的规定,制定基金资产投资策略,组织专业人士,选择具体的投资对象,决定投资时机、投资对象及其价格和数量,运用基金资产进行有价证券投资。此外,基金管理人还须自行或委托其他机构进行基金推广、销售,负责向投资者提供有关基金运作信息,包括计算并公告基金资产净值、编制基金财务报告并负责对外及时公告等。

基金管理人负责基金资产的投资运作,在不同的基金市场上名称有所不同,比如美国称为"投资顾问公司"或"资产管理公司";英国称其为"投资管理公司";日本称为"证券投资信托公司"、"投资信托公司"、"投资顾问公司";我国台湾地区称为"证券投资信托公司";我国内地则将其称为"基金管理公司"。

基金管理人是由专业的投资专家组成的特殊经营团队,合同型基金必须聘请专业的基金管理人从事基金管理,公司型基金则可以聘请也可以不聘请基金管理人,但一般是聘请外部的基金管理人。公司型基金依附的基金公司若本身是管理型的公司,则不需要聘请外部基金管理人(投资顾问),基金公司自己就可以从事基金管理业务;非管理型的基金公司,则必须聘请专业的投资顾问公司作为基金管理人。

17.3.1　基金管理公司的资格

为了保护基金投资者利益,各国和地区证券监管部门均对基金管理人、包括从业人员的资格做出严格规定。基金管理公司须经证监部门审核合格后才能从事基金管理业务。审核内容主要有公司的资本实力、证券经营业绩、基金资产运用计划和核心管理层的素质等。

在美国,基金管理公司必须得到 SEC 的核准。在日本,基金管理公司从事基金管理业务必须得到财政部(大藏省)的许可。

我国对基金管理公司的设立实行审批制,按照《证券投资基金法》的要求,在从事基金管理业务之前,基金管理公司资本金额、信誉状况及其主要业务人员的业务素质和职业道德水准都必须得到监管机构的认可。《证券投资基金法》第十三条规定,设立基金管理公司,应当具备下列条件:

(1) 有符合本法和《中华人民共和国公司法》规定的章程;

(2) 注册资本不低于一亿元人民币,且必须为实缴货币资本;

(3) 主要股东应当具有经营金融业务或者管理金融机构的良好业绩、良好的财务状况和社会信誉,资产规模达到国务院规定的标准,最近三年没有违法记录;

(4) 取得基金从业资格的人员达到法定人数;

(5) 董事、监事、高级管理人员具备相应的任职条件;

(6) 有符合要求的营业场所、安全防范设施和与基金管理业务有关的其他设施;

(7) 有良好的内部治理结构、完善的内部稽核监控制度、风险控制制度;

(8) 法律、行政法规规定的和经国务院批准的国务院证券监督管理机构规定的其他条件。

在 2012 年 11 月实施的《证券投资基金管理公司管理办法》中则对基金管理公司设计作了进一步详细规定[1]。基金管理公司的主要股东是指出资额占基金管理公司注册资本的比例最高,且不低于 25% 的股东。主要股东应当具备下列条件:

(1) 从事证券经营、证券投资咨询、信托资产管理或者其他金融资产管理;

(2) 注册资本不低于 3 亿元人民币;

(3) 具有较好的经营业绩,资产质量良好。

另外要求一家机构或者受同一实际控制人控制的多家机构参股基金管理公司的数量不得超过两家,其中控股基金管理公司的数量不得超过一家[2]。目前,我国基金管理公司的控股股东单位主要为证券公司、信托公司以及商业银行等金融资产管理机构,中外合资基金管理公司的外方股东多为国际知名的金融集团或资产管理公司。我国基金管理公司及其股权结构详见本书附表 1。

17.3.2 基金管理公司的权利与义务

按照我国《证券投资基金法》第十九条的规定,基金管理人应当履行下列职责:

(1) 依法募集基金,办理或者委托经国务院证券监督管理机构认定的其他机构代为办理基金份额的发售、申购、赎回和登记事宜;

---

① 这里,《证券投资基金管理公司管理办法》之前是 2004 年 7 月颁布实施,修订后的新版于 2012 年 11 月开始实施。

② 即基金业内所谓的"一控(股)一参(股)"原则,指某机构及其关联人最多只能同时控股一家,并参股一家基金管理公司。

(2)办理基金备案手续;

(3) 对所管理的不同基金财产分别管理、分别记账,进行证券投资;

(4) 按照基金合同的约定确定基金收益分配方案,及时向基金份额持有人分配收益;

(5)进行基金会计核算并编制基金财务会计报告;

(6)编制中期和年度基金报告;

(7)计算并公告基金资产净值,确定基金份额申购、赎回价格;

(8)办理与基金财产管理业务活动有关的信息披露事项;

(9)召集基金份额持有人大会;

(10)保存基金财产管理业务活动的记录、账册、报表和其他相关资料;

(11)以基金管理人名义,代表基金份额持有人利益行使诉讼权利或者实施其他法律行为;

(12)国务院证券监督管理机构规定的其他职责。

下面以一个具体基金的招募说明书中的文字来看基金管理人的权利与义务。

案例:基金管理人的权利与义务——易方达量化衍伸股票基金为例①

1. 根据《基金法》《运作办法》及其他有关规定,基金管理人的权利包括但不限于:

(1) 依法募集基金;

(2) 自《基金合同》生效之日起,根据法律、法规和《基金合同》独立运用并管理基金财产;

(3) 依照《基金合同》收取基金管理费以及法律、法规规定或中国证监会批准的其他费用;

(4) 销售基金份额;

(5) 召集基金份额持有人大会;

(6) 依据《基金合同》及有关法律规定监督基金托管人,如认为基金托管人违反了《基金合同》及国家有关法律规定,应呈报中国证监会和其他监管部门,并采取必要措施保护基金投资者的利益;

(7) 在基金托管人更换时,提名新的基金托管人;

(8) 选择、更换基金销售机构,对基金销售机构的相关行为进行监督和处理;

(9) 担任或委托其他符合条件的机构担任基金注册登记机构办理基金注册登记业务并获得《基金合同》规定的费用;

(10) 依据《基金合同》及有关法律规定决定基金收益的分配方案;

(11) 在《基金合同》约定的范围内,拒绝或暂停受理申购与赎回申请;

(12) 依照法律、法规为基金的利益对被投资公司行使股东权利,为基金的利益行使因基金财产投资于证券所产生的权利;

---

① 随着基金业发展变化,基金合同对基金管理人、托管人权利义务的规定都有所改变,不过2004年基金法颁布实施后的变化并不大,但在具体表述和条文的繁简上,不同基金公司、同一家公司的不同类型基金,甚至同一家公司旗下的同一类型基金,它们的基金合同中对基金管理人、托管人权利义务的表述都有所不同,但主要条款内容本质上没有区别。本书第2版中采用的例子是2002年募集成立的南方稳健成长基金,第3版采用的是2007年募集成立的易方达价值成长基金。目前第4版采用了2012年募集成立的易方达衍伸基金。

（13）在法律、法规允许的前提下，为基金的利益依法为基金进行融资；

（14）以基金管理人的名义，代表基金份额持有人的利益行使诉讼权利或者实施其他法律行为；

（15）选择、更换律师事务所、会计师事务所、证券经纪商或其他为基金提供服务的外部机构；

（16）在符合有关法律、法规的前提下，制定和调整有关基金认购、申购、赎回、转换和非交易过户的业务规则；

（17）法律、法规和《基金合同》规定的其他权利。

2. 根据《基金法》《运作办法》及其他有关规定，基金管理人的义务包括但不限于：

（1）依法募集基金，办理或者委托经中国证监会认定的其他机构代为办理基金份额的发售、申购、赎回和注册登记事宜；

（2）办理基金备案手续；

（3）自《基金合同》生效之日起，以诚实信用、谨慎勤勉的原则管理和运用基金财产；

（4）配备足够的具有专业资格的人员进行基金投资分析、决策，以专业化的经营方式管理和运作基金财产；

（5）建立、健全内部风险控制、监察与稽核、财务管理及人事管理等制度，保证所管理的基金财产和基金管理人的财产相互独立，对所管理的不同基金分别管理，分别记账，进行证券投资；

（6）除依据《基金法》《基金合同》及其他有关规定外，不得利用基金财产为自己及任何第三人牟取利益，不得委托第三人运作基金财产；

（7）依法接受基金托管人的监督；

（8）采取适当合理的措施使计算基金份额认购、申购、赎回和注销价格的方法符合《基金合同》等法律文件的规定，按有关规定计算并公告基金资产净值，确定基金份额申购、赎回的价格；

（9）进行基金会计核算并编制基金财务会计报告；

（10）编制季度、半年度和年度基金报告；

（11）严格按照《基金法》《基金合同》及其他有关规定，履行信息披露及报告义务；

（12）保守基金商业秘密，不泄露基金投资计划、投资意向等。除《基金法》《基金合同》及其他有关法规另有规定外，在基金信息公开披露前应予保密，不向他人泄露；

（13）按《基金合同》的约定确定基金收益分配方案，及时向基金份额持有人分配基金收益；

（14）按规定受理申购与赎回申请，及时、足额支付赎回款项；

（15）依据《基金法》《基金合同》及其他有关规定召集基金份额持有人大会或配合基金托管人、基金份额持有人依法召集基金份额持有人大会；

（16）按规定保存基金财产管理业务活动的会计账册、报表、记录和其他相关资料 15 年以上；

（17）确保需要向基金投资者提供的各项文件或资料在规定时间发出，并且保证投资者能够按照《基金合同》规定的时间和方式，随时查阅到与基金有关的公开资料，并在支付合理成本的条件下得到有关资料的复印件；

（18）组织并参加基金财产清算小组，参与基金财产的保管、清理、估价、变现和分配；

（19）面临解散、依法被撤销或者被依法宣告破产时，及时报告中国证监会并通知基金托管人；

（20）因违反《基金合同》导致基金财产的损失或损害基金份额持有人合法权益时，应当承担赔偿责任，其赔偿责任不因其退任而免除；

（21）监督基金托管人按法律、法规和《基金合同》规定履行自己的义务，基金托管人违反《基金合同》造成基金财产损失时，基金管理人应为基金份额持有人利益向基金托管人追偿；

（22）当基金管理人将其义务委托第三方处理时，应当对第三方处理有关基金事务的行为承担责任；

（23）以基金管理人名义，代表基金份额持有人利益行使诉讼权利或实施其他法律行为；

（24）基金管理人在募集期间未能达到基金的备案条件，《基金合同》不能生效，基金管理人承担全部募集费用，将已募集资金并加计银行同期存款利息在基金募集期结束后30日内退还基金认购人；

（25）执行生效的基金份额持有人大会的决议；

（26）建立并保存基金份额持有人名册；

（27）法律、法规及中国证监会规定的和《基金合同》约定的其他义务。

（摘自2012年7月募集成立的易方达量化衍伸股票基金招募说明书。）

基金管理人的退任，指现任的基金管理人由于失去了继续担任基金管理人的条件，经主管机关批准，不再担任基金管理人。我国《证券投资基金法》规定，当发生下列情形之一的，经中国证监会批准，基金管理人职责终止：

（1）被依法取消基金管理资格；

（2）被基金份额持有人大会解任；

（3）依法解散、被依法撤销或者被依法宣告破产；

（4）基金合同约定的其他情形。

17.3.3　基金管理公司的内部控制制度

内部控制制度，是指基金管理公司内部各部门的作业流程及风险管控重点，经董事会核准后，由董事会、管理层与全体员工共同执行的制度。基金公司的内部控制制度一般分为募集、管理、交易、事务处理、营业纷争处理及业务收入六大作业项目。

我们以美国基金管理公司的内部控制制度为例分析。1958年，美国注册会计师协会（AICPA）在第29号审计程序公报中将内部控制区分为两类，即内部会计控制和内部管理控制。1988年，美国注册会计师协会在第55号审计准则公告中，引入了内部控制结构的概念，在区分内部会计控制和内部管理控制的基础上，第一次从风险控制的角度，将内部控制引申为一种结构和环境，认为内部控制的实质在于合理地评价和控制风险，因此可以称为风险导向性的内部控制。这一突破性的定义如今已经得到广泛的认同，有关法律、法规指引、内部会计控制、内部管理控制、违规行为的检查稽核等构成其主要内容。

1. 美国投资基金内部控制的法律、法规较为健全

主要包括：

(1) 四个联邦法的约束，即《1933 年证券法》、《1934 年证券交易法》、《1940 年投资公司法》、《1970 年投资公司法修正法》；

(2) 自律规定，主要是《统一职业操守》("*The Uniform Practice Code*")；

(3) 诸如通用会计准则、投资公司审计准则等各专业委员会颁布的技术性准则；

(4) 诸如美联储、纽约证券交易所等机构颁布的法规。

2. 投资基金的内部会计控制

投资基金的内部会计控制是能够保证交易正确记录、会计信息真实、完全、及时反映的系统与制度，主要是为了避免人为篡改或大意疏漏造成的记账不实或定价不合理(尤其是开放式基金条件下)而导致的会计信息不准确。由于准确计算基金资产净值是基金会计乃至基金运作的关键，因此基金管理中的内部会计控制除了包括会计控制措施外，还包括合理的估值方法与科学的估值程序。

3. 投资基金的内部管理控制

主要包括：

(1) 组织控制，加强部门之间的合作与制衡。基金管理公司一般设有投资决策部门、交易执行部门、结算部门、风险控制委员会、内部审计部门、监察稽核部门，以内部严密的组织控制取信于投资者。

(2) 操作控制，包括投资限额控制、操作标准化控制、业务隔离控制。

(3) 报告制度，临时或定期向风险控制部门及上级部门报告。

目前我国基金管理公司的内部控制机制一般包括四个层次：

(1) 员工自律；

(2) 部门各级主管的检查监督；

(3) 公司总经理及其领导的监察稽核部对各部门和各项业务的监督控制；

(4) 董事会领导下的审计委员会和督察长的检查、监督、控制和指导。

为了加强基金管理公司内部控制，促进公司诚信、合法、有效经营，保障基金持有人利益，2002 年 12 月，中国证监会制定了《证券投资基金管理公司内部控制指导意见》，具体规定了基金管理公司内部控制的目标、原则、基本要素和主要内容，要求国内各基金管理公司结合自身的具体情况，建立科学合理、控制严密、运行高效的内部控制体系，并制定科学、完善的内部控制制度。

2004 年 10 月实施并于 2012 年 11 月修订后的《证券投资基金管理公司管理办法》中还作出规定，基金管理公司必须建立、健全督察长制度，督察长由董事会聘任，对董事会负责，对公司经营运作的合法合规性进行监察和稽核。督察长发现公司存在重大风险或者有违法违规行为，应当告知总经理和其他有关高级管理人员，并向董事会、中国证监会和公司所在地中国证监会派出机构报告。

下面是一个具体实例——嘉实基金管理公司的内部控制与风险管理制度的介绍。

案例：嘉实基金管理公司的内部控制与风险管理制度

嘉实基金管理公司的内部控制与风险管理制度主要做好以下三点。

(1) 创建良好的内部控制环境决定着内部控制的基调和氛围。良好的内控环境是做好内部控制工作的基础。内控环境主要包括治理结构、组织架构、企业文化、人员素质和制度平台。嘉实在治理结构方面吸取国际先进经验,引入了4名独立董事,占公司9名董事将近一半。在此基础上,公司在董事会下设立审计委员会、薪酬和提名委员会。按照业务发展和与国际接轨的需要,公司还就设立更多的委员会进行了探索,如估值委员会、战略规划委员会等。在完善公司治理结构基础上,嘉实建立了突出风险控制的组织架构,设置了风险控制委员会,督察员和监察稽核部,还在公司各业务部门指定风险管理员,以达到更好风险控制的目的。另外嘉实在公司文化中注重树立风险意识,并不断提高员工在风险控制方面的职业素质。良好内控环境的根本保证在于制度建设,公司为此制定了授权、岗位分离和监察稽核等制度体系。

(2) 进行准确务实的风险评估。风险评估主要包括两方面:风险识别和风险衡量。嘉实的风险识别主要由三个渠道完成。首先,是监察稽核部对最新法律、法规进行仔细研究,将法规层面的风险进行分解,及时将各种规定分发到各业务部门;其次,是各部门在拿到相应法规条文后,结合监察稽核部的风险提示,根据本部门对业务的理解,对风险进行进一步挖掘;最后,定期召开的公司风险控制委员会会议,也可以对公司所面临的风险进行提示。在风险识别的基础上,监察稽核部汇总公司各层面风险,会同相关部门就其所面临的风险进行沟通,从风险发生的可能性、发生后损失的大小和控制风险的成本等多方面对风险级别进行划分,确定出高风险、中风险和低风险,完成风险衡量,为风险控制打下基础。

(3) 加以全面的内部控制。在风险评估的基础上,公司要根据风险级别采取各种相应的内部控制措施,以达到全面控制风险的目的。嘉实认为内部控制是全公司所有部门和所有员工的职责,所以嘉实将内部控制分为三个层次:业务部门进行一线自查;监察稽核部进行适时监察和定时稽核;风险控制委员会则对公司内部控制的执行情况进行评价。嘉实各部门都有风险自查项目表,各部门据此进行一线自查。比如投资部在每次做投资决策时,都会自动排除上了基金黑名单的股票,从而实现一线自查。监察稽核部尽量实现风险控制"事后处理"向"事前防范"的转变,并在事前、事中、事后等各阶段对风险进行全面控制。在嘉实监察稽核部安装有风险预警电脑系统,对法定投资比例限制进行实时监控,并对当日异常变动进行动态提醒,同时为应对管理多只基金的需要,嘉实公司在系统上对基金"对倒"和"倒仓"进行了极为严格的控制,并确保公平对待嘉实旗下各只基金。嘉实定期和不定期召开风险控制会议,就内部控制工作的情况进行评价并对当前面临的重大风险进行讨论。

资料来源:嘉实基金管理公司网站

17.4 基金托管人

17.4.1 基金托管人的资格

基金托管人是基金资产的保管人和名义持有人。基金治理结构中引进基金托管人,目的在于保证基金资产的安全,同时监督基金管理人,保护基金持有人的利益,防止基金资产被挪用。基金托管人一般由具有一定资产规模、享有声誉的商业银行、投资银行和保险公司来担任，确保基金资产安全和内部监管机制得到有效执行。

在我国，截至 2012 年年底，共有中国工商银行、中国建设银行、中国农业银行、中国银行、中国交通银行、招商银行、光大银行、上海浦东发展银行、兴业银行、中信银行、民生银行、华夏银行、广东发展银行、中国邮政储蓄银行、深圳发展银行（现合并更名为平安银行）、北京银行、上海银行、渤海银行、宁波银行 19 家银行成为基金托管人[①]。我国《证券投资基金法》规定，基金托管人由商业银行或者经国务院证券监督管理机构认定的其他机构担任[②]；基金托管人与基金管理人不得为同一人，不得相互出资或者持有股份。基金托管人必须经中国证监会和有关金融监督管理机构核准。基金托管人必须符合以下条件：

（1）净资产和风险控制指标符合有关规定；

（2）设有专门的基金托管部门；

（3）取得基金从业资格的专职人员达到法定人数；

（4）有安全保管基金财产的条件；

（5）有安全高效的清算、交割系统；

（6）有符合要求的营业场所、安全防范设施和与基金托管业务有关的其他设施；

（7）有完善的内部稽核监控制度和风险控制制度；

（8）法律、行政法规规定的和经国务院批准的国务院证券监督管理机构、有关金融监督管理机构规定的其他条件。

另外，根据《证券投资基金托管资格管理办法》的规定，申请基金托管资格的商业银行，应当具备下列条件：

① 最近 3 个会计年度的年末净资产均不低于 20 亿元人民币，资本充足率符合监管部门的有关规定；

② 设有专门的基金托管部门，并与其他业务部门保持独立；等等。

在国外，基金托管人通常由具备一定条件的商业银行、信托公司等专业性金融机构担任，负责保管基金资产。在美国，根据《1940 年投资顾问法》，基金托管人由满足下列条件的商业银行或投资信托公司担任。这些条件是：

（1）在任何时候股东权益不得少于 50 万美元；

（2）每年至少公布一次财务报表；

（3）得到联邦或州监管部门的特许并受到监管部门的检查。

在我国香港特区，根据《单位信托及互惠基金守则》，基金托管人必须满足下列条件：

（1）满足《银行条例》的规定，获得发牌的银行；

（2）附属于获牌银行的投资信托公司；

（3）在外地注册成立并被我国香港特区证监会接纳，可以从事银行业务的机构或信托公司；

（4）根据《受托人条例》注册的投资信托公司。

如果基金托管人是具有一定规模的全资附属公司，又必须满足：

---

① 宁波银行于 2012 年 10 月获得基金托管资格，但尚未开办业务（可参见中国证券投资基金业协会网站）。所以，截至 2012 年年底，实际已经托管基金的银行共 18 家。

② 在 2012 年基金法修订之前，我国基金托管人只能由商业银行担任。修订后的基金法增加了允许其他类型的金融机构担任基金托管人。

(1) 控股公司签发持续有效的承担文件,承诺认购额外的资本额(基于证监会的要求);

(2) 控股公司承诺不容许其全资附属公司(基金托管人)不履行责任;

(3) 控股公司承诺未经证监会许可,不会自行处置或容许处置基金托管人的股本。

在我国台湾地区,证监当局要求基金托管人必须由商业银行担任。为了确保基金托管人的独立性,我国台湾《证券投资信托基金管理办法》规定,有与基金管理人某种关联的银行,除非"证管会"批准,否则不得担任基金托管人。

17.4.2 基金托管人的职责

在公司型基金运作模式中,托管人是基金公司董事会所雇佣的专业服务机构。在合同型基金运作模式中,托管人通常是基金的名义持有人。按照国际惯例,基金托管人的主要职责一般包括:

(1) 安全保管基金资产(这是基金托管人最重要的职责);

(2) 执行基金管理人的划款及清算指令;

(3) 监督基金管理人的投资运作;

(4) 复核、审查基金管理人计算的基金资产净值及基金价格等。

美国基金托管人的职责比较独特,基金托管人没有监督基金管理人行为的责任。因为美国是公司型基金,这种监督职能由基金公司的董事会行使。

我国《证券投资基金法》对基金托管人的职责有如下规定:

① 安全保管基金财产;

② 对所托管的不同基金财产分别设置账户,确保基金财产的完整与独立;

③ 保存基金托管业务活动的记录、账册、报表和其他相关资料;

④ 按照基金合同的约定,根据基金管理人的投资指令,及时办理清算、交割事宜;

⑤ 办理与基金托管业务活动有关的信息披露事项;

⑥ 对基金财务会计报告、中期和年度基金报告出具意见;

⑦ 复核、审查基金管理人计算的基金资产净值和基金份额申购、赎回价格;

⑧ 按照规定召集基金份额持有人大会;

⑨ 按照规定监督基金管理人的投资运作;

⑩ 国务院证券监督管理机构规定的其他职责。

案例:基金托管人的职责——易方达量化衍伸股票基金的例子

1. 基金托管人的权利

根据《基金法》《运作办法》及其他有关规定,基金托管人的权利包括但不限于:

(1) 自《基金合同》生效之日起,依法律、法规和《基金合同》的规定安全保管基金财产;

(2) 依《基金合同》约定获得基金托管费以及法律、法规规定或监管部门批准的其他费用;

(3) 监督基金管理人对本基金的投资运作,如发现基金管理人有违反《基金合同》及国家法律、法规行为,对基金财产、其他当事人的利益造成重大损失的情形,应呈报中国证监会,并采取必要措施保护基金投资者的利益;

（4）根据相关市场规则，为基金开设证券账户、为基金办理证券交易资金清算；

（5）提议召开或召集基金份额持有人大会；

（6）在基金管理人更换时，提名新的基金管理人；

（7）法律、法规和《基金合同》规定的其他权利。

2. 基金托管人的义务

根据《基金法》《运作办法》及其他有关规定，基金托管人的义务包括但不限于：

（1）以诚实信用、勤勉尽责的原则持有并安全保管基金财产；

（2）设立专门的基金托管部门，具有符合要求的营业场所，配备足够的、合格的熟悉基金托管业务的专职人员，负责基金财产托管事宜；

（3）建立、健全内部风险控制、监察与稽核、财务管理及人事管理等制度，确保基金财产的安全，保证其托管的基金财产与基金托管人自有财产以及不同的基金财产相互独立；对所托管的不同的基金分别设置账户，独立核算，分账管理，保证不同基金之间在账户设置、资金划拨、账册记录等方面相互独立；

（4）除依据《基金法》《基金合同》及其他有关规定外，不得利用基金财产为自己及任何第三人牟取利益，不得委托第三人托管基金财产；

（5）保管由基金管理人代表基金签订的与基金有关的重大合同及有关凭证；

（6）按规定开设基金财产的资金账户和证券账户，按照《基金合同》的约定，根据基金管理人的投资指令，及时办理清算、交割事宜；

（7）保守基金商业秘密，除《基金法》《基金合同》及其他有关法规另有规定外，在基金信息公开披露前予以保密，不得向他人泄露；

（8）复核、审查基金管理人计算的基金资产净值、基金份额申购、赎回价格；

（9）办理与基金托管业务活动有关的信息披露事项；

（10）对基金财务会计报告、季度、半年度和年度基金报告出具意见，说明基金管理人在各重要方面的运作是否严格按照《基金合同》的规定进行；如果基金管理人有未执行《基金合同》规定的行为，还应当说明基金托管人是否采取了适当的措施；

（11）保存基金托管业务活动的记录、账册、报表和其他相关资料 15 年以上；

（12）建立并保存基金份额持有人名册；

（13）按规定制作相关账册并与基金管理人核对；

（14）依据基金管理人的指令或有关规定向基金份额持有人支付基金收益和赎回款项；

（15）依据《基金法》《基金合同》及其他有关规定，召集基金份额持有人大会或配合基金管理人、基金份额持有人依法召集基金份额持有人大会；

（16）按照法律、法规和《基金合同》的规定监督基金管理人的投资运作；

（17）参加基金财产清算小组，参与基金财产的保管、清理、估价、变现和分配；

（18）面临解散、依法被撤销或者被依法宣告破产时，及时报告中国证监会和银行监管机构，并通知基金管理人；

（19）因违反《基金合同》导致基金财产损失时，应承担赔偿责任，其赔偿责任不因其退任而免除；

（20）按规定监督基金管理人按法律、法规和《基金合同》规定履行自己的义务，基金管理人因违反《基金合同》造成基金财产损失时，应为基金份额持有人利益向基金管理人追偿；

（21）执行生效的基金份额持有人大会的决定；

（22）法律、法规及中国证监会规定的和《基金合同》约定的其他义务。

（摘自2012年7月易方达量化衍伸股票基金合同。）

关于基金托管人的退任，我国《证券投资基金法》规定，经中国证监会和有关金融监督管理机构对连续三年没有开展基金托管业务的、或者未能在规定时间内通过整改验收的、或违反基金法规的基金托管人，可以依法取消其基金托管资格。另外，有下列情形之一的，基金托管人职责终止：

① 被依法取消基金托管资格；

② 被基金份额持有人大会解任；

③ 依法解散、被依法撤销或者被依法宣告破产；

④ 基金合同约定的其他情形。

基金托管人职责终止的，基金份额持有人大会应当在六个月内选任新基金托管人；新基金托管人产生前，由国务院证券监督管理机构指定临时基金托管人。基金托管人职责终止的，应当按照规定聘请会计师事务所对基金财产进行审计，并将审计结果予以公告。

17.4.3 我国基金托管人存在的问题及解决对策

1. 基金托管市场的问题及其原因

基金托管人与基金管理人是相互监督的关系，基金托管人有义务监督基金管理人的投资行为，并纠正其异常交易行为，以维护基金持有人的利益。

在我国基金发展历史中，基金管理人曾出现投资失误、风险控制欠缺等情况，基金托管人均未作出积极反应。实践中，我国基金托管人履行监督职责较少，更多地体现了资产保管责任。可以举一个比较典型的例子是：大成基金公司旗下的封闭式基金景福基金。景福基金因为2001年银广夏事件，投资决策中的风险已经暴露无遗，而2001年报中基金托管人报告对此并没有涉及。十年之后，2011年年末，景福基金又因为重仓持有重庆啤酒（同时重仓该股票的还有大成旗下其他基金）[①]，导致基金净值发生恐慌性下跌，但托管银行同样给出无异议的托管意见。

我们以基金景福的托管人——中国农业银行间隔十年的两份托管人报告为例。

案例：基金托管人报告两例

本基金托管人——中国农业银行，根据《景福证券投资基金基金契约》和《景福证券投资基金托管协议》，在对景福证券投资基金的托管过程中，严格遵守《证券投资基金管理暂行办法》及各项法规规定，对景福证券投资基金管理人——大成基金管理有限公司在2001

---

① 2011年12月8日，上市公司重庆啤酒披露了一则消息：乙肝疫苗Ⅱ期临床试验的主要疗效指标方面，安慰剂组与用药组无显著性差异，2012年1月9日晚，重庆啤酒再次披露信息，显示Ⅱ期次要疗效指标上安慰剂组与用药组"在统计意义上无差异"，正式宣告历时13年的治疗性乙肝疫苗研发失败。但之前的重庆啤酒已经被炒至巅峰，大成旗下9只基金联合重仓，大成创新成长等9只大成管理的基金联合持有重庆啤酒4 495.15万股，占其总股本比例达到9.29%，离10%的持股限制仅一步之遥。疫苗梦破碎后，重庆啤酒连续9个跌停致使大成基金损失超过20亿元。在重庆啤酒事件后，大成基金尝试改变，2012年中进行了基金管理公司人事大调整，在重啤"疫苗门"事件上负有相关责任的首席投资官刘明和股票投资部总监杨建华卸任。

年会计年度基金的投资运作,进行了认真、独立的会计核算和必要的投资监督,认真履行了托管人的义务。

本托管人认为,大成基金管理有限公司在景福基金的投资运作、信息披露等方面符合《证券投资基金管理暂行办法》及其相关法规的规定,基金管理人在 2001 年度所编制和披露的景福证券投资基金资产净值公告等各项基金信息真实、完整,未发现管理人有损害基金持有人利益的行为。

(摘自景福基金 2001 年年报)

1. 报告期内本基金托管人遵规守信情况声明

在托管景福证券投资基金的过程中,本基金托管人——中国农业银行股份有限公司严格遵守《证券投资基金法》相关法律、法规的规定以及《景福证券投资基金基金合同》《景福证券投资基金托管协议》的约定,对景福证券投资基金管理人——大成基金管理有限公司 2011 年 1 月 1 日至 2011 年 12 月 31 日基金的投资运作,进行了认真、独立的会计核算和必要的投资监督,认真履行了托管人的义务,没有从事任何损害基金份额持有人利益的行为。

2. 托管人对报告期内本基金投资运作遵规守信、净值计算、利润分配等情况的说明

本托管人认为,大成基金管理有限公司在景福证券投资基金的投资运作、基金资产净值的计算、基金费用开支、利润分配等问题上,不存在损害基金份额持有人利益的行为;在报告期内,严格遵守了《证券投资基金法》等有关法律、法规,在各重要方面的运作严格按照基金合同的规定进行。

3. 托管人对本年度报告中财务信息等内容的真实、准确和完整发表意见

略。

(摘自景福基金 2011 年年报)

基金托管人在监督权的行使上表现不力,主要是因为基金托管人定位尴尬,行使监督权力有限。具体的原因如下:

(1) 在封闭式基金的设立过程中,基金管理公司作为主发起人发起设立证券投资基金,然后作为发起人代表基金负责选聘基金管理人与托管人,并与之签订基金契约。开放式基金实际上也是由基金管理人确定托管银行。因此,托管人的地位依附于基金管理人,必然导致监督的软弱性;

(2) 基金托管业务目前已成为商业银行一项重要的表外业务和利润增长点,市场竞争日趋激烈,托管银行为抢占市场份额,在利益驱动下,有可能迁就基金管理人的违规行为,影响其监督效果。

我国基金托管市场的最大特点就是垄断竞争,能够获得托管资格的商业银行屈指可数,其市场化程度在基金相关市场上是较弱的,各托管银行收入差距较大。目前前四大银行的市场份额仍然维持绝对领先,其中工商银行、建设银行的龙头地位得到强化。到了 2012 年年底,基金托管市场的格局为:工商银行、建设银行遥遥领先,两家银行占据托管资产和托管费的一半以上,中行、农行、交行处于第二集团,占据托管资产和托管费的 30%～40%,其他股份制商业银行的市场份额非常少(如表 17.1 所示)[1]。

---

[1] 基金托管市场的垄断格局,根本上的原因还是基金依赖于商业银行的代销渠道。只有代销能力强大的银行才能获得托管业务。由于各大银行的代销能力客观上存在很大差异,自然形成了托管市场的垄断格局。

表 17.1　2012 年年底的基金托管市场一览表

基金托管人	托管基金只数	托管基金份额(亿份)	百分比	托管基金资产(亿元)	百分比	托管费用合计(万元)	百分比
中国工商银行	290	8 880.96	0.295	7 993.21	0.299	142 418.03	0.294
中国建设银行	268	6 555.35	0.217	6 074.82	0.227	118 074.08	0.244
中国银行	178	5 341.88	0.177	4 731.22	0.177	75 363.82	0.156
中国农业银行	131	3 250.16	0.108	2 768.79	0.103	54 652.41	0.113
交通银行	71	2 603.57	0.086	2 090.33	0.078	38 018.37	0.079
招商银行	48	1 008.27	0.033	887.99	0.033	15 528.92	0.032
中国民生银行	17	525.72	0.017	458.67	0.017	8 319.90	0.017
中国光大银行	19	633.37	0.021	548.69	0.021	7 808.83	0.016
上海浦东发展银行	9	343.74	0.011	335.23	0.013	6 805.40	0.014
兴业银行	15	305.68	0.010	314.23	0.012	6 613.28	0.014
中信银行	20	243.03	0.008	208.37	0.008	4 251.19	0.009
华夏银行	9	216.95	0.007	187.00	0.007	2 916.38	0.006
中国邮政储蓄银行	17	175.93	0.006	116.28	0.004	2 412.86	0.005
北京银行	1	30.57	0.001	15.69	0.001	314.52	0.001
广东发展银行	4	11.03	0.000	11.38	0.000	300.45	0.001
上海银行	2	19.93	0.001	11.95	0.000	247.42	0.001
平安银行	3	4.76	0.000	3.74	0.000	100.57	0.000
渤海银行	1	1.39	0.000	1.49	0.000	39.51	0.000
总计	1 103.00	30 152.31	1	26 759.08	1	484 185.95	1

资料来源:根据 Wind 资讯数据库整理。

(3) 基金管理公司拥有大量资产,在商业银行竞争日趋激烈的今天,任何一家基金托管人均不能忽视这个"存款大户"。

(4) 基金托管费和基金管理费的提取都是以基金净资产值为基础,如果基金管理人运用不当手段虚增净值,基金托管人出于自身经济利益的考虑,可能不会对此提出异议。

另外,在实际基金运作过程中,基金托管人也难以对基金投资运作过程进行全面监督。基金托管人只能从表面上判断基金管理人的投资运作是否合法合规,至于基金管理人的自主交易行为背后有什么黑幕,基金托管人也无法进行监督。例如,某基金管理人运用基金资产在高位大量买入某股票,市场可以怀疑管理人有所谓的"高位接货"行为,但对基金托管人而言,这是基金管理人的自主交易行为,只要基金管理人符合清算规则与组合比例限制,托管人就无法发表意见。

解决基金托管人的尴尬定位,需要在法律层面上强化其权利与义务。在《证券投资基金法》中,规定了民事赔偿机制,基金持有人可以就基金管理人的违法违规行为起诉,并要求赔偿损失。此种情形下,基金托管人也可能因此负连带责任。另外,法律规定基金管理人/托管人都可以代表基金持有人向违规的基金托管人/管理人行使民事追偿,这是对基金管理人和基金托管人的双向约束,它将从法律上强化基金管理人与基金托管人之间的相互监督关系[①]。

---

① 在我国首例基金"老鼠仓"案爆发后(见本书前文唐建案例),2008 年 9 月受到损失的上投摩根阿尔法基金投资者向中国国际经济贸易仲裁委员会提出仲裁请求,要求对作为基金托管人的建设银行行使追偿权。2009 年 2 月 3 日,仲裁委员会做出终局裁决,认为基金投资者的理由和证据不能支持其仲裁请求,驳回了基金投资者的仲裁请求。首例基金"老鼠仓"案的民事维权虽以败诉告终,但该案扩大了证券投资者维权的范围,对法律适用进行了初步探索。

2. 加强基金托管人监督作用的对策

为加强基金托管人的监督作用,可以考虑以下几种做法。

(1) 建立竞争性的基金托管人市场。整体而言,我国基金托管人市场的竞争是不充分的。实际上,基金托管业务对托管人自身的资本要求并不是太高,可以考虑放松对基金托管人的资本金要求,让更多的银行、信托公司乃至其他符合条件的金融机构都可以平等地具有获得托管人资格的机会。目前,在 2012 年年底修订后的《基金法》,已经拓宽了基金托管人的范围,允许非银行类金融机构成为基金托管人。

(2) 加强政府监管部门或行业自律组织在基金托管人选择中的作用和权重。由于投资者极为分散,由投资者选择基金托管人不具有技术上的可实施性。替代性的办法是由政府监管部门或行业自律组织(如中国证券投资基金业协会)代表投资者决定基金托管人的选择。

(3) 加强政府监管部门或行业自律组织对基金托管人的监督。法律应该规定基金管理人违规操作时,基金托管人应承担连带责任,并使其在新的基金托管市场竞争中处于不利地位。同时,应建立基金托管人自律组织,提高整个基金托管行业的监督水平和职业道德水准。

(4) 基金托管人报告的信息披露内容具体化。基金托管人报告至少应提供以下内容:

(1) 基金管理人的运作能力。因为投资人的财产增值性与此关联最紧密,它是投资者关注的焦点;

(2) 关联交易是否损害投资者利益。基金托管人报告应包括对关联交易的性质、内容、金额的说明,以及基金托管人对该关联交易是否损害投资者利益及其影响程度的评估;

(3) 基金管理人是否遵循了基金契约所规定的投资目标;

(4) 基金托管人在实时监管过程中发现的问题及基金管理人的改进状况;

(5) 基金管理人履责情况及内部控制制度的遵循情况。

目前,我国基金托管人对基金管理人的监督机制正在不断得到加强。例如 2004 年发生的中国建设银行对融通基金管理公司销售违规进行举报的个案,就是一个好的开端。

案例:基金托管人行使对基金管理人的监督权:融通基金销售违规被举报

2004 年 7 月,中国建设银行就融通基金在销售中的违规行为向中国证监会进行举报。中国建设银行是融通新蓝筹基金的托管人,这是中国基金市场历史上基金托管银行首次举报基金管理人违规。

融通基金的违规行为,主要是指融通基金在销售中对部分客户免去有关申购赎回费用。在融通新蓝筹开放式证券投资基金招募说明书中,规定"其赎回费按照赎回总额的 0.5% 收取,最低赎回费为 5 元,从中扣除注册登记费(赎回费总额的 20%)、其他手续费后,余额归基金资产。"融通基金给予部分客户费率优惠的做法,在基金业界其实比较普遍,很多大客户都会向基金销售人员提出要求,希望对申购费及赎回费予以减免。由于基金业竞争激烈,特别是在基金首发时都着力比拼首次发行规模,所以基金公司对于大客户的这种要求一般也都会予以满足。

2004 年 7 月 1 日中国证监会颁布实施的《证券投资基金销售管理办法》明确规定,"基金管理人、代销机构应当按照基金合同的约定和招募说明书的规定向投资人收取销售费用,并如实核算、记账;基金管理人、代销机构未经基金合同约定,不得向投资人收取额外费用;未经招募说明书载明并公告,不得对不同投资人适用不同费率"。

融通基金管理公司给予部分客户(基金持有人)费率优惠,明显不符《证券投资基金销售管理办法》的规定。同时,按基金招募书的规定,赎回费用的80%是必须归入基金资产的。基金管理人对赎回费擅自减免,不仅违反销售管理办法和基金招募书的规定,还实质上对该基金持有人的利益构成损害。

2004年7月21日,融通基金管理公司旗下的开放式基金融通新蓝筹基金刊登了2004年第二季度报告。在基金管理人报告一节中,该公司特别发表了"基金运作合规性声明":

"6月初,本基金管理人在办理两笔金额分别为1 007万元和5 057万元的赎回业务时,根据基金契约中'赎回费用由赎回人承担,在扣除相关的手续费后,余额归基金所有。'及'赎回费率为0.5%,若单笔赎回费不足5元人民币,按5元人民币计。'的条款,均只收取了赎回费5元。事后,本基金管理人已将应计入基金资产的金额及其利息划入基金托管账户。此外,本基金没有发生其他违反法律、法规、基金契约和基金招募说明书规定的行为。"

"造成上述事件的主要原因,是公司对法规及基金契约的具体条款理解不当。对此,本基金管理人向基金份额持有人和社会公众表示真诚的道歉,并将诚恳接受监管部门的批评和处罚,认真吸取教训。"

在基金业的制度安排中,基金托管人负有采取适当合理的措施,使开放式基金单位的认购、申购、赎回等事项符合基金契约等有关法律文件规定的职责,也负有当基金管理人因过错造成基金资产损失时,为基金向基金管理人追偿的义务。但事实上,此前从未发生过基金托管人向有关部门反映托管基金的基金管理人情况的举动。这次中国建设银行举报融通违规,是中国基金业发展史上托管银行第一次反映托管基金的违规情况。它标志着中国基金业的显著进步,托管行的监督作用开始正式得到发挥。

资料来源:①吴添.融通基金销售违规被举报.中国证券报,2004年7月18日第1版;②融通新蓝筹基金,2004年第二季度报告。

17.4.4　基金托管人与基金管理人制衡机制的完善

目前我国基金托管人对管理人的监督主要分为①:对投资行为(包括证券交易所上市股票、债券和银行间债券市场和银行存款等)的监督;对基金资产净值计算、费用核算、收益分配、信息披露等的核查监督等。基金托管人一旦发现问题,通知基金管理人,并向中国证监会报告。基金管理人对托管人的监督主要分为:对基金资产的单独建账和安全保管、基金有关账户的开设、资产净值等复核、执行投资指令和对有关基金信息的保密等。基金管理人一旦发现问题,通知基金托管人,并向中国证监会和中国银监会报告。具体相互监督的内容如下所述。

1.基金托管银行对基金管理公司的监督

1) 根据有关法律、法规的规定和基金合同的约定,基金托管人对基金管理人的投资行为行使监督权。基金托管人对基金投资的监督和检查自基金合同生效之日起即开始。

---

① 可参考2005年12月中国证监会颁布了《证券投资基金信息披露内容与格式准则第7号〈托管协议的内容与格式〉》,在基金托管协议中,详细界定了管理人和托管人之间监督制衡机制的内容。

（1）对基金投资范围、投资对象进行监督。

（2）对基金投融资比例进行监督。

（3）对基金投资禁止行为进行监督。

（4）对基金关联投资限制进行监督。

具体在关联交易的监督方面，基金管理人和基金托管人应事先相互提供与本机构有控股关系的股东或与本机构有其他重大利害关系的公司名单及其更新，加盖公章并书面提交，并确保所提供的关联交易名单的真实性、完整性、全面性。基金管理人有责任保管真实、完整、全面的关联交易名单，并负责及时更新该名单。如果基金托管人在运作中严格遵循了监督流程，基金管理人仍违规进行关联交易，并造成基金资产损失的，由基金管理人承担责任。

若基金托管人发现基金管理人与关联交易名单中列示的关联方进行了法律、法规禁止基金从事的关联交易时，基金托管人应及时提醒并协助基金管理人采取必要措施阻止该关联交易的发生，若基金托管人采取必要措施后仍无法阻止关联交易发生时，基金托管人有权向中国证监会报告。对于交易所场内已成交的关联交易，基金托管人无法阻止该关联交易的发生，只能进行结算，同时向中国证监会报告。

（5）对基金管理人参与银行间债券市场进行监督。

对于银行间债券市场的监督，具体内容为：①对于基金管理人参与银行间市场交易时面临的交易对手资信风险进行监督。基金管理人向基金托管人提供符合法律、法规及行业标准的银行间市场交易对手的名单，并按照审慎的风险控制原则，在该名单中约定各交易对手所适用的交易结算方式。②基金托管人对于基金管理人参与银行间市场的交易方式的控制。基金管理人在银行间市场进行现券买卖和回购交易时，需按交易对手名单中约定的该交易对手所适用的交易结算方式进行交易。

（6）基金托管人对基金管理人选择存款银行进行监督。

一般基金管理人确定并选择核心存款银行进行存款。如果因在非核心银行进行存款出现信用风险而造成损失时，先由基金管理人负责赔偿，之后有权要求相关责任人进行赔偿。基金托管人应对核心存款银行的选择进行监督。

2）基金托管人对基金资产净值计算、基金份额净值计算、应收资金到账、基金费用开支及收入确定、基金收益分配、相关信息披露、基金宣传推介材料中登载基金业绩表现数据等进行监督和核查。

3）基金托管人发现基金管理人的实际投资运作违反《基金法》、《基金合同》、托管协议及其他有关规定时，应及时以书面形式通知基金管理人限期纠正，基金管理人收到通知后应在下一个工作日及时核对，并以书面形式向基金托管人发出回函，进行解释或举证。在限期内，基金托管人有权随时对通知事项进行复查，督促基金管理人改正。基金管理人对基金托管人通知的违规事项未能在限期内纠正的，基金托管人应报告中国证监会。基金托管人有义务要求基金管理人赔偿因其违反基金合同而致使投资者遭受的损失。

目前，我国主要的托管银行都开发了"证券投资基金托管业务综合系统——基金监督子系统"，严格按照现行法律、法规以及基金合同规定，对基金管理人运作基金的投资比例、投资范围、投资组合等情况进行监督：

（1）每日按时通过基金监督子系统，对各基金投资运作比例控制指标进行例行监控，如发现接近法律、法规和基金合同规定的控制比例情况，及时提醒基金管理人；发现异常情

况,与基金管理人进行情况核实后,并向基金管理人发出书面通知,督促其纠正,同时报告中国证监会;

(2) 收到基金管理人的划款指令后,对涉及各基金的投资用途及费用等内容进行合法合规性监督;

(3) 根据基金投资运作监督情况,编写基金投资运作监督报告,对各基金投资运作进行合法合规性、投资独立性和风格显著性等方面进行评价,报送中国证监会。

2. 基金管理公司对托管银行的业务核查和监督

基金管理人对基金托管人履行托管职责情况进行核查,基金管理人发现基金托管人擅自挪用基金财产、未对基金财产实行分账管理、未执行或无故延迟执行基金管理人资金划拨指令、泄露基金投资信息等违反《基金法》、《基金合同》、本托管协议及其他有关规定时,基金管理人应及时以书面形式通知基金托管人限期纠正,基金托管人应在收到通知后下一个工作日内及时核对确认并以书面形式向基金管理人发出回函。在限期内,基金管理人有权随时对通知事项进行复查,督促基金托管人改正,并予协助配合。基金托管人对基金管理人通知的违规事项未能在限期内纠正的,基金管理人应报告中国证监会。基金管理人有义务要求基金托管人赔偿基金因此所遭受的损失。

基金管理人发现基金托管人有重大违规行为,应立即报告中国证监会和银行业监督管理机构,同时通知基金托管人限期纠正。

从以上内容看,基金管理人和托管人在托管协议中一般都写入了对称性的监督制衡条款。如果任何一方无正当理由,拒绝、阻挠另一方根据基金合同、托管协议规定行使监督权,或采取拖延、欺诈等手段妨碍有效监督,情节严重或经警告仍不改正的,应报告中国证监会。

17.5 基金份额持有人与基金份额持有人大会

17.5.1 基金份额持有人的权利与义务

基金投资者作为信托关系的当事人之一,承担着委托人和受益人的角色。基金投资者购买基金份额的行为即视为对《基金合同》的承认和接受,投资者自取得基金份额,即成为基金份额持有人和《基金合同》的当事人,直至其不再持有基金份额。基金份额持有人作为《基金合同》当事人并不以在《基金合同》上书面签章或签字为必要条件。

根据我国《基金法》、《运作办法》及其他有关规定,基金份额持有人的权利和义务包括但不限于以下内容。

1. 基金投资者的权利①

(1) 分享基金财产收益;

(2) 参与分配清算后的剩余基金财产;

(3) 依法转让或申请赎回其持有的基金份额;

(4) 按照规定要求召开基金份额持有人大会或者召集基金份额持有人大会;

---

① 在《基金法》中规定了投资者的权利,本书根据 2012 年 12 月的《基金法》修订文本进行了更新。《基金法》中没有规定投资者义务,主要在基金合同中约定。

（5）对基金份额持有人大会审议事项行使表决权；

（6）对基金管理人、基金托管人、基金服务机构损害其合法权益的行为依法提起诉讼；

（7）《基金合同》约定的其他权利。

2. 基金投资者的义务

（1）遵守《基金合同》；

（2）缴纳基金认购、申购款项及法律、法规和《基金合同》所规定的费用；

（3）在其持有的基金份额范围内，承担基金亏损或者《基金合同》终止的有限责任；

（4）不从事任何有损基金及其他《基金合同》当事人合法权益的活动；

（5）返还在基金交易过程中因任何原因，自基金管理人、基金托管人及代销机构处获得的不当得利；

（6）执行生效的基金份额持有人大会的决定；

（7）法律、法规和《基金合同》约定的其他义务。

17.5.2 基金持有人大会召集、召开及内容

基金持有人大会①是合同型基金的最高权利机构。基金持有人一般通过基金持有人大会来行使自己的权力。

我国合同型基金反映的是一种信托关系，这与股票持有人所反映的产权关系有着很大的不同。基金持有人不像股东那样通过参与股东大会，而是通过基金持有人大会来主张自己的权利。根据我国《证券投资基金法》，有下列情形之一的，应召开基金持有人大会：

（1）决定基金扩募或者延长基金合同期限；

（2）决定修改基金合同的重要内容或者提前终止基金合同；

（3）决定更换基金管理人、基金托管人；

（4）决定提高基金管理人、基金托管人的报酬标准；

（5）基金合同约定的其他职权。

由于持有人大会召开的成本很大，为了提高效率、节约基金运作成本，一般基金合同会规定下述情形下，可以不召开持有人大会。比如：

（1）调低基金管理费、基金托管费、基金销售服务费；

（2）法律、法规允许增加的基金费用的收取；

（3）在《基金合同》规定的范围内调低基金的申购费率、赎回费率或变更收费方式；

（4）因相应的法律、法规发生变动而应当对《基金合同》进行修改；

（5）对《基金合同》的修改对基金份额持有人利益无实质性不利影响或修改不涉及基金合同当事人权利义务关系发生变化；

（6）除按照法律、法规和《基金合同》规定应当召开基金份额持有人大会以外的其他情形。

在正常情况下，基金持有人大会由基金管理人召集。在更换基金管理人或基金管理人无法行使召集权的情况下，由基金托管人召集基金持有人大会。在基金管理人和基金托管人均

---

① 在基金法规及基金合同等正式法律文件中，一般称为"基金份额持有人大会"，本书简称为"基金持有人大会"，含义相同。

无法行使召集权时,由单独或合计持有10%基金份额以上的基金持有人行使召集权。代表基金份额10%以上的基金份额持有人自行召集的,应报国务院证券监督管理机构备案。

基金持有人大会的开会时间、地点等细节由召集人确定。召开基金持有人大会时,召集人应于会议召开前20天,在《中国证券报》《上海证券报》《证券时报》等证监会指定的媒体上刊登公告。基金持有人大会采取记名方式投票表决,每一基金份额有一票投票权。

基金管理人、基金托管人和单独或合并权利登记日基金份额占基金总份额10%以上的基金持有人,均可提交由基金持有人大会审议表决的提案,提交时间可以在召集人发出会议通知之前,也可以在会议通知发出之后。

基金持有人大会可以现场召开,也可以以通信方式召开。采取现场开会方式,基金持有人可以亲自出席,也可以以代理投票授权委托书的形式委派代表参加大会。

基金份额持有人大会就审议事项作出决定,应当经参加大会的基金份额持有人所持表决权的二分之一以上通过;但是,转换基金运作方式、更换基金管理人或者基金托管人、提前终止基金合同、与其他基金合并,应当经参加大会的基金份额持有人所持表决权的三分之二以上通过。基金份额持有人大会决定的事项,应当依法报国务院证券监督管理机构备案,并予以公告。

案例:《基金法》修订案对基金的份额持有人大会的调整[①]

目前我国公募基金份额持有人大会召集难度较大、作用发挥受限。结果,投资者缺乏意志表达机制,难以形成对基金管理人的有效监督和制约。在2012年12月最终通过的《基金法》修订案中,修改完善了基金份额持有人大会的规定,目的是促进其作用发挥。具体表现在:

① 针对基金份额持有人召集难度大、发挥作用难的问题,引入了二次召集大会制度。在保留首次召集基金份额持有人大会应当有代表二分之一以上基金份额的持有人参加,方可召开的规定之下,新增了二次召集大会制度,即当参加基金份额持有人大会的持有人的基金份额低于50%的,召集人可以在原公告的会议召开时间的三个月以后、六个月以内,就原定审议事项重新召集基金份额持有人大会。重新召集的基金份额持有人大会应当有代表三分之一以上基金份额的持有人参加。

② 基金份额持有人大会决定事项,原来规定由中国证监会核准或备案,目前调整为备案。

17.5.3　基金持有人大会的现存问题[②]

下面以一个我国基金历史上基金持有人大会的分析为例进行说明。

---

① 在2012年8月,《基金法》修订草案通过了全国人大的第一次征求意见,将首次召集大会的份额比例由原定的50%降低为1/3,二次召集的份额比例降低为20%。但在最终经三审后于2012年12月底通过的正式《基金法》修订文本中,保留了首次召集的到会基金份额比例50%下限门槛的规定,但引入了二次召集制度,将二次召集开会的份额门槛提高为1/3。由此可见,基金持有人大会的到会基金份额比例,是关系基金投资人、基金管理公司等相关各方利益的"敏感条款"。

② 目前国内的基金持有人大会具体做法,已经有了很大改进。本节案例分析的一些问题,主要是为了记录历史,使读者了解我国基金业治理结构的变迁过程,因此本书第4版仍然保留了这些内容。

案例：基金持有人大会为何参加者少——从泰和基金持有人大会谈起

在基金泰和 2001 年 1 月 8 日召开的第二届持有人大会上，全票通过了"每年可至少分配一次"的议案。基金泰和成为首只一年可多次分配的基金。这是我国基金业发展中值得庆祝的事。但是，在这次持有人大会中，全部表决票只占基金份额的很少一部分。这说明绝大部分投资者没有参加持有人大会的表决。

2000 年 12 月 26 日，嘉实基金管理人公司就在主要报刊上刊登了本次大会的公告。到 2001 年 1 月 8 日止，共收到有效通讯表决 32 194.2 万份基金单位，这些基金单位全部投了赞成票。而全部的赞成票，只占基金总份额的 16.1%。嘉实基金公司曾于 2000 年 11 月 21 日同样以通信方式举行基金泰和第一届持有人大会，那次会议收到的赞成票 29 530.48 万份基金单位，仅占基金总份额的 14.77%，就是因为比例过少，没有通过上述修改事项。

回顾我国证券投资基金的持有人大会，截至 2001 年 1 月，只有泰和召开过上述二次持有人大会，安信、金泰、开元、兴华等 10 只第一批发行的基金召开过第一次持有人大会，其他基金没有召开过。安信等的第一次持有人大会是在 2000 年 3 月初，主要议题是修改基金管理人报酬，还修改了基金投资范围、基金持有人召开事由等。在安信基金第一次持有人大会上，收到有效表决票 21 621.89 万票，占基金总份额的 10.81%，但是议案通过了。

进一步的问题是：为什么不同基金的议案通过可以有不一样的表决票比例？基金持有人大会，到底应该怎么开？

在现实中，基金投资者很少参加持有人大会，可能的原因，是否是因为基金持有人分散？以泰和为例。据 2000 年中报披露，前十大持有人为中国人寿、久事浦东、平安保险等，共持有 12.46% 的基金份额。正是由于基金份额的高度分散，使得要聚集起较多比例的投票份额，十分困难。但是，泰和可能只是一个特例。目前以保险公司为代表的机构投资者已经成为基金的主要持有人。这样，持有人大会的低参与比例，只能是另有它因了。

我们认为，现有的基金契约中对基金持有人大会的有关规定，存在以下问题。

其一，基金持有人没有召集权。对应于公司股东大会，我国《公司法》第 104 条规定中，每年召开一次年会，另外可以召开临时股东大会。临时股东大会召开的情形之一，就是当持有公司股份 10% 以上的股东请求时。因此，普通股东持有股份达到 10% 或者征集到占总股本 10% 的委托书，就可以召集临时股东大会。相比较而言，基金持有人没有召集权，持有人大会只能由基金管理人、托管人、发起人召集。从现在的规定看，召集权实际就是基金管理人的。

其二，基金持有人没有提案权。现场开会，由召集人宣读提案。书面开会，由召集人提前 10 天公布提案。持有人大会的提案权，全部由召集人，也就是基金管理人掌握。普通基金持有人被剥夺了召集权，当然也就被剥夺了提案权。只能由基金管理人来决定持有人大会讨论并表决些什么问题。

其三，没有规定会议可以召开的持有人所代表的最少份额。我国《公司法》对股东大会可以召开的股东所代表的最少股份，也没有规定。在具体的各公司章程中，比如有 51% 的比例规定等。由于我国股份公司股本结构的特殊性，绝大部分公司中国家股和法人股的存在，使得 51% 的比例不难达到。但是，基金情况不一样。从泰和和安信的案例说明，泰和基金是将此比例定为 15%，而安信基金定为 10%。由于持有人大会的决议对所有基金关系人都有法律效力,这样低的持有人参与比例,通过的决议能够代表所有持有者的意愿吗?

针对基金管理有关规定和基金契约中的上述问题,要加强基金持有人大会在合同型基金治理结构中的作用。这一论断的根本理念是:合同型基金中,基金管理人存在内在的双重价值目标取向,需要借持有人大会来完善基金的治理结构。

(改写自:李曜.基金持有人大会为何参加者少.上海证券报,2001年2月15日.)

因此,在2004年6月《基金法》实施以前,我国当时的基金法规对持有人大会召集、提案、议事等权利归属的规定不明确,客观造成了持有人大会作用无法得到发挥。

17.5.4 加强基金持有人大会治理功能的思路

1. 在基金法规和基金合同中加强对持有人大会的具体规定

应加强对持有人大会的具体规定,从法律上支持持有人大会在基金治理结构中的作用发挥。

(1)赋予部分具有影响力、代表性、公正性的基金持有人以大会的召集权和提案权;

(2)对大会可以召开的持有人所代表的最低份额进行规定,以及对会议议案获得通过的最低基金份额进行规定。

在《证券投资基金法》中,已经体现了上述主张。[1] 2012年12月,在《基金法》修订案中,进一步对持有人大会召开的门槛比例、二次召集开会制度、持有人大会表决制度等做了更新(见前文),进一步发挥基金持有人大会的作用。

另外,在基金合同中,可以对持有人大会运作规定细化,比如大会提案权的分配、提案公布的时间、临时提案、提案表决的程序性、议事程序、表决和计票程序等,都可以进一步详细规定清楚,以防止实务操作中产生争议。

2. 引入基金的机构投资者

引入机构投资者。例如提高保险公司、社会保障基金、企业年金、证券公司、合格境外机构投资者(QFII)、财务公司等机构投资者对基金的持有比例,让这些机构投资者去监督基金管理人的运作。

随着我国基金和股票市场变化,机构和个人投资者的相对份额也在发生变化,特别是在开放式基金中。机构持有份额占比呈现出下降的趋势,相应的,个人持有份额占比则持续上升。表17.2是2006年以来我国基金中机构和个人的持有比例变化情况。

表17.2 2006年以来我国基金中机构与个人持有比例变化情况

单位:百分比

	2006年	2007年	2008年	2009年	2010年	2011年	2012年
机构投资者持有比例	43.09	22.52	23.76	28.82	30.00	29.60	29.16
个人投资者持有比例	56.91	77.48	72.24	71.18	70.00	70.40	71.84

注:数据来源 wind 资讯数据库,以机构投资者比例为准,个人投资者比例=1-机构投资者比例。原始数据来自基金年报。

总体上看,保险公司、全国社保基金、券商集合理财计划和QFII等机构投资者对基金的持有拥有重要份额,在封闭式等基金中持有比例更高,这种形势有利于保险公司等机构

[1] 《中华人民共和国证券投资基金法》第75条。

投资者掌握封闭式基金持有人大会的出席份额，有利于它们在封闭式基金转换运作方式等问题上拥有发言权和决定权。机构投资者在持有人大会中的召集、提议、参与等活动目前已经有法可依，持有人大会的治理作用通过这些机构投资者的积极活动将得到落实。

3. 维持一个投票权征集的竞争局面、尝试实施基金持有人代表诉讼制度

投票权本身是基金投资者权利的一部分，是基金投资者参与基金治理的重要途径，它随着基金份额的转移而转移，但是在基金投资者高度分散的情况下，单个投资者从投票成本与收益的角度考虑将会选择不参与投票。在这种情况下，可以将投票权与基金份额的其他权利，在一定时期做适当分离，以改善基金治理效果。投票权代理（proxies）[①]就是指基金投资者在一定时间内将其所持有的基金份额上的投票权委托给其他代理人，由代理人持有并集中行使的一种制度设计。与之相对应的一个概念就是投票权征集，指基金公司独立董事、基金现任管理人、特定基金持有人等，主动发起代理投票权征集及行使投票的行为。

投票权代理制度的设计，主要是为不能或不愿亲自参与基金持有人大会投票的投资者提供一种仍然参加基金治理的机会。其主要功能是：其一，挖掘已经"埋没"的投票权，使基金持有人大会的参与人数大大增加，提高基金持有人大会的代表性，促进基金持有人大会对基金的最终控制权，维护基金和基金投资者的利益；其二，便于中小投资者参与基金治理，中小投资者通过投票权征集制度，影响基金重大决策，从而促进基金运作的民主化；其三，督促基金管理人善尽其责，否则，基金外部人士则有机会通过征集投票权委托书，更换基金管理人，淘汰不能胜任的基金管理者。从本质上讲，发起投票权征集活动是介入基金内部治理的强有力形式，它是张扬基金投资者对拥有基金最终控制权信念的不可替代的制度安排。

维持一个投票权征集的竞争局面，对于改善基金治理具有重要的作用。在这样的竞争性市场上，未必需要几个实实在在的竞争者展开竞争，只要有潜在进入者存在，就足以保证市场的有效性和竞争性。同理，只要保留其他机构投资者参与投票权征集的可能性，基金管理人就始终面临着潜在竞争者的压力，基金管理人就不敢滥用权力，损害投资者的利益。

投票权代理的进一步发展就是投票权信托（vote trust）。投票权信托是指基金投资者在一定期间，以不可撤销的方式，将其所持有的基金份额以及法律上的权利包括投票权，转移给受托人，由受托人持有并集中行使基金份额上的投票权。投票权信托实质上是基金投资者将其对基金的投票权集于一个或数个受托人，使受托人通过表决等方式，掌握基金控制权，实施对基金治理的一种制度设计。投票权信托与投票权代理的区别在于，信托是受托人以自己的名义行使投票权，而代理是代理人代表委托人行使投票权，而且代理人的权利范围受到限制。

投票权代理和投票权信托在美国资本市场上极为流行，用途广泛。近年我国上市公司的股权争夺中，如胜利股份、国际大厦等的股权争夺中，投票权代理起到了非常重要的作用，但在基金治理中尚未真正发挥作用。因此，投票权代理可以作为一种重要的制度设计引入基金持有人大会，以改进其效率。我国《证券投资基金法》第 86 条规定，"基金份额持有人可以委托代理人出席基金份额持有人大会并行使表决权"，另外在具体的基金合同中也都普遍规定了代理投票制度。

---

① 投票权代理和投票权争夺（proxy contest），主要是上市公司兼并收购中采用的一种争夺上市公司控制权的方法，这里把这种方法引入对证券投资基金的分析。

具体的投票权征集者,可以是基金的大机构投资者(比如持有10％基金份额的机构投资者),也可以是基金管理公司的独立董事,还可以是基金管理公司的董事会。因为,当基金管理公司面临机构投资者发起的基金控制权争夺战时,可以有保卫自己的权力。

世界上许多国家(地区)的《公司法》都规定了股东代表诉讼制度。所谓股东代表诉讼,也称股东派生诉讼,是指当公司怠于通过诉讼追究侵害公司利益人的法律责任时,为了维护公司的利益,具备法定资格的股东(一名股东或持股达一定比例的股东)有权代表所有其他股东,以其自身的名义,代表公司对侵害人提起诉讼,追究其法律责任,所得赔偿归于公司的一种诉讼机制。

美国是世界上最早将股东代表诉讼制度引入基金业的国家。由于美国投资基金都是公司型,基金本身就是一个公司,因此可以直接仿效《公司法》中的股东代表诉讼,公司型基金中可以称为股东代表诉讼制度。在契约型基金中,由于基金是一种信托财产,基金持有人不具有股东身份,为便于称呼,我们将其定义为基金持有人代表诉讼。

知识拓展: 基金持有人代表诉讼制度

美国《投资公司法》第36条对股东行使代表诉讼权作出了以下规定:一是到美国地区法院提起诉讼;二是该起诉股东只需要证明前述责任人违背信托职责的行为已经发生,无须为被告曾有个人渎职行为提供证据;三是服务费接受人的赔偿数额有最高限制,即以该违背信托职责行为所引起的实际损失为最高限额,并且不得超过基金公司或基金持有人支出的服务费金额;四是法院对该服务费的支出视为适当的,以使上述被告不能以该服务费未经批准而无效来抗辩。

从美国《投资公司法》的规定可以看出,基金持有人股东代表诉讼具有以下几个特点:

(1) 没有持股数量和时间的限制,将股东诉讼代表权视为股东的自益权而非共有权,股东可以单独行使。这与美国《公司法》对股东代表诉讼规定相一致,一般都认为股东持股数量之多寡对于股东代表诉讼之提起并不发生影响;

(2) 无须设置股东代表诉讼的前置程序,即不要求起诉股东在提起诉讼前必须有基金公司怠于行使诉权的情形发生,无须向基金公司征求是否对该侵害行为提起诉讼的意见,不受《公司法》上"竭尽公司内部救济"原则的限制,基金持有人股东可以直接向法院提起诉讼;

(3) 对基金持有人股东负信托义务的责任主体范围比较宽泛,除投资顾问及其关联人士外,还包括基金公司的职员、董事、顾问委员会成员以及基金的主承销商;

(4) 追究责任人赔偿责任的法律依据是信托义务的违反,只要有违反信托义务的行为发生,便可以追究其责任;

(5) 信托义务人承担的责任是有限的,即以实际损失和服务费中的低者为最高限额;

(6) 所支付的服务费都推定为合法有效的,责任人不能以该服务费未经独立董事等机关批准而主张无效;

(7) 基金持有人是代表基金公司起诉,所获赔偿归属基金公司。

为完善我国投资基金的治理结构,可以考虑建立基金持有人代表诉讼制度,具体内容可作如下设计:

（1）基金管理人、基金托管人违反基金法、基金合同或基金章程的规定，或第三人侵害基金权益的，应当依法承担赔偿责任。

（2）在基金管理人怠于行使诉讼权时，持有基金 1% 以上基金单位的持有人有权向基金管理人董事会提出代表诉讼申请，15 日内没有得到肯定性答复的，该基金持有人有权代表基金提起诉讼，15 日内基金管理人同意自行起诉的除外。

（3）持有契约型基金单位 1% 以上的持有人，可以直接向人民法院提起代表诉讼。

（4）基金持有人因代表诉讼取得的财产，归基金所有。

4. 建立基金受托委员会制度的设想

除上述做法之外，在我国的契约型基金中还可以考虑建立独立的受托委员会。我国现行法规要求，为了维护基金投资者的利益，基金管理公司董事会中必须引进独立董事，并要求独立董事的人数至少占董事会的 1/3 以上，并且要多于大股东提名的董事人数。但是这其中存在一个悖论。基金独立董事占据着基金管理公司董事会的席位，但其代表的不是基金管理公司股东的利益，而是代表基金管理公司所管理基金的投资者的利益，这其中存在一个矛盾。解决办法是可以考虑借鉴公司型基金独立董事制度的设计要点，把合同型基金的独立董事从基金管理公司中分离出来，在整个基金治理架构中成立一个独立于基金管理公司的受托委员会[①]。

为了确保受托委员会的独立性，该委员会应具有独立的法律地位，不作为基金管理人或托管人的内部机构。受托委员会中的独立委员应在 2/3 以上，由基金发起人（管理人）提名和任命，持有人大会应有任免权和更换权。受托委员会应定期举行会议，可下设若干委员会，分别负责基金内部审计、基金管理人提名及报酬、基金托管人提名及报酬等事项。这样，基金管理人和托管人接受受托委员会的监督。具体如下所述。

（1）基金持有人对基金的监督

基金持有人在将资产委托给独立的受托委员会后，就不再直接干预对基金资产的管理和运作，也不参与选聘基金管理人和托管人，其监督制约权主要通过出席基金持有人大会来行使。基金持有人大会可以一年举行一次，可通过换选不合格的受托委员来发挥监督作用。

（2）受托委员会对基金管理人和托管人的监督

受托委员会是契约型基金持有人的利益代表，同时也成为了整个基金治理的权力核心。当受托委员会有足够理由相信管理人或托管人不称职时，有权向持有人大会提议更换管理人或托管人，并有权就此召集临时持有人大会进行表决。

（3）基金托管人与基金管理人之间的相互监督关系

受托委员会的引入使托管人能够摆脱与管理人之间的目前实质上的"雇员雇主"关系，以更高的独立性履行托管职责，并使托管人和管理人之间的双向监督制衡机制落到实处。

 **本章小结**

本章从基金管理人、托管人、份额持有人大会三个方面阐述了基金治理结构的安排，重

---

① 2012 年《基金法》修订后，在基金治理结构方面，公募基金可以增加份额持有人大会的常设机构。这种在持有人大会中设立日常机构的制度安排和本书提出的受托委员会，本质上是一致的。

点是三者各自的权利、义务与责任。

不同的国家(地区)根据法律传统和经济环境,选择了不同的基金法律形式。基金的法律形式不同,其治理结构也不同。世界主要的基金治理模式有信托型的契约基金治理和公司型的公司基金治理两种模式。

美国共同基金由发起人根据公司法组织设立,并设立董事会。董事会作为投资者利益的权威代表,负有基金的受托责任,董事会中设有相当比例的独立董事参与基金重要事务的决定。在英国等地的信托型开放式基金中,受托人作为信托关系的核心和受益人利益的代表,作为信托资产的名义所有人负责对各服务主体的监督和检查。

我国基金管理公司在内部控制与风险管理制度建设上,正在逐步完善。目前我国基金管理公司的内部控制机制一般包括四个层次:一是员工自律;二是部门各级主管的检查监督;三是公司总经理及其领导的监察稽核部对各部门和各项业务的监督控制;四是董事会领导下的审计委员会和督察员的检查、监督、控制和指导。

基金托管人是基金资产的保管人和名义持有人。基金治理结构中引进基金托管人,目的在于监督基金管理人,保护基金持有人的利益,防止基金资产被挪用。基金托管人的主要职责包括:(1) 安全保管基金资产;(2) 执行基金管理人的划款及清算指令;(3) 监督基金管理人的投资运作;(4) 复核、审查基金管理人计算的基金资产净值及基金价格等。

基金持有人大会是合同型基金的最高权利机构。基金持有人一般通过基金持有人大会来行使自己的权力。应加强对持有人大会的具体规定,从法律上支持持有人大会在基金治理结构中的作用。①赋予部分具有影响力、代表性、公正性的基金持有人以持有人大会的召集权和提案权;②降低基金持有人大会召开的门槛规定,设置二次召集制度。这样可以提高投资者参与持有人大会的意识和积极性。另外在投票权委托、基金持有人代表诉讼制度、设置代表基金投资者的受托人委员会等方面,都可以进行相应的改革探索。

 本章思考题

1. 什么是公司治理结构?什么是基金治理结构?二者有何异同?

2. 请以实际国别案例进行公司型基金治理结构和信托合同型基金治理结构的比较分析。

3. 在基金董事制度最为完善的美国,对基金董事(包括独立董事)是否能发挥股东利益保护者的作用,存在着较大争议。对于董事的作用,支持者认为是"看门狗"(watchdog),批评者认为是"宠物狗"(petdog)。请你给以评述。对我国契约型基金中的独立董事制度,有效性又如何呢?

4. 请简要评述目前我国基金托管市场的现状。你认为托管市场是垄断吗?若是,垄断格局背后的原因是什么?

5. 为什么基金托管人对基金管理人的监督权行使不够?你认为怎样才能改变?

6. 请以本书中提到的中国建设银行向中国证监会就基金赎回费问题举报融通基金公司的事例,以及上投摩根阿尔法基金投资者就基金经理"老鼠仓"向托管银行——中国建设银行进行连带追偿的两个案例为例,说明基金托管人实施监督作用的权利与义务。

7. 基金持有人大会在基金治理结构中的作用是什么？请对我国的基金持有人大会和美国公司型基金的股东大会进行比较。

8. 什么是基金的投票权征集（proxy contest）制度？什么是基金的持有人代表诉讼制度？为什么建立此两种制度有利于基金持有人发挥监督作用？

9. 什么是基金的受托委员会制度？请阅读《基金法》（2014）关于"持有人大会日常机构"的规定，比较与本书中提到的受托委员会的异同。

 延伸阅读

关于美国基金业对基金董事和独立董事制度的争论，可阅读

1. ［美］罗伯特·博森，特蕾莎·哈马彻．基金业务——如何管理你的财富．北京：中信出版社，2012：33～39.

美国共同基金投资公司中的代理投票权争夺的具体案例，可参见：

2. ［美］里·格雷米林．美国开放式共同基金．北京：中国金融出版社，2006：267～269.

关于基金持有人代表诉讼制度，可阅读：

3. 刘和平，王银凤．基金持有人代表诉讼制度研究．证券市场导报，2001 年 8 月．

第 18 章 基金治理结构（3）：监管制度

18.1 基金监管：定义与模式

基金监管就是指监管部门运用法律的、经济的以及必要的行政手段，对基金市场参与者行为进行的监督与管理。

我国基金监管机构主要包括中国证监会及其派出机构、证券交易所以及基金业自律组织。对于商业银行所从事的基金业务，由中国银监会与中国证监会共同行使监管职责。监管对象主要包括基金管理公司、基金托管机构、基金代销机构、第三方支付机构、基金评级机构、会计师事务所、律师事务所等相关中介服务机构等。监管内容主要包括基金管理公司的设立、变更和终止、基金托管人的资格审核、基金的募集与设立、基金申购与赎回、基金投资交易等，我国现行的基金监管组织体系如图18.1所示。

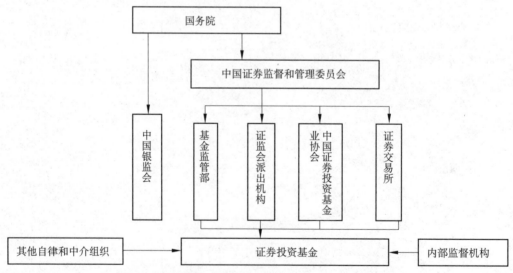

图 18.1 我国现行证券投资基金监管组织体系构架

基金监管的目标是一切基金监管活动的出发点。国际证监会组织（IOSCO）于1998年制定的《证券监管目标与原则》中规定，"证券监管的目标主要有三个：一是保护投资者；二是保证市场的公平、效率和透明；三是降低系统风险。"这三个目标同样适用于基金监管。同时，考虑到我国资本市场正处于转型时期以及基金业自身所具有的特点，我国基金监管还担负着推动基金业发展的使命。

18.2 基金监管机构与监管内容

我国的基金监管可以分为三个层次：国务院证券监督管理机构的监管、中国证券投资基金业协会的自律性管理和证券交易所的一线监管（亦属于自律监管）。中国证监会在各地的派出机构根据中国证监会的授权对当地的基金市场履行监管职责。基金业的行业自律管理由中国证券投资基金业协会具体负责组织实施，证券交易所对基金的上市、基金的投资交易行为履行一线监管的职责。

1. 国务院证券监督管理机构的监管

1) 中国证券监督管理委员会

中国证监会对证券投资基金的监管包括对基金管理公司、基金托管人和证券投资基金设立申请的核准或者注册以及对已设立基金管理公司、基金托管人和证券投资基金的日常监管。

（1）监管内容

我国证监会对证券投资基金的监管的主要内容包括：

a. 制定法规

1997 年 11 月，中国证监会颁布了《证券投资基金管理暂行办法》，并先后制定了一系列配套的实施准则，对基金合同、托管协议、招募说明书、管理公司章程和从业人员管理等进行严格的规范。2000 年 10 月，中国证监会颁布了《开放式证券投资基金试点办法》。2001 年 5 月发布了《外资参股基金管理公司设立规则》和《关于申请设立基金管理公司若干问题的通知》。2001 年 6 月发布了《关于规范证券投资基金运作中证券交易行为的通知》。2004 年 3 月以来，为配合《证券投资基金法》的实施，中国证监会发布了《证券投资基金运作管理办法》、《证券投资基金信息披露管理办法》等一系列行政法规，并根据基金业的发展变化，不断出台新的行政法规以规范基金业。其中比较重要的有：2006 年 6 月，《证券投资基金管理公司治理准则（试行）》；2006 年 10 月，《基金管理公司投资管理人员管理指导意见》；2007 年 10 月，《证券投资基金销售适用性指导意见》；2007 年 11 月，《基金管理公司特定客户资产管理业务试点办法》；2008 年 3 月，《证券投资基金管理公司公平交易制度指导意见》；2012 年 6 月，出台《证券投资基金运作管理办法》修订版。2012 年 9 月，《证券投资基金管理公司管理办法》、《基金管理公司特定客户资产管理业务试点办法》的修订版本正式颁布。这些法规都为基金业的健康、有序发展创造了良好的法规环境。现行有效的基金监管法规体系可分为以下三个层次：

第一层次：《证券投资基金法》。

第二层次：部门规章。①证券投资基金法的 6 个配套规章：《基金管理公司管理办法》《基金运作管理办法》《基金信息披露管理办法》《基金销售管理办法》《基金行业高级管理人员任职管理办法》和《基金托管资格管理办法》。

② 其他部门规章。如《商业银行设立基金管理公司管理办法》《货币市场基金管理暂行规定》《企业会计准则》等。

第三层次：规范性文件。

① 基金信息披露规范性文件。包括《基金信息披露内容与格式准则》《基金信息披露编报规则》等。

②　基金管理公司规范性文件。包括:《基金管理公司内部控制指导意见》、《基金管理公司治理准则》、《关于基金管理公司运用固有资金进行基金投资有关事项的通知》、《关于规范基金管理公司设立及股权处置有关问题的通知》、《关于基金管理公司向特定对象提供投资咨询服务有关问题的通知》、《关于基金管理公司提取风险准备金有关问题的通知》、《基金管理公司特定客户资产管理业务试点办法》等。

③　基金投资规范性文件。包括:《基金管理公司进入银行间同业市场管理规定》、《关于股权分置改革中证券投资基金投资权证有关问题的通知》、《关于货币市场基金投资有关问题的通知》、《关于货币市场基金投资短期融资券有关问题的通知》、《关于货币市场基金投资银行存款有关问题的通知》、《关于证券投资基金投资资产支持证券有关事项的通知》、《关于基金投资非公开发行股票等流通受限证券有关问题的通知》等。

④　基金行业高级管理人员及其他从业人员规范性文件。包括《证券投资基金管理公司督察长管理规定》、《基金管理公司投资管理人员管理指导意见》等。

⑤　其他业务环节(如基金的会计、销售、税收等)的规范性文件。包括:《关于基金管理公司及证券投资基金执行〈企业会计准则〉的通知》、《证券投资基金销售适用性指导意见》、《关于证券投资基金税收问题的通知》等。

b.　资格审查在内的市场准入监管

对证券投资基金运营机构实行严格的资格管理,包括资格认定、年检、核销等内容,通过市场准入和退出机制的建立,保证基金投资者资金的安全。这也可称为市场准入监管。如:对基金管理公司和基金的设立、商业银行的基金托管资格实行审批制①。同时,中国证监会对基金从业人员进行了严格的资格审查与认定。基金管理人和基金托管人的高级管理人员、基金经理等人员必须通过专门的考试并具备任职资格,才能从事基金管理业务。此外,中国证监会还要求基金管理公司和基金托管人对其员工进行持续的业务培训和职业道德培训。

c.　日常持续监管

日常持续监管一般是对基金从业机构日常经营活动、基金运作各环节、相关人员从业行为等监管。具体如:

①　信息披露监管。制定严格的基金信息披露制度,对信息披露的内容与格式作出明确规定,要求基金严格履行定期公告及重大事项临时公告义务。其中,定期公告包括基金净值日报、周报(封闭式基金)、季报、中报和年报;在发生可能对基金投资者利益产生重大影响的事项时,有关基金管理人、托管人还须进行临时公告。目前,我国的基金信息披露体系已与国际惯例基本接轨。

②　督促基金管理人建立完善内控制度。

此外,中国证监会还会同中国银监会,对托管银行的基金托管业务实施严格监管。对基金托管人的监管主要包括:商业银行从事基金托管业务必须符合《证券投资基金法》规定的条件,并经中国证监会和中国银监会批准;基金托管银行应设立独立的托管部门专门从事基金托管业务;托管部门内部人员从业资格和任职资格、机构设置、技术配备和管理制度等应符合有关规定等。

---

①　目前,我国监管部门对基金的设立发行正在从审批制向备案制过渡。

（2）监管方式

非现场检查和现场检查是中国证监会对证券投资基金进行日常监管的主要方式。

为能及时、全面、动态地把握基金托管人、基金管理公司和基金运作的实际情况，中国证监会建立了完整的报备材料制度，此即非现场检查。基金托管人须定期向中国证监会报送监察稽核报告、基金持有人名册和对管理公司的监督报告等；管理公司须定期报送监察稽核报告、基金运作报告、公司财务与自有资金运用情况报告等；基金托管人和管理公司还须不定期地就可能对基金持有人权益和基金价格产生重大影响的事件及时向中国证监会报告，不定期地将基金信息披露内容、更新的内部管理制度、从业人员资料及其脱离原单位人事关系的证明文件以及基金的有关银行存款账号、证券账号、基金专用交易席位号和证券经营机构名称等报中国证监会备案。

中国证监会还通过现场检查方式更真实、更深入地把握基金运作状况。现场检查分定期检查和不定期检查两种。定期检查侧重对基金运作、公司财务状况以及基金托管人和管理公司的监察稽核工作进行检查；不定期的检查则依据报备材料中发现的问题或接获的举报等对个别或部分公司及时、灵活地组织检查。

2）中国证券监督管理委员会派出机构

为充分发挥证券市场统一监管体系的优势，中国证监会派出机构对辖区内的基金管理公司实施监管。

（1）监管分工

中国证监会派出机构按属地原则开展对基金管理公司的监管工作。对注册地和主要办公地不在同一城市的基金管理公司，按"基金管理公司主要办公场所所在地派出机构监管为主，注册地派出机构协助监管"的原则进行分工。

（2）监管内容

中国证监会派出机构应掌握辖区内基金管理公司的基本情况，每季度听取基金管理公司总经理关于公司的运作情况报告，对基金管理公司每年度报送的《年度工作总结报告》进行审阅；对基金管理公司的高级管理人员出境情况进行备案；对基金管理公司高级管理人员、督察长、基金经理辞职，应要求本人在提出辞职申请后的 7 个工作日内说明辞职理由。

中国证监会派出机构应密切关注新闻媒体及公众对基金管理公司及证券投资基金的评论和报道。如辖区内基金管理公司的证券投资交易行为受到有关方面的公开批评时，应按有关规定约见公司主要负责人和当事人谈话，核实有关情况，进行必要的提醒。对于基金管理公司及其有关当事人未履行规定义务的，中国证监会派出机构应视不同情况，采取以下措施：口头谴责并予以记录；书面谴责；辖区内通报批评；向中国证监会书面报告并提出处理意见。

2. 中国证券投资基金业协会的自律性管理

在我国，证券投资基金业协会是证券业的自律性组织。中国证券投资基金业协会，是依法注册的、具有独立社团法人地位的、由经营证券投资基金业务的机构自愿组成的行业性自律组织。目前参加证券投资基金业协会的机构包括基金管理公司、托管银行、代销机构、基金评价机构等。证券投资基金业协会的设立是为了加强基金业之间的联系、协调、合作和自我管理,以利于基金市场的健康发展。[1]

知识拓展:独立的中国证券投资基金业协会正式成立

中国证券投资基金业协会正式成立于2012年6月7日。在此之前,我国基金行业的自律组织一直隶属于中国证券业协会。

中国证券业协会成立于1991年8月28日。最初证券投资基金行业是以相对松散的基金业联席会议形式开展自律工作的。1999年12月,当时的10家基金管理公司和5家商业银行基金托管部共同签署了《证券投资基金行业公约》。随着基金管理公司的增加和基金市场的发展,2001年8月28日,中国证券业协会下属基金公会成立。基金公会在加强行业自律、协调辅导、服务会员等方面做了很多工作。2002年12月4日,中国证券业协会下属证券投资基金业委员会成立,承接原基金公会的职能和任务。随着我国证券投资基金业的发展,基金业独特和重要的地位日益需要建立独立的行业自律组织。

2012年6月,中国证券投资基金业协会正式成立。正如时任中国证监会主席郭树清在协会成立大会和首届年会上所说,基金业协会的成立有利于把握财富管理行业的发展大趋势,引领行业发展方向,凝聚行业发展共识,共谋行业发展大局。行业协会要真正发挥作用,就要打破目前财富管理行业存在的条块分割、规模偏小、服务能力不足的局面,大胆创新,引领行业闯出一条符合国情的财富管理业务发展之路。行业协会要转变观念,回归行业协会的本性,突出服务宗旨;要包容开放,鼓励公平竞争,促进行业创新;加强行业管理,积极探索符合实际的自律方式和手段;勇于担当,切实担负起行业责任和社会责任。

---

1) 证券投资基金业协会的职责与作用

在2012年12月底,修订后的《基金法》专门增添了一章"基金行业协会",赋予基金业协会特定的职责,并作出了如下规定:

基金行业协会是证券投资基金行业的自律性组织,是社会团体法人。基金管理人、基金托管人、基金销售机构应当加入基金行业协会,其他基金服务机构可以自愿加入基金行业协会。基金行业协会的权力机构为全体会员组成的会员大会。基金行业协会设理事会。理事会成员依章程的规定由选举产生。基金行业协会履行下列职责:[2]

① 教育和组织会员遵守基金法律、行政法规,维护投资人合法权益;

② 依法维护会员的合法权益,向国务院证券监督管理机构反映会员的建议和要求;

③ 制定和实施行业自律规则,监督、检查会员及从业人员的执业行为,对违反自律规则和协会章程的,按照规定给予纪律处分;

④ 制定行业执业标准和业务规范,组织基金从业人员的从业考试、资质管理和业务培训;

⑤ 提供会员服务、组织行业交流,推动行业创新,开展行业宣传和投资人教育活动;

⑥ 对会员之间、会员与客户之间发生的基金业务纠纷进行调解;

⑦ 依法办理非公开募集基金的登记、备案;

---

① 可参阅中国证券投资基金业协会网站(http://www.amac.org.cn/)。

② 参见《基金法》第12章。

⑧ 协会章程规定的其他职责。

证券投资基金业协会作为基金业市场创新的主体和推动诚信自律的组织者，在充分发挥促进行业自律与发展、增进业内沟通、维护行业合法利益和推动业务创新等方面发挥积极作用。

2）自律监管的方式与内容

自律监管的核心内容是从业人员资格管理、诚信建设和后续培训。基金行业自律监管的方式主要是通过制订切实可行的工作计划，大力开展基金业宣传活动，树立行业形象，正确引导社会公众对基金市场的认识；建立行业教育培训体系，全面提高基金从业人员素质；加大研究力度，对关系基金业发展的重点、难点、热点问题进行深入研究，促进基金业的健康发展。

从业人员资格管理作为自律监管的核心内容之一，从 2001 年起，基金从业人员资格管理的职能已从中国证监会移交至中国证券业协会。2012 年后，转移给中国基金业协会。协会对基金从业人员的从业资格认定、教材撰写、考试命题及违规处理等进行全面管理。随着市场和行业的发展，更多的适宜由自律机构承担的监管性职能将逐步移交给协会，协会也要根据市场的要求和会员的需要，实施完善协会职能的具体化措施。

3. 证券交易所的一线监管

证券交易所最基本的功能有两个：一是提供交易市场；二是维护市场秩序。相应地，证券交易所对基金的监管表现为对基金上市前后的管理和对基金投资行为的监管。

1）证券交易所对基金上市的管理

我国沪、深交易所均制定了《证券投资基金上市规则》，对在证券交易所挂牌上市的封闭式基金、上市交易性开放式指数基金（ETF）、上市开放式基金（LOF）的上市条件、上市申请、上市公告书、信息披露的原则和要求、上市费用等作出了详细规定，如规定基金持有人不少于 1 000 人、基金管理人至少每 3 个月公告一次基金的投资组合等。证券交易所通过制定基金上市规则，为投资者买卖基金提供了一个高效的交易市场，有利于对基金交易行为进行规范管理。

2）证券交易所对基金投资的监管

证券交易所对基金投资的监管包括两个方面：一方面是对投资者买卖基金的交易行为的合法、合规性进行监管；另一方面是对证券投资基金在证券市场的投资行为进行监控和管理。证券交易所应当在每月终了后 7 个工作日内向中国证监会报送基金交易行为月度监控报告。当单一基金或基金管理公司管理的不同基金出现异常交易行为时，证券交易所可视情况进行以下处理：①电话提示，要求基金管理公司或有关基金经理做出解释；②书面警告；③公开谴责；④对异常交易程度和性质的认定有争议的，书面报告证监会。

18.3　基金监管的发展趋势

我国的基金业经过十多年的发展，基金监管部门在"公平与效率"的原则下，不断完善证券投资基金监管的法律体系，实现基金业的"规范化、市场化、国际化"发展。监管部门对基金的监管完善主要从以下几个方面着手。

1. 完善监管证券投资基金的法律体系

目前我国《证券投资基金法》及其一系列实施细则已经通过并实施，一些法规还在根据情况变化进行修订中。如原《证券投资基金法》第58条第6项"(基金财产不得)买卖与其基金管理人、基金托管人有控股关系的股东或者与其基金管理人、基金托管人有其他重大利害关系的公司发行的证券或者承销期内承销的证券",该条款已经在修订后的基金法中进行了更改①。

(1) 建立投资者利益赔偿法律制度

对基金持有人资产的保障机制有利于稳定市场、增强投资者的信心。《证券投资基金法》已经规定了基金管理人、托管人的民事赔偿责任。我国《证券投资基金法》第146条规定,"基金管理人、基金托管人在履行各自职责的过程中,违反本法规定或者基金合同约定,给基金财产或者基金份额持有人造成损害的,应当分别对各自的行为依法承担赔偿责任;因共同行为给基金财产或者基金份额持有人造成损害的,应当承担连带赔偿责任。"因此,加强对投资者损害赔偿的法律规定及执行,是贯彻保护投资者利益的根本举措,是基金监管宗旨的体现。②

(2) 完善基金创新方面的法律规定。

基金业的发展会不断涌现出新生事物,基金创新需要法律制度的支持和引导。法律条文要体现导向性,注意保留较大的弹性,为基金发展留有最大空间,不宜规定得太过具体。对于需要加以限制的行为,必须给予具体、明确的界定。其他纯商业性的决策行为,法律不应作具体规定,应由有关参与者通过商业合同、基金契约、基金招募说明书等有关法律文件来确定。

知识拓展:我国《证券投资基金法》的修订

2012年7月,全国人民代表大会正式公布《中华人民共和国证券投资基金法》(以下简称基金法)的修订草案,向全国人民征求意见。《基金法》自2004年6月1日实施以来,对规范证券投资基金运作,保护基金投资者合法权益,促进基金业和证券市场的健康发展,发挥了重要作用。但随着经济和金融体制改革的不断深化与资本市场的快速发展,我国基金业发生了很大变化,现行基金法的部分规定已不能完全适应市场发展新形势和基金监管的需要。

主要表现在:一是非公开募集基金缺乏法律规定。近年来,包括私募证券投资基金、私募股权投资基金在内的非公开募集基金快速发展,在推动经济结构调整、提高企业自主创新能力、缓解中小企业融资难等方面作用日益重要,也成为居民财富管理的重要工具。但现行基金法对非公开募集基金未作规定,使这类基金的设立与运作缺乏明确的法律依据,基金募集和投资行为不规范,容易损害投资者权益,更有少数违法犯罪分子借私募基金之名行"乱集资"之实,蕴含较大的金融风险和社会风险。

二是基金治理结构不健全,投资者权益保护力度不足。现行基金法缺乏对基金管理公司股东及其实际控制人的规定,对基金管理人及其从业人员监管措施也不够严密,难以有效保护基金投资者权益,一些基金的"老鼠仓"、内幕交易等问题屡禁不止。同

---

① 在修订后的基金法第74条中,"运用基金财产买卖基金管理人、基金托管人及其控股股东、实际控制人或者与其有其他重大利害关系的公司发行的证券或承销期内承销的证券,或者从事其他重大关联交易的,应当遵循基金份额持有人利益优先的原则,防范利益冲突,符合国务院证券监督管理机构的规定,并履行信息披露义务",因此,基金的关联交易并非禁止行为,而由基金公司根据保护投资者利益的实质重于形式的原则,自我把握,并进行及时公布。

② 可参见本书前文对基金投资人代表诉讼制度的介绍。

时，基金组织形式单一，基金份额持有人大会召集难度较大、作用发挥受限，投资者缺乏意志表达机制，难以形成对基金管理人的有效监督和制约。

三是基金的行政管制和运作限制过严，制约基金市场竞争力和活力发挥。随着资产管理市场快速发展和金融产品日益多样，基金产品的行政审批制已难以适应基金业竞争需要和投资者需求；基金投资范围较窄，限制了基金市场的竞争力和发展活力，也不利于基金管理人为投资者提供更多、更好的理财服务。

根据上述情况，全国人大财经委组成起草组，于 2009 年开始草案的起草工作，经反复修改形成了修订草案。主要的修订内容为：

1. 将非公开募集基金纳入调整范围。草案规定"公开或者非公开募集资金设立证券投资基金，由基金管理人管理，基金托管人托管，为基金份额持有人的利益，进行证券投资活动，适用本法"。同时，借鉴现行非公开募集基金实践和国外立法情况，在第十章对非公开募集基金作了原则规定：一是规定基金管理人的注册和登记制度，一方面要求基金管理人按照规定的条件向国务院证券监督管理机构或基金行业协会申请注册或登记，另一方面对应当注册但未申请注册或应当登记但未申请登记的基金管理人；二是规定了限制开立证券账户、限制证券买卖等措施。

2. 确立合格投资者制度，规定一是非公开募集基金只能向合格投资者募集，合格投资者应达到规定的收入水平或者资产规模；二是具备一定的风险识别能力和承担能力，合格投资者累计不得超过二百人；三是豁免非公开募集基金的注册，仅要求其事后报备；四是规定非公开募集基金禁止进行公开性的宣传和推介；五是规范非公开募集基金的托管和基金合同必备条款。

3. 加强基金投资者权益保护。一是增加基金组织形式，为投资者提供更多选择。在现行契约型基金组织形式的基础上，借鉴国外基金发展经验，引入理事会型和无限责任型基金。理事会型基金在基金份额持有人大会下设理事会作为常设机构，依法行使监督基金管理人和托管人等职权；无限责任型基金由基金管理人或与其有控制关系的机构参与基金，并对基金债务承担无限连带责任，强化对基金管理人的激励和约束。二是修改完善基金份额持有人大会的规定，促进其作用发挥。针对基金份额持有人召集难度大、发挥作用难的问题，适当降低持有人大会召开的门槛，将持有人出席人数从50％调整为 1/3（该条款最终没有采纳），并引入二次召集大会制度。

4. 修改完善公开募集基金的部分规定。草案对有关规定作了以下调整：一是加强基金监管，完善基金治理结构，参照证券法的规定，将基金管理人的股东及其实际控制人纳入监管范围，明确基金管理人及其从业人员禁止从事内幕交易、利益输送等规定；二是适当放宽有关基金投资、运作的管制，包括将基金募集申请由"核准制"改为"注册制"；修改基金投资范围的规定，为基金投资于货币市场、股指期货等提供了依据。

5. 增加对基金服务机构的规定。由于现行法律对基金销售机构、基金份额登记机构、基金估值服务机构等服务机构缺乏详细规定，难以适应基金业快速发展的需要。为此，草案设专章对基金销售、基金销售支付、基金份额登记、基金估值服务、基金投资顾问、基金评价、信息技术系统服务等相关服务业务作了明确规定。

2012 年 12 月 28 日，修订后的《基金法》正式生效。

2. 完善基金管理人的外部竞争市场

在基金发展到一定阶段之后,对基金管理人和基金经理的选择将会需要一个基金管理人和基金经理市场,在市场中选择基金管理人。基金经理市场的存在还可以给现任基金管理人以压力,促使其善尽忠诚义务。

3. 加强基金的信息披露和关联交易、内幕交易的监管

(1)信息披露的及时性问题。滞后的信息披露会对市场产生误导。随着基金业的发展,信息披露滞后带来的负面影响已经越来越明显,应该缩短基金信息披露的滞后时间。

(2)信息披露的准确性有待提高。

(3)加强信息披露内容的全面性。

(4)加强基金份额变动的信息披露。

监管部门必须加强对基金管理公司可能发生的关联交易和内幕交易的监管。具体的关联交易和内幕交易类型已经在前文阐述。

4. 培育基金的社会监督机制

国外经验证明,完善的基金市场社会监督机制是基金业健康发展的必要保证。首先,要放宽基金的市场准入条件,逐步由审批制过渡到注册制,创造基金有序竞争的市场环境。其次,要利用投资者对基金市场进行外部监督。再次,建立完善的基金评价体系。最后,加强具有公正性、权威性的会计、审计、法律等中介机构的建设。

5. 加强基金业人才的培养和证券投资基金知识的普及

要强化对监管主体的约束,提高基金监管的有效性。基于金融监管者"被俘获"[①]的可能性,需要对监管机构人员进行约束和激励。

本章最后,我们简要看一下主要发达国家和地区基金业的监管情况。

知识拓展:英国、美国、日本和我国香港地区的基金业监管

世界主要国家和地区的基金业监管体系可分为三个部分:一是基金立法;二是政府等权威机构的监管;三是基金业的行业自律。并形成了三种基本模式,即基金自律监管模式;法律约束下的集中管理模式;政府严格监管模式。基金业比较发达的英国、美国、日本和我国香港地区的基金监管各具特色。

1. 英国的基金监管体系

英国是现代基金的发源地,经过130多年的发展,形成了一套以基金行业自律为中心的基金监管体制,即强调通过基金行业自律制定出相应的规则进行自我控制、自我约束和自我管理,而政府除进行适当宏观调控外并不具体干预基金业务。这一监管体制分为四个层次,分工各不相同。

第一层次是财政部,主要负责制定一些大的政策。第二层次是证券投资委员会,主要制定有关基金监管方面技术性较强的政策和措施。第三层次是带有自律性质的民间

[①] 经济学中的公共选择理论就政府监管提出了捕获论(Capture Theory),即被监管者最初可能反对监管,但当他们对立法和行政过程逐渐熟悉,会试图通过影响监管者的立法程序或利用行政机器来控制监管过程和结果,带来更高的收益。监管者被利用的一种情形是被监管者与监管当局进行频繁的人事往来,由此创造密切联系和合作基础,甚至进行行贿等"寻租"活动。

管理协会,主要是监管投资公司、已认可的投资交易和职业团体。这些民间管理协会包括证券业协会、投资信托协会、人寿保险协会、单位信托协会、基金经理协会,它们是英国基金管理的实体,英国对基金业的管理主要是通过对这些协会或自律组织来实现的。第四层次是各协会下的广大会员。要发起基金,必须成为各协会会员,任何人未取得会员资格均不得从事基金业务。英国颁布的有关基金监管法规,主要有《投资业务管理法》、《金融服务法》、《金融服务监管计划规定》、《证券公募管理条例》等,这些法律为英国基金业的发展提供了有力的保障。1998 年,英国金融服务管理局(FSA)成立,取代了证券投资委员会而成为金融监管体系(包括基金监管)的政府监管机构,2000 年,英国议会通过了《金融服务与市场法》,标志着英国的金融监管从自律走向立法规范,建立了一个"法典框架下的自律监管"新体系。

由此可见,英国的基金监管体系比较重视基金业的自我管理,作为自律组织的民间管理协会有较重的监管任务,行业自律性在整个监管体系中的比重较大,而政府的外部监管比重较小。这也正是它与美国和日本监管模式的不同点。

目前,英国的基金监管框架如下图:

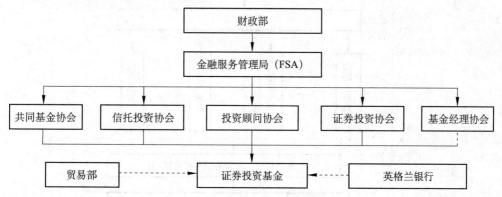

图 18.2　现行英国基金监管体系

注:图中虚线表示间接管理。1998 年英国金融服务管理局(FSA)成立,取代了之前的证券投资委员会(SIB,财政部下属的半官方机构)和投资管理监管组织(IMRO,属自律组织),成为金融监管(包括基金监管)的政府监管机构。

2. 美国的基金监管体系

美国基金监管实行法律约束下的集中管理体制,其监管体系共分四个层次:第一层次是全国证券交易委员会(SEC),它是基金的主要监管机关,具有一定的立法权和司法权,专门对基金的发行与交易活动进行管理,负责检查、审核基金公司的经营活动,监督《投资公司法》、《投资顾问法》等法规的执行情况,以保护投资者的合法权益;第二层次是美国金融业监管局(FINRA)[①],它是证券行业的自律性组织,为投资基金销售活动设立了公平交易规则,它实际上起着基金的自我管理作用;第三层次是保护投资者协会,

---

① 美国金融业监管局的使命是"确保证券行业的公平诚信,保护美国投资者的切身利益",其前身是美国全国证券交易商协会,该组织曾隶属于纳斯达克市场,2007 年 7 月与纽约证券交易所执法部合并,并更名为金融业监管局(financial industry regulatory authority)。可参见网址:http://www.finra.org/AboutFINRA/。

它是一个非营利性的、管理投资风险经营的保险组织,以保护广大投资者利益为管理目标;第四层次是受托人,它独立于基金经理人,根据基金公司章程或信托契约监督基金经理人的经营活动。在这四个层次中,以证券交易委员会为主导,各部门各司其职又相互制约,为基金业的监督提供了完善的组织保障。

美国基金业的监管法律也比较完备,监管体系是"双轨制"的,其一是联邦监管法律体系,其二是州监管法律体系。这两个法律体制,有着各自的管辖范围,在不同的领域和层次上发挥作用。联邦的监管法律主要有 1933 年《证券法》、1934 年《证券交易法》、1940 年《投资公司法》和《投资顾问法》,特别是《投资公司法》不仅就投资公司的创设、结构及经营等加以规范,还公布了董事会标准,并对投资公司的管理契约、主承销契约等也作了明确的规定。"双轨制"法律体系为美国基金业的健康发展提供了良好的法律保障。

可见,美国基金业的法律规范及政府监管比较完善,而行业自律组织的作用相对较弱。

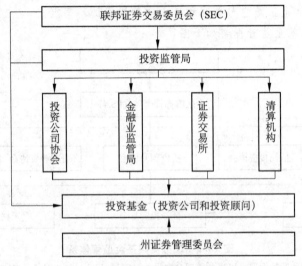

图 18.3　美国基金业的多层次监管体系

3. 日本的基金业监管体系

与英、美相比,日本的基金业起步较晚,但发展很快。日本对基金业实行政府严格集中监管体制,政府通过其职能机构——大藏省(Ministry of Finance,MOF)借助于行政手段为主的监管手段,对投资基金的发展方向、规模和结构进行有计划、有目的的安排和控制,并制定相应的政策和强有力的措施对基金的发展、运行和管理进行引导和调节,以保证投资基金的发展符合产业政策及国民经济发展的要求。其监管的内容包括市场准入以及对基金管理公司业务和财产状况的检查。另外,大藏省还有权对违规操作的机构进行处罚,包括责令其停业或责令改选董事。日本对基金业的立法主要包括《证券投资信托法》、《证券交易法》、《信托业法》以及《关于基金制度的改革纲要》等。大藏省下设证券交易审议会,该机构于 1962 年由大藏省设立,是基金及各种证券的发行、买卖及其他交易等重要事项调查审议的最高行政机构。在自律层面,日本在 1957 年设立了证券投资信托协会,该协会致力于证券投资信托业的自律规范。另外,日本银行作为中央银行,代表国家对证券市场进行间接的指导和干预,并对基金托管银行进行干预。

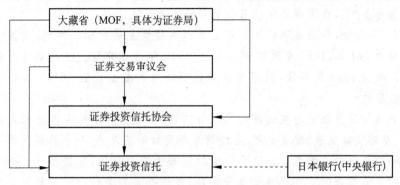

图 18.4 日本证券投资基金监管组织架构

日本自 1951 年《证券投资信托法》公布后至 1998 年,日本的投资信托法律制度基本未变。1998 年、2000 年,日本两次修改了投资信托法律,旨在放松管制。1998 年 6月,日本公布《金融体系改革法》,对《证券投资信托法》进行了修订,将其更名为《证券投资信托及证券投资法人法》,主要修改内容为:允许采用公司型投资信托;允许设立私募投资信托;允许设立投资于外币的投资信托;对投资信托管理公司的进入许可证制度改为核准制,允许投资信托公司同时经营证券业务,允许投资信托公司将部分或全部基金的管理外包,扩大对运用金融衍生工具的许可范围等;促进投资信托的销售等。

2000 年,日本实行了新一轮的金融改革,总体的思路是形成一套日本版本的"金融服务法",涵盖金融市场的各个领域。在此框架下建立集合投资金融工具的法律体系,它包括了资产管理和资产证券化两方面内容。修改后的新法更名为《投资信托和投资公司法》,去掉了原名中的"证券"二字。主要内容为:(1)扩大了投资范围,投资信托和投资公司可以将 50% 以上的资产投向法律和首相令规定的特定资产,包括证券、不动产、不动产的租赁权、短期票据、金融期货及其他金融衍生工具、投资合伙中的股权等,而只有证券投资信托或证券投资公司才须将 50% 以上的资产投资于各类证券;(2)推出了受托人管理的投资信托,这类投资信托的受托人是信托公司,它们既是托管人又是管理人,所募集的资金主要用于投资非证券类的特定资产;(3)允许封闭式的投资公司在其章程规定的限额内发行公司债券等。

日本的投资信托制度经过了两次大规模修改,在总体上放松了对投资信托的管制,为设立各种类型和品种的投资信托扫清了法律障碍。总体而言,日本的基金监管立法比较完善,并注重立法先行,政府监管比较高效,其中政府监管居于关键地位而基金的各民间协会的监管作用较弱。

4. 我国香港特区的基金业监管体系

我国香港特区基金业起步于 1960 年,其后发展一直缓慢,直到 20 世纪 70 年代初,由于股票市场的繁荣,施罗德、弗莱明、汇丰等先后在我国香港特区开展基金管理业务,才促使基金业的初步发展。不过在起步阶段,基金投资者只集中于在港的外籍人士。由于基金立法没有及时完善,法律制度不健全,恰逢世界性股市危机,1973 年外资投资基金倒闭,刚刚起步的我国香港特区基金业遭到严重挫折。其后,我国香港特区政府加大了基金业的立法力度,于1968年和1974年先后颁布了《投资者保障条例》和《单位信托及互惠基金条例》,我国香港特区基金业开始步入正轨。

从1985年开始,我国香港特区的基金业进入较快发展时期。当年,我国香港特区认可的基金为161只,1987年激增到504只,1990年达936只。这其中绝大部分是开放式基金。截至1999年年底,我国香港特区所认可的基金已达1613只,管理资产达2 988.89亿美元。

我国香港特区基金业能在这段时间取得这样大成就,除了特区市场本身具备诸如自由开放、基础设施完善、税收优惠、手续简单等良好的条件外,一个重要的原因是特区基金业有一个良好的监管框架。这个监管框架分为四个层面:证监会——通过颁布一系列文件和申请基金的认可来监管基金市场;投资基金公会——代表基金业及会员与政府商讨及处理与监管单位信托基金、互惠基金、退休基金等有关的事宜,并向公众介绍基金投资和基金市场的基本概念;基金内部监管——由投资者、基金管理公司和信托人三方构成一个基金内部监管体系;投资者监督——随时查阅基金经理、信托人的最新账目。

从1999年3.49万亿港元再增加到2006年6.154万亿港元,香港基金业用了7年时间,实现了基金管理业务资产规模的再次超常规跨越。其原因主要在于:

(1) 保持本地及海外资金的自由进出,对金融机构的进入和业界引进新的基金产品、新的投资平台均持开放态度。适度的监管,是香港证监会很早就确立的监管方针。

(2) 香港基金业的多元化包括资金来源多元化、机构多元化、投资工具与产品多元化,以及销售渠道的多元化,使得香港公募基金市场以"离岸基金"作为主要特色。根据香港证监会的基金业调查报告,2006年在非房地产基金管理业务的约6.1万亿港元资产总值中,62.1%源自非香港投资者。在投资工具方面,香港更是自2002年起就成为全球最先允许向散户销售对冲基金的司法管辖区。

(3) 2005—2006年,香港特区为离岸基金提供豁免利得税的优惠,同时撤销遗产税,以进一步优化香港的税收环境。

(4) 香港特殊的"中国因素"。香港不仅是国际金融机构进入中国市场的一个跳板和人才基地,同时也是中国内地企业进行海外投资的桥梁。根据2007年6月签署的《内地与香港关于建立更紧密经贸关系的安排》(CEPA)补充协议四,符合资格的内地基金管理公司获准于2008年在香港设立业务。这标志着香港资产管理业务的又一重大突破。

这些措施吸引了全世界的人才,使得香港云集了大量国际知名的金融机构。目前世界基金管理公司50强中有75%都在香港设立了分部,有的还将香港设为亚洲区总部。截至2010年,共有798家资产管理机构持有香港证监会资产管理牌照,较2005年增加了68%。基金公司不仅包括本土和国际公司,内地背景的公司数量也日渐众多,凸显了香港作为内地及海外基金市场的桥梁作用。不断创新、多元发展、正面竞争都是促进香港基金市场稳健发展的关键因素。

(部分原始资料来源:贝政新等.基金治理研究;李海涛.中国证券投资基金监管研究.硕士学位论文;张南.日本基金业的发展与启示等。)

 本章小结

　　基金监管就是指监管部门运用法律的、经济的以及必要的行政手段,对基金市场参与者行为进行的监督与管理。世界各国对投资基金的监管模式主要有三种:一是以英国为代表的"基金行业自律模式",即以强调市场参与者的"自律"管理为主,没有专门的基金管理机构,也不制定单行法律。二是以美国为代表的"法律约束下的公司自律管理模式",即注重立法,通过制定一整套专门的基金管理法规和强调公开的原则对市场进行监管。三是以日本为代表的"政府严格管理模式",即由政府的基金管理部门对基金市场采取严格的实质性管理。

　　我国的基金监管可以分为三个层次:国务院证券监督管理机构的监管、中国证券业协会的自律性管理和证券交易所的一线监管。基金监管未来的发展趋势主要是以下几个方面:一是完善监管证券投资基金的法律体系;二是完善基金管理公司的治理结构;三是加强基金管理公司的信息披露;四是加强基金业人才的培养和证券投资基金知识的普及,扩大基金投资者队伍。

 本章思考题

　　1. 我国基金监管机构包括哪些? 各自主要的监管内容是什么?

　　2. 请简要阐述我国基金业监管的发展趋势。

　　3. 简述世界主要的三种基金监管模式,并就英国、美国、日本的基金监管体制进行比较。

 延伸阅读

　　1. 关于中国基金业的发展历程、基金公司的战略取向、基金公司总经理的访谈等,请登录中国证券投资基金业协会网址,阅读其提供的材料:
　　　http://www. amac. org. cn/hyyj/index. jhtml

　　2. 我国《证券投资基金法》2012 年底修订后的全文,可登录全国人民大会网站:
　　　http://www. npc. gov. cn/npc/xinwen/lfgz/flca/2012-07/06/content_1729072. htm

第 19 章　基金绩效评估

最直接的基金绩效评估方式是考虑基金为其持有人创造了多少价值,这是投资人选择基金的依据。本章首先介绍如何由基金披露的数据做基础的财务分析和基于基本财务理论的评价指标,接下来讨论结合风险和收益权衡的选择基金的各种绩效指标,最后讨论基金业绩的评级和一些选择基金的指标。

19.1　基金的财务分析

首先我们说明如何利用可公开获得的投资基金财务信息得出基金为投资人所创造的价值。[①]若是把基金当成一个投资产品的组合,基金的绩效即某段时间内这些投资产品的回报。

19.1.1　单位资产净值

衡量基金价值是否增加的最直观指标,称作单位净资产价值,或单位资产净值(net asset value)。单位净资产价值是由基金的净资产总值除以发行的基金份额或股份数目得出。[②] 净资产总值来自于基金总资产价值减去总负债。基金总资产价值是基金投资组合中的股票、债券以及其他投资工具的实际价值之和。基金总负债包含:基金的应付红利、支付给基金管理公司的应付管理费、支付给托管机构的应付托管费、正回购融资、其他应付款和长期借债等。在计算净资产总值时,必须从基金总资产价值中扣除负债。用公式表示如下:

$$单位净资产价值 = \frac{净资产总值}{发行的基金份额或股份数目}$$

其中,净资产总值 = 总资产 - 总负债

= 现金 + 股票价值 + 债券价值 + 其他投资项目的实际价值 - 应发放的红利 - 应支付的管理费和托管费 - 正回购融资金额 - 其他应付款

单位净资产价值每日公布,在评估基金绩效时,可以根据基金管理公司每日公布的净资产价值指标,对其进行连续地跟踪观察,看其是否增长,其增长的持续性及增长的幅度如何。若基金单位净资产价值增长幅度明显、稳定而且持续时间长,说明基金表现良好。一个良好的投资基金,在股市高涨时,单位净资产价值的涨幅应当会高于同期股价指数的涨

---

① 有一点需要说明的是,由于在下文方法中所使用的是历史数据,因此本章的分析也是以历史业绩为基础的,未来的基金业绩能否复制过去,是有疑问的。关于基金业绩的可持续性,请参考本章末节的讨论。

② 请参考本书第 4 章关于单位净值和基金估值的讨论。

幅;在股市下跌时,其单位净资产价值的跌幅,亦会低于同期股价指数的跌幅。

19.1.2　单位净值增长率

接上节所述,投资人在某段期间内所得到的回报除了体现在单位净值的增加之外,还有一部分是基金发放的红利。因此,实际上正确的基金回报率的计算必须考虑分红因素。

1. 简单净值增长率

简单净值增长率的计算不考虑分红再投资时间价值的影响,其计算公式与股票持有期收益率类似:

$$R_t = \frac{NAV_t - NAV_{t-1} + D_t}{NAV_{t-1}}$$

式中, R_t ——简单净值增长率;

NAV_t, NAV_{t-1} ——考察期的期末、期初基金的单位净值;

D_t ——在考察期内,单位基金的分红金额。

例:假设某基金在 2005 年 9 月 5 日的单位净值为 1.050 8 元/单位,2006 年 3 月 25 日的单位净值为 1.109 9 元/单位,其间基金曾经在 2006 年 2 月 19 日每 10 单位派息 0.20元,那么这一阶段该基金的简单净值增长率则为:

$$\frac{1.109\ 9 - 1.050\ 8 + 0.02}{1.050\ 8} = 7.53\%$$

以上的方法,计算了投资人于考察期内价值的增加,但因有部分价值增加是体现在现金红利上,而现金红利的时间价值在算式中被忽略了。因此比较精确的算法需要包含现金红利的时间价值。当然,若是时间很短,基本上可以忽略不计。

2. 时间加权净值增长率

简单净值增长率由于没有考虑分红的时间价值,因此只能是一种基金收益率的近似计算。时间加权净值增长率由于考虑到了分红再投资,更能准确地衡量基金的真实投资表现。

时间加权增长率的假设前提是:红利立即进行了再投资,再投资成本是以除息前一日的单位净值减去单位基金分红后的单位净值。时间加权增长率有两种计算方法,虽然形式不同,但结果是一致的。

第一种计算方法是:

将分红转换成基金份额进行再投资。我们仍以上例为例,假设该基金分红的权益登记日为 2006 年 2 月 18 日,该日基金净值为 1.076 8 元。每单位 0.02 元的分红,可以再投资折算为 0.018 93 个单位的基金[①]。

$$\frac{0.02}{1.076\ 8 - 0.02} = 0.018\ 93$$

假设开始时投资者持有一个单位的基金,那么期末则拥有 1.018 93 个基金单位,投资价值将等于 1.018 93×1.109 9=1.130 9 元,基金在该期间的收益率:

$$\frac{1.018\ 93 \times 1.109\ 9 - 1.050\ 8}{1.050\ 8} = 7.62\%$$

---

① 基金公司对投资者选择分红再投资,均给予免申购费的优惠政策。

第二种计算方法是：

分别计算分红前后的分段收益率,时间加权增长率可由分段收益率的连乘得到：

$$R = (1+R_1)(1+R_2) \times \cdots \times (1+R_n) - 1$$

式中：R_1——第一次分红之前的收益率；

R_2——第一次分红至第二次分红的收益率,依此类推。

上例中,假设已知该基金在 2006 年 2 月 19 日(除息前一日)的单位净值为 1.076 8 元/单位,那么：

$$R_1 = \frac{1.076\ 8}{1.050\ 8} - 1 = 2.474\ 3\% \ ; \ R_2 = \frac{1.109\ 9}{1.076\ 8 - 0.02} - 1 = 5.024\ 6\%$$

因此,该基金在该期间的时间加权净值增长率为：

$$R = (1+0.024\ 7)(1+0.050\ 2) - 1 = 7.62\%$$

可以看出,计算结果与第一种方法一致。在该例中,由于第二段收益率超过了第一阶段的收益率,考虑分红再投资的时间加权净值增长率在数值上也就大于简单净值增长率[①]。

时间加权净值增长率反映了 1 元投资在不取出的情况下(分红再投资)的收益率。其计算将不受分红多少的影响,可以准确地反映基金经理的真实投资表现,现已成为衡量基金收益率的标准方法。目前,我国基金披露业绩的"本期单位基金净值增长率"指标,就是根据时间加权净值增长率方法计算出来的[②]。

3. 算术平均收益率与几何平均收益率

在对多期收益率的衡量与比较上,常常会用到平均收益率指标。平均收益率的计算有两种方法：算术平均收益率与几何平均收益率。算术平均收益率的计算公式为：

$$R_A = \frac{\sum\limits_{t=1}^{n} R_t}{n}$$

式中：R_t——各期收益率；

n——期数。

几何平均收益率的计算公式为：

$$R_G = \sqrt[n]{\left[\prod_{t=1}^{n} (1+R_t) \right]} - 1$$

式中：$\prod$——连乘符号。

假设某基金第一年的收益率为 30%,第二年的收益率为 −30%,该基金的年算术平均收益率为 0,年几何平均收益率为 −4.61%,那么该用哪一个平均收益率呢?

假设最初在该基金上的投资为 100 元,这 100 元投资 2 年后变为 91 元,2 年累计亏损为 9%。因此可以看出,几何平均收益率能正确地算出投资的最终价值,而算术平均数则高估了投资的收益率。

一般地,算术平均收益率要大于几何平均收益率,每期的收益率差距越大,两种方法的

---

① 若第二段的收益率低于第一阶段,则时间加权净值增长率就会小于简单收益率。读者可以用第二阶段收益率出现亏损的情况,来检验。因此,对于基金分红来说,投资者选择分红再投资,并非总是好于选择现金红利。

② 关于基金净值增长率和收益率等指标的信息披露要求,可参考中国证监会 2003 年 9 月发布的《证券投资基金信息披露编报规则第 1 号〈主要财务指标的计算及披露〉》。

差距越大。

几何平均收益率可以准确地衡量基金表现的实际收益情况,因此,常用于对基金历史收益率的衡量上。但若有足够多的收益率数据,算术平均收益率一般可以用作对未来收益率的无偏估计,因此,它就更多地被用来对将来收益率的估计。

1 年以上的长期收益率往往需要转换为便于比较的年平均收益率。例如,一个基金 5 年零 6 个月(相当于 5.5 年)的累计收益率为 135%,那么该基金的年平均收益率则可以用几何平均收益率的公式计算如下:

$$(1+135\%)^{1/5.5}-1 = 16.81\%$$

4. 年化收益率

有时需要将阶段收益率换算成年收益率,这就涉及年度化收益率(简称"年化收益率")的计算。年化收益率一般计算精确年化收益率。

比如已知月度收益率,精确年化收益率的计算公式为:

$$R = \prod_{i=1}^{12}(1+R_i)-1$$

假设某基金每季度的收益率分别为:5%、−10%、−0.3%、9%,那么不难得出年化收益率为:

$$R = (1+5\%)(1-10\%)(1-0.3\%)(1+9\%)-1 = 2.7\%$$

类似地,可以将周收益率、月收益率转换为年化收益率。

在以上的基金净值增长率的计算公式中,最主要的是时间加权净值增长率。在计算出基金的净值收益率后,可以将一段时期的净值增长率和同期股价指数、基金业绩基准增长率等相比较,若净值增长率高于同期股价指数/业绩基准的增长率,则表明该投资基金绩效良好("战胜指数"或者"战胜基准"),也可以将同一时期不同基金的净值增长率相比较,来评估投资基金的绩效。

5. 单位累计净值增长率

根据时间加权净值增长率的计算方法,我们可以获得某只基金在某年年度内的净值增长率。然后我们还可以计算基金成立以来的累计净值增长率。

单位基金累计净值增长率=(第一年度单位基金资产净值增长率+1)×(第二年度单位基金资产净值增长率+1)×(第三年度单位基金资产净值增长率+1)×…×(上年度单位基金资产净值增长率+1)×(本期单位基金资产净值增长率+1)−1

19.1.3 基金份额收益率和基金净值收益率

根据目前我国证券投资基金的信息披露规定,依据不同的加权方式,基金的收益率分为基金份额收益率和基金净值收益率两类指标。这两类收益率指标都需要考虑在报告期内基金份额和基金净值的变化。公式中对分母(即基金份额和基金净值)进行了报告期内的加权处理。而分子则均为基金报告期内的净收益[1]。

---

[1] 这里的基金份额收益率、净值收益率指标来自中国证监会 2003 年 9 月发布的《证券投资基金信息披露编报规则第 1 号〈主要财务指标的计算及披露〉》。

1. 基金的份额收益率

考虑基金平均每单位份额在期中所分配的收益,并且考虑投资人持有时间长短不一,加权平均单位基金本期净收益的计算公式如下:

$$加权平均单位基金本期净收益 = \frac{P}{S_0 + \sum_{i=1}^{n} \dfrac{\Delta S_i \times (n-i)}{n}}$$

式中,P——本期基金净收益;

$\quad\quad S_0$——期初基金单位总份额;

$\quad\quad n$——报告期内所含的交易天数;

$\quad\quad i$——报告期内的第 i 个交易日;

$\Delta S_i = i$ 交易日基金单位总份额 $-(i-1)$ 交易日基金单位总份额。

2. 基金的净值收益率

另外考虑基金平均每单位净值在期中所分配的收益,并且考虑投资人持有时间长短不一,基金加权平均净值收益率的计算公式如下:

$$开放式基金加权平均净值收益率 = \frac{P}{NAV_0 + \sum_{i=1}^{n} \Delta NAV_i \times (n-i)/n}$$

$$封闭式基金加权平均净值收益率 = \frac{P}{NAV_0 + \sum_{k=1}^{w} \Delta NAV_k \times (w-k+0.5)/w}$$

式中,P—— 本期基金净收益;

NAV_0—— 期初基金资产净值;

n—— 报告期内所含交易天数;

i—— 报告期内的第 i 个交易日;

$\Delta NAV_i = i$ 交易日基金资产净值 $-(i-1)$ 交易日基金资产净值;

w—— 报告期内所含交易周数;

k—— 报告期内的第 k 个交易周数;

$\Delta NAV_k = k$ 交易周披露的基金资产净值 $-(k-1)$ 交易周披露的基金资产净值。

由于基金在存续期内是连续操作的,每一个报告期都是承前启后,因此,从持续操作的角度评价基金业绩是必要的,特别是当存在某些影响基金操作业绩的非常因素(比如有差别的新股申购政策)时。而且,决定基金交易价格的主要是净值增减,从基金实践来看,对净值增减额贡献最大的,往往不是净收益,而是估值收益(未实现估值收益或损失)。所以,这些因素影响了利用基金份额收益率和基金净值收益率指标评估基金的有效性。

19.2　基金绩效评价指标

基金业绩评价的传统方法主要是考察基金的单位净资产、投资收益率和回报率等,这些指标只考虑基金为投资人所创造的价值,但未考虑在这些回报中所存在的风险。当资产组合理论和资本资产定价模型提出以后,陆续出现了一些试图纳入风险因素后的基金业绩评价指标。从投资人是在回报(return)与风险(risk)之间进行权衡的角度来看,不同量化绩效的方式依赖于不同量度风险的方式,这样就产生了不同的基金绩效评价指标。其中最著名的是夏普 (Sharpe)指数、特利诺(Treynor)指数和詹森(Jensen)指数三大基金绩效评价指标。

19.2.1 夏普指数

1966 年,威廉·夏普(William F. Sharpe)在美国《商业学刊》上发表《共同基金的业绩》 一文[①],提出用收益率的标准差来代表总风险,并计算单位总风险的超额收益率来评价基金 业绩,即夏普指数,也称夏普比率。

这样的评价方式直觉上可以解读为:若是过去业绩浮动幅度大的基金,显示基金的绩 效不稳定,即使该基金能够创造好的收益,但其未来能复制过去业绩表现的风险也较高。

从图形上看,夏普指数把资本市场线(Capital Market Line,CML)作为评估标准,在对 基金总风险进行衡量的基础上,提出了基金绩效评估公式。夏普指数的计算公式为:

$$S_i = \frac{\overline{R_i} - \overline{R_f}}{\sigma_i}$$

式中,S_i 为夏普绩效指标,$\overline{R_i}$ 为 i 基金在样本期内的平均收益率,$\overline{R_f}$ 为样本期内的平 均无风险收益率。$\overline{R_i} - \overline{R_f}$ 为 i 基金在样本期内的平均风险超额回报(excess return),σ_i 为 i 基金的波动率(volatility),即收益率的标准差,即基金投资组合所承担的总风险。当采用 夏普指数评估模型时,首先计算各种基金在样本期内的夏普指数以及整个证券市场的夏普 指数,然后进行比较,较大的夏普指数表示较好的绩效。

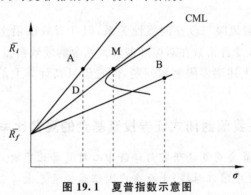

图 19.1 夏普指数示意图

夏普指数本质上是考虑超额收益率与资产波动率的权衡取舍,由于证券市场资产组合 与无风险利率资产的组合相关性为零,在收益率——标准差构成的坐标系中,由证券市场 组合与无风险资产所构成的收益风险组合,恰好是一个线性关系,即资本市场线(CML)。 资本市场线的斜率也就代表了市场组合的夏普比率。而基金的夏普指数就是基金组合(如 图中 A 点)与无风险收益($\overline{R_f}$)连线的斜率。图中,基金 A 的夏普比率高于市场组合,绩效 优于市场组合。基金 B 的夏普比率低于市场组合,绩效劣于市场组合。更直觉地来看,基 金 A 能在相对市场组合(M)较小的风险下,达成与市场组合相同的回报率,显然是较为优 异的投资组合。或者与 D 点承担相同风险的情形下,取得了超越市场组合 D 点的收益。

以夏普比率的大小对基金绩效表现加以排序的理论基础在于,假设投资者可以以无风险

① William F. Sharpe (1966),Mutual Fund Performance,*The Journal of Business*,39(1),119~138.

利率进行借贷,这样,通过适当的融资比例,高夏普比率的基金总是能够在同等风险的情况下获得比低夏普比率基金更高的投资收益。例如,假设有两个基金 A 和 B,A 基金的年平均净值增长率为 20%,标准差为 10%;B 基金的年平均净值增长率为 15%,标准差为 5%,年平均无风险利率为 5%,那么,基金 A 和基金 B 的夏普比率分别为 1.5 和 2,依据夏普比率,基金 B 的风险调整收益要好于基金 A。为了更清楚地对此加以解释,可以以无风险利率的水平,融入与自有资金等量的资金(融资比例为 1:1),投资于 B,那么,B 的标准差将会扩大 1 倍,达到与 A 相同的水平,但这时 B 的净值增长率则等于 25%(即 $2\times15\%-5\%$)则要大于 A 基金。在基金业绩评价上,使用月夏普比率及年夏普比率的情况较为常见,国际上一般取 36 个月度的基金净值增长率和 3 个月期的短期国债利率来计算夏普比率。[①]

夏普比率在计算上尽管非常简单,但在具体运用中仍需要对夏普比率的适用性加以注意:

(1) 夏普比率未考虑投资者实际持有资产组合之间的相关性,因此纯粹依据夏普比率的大小构建包括基金在内的资产组合存在很大问题。因为夏普比率用标准差对收益进行风险调整,其隐含的假设就是所考察的基金构成了投资者投资的全部,即夏普比率的隐含假设是不考虑投资人其他的资产组合,仅考虑 100% 持有此基金。因此只有在考虑在众多的基金中选择购买某一只基金时,夏普比率才能够作为一项重要的依据;

(2) 使用标准差作为风险指标也具有不恰当性[②];

(3) 夏普比率的有效性还依赖于可以以相同的无风险利率进行借贷的假设;

(4) 夏普比率没有基准点,因此其数值大小本身没有意义,只有在与其他基金的比较中才有价值;

(5) 夏普比率隐含着风险与收益的线性关系,但在有效前沿上,风险与收益之间的变换并不是线性的。因此,夏普指数在对标准差较大基金的绩效衡量上存在偏误。

尽管夏普比率存在上述诸多限制和问题,但它仍以其计算上的简便性,在实践中获得了广泛的运用。

案例:我国封闭式证券投资基金的夏普比率计算

我们以中国银河证券公司基金研究与评价中心对夏普比率的计算为例,该中心每周五收盘后计算并在下周一《中国证券报》上公告中国证券投资基金净值增长率排行榜,其中就有一栏为夏普比率。表 19.1 是该中心计算的 2002 年 5 月 24 日的我国部分封闭式证券投资基金的夏普比率。

表 19.1　我国部分封闭式证券投资基金的夏普比率

基金名称	开元	金泰	兴华	安信	裕阳	普惠	泰和	同益	景宏	汉盛
夏普比率	-0.50	-0.47	-0.36	-0.42	-0.49	-0.51	-0.42	-0.44	-0.63	-0.54

注:数据为 2002 年 5 月 24 日计算的数值。

资料来源:《中国证券报》2002 年 5 月 27 日。

[①] 以上的讨论是在夏普指数皆为正值的情况才成立。的确,在原先夏普的理论考虑中夏普指数都为非负值,原因是夏普指数考虑的是对未来期望的超额收益率与收益波动率的比值,若是预期超额收益率不为正的投资商品,自然投资人不会去做选择。站在投资人的立场上,夏普比率都是非负。但实际基金的表现并不一定能够打败无风险收益率,因此现实中的夏普比率也可能为负值。

[②] 关于用标准差作为资产风险的衡量存在很多问题,如正向偏离均值并非风险,而应采取负偏矩等。

该中心对夏普比率的定义为夏普比率＝(基金月平均净值增长率－无风险利率)/基金月净值增长率标准差。无风险利率为上海证券交易所 28 天国债回购利率,基金月平均净值增长率以最近 12 个月(每 4 周为 1 个月)的基金净值增长率的算术平均值为准。夏普比率越大,说明单位风险所带来的回报越高。在表中,所有基金的夏普比率均为负值,表明基金月平均净值增长率不及无风险利率。

19.2.2　詹森指数

另一种考虑风险的方式是采用资本资产定价模型(CAPM)中的系统性风险。由于非系统性风险能通过适当的分散投资而被消除,实际上投资组合所承担的风险,是无法被分散的系统性风险。

考虑基金所持有的资产组合,也一样有其系统风险和所需要的风险溢酬。假设 CAPM 能够正确地评估资产的预期收益率,基金的回报率与预期收益率的差,反映的就是基金的回报率无法被 CAPM 解释的部分,也可以解释为基金经理的能力。

依照上述逻辑,CAPM 成为资产定价的基本方法后,詹森(Michael C. Jensen)于 1968 年在美国《金融学刊》上发表《1945—1964 年间共同基金的业绩》一文,提出一种以资本资产定价模型(CAPM)为基础的评价基金业绩的绝对指标,即詹森指数(亦称为詹森的 α 指数,Jensen's alpha)[1]。詹森利用美国 1945—1964 年 115 个基金的年收益率资料以及 S&P500 计算的市场收益率进行了实证研究。詹森指数的计算公式为:

$$J_i = R_{i,t} - E[R_{i,t}]_{CAPM} = R_{i,t} - [R_{f,t} + \beta_i(R_{m,t} - R_{f,t})]$$

式中:J_i 为基金詹森绩效指标;

$E[R_{i,t}]_{CAPM}$ 为基金投资组合在 CAPM 模型下的预期收益率;

$R_{m,t}$ 为市场投资组合在 t 时期的收益率;

$R_{i,t}$ 为 i 基金在 t 时期的收益率;

$R_{f,t}$ 为 t 时期的无风险收益率;

β_i 为基金投资组合所承担的系统风险。

詹森指数为绝对绩效指标,表示基金的投资组合收益率与承担了相同系统风险水平下市场投资组合收益率的差异。当其值大于零时,表示的是基金绩效优于其投资组合用 CAPM 模型能够解释的部分,它代表了基金经理的选股能力,详见图 19.2。

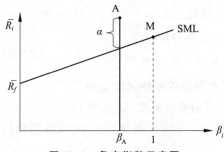

图 19.2　詹森指数示意图

① Michael C. Jensen,1967,The Performance of Mutual Funds in the Period 1945-1964,*The Journal of Finance*,Vol. 23,No. 2,pp. 389~416.

在收益率——β 系数组成的坐标系中,詹森指数表现为基金组合的实际收益率与 SML (security market line,证券市场线)线上具有相同风险水平组合的期望收益率的偏离距离。图 19.2 中,A 基金的 α 值大于 0,表示 A 基金业绩优于同等系统风险下的市场组合。反之,如果某基金的 α 值小于 0,则该基金业绩劣于同等系统风险下的市场组合[①]。

詹森指数奠定了基金绩效评估的理论基础,也是至今为止使用最广泛的指数模型之一。但是,用詹森指数评估基金整体绩效时隐含了一个假设,即基金的非系统风险已通过投资组合彻底地分散掉(与下面的特利诺指数的假设相同),因此,该指数模型只反映了收益率和系统风险因子之间的关系。如果基金并没有完全消除掉非系统风险,则詹森指数可能给出错误信息。例如,A、B 两种基金具有相同的平均收益率和 β 系数,但基金 A 的非系统风险高于基金 B,按照该模型,两种基金有相同的詹森指数,因而绩效相同。但实际上,基金 A 承担了较多的非系统风险,因而 A 基金经理分散风险的能力弱于 B 基金经理,基金 A 的绩效应该劣于基金 B。由于该模型只反映了收益率和系统风险的关系,然而由于基金经理存在市场判断能力,就会使基金绩效和市场投资组合绩效之间存在非线性关系,从而导致詹森指数模型评估存在统计上的偏差。

19.2.3 特利诺指数

詹森指数引入了资本资产定价模型的系统风险概念,以实际回报率和同系统风险市场组合的预期回报率的差作为评价基金绩效的基础。特利诺指数(Treynor's ratio)[②],则引用系统风险的概念考量基金回报的另一种指标。

在投资学理论中,衡量投资收益的风险一般采用两个指标:一是历史收益率标准差 σ,衡量投资收益的总风险;二是系统性风险系数,即该投资工具与证券市场收益率的相关系数——β 系数。特利诺认为,基金管理者通过有效投资组合应能完全消除单一资产所有的非系统性风险或称特质风险(idiosyncratic risk),那么,基金组合的系统风险(systematic risk)能更好地代表持有基金的风险,因此特利诺用单位系统风险系数所获得的超额收益率来衡量投资基金的业绩。特利诺利用美国 1953—1962 年 20 个基金(含共同基金、信托基金与退休基金)的年收益率资料,进行了基金绩效评估的实证研究。特利诺指数的计算公式为:

$$T_i = \frac{\overline{R_i} - \overline{R_f}}{\beta_i}$$

式中,T_i 为特利诺绩效指标;

$\overline{R_i}$ 为 i 基金在样本期内的平均收益率;

$\overline{R_f}$ 为样本期内的平均无风险收益率;

$\overline{R_i} - \overline{R_f}$ 为 i 基金在样本期内的平均风险溢酬;

β 为基金投资组合所承担的系统风险,详见图 19.3。

在图 19.3 中,特利诺指数就是图中基金回报率/风险组合和无风险利率连接直线的斜

[①] 以上的讨论仅适用于 beta(系统风险)为正的情形。一般股票投资基金的 beta 极少为负值,因此大部分的情况是适用这样的讨论的。

[②] Treynor,J. L. 1965,"How to Rate Mutual Fund Performance",*Harvard Business Review*,No. 43,63~75.

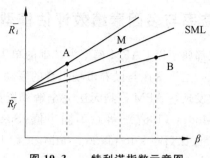

图 19.3　　特利诺指数示意图

率。基金 A 的特利诺指数大于基金组合 B,也大于证券市场组合 M。因此,按照特利诺指数的排序,A 优于 M,M 优于 B。那些位于证券市场线(SML)之上的基金组合表现优于市场组合,位于 SML 线之下的组合表现差于市场组合。

特利诺指数的评估方法是首先计算样本期内各个基金和市场的特利诺指数,然后进行比较,较大的特利诺指数意味着较好的绩效。特利诺指数评估法隐含了非系统风险已全部被消除的假设,在这个假设前提下,特利诺指数作为单位系统风险收益的指标,能反映基金经理针对熊市/牛市的调整能力(即下文的择时能力)。

反过来说,这样的假设也根本上否定了基金经理有任何选股的能力(因为永远是选择非系统风险完全被消除的资产组合)。实际上,若基金投资组合的非系统风险没有全部消除,特利诺指数可能给出错误信息,即具有较高特利诺指数的基金,可能是因为承担了很大的非系统风险,实际的绩效并不好。因此,特利诺指数模型不能评估基金经理分散和降低非系统风险的能力。

在对以上三种指数的运用操作上,由于夏普指数与特利诺指数均为相对绩效度量方法,而詹森指数是一种在风险调整基础上的绝对绩效度量方法。特利诺指数和詹森指数在对基金绩效评估时,均以 β 系数来测定风险,忽略了基金投资组合中所含证券的数目以及可能的非系统风险,只考虑获得超额收益的大小。而在衡量基金投资组合的绩效时,基金投资组合的非系统风险必须进行考虑。因此,就具体模型的选择上,夏普指数模型对基金绩效的评估较具客观性,詹森指数模型用来衡量基金实际收益的差异较好。而在夏普指数和特利诺指数这两种模型的选择上,要取决于所评估基金的类型。如果所评估的基金是属于充分分散投资的基金(或者投资者本身拥有比较多的基金),投资组合的 β 值能更好地反映基金的风险,因而特利诺指数模型是较好的选择;如果评估的基金是属于专门投资于某一行业的基金时,基金的非系统风险较大,相应的风险指标为投资组合收益的标准差,所以运用夏普指数模型比较适宜。

19.3　基金业绩评价指标的发展

三大经典指标基于对基金组合风险的不同计量或调整方式的不同,在相继被提出来之后,于实践中得到广泛的应用。詹森指数的构建过程有一个很重要的假设——资本资产定价模型成立,其无法解释的部分便是基金经理实际操作的能力(选股能力)。因此沿用这个逻辑,若是存在更能够解释资产组合回报率的定价模型,也可以被拿来用于评价基金的绩效。

19.3.1 异常收益率与多因素绩效评估模型

特利诺指数和詹森指数都属于以 CAPM 模型为基础的单因素评估模型。在这个模型中,唯一能决定资产回报率的,是该资产与证券市场组合的联动关系。

在股票市场实证研究中发现,CAPM 模型无法完全解释资产的回报率,其中不同市盈率(P/E ratio,Lenman 和 Modest(1987)[1]等)、不同市值(Size,Fama 和 French(1992)[2]等)、不同账面价值与市场价值比(Book-to-market ratio,又称 B/M ratio,Fama 和 French(1992)[3]等)、股票的动量即过去的回报率(Jegadeesh 和 Titman(1993)[4]等)因素对股票的回报率均有影响。

于是研究者们考虑根据这些股票市场的异常现象(anomaly)来建构新的因子(factor)来解释股票的回报率,因此提出了多因素模型用以解释股票回报率。

多因素模型的一般数学表达式如下

$$R_i = a_i + b_{i1}I_1 + b_{i2}I_2 + b_{i3}I_3 + \cdots + b_{ij}I_j + \varepsilon_i$$

式中:$I_1,I_2,I_3,\cdots,I_j$ 分别代表影响 i 证券收益的各因素值;

$b_{i1},b_{i2},b_{i3},\cdots,b_{ij}$ 分别代表各因素对证券收益变化的影响程度;

a_i 代表证券收益率中独立于各因素变化的部分。

该模型有两个基本假设:(1)任意两种证券的剩余收益 $\varepsilon_i,\varepsilon_j$ 之间均不相关;(2)任意两个因素 I_i,I_j 之间及任意因素 I_i 和剩余收益 ε_i 之间均不相关。

其中 Fama 和 French(1996)[5]的三因子模型和 Carhart(1997)[6]的四因子动量因子模型最具代表性[7]。Fama 和 French(1996)在 CAPM 模型的基础上,加入了大小盘股因子[Size factor,表现为小盘股收益与大盘股收益之差(SMB,Small-Minus-Big)]以及价值因子[Value factor,表现为高 BV/MV 与低 BV/MV 股票收益之差(HML,High-Minus-Low]等作为因素引入绩效评估模型。Carhart(1997)在以上因素的基础上,再引入了基金所持股票收益的动量因素(momentum factor),即前期收益最好组的股票与收益最差组的股票收益之差。

在基金评价中,考虑基金所持有的资产组合,假设多因子模型能够正确评估资产的预期收益率,基金的回报率与预期收益率的差,反映的就是基金回报率无法被解释的部分,也就是异常回报率(abnormal return,α),它也可以解释为基金经理的能力。因此,由 Fama

---

[1] Lehmann,Bruce N.,David M.Modest,(1987),Trading and Liquidity on the Tokyo Stock Exchange:A Bird's Eye View,*Journal of Finance*,49(3),951~984.

[2] Fama,Eugene F.,Kenneth R.French,(1992),The Cross-Section of Expected Stock Returns,*Journal of Finance*,47(2),427~465.

[3] 同前。

[4] Jegadeesh,Narasimham,Sheridan Titman,(1993),Returns to Buying Winners and Selling Losers:Implications from Stock Market Efficiency,*Journal of Finance*,48(1),65~91.

[5] Fama,Eugene F.,Kenneth R.French,1996,Multifactor Explanations of Asset Pricing Anomalies,*Journal of Finance*,51(1),55~84.

[6] Carhart,Mark M.,1997,On Persistence in Mutual Fund Performance,*Journal of Finance*,52(1),57~82.

[7] 另 Chen 和 Zhang 新建构的三因子模型能够解释传统 Fama-French 三因子模型所无法解释的一些异常现象,实务上尚未被拿来应用在基金的评价上。请见 Chen,Long,Lu Zhang,2010,A Better Three-Factor Model That Explains More Anomalies,*Journal of Finance*,65(2),563~595。

和 French 的三因素模型所决定的基金绩效可以表现为

$$\alpha_{i,FF} = R_{i,t} - E[R_{i,t}]_{FF} = R_{i,t} - [R_{f,t} + \beta_{M,i}(R_{m,t} - R_{f,t}) + \beta_{Size,i}SML_t + \beta_{Value,i}HML_t]$$

而 Carhart 的四因子模型所决定的基金绩效可以表现为

$$\alpha_{i,Carhart} = R_{i,t} - E[R_{i,t}]_{Carhart}$$
$$= R_{i,t} - [R_{f,t} + \beta_{M,i}(R_{m,t} - R_{f,t}) + \beta_{Size,i}SML_t + \beta_{Value,i}HML_t + \beta_{Momentum,i}MOM_t]$$

其中,各个 β 系数代表的即是此资产与各个因素的联动关系,如 $\beta_{M,i}$ 代表的即 CAPM 模型中,基金回报率与市场回报率的联动关系,换句话说,$\beta_{M,i}$ 越大的投资组合,与股票市场组合的联动关系越大。$\beta_{Size,i}$ 越大的投资组合,即越偏小盘股的组合,而 $\beta_{Value,i}$ 越大的投资组合,会是越偏价值股的投资组合,最后 $\beta_{Momentum,i}$ 越大的投资组合,是越会采取动量投资策略的投资组合[1]。

多因素模型虽然部分解决了单因素模型存在的问题,模型的解释力也有所增强,但在实证研究中,模型要求能识别所有的相关因素,而资产定价理论并没有明确给出对风险资产定价所需要的所有因素或因素的个数。所以在实证时,因素的选择就受到个人主观判断的影响,并且多因素模型仍然无法解释资产收益的实质性差别,绩效的评估结果对因素的选取十分敏感。

实际上,即使以上的三因子、四因子模型,也仅在学术界内有较为广泛的使用,一般基金绩效评价上并没有直接采取以上的评价方式。不过对于投资风格的认定却一定程度上需要借鉴上述几个模型,因此基金投资风格的认定间接地影响了基金绩效的评价。

知识拓展:绩效评价与投资风格

在本书 11.6.6 节中我们讨论过基金的投资风格(investment style)的决定方式,也提示了基金风格的决定可能影响其投资绩效。美国学者 Davis(2001)统计了自 1965—1998 年美国所有基金的不同投资风格,将基金的投资风格依照市值因素与价值/成长因素分为九类,将不同类型基金的绩效数据整理如

表 19.2 所示:

表 19.2　美国基金 1965—1998 年的投资风格与绩效[2]

市值因素排行	价值-成长因素排行	超额收益	市场因素系数	市值因素系数	价值成长因素系数
低	低	0.20	0.89	−0.18	−0.41
低	中	0.03	0.89	−0.16	−0.05
低	高	−0.11	0.92	−0.22	0.36
中	低	0.12	0.92	0.17	−0.42
中	中	−0.01	0.87	0.16	−0.05
中	高	−0.10	0.85	0.16	0.28
高	低	0.03	0.85	0.73	−0.55
高	中	−0.02	0.90	0.64	−0.06
高	高	−0.20	0.82	0.75	0.43

---

[1] 眼尖的读者应该可以发现,这和第 11 章所介绍的投资风格的区分有异曲同工之妙,这并不是巧合,在本节末的知识拓展会有更详细的讨论。

[2] Davis,James L. "Mutual Fund Performance and Manager Style." *Financial Analysts Journal* 57,No. 1 (2001):19~27.

由表 19.2 可以发现,投资风格对于基金的绩效有所关联,不同投资风格的基金,表现也各不相同。从另一个角度上来说,将一个成长型基金的绩效和另一个价值型基金进行比较,或是用偏重大盘股的绩效去评判小盘股基金的绩效,都是不公平的。因为基金的投资风格,并不全是基金经理能够左右的部分。

合理的评估方式,应该是把同类型的基金放在一起考虑,观察同一类型的基金经理中,是否有能够创造其投资风格所无法解释的回报。这样的评价方式,等于是先认定了一个在该投资风格下的合理回报率,或称作绩效基准(benchmark),再考虑基金经理的绩效是否能够超越绩效基准。这些绩效基准的认定,必须考虑该基金本身的投资风格。

19.3.2 信息比率

信息比率(information ratio,IR)是借鉴了马柯维茨的均值方差思想,构造了一个衡量基金与业绩基准差异特征的分析指标。其计算公式如下:

$$IR = \frac{\bar{D}_P}{\sigma_D}$$

式中:$D_p = R_p - R_b$ 定义为基金与其基准组合的差异收益率;而 $\bar{D}_P$ 为差异收益率的均值;σ_D 为差异收益率的标准差。

基金收益率相对于基准组合收益率的差异收益率的均值,反映了基金收益率相对于基准组合收益率的表现。基金收益率与基准组合收益率之间差值的标准差,通常被称为跟踪误差(tracking error)。所以信息比率即为单位跟踪误差的超额收益。信息比率越大,说明基金的业绩越高。

19.3.3 M^2 指数

尽管到目前为止,夏普指数在基金的绩效评估系统上都还被广泛地使用,但其适用性受到了相当多的质疑。其中,最显而易见的批评是夏普指数计算的值本身并没有单位量纲,更没有相对的经济含义,不能够很直观解释不同基金的夏普指数大小的含义。

于是诺贝尔经济学奖得主弗兰克·莫迪格利安尼(Franco Modigliani)和其孙女李·莫迪格利安尼(Leah Modigliani)提出了一种同时考虑了风险与回报的权衡,又能够体现指标经济含义的指数,称为风险调整指数(risk adjusted performance,RAP),后为了区分起见,被称为 M^2 指数(如图 19.4 所示)。他们把无风险利率引入基金的实际资产组合,构建一个虚拟的资产组合,使其总风险等于市场组合的风险,通过比较虚拟资产组合与市场组合的平均收益率的差值,来评价基金业绩。

$$M^2 = \bar{R}_{P*} - \bar{R}_m = S_P\sigma_m + R_f - \bar{R}_m = \frac{\sigma_m}{\sigma_p}(\bar{R}_P - R_f) + R_f - \bar{R}_m$$

式中:M^2——测度指标;$\bar{R}_{P*}$、$\bar{R}_P$——基金 P 在 σ_m 与 σ_p 水平下的平均收益率;σ_p、σ_m——基金 P 和市场组合 M 的波动率;R_f——无风险收益率。

这一方法的基本思想就是通过无风险利率下的借贷,将被评价组合(基金)的标准差调整到与基准指数相同的水平下,进而对基金相对基准指数的表现作出考察。由于 M^2 指数实际上表现为两个收益率之差,因此也就比夏普指数更容易为人们所理解与接受。不过,M^2 指数与夏普指数对基金绩效表现的排序是一致的。

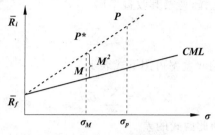

图 19.4 M^2 指数示意图

在收益率——标准差构成的坐标系中,M^2 指数就是基金在市场风险水平(σ_M)下的平均收益率与市场组合平均收益率的差值。M^2 指数大于 0,表示基金业绩好于市场组合,反之,M^2 指数小于 0,表示基金业绩落后于市场组合。

此外,还有许多学者对基金管理人的管理水平进行过研究。实际上,基金业绩的评价方法面临的一大难题在于基金评价是一个共同假设(joint hypothesis)的问题。首先,基金业绩评价指标建立在均值方差分析的基础上,要求基金收益率的均值和方差保持不变,这在实践中较难满足;另外,基金资产组合的调整也会改变这些参数,从而影响业绩评价的精确性。如何寻找合理可靠的业绩评价指标体系,一直是理论界和实务界努力的目标。

19.4 基金绩效贡献的因素分析

对基金绩效优劣加以衡量只是问题的一个方面;另一方面,人们对造成基金收益率与基准组合收益率之间差别的原因更感兴趣。这就是绩效贡献的因素分析(performance attribution)所要回答的问题。

从基金经理对投资人所创造价值的观点来看,基金能够为投资人做出贡献的方式,可以从资产配置(择时)和个股选择(选股)两个方面来着手。好的基金管理人,能够通过适当的资产配置,在正确的时间点选择正确的个股,来赚取市场上的超额收益。

此节介绍如何将总的业绩贡献分解为择时与选股以及其他更细微组成部分的方法,以考察基金经理在每一个部分的选择能力。这些方法的中心思想都是比较基金的业绩与一个业绩标准(benchmark)的差异,其中变动的部分即为主动选择的回报率,即代表着基金本身在某方面(资产配置、行业、个股)的主动选择对基金业绩做出的贡献。

1. 资产配置能力 (allocation/timing)

基金在不同资产类别上的实际配置比例对正常比例的偏离,代表了基金经理在资产配置方面所进行的积极选择。因此,不同类别资产实际权重与正常比例之差,乘以相应资产类别的市场指数收益率的和,就可以作为资产配置选择能力的一个衡量指标。

假设在一个考察期,基金 p 包括了 N 类资产,基金在第 i 类资产上事先确定的正常的投资比例为 w_{bi}[①],而实际的投资比例为 w_{pi}。第 i 类资产所对应的基准指数收益率为 r_{bi},基金

---

① 或称"比较基准的投资权重(benchmarked portfolio weight)"。

在该类资产上的实际投资收益率为 r_{pi}。

假设考虑基金仅从事资产配置的主动选择,即投资在各个资产类别的指数上,对各资产类别下的证券不做任何选择,考察其收益率即

$$r_{p,Allocation} = \sum_{i=1}^{N} w_{pi} r_{bi}$$

而基金 p 的基准组合的收益率可用下式表示

$$r_b = \sum_{i=1}^{N} w_{bi} r_{bi}$$

因此资产配置的贡献即此两式的差

$$T_p = r_{p,Allocation} - r_b = \sum_{i=1}^{N} (w_{pi} - w_{bi}) r_{bi} \quad ①$$

考虑基金仅对资产配置做出主动选择,当 $T_p > 0$,说明基金经理在资产配置上具有良好的选择能力,反之,则说明基金经理在资产配置上不具有良好的选择能力。换个角度来说,若是基金经理合理地配置资产,能正确地在牛市中把资产往股票市场中加仓调整,在熊市中将资产导向能保护投资人投资价值的资产如货币类资产,基金经理实质上就具备了对于对各个资产市场走势的预测能力。因此,资产配置能力实际上反映了基金在宏观资产配置上的择时能力(Timing)。②

2. 证券选择能力(selectivity)

类似地,基金在不同类别资产上的实际收益率与相应类别资产指数收益率的不同,代表了基金经理在给定资产配置下进行证券选择、积极操作的贡献。

基金 p 的实际收益率可用下式表示:

$$r_p = \sum_{i=1}^{N} w_{pi} r_{pi}$$

参考上面讨论,若是基金 p 仅从事资产配置的主动选择,即投资在各个资产配置的指数上,对个别资产类别底下的证券不做任何选择,考察其收益率即为

$$r_{p,Allocation} = \sum_{i=1}^{N} w_{pi} r_{bi}$$

两者的差,衡量的就是基金在资产配置之外所带给基金业绩的增量贡献,也就是证券选择能力。

$$S_p = r_p - r_{p,Allocation} = \sum_{i=1}^{N} (r_{pi} - r_{bi}) w_{pi}$$

同样,$S_p > 0$,表示基金经理具有良好的证券选择能力。

不难验证,$S_p + T_p = r_p - r_b$ 若是把基金的回报率与基准回报率的差作为基金能力的指标,资产配置与证券选择构成了基金经理能力的全部。

例子:假设某基金的投资政策规定基金在股票、债券、现金上的正常投资比例分别是

---

① 另外,在一些教科书中,资产配置的能力被更精确地描绘成 $T_p = \sum_{i=1}^{N} (w_{pi} - w_{bi})(r_{pi} - r_b)$,此处 r_b 所代表的是市场的回报率,此处 T_p 所描述的是在去除证券市场影响之后,基金在资产配置上的主动选择能力。

② 在一些文章/书中,此部分的能力被直接称为"择时能力"(timing),如 Brinson 等人(1995)。

65％,30％,5％,但基金年初在股票、债券和现金上的实际投资比例分别是 80％、10％、10％,并在年中未作主动调整,股票指数、债券指数、银行存款利率当年的收益率分别是－10％、4％、3％。那么,资产配置贡献可计算如下:

$$T_p = (80\%-65\%) \times (-10\%) + (10\%-30\%) \times 4\% + (10\%-5\%) \times 3\% = -2.15\%$$

由于该基金当年增加了在股票上的投资比例,而股票在当年却表现出弱市,股票大幅度下降。因此,错误的资产配置拖累了基金的整体表现。

3. 行业选择能力的衡量

进一步地说,证券选择还能更进一步地拆解为行业选择能力和在行业选择之中再选择细分资产的能力。

假设在一个考察期内,基金 p 在第 j 个行业上的实际投资比例为 W_{p_j},而第 j 个行业在市场指数中的权重为 W_j,第 j 个行业的行业指数在考察期内的收益率为 r_j,整个股票市场共划分为 M 个行业,那么,行业或部门选择能力则可以用下式加以衡量:

$$H_p = \sum_{j=1}^{M} (w_{pj} - w_j) r_j$$

而去除行业选择贡献的股票选择的贡献则可以由下式表示:

$$S_p' = S_p - H_p$$

案例:2004 年 1 季度开放式基金的业绩分解

我们对基金 2004 年 1 季度的业绩进行资产配置和行业配置的两层分解。

(1) 第一层分解:股票与债券资产配置的收益分解

在第一层归因分析中,我们采用了股票和债券之间的收益分解,主要是考察基金对大类资产的配置收益,在这里我们对各只基金采用的是 2004 年一季度初期的资产配置数据来进行分解,在市场组合上我们采用的是股债 5：5 的基准组合,这样分解获得的配置收益主要来源于初期基金的资产配置状况,而基金在一季度的各种资产调整,则主要体现在选择收益上。

从表 19.3 中可以看出:分解得到的一季度市场基准组合平均周收益率较 2003 年各季度显著提高,这与一季度市场热点多元化有一定关系。

表 19.3　第一层资产配置结果

	股票投资比例	国债及现金比例	基金平均周收益	基准组合平均周收益	资产配置收益	资产选择收益
封闭式	73.88％	23.82％	0.92％	0.51％	0.33％	0.09％
开放式	67.65％	32.86％	0.91％	0.51％	0.23％	0.17％

资料来源:申银万国证券研究所数据库。

在资产配置收益上,相对 5：5 的基准配置来说,一季度基金都获得了正的资产配置收益,说明基金在期初所选择的较高的股票仓位配置是比较成功的。封闭式基金的资产配置收益强于开放式基金,这与期初封闭式基金股票仓位较高,而开放式基金由于面对赎回压力,以及期初存在部分新发基金造成整体仓位相对较低有一定关系。

从资产选择收益来看,开放式基金显著高于封闭式基金,显示开放式基金在一季度进行了更加积极有效的组合调整。另外,期初较低的仓位以及较多的新发开放式基金也是其操作更加积极的原因之一。

（2）第二层分解：行业资产配置的收益分解

在第二层归因分析中，我们针对第一层分解后得到的资产选择收益，对基金的行业资产配置进行收益分解，主要是考察基金行业资产配置的收益状况，同样采用一季度初期的行业配置数据来进行分解。在市场组合上我们采用的是2003年一季度末按照行业的流通市值作为权重构造的基准组合，这样分解获得的行业配置收益则主要来源于初期基金的行业配置状况，而基金在一季度的各行业和公司的调整，则主要体现在股票选择收益上。

从表19.4中，可以看出：相对按照行业流通市值构造的被动投资组合来说，基金在一季度的行业配置收益为负值，显示基金在一季度初期所重点持有的行业大部分在一季度并没有获得超额的指数收益。

表19.4　第二层资产配置结果

	基金平均周收益	第一层分解后资产选择收益	行业配置收益	股票选择收益
封闭式基金	0.92%	0.09%	−0.23%	0.32%
开放式基金	0.91%	0.17%	−0.17%	0.34%

资料来源：申银万国证券研究所数据库。

在行业配置收益上，开放式基金相对较优，这与一季度新发开放式基金投资理念上的多元化有一定关系，为了详细查看单个行业的影响，我们列出了各个行业分解结果，如表19.5所示。股票选择收益上，开放式基金略优于封闭式基金。

表19.5　单个行业的行业配置收益状况

基金代码	行业市值比例	封闭式基金配置收益	开放式基金配置收益
机械、设备、仪表	16.35%	−0.007%	0.015%
金属、非金属	13.01%	−0.008%	−0.009%
石油、化学、塑胶、塑料	10.71%	0.003%	0.004%
综合类	7.00%	0.018%	0.016%
电力、煤气及水的生产和供应业	6.67%	−0.077%	−0.048%
信息产业	6.40%	−0.050%	−0.050%
医药、生物制品	4.69%	0.001%	0.001%
食品、饮料	4.40%	0.001%	0.000%
房地产业	4.25%	−0.029%	−0.022%
交通运输、仓储业	4.03%	−0.038%	−0.044%
批发和零售贸易	3.94%	0.004%	0.004%
采掘业	3.27%	−0.039%	−0.047%
金融、保险业	3.19%	0.001%	0.002%
电子	2.78%	−0.007%	−0.005%
社会服务业	2.64%	−0.008%	−0.005%
纺织、服装、皮毛	2.46%	0.004%	0.006%
造纸、印刷	1.41%	0.004%	0.008%
农、林、牧、渔业	1.34%	−0.002%	−0.002%
建筑业	0.88%	0.001%	0.001%
传播与文化产业	0.52%	−0.001%	0.005%
木材、家具	0.07%	0.000%	0.000%
总体	100.00%	−0.227%	−0.169%

通过业绩分解,总体来看,在一季度周平均净值增长率基本持平的情况下,封闭式基金的收益更多地来源于期初较高的股票仓位,而开放式基金的收益更多地来源于其积极有效的资产调整。

资料来源:林捷.基金绩效评价报告 2004 年 1 季度;申银万国证券研究所研究报告.

19.5　基金的择时能力与选股能力评估方法和模型

前文已经提到,基金经理的投资能力可以被分为股票选择能力(stock selection,选股能力)与市场选择能力(market timing,择时能力)两个方面。所谓选股能力,是指基金经理对个股的预测能力。具有选股能力的基金经理能够买入价格低估的股票,卖出价格高估的股票。所谓"择时能力",是指基金经理对市场整体走势的预测能力。具有择时能力的基金经理能够正确地估计市场的走势,因而可以在牛市时,降低现金头寸或提高基金组合的 β 值;在熊市时,提高现金头寸或降低基金组合的 β 值。上节将超额回报率分解为基金的择时能力以及选股能力,并定义了择时能力的基本数学式,本节讨论其他一些关于基金择时和选股能力的方法和模型。

1. 现金比例变化法

成功的择时能力表现为:在市场繁荣期,基金的现金比例或持有的债券比例较小;在市场萧条期,基金的现金比例或持有的债券比例较大。现金比例变化法就是一种较为直观的、通过分析基金在不同市场环境下现金比例的变化情况来评价基金经理择时能力的一种方法。为便于说明,这里将债券等同为现金,并以债券指数的收益率作为现金收益率,只考虑基金在股票与现金之间进行的转换。

使用这种方法,首先需要确定基金的正常现金比例。正常现金比例可以是基金投资政策规定的,也可以是评价期基金现金比例的平均值。实际现金比例相对于正常现金比例的偏离,即可以被看作主动性的择时活动所致,进而可以用下式衡量择时活动的损益情况:

择时损益＝(股票实际配置比例－正常配置比例)×股票指数收益率＋(现金实际配置比例－正常配置比例)×现金收益率

比如:假设某季上证 A 股指数的收益率为 15%,债券的收益率为－5%。基金投资政策规定,基金的股票投资比例为 80%,债券的投资比例为 20%,但基金在实际投资过程中股票投资比例为 70%,债券投资比例为 30%,则可以根据上式得到该基金在本季的择时效果:

择时损益＝(70%－80%)×15%＋(30%－20%)×(－5%)＝ －1.5%－0.5%＝－2%

可以看出,由于在该季度股票市场相对于债券市场处于强势,但基金却减少了在股票上的配置,保留了更多的债券比例。因此,错误的择时活动导致了基金市场时机选择的损失。

2. 成功概率法

成功概率法是根据对市场走势的预测而正确改变现金比例的百分比来对基金择时能力进行衡量的方法。假设股票市场的涨跌概率各占 60% 与 40%,因此一个没有任何市场预测能力的基金经理,如果总是将市场看作牛市,其正确预测市场的概率将高达 60%。为了对这种衡量偏误加以纠正,使用成功概率法对择时能力进行评价的一个重要步骤是,需要将市场划分为牛市和熊市两个不同的阶段,通过分别考察基金经理在两种情况下的预测能力,从而对基金的择时能力做出衡量。

设 P_1 表示基金经理正确地预测到牛市的概率,P_2 表示基金经理正确地预测到熊市的概率,成功概率可由下式给出:成功概率＝P_1+P_2-1

假设在 30 个季度内,股票市场出现上扬的季度数有 18 个,其余 12 个季度则出现下跌。在股票市场上扬的季度中,择时损益为正值的季度数有 15 个;在股票市场出现下跌的季度中,择时损益为正值的季度数为 9 个,计算该基金的成功概率。由条件可得,$P_1=15/18=0.83$,$P_2=9/12=0.75$,因此,成功概率＝$0.83+0.75-1=58\%$。

这一数字明显大于零,因此可以肯定该基金经理具有优异的择时能力。

但以上的方式有非常明显的限制,需要观察到基金实际资产组合的变动才能做以上的计算,而这些数据一年最多也只有四个数据点。另外,基金还受到许多法规与投资上的限制,尽管基金经理有足够的信心相信未来会是熊市,但大多数情况下基金经理也无法把所有的资产变现。因此,实务上现金比例变化法和成功概率法应用较少。

另一种基于统计模型上的方法是:考虑基金的回报率在牛市与熊市中分别有什么不同。在传统詹森模型中,投资组合收益与风险是不具有时变性的,前提是基金的投资组合是不变的。但实际上基金资产组合是变化的,若基金具有择时能力,那么基金的回报率在牛市中所体现的 β 值和熊市中体现的 β 值应该会有所不同。以下的两种度量择时能力的方式体现了这样的思路。

3. 二项式回归模型

1)Treynor 和 Mazuy(1966)[①]的传统二次项回归模型。在证券市场回归模型中,他们加入一个二次项来评估基金经理的择时与选股能力,他们认为具备择时能力的基金经理应能预测市场走势,在多头时,通过提高投资组合的风险水平以获得较高的收益,在空头时,则降低风险。因此,特征线不再是固定斜率的直线,而是一条斜率会随市场状况改变的曲线,回归模型为

$$R_{p,t}-R_{f,t}=\alpha_p+\beta_1(R_{m,t}-R_{f,t})+\beta_2(R_{m,t}-R_{f,t})^2+\varepsilon_{p,t}$$

式中 α_p 为选股能力指标,β_2 为择时能力指标,β_1 为基金投资组合所承担的系统风险,$R_{p,t}$ 为基金在 t 时期的收益率,$\varepsilon_{p,t}$ 为误差项。Treynor 与 Mazuy 认为如果 β_2 大于零,表示当市场为多头走势时,即 $R_{m,t}-R_{f,t}>0$。由于($R_{m,t}-R_{f,t}$)^2 为正数,因此,证券投资基金的风险溢酬($R_{p,t}-R_{f,t}$)会大于市场投资组合的风险溢酬($R_{m,t}-R_{f,t}$);反之,当市场呈现空头走势时,证券投资基金风险溢酬($R_{p,t}-R_{f,t}$)的下跌幅度会小于市场投资组合风险溢酬($R_{m,t}-R_{f,t}$)的下跌幅度。因此,选择 β_2 可用于判断基金经理的择时能力。α_p 与市场走势无关,它代表基金收益与系统风险相等的投资组合收益率差异,α_p 可以用来判断基金经理的选股能力,如果 α_p 大于零,表明基金经理具备选股能力,α_p 值越大,表明基金经理的选股能力越强。这里的 α_p 与詹森指数模型的区别在于:α_p 已对择时能力做了调整,将择时能力与选股能力明确分离。

---

① Treynor,JackL. , Mazuy, K. (1966) Can Mutual Funds Outguess the Market, *Harvard Business Review*, No. 44, 131～136.

2) Henriksson 和 Merton(1981)[①]的二项式随机变量模型。以上的讨论是将 β 看成一个连续变量,当市场回报率显著非零的时候,观察基金回报率有何差异。现在将 β 看成二项随机变量,其在多头与空头市场上的值是不同的。Henriksson 与 Merton 将择时能力定义为:基金经理预测市场收益与无风险收益之间差异大小的能力,然后根据这种差异,将资金有效地配置于证券市场。其回归模型为:

$$R_{p,t} - R_{f,t} = \alpha_p + \beta_1(R_{m,t} - R_{f,t}) + \beta_2 \max(0, R_{f,t} - R_{m,t}) + \varepsilon_{p,t}$$

式中 $\max(0, R_{f,t} - R_{m,t})$ 代表选取 0 与 $R_{f,t} - R_{m,t}$ 二者的最大值。在该模型的运用上,可根据市场状况作出不同的变形,当市场状况良好时,则 $R_{m,t} \geqslant R_{f,t}$,$\max(0, R_{f,t} - R_{m,t}) = 0$,模型变为: $R_{p,t} - R_{f,t} = \alpha_p + \beta_1(R_{m,t} - R_{f,t}) + \varepsilon_{p,t}$;当市场状况不佳时,则 $R_{m,t} \leqslant R_{f,t}$,模型变为 $R_{p,t} - R_{f,t} = \alpha_p + (\beta_1 - \beta_2)(R_{m,t} - R_{f,t}) + \varepsilon_{p,t}$ 。

在此模型中,特别重视基金经理的市场择时能力。当 $\beta_2 > 0$ 时,表示基金经理掌握了市场下跌的趋势,这时及时调整资产组合,降低了组合的 β 值,如果进一步使得 $\beta_1 - \beta_2 < 0$,表示市场空头时,基金经理反而能够逆势获利。

3) Chang 和 Lewellen(1984)[②]的改进模型。Chang 和 Lewellen 对 Henriksson 和 Merton 的基金整体绩效评估模型进行了改进,其所建立的回归模型为:

$$R_{p,t} - R_{f,t} = \alpha_p + \beta_1 \min(0, R_{m,t} - R_{f,t}) + \beta_2 \max(0, R_{m,t} - R_{f,t}) + \varepsilon_{p,t}$$

式中的 β_1 为空头市场时的 β ,β_2 为多头市场时的 β ,$\min(0, R_{m,t} - R_{f,t})$ 代表选取 0 与 $R_{m,t} - R_{f,t}$ 二者的最小值。通过 $\beta_2 - \beta_1$ 的验定,可以判断基金经理的择时能力,如果 $\beta_2 - \beta_1 > 0$,表示基金经理具备择时能力。

关于以上基金经理的择时能力和选股能力评估模型的运用,主要是针对开放式证券投资基金进行的。例如,Henriksson 和 Merton 针对 1968—1980 年美国 116 个开放型基金月收益率进行绩效实证研究,结果发现有 59 个基金的 β_2 大于零,但仅有 11 个基金显著大于零。而对 α 进行验定,仅有 3 个基金显著大于零,因此实证结果说明这些基金经理并不具备市场择时能力与选股能力。

4. 投资组合变动评估模型

Grinblatt 和 Titman(1993)[③]等提出了投资组合变动法(portfolio change measure),此法主要是依据事件研究(event study)的评估方法,计算事件的研究期间(event period)与后续比较期间(comparison period)资产收益的差异,基本观点是:掌握证券市场投资信息的基金经理会持有较高收益的资产,其投资组合的绩效比其他投资组合的绩效更好,模型为:

$$G = \frac{1}{T} \sum_{i=1}^{T} \sum_{i=1}^{N} R_{i,t}(W_{i,t} - W_{i,t-1})$$

式中 $W_{i,t}$ 为 t 时期 i 证券投资基金的持股比例,$W_{i,t-1}$ 为 $t-1$ 时期 i 证券投资基金的持股比例,$R_{i,t}$ 为 t 时期 i 证券投资基金的收益率,T 为样本期间总数,N 为基金总数。G 为 T 时

① Roy D. Henriksson,Robert C. Merton,1981,On Market Timing and Investment Performance. II. Statistical Procedures for Evaluating Forecasting Skills,*The Journal of Business*,Vol. 54,No. 4,pp. 513-533.

② Eric C. Chang,Wilbur G. Lewellen,1984,Market Timing and Mutual Fund Investment Performance,*The Journal of Business*,Vol. 57,No. 1,pp. 57~72.

③ Grinblatt,Mark,Sheridan Titman,1993,Performance Measurement without Benchmarks:An Examination of Mutual Fund Returns,*The Journal of Business*,Vol. 66,No. 1,pp. 47~68.

间内 N 个基金的平均超额收益率。该模型以投资组合的持股权数的变动来衡量基金的平均绩效。

19.6 基金绩效评级体系

19.6.1 基金评估的 4R 原则

评估基金的主要目的是为投资者服务。普通投资者想知道基金经理管理证券组合的能力,是否比"非管理"的证券组合强,是否比散户自己管理能力强。一旦你发现基金值得投资,你就面临另一个问题:市场上有如此众多的基金,你如何选择?基金的业绩排名对投资者而言就是一种选择基金的重要参考依据。此外,基金管理公司也要进行内部业绩评比,通过与同业人员的业绩比较,实现优胜劣汰,促进内部竞争。

一种挑选基金的原则称为"4 个 R"原则,即收益率、评级、风险、支出比率(分别代表 returns,rating,risk,expense ratio)。美国著名的基金评级公司晨星公司(Morningstar Corp.)就是提供这种信息的一家资讯公司。

(1) 收益率。为了更客观地分析基金的历史表现,晨星公司计算了所有基金收益率平均数,以便使用者将某一基金与平均数比较,并且还将基金最近三年的收益率进行统计处理,将其收益率与同类其他基金比较所得的百分数排序,分别以 1~100 的数字代表,数字越小,表明其过往的表现越好。例如,某基金的百分比为 99%,这就意味着该基金在过去三年的收益率比同类其他 99% 的基金收益率都高,因而排名就为"1"。

(2) 评级及风险度。晨星公司为了更全面地给各基金评级,将基金作了很细致的分类,然后对各类基金再分别排名。在每类基金里,每一基金又被按照三年的实际业绩表现排队。在晨星公司的评级体系中,最著名的是其三年的"星级"评级。通过考察该指标,投资者可以在更大的范围内综合判断基金的表现与抗风险能力。

(3) 支出比率。支出比率是指基金的年度费用占资产的比例。如果某基金收取的费用高于平均水平,该基金的回报也同样应该高于平均水平。有些基金收取销售费用,多数情况是因为这些基金是通过经纪人或财务顾问出售的,因此需要为此类服务付费。

(4) 其他因素。这包括"最差三个月的表现"和"管理者任期"等内容。

19.6.2 晨星评级体系

基金评级在美国发展最为领先,主要是对开放式基金的评级。美国最著名的基金评级公司是晨星公司,它是一家位于美国芝加哥的专业基金评级公司。该公司成立于 1985 年,目前已是世界上基金评级业著名的权威机构之一。它的核心评级方法如下所述[1]。

(1) 晨星风险(morning-star risk)

晨星风险的计算公式是:

某基金 A 的晨星风险 = 基金 A 的月平均损失率 ÷ 所属类型的基金月平均损失率。如表 19.6 所示。

---

① 读者可参考晨星公司中国网站(http://cn.morningstar.com/main/default.aspx)

表 19.6　某基金 A 的收益率与同期国债收益率比较

月份	基金 A 的收益率（%）	90 天国债的收益率（%）
1	3.4	0.4
2	0.2	0.3
3	1.0	0.4
4	−2.0	0.4
5	2.5	0.4

在表 19.6 中，基金 A 在第 2 月和第 4 月收益率低于 90 天国债的收益率，总共相比较的收益率损失为 2.5%，则 5 个月期间基金 A 的月平均损失率＝0.5%，如果同一类基金的月平均损失率为 0.455%，则晨星风险值＝0.5%÷0.455%＝1.1。

（2）熊市评级（bear market ratings）

选择一个特定的熊市，根据该时期内基金的业绩表现来评级。比如选择最近几年的熊市月——股市为标准普尔 500 指数下降 3% 以上的月为熊市月，债市为雷曼兄弟综合债券指数下降 1% 以上的月作为熊市月。比如在美国 1992.10.31—1997.10.31 的 5 年间，标普 500 指数下降超过 3% 的共有 6 个月。（如表 19.7 所示）

表 19.7　美国股市的熊市月（1994—1997 年）

熊市月	标普 500 跌幅（%）
1994.3	−4.35
1994.11	−3.64
1996.7	−4.42
1997.3	−4.10
1997.8	−5.60
1997.9	−3.34

根据所有待评级的基金在以上 6 个月中的综合表现排列分成 10 组，每一组各占 10%。则位于第 1 组的基金，风险最小，业绩最好。依次推列。

（3）投资风格盒

晨星公司设计了"投资风格盒"（如表 19.8 所示），以简明列示基金的投资风格。对股票基金，按照投资对象的风险收益和规模来区别。对债券基金，按照所投资的债券期限和信用等级来区别。

表 19.8　基金的投资风险盒

债券型基金			股票型基金		
期限	短期	平均期限小于 4 年	风险收益	价值型	A+B<1.75
	中期	4 年—10 年		混合型	1.75<A+B<2.25
	长期	10 年以上		成长型	A+B>2.25
信用等级	高	平均等级至少 AA 级	规模	大型	C>50 亿美元
	中	BBB—AA 级		中型	10<C<50 亿美元
	低	BBB 级以下		小型	C<10 亿美元

在表中，A 为基金股票组合的市盈率 P/E 相对于标准普尔指数组合市盈率的相对值；

B 为基金股票组合的市净率 P/B(价格面值比率)相对于标准普尔指数组合市净率的相对值;C 为基金股票组合的平均资本市场价值(market capitalization)。任何一个基金都可以在投资风格盒上找到它的位置,投资者可以对这个基金的基本特点一目了然[1]。

(4) 晨星公司的星级评级指标

晨星星级评估指标对四类基金进行评级,即国内股票型基金、国际股票型基金、纳税债券型基金、市政免税债券型基金。若已知某基金某一时期的净收益率 r^*,国债收益率 r_f,同类基金的平均收益率 r_a,则晨星收益率 $= \dfrac{r^* - r_f}{r_a - r_f}$。

然后,计算初始评级数值。初始评级(raw ratings)＝晨星收益率—晨星风险。根据初始评级,进行排序,在同类基金中分为 5 档。(如表 19.9 所示)

表 19.9　晨星公司星级评定表

档次	初始评级情况	星级	收益	风险
第一级	最高的 10.0%	＊＊＊＊＊	最高	最低
第二级	其次的 22.5%	＊＊＊＊	较高	低于平均
第三级	其次的 35.0%	＊＊＊	平均	平均
第四级	再次的 22.5%	＊＊	较低	高于平均
第五级	最差的 10%	＊	最低	最高

晨星公司分别计算各基金 3 年、5 年、10 年的结果,并且每一个月更新一次,成立不足 3 年的基金不在评估之列。

晨星公司对一家基金的评估分析,包括业绩/风险分析、历史情况分析和投资风格分析三部分,汇总后公布。晨星评级报告具体内容是:业绩/风险分析中,列出基金在 3 个月至 15 年中的净收益率(扣除经营费用和 12b-1 费用等),和同期标普 500 指数的平均收益率进行比较,列出在所有考察的特定基金组合中该基金的排名和在所有考察基金组合中同类基金中的排名。在晨星评级中,往往好的基金在 3 个月、6 个月中的排名很靠后,而在 10 年、15 年中的排名很靠前。评级报告中还说明,如果投资者在评级日前的 3 个月或者 15 年前等情况下投资该基金 1 万美元,今天会变成多少钱。分别算出基金 3 年、5 年、10 年的晨星风险和晨星收益率,据此对基金定级,属于五星级或是一星级等。历史情况分析部分是对基金业绩指标的历史总结,晨星收益率和晨星风险分别以各自 3 年、5 年、10 年的数据加权计算出来,权数分别为 20%、30%、50%。根据计算结果再进行一次总评级,给该基金定下最后总的星级。然后,根据现代投资组合理论,计算出基金的标准差、夏普比率等指标。最后一部分是描述基金的投资风格盒。

案例:晨星(中国)首次公布中国基金评级[2]

晨星(中国)在 2004 年 8 月份公布了对中国基金的第一份评级表,这是晨星公司首次

---

[1]　晨星的投资风格盒也被称为"九宫格",因为按照投资股票类别(3 类)和市值(3 类)划分,可以画出 9 个格子,并对股票基金进行定位。但是业内对于九宫格的分类存在着争议。可参见博森和哈马彻的《基金业务》一书。

[2]　截至 2014 年,美国晨星公司进入中国已经有 10 年,目前的基金评价与评级也经过了不断更新。它对国内基金的划分主要经过了 2004 和 2006 年的两次调整,2010 年和 2011 年又进一步进行了微调。本书这里是从历史角度介绍了晨星评级的基本内容和对中国基金评级的最早资料,更新的数据可以登录晨星网站。

引入以定量分析为主的星级评价(morningstar rating),对中国基金进行评级。同时,晨星中国网站(http://cn. morningstar. com)也正式启用,依托晨星的研究方法和理念,借助及时准确的数据,采用形象直观的方式向广大投资者展示中国的基金信息。

晨星公司于 1985 年首次推出基金评级,借助星级评价的方式协助投资人更加简便地分析每只基金在同类基金中的过往业绩表现,逐渐成为全球基金业的行业标准。2002 年,晨星公司在原有基础上进行改良,启用新的星级评价方法。新方法在原先分类的基础上进一步细分,并以期望效用理论为基础衡量基金的风险调整后收益,体现基金各月度业绩表现的波动变化,并更加注重反映基金资产的下行波动风险。

(1) 评级对象

晨星中国基金评级对象是至计算时点具备一年或一年以上业绩数据的开放式基金,其中货币市场基金和保本基金不参与评级。并且同类基金必须不少于 5 只才进行评级。

晨星基金评级每个月进行一次。每月初公布上月的评级结果。晨星现阶段提供一年评级结果,因为国内开放式基金的历史比较短,满足起评标准的基金数量有限。随着国内基金业的发展,晨星还将按月公布两年评级、三年评级、五年评级和十年评级的结果。

(2) 如何评级

晨星基金评级遵循以下思路:

① 首先对基金进行分类。晨星把国内开放式基金分为 5 类:股票型基金、配置型基金、债券型基金、货币市场基金和保本基金。其中货币市场基金和保本基金不参与评级。

② 衡量基金的月度收益。进行一年评级时,衡量各基金截至当月末过去 12 个月的月度回报。

③ 计算基金的"晨星风险调整后收益"(MRAR,morningstar risk-adjusted return)。

④ 采用星级评价的方式,根据风险调整后收益 MRAR,对不同类别的基金分别进行评级,划分为 5 个星级。在同类基金中,各基金按照 MRAR 由大到小进行排序:前 10% 被评为 5 星;接下来 22.5% 被评为 4 星;中间 35% 被评为 3 星;随后 22.5% 被评为 2 星;最后 10% 被评为 1 星。如图 19.5 所示。

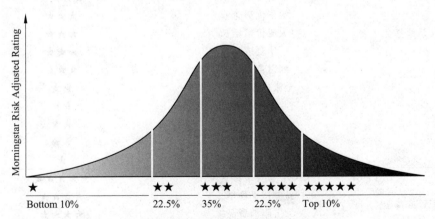

图 19.5 晨星基金评级的分布

截至 2004 年 7 月底,参与晨星评级的有 14 只股票型基金、14 只配置型基金和 5 只债券型基金。以 2004 年 7 月 30 日(当月最后一个交易日)为计算截止日,其一年评级结果如表 19.9 所示。

(3) 如何使用晨星星级评价

晨星星级评价是以基金以往业绩为基础的定量评价,旨在为投资人提供一个简化筛选基金过程的工具,是对基金进一步研究的起点,而不应视作买卖基金的建议。

基金具有高的星级,并不等于该基金未来就能继续取得良好的业绩,基金未来表现仍然受到多项因素如基金经理更换、投资组合变动等影响。基金具有高的星级,也不等于其就适用于每个投资人的基金组合,因为每个投资人的投资目标、投资周期和风险承受能力有所不同。

投资人在挑选基金的时候,应注意以下事项:

① 如果基金经理有变动,晨星星级评价不会随之改变。因此,评级结果可能只反映了前任基金经理管理该基金的业绩;

②晨星星级评价是把同类基金进行比较。每类基金中,有 10% 具有一年及一年以上业绩表现的基金会获得 5 星级。但投资人需要注意的是,如果某类基金在计算期内的风险调整后收益均为负数,则该类基金中的 5 星级基金风险调整后收益也可能是负数;

③晨星星级评价结果每月定期更新。投资人不应以星级下降作为抛售基金的指引。晨星星级评价结果的变化,并不一定表示基金业绩表现的回落,也可能只是其他同类基金表现转好所致。

表 19.10 晨星公司对我国开放式基金的首张评级表。

表 19.10　2004 年 7 月份晨星中国基金评级结果

基金类型	基金名称	晨星评级(一年)
股票型基金 (14)	湘财合丰成长	★★★★★
	国泰金鹰增长	★★★★
	招商安泰股票	★★★★
	嘉实成长收益	★★★★
	湘财合丰周期	★★★★
	银华优势企业	★★★
	大成价值增长	★★★
	华夏成长	★★★
	湘财合丰稳定	★★★
	金鹰成分股优选	★★
	华安创新	★★
	博时价值增长	★★
	华安180	★★
	天同180	★
配置型基金 (14)	嘉实增长	★★★★★
	易方达平稳增长	★★★★
	宝康消费品	★★★★
	南方稳健成长	★★★★
	嘉实稳健	★★★★

基金类型	基金名称	晨星评级(一年)
配置型基金 (14)	宝康灵活配置	★★★
	富国动态平衡	★★★
	招商安泰平衡	★★★
	融华债券	★★★
	南方宝元债券	★★
	融通新蓝筹	★★
	长盛成长价值	★★
	宝盈鸿利收益	★★
	鹏华行业成长	★
债券型基金 (5)	宝康债券	★★★★★
	大成债券	★★★★
	招商安泰债券	★★★
	华夏债券	★★
	嘉实债券	★★

计算截至日期:2004 年 7 月 30 日

数据来源:晨星资讯(深圳)有限公司基金数据中心

资料来源:晨星中国网站。由于目前国内基金数目增长迅速,晨星评级的表格已经按照基金类型分类提供,每周更新。目前晨星公司将基金划分为股票型、混合型、保本型、债券型和货币市场及其他等类型,其中对股票型、混合型(细分为激进配置、标准混合、保守混合三类)、债券型(细分为激进债券、普通债券、短债三类)提供星级评级,对保本基金、货币市场基金、其他类基金不提供评级。更新的星级评级表可以定期从晨星公司中国网站上下载 http://cn. morningstar. com/fundtools/fundranking/default. aspx。

晨星公司基金评级的优点在于:

(1) 定位于为基金投资者服务。晨星公司主要从使用其评级产品的机构投资者处收费获利,而不是直接从基金评级中直接获取收入,这样保证了晨星评级的独立性,避免受到评级对象的干扰。

(2) 使用分类的思想对基金进行星级评定,使得基金之间的可比性大大增强,评级结果更加客观。采用同类基金比较的方法,有效避免了市场基准的选择问题。

(3) 定量分析和定性分析的结合,既体现了评级的客观性要求,也考虑了实际问题的复杂性,使得评级结果贴近实际情况。

但是,晨星基金评级存在着一些无法克服的缺点:

(1) 晨星评级对投资者资金投向的影响巨大。据美国《华尔街日报》的调查,美国基金投资者的投资主要集中在晨星 4 星以上的基金,而 3 星以下的基金完全是资金净流出。而资金流向对基金业绩的影响具有正面作用。

(2) 在均值回归的影响下,存续期越长的基金,越可能得到中庸的评级,越不可能得到 5 星或者 1 星的评级。而存续期越短的基金,越可能得到极端的评级。

(3) 基金的分类标准仍然需要细化。

(4) 晨星评级与评级后基金的业绩表现并没有明确的关联。

除了美国晨星公司之外,标准普尔公司和路透集团下的理柏(Lipper)公司也提供基金评级,国内的天相投资顾问公司、万得金融资讯(WIND)以及证券公司如银河、招商、上海证券等也提供国内基金的业绩评价与评级。

除了对基金业绩综合性的评级之外,下面本书进一步讨论基金一些具体的特殊结构分析指标。

19.7　基金选择指标

我们对基金业绩的评价,部分目的是希望能找出有哪些基金的投资绩效是显著地优异于其他同类,并且找出有哪些基金的投资绩效能够击败市场。但如前面讨论,所有的绩效评估都植根于对于"正常回报率"、"业绩基准"(benchmark return)和对正确的资产定价模型的假定上。正因如此,所有的绩效评估都可能存在偏差。

并且,业绩的评价总是在事后(ex post)发生的。这些事后的业绩能否代表着未来基金的真实能力仍然是一个未解的问题。对于基金的选择,需要凭借的是事前(ex ante)的预测指标,过去的历史业绩数据仅仅是其中一种。更何况基金管理人或基金销售机构在提供基金的历史业绩数据时,可能会"精心策划"——突出业绩好的时期,淡化业绩差的时期;突出业绩好的指标,隐藏业绩差的指标等等。再加上媒体的过度宣传,将会导致基金表面上的业绩大大超过其实际的业绩。

因此,纯粹应用过去绩效指标作为选择基金的唯一基础很可能是徒劳无功的[①],除了一般的基金业绩评估指标之外,还应当考查基金内部的一些结构性指标,也就是可能会影响基金业绩的潜在因素,具体包括以下几方面内容。

19.7.1　外部结构指标

1. 基金的规模

一般来说,小型基金由于费用相对较高,在实际操作中风险承受能力较小,对投资者而言具有较高的风险。在美国的金融市场上,厌恶风险的人们都回避 5000 万美元以下的基金,一般认为投资 1000 万美元规模以下的基金更是不明智的。不过另一个极端是,较大型的股票基金对市场变化作出的反应较为迟钝。比如一个拥有 200 亿美元资产的基金,想把其中的 1‰投资于一个颇有增长潜力的小公司,可能会遇到一个问题——即这家小公司没有那么多的股份可供出卖,而且巨额的资金买卖股票必将会大幅度影响该股的股价。小规模的基金在投资这类小公司的股票时,相比之下具有优势。对那些追求高回报也敢冒高风险的投资者来说,可以考虑那些小一点的基金,尤其是那些大型基金家族中的小规模基金。

2. 基金经理人的背景和任期长短

目前国内外证券投资基金的经理,分为两种模式:小组制和单经理制。在前一种情况,重大决策都是由一组管理者作出的,因此决策受个人的性格、偏好等方面的影响就小一些,风险也就相对小一些。而在后一种情况——也是大多数的情况下,决策由单个基金经理个人作出,基金业绩就会在较大程度上受到基金经理个人特征的影响,投资者在投资之前就应该对经理人有一个明确的了解。首先要了解一下他的个人经历。在基金管理公司的网页上或其他媒体上找出经理人的姓名,查看一下他有多长时间管理基金的经验,是几个月还是好几年?他是否还管理过其他基金等。其次,投资者可以查阅有关专业报纸杂志或者

[①]　基金过去的绩效能否预测未来的绩效,是学术界一直有兴趣的问题,请参考本书第 20 章关于基金绩效持续性的讨论。

直接向基金管理公司查阅该经理人是否写过文章或书籍,有哪些观点,以便更多地了解他们的个人情况包括管理风格等。投资者除了要明确该经理人是否是一个富有经验、合格且勤勉的管理者之外,还应该考虑一下他可能会在这个职位上干多久。研究表明,如果经理人是基金管理公司的创业元老,他就会比仅作为一个高级雇员在基金中待的时间更长。如果某一个基金管理公司要更换经理,采取观望策略或投资其他基金是明智的。有数据显示,随着基金经理任期的增长,经风险调整后的收益和基金的资产随着任期的增加而增加。最后,投资者要切记两点,一是前任经理的辉煌业绩与现任经理无关;二是基金经理只是你应选择基金时应考虑的众多因素之一。

3. 基金的费用

在证券投资基金操作过程中,会产生一些费用,投资者在投资之前应将这些费用因素考虑在内[①]。以美国为例,在证券市场黄金时期,股市年均 20%收益率会使 6%左右的基金费用显得无足轻重;而在股市低迷时期,股市的低收益率甚至是负收益率会使基金费用成为投资者沉重的包袱,甚至会给投资者造成损失。高的费用并不意味着可以给投资者带来高的收益,或者可以给投资者提供优质的服务。因此,投资者在选择证券投资基金的时候,必须仔细查阅其公开说明及相关资料,明确其所有收费情况,特别是一些隐性的费用支出,如前文提到的 12B—1 费用。

19.7.2　内部结构指标

1. 基金的投资周转率

基金的投资周转率(turnover rate),是指基金买卖其持有有价证券的频率或称换手率,具体又可以分为股票周转率和债券周转率。投资周转率是一项显示基金投资战略的重要指标。周转率低,表明基金经理有一种长期投资倾向;周转率高,则短期投资倾向占主导地位。周转率高的基金交易成本显然要高于周转率低的基金。如果证券市场正处于上升期,投资收益可能会大于交易成本,此时周转率高是有利的;反之,如果证券市场处于衰退期,低周转率策略则较为有利。有统计数字表明,在美国基金市场中,股票基金的年投资周转率在不断上升。20 世纪 50 年代在 20%左右,20 世纪 60 年代后期接近 50%,80 年代开始加速上涨,1981 年超过 60%,到顶峰的 1986 年达到 111%,1997 年为 85%。在 21 世纪初期,股票型基金的年投资周转率接近 100%,其中一些积极成长股票基金的周转率在 150%左右,应税债券基金的年投资周转率在 150%左右,而免税债券基金的这一指标仅有 75%。指数基金的周转率则一直是最低的[②]。

下面根据我国 2003 年基金年报、中报数据举例,考察我国基金的资产周转情况。我们假设:

基金的股票周转率=股票交易量/[(期初基金净资产+期末基金净资产)×0.4][③]

因为无法获得基金实际用于交易的资产数据,只能统一假设基金平均资产的 80%进

---

① 关于基金费用,请参见本书第 6 章。

② 可参见约翰·鲍格尔. 共同基金常识(十周年纪念版). 北京:中国人民大学出版社,2011 年.

③ 这里之所以采用 0.4,是因为假设股票基金中股票资产平均占比 80%,所以 0.5×0.8=0.4,0.5 是对期初和期末基金净资产取平均值。

行股票投资,20%进行债券投资,这可能与实际情况存在一定的误差。通过计算基金的股票周转率,我们发现2003年上半年基金的操作频繁程度明显超过2002年下半年,基金在上半年的市场中积极进行组合结构调整和操作,导致交易量明显上升。股票周转率最高的前三家基金公司为长城、银华和宝盈,股票周转率最低的前三家公司为银河、博时和易方达。经过了年初的组合调整,基金在2003年下半年的资产周转率明显下降,下半年主要采取了稳定持有的策略。为了前后数据的可比性,我们选取了大盘封闭式基金的股票资产周转率来进行纵向比较,结果如图19.6所示,2003年上半年大盘封闭式基金股票资产周转率显著提高,下半年又有比较明显的回落。

图19.6说明了我国基金投资策略的变化(1999—2003年)。从1999年到2000年上半年的积极投资、频繁操作,转变为2000年下半年到2002年的投资周转率降低,持仓结构相对稳定。到2003年以后又有所变化。基金的股票周转率也反映了证券市场本身的牛熊转换。一般而言,在熊市中,基金的资产周转率较低,而在牛市中,基金的资产周转率上升。

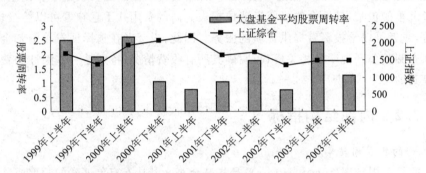

图19.6 大盘封闭式基金股票资产周转率变动图(1999—2003年)

资料来源:申银万国证券研究所数据库。

2. 现金流量

对于开放式基金而言,现金流量一般指投资于基金的资金净增长,也就是说申购基金的资金超出赎回基金的部分或称净申购资金。现金流量在基金总资产中所占比重对选择基金的投资者来说,是一个非常重要的评价指标。那么现金流量和基金的投资收益有没有关系呢?

20世纪60年代末期,美国共同基金分析专家阿兰·波普通过研究发现,现金流量这一指标与证券投资基金的业绩有着密切的关系。当某一基金有大量的现金注入时,基金的运作呈现良好的发展势头,基金的业绩也呈上升态势;但是如果这种大量的现金停止注入,基金业绩的上升势态也随之停止,甚至还有下降的趋势[①]。究其原因,有以下三条:

(1) 基金经理使用新的现金流量扩充了现有的股票头寸,这种上升的投资需求对基金本身来说是利好消息,有利于刺激基金所投资股票的价格上涨,尤其是对那些基金所持有的小盘股来说,效果比较明显。

(2) 基金可以扩充发展机会,因为基金经理不必卖出原有股票来筹集资金,它可以用新注入的资金来做新的投资组合。

---

① 阿尔伯特·弗雷德曼,鲁斯·瓦尔斯.共同基金运作.北京:清华大学出版社,西蒙与舒斯特国际出版公司.1998:45~46.

（3）当股市处于牛市高峰的时候，大量现金流入可以作为接踵而来的熊势的缓冲器。因为基金有充足的资金进行追加投资，而不必为"套牢或割肉"而担忧。

需要说明的一点是，对开放式基金而言，大规模现金流量的负增长应当引起投资者的警惕，这种现象意味着投资者不断从基金中撤出：或者出于对基金业绩不满、或者由于基金的费用率增加、或者由于其他消极因素。这样就会迫使基金经理采取一些可能会造成损失的应急措施，基金规模会因此萎缩，基金管理人可能会失去信心和稳定，基金的费用率也会因此而上升。

3. 基金的资产结构

正如前文所述，基金的资产配置对基金绩效十分重要。经验表明，中国股票市场和债券市场的收益经常呈现一种负相关的关系。由于资金在两个市场间相互流动，股票市场火爆时，债券市场低迷；而债券市场火爆时，股票市场低迷。基金经理正是通过在两种市场里不断的调整配置，体现其投资风格和能力。

4. 基金投资的行业结构

在我国目前的情况下，不同行业具有不同的收益，人们对不同行业的收益预期也存在较大的差异。将资金在朝阳产业与夕阳产业之间、成熟型产业与成长型产业之间的合理配置，同样可以起到防范风险、提高收益的作用。

案例：2003 年基金的行业投资继续向重点倾斜

从 2003 年中报公布的基金股票投资组合的行业分布数据来看，总体上延续了基金股票投资向少数重点行业倾斜的特征。

表 19.10 给出了全部股票基金整体的投资行业分布数据，并且作为基准还同时给出了整体市场组合的行业分布数据，以及基金投资组合相对市场组合在不同行业上的超额配置或者减少配置的数据。我们看到，如果将全部股票型基金视为一个独立的投资者集合，而将基础股票市场本身的行业分布称为市场组合分布，则 2003 年 2 季度末基金的股票投资在全部行业上的分布是明显偏离于市场组合分布的。

表 19.11　基金总体股票投资行业分布和超额配置（2003 年年中报）

行业	基金股票投资行业分布（%）		2003 年 6 月 30 日市场组合行业分布（%）	超额配置比例（%）
	2003 年 1 季度	2003 年 2 季度		
综合类	1.9	0.79	7.11	−6.32
石油化学塑胶塑料	6.74	4.74	8.48	−3.74
批发和零售贸易	3.25	1.73	5.46	−3.73
房地产业	1.21	0.86	3.76	−2.9
纺织服装皮毛	2.25	1.62	3.98	−2.36
电子	2.38	1.93	4.02	−2.09
社会服务业	3.31	1.75	3.04	−1.29
农林牧渔业	1.18	0.59	1.67	−1.08
建筑业	0.88	0.66	1.62	−0.96
其他制造业	0.17	0.11	0.74	−0.63
医药生物制品	5.14	4.6	5.19	−0.59

行业	基金股票投资行业分布(%)		2003年6月30日市场组合行业分布(%)	超额配置比例(%)
	2003年1季度	2003年2季度		
食品饮料	4.42	4.11	4.69	−0.58
造纸印刷	1.17	1.1	1.56	−0.46
木材家具	0.12	0.06	0.09	−0.03
传播与文化产业	0.61	0.76	0.7	0.06
金属非金属	10.89	11.7	9.62	2.08
信息技术业	6.33	8.71	6.54	2.17
采掘业	4.31	4.63	2.27	2.36
机械设备仪表	14.81	17.75	13.99	3.76
电力煤气及水的生产和供应业	8.12	10.39	5.42	4.97
金融保险业	9.58	9.78	4.53	5.25
交通运输仓储业	11.26	11.64	5.25	6.39

从表19.11中数据可以观察到2003年2季度末基金在交通运输及仓储、金融保险、电力、煤气和水的生产供应、机械设备仪表、采掘、信息技术、金属非金属、传播与文化8个行业的投资比例超过市场组合。其中,交通运输及仓储、金融保险、电力煤气和水的生产供应、机械仪表等行业的超额投资比例相当高。与此同时,基金投资组合中其他14个行业股票的比例要低于市场组合,其中基金在综合类、石化、批发及零售等三个行业投资比例显著低于市场组合。

与2003年1季度基金股票投资的行业分布数据相比,基金超额配置的行业基本上相同,而基金减少配置的行业也未出现重大的变化,这说明基金对产业景气变动的基本判断没有重要的改变。就具体行业而言,基金在2季度继续加大了对机械设备仪表、电力、煤气和水的生产供应等行业的投资力度。这两个行业的占比分别上升了2.94和2.27个百分点,相对市场组合的超额配置比例大幅增加。同时基金在金属和非金属、金融保险、交通运输及仓储业的投资比例则基本维持在1季度末的水平上,超额配置的比例变动不大。值得关注的是,基金对信息技术行业股票的投资权重有所上升。从2003年1季度的6.33%增至8.71%,目前持有比例高出市场组合2.17个百分点,表明一些基金已经注意到信息技术业出现了产业复苏迹象,并开始增持部分有业绩支持的上市公司股票。从2003年1季度到2季度较为明显遭到减持的是石油化工业,其占基金股票投资的比例从6.74%下降到4.74%。以上分析是将全部主动管理的股票型基金看作一个对象进行的,这种简化固然能够帮助我们看到基金的整体情况,但是也会将个别基金的行业配置与市场组合的更大差异平均化,因此有必要分别观察各个基金的股票投资行业分布与市场组合的差异。表19.12给出的是部分股票投资集中度较高的基金的相关数据。

表 19.12　2003年中期部分基金的行业投资集中度数据

基金名称	股票投资比例(%)	持股集中度(%)	行业集中度(%)	重点投资行业
融鑫 *	58.96	94.61	89.50	交通运输\机械\金融
兴华	48.45	89.23	63.88	金融\信息\电力
隆元	60.89	87.14	71.47	机械\电力\信息

续表

基金名称	股票投资比例(%)	持股集中度(%)	行业集中度(%)	重点投资行业
普惠	65.44	83.69	57.24	信息\机械\电力
汉博 *	52.09	82.56	87.29	机械\电子\交通运输
普华	45.02	80.82	54.98	信息\电力\传播
银华优势企业 *	56.58	81.99	89.27	机械\金属\金融
博时价值增长	65.1	81.07	74.95	机械\交通运输\食品饮料

注:股票投资集中度= 基金持有前 10 位重仓股的合计市值/基金持有股票市值

　　行业集中度= 基金持仓比例最高的前 3 个行业的累计市值/基金股票投资市值

　　* 表示该基金的持股集中度和行业集中度均超过 80%。

之所以在讨论行业配置特征时,特别关注这部分股票投资集中度高的基金,是因为现阶段这两个指标通常是高度相关的。我们注意到这些股票投资集中度高的基金同时具有行业集中度偏高的特征,股票投资集中度超过 80% 的 8 只基金的行业集中度均在 50% 以上,行业集中度超过 70% 的基金多达 5 家。这些数据表明部分基金的股票投资组合具有高度集中于少数行业的少数上市公司的特征。特别值得关注的是在这几只基金的股票组合中,如基金融鑫持有交通运输仓储业的比例达到 60.6%,银华优势企业基金和基金汉博持有机械设备仪表业的占比分别达到 71.77% 和 52.9%。我们认为在股票投资的行业配置方面,采取积极选择的投资策略,将股票投资相对集中在部分景气上升或者产业结构发生变迁的重要行业,是 2003 年几乎所有主动型基金的投资策略。就 2004 年上半年的情况来看,这种被称为相对集中的投资策略,是基金取得相对较好的业绩的主要原因。

资料来源:杨晔,王丹妮. 相对集中策略的延续和强化. 招商证券内部研究报告.

5. 基金投资的时间结构

在投资策略上,基金在坚持中、长线持股的同时,也会及时根据整个市场大势的变化对所持有股票进行必要的减持、增持和变换。但在具体的转换上,各基金在不同时期和不同的条件下存在许多差异。

通过进行投资结构的时间调整,不仅可以降低非系统风险,更重要的是还可以在一定程度上化解系统风险。一般系统风险对市场总体的影响是有时间限制的,过了一段时间,系统风险便暂时解除,因此根据市场大势或政策的起伏变化,分散投资时机,将资金分散在几个月或更长的时间上进行配置,可以在某种程度上避开系统风险。通常可以采用以下方法。

(1) 在经济周期的不同阶段进行组合,分别给予不同阶段以不同的权重。

(2) 将资金进行长、中、短期结合,根据当时的实际情况将长、中、短资金合理分配。

(3) 在经济发展和经济衰退时期进行组合。

以上实际也反映了基金的择时能力。

 本章小结

当投资者明确将证券投资基金作为自己的投资目标时,就要在众多的基金中挑选出满意的基金并有效规避投资风险,这就需要投资者对基金进行深入地分析、判断和评估基金的风险。本章分三部分,主要介绍了基金绩效评价指标、基金绩效评级体系以及基金选择

指标。

基金业绩评价的传统方法主要是考察基金的单位净资产、投资收益率和回报率等,传统的收益指标虽注意到基金的风险,却未能进行系统和合理的量化分析。资产组合理论和资本资产定价模型提出以后,陆续出现了一些基金业绩评价综合指标,其中最著名的是Sharpe 指数、Jensen 指数和 Treynor 指数。

$$S_i = \frac{\overline{R_i} - \overline{R_f}}{\sigma_i}$$

式中 S_i 为夏普绩效指标,$\overline{R_i}$ 为 i 基金在样本期内的平均收益率,$\overline{R_f}$ 为样本期内的平均无风险收益率。$\overline{R_i} - \overline{R_f}$ 为 i 基金在样本期内的平均风险溢酬,σ_i 为 i 基金收益率的标准差,即基金组合所承担的总风险。

$$J_i = R_{i,t} - [R_{f,t} + \beta_i(R_{m,t} - R_{f,t})]$$

式中 J_i 为詹森绩效指标,$R_{m,t}$ 为市场投资组合在 t 时期的收益率,$R_{i,t}$ 为 i 基金在 t 时期的收益率,$R_{f,t}$ 为 t 时期的无风险收益率,β_i 为基金投资组合所承担的系统风险。詹森指数为绝对绩效指标,表示基金的投资组合收益率与相同系统风险水平下市场投资组合收益率的差异,当其值大于零时,表示基金的绩效优于市场投资组合绩效。当基金和基金之间比较时,詹森指数越大越好。

$$T_i = \frac{\overline{R_i} - \overline{R_f}}{\beta_i}$$

式中 T_i 为特利诺绩效指标,$\overline{R_i}$ 为 i 基金在样本期内的平均收益率,$\overline{R_f}$ 为样本期内的平均无风险收益率。$\overline{R_i} - \overline{R_f}$ 为 i 基金在样本期内的平均风险溢酬,β_i 为基金投资组合所承担的系统风险。

基金绩效贡献的因素一般分为资产配置、行业选择和个股选择三个方面。研究业绩贡献的目的就是把总的基金业绩分解为一个一个的组成部分,以考察基金经理在每一个部分的选择能力。

基金经理的投资能力可以被分为股票选择能力(简称"选股能力")与市场选择能力(简称"择时能力")两个方面。所谓选股能力,是指基金经理对证券个股的预测能力。具有选股能力的基金经理能够买入价格低估的股票,卖出价格高估的股票。所谓"择时能力",是指基金经理对证券市场整体走势的预测能力。具有择时能力的基金经理能够正确地估计证券市场的走势,因而可以在牛市时,降低现金头寸或提高基金组合的 β 值;在熊市时,提高现金头寸或降低基金组合的 β 值。

基金评估的"4R"原则即是挑选基金时采用的原则:即收益率、评级、风险和支出比率。基金评级,主要是对开放式基金的评级。美国最著名的基金评级公司是晨星公司,它的核心评级方法包括:晨星风险、熊市评级、投资风格盒、星级评级指标。2004 年 7 月,晨星公司公布了第一份中国开放式基金的评级结果,目前它定期给出我国基金的星级评价表,在晨星公司的网站上有大量及时有用的基金评价的信息。

投资者在选择基金时,除了评估业绩指标以外,还应当考查基金的结构性指标。所谓基金的结构性指标是指一些会影响基金业绩的潜在因素,包括外部结构指标和内部结构指标。外部结构指标主要是考查基金的规模、基金经理人的背景、基金的费用等。内部结构指标主要是指基金的投资周转率、现金流量、资产结构、投资的行业结构、股票结构以及时间结构等。

本章思考题

1. 是否基金的净值增长率越高越好？你怎样看待基金的净值增长率？

2. 假设某基金 2009 年 9 月 5 日的资产净值为 1.050 8 元，2010 年 3 月 25 日的资产净值为 1.109 9 元，期间在 2010 年 2 月 19 日进行了分红，每单位分红 0.02 元，2010 年 2 月 18 日为权益登记日，当日基金资产净值为 1.076 8 元。请分别计算该基金从 2009 年 9 月 5 日到 2010 年 3 月 25 日的简单收益率和时间加权收益率。

3. 简述基金选择的外部结构指标和内部结构指标。

4. 什么是基金投资周转率？请选择一个时期，分析我国基金投资周转率有什么特征？

5. 请以最新的基金季报为例，分析我国基金投资的股票结构（重仓股结构）和行业结构发生的变化，并阐述原因。

6. 什么是特利诺指数？什么是夏普指数？什么是詹森指数？三大指标的结果是否一致？在何种情形下，三大指标会得出不一致的评价结论？

7. 什么是基金的选股能力？什么是基金的择时能力？如何具体测量选股能力与择时能力？

8. 如何进行基金绩效贡献的因素分解分析？

9. 简述晨星公司的星级评级指标和星级评级体系。

10. 你认为晨星公司的星级评级有哪些优点？又有哪些缺陷？建议参考理柏等其他评级机构的评级标准，并进行比较分析。

11. 对于"基金的规模与基金业绩"、"基金经理的更换与基金业绩"等基金领域的经典问题，请结合我国最新的基金数据，尝试建立计量经济学模型，进行实证分析。

延伸阅读

1. 关于晨星评级体系和基金选择方法，可参阅美国晨星公司研究部主管的著作：

【美】金奈尔. 基金间谍. 北京：中国人民大学出版社，2009 年.

2. 一些有用的网络资源：

美国晨星公司网址（http://cn.morningstar.com/）

国内重要的基金第三方销售和评价机构网站，如：

数米基金网（http://www.fund123.cn/）

好买基金网（http://www.howbuy.com/）

天天盈基金网（http://www.ttyfund.com/）

第 20 章 基金绩效评估的若干前沿问题探讨

基金绩效评估的关键问题是判断绩效中到底存在哪些部分，能够归因于基金经理本身的能力。其中的判断决定于对资产定价模型的选择。正因为我们对基金经理的评价构筑在"理论模型外不被解释的回报率"之上，因此在基金评价中使用的理论模型及其前提假设就成了关键性的问题。不同的前提假设和理论模型影响了学术界与实务界对于基金绩效的看法。以下我们接续第 19 章对于基金绩效的讨论，回顾在基金绩效评估领域的一些重要研究问题以及西方文献的探讨。

20.1 绩效评估—绩效基准—投资风格

在讨论基金的绩效评估之前，首先必须讨论基金投资风格的分类。

20.1.1 投资风格分类方式

在本书的 11.6.6 中，我们讨论了投资风格的分类方式大致可以分为投资组合法以及回报率模型法。一般基金的分类通常有比较大的主观成分。比如美国投资公司协会(ICI)对于成长型基金(growth fund)的定义是："成长型基金的投资标的为市场上较为成熟的公司，主要目的着眼于投资标的的价值的增长而得到资本利得，并非以得到稳定的股息收入为目标。"但究竟什么样的股票才能够被算作"较为成熟的公司"？以及我们分析的是多长时间的未来价值增长？这些问题都需要较为主观的认定才能够回答，之后才可以对基金类别进行界定。更甚者，基金自我陈述的投资风格也许会被刻意地扭曲，或者随着时间的流逝而发生变化。

diBartolomeo 与 Witkowski[1] 使用 1990—1995 年的 748 只开放式基金数据，考察前后期风格是否发生了变动。结果在表 20.1 中，行代表基金在前期的风格，列则代表基金在后期的风格。发现前期与后期风格分类一致的基金，仅仅占了 60%，其余 40% 的基金风格均发生了变动。前后风格差异最大的基金是成长型基金，大约只有不到一半(134/287)在后期仍被分在成长型。而国际型的基金，绝大多数没有变动(87/88)。

表 20.1 基金的风格改变(1990 年 11 月统计至 1995 年 10 月)

最终\初始类别	偏小型股	激进成长型	成长型	成长—收入型	收入型	国际基金
偏小型股	45	9	30	8		

① diBartolomeo, D. and E. Witkowski (1997). "Mutual fund misclassification: Evidence based on style analysis." *Financial Analysts Journal*: 32-43.

续表

最终\初始类别	偏小型股	激进成长型	成长型	成长—收入型	收入型	国际基金
激进成长型	46	28	38	3		
成长型	1	6	134	27		
成长—收入型			68	112	1	
收入型	1	4	17	31	7	1
国际基金					44	87
合计	93	47	287	181	52	88

以上的问题也反映出基金分类方式的局限,不论是投资组合法或是回报率法,都有其限制:投资组合法过于主观,而回报率法需要足够长的回报率序列才能够正确地估量投资风格。有鉴于此,研究者致力于为基金的分类立下科学化的基础。

Brown 与 Goetzmann[1]应是最早对基金投资风格分类做细致分析的研究者之一。他们综合了回报率法以及投资组合法两者的概念,认为基金的分类其实是对于未来预期回报率的一种分类。若是回报率分布类似的基金,就应被归为类似的基金。除此之外,分类的方式也需要有实际上的经济意义。

考虑基金的回报率可以拆解成以下两个部分:一部分为可以被风格所解释的回报(μ_{Jt}:j基金属于 J 类别的回报率);另一部分则是其他因素的贡献(ε_{jt})。

$$R_j t = \mu_{Jt} + \varepsilon_{jt}$$

把基金做分类的一个过程,近似一个内生性地框架定义(endogenously regime defining)问题,也因此可以利用计量方法来决定基金的分类。

考虑把 N 个基金所有 T 期的回报率组成一个 $N \times T$ 的矩阵,若要把这 N 个基金分成 K 种类别,我们要做的是把在同一个类别里基金回报率的差别降至最低。由前所述,这个分类并没有对时间上做限制,也对基金所从事的投资方式不做限制,不管是消极的资产管理方式,还是主动的资产管理方式,都有可能是同一个或是不同的投资风格。只有过去的回报率,才是决定基金风格划分的唯一因素。

与回报率法最大的差异是,此法没有一个固定的资产定价模型为基础。Brown 与 Goetzmann 方法不仅决定了每一个投资风格的平均回报率,也同时决定了每一个投资风格究竟包含哪些基金。也因为此法没有一个固定的资产定价模型为基础,究竟有多少个因素(factor)能影响基金的回报率,需要事先来确定。

但到底多少个类别才是"最优"的类别个数?于是 Brown 与 Goetzmann 考虑分类的个数是被内生决定的,若是多一个类别,能够让各类类别内的回报率差异下降相对较为明显的,则认为这个多出来的类别是有必要的。具体的测量方式是考虑以下的最大似然测试(maximum likelihood test)统计量:

$$LR = Tm \left(\ln \frac{ssq_k}{Tm} - \ln \frac{ssq_{k+1}}{Tm} \right)$$

其中 T:期数,m:基金数,ssq_k 与 ssq_{k+1} 分别为分为 K 类与 $K+1$ 类组内的回报率差异

---

[1] Brown,S J,and W N Goetzmann. "Mutual Fund Styles." *Journal of Financial Economics* 43,No. 3 (1997):373-399.

率之和(sum of squares)。此检验量是一个具有 $2T$ 自由度的卡方(chi-square)统计量。[1]

最后 Brown 与 Goetzmann 文中将基金分为以下 8 类:

成长与收入(growth and income):主要由晨星分级中的成长(growth)以及成长与收入(growth and income)所构成。此分类中的基金最主要的特征是投资标的大多集中在标普 500 指数的股票上,也就是相对较大而成熟的公司。

成长(growth):主要由晨星分级中的成长类股票基金所构成。和第一类基金类似,多数集中于标普 500 指数的大盘股,有非常少量的债券。

收入(income):主要由晨星的收入类、成长与收入类以及公用事业类基金构成。此类基金有最大的债券投资比例,以及最大的现金存量。

价值(value):通常集中投资于小盘股,具有较低的账面市值比率(price-to-book ratio)以及较低的市盈率。

全球类(global):通常投资于非美国境内的投资标的,但在美国市场变化时也会动态地重新调整资产配置。

炫日类(glamour):包括晨星分类中的部分成长与小盘股基金。资产组合中的股票会有较高的市净率以及市盈率。这些股票也是所谓的趋势追逐者(trend chasers),和过去的标普指数有较强的联动关系。

国际类(international):与欧洲和亚洲市场有较强的联动关系。

金属类(metal):完全由晨星类别中的金属与原材料类基金所构成。

这样的八个分类与原始的晨星分类比较起来,可以发现这个分类方式有较小的组间差异率,同时也较好地解释了组内的回报率[2]。这个分类方式验证了传统上对于收入、成长以及价值类别的分类是有效的。不过,用事后(ex-post)的分类作为事前(ex-ante)分类的依据可能并不甚公正。

上述分类法,提供了一个基金分类上的基本思考范式:基金的分类方式,是在"基金类别个数"以及"分类中基金的相似度"这两个主要因素之间进行权衡取舍。要使得分类最精确的方式,就是让每一个基金各自成为一个类别,但这样也就失去了分类的意义。

20.1.2 绩效指标与绩效评估

在绩效评估讨论的领域中,当被用作绩效评估的指标决定了之后,投资风格其实已经被隐含地决定了。想象以下的例子:若考虑用 Fama-French 三因素模型衡量基金的绩效表现,隐含的假设是——考虑基金的大小市值风格、价值成长风格以及市场风险风格相似的情况之下,不同基金有多少绩效是没办法被解释的。在评价绩效的同时,投资风格也被决定了。这也是为什么大多数基金的投资风格分类都以此为基础。因为多数人相信,市值大小、价值成长,以及市场 Beta 系数的差异,能够影响基金的回报率。在这个前提下,Fama-French 三因素模型会是个好的选择。把每一个基金绩效的观察值和理论值的差做平

---

[1] 卡方统计量 $\chi^2 = \dfrac{(O-E)^2}{E}$,$O$:观察值,$E$:理论值。由于卡方(chi-square)统计量的分布受到正态分布假设的严格限制,在类别小的时候采取利用卡方分布做假设检定会有误差。

[2] Brown, S. J. and W. N. Goetzmann (1997). "Mutual fund styles." *Journal of Financial Economics* 43(3): 373-399. 原文表 5.

方后、除以理论值、再加总。

也因此,究竟该用哪个投资绩效指标(performance measure)才对呢? 不同的风格指标会不会造成不同的绩效排序结果? 对这些问题的回答需要实际数据的支持。显而易见,若是在夏普比率中,使用了不同的数据代表无风险利率,则基金的绩效排序是不会改变的,只是绝对量值有所改变。但若是用其他方式来表示风险呢? 若是用在险价值(VaR)代表基金所受的风险,会对绩效排序产生显著的影响吗?

Eling (2008)[1]的文章试图通过实际数据讨论这个问题。首先,Eling 整理了许多风险指标,并列出相对应的绩效指标(如表 20.2 所示)。

表 20.2　风险指标与相对应之绩效指标

风险指标	绩效指标
简单回报率标准差	夏普比率 $=\dfrac{r_i-r_j}{\sigma_i}$
下偏矩（Lower partial moments）	
一阶	Omega $=\dfrac{r_i-\tau}{LPM_{i1}(\tau)}+1$
二阶	Sortino ratio $=\dfrac{r_i-\tau}{\sqrt{LPM_{i2}(\tau)}}$
二阶	Upside potential ratio $=\dfrac{hpm_{i1}(\tau)}{\sqrt{LPM_{i2}(\tau)}}$
三阶	Kappa 3 $=\dfrac{r_i-\tau}{\sqrt[3]{LPM_{i3}(\tau)}}$
降深（Drawdown）	
最大	Calmar ratio $=\dfrac{r_i-r_f}{-D_{i1}}$
平均	Sterling ratio $=\dfrac{r_i-r_f}{1/K\sum_{k=1}^{K}D_{ik}}$
标准差	Burke ratio $=\dfrac{r_i-r_f}{\sqrt{\sum_{k=1}^{K}D_{ik}^2}}$
在险价值（VaR）	
标准	$\dfrac{r_i-r_f}{VaR_i}$
条件式	$\dfrac{r_i-r_f}{CVaR_i}$
改良式	$\dfrac{r_i-r_f}{MVaR_i}$

注:此表取自 Eling (2008).

其中 r_i 代表该期基金平均回报率,r_f 代表该期无风险回报率,σ_i 代表该期基金回报率标准差,LPM_{in} 代表 i 只基金的第 n 阶下偏矩 $(1/T\sum_{t}^{T}\max(\tau-r_{it},0)^n$,$\tau$ 代表可被接受的最小回报率),HPM_{in} 代表 i 只基金的第 n 阶上偏矩 $(1/T\sum_{t}^{T}\max(r_{it}-\tau,0)^n)$,$D_{ik}$ 代表最大降深(drawdown),K 代表降深的排序($k=1$ 为最大降深,$k=2$ 为次大降深,依此类推),$CVaR_i$ 为条件式在险价值,相当于 $E[-r_i|r_i\leqslant-VaR_i]$,$MVaR_i$ 为改良式在险价值(Gre-

① Eling,M. "Does the Measure Matter in the Mutual Fund Industry?" *Financial Analysts Journal*(2008):54-66.

goriou and Gueyie (2003))。

Eling 发现不论用何种绩效指标评比,排序几乎是一致的。不论是股票型基金、债券型基金,甚至是对冲基金,不同指标的排序结果与夏普比率的排序结果的相关系数都非常接近 1.00(如表 20.3 所示)。[①]

表 20.3　基金绩效指标排序与夏普比率排序的相关系数

绩效指标	股票基金	债券基金	不动产基金	避险基金	避险基金的基金
Omega	1.00	0.99	0.98	0.99	0.99
Sortino ratio	1.00	1.00	0.98	0.99	0.99
Kappa 3	1.00	1.00	0.98	0.98	0.98
Upside potential ratio	0.98	0.97	0.95	0.96	0.95
Calmar ratio	0.99	0.95	0.96	0.95	0.93
Sterling ratio	0.98	0.95	0.94	0.94	0.91
Burke ratio	0.99	0.95	0.95	0.95	0.93
Excess return on VaR	0.97	0.95	0.96	1.00	0.99
Conditional Sharpe ratio	0.98	0.97	0.96	0.98	0.97
Modified Sharpe ratio	1.00	0.99	0.97	0.97	0.97
平均	0.99	0.97	0.96	0.97	0.96

注:表中的英文绩效指标定义请参见原文。资料来源:Eling (2008)

20.1.3　绩效基准与绩效评估

绩效基准(benchmark)也是绩效评估的另一个重要问题。即使基金的投资风格能得到完全正确的认定,在选取绩效评估基准上,也存在问题。自迈克尔·詹森(Michael Jensen)发展出第一个相对基准的绩效评估指标 (Jensen's alpha) 后,其后许多指标如信息比例(information ratio)、M 平方(M-Squared)等,基本上都根源于同一个想法:基金经理存在的目的,是为了能够达成投资人个人无法轻易复制出的回报率。因此,在评价基金经理时,重要的事情是能够战胜基准指数——这种很容易能被指数型基金所复制的回报率。

一、绩效基准的错置

正因为基金绩效基准的选定和基金风格息息相关,基金绩效指标的选择,也完全受到投资风格认定的影响。

> **知识拓展:基金自我认定的绩效基准指标错置[②]**
>
> 如前面所讨论的,"打败大盘"对多数基金而言是被期望的目标。但所谓的大盘又该以什么为准呢?就美国股市而言,常见被选择的指数就有 S&P500、Russell 3000、道琼工业指数(DJI)等,究竟哪一个才是应该被正确选择的绩效基准指标呢?更进一步地说,每一个基金所专注的市场各有不同,资产配置也有所不同,具体的业绩基准该由什么构成呢?

[①]　实际上这相当于把风险的讨论上升到回报率的高阶导数上,近来的研究表明,偏率(skewness)对基金的评价是有意义的,请参考 Moreno,D,and R Rodriguez. 2009. "The Value of Coskewness in Mutual Fund Performance Evaluation."*Journal of Banking and Finance*,33(9),1664-1676

[②]　本段部分内容取自 Sensoy,Berk A. ,2009. Performance Evaluation and Self-designated Benchmark Indexes in the Mutual Fund Industry. *Journal of Financial Economics* 92(1),25-39.

也正因为在指标的挑选上有一些模糊的空间,Sensoy(2008)发现部分基金的绩效指标与其在说明书中预设的风格有着很大的差距。表 20.4 中,采用特征差异(%)指标统计基金自行指定的绩效基准与其特征有所差异的比例①,采用标准错置(%)指标统计改正过后的绩效标准较自行指定的绩效标准更有解释力的比例,最后,R 方差则为改正过后的绩效标准与自行指定的绩效标准的解释力差异。可以发现,不论是选取哪种绩效标准,都有一定比例的错置。

表 20.4　基金的绩效标准错置

绩效标准	特征差异(%)	标准错置(%)	表现错置(个数)	R 方差
标准普尔 500 指数	62.0	40.7	879	0.13
罗素 1000 指数	51.5	24.2	33	0.10
罗素 1000 价值指数	14.4	7.2	111	0.08
罗素 1000 成长指数	3.4	3.4	116	0.07
标准普尔中市值 400	76.4	44.9	89	0.14
罗素中市值指数	51.4	32.4	37	0.14
罗素中市值价值指数	35.0	17.5	40	0.06
罗素中市值成长指数	1.9	0.0	54	0.06
标准普尔小市值 600 指数	41.4	17.2	29	0.08
罗素 2000 指数	69.6	44.1	263	0.09
罗素 2000 价值指数	41.1	5.4	56	0.12
罗素 2000 成长指数	12.0	4.6	108	0.04
平均	50.4	31.2	1 815	0.12

注:Sensoy(2009).

同时研究发现,尽管这些基金的实际绩效与基金招募说明书的预设风格和绩效基准有着明显的偏误,投资人仍然使用这些有偏误的绩效基准来做投资决策:即对有较好的相对回报率的基金,未来的资金流入会增加,而相对回报率差的基金,未来的资金流入会减少。另外也发现,最常见的偏差是明明应该使用小盘股指数(Russell 1000)作为基准,但却使用大盘股指数(S&P500)作为绩效指标。Sensoy 认为,这显示了基金投资人对于基金投资选择的不合理性,也显示了部分基金公司会利用投资人的非理性选择达成获利的目的。

二、基金绩效基准的道德风险

另一个常被提及的副作用,是存在于这个评价模式的道德风险:若是投资人直接或间接使用简单的超额收益去评估基金经理的绩效,基金经理就有动机去从事增进超额收益的行为,但这有可能是通过操纵绩效基准来达到目的的。

Cooper 等人(2005)②发现,在 1994—2001 年,共有 296 个美国共同基金更换了名字,其中有许多基金是在 2000 年的科技股泡沫之后改动了名字,但其资产组合却一点变动都没有。当时的英国《金融时报》报导,最热门的基金改名是从"新经济"(new economy)、"成长"(growth)等改变成"价值"(value),即使当时深陷于科技股泡沫的基金,也强调他们可

---

① 特征差异(characteristics difference)是用于衡量和描述基金所提出的绩效基准指标的特征与实际不符的程度。标准错置(benchmark mismatch)指的是当绩效基准标准经过修正后,与实际基金绩效较为符合的比例。若一基金被标为标准错置,代表着存在更符合该基金实际操作手法的绩效基准,但却没有显示在基金招募说明书中。

② Cooper,M J,H Gulen,and P R Rau. "Changing Names with Style:Mutual Fund Name Changes and Their Effects on Fund Flows."*The Journal of Finance* 60,No. 6 (2005):2825-2858.

以在高科技类股中寻找到"价值"。这些改名的基金中,约有195只基金是属于只更动名字、但投资策略没有改变的,另外的基金则是同时也改变了投资策略。

此外,投资人对于名称改变的反应是正向的(约能多吸引10%的资金流入),但这两个类别的基金(是否改名)表现并无显著差异,显示名称改变对投资结果并无直接的效果,一般投资人也并没有区分基金的改名是否有实际作用或只是单纯的一种"化妆术"。另外也发现,当改变的名字是当时市场上较为热门的名字时,投资人会给予比较多的资金流入,若恰巧改变的名字是市场上较为冷门的名字时,投资人的资金流入就变得完全不显著了。显示投资人的资金流入是非理性的,是受"吸引眼球的基金名称"影响的,而非与基金投资策略本身联动。

知识拓展:绩效基准对于绩效评估的负面效果

绩效基准提供了投资人一个便捷的判断基金表现的方式,但若是所有基金公司都用同样的方式考核基金经理,这又会对投资人有利吗?

一般的绩效评估中,除了考虑基金的超额收益率(实际回报率与基准回报率的差异)之外,为了考察基金表现的稳定度,通常也考虑基金回报与其绩效基准回报变异率的差异,也就是前面介绍过的跟踪误差(tracking error),形成了两个维度的分析。

Roll(1992)首先对使用跟踪误差衡量基金表现的方式提出了质疑。这样的评价方式实质上等于是一种均值—方差分析(mean-variance analysis):基金经理的工作就是在给定预期超额收益率的情况下,试图缩小跟踪误差的变异数。Ross在文章中称之为TEV条件[1]。而这个最优组合与一般的均值方差分析所能产出的有效组合(efficient portfolio)是有差距的。也因此,这样的绩效基准评量方式会无可避免地使基金的资产组合偏离最优的组合。

假想这个TEV条件是所有基金经理服膺的准则,而基金经理也能成功达成上述条件,在维持超额收益率不变的同时最小化跟踪误差。也因此,在同样一个资产市场上投资的基金经理,不论其绩效基准是什么,当这些基金对同一资产市场下的标的有同样的预期时,会产生同样的交易行为。

Adam和Pfleiderer(1997)也做了类似的分析。唯一的区别是考虑基金经理所持有的资讯也许会不一致,最终也发现这样的投资组合会与投资人能达成最优的均值—方差组合有所偏离。而Basak等人(2008)[2]从另一个角度考虑,若考虑投资人的流入与流出,他们发现绩效标准的评量方式能缓解投资人流入流出所带来的负面效果。具体的分析请参考附注中的原文。

三、不受人为操纵影响的基金绩效基准

前面的讨论说明了绩效评估方式会受到人为操纵的影响,那么有没有一些绩效评估方式是能够不受人为操作影响的呢?若是,则必须使无效、不带有任何资讯的交易(informa-

---

[1] 原文中的tracking error指的并不是我们之前所介绍的跟踪误差,实际上是超额收益率。其讨论的"Variance of tracking error"(TEV)才与我们讨论的跟踪误差概念上类似。

[2] Basak,S.,Pavlova,A.,& Shapiro,A.(2008).Offsetting the implicit incentives:Benefits of benchmarking in money management. *Journal of Banking and Finance*,32(9),1883-1893.

tion-free trading)不能产生任何报酬。

现存的绩效评估机制存在两个缺陷:首先,大部分绩效指标的理论基础都建筑在"正常"的回报率模型之下,如正态分布或对数正态分布。但却忽略了基金经理可以通过衍生品、或是动态交易策略(dynamic trading)去改变基金回报率的分布。这样的现象在避险基金上更为严重和明显,而避险基金又常采用传统的夏普比率或是信息比例等去评估基金的表现;其次,要精确计算这些绩效评估标准,只能在一个假想的理论世界里办得到,但在实际上,这些指标都只能够被估计。正因为这些回报率的分布可能是非正态的,估计这些指标的方法很可能是有偏误的。

以下的例子更好地说明了如何简单地应用期权达到操弄绩效基准指标的目的[①]。考虑一个基金经理在三年期间,除了在第一个月中卖出了一个很难以实现的看涨期权之外,在第二个月中把所有的资产转移到无风险资产上。其结果在大部分的情况下,会有无限大的夏普比率,而在极少数的情况其回报率是−100%。在这情形下,若是投资目标就是最大化夏普比率,以上的投资策略会是最佳策略(因所得结果是无限大的夏普比率)。而这样的投资策略明显不是基金应该做的投资策略。

于是 Ingersoll 等人(2007)[②]提出了几个绩效指标不易被操弄的要件。

1. 既然是绩效指标,必须是一个可以排序的单维度变数。

2. 指标的大小与投资头寸的大小无关。

3. 在这个绩效指标衡量下,没有比市场更有效资讯的投资人无法打败绩效标准(benchmark)。若是具有市场预期能力的投资人,能通过偏离绩效基准获取更高的分数。

4. 绩效指标必须合乎一般市场均衡的条件。

20.2　基金业绩是否能够持续战胜市场

基金业绩是否能打败市场一直受到人们的普遍关注。这里分为两个问题来谈:第一讨论基金是否有打败市场的能力。第二讨论基金的表现是否具有持续性。最后以一个理性预期的模型来解释为什么即使平均而言基金没有太大的获利能力,投资人仍然把钱投资在基金中。

20.2.1　基金是否能战胜市场

在回答这个问题之前,我们试着把这个问题分成几个层次来问:

1. 是否存在能打败市场的基金?

2. 平均而言基金是否能打败市场?

3. 若选择了一个表现平平(比如绩效刚好是中位数)的基金,是否能打败市场?

4. 是否大多数的基金都能打败市场?

---

① 同样的,也可以使用动态调整资产组合来达成操纵绩效基准指标的目的,但为说明简便起见,仅使用简单的期权做代表。

② Ingersoll, J, W Goetzmann, M Spiegel, and I Welch. "Portfolio Performance Manipulation and Manipulation-proof Performance Measures." *Review of Financial Studies* 20, No. 5 (2007): 1503-1546.

5. 是否所有的基金都能打败市场?

随着切入的角度不同,对于以上问题的答案也会有所分歧。但不变的应该是第一个问题与最后一个问题的答案,若是基金真是无法为投资人创造任何绩效,按理应该不会存在任何基金。同样,即使基金经理的投资能力绝大多数比一般投资人来得强,也应该不会有任何人相信所有的基金都能打败市场。因此"基金是否能打败市场"这个问题的争议点来自中间的三个问题,这三个问题实际上可以归总为一个:究竟能打败市场的基金是多数,还是少数? 是常态? 还是异态?

回答这个问题,得先将基金的"真实能力"与"运气成分"拆解开来,即基金战胜市场靠的是基金经理无法掌握的运气,还是基金经理具备的能力? 试想以下的情形:即使实际上基金的绩效不可能永远为正,还是可以相信所有的基金都有打败市场的能力。因为,也许这些基金只是"运气不好",在正常情况下或事前的预期超额收益依然是正的。而这也是一般研究上最难克服的问题之一。

Fama 和 French(2010)的研究提出了一个拆解基金的回报为运气与能力的简单方法,即使不知道有哪些基金打败了市场,但还是能回答,"平均而言基金超额收益是否为正"的问题[1]。该文假设基金经理的能力是不随时间而变的。通过这个假设,拆解出基金经理能力与运气的区别。一般来说,回报率随时间变化的程度大小,代表了回报有多少比例是由运气而非能力所决定的。通过模拟的方式,可以一定程度上模拟出基金在没有 alpha 时的回报率分布,若是实际上得出基金的回报率分布的尾端较没有 alpha 时的回报率分布更厚时,则市场上有些基金能够击败市场,可能同时存在一些基金被市场击败。比较模拟出的回报率累积分布曲线,以及实际上的累积分布曲线,即可以得出比例上有多少基金能够打败市场。

Fama 与 French 所得出的结果是悲观的。若是考虑净收益率作为拆解的依据,最低的 10% 的基金 alpha 的 t 统计量是—2.34(基金持有资产在 500 万美元附近),而平均的基金 alpha 的 t 统计量是—1.32,一直要到 60~70 百分位排位的基金(即绩效排在前 30%~40% 的基金),才能够打败市场。若是基金持有资产份额更大,其状况就更为悲观。若考虑毛收益率(gross return),平均的基金能力基本与市场一致。这表示基金无法为投资人创造超过投资人付予报酬之后的正超额收益。

当然这样的模拟方式也有其缺陷,其中必须要假设回报率的分布,假设基金的能力不随时间改变等,都会对估计的结果产生偏差。但对于基金整体而言是否能打败市场这个问题,该文提出了令人信服的验证。

20.2.2　基金是否能持续打败市场

除了基金能否打败市场之外,基金绩效的持续与否,对于半强势有效市场假说也是一个直接的验证。根据 Fama 提出的有效市场假说,在效率市场成立的前提下,在任何时刻,各项资产的价格应该永远等于其投资价值,市场总是处于均衡状态,任何投资人都无法持续击败市场而赚取超额报酬。按照此理论,基金的绩效表现应该无法持续超越市场投资组

---

[1]　此部分内容可以参考美国芝加哥大学商学院 John Cochrane 的 MBA 资产管理课程笔记,其资产管理教科书是经典之作。

合,而且绩效前后期的表现应该是无关的,即基金业绩不具有持续性。不过,有效市场假说的一个前提是需要有一群套利者的存在。若是一个好的基金经理,理论上应该是好的套利者,因此他能够通过好的套利模式,持续创造击败市场的绩效。因此即便是在有效市场假说存在的前提之下,究竟基金绩效持续与否,仍然是一个问题。

对于基金绩效持续性最早的研究应该是 Sharpe 在 1966 年所写的一篇文章"Mutual Fund Performance"。Sharpe(1966)将 1944—1963 年研究期间分为前后两期,用 Sharpe 比率对 34 只基金做绩效排名,再检验前后期基金 Sharpe 比率的相关性。结论显示基金前后期之间业绩不具有明显的持续性[①]。Jensen(1968)选取 1945—1964 年美国 115 只开放式基金研究其绩效的持续性,结果也没有证据显示基金的业绩具有持续性。[②]约翰·鲍格尔(John Bogle)通过统计发现,在 1987—1997 年的十年里,美国业绩位于前 25% 的 44 只成长型和混合型基金,全部回归到均值或均值以下水平。历史业绩优秀的基金存在向均值回归的趋势[③]。

从上述文献中可以发现,对该问题的早期研究中,基金绩效的评估上有很多显而易见的缺陷。不仅没有考虑基金可能存在不同风格属性,这样的评价夸大了偏重小盘股的基金对于整体市场的贡献,也忽略了基金本身所受系统性风险的计量,并且在样本上也有不足之处。

近来的研究表明,基金绩效在短期也许有一些持续性,在长期的时间段持续性就会渐渐消失。相反地,Grinblatt and Titman(1992)选取 1975—1984 年美国的 279 只成长型和积极成长型基金的月收益率,以 Jensen 指标来衡量基金的业绩,将研究期间分成前五年和后五年两个阶段来研究,结果显示基金绩效具有持续性[④]。随后,Hendricks,Patel and Zeckhauser(1993)研究发现,基金绩效在短期具有持续的热手效应(hot hand effect),长期则不具有持续性[⑤]。

但 Carhart(1997)通过检查基金的动量效应(momentum effect),发现动量效应能够解释上述的热手效应,亦即基金短期绩效也不存在持续性。Bollen 和 Busse(2005)[⑥]通过把将基金的能力做进一步的拆解(如前面所述的择时能力与选股能力),每三个月重新按照择时能力、选股能力以及综合指标排序,发现本季度有良好绩效的基金,下季度绩效也较好。表现最好一个十分位数的基金,平均每季度能够创造 0.39% 的超额收益率,这些结果即使考虑了动量效应也依然成立。最后,Berk 与 Tonks(2007)[⑦]发现绩效最好基金的表现没

---

① Sharpe,W.,1966,Mutual fund performance,*Journal of Business Vol.* 39,119-138. 但其中如果使用 Treynor 比率做预测,Treynor 比率对未来的绩效则有较大的相关性。

② Jensen,M.C.,1968,The performance of mutual funds in the period 1945-1964,*Journal of Finance Vol.* 23, 389-416.

③ 参见约翰·鲍格尔. 共同基金常识. 上海百家出版社,2001 年版,第 91 页。

④ Grinblatt. Mark and Sheridan Titman. 1992. The Persistence of Mutual Fund Performance. *Journal of Finance*, Dec. pp 1977-1984.

⑤ Hendricks,Darryll and Patel Jayendu,and Zeckhauser Richard,1993,Hot Hands in Mutual Funds:Short-Run Persistence of Relative Performance,1974-1988,*Journal of Finance*,Vol. 48,No. 1.,pp. 93-130.

⑥ Bollen,N. P. B.,and Busse,J. A. (2005). Short-Term Persistence in Mutual Fund Performance. *Review of Financial Studies*,18(2),569–597.

⑦ Berk,J.B.,and Tonks,I. (2007). Return persistence and fund flows in the worst performing mutual funds. Working Paper.

有持续性，而绩效最差的基金有非常强的持续性。

持续性研究有一个重要的缺陷，就是为了要达成持续性的估计，不可避免地必须把回报率拆解成比较短的期间。当时间测度越短，对于基金经理能力的估计也越可能有偏差，所以估计出来的持续性，也更可能被定价模型外的其他因素所影响。

20.2.3　基金不能持续战胜市场的理性解释

对于学术界来说，其中最大的谜团之一是为什么基金行业有很高的收入、同时基金行业也在不断扩张，但许多证据却显示他们为投资人所创造的价值常常是没办法被其成本所解释的(Gruber 1996)[①]。另外，通常认为基金的表现没有持续性，也没有真实战胜市场的能力，能够击败市场都是一时的运气而已。根据基本的经济学理论，基于运气而得到的绩效，是不应该得到任何回报的，也就是说基金行业不应该取得如此高的回报。

一般对于这个现象的解释是：基金的投资人是非理性的，他们无法观察到基金经理的真实能力，会将基金经理的绩效错误地归因于其能力而非运气。Berk 和 Green(2007)则从理性的角度讨论，提出了不同观点。他们认为：有可能在一个理性的市场中，基金经理实际上是有创造价值能力的，他们拿到的报酬实际上就是对他们能力的一种报酬。

假想以下的状况：有一位非常优秀的基金经理，吸引了许多投资人的投资，也许他观察到了一个好的投资标的有增值 20% 的潜力，但问题是这个投资标的是个小盘股，这位基金经理管理的是大规模基金，最多也就只能买入相当于手上管理资产 0.1% 比例的该股票。于是该基金经理在这笔交易上预期能够获利的部分，也就仅有 $20\% \times 0.1\% = 0.02\%$。但若是该基金经理处于刚建仓的阶段，基金所投资的仓位还相当小，得以把手中 10% 的资产投资于这个投资标的上，此基金经理能够获利就达到 $20\% \times 10\% = 2\%$ 了。

由上面的例子可以知道，基金的投资在建仓一定仓位之后，会有规模不经济的现象产生，不管是多么有能力的基金经理，其能够管理的基金规模，也存在一定的限制。若是规模再大下去，即使该基金经理的能力再强（在上述的例子中，可以发现能涨 20% 的标的），也可能赢不过其他能力没那么强的基金经理（也许只能发现涨 10% 的标的，但管理基金规模较小）。

于是，当投资人能够准确估计基金经理的能力时[②]，基金市场会随着基金经理的能力而变动：市场的资金会优先流到市场上最优秀的基金经理，但当他无法创造比其后的基金经理更优秀的绩效时，市场上的资金就会往下寻找其他基金经理的机会。于是，在均衡状态时，市场上所有的基金经理能创造的绩效会是一致的。也因此基金的绩效并不能够持续地打败市场，若是能打败市场，就会有其他投资人加入到将其创造绩效拉到跟市场上其他基金一样。

在均衡状态下，市场上所有基金经理所管理的基金唯一的差别就是其管理资产的大

---

① Gruber, M. J. (1996). Another puzzle: The growth in actively managed mutual funds. *The Journal of Finance*, 51(3), 783-810.

② 即使投资人一开始无法准确估计基金经理的能力，但通过学习和观察基金经理的绩效，也可以得知其真实能力，这是理性模型中的一个特征。

小:管理资产越大的,表示其能力越强,越小的,表示其能力越弱[①]。

Berk 进一步利用以上的观点,评论了几个基金行业中常见的迷思[②]:

1. 投资人由基金所赚取的回报描述了基金经理的真实能力;

2. 平均而言,基金无法创造比市场更好的绩效,基金经理并没有为证券市场创造价值;

3. 若基金经理具有打败市场的能力,那么他的好表现应该有持续性;

4. 正因为基金的回报基本上不具有持续性,投资人使用基金过去的回报率作为未来投资的依据是非理性的行为;

5. 大部分基金经理的收入是和基金回报脱钩的,表示基金经理大多并没有按其能力获得收入。

在资本市场中找寻投资机会获取收益的假想经济体中,基金经理是唯一一个具有他人所没有能力的稀有人力资本,他们具有寻找投资标的以及价格发现的功能,而众多的投资人是不具有这种能力的市场成员。也因此,基金经理是唯一一个能在此市场中拿到超额经济租金的一方,这解释了为什么基金经理在没办法为投资人获取超额收益的同时,本身可以获取高收入的现象。

知识拓展:影响基金绩效的重要因素——个人投资者申购基金的资金流量

影响个人投资者投入基金的因素有哪些?个人投资者的申购赎回对于基金市场,乃至于其最终投入的资产市场,存在何种影响?

一、个人投资者的投资决策

许多证据表明,基金投资人并不存在预测基金绩效的能力,甚至常常做出错误的决策。Bailey 等人(2011)[③]通过分析基金公司的投资人交易数据,发现存在行为偏误的投资人,较容易做出对自己不利的投资决策:选择不好的投资风格、太高的费用、过多的交易次数,以及较差的择时能力,以致得到较差的投资绩效。Friesen 与 Sapp(2007)[④]通过考虑基金投资人实际所得,与假设基金投资人不选择进场时机,长期持有的两者绩效比较,研究基金投资人的择时能力:基金投资人能否选择正确的时间入场,答案发现是否定的,平均而言,基金投资人每年损失 1.56%。

二、个人投资者资金流量对投资标的的影响

基金作为个人投资者与资产市场的中介者,当投资人大量申购或赎回基金资产时,势必对基金所持有的资产产生一定的影响:若基金面临较大的赎回压力时,基金必须把手上持有的股票进行变现;若是投资人看好这档基金投入更多资产,则必须找寻适合的投资标的。

---

① 同样的逻辑应用在经济学的非常多领域上,"大小"在一个充分流动以及自由化的市场下,是一个判断绩效的有效指标。

② Berk,J. B. (2005). Five myths of active portfolio management. *The Journal of Portfolio Management*,31(3),27-31.

③ Bailey,W,A Kumar,and D Ng. "Behavioral Biases of Mutual Fund Investors." *Journal of Financial Economics* 102,No. 1 (2011):1.

④ Friesen,G C,and T R A Sapp. "Mutual Fund Flows and Investor Returns:An Empirical Examination of Fund Investor Timing Ability." *Journal of Banking & Finance* 31,No. 9 (2007):2796-2816.

因为基金投资人对于基金的绩效不存在预测效果,个人投资者的资金流量对于基金所持有的标的而言,就是个不错的外生指标:投资人并不了解基金究竟会将哪一档股票卖出变现,这样的撤资并不代表着投资人看坏该股票,而是显示了基金经理对于多余资金选择的好坏。

Coval 与 Stafford(2007)[1]就借用这样的现象,探讨当基金存在异常的申购/赎回行为时,对其投资的股票产生的影响。发现这些受到异常赎回行为的基金所持有的股票,会有向下的价格压力,但过一段时间之后,股价会渐渐反弹;反过来说,存在异常申购行为的基金所持有的股票,则会有上升的趋势,因为多数基金在这种情形下会选择增持原有的部位。[2]

三、个人投资者资金流量作为投资人短期情绪的代表

从另一个角度上来说,如果投资人愿意把资金放在股票基金上而非风险较低的债券或是货币型基金上,代表着投资人对于市场是看好的。Ben-Rephael 等人(2012)[3]试着观察每月由债券型基金到股票型基金的资金转移数量,来代表投资人对于市场的信心。该指标与当期股市的超额回报率有很高的同步率,对于小盘股与成长股效果更为明显,但所有的关系,在十个月后都会反转。

20.3　绩效评估与投资组合披露

若是能够随时知道基金的持股比例,就可以了解基金在哪些交易上赚了钱,在哪些交易上亏了钱;在哪些交易上是时间选择有差错,而在哪一些交易上又是选股失误,从而可以推断基金盈亏的主要原因。但实际上基金的持股比例是不可能实时披露的,美国在 2004 年前规定在半年报中必须披露详细的资产组合,2004 年增加了信息披露频率,要求在季报中也必须披露详细资产组合[4]。我国的规定是基金在年报和半年报中必须披露详细的资产组合。

尽管投资组合披露的间隔有一定的长度,但详细的投资组合对我们评价基金有一定的帮助,因为基金的评价需要考虑资产定价模型的选择,而大部分基金的回报时间序列通常又不够长,特别是在中国市场,很可能一两年就更换一次甚至数次基金经理,把不同基金经理的回报时间序列接续在一起考虑,也不甚合理。于是需要尽可能利用其他的资讯来达成评价的目的,其中一个就是详细的资产组合。

20.3.1　基金资产组合中的资讯成分

一般投资人会参考专业的投资建议作为自己投资行为的参考。而基金经理实际上的

---

[1]　Coval,J,and E Stafford. "Asset Fire Sales(and Purchases) in Equity Markets. "*Journal of Financial Economics* 86,No. 2(2007):479-512.

[2]　其他关于基金投资者资金流量与股票市场的文章还有许多,例如 Lou,D. "A Flow-Based Explanation for Return Predictability. "*Review of Financial Studies* 25,No. 12(2012),Frazzini,Andrea,and Owen A Lamont. "Dumb Money:Mutual Fund Flows and the Cross-section of Stock Returns. "*Journal of Financial Economics* 88,No. 2(2008)等。

[3]　Ben-Rephael,Azi,Shmuel Kandel,and Avi Wohl. "Measuring Investor Sentiment with Mutual Fund Flows. "*Journal of Financial Economics* 104,No. 2(2012).

[4]　实际上,在 2004 年前已有很多美国的基金都在季报中披露其详细资产组合了。

持股,对于投资人而言,是更有吸引力的。因为基金经理实际的持股组合代表着更可靠的信号:基金经理本身是相信这个持股及其比例是能够获利的。

当华夏基金的王亚伟在 2012 年选择离开他从事已久的基金经理岗位的时候,他曾经说过他离职的原因:

"我自己很不愿意成为媒体的焦点,我喜欢平静的生活,不喜欢在聚光灯下。"

由于曝光度过高,媒体报道的"王亚伟概念股"受到市场追捧,都让他感到十分焦虑。散户追买王亚伟概念股受损,使得王亚伟在买每一只股票之前都要考虑,"买这只股票是否会被报道?"

"散户并不知道为什么要买这只股票,知其然不知其所以然,基本面发生变化了也不知道。"[①]

因此,每一次基金的投资组合发布时,都吸引了证券市场一定程度的注意力,特别是明星基金经理的组合被投资者广泛关注并模仿。然而,基金经理的持股组合是否是好的投资指引呢? Verbeek 与 Wang(2010),Wermers,Yao 与 Zhao(2010)通过使用基金的季度资产组合报告,建立一个假想的复制基金(copycat fund),发现这个假想基金平均能够以很小的差距击败实际上的基金,此现象在 2004 年美国证监会要求基金每季度必须公布资产组合之后更为显著。文章中也发现不同基金的"复制基金"之间表现也有很大差距,即使考虑进了交易成本以及费用,复制过去表现好的基金,所得到的超额收益能够打败大部分的基金。而且,不论是用何种绩效指标,对于过去表现好的基金,使用季度中披露的资产组合的复制基金的回报率比表现差的基金来得高,也显示了基金的业绩具有一定的持续性。

以下我们讨论两类使用基金持股组合来更好测量基金真实表现的方式,最后介绍一些使用详细资产组合去讨论基金市场其他话题的研究。

20.3.2 主动投资的效果:由详细基金持股组合的研究

在基金的投资选择上,基金经理的主动选择有许多体现的方式。其中一个手段是通过基金在不同行业上的资产分布来达成。若是基金经理看好的行业,则相对于指数来说多持有一些股份;而看坏的行业,持有少一点股份。如表 20.5 所示,持股比例不论是比行业本身占指数权重高或是低,都属于一种主动选择。

表 20.5 行业主动选择的简单例子

行业名称	张数	价格	持股比例(%)	指数权重(%)	主动选择(%)
A	1 000	10	10	30	20
B	2 000	5	10	20	10
C	1 000	20	20	20	0
D	1 000	30	30	10	20
E	4 000	5	20	10	10
F	1 000	10	10	10	0

一、基金持股集中度、主动选择与绩效

换一种角度说,主动选择是体现为基金持股过度集中在某些股票以及行业上。Karp-

---

① 2012 年 05 月 08 日《新京报》报道。

erczyk (2005)等人针对 1984—1999 年美国的 1 771 只管理资产大于 100 万美元的共同基金所披露的持有股份组合进行研究[①],将行业类别分成十类,提出了一个行业集中度指标(Industry Concentration Index,ICI)来描述基金的主动选择程度。

$$ICI_t = \sum_{j=1}^{10} (w_{j,t} - \overline{w}_{j,t})^2$$

其中 $w_{j,t}$ 代表基金在 j 行业中的资产持股比例,$\overline{w}_{j,t}$ 则代表在 j 行业中市场的平均持股比例。结果表明,持股行业集中度越高的基金,其表现也越好,平均每年能得到 1.58% 的超额收益率(考虑费用之后为 0.33%),而持股集中度比市场平均低的基金,平均每年的超额收益率则降至 0.36%(考虑费用之后则为一0.77%)。另外,考虑了其他绩效标准的衡量方式,结果基本上是一致的:基金持股集中度越高的基金,体现在选股能力上的绩效也更好。

更直接观察基金持股集中度的方式,可以是度量基金在每一只股票上的集中度:对于他们看好的股票相对于市场指数加仓,对于他们看空的股票相对于市场指数减仓。

Cremer 与 Petajisto(2009)的研究就利用了上述方式,考察基金的主动选择程度与绩效的关系。将基金的资产组合分解成两部分,一部分是绩效指数的成分股;另一部分则为偏离绩效指数的程度——此部分称为主动部分股(active share),即衡量了基金的主动选择程度。

$$Active\ Share = \frac{1}{2} \sum_{i=1}^{N} |\omega_{fund,i} - \omega_{index,i}|$$

其中 $\omega_{fund,i}$ 代表基金在 i 股票上的权重,$\omega_{index,i}$ 代表指数在 i 股票上的权重。

实质上也可以说 active share 衡量了基金偏离指数的程度。那么 active share 的概念与一般衡量偏离指数的程度——如跟踪误差(tracking error)有什么样的关联呢?Cremer 与 Petajisto(2009)认为,基金的主动选择是一个复杂度比较高的问题,并不能用一个变数概括所有的资讯。一般在计算跟踪误差时,考虑的是事后(ex-post)基金本身与基准指数的回报率差,但这不见得能反映基金的初始资产配置的回报率分布状态。因此,使用资产组合本身来衡量与绩效基准的差异,能更好地表现出事前(ex-ante)基金本身与基准的差异,也更能体现基金主动选择的程度。换个方式讲,跟踪误差比较多描述的是基金对于系统性的因子上,也就是因子决定的择时(factor timing),而不能说是基金的主动选择。而 active share 所描述的偏差是把每一只股分开用同样的权重判断,因此会是比较好的主动选择的指标。

结果显示,主动选择较高的基金,其表现也较高。最高比例的主动选择基金平均每年能有超越绩效标准 2.4% 的绩效,四因子模型的超额收益也有 1.51%。而跟踪误差对于基金的绩效并无显著的影响。

二、基金经理交易行为的绩效含义

另一种评估基金经理能力的方式,是观察他们实际上所做的交易。一般来说,基金所做的交易反映了基金经理对于某类资产期望的改变。因此,通过基金的交易行为,可以更

---

① 此研究需要美国的 CRSP 以及 CDA 资料库。其中 CRSP 资料库提供基金的历史回报率资料,CDA 资料库提供基金历史持股明细(最细到季度)。

好评断基金经理的绩效。但是,实际上基金经理所做的交易是无法公开取得的,常见的方式只能使用基金季度的持股组合。

Chen 等人(2000)[①]的研究首先采用了美国 1975—1995 年的基金持股数据,考察基金在季度间持有股票的变化情形,观察基金持股变动较大的部分,以发现能否展现出基金较好的投资策略。

首先 Chen 等人将基金所持股比例按大小[②]排序成十组,每一组分别计算该资产组合的前两季、当季、一直到后四季的绩效表现。发现由持股比例较高的股票计算出来的回报率,在基金持有的当时及前两季都有较高的收益率,亦即基金选择持有的是在前几个季度表现较好的股票。但此现象在基金持有后基本就消失了。因此,基金持有股票本身并没有预测未来股价的能力。

但若将基金的持有资讯做进一步的分析,将基金持股的本季度与上一个季度比较,会发现基金买入比率较高的股票,与卖出比率较高的股票相较之下,其当季以及之后的绩效都较好,无论这些基金是偏重大盘股或小盘股、价值股或是成长股。因此,若是能够买进基金买入比例较高的股票,同时卖空基金卖出比例较高的股票,一年也可以达到 2% 的收益率。

除此之外,可以从另一个观点理解基金的交易行为。对于一个能够击败市场的基金经理而言,他所带给投资人的价值来自于个人的私人信息(private information),而非公开信息(public information)。试想若是一个基金经理对于公开资讯所做的分析与市场的信息总是一致,非但基金经理无法带给投资人多余的价值,反倒是所付出的交易成本会造成投资人的损失。因此,衡量基金经理拥有私人信息的价值,与基金经理本身的交易能力,会有相当大的关联性。

最直接观察基金经理私人信息的方式,是研究基金经理本身所有的交易记录,考察其交易选择的效果。但基金最多也仅仅在每个季度披露一次基金的完整资产组合,因此,基金经理的选择是无法被投资人所得知的,也无法借由详细的交易记录推断基金经理的私人信息是否是有价值。

Kacperczyk 与 Seru(2007)[③]提出了一个间接度量基金经理私人信息价值含量的方式。简单来说,一个基金经理若是持有的私人信息价值越高,就越不需要跟着市场的信息走。基金经理若拥有越有效的私人信息,当市场产生一致认定方向性的时候,会越不需要做资产组合的调整。因为一个拥有有效私人信息的基金经理,在市场还尚未调整预期的时候,就已经先一步做出布局了。Kacperczyk 与 Seru(2007)将这个度量方式称作"依赖公共资讯的程度"(reliance on public information,RPI)。

首先,考虑有多少基金的持股变动是无法被一致的分析师建议所解释的。具体来说,先采用下述的回归方程进行回归处理:

① Chen,H L,N Jegadeesh,and R Wermers. "The Value of Active Mutual Fund Management:An Examination of the Stockholdings and Trades of Fund Managers. "*Journal of Financial and quantitative Analysis* 35,No. 3(2000): 343-368.

② 持股比例＝该基金在某股上的持股大小/该股票的所有流通股

③ Kacperczyk,M,and A Seru. "Fund Manager Use of Public Information:New Evidence on Managerial Skills. " *The Journal of Finance* 62,No. 2(2007):485-528.

$$\%\Delta Hold_{i,m,t} = \beta_{0,t} + \beta_{1,t}\Delta Re_{i,t-1} + \beta_{2,t}\Delta Re_{i,t-2} + \beta_{3,t}\Delta Re_{i,t-3} + \beta_{4,t}\Delta Re_{i,t-4} + \varepsilon_{m,t}$$

其中 $\%\Delta Hold_{i,m,t}$ 指的是基金 m 在第 $t-1$ 到第 t 季度间在 i 股票上的持股变动，$\Delta Re_{i,t-p}$ 则是对 i 股票在第 $t-p-1$ 到 $t-p$ 季度中间的一致预测(consensus forecast)的变动。也就是说，当 $\Delta Re_{i,t-p}$ 为 0 的时候，分析师们对该 i 股票的共同预期在该季度是不变的。

接下来，考虑基金经理的投资决策"不能"被分析师的一致意见所解释的部分：$\varepsilon_{m,t}$。若是基金经理的投资决策完全是依照分析师的一致意见所进行的，会发现 $\varepsilon_{m,t}$ 几乎为 0。更进一步地说，若是基金经理的投资决策与分析师的一致意见没什么关系的话，$\varepsilon_{m,t}$ 会几乎就与 $\%\Delta Hold_{i,m,t}$ 成一致的联动关系。因此可以构造"依赖公共资讯的程度"(RPI)如下：

$$RPI_{m,t-1} = 1 - \frac{\sigma^2(\varepsilon_{m,t})}{\sigma^2(\%\Delta Hold_{m,t})}$$

其中，$\sigma^2(\varepsilon_{m,t})$ 代表上述回归中的残差项的变异数，而 $\sigma^2(\%\Delta Hold_{m,t})$ 表示基金持有部位变动百分比的变异数[①]。

表 20.6 依赖公共资讯的程度(reliance on public information, RPI)

	1	2	3	4	5	6	7	8	9	10
RPI (%)	1.68	4.45	7.46	10.94	15.23	20.54	27.09	36.05	49.92	76.14
TNA	2 325.3	1 778.2	1 461.0	960.1	772.0	716.9	615.9	509.0	407.3	321.7

注：TNA 为基金管理资产规模，单位：百万美元。

将美国 1993—2002 年的基金按照 RPI 值平均分成十组排序，可以发现 RPI 与基金的管理资产大小(total net asset value, TNA)成明显的负向关系。如 Berk 与 Green(2004)文章中所提示的，基金管理资产规模的大小可以视为基金经理的能力，这也显示了 RPI 与基金经理的能力有负向的关系。

不过，这个负向关系也可能有别的解释：较大的基金无法随着分析师一致的建议而随时调整资产组合，也因此较大基金的 RPI 也越低。于是为了检验 RPI 是否是基金绩效的指标，将 RPI 与其他可能预测基金未来表现的指标对基金的绩效做回归，发现基金的 RPI 值越高，基金的未来绩效(使用三因素或四因素模型的超额收益)也越低。一个标准差大小的 RPI 值的提升，平均会对应 0.46% 的四因素模型超额收益的降低。

这样的方式间接地说明了优秀的基金经理创造利润的方式并非只是做市场的跟随者，而是先一步进行提早反应。但也有所局限：因为是由间接方式得知基金经理所有的私人信息，能被观察到的只有每季度间的交易记录，并无法得知交易背后发生的理由。再者，这样的处理方式相当烦琐，一般投资人无法应用此法推测基金经理的绩效。

三、无法在季度报告中观察到的基金经理交易行为

以往的评测方式基本上都是奠基于一个资产定价模型(pricing model)，或是单一的绩效基准(benchmark)。但在使用资产定价模型的同时，对于基金经理绩效的认定是同时做两个假设检验(joint hypothesis)：①资产定价的正确性；②基金经理的绩效是否是超额收益。在资产定价模型得以更好的描述股市横截面的回报率变动的情况下，对于基金而言，

---

① 细心的读者应该会发现 RPI 本质上就是该回归式的未调整 R 方(unadjusted R-squared)。也因此，RPI 越高，表示基金经理的资产调整与分析师的一致预测关系越大。

由于可以从事的交易行为更多也更复杂，与个股间解释的模型也许会有差距，这样的偏差，就足以造成基金经理能力的错误认定。而单一的绩效基准又很难被称作为公平的评价标准。于是，Kacperczyk 等人（2008）[1]利用基金每季度披露的详细持股组合，试图提出一个计算基金季度间调整资产组合能力的方法。Kacperczyk 等人（2008）具体的做法如下：

首先，按照基金上一季度的资产组合构建一个虚构的投资组合，并计算此投资组合持有一季度的回报率（holding return，RH）：

$$RH_t^f = \sum_{t-1}^{n} \tilde{\omega}_{i,t-1}^f R_{i,t}$$

其中 $\tilde{\omega}_{i,t-1}^f$ 代表第 $t-1$ 季度末 f 基金的在 i 股上的持有比重，$R_{i,t}$ 代表 i 股在第 t 季度中的回报率。

接着计算基金实际上当季度的回报率（RF）

$$RF_t^f = \frac{NAV_t^f + D_t^f + CG_t^f - NAV_{t-1}^f}{NAV_{t-1}^f}$$

其中 NAV_t^f 代表 t 季度末 f 基金的单位资产净值，D_t^f 代表 t 季度中单位 f 基金所发放分红，CG_t^f 代表 t 季度中单位 f 基金实现的资本利得发放的部分[2]。

最后考虑投资在基金的资产组合中，需要付出的管理相关费用，可以得到两个投资组合的回报率差为：

$$RG_t^f = RF_t^f - (RH_t^f - EXP_t^f)$$

Kacperczyk 等人进一步把这个差值称为（return gap，RG）。其中 RG_t^f 所代表的，即是基金在季度之间所有看不见的交易（unobserved action）动作所创造的绩效。虽然只能从季度的数据看到基金在季末的投资组合，但若是基金在季度间作了许多调整的动作，进而增加基金的绩效，会在 RF_t^f 的增长上体现出来，但 RH_t^f 不会受到影响。另外，假使基金调整的动作是不存在价值的，亦即其调整增加的价值平均为零，则调整的动作不可避免带有交易成本，则会使得 RF_t^f 下降，同时 RH_t^f 不会受到影响。

可以说，return gap 实质上是使用基金本身持有股票的成分，作为绩效标准。一般的绩效指标认定各有不一，若是采用事前的基金招募说明书认定，基金在营运期间也许有调整或故意误导其绩效指标的可能。若采用事后的回报率分析，也无法得知事前资产布局的全貌。return gap 使用了基金本身持有的股份，以自己的初始投资组合作为标准，衡量基金能够创造多少绩效。

Kacperczyk 等人（2008）使用 1984—2003 年的 2 543 只美国股票型基金的数据，发现就平均而言，基金的 RG 接近为零，并不显著为正，平均而言，基金的季度间调整资产组合的净能力几乎为零：平均而言基金也许创造了价值，但该部分价值被交易成本给抵消掉了。

在一般的分析中，无法观察到基金经理的回报率具有持续性，但基金的 RG 值却展现了较好的持续性，尤其体现在拥有最好或最差 RG 的基金上。若按上一年度中 RG 值排序，将基金分为十组，表现最好的基金，下一个年度的回报率表现也是最好，表现最差的基

---

① Kacperczyk，M，C Sialm，and L Zheng. "Unobserved Actions of Mutual Funds." *Review of Financial Studies* 21，No. 6（2008）：2379-2416.

② 我国基金只要分配资金给投资人都称为股利（dividend），美国基金根据分配资金的来源分为所持有公司发放的股利，以及卖出持有公司股票所得之资本利得。

金下一个年度也是最差。上一年度中表现最好的基金与最差基金在下一个年度的 RG 差,可以达到每月 0.268%,下一年度的四因素模型超额收益率差,可以达到每月 0.204%。这样的持续效果,直到五年之后都未见明显地消失。

此方法通过间接方式描述了基金的交易行为对于基金回报的影响,并提示了一个对于一般投资人而言一个较好的绩效预测指标,但在实际应用上,对于一般投资人还是比较困难的。

20.4 绩效评估的进一步方法

如前文所述,基金的绩效评估实质上是对所考虑的资产定价模型以及基金经理是否有超越市场能力的双重检定。一般的多因素模型回归下所得出的超额收益,可以理解成基金经理超越市场的能力,另外,也可以解释成所使用的模型有问题。实证上,大多数时候都需要把前人所使用的模型(如 CAPM、Fama-French 三因素模型、Carhart 四因素模型等)或技巧(拆解成选股与择时能力)等都纳入考虑,若是所有模型都指向同样一个结果,方能得出结论。

但即使以上的模型可以很好地描绘股票的回报率变动,但有没有可能:对于基金(持有的是股票投资组合而非个股)却不适用这些模型呢?以下介绍几个研究,分别针对基金绩效评估与一般股票回报模型的不同之处做出的分析,并提出改进的方法。

20.4.1 基于 Bootstrapping 的绩效评估方法

当我们看到基金经理的优秀表现时,到底这些优秀表现是基金经理的能力,还是基金经理的运气呢?最简单的判断方式,是观察较长一段时间,能够持续获得优秀表现的,比较有可能是优秀的基金经理。但前文中也说明了[如 Berk 与 Green(2004)],即使有优秀的基金经理,但他们的好表现并不一定能够持续。并且运气也存在持续的可能。再者,存在极端表现的基金也可能是因为他们采取了极端的交易手段所造成的。

Kosowski 等人(2006)[①]应用 bootstrapping 法检验基金的回报率。基本的逻辑是,一般的绩效分析,其实在一开始就指定了一个回报率的分布(正态分布或指数正态分布),若是回归之后发现的系数与回报率分布有较大的不符,则称作有超额收益(无论正向或是负向)。但实际上基金的回报率分布并不一定如模型所示:特定基金可能从事套期保值,也可能投资在其他另类资产上。另外,基金的回报率彼此间并不是完全独立的,于是更正确的作法应该是由事后的回报率去估计事前的回报率分布。但这样的方法也有问题:无论怎么做,样本数都不可能达到可以完全描绘出整个回报率总体分布的模型,于是需要通过 Bootstrapping 来解决。

Kosowski 等人(2006)通过 bootstrapping 方法,对美国 1975—2002 年的基金的回报率做分析,检验到底有多少的超额收益是由于回报率与正态分布的偏差造成的,而在大样本的情形下,应该要有多少基金能够有超额收益,还有这个数字到底与现存资料中的数字有多大的差异。最后发现,表现位于前十位的基金,它们的表现基本上不能被"运气"解释。

---

① Kosowski, R, A Timmermann, R Wermers, and H White. "Can Mutual Fund stars Really Pick Stocks? New Evidence From a Bootstrap Analysis." *The Journal of finance* 61, No. 6 (2006): 2551-2595.

也就是说,这些表现好的基金,并不是单纯因为基金收益率的分布所造成的,而是因为这些表现好的基金拥有独到的交易方式。

20.4.2　基于错误发现率/假阳性率(false discovery rate,FDR)的方法

Barras 等人(2010)[1]使用一个计量上的方法,考察在一般模型下有多少比例的基金,被不正确地判断为有超额收益,此法称为错误发现率法(false discovery rate,FDR)。

在基金并没有超越市场能力的假设下(零假设 H_0),计算每只基金超额收益率(α)的 p 值应为一个 0~1 之间的均匀分布。但不管是被认定为能打败市场,或是被认定被市场打败的基金,其 p 值应离零的距离较为遥远。利用以上的关系,就能使用 t 统计量在中间的这些基金,来纠正对于位于统计分布两端基金表现的认定。运用此法于 1975—2006 年之间的美国股票型基金,结果发现在 1996 年以前有相当成分的基金是具有打败证券市场能力的。但在其后多数基金便不具备打败市场的能力。这也验证了 Berk 与 Green 对于基金业绩持续性的说法:只有极少数基金能够持续地表现打败市场的能力。

20.5　研究基金绩效的资料偏差

在基金绩效研究领域,还存在一些系统性资料上的偏误问题,从而影响了研究结果的正确性。

20.5.1　生存者偏误 (survivorship bias)

生存者偏误是在许多研究中都会发生的问题,基金研究亦不例外。许多的基金资料库仅包含现在还在营运状态的基金,却把过去曾经存在过、但现在已经消失的基金给忽略了。如果用存在生存者偏误的资料,得出的结果也不会是准确的,因为从资料库中得出基金的整体表现会比实际上来得好一些,因为只有表现好的小基金基金才能生存下来。

Carhart(1997)[2]将现有的资料库与其他资料合并,找出过去曾经存在的基金加入研究,证实基金的表现并不存在持续性。而 Carhart 等人(2002)[3]的研究发现,生存者偏误对于基金的整体表现造成了 0.07%~1%不等的年收益率偏差。

由于生存者偏误的重要性,各大公募基金资料库多半已将所有的基金纳入资料库中,不论其现在是否仍在营运。

20.5.2　孵化期偏误 (incubation bias)

许多美国的公募基金会使用孵化期(incubation)的作法来决定是否设立一个新基金。

---

① Barras,L,O Scaillet,and R Wermers. "False Discoveries in Mutual Fund Performance: Measuring Luck in Estimated Alphas."*The Journal of Finance* 65,No. 1 (2010): 179-216.

② Carhart,Mark M. "On Persistence in Mutual Fund Performance."*The Journal of Finance* 52,No. 1 (1997): 57-82.

③ Carhart,M M,J N Carpenter,A W Lynch,and D K Musto. "Mutual Fund Survivorship."*Review of Financial Studies* 15,No. 5 (2002): 1439-1463.

在孵化期中,基金公司在内部创建许多小的基金,将其中表现好的小基金拿出来进行公募并成立新的基金。Evans(2010)[1]考察这些使用孵化期的基金公司,结果发现在孵化期内的基金相比类似的未经过孵化期的基金,平均每年经风险调整后的回报率高出3.5个百分点。但过了孵化期后,这样的超高收益率就消失了。这样的偏误其实也可以看成是一种选择性偏误(selection bias),仅有表现好的基金才会被留下来,其结果也间接证实了基金的表现并不具有持续性。在这份研究出炉之后,针对美国基金的研究基本上必须考虑基金建设初期是否具有孵化期,最简单的作法是把头一两年的表现给删除,之后再进行后续的研究。

20.6　其他基金研究方向概述

本书篇幅有限,我们仅能在有限的空间中介绍在教学过程中,多数学生较有兴趣的"如何评价基金绩效"的部分。以下对其他关于基金的文献,做一个概括性的介绍。[2]

20.6.1　债券型基金的绩效评估

基金绩效的认定随基金的种类有所不同。限于资料的充分度,学术界的讨论大多聚焦在股票型基金的绩效上,但不代表其他类型的基金就完全没有得到注意。Brown等人(1993)[3]针对债券型基金分析,发现平均而言债券型基金并不能打败相应的债券指数。而Pihlpot等人(1998)[4]考虑了债券基金表现的可持续性,结果和股票型基金所得结果类似:基金的过去表现无法预测未来的表现。另外也考虑规模大小对于绩效的影响,这部分与股票型基金不同:基金越大表现则越好。Ferson等人(2006)[5]使用随机贴现因子(stochastic discount factor,SDF)模型衡量债券基金的表现,Chen等人(2010)[6]则进一步考虑债券基金的择时能力,发现在考虑成本前,债券基金是具有择时能力的,但加入投资成本后,带给投资人的收益反倒变成负的了。

20.6.2　指数型基金的绩效评估

什么样的指数型基金是表现好的基金?这个问题可能得先考虑指数型基金本身的目的是什么。根据定义,指数型基金以跟踪指数为目的,自然是跟踪误差越小越好。但如果有一种指数型基金,能够持续的打败指数,显然此基金跟踪误差不会是最小,但基金投资人

① Evans,R B. "Mutual Fund Incubation." *The Journal of Finance* 65,No. 4 (2010):1581-1611.

② 如英文能力可以负担者,请参考最近出版更完整的文献综述。收录在 Handbook of the Economics of Finance Set 2. A. 的第十五章中。Constantinides,George M,Milton Harris,and René M Stulz. *Handbook of the Economics of Finance Set 2. A.* Amsterdam;Boston:Elsevier/North-Holland,2013.

③ Blake,Christopher R,Edwin J Elton,and Martin J Gruber. "The Performance of Bond Mutual Funds." *The Journal of Business* 66,No. 3 (1993):371-403.

④ Philpot,J,D Hearth,J N Rimbey,and C T Schulman. "Active Management,Fund Size,and Bond Mutual Fund Returns." *Financial Review* 33,No. 2 (1998):115-125.

⑤ Ferson,W,T R Henry,and D J Kisgen. "Evaluating Government Bond Fund Performance with Stochastic Discount Factors." *Review of Financial Studies* 19,No. 2 (2006):423-455.

⑥ Chen,Yong,Wayne Ferson,and Helen Peters. "Measuring the Timing Ability and Performance of Bond Mutual Funds." *Journal of Financial Economics* 98,No. 1 (2010).

并不会反对持有这样的基金。也因此指数型基金的绩效,必须从两个层面上说:跟踪误差与回报率。

Brown 等人(2004)[1]发现,指数型基金的表现能够预测未来的表现,原因是指数型基金相较于一般的股票型基金而言,其投资手法较为单纯,基金经理能力较容易被正确地显现在绩效中。Dunham 与 Simpson(2010)[2]则进一步说明了其中的原因:有部分指数型基金经理更能够准确预测未来的指数涵盖范围,能够在指数将纳入某只股票或是剔除某只股票前预先做好准备,从中获取一定的超前利润。

20.6.3 基金的公司治理问题与解决方法

基金与公司治理的关系可以分成两个角度来谈:①基金本身运作中的代理问题及其治理方法;②基金作为被持股公司的股东,对于目标公司治理的影响。

首先,基金作为一个代理投资的手段,本身也会受到代理人问题的影响。Mahoney(2004)[3]对此问题做了概略性的总结,是对此问题有兴趣的读者能够先入门的读物。

基金公司与基金投资人代理人间矛盾的缓解方式,与公司经理人与股东间矛盾的处理方式有异曲同工之妙:采取更多的激励方式(incentive alignment),或是采取更有效的监督措施(monitoring)。

一、激励相容(incentive alignment)

一些基金公司,便试着让基金经理能够与一般投资人的利害更加相关,期望能达到激励相容的效果。最容易操作的方式,应该就是让基金经理本身参股基金,如此一来基金经理的收入也与基金本身的收益有关,或者是采取激励性的管理费方式。Elton 等学者(2003)[4]发现这些采用激励费率(incentive fee)的基金展现出较好的选股能力,但同时会担负更多的风险。Kempf 等人(2009)[5]发现基金经理存在被解雇的可能性变高的时候,会容易采取更激进的投资手段。

实务上,基金若是持续的表现低迷,投资人对此基金的评价就会下调,最终会有越来越多的投资人撤资。也因此,对于基金的激励制度,不能简单地从"是否建立类似参股等激励制度"来评估,还有许多隐形的激励机制如升职(promotion)、解职(dismissal)、甚至是基金公司内部的广告预算分配(影响基金的投资人数),都应该考虑进去。Dangl 等(2008)[6]描述了一个基金同时受到内部(解雇经理)以及外部(投资人撤资)压力的模型,发现这样的设定能够使

---

① Elton,E J,M J Gruber,and J A Busse. "Are Investors Rational? Choices Among Index Funds." *The Journal of Finance* 59,No. 1 (2004):261-288.

② Dunham,L,and T Simpson. "Do Index Fund Managers Trade Opportunistically Around Index Changes? An Empirical Examination of S&P 500 Index Funds." *Journal of Index Investing* 1,No. Winter (2010):58-64.

③ Mahoney,P. "Manager-investor Conflicts in Mutual Funds." *Journal of Economic Perspectives* 18,No. 2 (2004):161-182.

④ Elton,E J,M J Gruber,and C R Blake. "Incentive Fees and Mutual Funds." *The Journal of Finance* 58,No. 2 (2003):779-804.

⑤ Kempf,Alexander,Stefan Ruenzi,and Tanja Thiele. "Employment Risk,Compensation Incentives,and Managerial Risk Taking: Evidence From the Mutual Fund Industry." *Journal of Financial Economics* 92,No. 1 (2009).

⑥ Dangl,T,Y Wu,and J Zechner. "Market Discipline and Internal Governance in the Mutual Fund Industry." *Review of Financial Studies* 21,No. 5 (2008):2307-2343.

得许多无法被解释的现象得到合理的解释,也间接说明了隐形的激励制度存在的有效性。

二、加强监管(monitoring)

基金公司也如同一般公司一样,受到董事会的监督。若能增强董事管理的力量,或是增强董事监管的动力,能够收到缓解代理人问题的效果。Cremers 等人(2009)[1]发现,基金公司的董事参股比例越高的基金,基金业绩表现则越好[2]。

三、基金对公司治理的作用

基金本身作为所持股公司的股东,对于被投资公司的治理机制也有一定影响力。此部分文献开始于美国养老基金的研究,也是最近的热点之一。

近来研究发现[3],公司治理对公司估值有正面的影响。对于基金公司而言,身为公司的股东,也会试着使所持有的公司做出更正确的决策:在公司做出对投资人不利的决策时,基金公司作为股东代表出面否决。即使持有股份受法令限制不能占太高的比例,但也能起到一定的作用。

Davis 与 Kim(2007)[4]发现若是基金公司与所持有公司存在更紧密的商业联系(该持有公司的退休金计划——对应于我国的企业年金计划——是由基金公司所管理的),基金公司更倾向于在股东大会中附和管理层的决议。反过来说,基金公司若在利益上与所持有公司的管理层有更强的联结性,就更无法做好监督管理层的工作。

本章首先厘清了基金的绩效评估、投资风格与投资基准的关联。投资风格与投资绩效基准的决定,会造成绩效评估上难以正确判断取舍的问题。并且,对基金经理的激励方式,可能会更进一步加大这样的差距。由此出发,本章进一步介绍了前沿的基金绩效评估方法。

传统上的绩效评估忽略了基金披露投资组合所代表的意义,本章介绍了如何利用基金披露的投资组合信息达成更准确的绩效评估工作。

另外本章也介绍了一个基金绩效为什么不存在持续性的理性解释。

最后简单介绍了关于基金其他方面的前沿研究文献及发现。

1. 请提出一个合理化"基金业相较于市场大盘不赚钱,但投资人仍把资金投往基金"

① Cremers, M, J Driessen, P Maenhout, and D Weinbaum. "Does Skin in the Game Matter? Director Incentives and Governance in the Mutual Fund Industry." *Journal of Financial and Quantitative Analysis* 44, No. 6 (2009): 1345.

② 监管的力量有部分也可能来自董事会中的其他机构投资者。Evans, R, and R Fahlenbrach. "Institutional Investors and Mutual Fund Governance: Evidence From Retail-Institutional Fund Twins." (2011).

③ Cremers, K J, and V B Nair. "Governance Mechanisms and Equity Prices." *The Journal of Finance* 60, No. 6 (2005): 2859-2894.

④ Davis, Gerald F, and E Han Kim. "Business Ties and Proxy Voting by Mutual Funds." *Journal of Financial Economics* 85, No. 2 (2007).

的理性故事(亦即此故事中基金投资人是理性的)。

2. 基金管理层与投资者的代理人矛盾可能发生在哪些地方? 能够通过什么样的手段缓解? 实务上常用的手段,又可能造成什么副作用?

3. 在绩效评估与投资风格的决定上,两者有什么样的关联? 试举例说明。

4. 如何使用基金披露的详细投资组合来增加绩效评估的准确性? 请举出几种可能的方法。

5. 投资人对基金的申购赎回资金流动可以代表什么? 对于基金所持有的股票可能产生什么影响?

6. 在阐述 Active Share[Cremer 与 Petajisto(2009)]的论文中,为什么采取主动选择的基金表现较好?

7. 指数型基金的绩效评估与其他基金有何异同? 根据现有的文献证据,投资人应当如何选择适当的指数型基金?

8. 所谓的"王亚伟概念股"在中国证券市场上有多大意义? 即选择"王亚伟概念股"进行投资,能获得超额收益吗? 请使用真实数据分析,并做出解释。

 **延伸阅读**

基金领域的文献综述

Handbook of the Economics of Finance Set 2. A. Constantinides, George M, Milton Harris, and René M Stulz. *Handbook of the Economics of Finance Set* 2. *A*. Amsterdam ; Boston: Elsevier/North-Holland, 2013 (Chapter 15).

Stracca, L. (2006), Delegated Portfolio Management: A Survey of the Theoretical Literature. *Journal of Economic Surveys*, 20:823 - 848.

投资风格,绩效标准与绩效评估

Brown, K, and W Harlow. "Staying the Course: The Impact of Investment Style Consistency on Mutual Fund Performance. "(2002).

Ingersoll, J, W Goetzmann, M Spiegel, and I Welch. "Portfolio Performance Manipulation and Manipulation-proof Performance Measures. "*Review of Financial Studies* 20, No. 5 (2007): 1503-1546.

使用进阶计量方法的基金绩效研究

Barras, L, O Scaillet, and R Wermers. "False Discoveries in Mutual Fund Performance: Measuring Luck in Estimated Alphas. "*The Journal of Finance* 65, No. 1 (2010): 179-216.

Busse, J A, and P J Irvine. "Bayesian Alphas and Mutual Fund Persistence. "*The Journal of Finance* 61, No. 5 (2006): 2251-2288.

Mamaysky, H, M Spiegel, and H Zhang. "Improved Forecasting of Mutual Fund Alphas and Betas. "*Review of Finance* 11, No. 3 (2007): 359-400.

投资组合与投资绩效

Cremers, K J, M Ferreira, P Matos, and L Starks. "The Mutual Fund Industry Worldwide: Explicit and Closet Indexing, Fees, and Performance. "(2011).

Kacperczyk, M, C Sialm, and L Zheng. "Unobserved Actions of Mutual Funds. "*Review of Financial Studies* 21, No. 6 (2008): 2379-2416.

Wermers, R, T Yao, and J Zhao. "The Investment Value of Mutual Fund Portfolio Disclosure. "In *AFA* 2007 *Chicago Meetings Paper*. 2010.

基金公司的治理问题

Bhattacharya, U, J H Lee, and V K Pool. "Conflicting Family Values in Mutual Fund Families. "*Indiana University*(2010).

Chevalier, J, and G Ellison. "Career Concerns of Mutual Fund Managers. "*The Quarterly Journal of Economics* 114, No. 2 (1999): 389-432.

Dangl, T, Y Wu, and J Zechner. "Market Discipline and Internal Governance in the Mutual Fund Industry. "*Review of Financial Studies* 21, No. 5 (2008): 2307-2343.

Kempf, A, S Ruenzi, and T Thiele. "Employment Risk, Compensation Incentives, and Managerial Risk Taking: Evidence From the Mutual Fund Industry. "*Journal of Financial Economics* 92, No. 1 (2009): 92-108.

Mahoney, P. "Manager-investor Conflicts in Mutual Funds. "(2004).

基金参与被投资公司治理

Davis, Gerald F, and E Han Kim. "Business Ties and Proxy Voting by Mutual Funds. "*Journal of Financial Economics* 85, No. 2 (2007).

Duan, Y, and Y Jiao. "The Role of Mutual Funds in Corporate Governance: Evidence From Mutual Funds Proxy Voting and Trading Behavior. "(2011).

其他种类基金的绩效评估

Bauer, R, K Koedijk, and R Otten. "International Evidence on Ethical Mutual Fund Performance and Investment Style. "*Journal of Banking & Finance* 29, No. 7 (2005): 1751-1767.

Chen, Yong, Wayne Ferson, and Helen Peters. "Measuring the Timing Ability and Performance of Bond Mutual Funds. "*Journal of Financial Economics* 98, No. 1 (2010).

Kempf, A, and P Osthoff. "The Effect of Socially Responsible Investing on Portfolio Performance. "*European Financial Management* 13, No. 5 (2007): 908-922.

Renneboog, L, J Ter Horst, and C Zhang. "The Price of Ethics and Stakeholder Governance: The Performance of Socially Responsible Mutual Funds. "*Journal of Corporate Finance* 14, No. 3 (2008): 302-322.

参考文献

［1］ Benz，Christine. *Morningstar guide to mutual funds：five-star strategies for success*. Wiley. com，2005.

［2］ Berk，Jonathan B. ，Five myths of active portfolio management. *The Journal of Portfolio Management*，31(3)，27～31，2005.

［3］ Brown，S. J. and W. N. Goetzmann，"Mutual fund styles. " *Journal of Financial Economics* 43(3)：373～399，1997.

［4］ Constantinides，George M，Milton Harris，and René M Stulz，Handbook of the Economics of Finance Set 2. A. . *Handbook of the Economics of Finance Set 2. A.* Amsterdam；Boston：Elsevier/North-Holland，2013.

［5］ Haslem，John. *Mutual funds：Risk and performance analysis for decision making*. Wiley. com，2009.

［6］ Haslem，John A. ，ed. *Mutual funds：portfolio structures，analysis，management，and stewardship*. Vol. 4. Wiley. com，2009.

［7］ Investment Company Institute，Mutual Fund *Factbook*，39th，43rd，47th，，52nd，53rd edition，1999，2003，2007，2012，2013.

［8］ Investment Company Institute，*Redemption Activity of Mutual Fund Owners*，2001，http://www. ici. org/shareholders/dec/fm-v10n1. pdf

［9］ Lowenstein，Louis. *The Investor's Dilemma：How Mutual Funds are Betraying Your Trust and what to Do about it*. John Wiley & Sons，2008.

［10］ Mahoney，Paul G. "Manager-investor conflicts in mutual funds. " *The Journal of Economic Perspectives* 18(2)，161～182，2004.

［11］ 约翰•鲍格. 共同基金常识. 北京：中国人民大学出版社，2011 年.

［12］ 里•格雷米林. 美国开放式共同基金. 北京：中国金融出版社，2006 年.

［13］ 博森 和哈马彻. 基金业务——如何管理你的财富. 北京：中信出版社，2012 年.

［14］ 马修•芬克. 幕内心声：美国共同基金风云. 北京：法律出版社，2011 年.

［15］ 中国证券业协会. 证券投资基金. 北京：中国财政经济出版社，2011 年.

［16］ 中国证券业协会. 中国证券投资基金业年报. 2005—2011.

［17］ 中国证券投资基金业协会. 中国证券投资基金业年报，2012.

［18］ 王国良. 基金投资. 上海：上海科学技术出版社，2002 年.

［19］ 刘传葵编. 投资基金经济效应论. 北京：经济科学出版社，2001 年.

［20］ 李建国. 基金治理结构——一个分析框架及其对中国问题的解释. 北京：中国社会科学出版社，2003 年.

［21］ 贝政新等. 基金治理研究. 上海：复旦大学出版社，2006 年.

［22］ 叶俊英. 从美国共同基金丑闻看基金治理安排. 证券市场导报. 2004 年第 10 期.

［23］ 冉华. 国外基金的分类研究——兼对我国基金分类的思考. 证券市场导报，2002 年第 3 期.

［24］ 华宝证券研究所. 中国金融产品年度报告. 2013.

［25］ 于进杰. 开放式基金流动性风险管理研究. 上海财经大学硕士论文，2004 年 12 月.

[26] 郑颖萍. 我国开放式基金资产估值研究. 上海财经大学在职硕士论文,2007 年 5 月.

[27] 上海证券交易所创新实验室. 我所 ETF 产品份额下降原因与对策分析. 上海证券交易所研究报告.

[28] 美国投资公司协会网站(http://www. ici. org/);中国证券投资基金业协会网址(http://www. amac. org. cn/);晨星公司网站(http://cn. morningstar. com/main/default. aspx);WIND 金融咨询数据库.

附表　我国基金管理公司股权结构一览表
（截至 2013 年 6 月 30 日）

现有基金 管理公司	注册资本	成立时间	注册地	目前股权结构
国泰基金	1.1 亿	1998-03-05	上海	中国建银投资有限责任公司 60%、意大利忠利集团 30%、中国电力财务有限公司 10%
南方基金	1.5 亿	1998-03-06	深圳	华泰证券股份有限公司 45%、深圳市投资控股有限公司 30%、厦门国际信托有限公司 15%、兴业证券股份有限公司 10%
华夏基金	2.4 亿	1998-04-09	北京	中信证券股份有限公司 49%、南方工业资产管理有限责任公司 11%、无锡市国联发展（集团）有限公司 10%、POWER CORPORATION OF CANADA10%、山东省农村经济开发投资公司 10%、山东海丰国际航运集团有限公司 10%
华安基金	1.5 亿	1998-06-04	上海	国泰君安投资管理股份有限公司 20%、上海工业投资（集团）有限公司 20%、上海锦江国际投资管理有限公司 20%、上海电气（集团）总公司 20%、上海国际信托有限公司 20%
博时基金	2.5 亿	1998-07-13	深圳	招商证券股份有限公司 49%、中国长城资产管理公司 25%、璟安股权投资有限公司 6%、丰益实业发展有限公司 6%、上海盛业股权投资有限公司 6%、天津港（集团）有限公司 6%、广厦建设集团有限责任公司 2%
鹏华基金	1.5 亿	1998-12-22	深圳	国信证券股份有限公司 50%、意大利欧利盛资本资产管理股份公司 49%、深圳市北融信投资发展有限公司 1%
嘉实基金	1.5 亿	1999-03-25	上海	中诚信托有限责任公司 40%、德意志资产管理（亚洲）有限公司 30%、立信投资有限责任公司 30%
长盛基金	1.5 亿	1999-03-26	深圳	国元证券股份有限公司 41%、新加坡星展银行有限公司 33%、安徽省信用担保集团有限公司 13%、安徽省投资集团控股有限公司 13%
大成基金	2.0 亿	1999-04-12	深圳	中泰信托投资有限责任公司 48%、光大证券股份有限公司 25%、中国银河投资管理有限公司 25%、广东证券股份有限公司 2%
富国基金	1.8 亿	1999-04-13	上海	申银万国证券股份有限公司 27.77%、加拿大蒙特利尔银行 27.77%、海通证券股份有限公司 27.77%、山东省国际信托投资公司 16.68%
易方达基金	1.2 亿	2001-04-17	广东	广发证券股份有限公司 25%、盈峰投资控股集团有限公司 25%、广东粤财信托有限公司 25%、广东省广晟资产经营有限公司 16.67%、广州市广永国有资产经营有限公司 8.33%
宝盈基金	1.0 亿	2001-05-18	深圳	中铁信托有限责任公司 49%、成都工业投资集团有限公司 26%、中国对外经济贸易信托有限公司 25%
融通基金	1.3 亿	2001-05-22	深圳	新时代证券有限责任公司 60%、日兴资产管理有限公司 40%

续表

现有基金管理公司	注册资本	成立时间	注册地	目前股权结构
银华基金	2.0亿	2001-05-28	深圳	西南证券股份有限公司49%、第一创业证券有限责任公司29%、东北证券股份有限公司21%、山西海鑫实业股份有限公司1%
长城基金	1.5亿	2001-12-27	深圳	长城证券有限责任公司47.06%、东方证券股份有限公司17.65%、北方国际信托投资股份有限公司17.65%、中原信托投资有限公司17.65%
泰达宏利基金	1.8亿	2002-06-06	北京	北方国际信托投资股份有限公司51%、宏利资产管理（香港）有限公司49%
国投瑞银基金	1.0亿	2002-06-13	上海	国投信托有限公司51%、瑞士银行股份有限公司49%
银河基金	1.5亿	2002-06-14	上海	中国银河金融控股有限责任公司50%、首都机场集团公司12.5%、湖南电广传媒股份有限公司12.5%、中国石油天然气集团公司12.5%、上海市城市建设投资开发总公司12.5%
万家基金	1.0亿	2002-08-23	上海	齐鲁证券有限公司49%、新疆国际实业股份有限公司40%、山东省国有资产投资控股有限公司11%
金鹰基金	2.5亿	2002-12-25	珠海	广州证券有限责任公司49%、广州药业股份有限公司20%、广州美的电器股份有限公司20%、东亚联丰投资管理有限责任公司11%
招商基金	2.1亿	2002-12-27	深圳	招商银行股份有限公司33.4%、荷兰投资33.3%、招商证券股份有限公司33.3%
华宝兴业基金	1.5亿	2003-03-07	上海	华宝信托有限责任公司51%、领先资产管理有限公司49%
摩根士丹利华鑫基金	2.3亿	2003-03-14	深圳	华鑫证券有限责任公司39.56%、摩根士丹利国际控股公司37.36%、深圳市招融投资控股有限公司10.99%、汉唐证券有限责任公司6.59%、深圳市中技实业（集团）有限公司5.5%
国联安基金	1.5亿	2003-04-03	上海	国泰君安证券股份有限公司51%、德国安联集团49%
海富通基金	1.5亿	2003-04-18	上海	海通证券股份有限公司51%、法国巴黎投资管理BE控股公司49%
长信基金	1.5亿	2003-04-28	上海	长江证券股份有限公司49%、上海海欣集团股份有限公司34.33%、武汉钢铁股份有限公司16.67%
泰信基金	2.0亿	2003-05-23	上海	山东省国际信托有限公司45%、江苏省投资管理有限责任公司30%、青岛国信实业有限公司25%
天治基金	1.6亿	2003-05-27	上海	吉林省信托有限责任公司48.75%、中国吉林森林工业集团有限责任公司38.75%、吉林市国有资产经营有限责任公司12.5%
景顺长城基金	1.3亿	2003-06-12	深圳	景顺资产管理有限公司49%、长城证券有限责任公司49%、开滦（集团）有限责任公司1%、大连实德集团有限公司1%
广发基金	1.2亿	2003-08-05	广东	广发证券股份有限公司48.33%、烽火通信科技股份有限公司16.67%、香江投资有限公司16.67%、广东康美药业股份有限公司10%、广州科技风险投资有限公司8.33%

现有基金管理公司	注册资本	成立时间	注册地	目前股权结构
兴业全球基金	1.5 亿	2003-09-30	上海	兴业证券股份有限公司 51％、全球人寿保险国际公司 49％
中信基金	1.0 亿	2003-10-15	深圳	中信证券股份有限公司 100％
诺安基金	1.5 亿	2003-12-09	深圳	中国对外经济贸易信托投资有限公司 40％、深圳市捷隆投资有限公司 40％、大恒新纪元科技股份有限公司 20％
申万菱信基金	1.5 亿	2004-01-15	上海	申银万国证券股份有限公司 67％、三菱 UFJ 信托银行株式会社 33％
中海基金	1.5 亿	2004-03-18	上海	中海信托股份有限公司 41.59％、国联证券股份有限公司 33.41％、法国爱德蒙得洛希尔银行股份有限公司 25％
华富基金	1.2 亿	2004-04-19	上海	华安证券股份有限公司 49％、安徽省信用担保集团有限公司 27％、合肥兴泰控股集团有限公司 24％
光大保德信基金	1.6 亿	2004-04-22	上海	光大证券股份有限公司 55％、保德信投资管理有限公司 45％
上投摩根基金	2.5 亿	2004-05-12	上海	上海国际信托有限公司 51％、摩根资产管理（英国）有限公司 49％
东方基金	2.0 亿	2004-06-11	北京	东北证券股份有限公司 64％、河北省国有资产控股运营有限公司 27％、渤海国际信托有限公司 9％
中银基金	1.0 亿	2004-08-12	上海	中国银行股份有限公司 83.5％、贝莱德投资管理（英国）有限公司 16.5％
东吴基金	1.0 亿	2004-09-02	上海	东吴证券有限责任公司 49％、上海兰生（集团）有限公司 30％、江阴澄星实业集团有限公司 21％
天弘基金	1.8 亿	2004-11-08	天津	天津信托有限责任公司 48％、内蒙古君正能源化工股份有限公司 36％、芜湖高新投资有限公司 16％
国海富兰克林基金	2.2 亿	2004-11-15	南宁	国海证券股份有限公司 51％、邓普顿国际股份有限公司 49％
华泰柏瑞基金	2.0 亿	2004-11-18	上海	PineBridge Investments LLC49％、华泰证券股份有限公司 49％、苏州新区高新技术产业股份有限公司 2％
新华基金	1.6 亿	2004-12-09	重庆	新华信托股份有限公司 48％、陕西蓝潼电子投资有限公司 30％、上海大众环境产业有限公司 13.75％、杭州永原网络科技有限公司 8.25％
汇添富基金	1.0 亿	2005-02-03	上海	东方证券股份有限公司 47％、东航金戎控股有限责任公司 26.5％、文汇新民联合报业集团 26.5％
工银瑞信基金	2.0 亿	2005-06-21	北京	中国工商银行股份有限公司 80％、瑞士信贷 20％
交银施罗德基金	2.0 亿	2005-08-04	上海	交通银行股份有限公司 65％、施罗德投资管理有限公司 30％、中国国际海运集装箱（集团）股份有限公司 5％
建信基金	2.0 亿	2005-09-19	北京	中国建设银行股份有限公司 65％、信安金融服务公司 25％、中国华电集团资本控股有限公司 10％
信诚基金	2.0 亿	2005-09-30	上海	英国保诚集团股份有限公司 49％、中信信托有限责任公司 49％、中新苏州工业园区创业投资有限公司 2％

续表

现有基金 管理公司	注册资本	成立时间	注册地	目前股权结构
汇丰晋信 基金	2.0亿	2005-11-16	上海	山西信托有限责任公司51%、汇丰环球投资管理(英国)有限公司49%
益民基金	1.0亿	2005-12-12	重庆	重庆国际信托有限公司49%、中国新纪元有限公司31%、中山证券有限责任公司20%
华商基金	1.0亿	2005-12-20	北京	华龙证券有限责任公司46%、中国华电集团财务有限公司34%、济南钢铁集团总公司20%
中邮创业 基金	1.0亿	2006-05-08	北京	首创证券有限责任公司47%、中国邮政集团公司29%、三井住友银行股份有限公司24%
信达澳银 基金	1.0亿	2006-06-05	深圳	中国信达资产管理公司54%、康联首域集团有限公司46%
诺德基金	1.0亿	2006-06-08	上海	Lord, Abbett & Co. LLC49%、长江证券股份有限公司30%、清华控股有限公司21%
中欧基金	1.9亿	2006-07-19	上海	意大利意联银行股份合作公司35%、北京百骏投资有限公司30%、国都证券有限责任公司30%、万盛基业投资有限责任公司5%
金元惠理 基金	2.5亿	2006-11-13	上海	金元证券股份有限公司51%、惠理基金管理香港有限公司49%
浦银安盛 基金	2.4亿	2007-08-05	上海	上海浦东发展银行股份有限公司51%、法国安盛投资管理公司39%、上海盛融投资有限公司10%
农银汇理 基金	2.0亿	2008-03-18	上海	中国农业银行股份有限公司51.67%、东方汇理资产管理公司33.33%、中国铝业股份有限公司15%
民生加银 基金	3.0亿	2008-11-03	深圳	中国民生银行股份有限公司63.33%、加拿大皇家银行30%、三峡财务有限责任公司6.67%
纽银梅隆 西部基金	3.0亿	2010-07-20	上海	西部证券股份有限公司51%、纽约银行梅隆资产管理国际有限公司49%
浙商基金	3.0亿	2010-10-21	杭州	浙商证券有限责任公司25%、浙江浙大网新集团有限公司25%、养生堂有限公司25%、通联资本管理有限公司25%
平安大华 基金	3.0亿	2011-01-07	深圳	平安信托有限责任公司60.7%、大华资产管理有限公司25%、三亚盈湾旅业有限公司14.3%
富安达基金	2.9亿	2011-04-27	上海	南京证券股份有限公司49%、江苏交通控股有限公司26%、南京市河西新城区国有资产经营控股(集团)有限责任公司25%
财通基金	2.0亿	2011-06-21	上海	财通证券有限责任公司40%、杭州市工业资产经营投资集团有限公司30%、浙江升华拜克生物股份有限公司30%
方正富邦 基金	2.0亿	2011-07-08	北京	方正证券股份有限公司66.7%、富邦证券投资信托股份有限公司33.3%
长安基金	2.0亿	2011-09-05	上海	长安国际信托股份有限公司40%、上海美特斯邦威服饰股份有限公司33%、上海磐石投资有限公司18%、兵器装备集团财务有限责任公司9%

现有基金 管理公司	注册资本	成立时间	注册地	目前股权结构
国金通用 基金	2.8亿	2011-11-02	北京	国金证券股份有限公司49%、苏州工业园区地产经营管理公司19.5%、广东宝丽华新能源股份有限公司19.5%、中国通用技术(集团)控股有限责任公司12%
安信基金	3.5亿	2011-12-06	深圳	安信证券股份有限公司49%、五矿投资发展有限责任公司36%、中广核财务有限责任公司15%
德邦基金	1.2亿	2012-03-27	上海	德邦证券有限责任公司49%、西子联合控股有限公司31%、浙江省土产畜产进出口集团有限公司20%
华宸未来 基金	2.0亿	2012-06-20	上海	华宸信托有限责任公司40%、咸阳步长医药科技发展有限公司35%、未来资产基金管理公司25%
英大基金	1.2亿	2012-08-17	北京	英大国际信托有限责任公司49%、中国交通建设股份有限公司36%、航天科工财务有限责任公司15%
华润元大 基金	2.0亿	2013-01-17	深圳	华润深国投信托有限公司51%、元大宝来证券投资信托股份有限公司49%

注:表中股权结构资料截至时间为2013年6月30日。

资料来源:CSMAR数据库、天相数据库。

教师服务

感谢您选用清华大学出版社的教材！为了更好地服务教学，我们为授课教师提供本书的教学辅助资源，以及本学科重点教材信息。请您扫码获取。

≫ 教辅获取

本书教辅资源，授课教师扫码获取

≫ 样书赠送

财政与金融类重点教材，教师扫码获取样书

 清华大学出版社

E-mail: tupfuwu@163.com
电话：010-83470332 / 83470142
地址：北京市海淀区双清路学研大厦 B 座 509

网址：http://www.tup.com.cn/
传真：8610-83470107
邮编：100084